Wil Tondok

Ägypten – Das Niltal
von Kairo bis Abu Simbel

Durchsicht der altägyptischen Themen:
Sylvia Schoske, Museum Ägyptischer Kunst München
Dietrich Wildung, Ägyptisches Museum Berlin

IMPRESSUM

Wil Tondok
Ägypten – Das Niltal von Kairo bis Abu Simbel
erschienen im
Reise Know-How Verlag München

Wil Tondok
Nadistraße 18
D-80809 München
info@tondok-verlag.de
www.tondok-verlag.de

ISBN 978-3-89662-463-5
2. Auflage 2008
(Fortführung der 4. Auflage von *Kairo, Luxor, Assuan)*

Gestaltung und Herstellung
Umschlagkonzept: Manfred Schömann, Köln, Peter Rump, Bielefeld
Inhalt: Wil Tondok, Christa Epe
Lektorat: Christa Epe
Druck und Bindung: Media-Print Informationstechnologie GmbH, Paderborn

Dieses Buch ist in jeder Buchhandlung der BRD, Österreichs, der Niederlande und der Schweiz erhältlich. Auslieferung für den Buchhandel: Prolit Verlagsauslieferung GmbH, 35463 Fernwald sowie alle Barsortimente (BRD), AVA-buch 2000, CH-8910 Afoltern (Schweiz), Mohr Morawa GmbH, A-1230 Wien (Österreich), Willems Adventure, Postbus 403, NL-3140 AK Maassluis (Niederlande).

Fotonachweis
Christa Epe 11, 21, 41, 42, 63, 69, 71, 76, 78, 81, 83, 89, 91, 93, 95, 105, 106, 120, 161, 167, 172, 173, 187, 188, 191, 207, 211, 218, 223, 224, 244, 263, 267, 270, 273, 276, 280, 289, 319, 343, 348, 349, 354, 363, 364, 365, 371, 383, 385, 390, 395, 397, 400, 407, 409, 411, 413, 418 sowie Titelfoto, Mohamed Khalifa S. 229, Antje Sliwka S. 73, Sigrid Tondok S. 11, 21, 41, 42, 63, 71, 76, 78, 81, 83, 89, 91, 93, 95, 105, 106, 120, 161, 167, 172, 173, 187, 188, 191, 207, 211, 218, 223, 224, 244, 263, 267, 270, 273, 276, 280, 289, 319, 348, 349, 354, 363, 364, 365, 371, 383, 385, 390, 395, 397, 400, 407, 409, 411, 413, 418 sowie Umschlagfotos, Wil Tondok S. 70, 99, 133, 153, 153, 159, 171, 175, 181, 182, 184, 185, 189, 226, 285, 293, 302, 304, 307, 321, 324, 332, 337, 351, 368, 419, Dietrich Wildung S.303.

Ägypten – Das Niltal

von Kairo bis Abu Simbel

Dieses Buch ist Sigrid Tondok, meiner unvergessenen Frau und Reisegefährtin gewidmet

Zu diesem Buch

1983 brachten wir einen Ägypten-Führer für Individualisten heraus, dessen Untertitel „Erleben, Erkennen, Verstehen" einen Anspruch anmeldete: Wir wollten den Lesern sowohl die Sehenswürdigkeiten als auch die Menschen und das heutige Leben Ägyptens näher bringen. Das ist selbstverständlich auch in dieser Auflage unser Anliegen. Sie führt das Handbuch *Kairo, Luxor, Assuan* fort, das wir 2004 (nach der 4. Auflage) erweiterten und umtauften.

Dieser Führer will Ihnen mehr bieten als nur eine Aufzählung besichtigungswerter Objekten: Es wurden eine Menge Informationen aus dem Hauptband *Ägypten Individuell* (derzeit in der 16. Auflage) übernommen, viele Details ausführlicher behandelt und ein neues Kapitel „Nilkreuzfahrten" hinzugefügt.

Noch ein paar Worte in eigener Sache. Ende September 2002 erlag Sigrid, meine Frau und Reisegefährtin auf fast 40 Jahren Lebens- und Reiseweg, ihrem Krebsleiden. Uns hatte besonders das Unterwegssein zu einer engen Partnerschaft zusammengeschweißt, die von dieser Droge nicht lassen konnte. Unsere Lebensinhalte und -ziele richteten sich daran aus. Die glücklichsten Stunden erlebten wir unterwegs.

In den 1970er Jahren gaben wir unsere beruflichen Karrieren auf, verkauften Hab und Gut und reisten in einem VW-Camper drei Jahre um den Globus. Daraus entstand unser erstes Buch "Im VW-Bus um die Erde". Bald nach der Rückkehr gingen wir für die UNO nach Pakistan, auch das eine interessante Erfahrung. Danach bereisten wir noch ausgiebig Nord- und Westafrika, bevor uns berufliche Verpflichtungen endgültig an Deutschland banden.

Der Aufbau einer weltweit tätigen Servicefirma war zwar auch mit vielen Reisen verbunden, allerdings unter anderen Vorzeichen. Für längeres Unterwegssein blieb keine Zeit mehr. So konzentrierten wir uns auf das relativ nahe gelegene Ägypten, das wir bei mindestens jährlichen Besuchen wirklich kennen und darüber hinaus sehr lieben lernten: Ägypten wurde uns zur zweiten Heimat.

Ganz besonders möchte ich wieder Christa Epe danken, die dieses Buch lektoriert und mich bei der Herstellung mit ganzer Kraft unterstützt hat. Ebenso gilt mein Dank Mohamed Khalifa für seine tatkräftige Hilfe vor Ort.

Ich wünsche Ihnen so viel Freude bei Ihrem Besuch, wie ich sie jedes Mal erlebe, wenn ich ägyptischen Boden betrete. Wil Tondok

Gebrauchsanleitung für diesen Führer

Sie halten einen Individual-Reiseführer sowohl zu den Sehenswürdigkeiten als auch zu den Menschen Ägyptens in der Hand. Er will Sie mit detaillierten Beschreibungen gut informieren und mit möglichst präzisen Angaben sicher ans jeweilige Ziel bringen.

- Wir wenden uns an **jeden Ägyptenreisenden** – ob mit öffentlichen Verkehrsmitteln, in organisierter Gruppe, mit Auto, Motorrad oder Fahrrad unterwegs.
- In jedem Kapitel finden Sie eine Übersicht **Sehenswertes**, damit Sie auf einen Blick feststellen können, was die Besichtigungsmühe lohnt.
- Ein sehr detaillierter **Index** und viele **Querverweise** sollen Ihnen helfen, schnell die gewünschte Information zu finden.
- Die **Nummerierungen** in den **Karten** und **Plänen** laufen – soweit möglich – stets von oben links nach unten rechts.
- Da die **Schreibweise vieler Ortsnamen** gewaltig variiert (z.B. verbirgt sich hinter Melaui und Mallawi derselbe Ort), entschieden wir uns jeweils für die Variante, die uns am gebräuchlichsten erschien; häufig die englische Version, vielfach auch im Deutschen eingebürgerte Namen.
- Alle **Informationen** entsprechen dem uns bei Redaktionsschluss im November 2007 bekannten Stand.

Wenn Sie genauere, aktuellere oder nützlichere Angaben machen können, teilen Sie uns **Ihre Erfahrungen** bitte – so frisch wie möglich – mit; am liebsten per Email oder auf dem Vordruck, Seite 434. Als Dankeschön schicken wir Ihnen dann ein Buch aus unserem Programm.

Abkürzungen

Bei **Abfahrtszeiten** von Bussen, Zügen etc. verzichten wir auf die stereotype Wiederholung xx Uhr; wenn dort also 17.00 steht, so ist immer 17.00 Uhr gemeint.

Öffnungszeiten und Eintrittspreise von Museen etc. sind wie in dem folgenden Beispiel angegeben: (9-14, F 9-12, £E 2). Die erste Zahlengruppe bezieht sich auf die normale Öffnungszeit, also hier 9–14 Uhr. „F" gibt die Öffnungszeit für freitags an. Der Eintritt beträgt £E 2.

Um Ihnen Entscheidungshilfe bei der **Auswahl der vielen Sehenswürdigkeiten** zu geben, klassifizieren wir sie mit einem Stern-System.

Wir meinen, dass man an

******** auf keinen Fall vorbeigehen sollte, dass

******* eine wertvolle Bereicherung darstellen

****** ebenfalls den Besuch lohnen. Aber auch um die Sehenswürdigkeiten, die nur mit

***** bewertet sind, würde man sich in vielen anderen Ländern noch reißen...

Allgemein

AC – Aircondition
Jh – Jahrhundert
£E – Ägyptische Pfund
Md – Midan (Platz)
pP – pro Person
Pt – Piaster
Sh – Sharia (Straße)
Std – Stunde
nC – nach Christi Geburt
vC – vor Christi Geburt

Bei Hotelangaben

ang – angenehm
B – Bad
D – Doppelzimmer
Dorm – Dormitory (Mehrbettzimmer ab 3 Betten)
E – Einzelzimmer
einf – einfach
empf – empfehlenswert
F – Frühstück
fr – freundlich
gr – groß
hb – hilfsbereit
HP – Halbpension
Kü – Küche, Kochgeleg.
Kschr – Kühlschrank
la – laut
li – links
mä – mäßig
mF – mit Frühstück
ni – nicht
re – rechts
rel – relativ
Rest – Restaurant
ru – ruhig
sa – sauber
se – sehr
tlw – teilweise
unfr – unfreundlich
Ven – Ventilator
wW = Warm

Inhalt

4 Land, Leute und Vergangenheit

5 Kairo und Umgebung kennen lernen

6 In Kairo zurechtkommen – Praktische Informationen –

7 Im Niltal von Kairo nach Luxor

8 Luxor und Theben-West

9 Von Luxor nach Assuan

10 Assuan – Nasser-Stausee – Abu Simbel

11 Anhang

Einlesen, eindenken, vorbereiten

Kommen Sie mit in den Orient

Schon die Griechen und Römer waren fasziniert vom Pharaonenreich, segelten in großer Zahl übers Mittelmeer, um das sagenumwobene Land zu besuchen. Thomas Cook, Erfinder der Pauschalreisen im 18. Jh, organisierte seine ersten Reisen – ins Land am Nil. Auch heute noch zählt Ägypten zu einem der beliebtesten und interessantesten Reiseziele weltweit.

Seit Thomas Cook gilt Ägypten als das klassische Land der Pauschaltouristen. Die gesamte Infrastruktur scheint dafür ausgelegt zu sein. Aber genauso leicht lässt es sich nilauf und nilabwärts allein reisen, unabhängig von Gruppenstress und Hetzerei der Reiseleiter. Besonders das Niltal bietet beste Voraussetzungen im Hinblick auf Sehenswürdigkeiten, Verkehrserschließung, Unterkunft und Verpflegung.

Das Buch, das Sie in Händen halten, wird Sie an alle attraktiven Ziele führen und Ihnen dort, auch im Licht der historischen Hintergründe, sehr genau erklären, was es zu sehen gibt. Es lässt Sie auch im touristischen Alltag nicht allein und bietet eine reiche Auswahl an Unterkünften, Restaurants, Verkehrsverbindungen und zahllose praktische Tipps. Dieser Führer ermöglicht Ihnen einen Blick hinter die Kulissen; er will Ihnen Wege zu den Herzen der Menschen aufzeigen.

Kommen Sie mit auf Spaziergänge durch Kairos alte Viertel, da brodelt das Leben in all seinen Spielarten, da scheinen sich nur Äußerlichkeiten in den letzten Jahrhunderten geändert zu haben. Mit ein bisschen Phantasie erstehen plötzlich vergangene Zeiten auf; das Leben von heute ist mit dem Leben von gestern so eng verwoben, dass sich der Besucher häufig erstaunt fragt, ob seine Umgebung Wirklichkeit oder ein Traum ist. Hier ist der geheimnisvolle, ein bisschen märchenhafte Orient immer noch in seinen schillernden Facetten lebendig, wenn auch mit weniger Pracht und viel mehr Armut.

Natürlich zählen die Pyramiden auch heute noch zu den Weltwundern, sind die vielen pharaonischen Gräber mit ihren Bildergeschichten und die imposanten Tempel wirklich sehenswert, ist der Nil mit seinen Segelbooten, seinen Inseln und Dörfern ein wichtiger Teil des *Erlebnisses Ägypten* . Doch daneben verdient das heutige Ägypten mit seinen freundlichen Menschen, die dem Fremden großmütig und herzlich begegnen - solange sie nicht zu den "professionellen" Bakschischjägern der Tourismusbranche zählen., besondere Aufmerksamkeit.

Wo immer Sie den Orient betreten, werden Sie in wenigen Augenblicken von einer anderen, ungeheuer spannenden Welt gefesselt sein. Einmal angekommen, ist alles viel unkomplizierter, als es zuvor aussah. In den folgenden Kapiteln finden Sie alle notwendigen Informationen, um eines der fantastischsten Reiseländer kennen und (hoffentlich) lieben zu lernen.

Ägypten verstehen

Es liegt auf der Hand, dass man in fünftausend Jahren Geschichte eine eigene Identität erwirbt. Zwar war diese Zeit abwechslungsreich und turbulent, eine Anzahl Fremder ergriff Besitz von der Niloase und hinterließ Spuren im Erbe des Volkes. Dennoch sind die Ägypter Leute mit selbstbewusster Meinung und eigenen, auf dem Islam bzw. dem koptischen Christentum basierenden Moral- und Lebensvorstellungen. Die überwiegende Zahl der Menschen nimmt das Leben gelassen, ja weit zufriedener, als wir Mitteleuropäer es unter materiell viel günstigeren Bedingungen tun.

Wenn wir also dieses so vielschichtige Volk besuchen, seine uns manchmal unverständlich scheinenden Verhaltensweisen miterleben, dann sollten wir mit unserem Urteil zurückhaltend sein und nicht als Lehrmeister oder Besserwisser auftreten. Die Fairness anderen Menschen gegenüber gebietet, sie vor dem Hintergrund ihrer Traditionen, Religion und geografisch-klimatischen Lage zu sehen. Erst wenn wir versuchen, uns in diese Welt einzudenken, besser noch einzufühlen, werden wir den Menschen näher kommen und feststellen, dass es hier nur andere, nicht jedoch bessere oder schlechtere Verhaltensweisen gibt.

Mit der ältesten Universität der Erde – der Al Azhar in Kairo - im Rücken, an der die Glaubensgrundsätze des Islam für die gesamte islamische Welt noch heute geprägt und gelehrt werden, hat Ägypten eine deutliche Führungsrolle im arabischen bzw. islamischen Lager inne. Selbst wenn der Wind der Freundschaft hin und wieder dreht, weiß jeder Ägypter von dieser Führungsrolle und ist stolz darauf. Doch selten werden Sie Menschen finden, die arrogant auf Nichtägypter blicken. Das Land am Nil kennt seit Jahrtausenden Fremde und verschiedene Lebensarten und weiß diese zumindest zu tolerieren.

Die Ägypter sind höfliche und hilfsbereite Leute. Ihre Höflichkeit hat lange Tradition und wird manchmal fast um ihrer selbst willen gepflegt. Wenn Ihnen ein Mann auf der Straße mit großem Wortschwall den falschen Weg weist, dann tut er das nicht, um einen Fremden in die Irre zu lenken: Es wäre ausgesprochen unhöflich, eine Antwort schuldig zu bleiben – auch wenn er selbst über die einzuschlagende Richtung unsicher ist.

Die Vorstellungen des Ägypters vom Sinn des Lebens weichen fundamental von den unseren ab. Während wir überall nach dem Sinn und Zweck von Tun und Lassen suchen, nimmt der Ägypter sein Leben aus Allahs Hand und versucht, sich von seinem Schöpfer führen zu lassen. Interpretationen des Heiligen Koran sind die Basis vieler Handlungen und Entscheidungen.

Für den Ägypter gilt nicht so sehr das harte Feedback, das jede Entscheidung prüft und beurteilt. Was er getan hat, das ist nun mal so und dabei soll es bleiben. Das heißt nicht unbedingt, dass er beim nächsten Mal ähnlich reagieren muss. Hier sprechen wir – häufig geringschätzig – von Fatalismus. Aber wir müssen uns mit dieser Lebenseinstellung abfinden. Wenn Sie sich z.B. mit jemandem verabreden und er kommt ein paar Stunden später, dann wurde er

durch etwas aufgehalten, das des Aufhaltens wert war – es muss keineswegs wichtig oder wichtiger als Sie gewesen sein.
Ständig werden Sie *Inshallah – so Gott will* – hören, was z.B. irritierend wirken kann, wenn der Flugkapitän die Landung ankündigt und *Inshallah* an den Satz hängt. Grundsätzlich wird dieser Begriff für alle Aussagen, die sich auf die Zukunft beziehen, verwendet. Denn nach dem Glauben frommer Muslime bestimmt Allah, was morgen passiert, und nicht der Mensch. Uns mag dies als Ausflucht erscheinen, ein Muslim würde aber Allah herausfordern, wenn er Ihnen einen Termin für morgen zusagt und etwa vergäße, *Inshallah* hinzuzufügen.
Der Ausruf *Malesh, Malesh* gehört auch zu den Begriffen, die häufig genug zu hören sind. *Malesh* ist freundliche Resignation und heißt so viel wie *Schicksal* ; wobei hier die ägyptische Lebensphilosophie voll zum Tragen kommt. *„Malesh, das Auto ist kaputt"* , das ist halt passiert, da wird man nicht groß hadern und nach dem Warum und Wieso fragen. Es ist für den Besucher häufig besser, sich mit einer Sache –*Malesh, Malesh* – abzufinden und nicht herumzunörgeln, wenn etwas nicht klappt.
Auch in der Gestik, in der **Kommunikation per Zeichensprache**, gelten andere Normen als bei uns. Hier ein paar gravierend unterschied liche Gesten, die leicht zu Missverständnissen führen können (Die folgende Liste basiert auf einem Artikel der Zeitschrift *Papyrus*.):

- **Begrüßung**: nach dem Händeschütteln als Ehrerbietung die rechte Hand auf die Brust legen.
- **Langsam, warte**: Handfläche nach oben, Finger gekrümmt, Hand langsam auf und ab bewegen - eine der typischsten orientalischen Gesten.
- **Heranwinken**: ausgestreckter Arm, Handfläche nach unten, Hand öffnen und schließen bei ausgestrecktem Daumen (Heranwinken mit dem Zeigefinger wie bei uns, ist sehr unhöflich).
- **Geh weg**: ähnliche Gebärde wie oben, aber abweisendes Öffnen und Schließen der Hand.
- **Nein**: Hand mit nach oben gestrecktem Zeigefinger schnell hin und her bewegen.
- **Aufpassen**: mit dem Zeigefinger der rechten Hand erst auf rechtes, dann auf linkes Auge weisen.
- **Schlau**: mit dem Finger auf die Stirn tippen (genau das Gegenteil von unserem Verständnis).
- **Zahlensprache**: erhobener Zeigefinger für "1", Zeige- und Mittelfinger zum V-Zeichen bedeutet ein Paar; abgezählt wird mit dem Daumen: am kleinen Finger beginnend für "1", am Ringfinger für "2" etc.
- **Übereinstimmung**: Gesprächspartner schlagen Handflächen der jeweils rechten Hand aneinander.

Was man falsch machen kann

Fehlverhalten kann sehr viel im zwischenmenschlichen Bereich zerstören. Nicht alle Mitmenschen bringen die nötige Sensibilität für ihre (fremde) Umgebung auf und benehmen sich leider wie „Elefanten im Porzellanladen". Viele Besucher haben sich zwar über das pharaonische Ägypten informiert, aber kaum über das heutige Leben. Doch selbst mit besserem Einfühlungsvermögen kann man nicht immer wissen, wann und wo und warum die Gastgeber völlig anders reagieren als wir oder ganz andere Wertvorstellungen haben. Generell sollte man wissen, dass die Orientalen etwas anders miteinander umgehen, als wir es im nüchternen Mitteleuropa gewohnt sind. Freunde, die sich treffen oder verabschieden, tun dies mit viel Aufwand an Stimme und körperlichem Kontakt: Umarmungen, Bruderküsse und Händchenhalten oder Tätscheln - auch unter Männern - gehören zur Vermittlung persönlicher Wertschätzung.
Die Ägypter kennen eine Reihe von **Begrüßungsformeln** . Am besten benutzt der Besucher wohl: *Ahlan we sahlan* oder kurz *Salam* , worauf sein Gegenüber antwortet: *Ahlan bik* oder einfach *Salam* (weitere Formeln des nicht gerade einfachen Begrüßungszeremoniells im Minilexikon, Seite 424).

Man begrüßt sich keineswegs immer per Handschlag. Daher sollte man etwas zurückhaltend abwarten, ob der Partner die Hand reicht, dann natürlich den Handschlag erwidern. Viele Moslems heißen andersgeschlechtliche Besucher aus religiösen Gründen nicht mit Handschlag willkommen (auch aus pragmatischen: Ein Mann müsste sich vor dem Gebet erneut die Hände waschen). Umarmungen und Küsse zwischen Mann und Frau sind auf die engste Familie beschränkt. Es grüßt immer derjenige zuerst, der ein Haus betritt. Bei der Begrüßung bleibt die Frau nicht sitzen.

Höflichkeit und **Gastfreundschaft** sind Tugenden, die der Ägypter bis zur Selbstaufgabe pflegt. Wenn Ihretwegen ein Fellache auf dem Land sein letztes Huhn schlachten will, dann ist das selbstverständliche Gastfreundschaft dem Besucher gegenüber. Auf der anderen Seite erwartet der Gastgeber natürlich auch von Ihnen eine Erwiderung seiner Höflichkeitsbezeugungen. Gastgeschenke legt man fast belanglos ab, um den Gastgeber nicht in Verlegenheit zu bringen, weder im positiven noch im negativen Sinn.

Die Höflichkeit verpflichtet umgekehrt auch den Ärmsten, Einladungen auszusprechen. Allerdings gehört zur Etikette, **Einladungen mindestens dreimal hartnäckig abzulehnen**, erst beim vierten Mal sind sie vom Gastgeber wirklich ernst gemeint. Das gilt natürlich genauso bei Einladungen, die Sie aussprechen: mindestens dreimal wiederholen. Selbstverständlich gibt es westlich orientierte Ägypter, die unsere Traditionen kennen und eine Einladung gleich beim ersten Mal ernst meinen; man muss dies mit etwas Fingerspitzengefühl beurteilen.

Bei der Annahme von Einladungen ist immer zu überlegen, ob das Festmahl für den Ausländer die wirtschaftlichen Verhältnisse des Gastgebers nicht überfordert. Besonders bei sozial schwächeren Bevölkerungsschichten sollte man Einladungen möglichst ablehnen. Ein Ägyptenkenner schreibt: ‚*Die Gastfreundschaft ist den Ägyptern - wie mir immer wieder bestätigt wurde - eine Art Zwang und nicht selten eine große Last. Empfehlenswert ist eine hartnäckige Ablehnung hartnäckiger Einladungen, sofern nicht genau bekannt ist, dass der Gastgeber entsprechend betucht ist.*'

Diese Regeln gelten übrigens nicht für Wasser, das als Geschenk Gottes von jedem, der es hat, jedem, der danach fragt, zu geben ist.

Es gibt eine Reihe von Lebensäußerungen, die uns ungewohnt und fremd erscheinen. Daher ein paar wichtige **Verhaltensvorschläge:**

Aufgeschlossen sein

Begegnen Sie den Menschen offen, ohne Besserwisserei, Dünkel und Arroganz. Wenn man – auch in schwierigeren Situationen – mit einem Lächeln Freundlichkeit anbietet, wird man umso mehr Herzlichkeit empfangen.

Adäquat gekleidet sein

Über die lockeren Kleidungssitten der Europäer regen sich die Ägypter mehr auf, als offiziell bekannt wird. Die freizügige weibliche Bekleidung treibt in Europa niemanden mehr auf die Barrikaden. Für orthodoxe Muslime (aber auch Kopten), deren Frauen jahraus, jahrein komplett zugeknöpft in der Öffentlichkeit erscheinen, geht die moralische Welt beim Anblick knappster weiblicher Hüllen halbwegs in Entrüstung unter (auch wenn sie umso genauer hinschauen). Sie fühlen ihren Sittenkodex durch unangemessene Kleidung verletzt, empfinden die lockere Kleiderordnung als sexuell provozierend. Für sie sind bereits weibliche Kopfhaare, nackte Arme und Beine Sexsymbole, die es zu verstecken gilt. Folglich ist die Mehrheit der Ägypterinnen traditionell gekleidet, also von Kopf, zumindest von Hals bis Fuß verhüllt. Diese Aussage muss man in Kairo und Großstädten relativieren, doch sie gilt auch dort trotz freierer Kleidung und selbstbewussterem Auftreten der Frauen.

Man muss als westliche Frau nicht gerade in Sack und Asche gehen. Doch Schultern und Arme bedeckende, weite Kleider schützen die Trägerin meist vor aufdringlichen Belästigungen. Und diese Zudringlichkeiten – unter anderem eine Folge der von unbedarften Frauen

Aus vielen Gesichtern strahlt spontane Herzlichkeit

vorgeführten aufreizenden Minimalbekleidung – können die Reisefreude deutlich mindern.

An den typischen, von Ägyptern genutzten Stränden gehen die Frauen fast ausnahmslos in kompletter Kleidung einschließlich Kopftuch ins Wasser. Es wäre völlig unpassend, dort einen Bikini zu tragen; am besten baden Sie als Frau dort überhaupt nicht, oder tragen Sie einen Badeanzug; Shorts und ein T-Shirt darüber wären noch besser.

Bedeckende Kleidung ist Pflicht für den Besuch von Moscheen und religiösen Stätten. Häufig wird locker gekleideten Damen vor Betreten ein Umhang und ein Kopftuch überreicht. Als Anmerkung noch: Auch Rauchen in der Öffentlichkeit gilt bei Frauen als anstößig.

Die Ägypter werden sich ebenso über Männer amüsieren, die meinen, sich in der Hitze nur mit nacktem Oberkörper und Badehose oder Shorts bewegen zu können, da unsere Shorts ägyptischen Unterhosen nicht unähnlich sehen. Den Körper bedeckende Kleidung hat zusätzlich klimatisierende und schützende Effekte.

Taktvoll fotografieren

Besonders Frauen scheuen – aus traditionellen und religiösen Gründen – den Fotografen. Sobald gegen Ihre Kamera Protest erhoben wird, sollten Sie dies respektieren.

Strikt verboten ist das Fotografieren militärischer Einrichtungen aller Art, dazu können bereits Brücken gehören. Angeblich ist auch das Fotografieren ärmlicher Gegenden oder von Bettlern verboten, d.h. von Motiven, die ein schlechtes Bild von Ägypten vermitteln würden. Fotografieren und Filmen in historischen Stätten ist nur gegen hohe Gebühren erlaubt.

Religiöse Bräuche respektieren

Moscheen sind grundsätzlich ohne Schuhe (oder mit am Eingang ausgeliehenen Überschuhen) und in angemessener Kleidung zu betreten. Sie sollten nicht während der Gebetszeit besichtigt werden.

Kein Alkohol in der Öffentlichkeit

Obwohl Bier im Land gebraut wird, lehnt die muslimische Majorität Alkohol aus religiösen Gründen völlig ab. Derjenige Ägypter, der sich dennoch einen Schluck Alkohol genehmigt, wird versuchen, seine Mitmenschen nicht herauszufordern. Im Übrigen steht Alkoholgenuss in der Öffentlichkeit unter Strafe, theoretisch kann der Trinker im Gefängnis landen.

Keine Drogen

Drogen aller Art sind in Ägypten streng verboten. Wer sich dennoch auf Rauschgiftsuche macht, handelt verantwortungslos und missbraucht das Gastrecht. Drogenvergehen fallen unter Schwerverbrechen und können mit der Todesstrafe geahndet werden.

Die Fastenzeit Ramadan respektieren

Wenn andere fasten, sollte man sie nicht durch Essen, Trinken oder Rauchen in der Öffentlichkeit provozieren. Gehen Sie tagsüber in die geöffneten Restaurants, die sich häufig auch auf Fremde eingestellt haben. Abends, nach Sonnenuntergang, gibt es zum *Iftar* (Fastenbrechen) die köstlichsten Speisen – Ramadan ist die beste Zeit für Feinschmecker.

Handeln und Feilschen

Es gibt relativ selten Festpreise im Orient. Sie müssen um den reellen Handelswert nahezu jeder touristisch interessanten Ware mit Zähigkeit feilschen, das gehört schon fast zum guten Ton. Üblicherweise ist ein Drittel Luft im Preis, bei Fremden häufig viel mehr. Sollten Sie sich betrogen fühlen, lassen Sie sich – wenn es sich um lohnenswerte Beträge handelt – eine Quittung geben und drohen Sie dann, damit zur Polizei zu gehen. Wenn möglich, ersparen Sie sich und der anderen Partei den tatsächlichen Schritt.

Wie kann man sich vor überhöhten Preisen schützen? Eigentlich kaum, weil Handeln und Feilschen einfach zu selbstverständlich sind und dem Europäer gewöhnlich sowohl das Gefühl für den richtigen Preis als auch der sportliche Ehrgeiz zum Feilschen fehlen. Nützlich ist, wenn man die arabischen Zahlen kennt, die wenigen Preisschilder lesen und die wichtigsten Worte Arabisch kann. Oder man beobachtet, wie viel ein Ägypter für die gewünschte Ware zahlt. Oder man testet beim Nachbarhändler mit bewusst niedrigem Angebot die Schmerzgrenze aus. Man kann sich natürlich auch bei Einheimischen erkundigen.

Als Gast beim ägyptischen Gastgeber

Ein ägyptischer Gastgeber gibt nicht nur, er fährt sozusagen auf: Man faste ein paar Tage, um mit wirklich leerem Magen anzutreten und den Hausherrn samt Familie nicht durch bescheidenes Essen zu enttäuschen oder gar vor anderen Gästen zu blamieren. Versuchen Sie, von allem Aufgetischten wenigstens etwas zu essen, sei es auch noch so fremd und seltsam schmeckend. Wer seine Gastrolle ernst nimmt, schreckt auch vor Salat, ungeschältem Obst und allem, was ihn tagelang ans Klo fesseln könnte, nicht zurück...

Doch die Höflichkeit beginnt schon bei der Ankunft: Es wäre extrem rücksichtslos, pünktlich zu erscheinen. Wenn Sie für 20 Uhr eingeladen sind, kommen Sie ganz locker zwischen 20.30 und 21.00 Uhr an. Erwarten Sie aber nicht, sogleich mit dem Dinner beginnen zu können, das kommt vielleicht erst Stunden später. Es ist höflich, die erste Tasse Tee zunächst abzulehnen und erst nach dem zweiten oder dritten Angebot gütigst anzunehmen. Wenn man eine Privatwohnung betritt, sollte man die Schuhe ausziehen.

Gastgeschenke

Sehr häufig will man sich für die Freundlichkeiten der Leute erkenntlich zeigen und sucht nach einem passenden Geschenk, das möglichst auch noch im Reisegepäck unterzubringen ist. Da gibt es die unterschiedlichsten Dinge (siehe auch "Bakschisch" weiter unten):

Wenn bei Einladungen die Aufwendungen des Gastgebers nicht durch Gastgeschenke kompensiert werden können - z.B. mit einer großen Schachtel Süßigkeiten bzw. Kuchen aus einer bekannten, guten Bäckerei -, sollte man dies durch äquivalente Geldgeschenke tun, die für die Kinder des Gastgebers bestimmt sind; damit verliert keiner der Beteiligten sein Gesicht. Wenn Sie bereits vor der Ankunft in Ägypten eingeladen wurden, sollten Sie keine Geldgeschenke machen, sondern Kinderspielzeug oder, falls bekannt, Nützliches mitbringen.

Stecken Sie ein paar Fotos zum Herzeigen aus Ihrem privaten Bereich (Familie, Haus, Beruf) ein. Ihr Gastgeber oder andere Bekanntschaften werden sich sehr dafür interessieren. Wenn Sie keine Kinder haben, nehmen Sie Fotos anderer Kinder mit; so mancher Frager wird Ihr Familienglück bestaunen und Sie vielleicht weniger lästig nach allen Details Ihrer Lebensumstände ausfragen.

Noch einmal sei betont, dass die Freundlichkeit, die wir den Ägyptern entgegenbringen, vielfach belohnt wird. Ein Lächeln in Ihren Augenwinkeln wird den mürrischen Kellner viel eher zur Freundlichkeit bewegen als überhebliches Schimpfen. (Manchmal wirkt das ja auch bei uns.)

Homosexuelle

Gleichgeschlechtliche Beziehungen werden von der ägyptischen Gesellschaft praktisch nicht toleriert, obwohl Homosexualität mindestens im selben Maße wie überall auf der Welt verbreitet sein wird. Aber sie wird nicht gezeigt, sondern blüht im Verborgenen; lesbische Beziehungen bleiben noch versteckter. Gleichgeschlechtlichen Paaren kann daher nur geraten werden, ihre Beziehung tunlichst zu verbergen, um unangenehmen Situationen, bis hin zu Verhaftungen, aus dem Weg zu gehen. Denn im engen Moralkodex wird Homosexualität als religiöser sowie gesellschaftlicher Affront betrachtet und mit Gefängnisstrafen bis zu fünf Jahren belegt.

Bakschisch

Mohammed machte die Almosenpflicht zu einem der Grundpfeiler der islamischen Religion. Auf diese Weise hat er jedem die soziale Verantwortung für den Mitmenschen auferlegt. Es gehört daher zur selbstverständlichen Gepflogenheit, dem Bedürftigen vom eigenen Wohlstand etwas abzugeben.

Auf der anderen Seite macht der Bedürftige gern auf sich und seine Lage aufmerksam. Häufig wird dies mit einer kleinen Dienstleistung verbrämt, um mehr als ein Almosen, eher einen geringen Lohn, fordern zu können. Allerdings richtet der Bittsteller seine Forderung ganz nach dem Bild des potentiellen Gebers: Sieht dieser wohlhabend aus, so kann er ihn auch ohne vorherige Leistung um ein Bakschisch – sinngemäß: teile, was du hast – angehen.

Das Verlangen von Bakschisch hat häufig sehr ernste Hintergründe: Selbst mit dem Durchschnittseinkommen lässt sich heute in Ägypten keine Familie mehr durchbringen. Gerade bei den Ärmsten mit nur geringem regelmäßigem Verdienst muss jedes Familienmitglied zum Lebensunterhalt beitragen. Sei es nun, dass der Vater tagsüber seinem schlecht bezahlten Staatsjob nachgeht, nachmittags Taxi fährt und abends Koffer schleppt, oder dass bereits die Jüngsten durch Pseudodienstleistungen zum Bakschisch-Betteln geschickt werden.

Alle Touristen werden vom Normalbürger als reich eingestuft, weil sie sich die weite Reise leisten können. Daher gehört die Frage „Bakschisch?" häufig schon zum Umgangston, sobald der Fremde nur von Ferne auftaucht. In typischen Touristenzentren wird man immer wieder nach einer Gabe angegangen, häufig in einer Form, die beim Adressaten stoische Gemütsruhe voraussetzt, um nicht zu explodieren. Die Erfahrung, die der geplagte Tourist dann beim Geben macht, ist auch nicht positiv: Gibt er z.B. 5 Pfund als Bakschisch, so ist das zu wenig. Erhöht er bei nächster Gelegenheit auf das Doppelte, so wird es wieder nicht genug sein. Dieses Spiel kann bis in hohe Beträge gehen, am Ende ist der Geber völlig frustriert.

Leider ist die Bakschisch-Bettelei für viele Besucher zu einer Art Alptraum geworden. Dabei spielt dieses System im ägyptischen Alltag durchaus eine positive Rolle. Es gibt eine Unzahl Gelegenheitsjobs, die keine Arbeit im eigentlichen Sinne sind, die einem Menschen aber durch geringste Hilfereichung zu einem selbstverdienten, wenn auch niedrigen Einkommen verhelfen. Ob es junge Burschen sind, die aus dem Verkehrsgewühl ein Taxi heranwinken und dafür 50 Piaster Lohn erhalten, ob es der Mann ist, der dem haltenden Wagen die Tür aufreißt oder der flinke Mensch, der die Parkplätze am Straßenrand „verwaltet" und suchende Autofahrer einweist – sie alle haben eine Art von Beschäftigung, die sie nicht als Arbeitslose oder zu Bettlern stempelt.

Unter diesem Aspekt sollte der Besucher das Thema Bakschisch auch sehen, allerdings sich über die Größenordnungen klar werden: Ein Lehrer verdient im ersten Berufsjahr kaum mehr als £E 8-10, später etwa £E 15-20 pro Tag, ein Professor der Cairo University nach 20 Berufsjahren vielleicht £E 900 im Monat. Es wäre daher verkehrt, dem Sohn des Lehrernachbarn für eine lächerliche Hilfe große Scheine zu geben. Einige Beispiele (empfohlen in Cairo – The Practical Guide): Parkplatzwächter £E 2-4, Friseur bis £E 4, Kofferträger £E 3 pro Stück, in größeren Hotels £E 4-6. Bei längerem Hotelaufenthalt sollte man dem Putzkommando pro Woche etwa £E 25-40 geben – am besten im Voraus, umso sauberer wird das Zimmer sein. Geben Sie möglichst keine Euro-Münzen, weil diese offiziell nicht umtauschbar sind.

Geben Sie nur dann ein Bakschisch, wenn der Empfänger auch etwas dafür getan hat, es sei denn, es handelt sich um einen wirklich aus Not Bettelnden. Kinder sollten nur geringe Beträge erhalten, auch wenn sie Piaster-Scheine empört von sich weisen; besser sind nützliche Naturalien.

Im Restaurant- und Hotelgewerbe ist das **Trinkgeld** - das nicht mit Bakschisch gleichzusetzen ist - ein fester Bestandteil des Lohns, wenn nicht gar der Hauptbestandteil. Vergessen Sie es daher im Restaurant nicht (auch wenn *Service Charge* bereits auf der Rechnung steht): mindestens 10 Prozent vom Rechnungsbetrag, wobei ca. 2/3 der bedienende Kellner und 1/3 der "Tischabräumer" bekommt.

In der Grauzone zwischen reinen Bakschischjägern und an Fremden wirklich interessierten Ägyptern operieren die Geschäftemacher, die Ihnen Tag und Nacht Papyrus, Alabastervasen, fässerweise Parfüm oder Goldschmuck und noch mehr andrehen wollen. Diese Leute denken sich die tollsten Tricks aus, um mit Ihnen ins

Gespräch und damit ins Geschäft zu kommen. Wenn sie Ihnen auch extrem auf die Nerven gehen, so sollten Sie doch ein bisschen Verständnis aufbringen: Die meisten leben von diesen Geschäften, für sie ist es bitterster Überlebenskampf. Die Leute hingegen, die Ihre Bekanntschaft aus Interesse und ohne Hintergedanken suchen, erkennen Sie an Unaufdringlichkeit und daran, dass sie Ihnen z.B. nicht sofort die Hand zur Begrüßung hinstrecken.

Auch in Ägypten nimmt die Zahl der Bettler zu. Es sind - neben wenigen berufsmäßigen - häufig aus Not bettelnde Menschen, die sich auf diese Weise Mittel zum Lebensunterhalt beschaffen müssen. Das können Saisonarbeiter oder sonstige Arbeitslose, aber auch Behinderte sein, die keine Arbeit finden.

Erste Eindrücke in und von Ägypten

Ägypten ist ein phantastisches Reiseland, und das liegt – nach unserer Ansicht – in erster Linie an den so freundlichen und herzlichen Menschen, in zweiter Linie an den vielen unterschiedlichen Landschaften und ebenso an den historischen Relikten. Doch das Land am Nil kann auch anstrengend im Hinblick auf die menschlichen Begegnungen sein.

Unsere allerersten Eindrücke vom Reisen und Leben als Tourist in Ägypten waren nicht immer erfreulich; häufig genug hören wir ähnliche Schilderungen oder Leser schütten uns ihr Herz aus. Andere sind vom ersten Tag an begeistert. Wir halten es aber für wichtig, diese Erfahrungen zumindest anzusprechen – auch wenn es zu negativ klingen mag, wie ein Leser schreibt: *„Nach der Lektüre der ersten Kapitel habe ich mich ernsthaft gefragt, ob es eine gute Entscheidung war, Ägypten auf eigene Faust zu erkunden. Ich war dann wirklich sehr angenehm überrascht, wie freundlich die Ägypter sind (abgesehen von einigen Ausnahmen, z.B. die berühmten Schlepper, auf die*

man gerne hereinfällt)." Oder: *„Es gab Tage, an denen man sehr freundschaftliche Begegnungen mit Ägyptern hatte – an anderen wiederum fühlte man sich von morgens bis abends belästigt. Trotzdem werde ich meinen nächsten Urlaub wieder in Ägypten verbringen, es gibt kein anderes Land, das Ähnliches zu bieten hätte."*

Hier muss man sich nun in die Lage der Leute versetzen, die vom Touristenstrom leben, und zwar nicht als pensionsberechtigte Staatsdiener, sondern als Kleinstunternehmer. Sie stehen meist ganz unten in einer Hierarchie von Händlern und müssen den Kitsch und die falschen Antiquitäten auf Biegen und Brechen an den Mann bringen. Wenn nicht, hungert unter Umständen die Familie am nächsten Tag.

Keiner dieser Händler hat eine Verkaufsschulung erlebt oder wurde mit den distinguierten Kaufgepflogenheiten eines z.B. hanseatischen Bürgers bekannt gemacht. Er glaubt hingegen, dass penetrantes Anbieten und Anbiedern der sichere Weg zum Verkaufserfolg sei. Auch ist ihm nur zu geläufig, dass Europäer das landesübliche Feilschen nicht gewohnt sind; diese Exoten scheinen für ihn zwar mit vollen Taschen nach Ägypten zu kommen, aber naive Käufer zu sein. Daher nimmt der orientalische Händler (wie weltweit jeder Mensch an der Verkaufsfront) das, was der Markt hergibt – und mit Vergnügen auch das Doppelte dessen, was die Sache per Angebot und Nachfrage wert wäre. Kann man ihm das wirklich übel nehmen? Soll er sich wegen der Touristen umerziehen lassen und seine Jahrtausende alte Händlertradition über Bord werfen?

Ein weiterer Negativ-Eindruck ist der **Schmutz** und **Dreck**, der herumliegt und -fliegt. Diese Patina aus Wüstensand und Abfällen bleibt unter anderem deswegen ewig liegen, weil sie von keinem Regen weggewaschen wird. Es kommt aber noch die Gleichgültigkeit der Orientalen hinzu. Es stört sie offensichtlich nicht, wenn vor der Haustür der Müll gen Himmel wächst,

Zum Thema Müll

Ägypten ist voller Widersprüche. Unzählige Straßen, Plätze, leer stehende Grundstücke, selbst Innenhöfe dienen als Müllabladeplatz. Andererseits haben die Autobesitzer stets einen Lappen parat, mit dem sie penibel jedes Staubkorn entfernen oder entfernen lassen. Blank gewienerte Schuhe gehören ebenso in diese Sauberkeitsmanie wie blütenfrische Kleidung.

Der mit spiegelnden Schuhen im staubkornfreien Auto sitzende, sich vornehm gebende Geschäftsmann scheut sich keinen Augenblick, Papierschnipsel, Plastiktüten oder sonstigen Abfall aus dem Autofenster zu werfen, selbst wenn die Straße gerade gereinigt wurde. Der Unrat hat solche Ausmaße angenommen, dass künftige Ausgräber der heutigen Zivilisation über die Erzeugung und Entsorgung der unglaublichen Mengen von Abfall, insbesondere Plastikabfall rätseln werden - ähnlich wie wir über den Bau der Pyramiden.

Großzügiger Umgang mit den täglichen Hinterlassenschaften menschlichen Treibens wurde den Ägyptern allerdings schon im Jahre 1652 von dem Franzosen Jean de Thevenot bescheinigt. Er schrieb über den Khalig-Kanal, der während der Nilschwemme das damalige Stadtzentrum von Kairo mit Wasser versorgte:

"Das Wasser war porphyrfarbig, grün, blau und rot. Nach Auflösung des morgendlichen Nebels war der Gestank so entsetzlich, dass man sich fragte, wie man in den Palästen und Häusern an den Ufern leben konnte. Benutzt wurde der Kanal als Stadt-Kloake, in der tote Tiere und aller Abfall schwammen. Nachts plagten einen die Mücken, am Tag die Fliegen."

Auch heute dienen Kanäle, die Lebensadern der ägyptischen Landwirtschaft, häufig genug ebenso als Müllkanal, in die Abfall geworfen wird. Sie degenerieren zu stinkenden Kloaken, in denen die Frauen dennoch Wäsche und Kochgeschirr waschen müssen. Wenn dann die Bagger anrücken, um den Wasserdurchfluss wieder zu ermöglichen, häufen sie die Berge von Abfall an den Kanalböschungen auf.

Dieses sorg- und achtlose Verhalten auch der Landbevölkerung, die den Wert eines Kanals hochhalten müsste, anstatt ihn zu vermüllen, bleibt eins der Rätsel des ägyptischen Alltags.

weil ihn keiner abholt. Das war seit Generationen so, warum soll es sich ändern?

Ähnliches gilt auch für die Hygiene. Immer wieder werden Sie Menschen beobachten, die direkt aus dem Nil oder einem Wassergefäß trinken, das zuvor schon Hunderte benutzten. Wer als Kind in Ägypten den Kampf gegen den steten Ansturm der Bakterien bestanden hat, den wirft später ein Schluck aus einem schmuddeligen Becher nicht gleich aufs Krankenlager.

Das auch bei uns erst junge Umweltbewusstsein ist inzwischen in Ägypten erwacht. Der Staat beginnt, mit ernsten Maßnahmen gegen die ständig wachsenden Umweltbelastungen aus verschiedensten Quellen anzugehen. Doch auch diese Entwicklung benötigt Zeit und letztendlich unsere Mithilfe. Als Beispiel: Pestizide - selbst solche, die bei uns längst verboten sind - kommen häufig ohne Anwendungsanleitung, ohne arabisch geschriebene Informationen und auch an Analphabeten in den Handel. Der Anwender gebraucht sie nach Gutdünken, schädigt häufig sich selbst (jährlich etwa 30 Todesfälle) und belastet die Umwelt.

Schlimm steht es um die Luft- und Wasserbelastung. Obwohl 1995 striktere Umweltgesetze mit einer Übergangsperiode von drei Jahren in Kraft traten, hatten am Ende dieser Periode nicht einmal fünf Prozent der Industriebetriebe auf umweltfreundlichere Verfahren umgestellt. Neben enormer Luftverschmutzung fließen Unmengen Abwasser unbehandelt in den Nil...

Als alleinreisende Frau in Ägypten

Ein Wort vorweg quasi als Zusammenfassung dieses Kapitels: Lassen Sie sich von den folgenden Argumenten auf keinen Fall in Zweifel stürzen, ob Sie als Frau allein in Ägypten reisen sollten – tun Sie es unbedingt und ohne Einschränkung! Die Erfahrungen unserer Leserinnen liegen in der Summe ganz eindeutig auf der positiven, meist sogar der sehr positiven Seite. Betrachten Sie daher die folgenden Sätze als Informationen, die Ihnen durch mehr Verständnis und angepassteres Verhalten einen unproblematischeren Aufenthalt ermöglichen sollen.

Ganz unproblematisch ist es allerdings nicht, in einem muslimischen Land als Frau ohne männliche Begleitung zu reisen. Es soll nicht wenige Frauen geben, die aus Abenteuerlust ganz gezielt nach Ägypten reisen, um sich einen schönen, häufig deutlich jüngeren Mann zu angeln. Das ist durchaus im Land bekannt; es kann in manchen Fällen die hartnäckige Anmache erklären, weil gern alle Europäerinnen als „Freiwild" angesehen werden.

In diesem Zusammenhang ist Christine Polloks Buch *Kulturschock Islam* (siehe Seite 28) eine wichtige Fundgrube von Informationen, die weit über das hinausgehen, was wir hier darstellen können. So sagt sie schon im Vorwort:"... konfliktfreies Reisen ist für eine Frau in der islamischen Welt nicht möglich, zu unterschiedlich sind die Kulturen. Dass du überhaupt (allein oder in Begleitung) unterwegs bist, ist die eigentliche Provokation; und genau das muss dir klar sein." Christine Pollok sagt sehr viel zum Hintergrund der unterschiedlichen Verhaltensweisen und gibt aus eigener Erfahrung eine Reihe guter Ratschläge.

Das Wichtigste herausgegriffen und ergänzt: **Selbstsicher auftreten** , sich nicht einschüchtern lassen, aber auch nicht arrogant sein, so wenig wie möglich durch zur Schau gestellte Weiblichkeit provozieren (angemessene Kleidung, so wenig Haut wie möglich zeigen), Blickkontakt vermeiden (dunkle Sonnenbrille tragen). Rasieren Sie eventuell Bein- und Armhaare, sofern diese zu sehen sind, denn ägyptische Frauen entfernen alle Haare außer den Kopfhaaren. Auf Ansprechen bzw. Anmachen sollte man überhaupt nicht reagieren, d.h.

Wo es fast nie regnet, können auch Dächer als Gerümpellager verwendet werden

so tun, als ob nichts wäre. Wenn Sie darüber hinaus einen Ehering anstecken (rechts verlobt, links verheiratet) und sich passende Erklärungen dafür ausdenken (z.B. Mann beruflich unabkömmlich), eventuell ein Kopftuch tragen, dann werden Sie zwar immer noch Anmache erfahren, aber vielleicht weniger aufdringlich.

Wenn Sie auf der Straße eine Auskunft oder Hilfe brauchen, fragen Sie andere Frauen; vielleicht finden Sie dabei auch Kontakt zu ägyptischen Frauen, die Sie u.U. als Guide begleiten und vor Ärger mit Männern bewahren. Setzen Sie sich in Bahn oder Bus möglichst nur neben Frauen. Reiten Sie tunlichst nicht mit einem Mann gemeinsam auf einem Kamel.

Sollte die Anmache zu aufdringlich werden, schimpfen Sie so laut und so wütend, dass Umstehende es hören und aufmerksam werden.

Wahrscheinlich benutzen Sie am besten deutsche Schimpfwörter, weil Sie die kennen und aus dem Tonfall Ihr Ärger hervorgeht. Arabische Worte müssen richtig betont werden und - sie müssen einem im richtigen Moment einfallen. Eine Leserin empfiehlt die folgenden Steigerungen: *"Eh da?"* (Was ist das?), *"Muschkila?"* (gibt's ein Problem?), *"Anta malak!"* (kümmer dich um deine eigenen Sachen).

Wenn Sie zu sehr belästigt werden, gehen Sie zur Polizei oder Touristenpolizei.

Frauen genießen aber auch ein paar Vorteile: Bei Ticketschaltern gibt es meist eine eigene, kürzere Reihe für Frauen, in der Metro einen nicht so vollen Wagen, im Bus wird fast immer ein Platz frei gemacht. Ein Tipp für die Bahn: Kaufen Sie zwei Tickets - z.B. ist zweite Klasse AC nicht teuer -, so dass Sie sich auf zwei Plätzen ausstrecken können und/oder zusätzlich eine Mindestdistanz zu unliebsamen Nachbarn haben.

Nun noch Zitate aus Briefen alleinreisender Frauen, die Ihnen auch die eine oder andere Information geben mögen:

"Bevor ich ins Flugzeug stieg, konnte ich zwei Nächte nicht mehr schlafen. Ich habe erwartet, dass mich jeder angrabscht oder mir erklärt, dass ich als Frau hier allein nichts zu melden habe. Und dann habe ich noch nie – noch nie auf irgendeiner Reise – so viele nette hilfsbereite Menschen getroffen. Die Ägypter labern einen zwar manchmal tot: 'Do you want to have fun with me'. Aber nie hat jemand versucht, mich anzufassen. Ich habe mich die ganze Zeit in Ägypten absolut sicher gefühlt".

"Euer Reiseführer war eine große Hilfe. In Ägypten gibt's keine Spielregeln für Frauen, auch angemessene Kleidung ist kein Schutz (allerdings habe ich dafür oft Anerkennung erfahren, ich trug immer lange weite Hosen, BH, nie enge oder ärmellose T-Shirts). Das Schwierige am Spiel ist, dass die Männer wirklich nett und freundlich sind, in einer Art, die wir Europäerinnen meist nicht kennen (ich glaube, das macht uns anfällig für großes Vertrauen)."

"Für die Ägypter ist es unverständlich, dass man allein reist. Für sie bedeutet es, dass etwas nicht in Ordnung ist und somit wollen sie sich um einen kümmern. Frau sollte dann immer eine passende Ausrede parat haben (z.B. dass sie gleich ihren Freund trifft) und deutlich machen, dass sie keine Hilfe benötigt. Denn nicht selten stecken hinter den vermeintlichen Hilfeleistungen ganz eindeutige Absichten."

"Noch nie habe ich mich als alleinreisende Frau in einem Land so sicher gefühlt wie in Ägypten. Völlig in Bann gezogen wurde ich von der Freundlichkeit, Fröhlichkeit, Gastfreundschaft und Hilfsbereitschaft, die ich überall antraf. Ich fand es richtig beschämend, dass Fremden in Deutschland ganz anders begegnet wird: kein 'welcome', sondern Distanz oder gar Abweisung."

" Ganz allgemein habe ich immer viel besserer Erfahrungen gemacht, wenn ich nur mit Frauen unterwegs war. Ich denke, das liegt daran, dass Frauen zu zweit oder in einer Gruppe für Ägypter ganz normal sind."

"Wir merkten, dass entschlossenes und sicheres Auftreten – wenn auch nur als Bluff – viel ausmacht: deutlich und laut sagen, was wir wollten, sich mit 'Madame' und Nachnamen vorstellen, bei Antätscheleien im Bus laut schimpfen, sich gleich neben Frauen setzen

oder stellen. Fremde nicht mit Handschlag begrüßen, denn das war oft die erste Berührung, es folgte Hand auf die Schulter legen, danach um den Rücken, so Stückchen für Stückchen. Unsere Forderung 'Fassen sie mich nicht so an' wurde immer sofort akzeptiert, manchmal zunächst mit Entrüstung, dann folgte Achtung, dass wir nicht alles mit uns machen lassen."

"Alleinreisende Frauen brauchen in Ägypten keine Angst zu haben, wenn sie sich in der Kleidung und im Benehmen etwas anpassen können und wissen, was sie wollen. Sie sollten Frauen etwas mehr ermutigen in Ihrem Buch. Ich habe nur gute Erfahrungen gemacht und kann Ägypten nur empfehlen. Nach erstem Lesen Ihres Buches war ich allerdings eher skeptisch."

Im Übrigen sollte noch angemerkt werden, dass Mütter mit Kindern ganz anders respektiert werden als alleinreisende Frauen.

Mit Kindern in Ägypten

Ägypten ist ein sehr kinderfreundliches Land, nicht nur der sprichwörtlichen Fruchtbarkeit wegen. Kindern gehört die ganze Liebe und Aufmerksamkeit der Familie. Auch Touristenkinder sind gern gesehen. Warum also nicht die eigenen Kinder mitnehmen? Ein Leser aus Weimar schrieb Tipps zu diesem Thema, eine Leserin aus Heidelberg ergänzte nach überaus positiven Erfahrungen auf einer Reise mit ihrem vierjährigen Sohn.

Reisevorbereitungen: Auch Kinder sollten auf das Kennenlernen eines anderen Landes vorbereitet werden. Begriffe wie Pyramiden, Wüste, Kamele, Mumien, Nil oder Pharaonen sind vielen Kindern geläufig und können als Ansatzpunkt einer eingehenden Auseinandersetzung mit Land und Leuten dienen. Aber erklären Sie auch das Prinzip des Feilschens, weil hiesige Kinder nur das System der festen Preise kennen. Außerdem können ein paar arabische Worte wie *bitte* oder *danke* aus Kindermund Ägypter in helle Verzückung setzen.

Ein paar Buchvorschläge zur Vorbereitung: Die wohl amüsanteste Einführung in die Vergangenheit bietet der Comic-Band *Asterix und Cleopatra* . Eingehender wird das Ägypten der Pharaonen in *Das alte Ägypten* aus der Reihe *Was ist was* (Tesloff-Verlag Nürnberg) dargestellt. Mit Pyramiden und Mumien befassen sich zwei weitere Bände dieser Reihe. Mit dem Leben im heutigen Ägypten können sich junge Leser durch den Sammelband *Idris, Geschichten aus Ägypten* (Ilse van Heyst, Spectrum-Verlag) mit Kurzgeschichten vom alltäglichen Leben der Kinder vertraut machen. Ein besseres Verständnis des Islam ermöglicht das Vorlesebuch *Fremde Religionen* (M. und U. Tworuschka, Band 1: Judentum/Islam. Verlag Ernst Kaufmann, Lahr). Vom nicht leichten Leben der Beduinen berichtet in kindgerechter Form die dokumentarische Schilderung *Drei Tage bis Ras Muhammad* (Tikva Sarig und Levy Shabtai, Arena Verlag Würzburg).

Essen: Manchmal ist es auf Reisen nicht ganz einfach, den Wünschen der Junioren gerecht zu werden. Die großen Hotels wissen auch die Wünsche der jungen Gäste zu befriedigen. Dabei hält aber auch die ägyptische Küche so manche Spezialität bereit, die bei den Jungen Anklang finden dürfte. "Ägyptisches Fast Food" wie *Shauwarma*, *Felafel* oder *Kofta* gibt es in jedem Dorf. Beim Eis nur Abgepacktes nehmen und darauf achten, dass es nicht schon geschmolzen war; das untere in der Truhe ist kühler.

Wenn Sie für Ihre Kinder Unterhaltung in Kairo suchen, dann könnten folgende Besuche lohnen: Zoo, Zirkus, Puppentheater, interaktives *Child Museum* in Heliopolis, *Crazy Water Park* , (6th October City) mit Wellenbad, Wasserrutschen, Wasserspielen etc. oder *Filfila Village* am Maryutiya Canal in Giseh (Pyramid Road kurz vor der Abzweigung Sakkara rechts); hier gibt es zu typisch ägyptischen Gerichten orientalische Shows mit Akrobaten, Zauberern, Tanz und Gesang. In Luxor oder Assuan sind Felukenfahrten das große Ereignis, aber auch Kalesche, Esel- oder Kamelritte.

Lange Busfahrten können problematisch werden; es kann besser sein, sie in zwei Etappen

zu teilen, auch wenn dann eine Übernachtung an einem unattraktiven Ort anfällt; Spiele gegen Langeweile mitnehmen.
Wenn Sie mit Kleinkindern unterwegs sind, müssen Sie noch weiter voraus denken und nötigenfalls Windeln, dem Alter entsprechende Nahrung und Ersatzkleidung für Fälle mitnehmen, in denen die gewünschte Unterkunft, z.B. wegen einer Panne, nicht erreicht werden kann oder diese Dinge am Ankunftsort nicht vorrätig sind.

Als Behinderte in Ägypten

Ägypten bemerkt in jüngerer Zeit, dass auch Behinderte gern zu Besuch kommen oder kommen würden. Es dürfte jedoch noch eine lange Weile dauern, bis man als RollstuhlfahrerIn die nötige Infrastruktur auch nur in den wichtigsten Tourismusgebieten finden wird. Einige Reiseagenturen entdeckten dieses neue Marktsegment und spezialisierten sich darauf. So berichtet ein behinderter Leser sehr positiv von dem professionellen Service des (deutschsprachigen) Reisebüros:

- **Egypt For All**, 44 Sh Mostafa Sadek El Rafei, Helioplis-Kairo, Tel 3270 457, 3113 988, info@egyptforall.com, www.egyptforall.com.

Die Mitarbeiter sind auf Behinderten-Trips spezialisiert, sie schrecken weder vor Grabkammern noch Wüstentrips oder Schnorchel-Aktivitäten zurück. Mit Geschick und Fürsorge wird den Besuchern Ägypten in Dimensionen erschlossen, die von den Behinderten zuvor nicht denkbar waren. Das heißt aber, dass man sich als Einzeltourist nur dann ins Land begeben kann, wenn man bereits zu Hause vorbaut und professionelle Hilfe organisiert - am preiswertesten als Gruppenreise.
Als einzige Airports sind derzeit nur Kairo und Sharm el Sheikh einigermaßen behindertengerecht ausgestattet, andere Flughäfen ziehen langsam nach. Die ebenerdige Lage der Abfertigungsgebäude bietet jedoch relativ geringe Hindernisse für Rollstuhlfahrer.
Nur wenige Hotels können das Attribut "behindertengerecht" in Anspruch nehmen. Zwar bieten die meisten Herbergen der Luxusklasse auch rollstuhlgerechte Zimmer an; in den billigeren Kategorien sind uns nur wenige bekannt: Im 4*-Bereich das *Basma* in Assuan und das *Mercure* in Luxor.
Es gibt selten fußgängergerechte Bürgersteige, geschweige denn behindertengerechte Wege in Ägypten. Behinderte ohne professionelle Hilfe müssen sich auf diverse Schwierigkeiten vorbereiten; der Besuch von pharaonischen Gräbern oder Pyramiden-Kammern z.B. dürfte sehr schwierig bis unmöglich sein. Andererseits stellen viele Tempel oder ebenerdige Bauwerke keine unüberwindbaren Hindernisse dar, zumindest dann, wenn man als Einzelreisender einheimische erfahrene Helfer anheuert, die einen Rollstuhl auch einmal ein Stück tragen. Das Ägyptische Museum in Kairo wurde mit Aufzügen ausgestattet, so dass Behinderte z.B. auch Zugang zur Tutanchamun-Ausstellung im oberen Stockwerk haben. Den meisten Behinderten wird bei Eintrittsgeldern der Studentenpreis eingeräumt bzw. vom Kassierer angeboten.

Reisen mit Hund

Ob man einen Hund den Strapazen einer langen Reise aussetzt, hängt nicht zuletzt von dessen gesundheitlicher Konstitution ab. An Papieren sind lediglich die in Europa üblichen Dokumente nötig, die jedoch selten kontrolliert werden.
Die Araber verhalten sich wesentlich anders zu Tieren als wir. Lässt man den Hund z.B. allein im Auto zurück, kann es leicht vorkommen, dass vor allem Jugendliche das Tier nach Kräften ärgern. So wie Moscheen absolut tabu für die „unreinen" Hunde sind, gibt es viele andere Gelegenheiten, bei denen der vierbeinige Freund ungern gesehen wird.
Weitere Belastungspunkte sind der überall herumliegende Dreck und Unrat, mit dem sich ein Hund gern zu schaffen macht und sich dabei natürlich Infektionen holen kann. Auch der Kontakt mit streunenden, manchmal arg herun-

tergekommenen Hunden dürfte selten im Sinn des Besitzers sein.
Unabhängig vom Risiko für das Tier, ergibt sich für die Besitzer natürlich der nicht unwichtige Vorteil, einen Bodyguard ständig um sich zu haben. In der Regel ergreifen selbst großmäulige Kontaktsuchende die Flucht, wenn sie auf den vierbeinigen Bewacher stoßen.

Arbeiten in Ägypten

Niemand sollte nach Ägypten reisen und dort seine Reisekosten durch einfache Arbeiten wie Kellnern o.ä. verdienen wollen: Es gibt zahllose Arbeitslose im Land, denen man eine Chance nicht wegnehmen sollte und darf. Andererseits finden sich für bestimmte Beschäftigungen keine oder nur wenige einheimische Kräfte. Vor allem Englisch sprechende junge Frauen, die in so genannten Nursery Schools als Kindergärtnerinnen arbeiten wollen, können eventuell einen Job finden. Die Monatslöhne liegen bei £E 600 bis 1000, also um 100 Euro. Interessierte schauen in englischsprachige Zeitungen. Bis zu sechs Monaten kommt man meist mit dem Touristenvisum zurecht.
Am leichtesten dürfte noch in Touristenzentren wie Hurghada oder Sharm el Sheikh Arbeit zu finden sein. Besonders bei Tauchschulen oder in großen Hotels gibt es häufig spezielle Jobs für Ausländer (Tauchlehrer, Animateure etc.).

Wichtige Adressen

Ägyptische diplomatische Vertretungen

Deutschland

- **Botschaft der Arabischen Republik Ägypten,** Stauffenbergstr. 6-7, 10785 Berlin, Tel 030 477 5470 (keine Visa), Fax 030 477 1049, www.egyptian-embassy.de
- **Generalkonsulate der Arabischen Republik Ägypten, 10785 Berlin** , Stauffenbergstr. 6-7, Tel 030 477 01880, Fax 030 477 4000, ConsularSection@Egyptian-Embassy.de

60322 Frankfurt , Eysseneckstr. 34, Tel 069 955 1340, Fax 069 597 2131
20149 Hamburg , Harvestehuder Weg 50, Tel 040 413 3260, Fax 040 4133 2619, gen-kons-et-hh@gmx.de
Berliner und Ostdeutsche beantragen in Berlin, Norddeutsche in Hamburg, NRW und südlich davon in Frankfurt.

Österreich

- **Botschaft der Arabischen Republik Ägypten,** Hohe Warte 50-54, 1190 Wien, Tel 01 370 8104, Konsularabteilung Tel 01 370 810860, Fax 01 370 810869, consulate@egyptembassyvienna.at

Schweiz

- **Botschaft der Arabischen Republik Ägypten,** Elfenauweg 61 3006 Bern, Tel 031 352 8012, Fax 031 352 0625
- **Konsulat der Arabischen Republik Ägypten** 47, Route de Florissant,1201 Genf, Tel 47 63 79

Touristische Auskünfte

Für den deutschsprachigen Raum ist das Fremdenverkehrsamt in Frankfurt zuständig:

- **Ägyptisches Fremdenverkehrsamt** Kaiserstr. 64 A, 60329 Frankfurt, Tel 069 252 153, 252 319, Fax 069 239 876, Staatlich@aegyptisches-fremdenverkehrsamt.de

Auskünfte über koptische Angelegenheiten

- **Koptisch-Orthodoxes St. Antonius Kloster** Hauptstraße 10, 35647 Waldsolms-Kröffelbach Tel 060 852 317

Papierkram (Visum, Impfungen etc.)

Die Einreise- und Zollbestimmungen können sich jederzeit ändern. Daher sollten Sie sich rechtzeitig nach den aktuellsten Vorschriften erkundigen.

Übliche Einreise

- An Papieren für die Einreise ist zunächst ein **Reisepass** der Schlüssel zum Land. Er muss mindestens noch drei Monate gültig und mit einem Visum versehen sein. Bürger aus der EU und der Schweiz können das Visum am Einreise-Flughafen kaufen: An einem der Bankschalter vor der Passkontrolle kauft man eine Wertmarke in Form eines Stickers zu $ 15, die in den Pass geklebt und dann abgestempelt wird, Wartezeit wenige Minuten. Neuerdings genügt (zur Not) auch der Personalausweis bei der Flugzeugeinreise. Für das Erteilen des Visums müssen in diesem Fall eine Ausweiskopie und zwei Passfotos vorgelegt werden; also bereits zu Hause besorgen.

Ein Hinweis: Den Reisepass sollte man im Hotel hinterlegen, da das Risiko, ihn zu verlieren, deutlich größer ist, als dass er im Hotel verschwindet. Bei Passverlust kann nur die Botschaft in Kairo einen Ersatz ausstellen. Eine Kopie der beiden ersten Seiten erleichtert diesen (sehr aufwändigen) Vorgang.

• **Kinder** können theoretisch bis zum 16. Lebensjahr nach Ägypten einreisen, wenn sie im Pass der Eltern eingetragen sind und dieser ein Foto des Kindes enthält. Besser: Lassen Sie sich zusätzlich vor Reiseantritt einen mit Foto versehenen Kinderausweis ausstellen.

• Wenn Sie länger als einen Monat bleiben wollen, sollten Sie das **Visum** bereits zu Hause besorgen, das teurer ist als an der Grenze. Kalkulieren Sie vorsichtshalber eine gute Woche als Vorlaufzeit für die Abwicklung ein. Visa-Anträge können Sie beim Konsulat oder einem Reisebüro anfordern oder im Internet unter www.mfa.gov.eg und dort unter "Download & print visa forms" herunterladen oder als Faxabruf unter 0190 771 097 010 holen. Den ausgefüllten Antrag mit den Visagebühren in bar, Passfoto und Rückumschlag (ausreichend frankieren!) an das zuständige Konsulat schicken.

• Das Visum ermöglicht nur die Einreise, für den Aufenthalt im Land benötigt man eine weitere Erlaubnis. Als Normaltourist erhält man am Grenzübergang in der Regel nicht mehr als vier Wochen **Aufenthaltserlaubnis**. Falls man länger bleiben will, muss man innerhalb dieser Zeit die Aufenthaltsdauer bei der nächsten Passbehörde verlängern lassen. Versuchen Sie dennoch, mit Hartnäckigkeit gleich bei der Einreise die gewünschte Aufenthaltsdauer zu bekommen. Überziehen des Aufenthalts um 7 bis zu 14 Tage wird meist toleriert, danach bestraft. Informationen zu Ein- und Ausreise finden Sie ab Seite , die Sie unbedingt kurz vor der Ankunft lesen sollten.

• Einen **Internationalen Führerschein**, den die heimische Kfz-Behörde ausstellt, sollte man nach Möglichkeit mitnehmen. Wenn Sie ein Auto mieten wollen, geht es häufig nicht ohne dieses Papier. Andernfalls müssten Sie theoretisch den ägyptischen Führerschein machen, was Sie drei Tage Bürokratie kosten kann.

• Der **Internationale Studentenausweis** verhilft dem Besitzer zu erheblichem Nachlass bei Eintrittsgeldern und sogar bei Eisenbahn-Tickets. Besorgen Sie sich den Ausweis erst kurz vor der Abreise und möglichst in demselben Kalenderjahr; am besten funktioniert der grüne Internationale Studentenausweis mit Foto.

Auch die *International Student Identity Card* wird in Ägypten durchweg anerkannt. Nähere Informationen erhalten Sie über

ISIC, Box 9048, 1000 Kopenhagen, Dänemark, Tel 0045 339 39303.

• Wer seinen Studentenausweis, Studentenausweis verlor oder vergaß, kann einen neuen Ausweis in der **Medical University,** Kairo, 23 Sharia El Manial, Insel Roda (Öffnungszeiten: So-Do 9-19,1.Stock über Nationalbank) gegen ca. £E 30 Gebühren, Vorlage eines Passbildes und der Studienbescheinigung (nicht zwingend) bekommen. Dasselbe ist bei Prof. AHMED EL SHEIKH in der *Faculty of Engineering in der Cairo University* in Giseh (Sa-Do 9.30-13.30) zu £E 60 möglich.

• **Zivildienstleistende** bekommen manchmal auch Ermäßigung auf ihren Ausweis (einfach ausprobieren).

• **Ägyptologen** oder Archäologen erhalten bei Nachweis ihres Berufes ein Türen öffnendes Permit vom *Supreme Council of Antiquities (SCA),* Kairo (Adresse siehe Seite 233) , das mit Vorlauf per Fax bestellt werden sollte. Bei Abholung sind zwei Fotos und £E 25 mitzubringen.

• In den diversen Youth Hostels, aber auch bei der Eisenbahn ist die **International Youth Hostel Card** von Nutzen, wenn Sie einen entsprechenden Brief des Youth Hostel Office (Adresse Seite) vorweisen können.

• **Einreise mit Tieren:** Offiziell ist ein amtstierärztliches Gesundheitszeugnis nötig, Hunde und Katzen müssen (höchstens zwei Wochen vor Einreise) gegen Tollwut geimpft sein.

Geldtausch

An jedem Grenzübergang warten Banken darauf, dass man Geld wechselt; der Kurs ist etwas ungünstiger als üblich. Den bei Redaktionsschluss dieser Auflage gültigen Wechselkurs und weitere Informationen zum Thema Geld können Sie auf Seite 36 nachlesen.

Impfungen

Unter www.fit-for-travel.de finden Sie die aktuellsten Informationen. Prüfen Sie dort ihr individuelles Risiko und die vorgeschlagenen Vorbeugemaßnahmen. Ein Impfpass ist normalerweise nicht gefragt, es sei denn, man kommt aus Gebieten, in denen Impfungen obligatorisch sind.
Die WHO (Weltgesundheits-Organisation) rät von einer **Malaria-Prophylaxe** ab, weil das Infektionsrisiko in Ägypten sehr gering geworden ist; lediglich im *Fayum* ist von Juni bis Oktober Vorsicht angebracht.
Grundsätzlich sollte man sich gegen **Hepatitis A und B** impfen lassen, weil die Ansteckungsmöglichkeiten wesentlich höher als in Europa sind; aber auch zu Hause lebt man nicht ungefährdet. Weiterhin sollten Sie überprüfen, ob eine Auffrischung von Kinderlähmung- und Tetanus-Impfungen nötig ist; die Impfungen lassen sich zur Not in Kairo im *Vaccination Center* nachholen, das im Stadtteil *Agouza* am Ende der 6.October-Brücke liegt (weitere Informationen zum Thema Gesundheit siehe Seite 54) .
Auch den Abschluss einer **Reisekrankenversicherung** sollte man ins Auge fassen, wenn die eigene Krankenkasse in Ägypten nicht zahlt. Hier einige Anbieter: DKV AG, Köln, Tel 01801 358100, www.dkv.com, Europa-Krankenversicherung AG, Köln, Tel 0221 573701, SIGNAL Unfallversicherung a.G., Dortmund, Tel 0231 135 7570, www.signal-iduna.de, Württembergische Krankenversicherung AG, www.wuerttembergische.de.

Zollbestimmungen

Zolldeklaration bei der Einreise: Offiziell sind Wertgegenstände wie Fotoapparate o.ä. bei der Einreise zu deklarieren; derzeit wird allerdings das entsprechende Formular gar nicht ausgegeben. Mitgeführte wertvollere Geräte werden im Reisepass eingetragen, eventuell ist sogar eine Kaution beim Zoll zu hinterlegen. Die Einfuhr von Sprech- oder Amateurfunkgeräten ist nicht erlaubt. Natürlich sind Drogen und Narkotika verboten.
Zollfrei dürfen eingeführt werden: 400 Zigaretten, 3 Liter Spirituosen, 1 Fotoapparat, 1 Filmkamera, 1 Fernglas, 1 Radio, 1 Videocamera, Campingausrüstung.
Bei der Ausreise dürfen Sie **keine Antiquitäten ausführen**, es sei denn, Sie sind im Besitz einer Genehmigung der Altertümerverwaltung oder eines konzessionierten Händlers. Diese Bestimmung wird von Ägyptern verständlicherweise scharf überwacht, auf Missbrauch stehen hohe Strafen.

Literatur, Karten, Internet

Wer nicht als Blinder durch Ägypten reisen will, informiert sich vor der Ankunft über Land und Leute. Erzählungen oder Romane z.B. vermitteln einen allerersten Eindruck. Man liest sich dabei ein bisschen in die Seele und täglichen Probleme der Menschen ein, die man besuchen will.
Ägypten-Literatur gibt es in Hülle und Fülle, doch die meisten Autoren befassen sich mit dem alten Ägypten. Die folgende Liste, die keine systematische Bibliografie ist und keinen Anspruch auf Vollständigkeit erhebt, soll Ihnen bei der Auswahl helfen. Der jeweilige Kurzkommentar stellt im Übrigen unsere subjektive Ansicht dar.

In der Liste sind auch einige vergriffene Bücher aufgeführt, die wir dennoch für so interessant oder wichtig halten, dass man versuchen sollte, sie in Bibliotheken auszuleihen oder antiquarisch aufzutreiben.
Ein Hinweis: Falls Sie zu Hause keine Zeit mehr zum Bücherkaufen finden: In Kairo gibt es die deutschsprachige Buchhandlung Lehnert & Landrock (44 Sharia Sherif) mit einem breiten Angebot auch deutschsprachiger Ägyptenbücher.

Zum Einlesen

- T.Hussain: **Kindheitstage** , Edition Orient, Berlin; der blinde Dichter beschreibt einprägsam seine Kindheit auf dem Land (leider vergriffen); das Büchlein gibt einen sehr guten Einblick in die täglichen Probleme und Ängste der Fellachen. Der Band **Jugendjahre in Kairo** schildert das Leben an der Schul-Moschee Al Azhar.
- Y. Hakki: **Die Öllampe der Umm Haschim**, Edition Orient, Berlin; die Erzählung stellt auf einfühlsame Weise das islamische Leben Kairos aus arabischer Sicht europäischer Denkweise gegenüber.
- F. Büttner, I.Klostermeier: **Ägypten**, Beck'sche Reihe BsR 842 Aktuelle Länderkunde; hervorragende Hintergrundinformationen zum Verständnis von Politik und Wirtschaft des Landes, fast spannend zu lesen.
- **GEO-Special Ägypten** und **Geo Epoche Pharaonen** beschreiben das Land aus zeitgenössischer wie historischer Sicht; ein guter Überblick über das Land, das Sie bereisen wollen.
- Die folgenden Bücher der ägyptischen Ärztin Nawal el Saadawi zählen zur kritischen Literatur über das heutige ägyptische Leben (besonders der Frauen): **Bericht einer Frau am Punkt Null**, Frauenbuchverlag, München; eine zum Tode verurteilte ägyptische Prostituierte reflektiert ihr Leben; leider vergriffen. **Gott stirbt am Nil**, Verlag A. Kunstmann; hervorragende Einblicke in das Leben in einem ganz normalen Dorf: staatliche und religiöse Macht, Familienstrukturen und Solidarität der Frauen untereinander.
- C. Pollok: **Kulturschock Islam**, Reise Know-How Verlag; die Autorin beschäftigt sich mit der Problematik von Touristinnen in islamischen Ländern. Neben sehr viel Hintergrundwissen gibt der Band auch wichtige Ratschläge für Konfliktsituationen; besonders für alleinreisende Frauen empfohlen.
- Jehan Sadat: **Ich bin eine Frau aus Ägypten**, Scherz Verlag; ‚die Autobiografie einer außergewöhnlichen Frau unserer Zeit' ist der zu wenig versprechende Untertitel. Die Frau des ermordeten Präsidenten berichtet von der politischen Entwicklung und ihren zahlreichen Aktivitäten für die Besserstellung der Frauen sowie vom Leben in der Stadt und auf dem Land; ein spannend geschriebenes Buch.
- Nagib Machfus (alle folgenden Bücher erschienen im Unionsverlag, Zürich): **Die Midaq-Gasse**; der Nobelpreisträger schildert in einem seiner bekanntesten Bücher mit sehr viel Beobachtungsgabe das Leben in einer typischen Straße Kairos. **Die Moschee in der Gasse**; die ausgewählten Novellen zeichnen zum Teil spannende, zum Teil schwermütige Bilder aus dem täglichen Leben. Auch ein spannender Krimi **Der Dieb und die Hunde** gehört zu den Werken von Mahfus.
- Die **"Kairoer Trilogie"** – **Zwischen den Palästen, Palast der Sehnsucht, Zuckergäßchen** – ist sehr spannend zu lesen und baut dabei ein Bild von Kairo auf, in das man als Besucher sofort eintreten kann; besonders, wenn man die Bücher in Kairo verschlingt!
- G.Flaubert: **Reisetagebuch aus Ägypten**, Societäts Verlag; höchst unterhaltsam, aufschlussreich und manchmal amüsant, die Spuren dieses Mannes zu verfolgen, der, ungern unterwegs, Mitte des letzten Jahrhunderts zwei Jahre durch Ägypten zog.

Über pharaonische Zeiten

- E. Friedell: **Kulturgeschichte Ägyptens und des Alten Orients** – Ägypten im Mittleren Reich, C.H. Beck Verlag; ausgehend von Kunstdenkmälern, umfassende Darstellung dieser Epoche.

• J. Romer: **Sie schufen die Königsgräber** – Die Geschichte einer altägyptischen Arbeitersiedlung, Nymphenburger Verlag; die spannend geschriebene Geschichte der Siedlung Deir el Medina anhand von Originaldokumenten (Papyri, Ostraka, Grabungszeugnisse).

• E. Hornung: **Tal der Könige**, Die Ruhestätte der Pharaonen, Artemis & Winkler; der Ägyptologe und anerkannte Königsgräber-Fachmann liefert hervorragende Hintergrundinformationen und stellt Zusammenhänge dar, sehr gut bebildert, sehr empfohlen.

• E. Hornung: **Altägyptische Jenseitsbücher**, Primus Verlag; dieser einführende Überblick vermittelt die wichtigen Informationen zum Verständnis des pharaonischen Jenseitsglaubens.

• J. Assmann: **Tod und Jenseits im Alten Ägypten**, C.H.Beck, München; der Ägyptologe versucht in seinem hochinteressanten Buch, die Todeskultur der alten Ägypter umfassend zu beschreiben.

• C. Jacq: **Tal der Könige**, Geschichte und Entdeckung eines Monuments der Ewigkeit, Droemer Knaur, München; der Autor schreibt spannend über das Tal der Könige, seine Toten und seine Entdecker.

• H. Schlögl: **Amenophis IV – Echnaton** mit Selbstzeugnissen und Bilddokumenten, rororo-Bildmonografien; beste Darstellung der Amarna-Zeit, kurz und präzise, viele Originalzitate.

• R. Stadelmann: **Die ägyptischen Pyramiden** – Vom Ziegelbau zum Weltwunder, von Zabern Verlag; Übersicht über die Entwicklung des Pyramidenbaus von der Frühzeit bis nach Meroe, neueste Pläne, Baugeschichte, Bedeutung (Vorgeschichte und Frühzeit langatmig).

• D. Wildung: **Sesostris und Amenemhet**, Hirmer Verlag; der kompetente Fachmann beschreibt Geschichte, Religion und Leben im Mittleren Reich, hochinteressant und fast spannend zu lesen (vergriffen).

• **Sennefer, die Grabkammer des Bürgermeisters von Theben;** von Zabern Verlag, die Begleitpublikation zur Ausstellung einer Fotoreproduktion dieses Grabes vermittelt gute Vorstellungen von der Dekoration eines thebanischen Grabes (vergriffen).

Museumsführer

• **Die Hauptwerke im Ägyptischen Museum Kairo**, von Zabern Verlag; in 270 Katalognummern (alle mit Fotos) wird eine Auswahl der Objekte mit ausführlichen Beschreibungen vorgestellt; weniger für den Besuch als vielmehr für Vor- und Nachbereitung geeignet.

• A. Bongiomanni, Hrsg. **Ägyptisches Museum Kairo**, Mairs Geographischer Verlag, Ostfildern; aufwendig und sehr gut, bester derzeitiger Führer, erhältlich auch im Museumsshop in Kairo.

Bildbände

• Lange/Hirmer: **Ägypten – Architektur, Plastik, Malerei in drei Jahrtausenden**, Hirmer Verlag; der Klassiker unter den Ägypten-Bildbänden.

• W. Weiss: **Ägypten**, Bucher Verlag; einer der besten Bildbände mit hervorragenden Fotos und informativem Text über Vergangenheit und Gegenwart (vergriffen).

• Maroon/Newby: **Ägypten – Kunst, Geschichte, Land und Leute**, Belser Reich Verlag; Bildband mit schönen und eindrucksvollen Fotos, Schwerpunkt ist das alte Ägypten.

Englischsprachige Literatur, Sonstiges

• Viele der folgenden englischsprachigen Titel sind praktisch nur in Ägypten (Kairo) erhältlich.

• Baker/Sabin: **A Practical Guide to Islamic Monuments in Cairo**, The American University in Cairo Press; ein sehr spezialisiertes, aber informatives Buch für den an islamischen Monumenten Interessierten.

• O. Seif: **Khan al-Khalili**, a comprehensive mapped guide to Cairos's historic bazar, American University in Cairo Press; ein hervorragender Führer durch das Gewirr der Khan el Khalili-Gassen und seiner Shops. Auch die angrenzenden historischen Stätten werden kurz beschrieben.

Internetlinks

Tausende von Internetseiten zum Thema Ägypten warten auf Besucher, vor allem im englischsprachigen Raum. Es ist nicht einfach, die Spreu vom Weizen zu trennen und Empfehlungen auszusprechen, zumal sich die Angebote täglich ändern können.

Allgemeine Informationen zum Land

» Empfehlungen des Auswärtigen Amtes zur Reisesituation (wenn Ägypten hier nicht genannt ist, sieht das AA die Sicherheitssituation als normal): www.diplo.de/diplo/de/Laenderinformationen/01-Reisewarnungen-Liste.html
» Deutsche Botschaft in Kairo: www.german-embassy.org.eg
» Reisewarnungen des Österreichischen Außenministeriums: www.bmaa.gv.at/view.php3?f_id=1822&LNG=de
» Reisesicherheitshinweise der schweizerischen EDA: www.eda.admin.ch/travel/aegyp_d.html
» CIA Factbook (allgemeine statistische Daten): www.odci.gov/cia/publications/factbook/geos/eg.html
» Informationen hauptsächlich statistischer und wirtschaftlicher Natur von AME Info: www.ameinfo.com/egypt/
» Staatlich-ägyptisches Informations-System, langsame Site mit vielen Bildern aber auch vielen Informationen: www.sis.gov.eg/
» Kemet-Ring, eine "Verkettung" verschiedenster Websites zum Thema Ägypten: http://g.webring.com/hub?ring=kemetring
» Interessante Infos der seit 1983 in Kairo lebenden deutschen Familie von der Way, auch Veranstaltungskalender und Links für in Kairo lebende Ausländer: www.kairofamiliennetz.de

Linklisten

» Sehr ausführliche Linksammlung der Uni Heidelberg: www.ub.uni-heidelberg.de/helios/fachinfo/www/aegypt/internetquellen.htm
» Links zu sehr vielen koptischen Einrichtungen: www.coptic.net/CopticWeb/

Zeitschriften

» Kemet, Zeitschrift der (Alt)-Ägyptenfreunde (deutschsprachig): www.kemet.de/
» Al Ahram Weekly, führende ägyptische Zeitung: www.ahram.org.eg/weekly/
» BBC News Middle East (leider sehr unregelmäßig aktualisiert): http://news.bbc.co.uk/2/hi/middle_east/default.stm
» Egypt Today, bekanntes Journal mit vielen kulturellen Infos: www.egypttoday.com/
» Egypt Daily, regierungsnahe, sehr aktuelle Internetzeitung: www.egyptdaily.com

Tourismus / in Ägypten unterwegs

» Offizielle Information des Ministry of Tourism, Tourist-Netz (inzwischen gut und informativ): www.touregypt.net/; darunter die folgenden Seiten: Travel Guide to Egypt (Informationen mit Bildern zu den wesentlichen Reisezielen): www.touregypt.net/edestinations.htm oder Zugverbindungen: www.touregypt.net/trains.htm; „Wild Egypt, An Online Safari" (interessant, Reisen auf dem Nil, in der Wüste und Tauchen, gute Tierfotos) www.touregypt.net/wildegypt/; gute Informationen über koptische Klöster: www.touregypt.net/featurestories/monasteries.htm
» Gute Reise- und touristische Informationen: www.aegypten.de, zusätzliche Einkaufstipps: www.aegypten-online.de

Internetlinks

- Ägypten, Geschenk des Nils (guter Überblick von den Pharaonen bis heute, auch Reisetipps): www.online-club.de/~nofretete/
- Egypt Air: www.egyptair.de/ (deutschsprachig); www.egyptair.com.eg/english/;
- Die Deutsche Botschaft Kairo bietet sehr interessante Informationen über Land und Leute, u.a. einen aktuellen Pressespiegel und viele praktische Tipps: www.cairo.diplo.de
- Reiseportal, Last Minute Reisen: www.wondertravels.de/Reiseverzeichnis
- Reiseportal, Hotelinformationen etc: www.willgoto.com
- Wikitravel, ständig wachsende Informationssammlung von freien Autoren (deren Qualifikation in der Regel nicht bekannt ist): http://wikitravel.org/de/%C3%84gypten
- Auch im "Webkatalog für Urlaub und Reise" finden sich gute Hinweise: www.purlaub.de

Regionale touristische Informationen

- Kairo: Ägyptisches Museum: www.egyptianmuseum.gov.eg
- Koptisches Museum: www.copticmuseum.gov.eg
- Islamisches Keramik Museum: www.icm.gov.eg
- Islamische Monumente in Kairo: www.cim.gov.eg;
- Luxor: (siehe auch Altägypten, weiter unten) Öffnungsangaben von Sehenswürdigkeiten: www.cyclejp.com/luxor/indexE.html; Luxor-Westbank, eine auf die Region spezialisierte Webseite (von in Luxor lebenden deutschen Journalisten): www.luxor-westbank.com
- Eine private Feluken-Reise auf dem Nil (u.a. gute Bilder): www.cbg.de/story/nil/nil-1.html

Altägypten

- Altertümerverwaltung (Supreme Council of Antiquities, SCA): www.guardians.net/sca/
- Monumente in Ägypten (etwas spärliche Informationen zu allen Monumenten, auch nachpharaonischen): www.touregypt.net/monument.htm
- Ancient Egypt, hervorragende Sites zum pharaonischen Ägypten: www.guardians.net/egypt/ und www.ancientegypt.co.uk (des British Museum), unter http://www.guardians.net/hawass/ berichtet Zahi Hawass, Chef der ägyptischen Altertümerverwaltung, über Neues
- Ausgehend von KV 5, dem größten Grab im Tal der Könige, können hier viele Gräber virtuell besichtigt werden: www.thebanmappingproject.com
- Ausführlich über die Ptolemäische Epoche: www.houseofptolemy.org
- Egyptology Resources (Newton Institute in the University of Cambridge): www.newton.cam.ac.uk/egypt/index.html
- Internationaler Ägyptologenverband mit einer Reihe interessanter Links: www.fak12.uni-muenchen.de/aegyp/IAEPage.html
- EFFNEWS (für Ägyptologen), z.B. mit einer Liste aller gegenwärtigen Ausstellungen: www.geocities.com/TimesSquare/Alley/4482/EEFNEWS.html#10.5
- Das Staatliche Museum Ägyptischer Kunst, München, glänzt mit einer sehr sehenswerten Internet-Site: www.aegyptisches-museum-muenchen.de
- Das Institut für Ägyptologie der Ludw.-Maximilians-Universität München (www.aegyptologie.lmu.de) veröffentlicht unter dem Titel Deir el Medine wissenschaftliche Beschreibungen nichtliterarischer Ostraka aus Deir el Medina. Es ist interessant, in dem Archiv zu blättern. http://obelix.arf.fak12.uni-muenchen.de/cgi-bin/mmcgi2mmhob/mho-1/hobmain/
- Chat: www.aegyptologie-chat.de/

Internetlinks

- » Foren, Einzeldarstellungen, Sonstiges
- » Fundgruben an Informationen sind die deutschsprachigen Foren: www.aegyptologie.com; www.isis-und-osiris.de/isisosiris/enter.html
- » Ein gutgemachtes Portal mit vielen Afrikainformationen, u.a. auch zu Ägypten, ist www.afroport.de
- » Informative private Sites über Altägypten: www.land-der-pharaonen.de/index.html, www.selket.de, www.manetho.de
- » Im Inneren der Cheops-Pyramide, das Uppuaut-Projekt: www.cheops.org
- » Informationen zu einzelnen pharaonischen Plätzen: www.akhet.co.uk/index.htm
- » Interessante Details zum Grab der beiden Männer Nianch-Chnum und Chnumhotep in Sakkara: www.egyptology.com/niankhkhnum_khnumhotep/
- » Senneferi-Grab in Theben-West: www.newton.cam.ac.uk/egypt/tt99/index.html
- » Virtuele Mumie - Auswickeln per Mausklick: http://www.uke.uni-hamburg.de/institute/medizinische-informatik/index_15991.php

• R.N.Neil: **The Fayoum**, American University in Cairo Press; ein sehr guter Führer in das Fayum, den Garten Kairos.

Sonstiges

• **Kauderwelsch, Arabisch für Globetrotter**, ein sehr nützlicher Band aus dem Reise Know-How Verlag, Bielefeld

• Prof. Riad Gayed, Kairo: **Praktische Methode für die arabische Umgangssprache**, Librairie Al-Hilal (in Ägypten erhältlich). Weiterhin hat die Elias Modern Publishing House Co. methodisch sehr gute Arabisch-Englisch-Lehrbücher herausgegeben; erhältlich in Kairo.

• Dia Ed-Din M. Badr, Kairo: **Die moderne arabische Sprache**; gutes Lehrbuch, bei Lehnert & Landrock in Kairo erhältlich.

• A. Wirth: **Erste Hilfe unterwegs**, wie auch **Wo es keinen Arzt gibt** von D. Werner, sind kompakte und vor allem kompetente Ratgeber für unterwegs; beide Reise Know-How Verlag, Bielefeld.

Karten

Leider sieht es auf diesem Sektor nicht besonders gut aus. Die erhältlichen Karten bieten keineswegs optimale oder gar zuverlässige Informationen, da die ägyptische Verwaltung nur veraltete Karten herausgibt, auf denen z.B. seit Jahren existierende neue Straßen nicht zu sehen sind! In Kairo können Sie Karten bei den großen Buchhandlungen und in den Hotel-Bookshops kaufen.

• **Reise-Know-How Ägypten**, 1:1 250 000, derzeit aktuellste und trotz des Maßstabs sehr detailreiche Karte, da großformatig gedruckt

• **Freytag & Berndt**, Ägypten-Autokarte mit Kulturführer, 1:1 Mio; übersichtlich, allerdings auch mit einer Reihe von Ungenauigkeiten.

Stadtpläne

In Ägypten können Sie Stadtpläne von Kairo, Luxor und Assuan im Buchhandel kaufen. Bei den Tourist Offices erhält man meist nur sehr dürftige Pläne.

• Von den käuflichen Kairo-Stadtplänen ist der von **Cairo Engineering & Manufacturing Co** der aktuellste und beste.

• **CAIRO MAPS**, Herausgeber The American University in Cairo Press, ein Taschenatlas mit 44 Einzelkarten und ausführlichem Index, sehr handlich

• **Luxor**, Herausgeber GEOprojects Ltd., beste Karte von Luxor (dort erhältlich). Trotz allem: Keiner der Pläne ist frei von Fehlern.

Zeitschriften

• **Papyrus** heißt die mit viel Engagement gemachte Zeitschrift der deutschsprachigen Ausländer in Ägypten, auf die eine ganze Reihe von Informationen in diesem Reiseführer zurückgehen. Papyrus wird nur im Abonnement vertrieben.

- **Kemet** – Die Zeitschrift für Altägyptenfreunde, Kemet-Verlag Adel Kamel, Berlin, Tel 030 873 5967, abo@kemet.de; vierteljährlich erscheinend mit Schwerpunkt pharaonisches Ägypten, hervorragende Beiträge über alte und neue Erkenntnisse; sehr empfehlenswert.
- **Egypt Today** ist ein ägyptisches Magazin, das stark kulturell ausgerichtet ist und informativ über das Leben in Ägypten berichtet.

Ägyptische Museen im deutschsprachigen Raum

Ägyptenreisende können sich schon zu Hause über die historischen Hintergründe ihrer Reise recht gut informieren. Es gibt eine ganze Reihe von Museen oder Institutionen, die sich mit dem pharaonischen Ägypten beschäftigen. Hier eine Auflistung für den deutschsprachigen Raum:

- **Basel, Genf** Basel: Museum für Völkerkunde, Genf: Museum für Kunst und Geschichte
- **Berlin** Staatliche Museen Preußischer Kulturbesitz, Ägyptisches Museum , im Alten Museum, Am Lustgarten, 10178 Berlin
- **Frankfurt** Liebig-Haus, Museum alter Plastik, Schaumainkai 71
- **Schlossmuseum Gotha**, Schloss Friedenstein
- **Hamburg** Museum für Völkerkunde, Rothenbaumch. 64
- **Hannover** Kestner-Museum, Tramplatz 3
- **Hildesheim** Pelizaeus-Museum, Am Steine 1
- **Karlsruhe** Badisches Landesmuseum, Schloss
- **Leipzig** Ägyptisches Museum, Schillerstr. 6
- **München** Museum Ägyptischer Kunst, Hofgartenstraße
- **Weiden** Internationales Keramikmuseum, Luitpoldstraße (weltweit größte Ausstellung ägyptischer Keramik)
- **Wien** Kunsthistorisches Museum, Ägyptisch-Orientalische Sammlung, Burgring 5

Auch Universitäten unterhalten ägyptische (Studien)sammlungen:

- **Uni Heidelberg** Sammlung des Ägyptischen Instituts, Marstallhof
- **Uni Tübingen** Sammlung des Ägyptischen Instituts, Schloss Hohentübingen
- **Koptisches Kloster Waldsolms** Koptisch-orthodoxes Zentrum und Kloster (Hauptstr. 10, 35647 Waldsolms) mit modernen und alten Ikonen sowie Museum.

Kleidung, Ausrüstung

In den Monaten November bis März kann es, speziell in Unterägypten, recht kühl werden; ein Wollpullover und/oder eine Jacke bzw. ein Anorak sind für diese Zeit unentbehrlich. Es kann im Winter sogar in Luxor so kalt werden, dass jeder Schlafsackbesitzer beneidet wird. Preiswerte Hotelzimmer sind meist ungeheizt, nur eine dünne Wolldecke soll gegen Kälte schützen; Kälteempfindliche sollten daher einen Schlafsack einpacken. Wir erhielten viele Zuschriften, die warme Kleidung zumindest für Dezember bis Ende Februar empfahlen, z.B. ein Viertel leichte Kleidung, der Rest warm.

Ansonsten eignet sich leichte, luftige Baumwollkleidung und Baumwollunterwäsche am besten. Vergessen Sie auf keinen Fall Sonnenhut, -brille, -schutzöl und Badezeug. Als Schutz gegen Anmache eignet sich, allerdings nur bedingt, ein schwarzes (Seiden)Kopftuch, das frau klein falten und bei entsprechenden Gelegenheiten umschlagen kann. Frau trägt in Ägypten knielange Röcke oder Hosen und keine ärmellosen Blusen oder T-Shirts.

Vom Schuhwerk her genügen einfache Sandalen nicht, in denen man sich bei den tagelangen Wanderungen in Städten die Füße ruinieren kann. Nehmen Sie Schuhwerk mit, in dem Sie sich wohl fühlen und in dem Sie auch bei heißgelaufenen Füßen noch gut gehen können. Dazu gehören entsprechende Socken, die man abends auch als Schutz gegen Moskitos anziehen kann.

Tipps für Pechvögel

Unterwegs können allerhand Missgeschicke passieren, deren Folgen dann zu meistern sind: Wer den Pass **zu Hause vergisst,** kann sich vom Bundesgrenzschutz am Flughafen ein Ersatzdokument ausstellen lassen. Dies wird allerdings nicht in USA, Kanada und allen Ländern, die Einreise-Visa verlangen, akzeptiert. Wenn der Pass in Ägypten verloren geht, muss man die Botschaft persönlich aufsuchen und dort einen Ersatzpass beantragen. Danach folgt der nervtötende Schritt: Im Mogamma-Gebäude am Midan Tahrir ein neues Visum in den jungfräulichen Pass stempeln lassen – das kann einen halben Tag dauern! In all diesen Fällen sind entweder eine Passkopie oder der Personalausweis sehr hilfreich.

Bei **verlorenem oder vergessenem** Ticket stellen Airlines Ersatztickets aus, die man zunächst bezahlen muss (Kreditkarte oder bar). Wer eine Kopie des Tickets vorlegen kann, hat es bei diesem Vorgang wesentlich leichter. Das Geld wird erstattet, wenn niemand auf das Originalticket eincheckt.

Wer in der Charter- oder Touristenklasse den **Flieger verpasst**, kann nur auf die Kulanz der Airline hoffen, ein Anspruch auf Beförderung besteht in der Regel nicht mehr. Bei **Verlust von Bargeld** hilft niemand, bei Reiseschecks erhält man Ersatz. Eine **abhanden gekommene Kredit- oder EC-Karte** muss man möglichst schnell sperren lassen, nur dann übernimmt die ausstellende Bank die Kosten bei Missbrauch. Daher Hotlines der betreffenden Banken und Kartennummern notieren.

Wenn der **Koffer nicht ankommt**, geht man mit dem Ticket zunächst zum Schalter „Lost & Found", dort wird der Weg des Koffers verfolgt. Wird er ausfindig gemacht, kommt er auf die nächste Maschine. Dauert dies länger, stellt die Airline ein Notset zur Verfügung. Geht er endgültig verloren, bekommt man (bescheidenen) Ersatz.

Vorsichtige Menschen nehmen mit:

Kopien vom Ticket und von den beiden ersten Pass-Seiten,

Hotline-Nummern der Kreditkarten- bzw. EC-Kartenbanken, z.B. MasterCard und (Visa, Angabe in Klammern):

Deutschland 0800 819 1040 (0800 811 8440), Österreich 0800 218 235 (0800 296 704), Schweiz 0800 897 092 (0800 894 732).

Es empfiehlt sich sehr, für längere Reisen in klimatisierten Zügen oder Bussen – *manchmal Kühlhaustemperaturen* – einen leichten Pullover oder eine Jacke griffbereit zu haben. Vielleicht packen Sie auch ein etwas besseres Outfit für mögliche Einladungen ein.

Allgemeine Tipps

- Denken Sie an Ihr **Geld**: Brustbeutel können sehr leicht gestohlen werden, Geldgürtel (**in** der Hose getragen) oder Bauchtaschen sind sicherer.
- In einigen Gegenden gibt es vor allem in unklimatisierten Hotelzimmern **Moskitos**, gegen die man sich am besten per Moskitonetz schützt. Netze mit Einpunktbefestigung in der Mitte erfordern z.B. eine Lampe oder eine andere Möglichkeit der Deckenbefestigung. Vierpunktnetze sind etwas flexibler, man kann sich z.B. mit Stuhllehnen als Stütze behelfen. In jedem Fall sollte man zusätzlich Seil und eventuell Karabiner- oder Fleischerhaken mitnehmen. Alternativ zum Netz lassen sich Moskitos durch Einreiben mit einem Repellent in Abstand halten, z.B. *Autan* . Das Schweizer
- *Anti-Brumm* sowie das finnische *Jungle-Oil* oder das *No-bite Spray* sind ebenfalls geeignet. Nelkenöl stinkt so, dass vermutlich nicht nur Fliegen und Moskitos die Flucht ergreifen. Die ägyptischen Apotheken verkaufen lokale Mittel, deren chemischer Hintergrund allerdings zu prüfen wäre.
- Wem vor schmutzigen Duschen oder Fußpilz graut, der nehme **Badeschuhe** mit.

- Wer die meist unansehnlichen **Wolldecken** in Hotelzimmern nicht mag, nimmt einen leichten eigenen Bezug oder ein Laken mit. Alternativ ist ein dünner Leinenschlafsack zu empfehlen (z.B. Jugendherbergsschlafsack oder Bettdeckenbezug), der weniger Arbeit bereitet und mit dem man auch ungewechselte Bettwäsche überdecken kann.
- Wenn Frau unbedingt an hauptsächlich von Ägyptern frequentierten Plätzen baden will, nimmt sie einen **Badeanzug** mit. Die Ägypterinnen gehen in voller Montur ins Wasser, um den Männern kein Stückchen Haut zu viel zu zeigen.
- Eine gute **Taschenlampe** sollte unbedingt im Gepäck sein, denn einige historische Stätten sind schlecht beleuchtet oder die Beleuchtung funktioniert nicht.
- Ein **Messer** (Schweizer Offiziersmesser) kann ebenso von Vorteil sein wie ein zusammenlegbares **Besteck**. Achtung: Nicht im Handgepäck ins Flugzeug mitnehmen.
- Eine **Rettungsdecke** aus dem Auto-Verbandskasten lässt sich klein falten, ist gut als Schlafsackunterlage im Freien oder z.B. auch als Sonnen-/Wärmeschutz an Hotelfenstern etc. zu gebrauchen.
- Für Benutzer von **Elektrogeräten**: **220 Volt** elektrische Spannung, Eurostecker passen fast immer, doch es gibt, meist bei unpassender Gelegenheit, jede Menge Ausnahmen, daher vorsichtshalber Universaladaptor einpacken.
- **Fotografen**: Falls Filme gebraucht werden, diese am besten von zu Hause mitnehmen und dort auch entwickeln lassen. Strenges **Fotografier- sowie Filmverbot** besteht in allen Gräbern und vielen historischen Innenräumen sowie Museen; Sondergenehmigungen kosten angeblich £E 1000 und mehr. Ghafire (Wächter), die trotzdem zum Fotografieren ermuntern, erwarten ein entsprechend hohes Bakschisch. Das Verbot gilt ganz besonders für alle militärischen Anlagen, Brücken, Hafenanlagen etc.
- Wenn Sie unbedingt in Hotelbadewannen baden wollen, fehlt häufig der **Abflussstöpsel**. Packen Sie einen Universalstöpsel ein.
- Nehmen Sie ein kleines, aber gutes **Vorhängeschloss** mit, um nicht vorhandene Schlösser in Billighotels zu ersetzen.
- Zusätzliche **Passfotos** benötigt man immer mal wieder.
- Für **Fahrradausflüge** z.B. in Luxor lohnt es sich, von zu Hause einen "Knochen" und eine kurze Luftpumpe mitzunehmen, um eventuelle kleinere Reparaturen oder Einstellungen (Sattelhöhe) selbst vornehmen zu können.
- Ein **Kurzwellenradio** hält die Verbindung zur Heimat (Deutsche Welle, siehe Seite 59) aufrecht.
- **Tampons** sind nicht überall in Ägypten erhältlich; entweder von zu Hause mitnehmen oder z.B. in Pharmazien in Kairo einkaufen.
- Wer mit **Kleinkindern** unterwegs ist und Windeln benötigt: Höschenwindeln (Pampers), auch H-Milch gibt es in allen größeren Städten.
- **Toilettenpapier** ist in öffentlichen Toiletten meist nicht vorhanden. Man reinigt sich stattdessen mit der linken Hand mit Wasser (man reicht niemals die Linke zur Begrüßung!), daher gibt es in den meisten Toilettenkabinen einen Wasserhahn.

Ausrüstung für Fahrradfahrer

Wenn Sie im Niltal mit dem eigenen Fahrrad unterwegs sein wollen (was wegen des Konvoigebots sehr schwierig ist): Basis ist ein stabiles Tourenrad mit entsprechenden Gepäckträgern. Lassen Sie sich von Ihrer Werkstatt über Werkzeug und Ersatzteile beraten; hier nur ein paar Schlagworte: Flickzeug, Ersatzspeichen, passendes Kettenschloss o.ä., ein paar Ersatzmuttern, Draht, Kabelbinder, eine LED-Taschenlampe und ein Flaschenhalter für 1,5 Liter-Flaschen, die es in Ägypten überall gibt. Wichtig zu wissen: Europäische Reifengrößen und Fahrradzubehör für Mountainbikes oder bessere Straßenfahrräder sind selbst in Kairo kaum erhältlich.

Zum Schutz gegen die unerbittliche Sonne sind eine Schirmmütze und/oder z.B. Sonnenschutzcreme mit Faktor 20 sehr empfehlenswert, eine

Sonnen-/Gletscherbrille auch als Staubschutz. Für die Ernährung ist Müsli bei vielen Radlern eine wichtige Basis, auch sollte man z.B. Mikropur für Wasserentkeimung nicht vergessen.
Generell gilt auch hier, dass Männer in kurzen Hosen lächerlich wirken und Frauen in Shorts den islamischen Sitten widersprechen; über Ärger darf man sich dann nicht wundern. In allen Ortschaften gibt es einfache Unterkünfte, auf die meist schon bei der Ankunft Leute aufmerksam machen. Sehr positiv berichten alle Radler über die Ehrlichkeit der Ägypter. Obwohl sie Gepäck am unbeobachteten Rad ließen, wurde nichts gestohlen.

Geld, Preise und Kosten

Die Landeswährung ist das Ägyptische Pfund (abgekürzt £E), unterteilt in 100 Piaster (Pt), die heute nahezu wertlos sind. Zur Zeit wird eine Ein-Pfund-Münze mit dem Bild von Tutanchamun eingeführt, eine 50-Piaster-Münze mit Kleopatra-Konterfei soll folgen. An Scheinen gibt es 1, 5, 10, 20, 50 und neuerdings 200 Pfundnoten. Offiziell einführen dürfen Sie maximal £E 1000 und Fremdwährungen beliebiger Menge.
Die Central Bank of Egypt (CBE) bildet aus den Tageskursen der Einzelbanken einen Durchschnittswert, der unter www.cbe.org.eg aktuell abrufbar ist.
Im November 2007 lag der offizielle Kurs bei rund 7,90 £E für 1,00 € (d.h. 1 £E kostete 13 Cent). Es gibt eine ganze Reihe von Wechselstuben, in denen man unbürokratisch, schnell und häufig zum besseren Kurs als bei Banken ans Ägyptische Pfund kommt. Erkundigen Sie sich bei mehreren Banken bzw. Händlern nach dem aktuellen Kurs; Schwankungen um 10 Prozent sind nicht ungewöhnlich. Lassen Sie sich beim Tauschen möglichst auch kleine Noten geben, da Kleingeld immer rar ist. Achten Sie darauf, dass die Noten nicht beschädigt sind.
Lassen Sie sich beim Geldtausch nicht mit dem Straßenangebot *Schwarzmarkt* verlocken. Fast immer wird versucht, Sie mit allen Tricks, bis hin zu Falschgeld, hereinzulegen. Leider nehmen Gaunereien mit Geld immer mehr zu: Gibt man z.B. einen 50-Pfund-Schein, wartet auf das Wechselgeld und schaut nur einen Augenblick weg, so hat sich der Schein plötzlich in eine 20-Pfund-Note verwandelt, und der Mensch hinter dem Tresen behauptet, der habe von Anfang an dort gelegen. In Luxor und Assuan wird man oft gebeten, Euro-Münzen in Ägyptische Pfund zu tauschen; zieht der Fremde seinen Geldbeutel, so kann blitzschnell eine größere Note durch Taschenspielertricks verschwinden.
Reiseschecks verlieren mehr und mehr an Bedeutung . Verschiedene Leser beklagen sich über Probleme beim Einlösen, weil offenbar immer weniger Banken dazu bereit sind. Empfehlung: American Express, da überall bekannt, für Visa-Travellerschecks sind kaum Banken zu finden. Bargeld lässt sich dagegen leicht tauschen, man zahlt keine zusätzlichen Gebühren. Das Risiko muss man selbst abschätzen. Da in Ägypten Diebstahl oder Raubüberfälle selten vorkommen, könnte eine Lösung sein, etwa die Hälfte des Budgets in bar am Körper zu tragen und den Rest über Kreditkarte oder EC-Card aus Automaten zu ziehen (Gebühren um 3 %). Nehmen Sie Euro mit, die werden inzwischen überall akzeptiert.
Kreditkarten: Visa-Karten sind am weitesten verbreitet, dann folgt die Master-Karte und weit abgeschlagen American Express. Geldautomaten (englisch *ATM*) gibt es bei vielen Banken oder in den größeren Hotels (z.B. Hilton, Sheraton, Marriott). Bei Barabhebungen müssen Sie die PIN Ihrer Kreditkarte kennen.
Auch die **EC-Card** scheint in Ägypten mehr und mehr akzeptiert zu werden. Allerdings können Sie kaum damit im Supermarkt bezahlen, sondern nur an den üblichen Automaten Geld ziehen. Einige der ATMs sprechen sogar deutsch. Doch verlassen Sie sich nicht völlig auf diese Möglichkeit.
Wer wissen will, an welchen Geldautomaten mit der Mastercard Bargeld zu ziehen ist, kann sich über http://www.mastercard.com/atmlocator/index.jsp informieren. Visakartenbesitzer

schauen nach unter http://corporate.visa.com/pd/consumer_services/atms.jsp.

Noch zwei Tipps: Heben Sie alle Tauschquittungen bis zur Ausreise auf, sonst können Sie eventuell kein Geld rücktauschen. Ohne große Formalitäten wird bei der Egyptian Exchange Co. Bank in Kairo ägyptische Währung in € oder $ getauscht. Wenn Sie zu zweit unverheiratet reisen, lassen Sie sich zu Hause Schecks auf beide Namen ausstellen, andernfalls kann einer von Ihnen nie nachweisen, dass auch auf seinen Namen Geld getauscht wurde, was bei Aufenthaltsverlängerung etc. ärgerlich sein kann.

Öffnungszeiten der Banken: So-Do 8.30-14 Uhr, der Behörden: 9-21 Uhr.

Selbstversorger können in Ägypten relativ preiswert leben. Zur Kalkulation und auch zum besseren Wissen beim Handeln und Feilschen ein paar **Preisbeispiele in £E** der unteren Kategorie (Stand 2007) (Die Preise können auch von Ort zu Ort variieren):

1,5 l Mineralwasser	2,50
1 Fl. Coke 0,2 l	1,50 - 2
1 Tasse Tee, Karkade	2 - 3
1 Fladenbrot	0,75 -1
1 Fladenbrot mit Foul/Felafel	1,50 - 2
1 Ei	ca. 0,75
1 Fl. Stella Bier (Export) 0,5 l	6 - 8
1 Portion Reis mit Sauce	2 - 2,50
1/2 Hähnchen	7 - 10
1 Portion Kushari	2 - 2,50
1 Portion Tahina	2 - 3
Benzin (80 Oktan)	1,30
Benzin (Super 96 Oktan)	1,40
Diesel	0,75

Preisbeispiele von typischen Souvenirs: Galabeya (ägyptischer "Kaftan") je nach Stoffqualität ab £E 25 - 50, Wasserpfeifen ab £E 50, bessere Exemplare mit echtem Messingmittelstück können auch £E 100 und mehr kosten, Leinenrucksäcke mit Applikationen ab £E 30-50.

Während der Hauptsaison können die oben genannten Preise deutlich ansteigen. Achten Sie bei Wasserflaschen darauf, dass der Sicherungsring tatsächlich unbeschädigt ist und Sie nicht Leitungswasser kaufen! Beim Einkaufen aufpassen, dass das richtige Gewicht (nicht 500 Gramm statt 1 kg) auf der Waage liegt!

Wenn Sie sich irgendwo ausgenommen fühlen (Hotel, Restaurant, Post), dann lassen Sie sich eine Quittung *(Fatura)* geben; das ändert manchmal sehr schnell den Preis.

Die **Öffnungszeiten** von normalen Geschäften liegen etwa zwischen 9-12.30 und 16-20 Uhr, im Winter 9-19 Uhr - viele Ausnahmen bestätigen die Regel!

Die Reisekosten ergeben sich aus dem individuellen Bedarf. Rucksackreisende können mit ca. € 120-180 an Gesamtkosten pro Woche hinkommen, wenn sie auf preiswerte Übernachtung und Verpflegung im landesüblichen Rahmen achten. Dennoch sollte dieser Betrag nicht die Basis für das Reisebudget sein; rechnen Sie mit dem doppelten Betrag und freuen Sie sich, wenn nachher die Hälfte übrig bleibt.

Wer in Geschäften mit großen Parkplätzen an Landstraßen Souvenirs einkauft, sollte wissen, dass hier in der Regel Busladungen an Touristen ausgesetzt werden. Der Reiseleiter, der diese Menschen ihrem Schicksal überlässt, erhält 30-50 % Provision von der eingekauften Ware. Das sollte also der Mindestrabatt für jemanden sein, der aus ganz freien Stücken dort auftaucht.

Reisezeit

Ägypten kennt praktisch keine Regen-, eher Hitzesorgen. So liegt die klimatisch günstige Reisezeit zwischen Mitte Oktober und Mitte April, wobei das Land während der üblichen Ferienzeiten (Weihnachten, Ostern) von Touristen förmlich gestürmt wird. Kenner wählen etwa Mitte September bis Mitte November oder Anfang März bis Mitte Mai. Im Herbst ist es warm oder sogar heiß, die Tage sind verhältnismäßig klar (sofern nicht Rauch vom Strohabbrand auf den Feldern die Sicht trübt). Von Dezember bis in den Februar hinein kann es morgens und abends sehr kühl sein, im Frühjahr (etwa ab Mitte März) verdüstern häufig Sandstürme

Klimatabelle (in Grad C)													
		Jan	Feb	Mrz	Apr	Mai	Jun	Jul	Aug	Sep	Okt	Nov	Dez
Kairo	min	8	9	11	14	17	18	22	21	20	18	12	10
	max	19	20	24	28	32	34	35	34	32	30	24	20
Assuan	min	8	9	13	17	21	24	25	25	22	19	13	10
	max	24	30	35	38	41	42	42	42	39	36	30	25

(Chamsin) den Himmel, aber die Tage werden länger – und zunehmend wärmer. Wir ziehen diese Jahreszeit vor.

Ungestörter vom allgemeinen Andrang können Sie außerhalb der Saison oder an deren Beginn bzw. Ende reisen. Dann werden Sie allerdings mit höheren Temperaturen rechnen müssen, aber es gibt eine Reihe Vorteile: Die Hotels, Restaurants, interessanten Stätten, Strände etc. sind weniger frequentiert, man ist in manchem Hotel ein freudig begrüßter Gast und schließlich: die Tage sind länger als im Winter.

In der zweiten Januarhälfte gibt es relativ kurze Schulferien in Ägypten, dann sind in Luxor und Assuan viele Hotels und die Sehenswürdigkeiten überfüllt. Es empfiehlt sich, diese Zeit tunlichst zu meiden.

Häufig ist es z.B. wegen geschlossener Behörden wichtig, **Feiertage** einzukalkulieren. Die Daten der religiösen Feste Ägyptens hängen vom islamischen Hedschra-Kalender ab. Sie ändern sich daher und liegen jährlich um etwa 11 Tage früher (siehe Kasten), wobei dies außerdem vom örtlichen Erscheinen bzw. Verschwinden des Mondes abhängt.

Die gesetzlichen Feiertage sind festgelegt auf: 7.1. (koptisches Weihnachten), 22.2./ 3.3./ 25.4./ 1.5./ 18.6./ 23.7./ 6.10./ 23.12. Daneben gibt es bewegliche religiöse Feiertage, die in obiger Tabelle aufgelistet sind.

Während des Fastenmonats **Ramadan** verlangsamt sich das öffentliche Leben tagsüber. Viele Geschäfte, Ämter, Fahrkartenschalter oder auch einige Museen sind kürzer als üblich geöffnet oder ganz geschlossen, viele Restaurants bedienen nur abends ihre Kunden. Dafür beginnt nach Sonnenuntergang, dem Ende eines Fastentages, ein überaus reges Leben und Treiben, das alle Einschränkungen des Tages weitgehend wettmacht. Der Ramadan endet mit dem mindestens dreitägigen **Beiramfest** (auch *Id el Fitr*). Dann sind Behörden, Banken und viele Geschäfte, aber auch Sehenswürdigkeiten geschlossen.

Das gilt ebenso für das Opferfest **Id el Adha** (auch *Id el Adha)* , das zehn Wochen später stattfindet. Vermeiden Sie öffentliche Verkehrsmittel vor dem Fest und am letzten Tag, weil wegen der Verwandtenbesuche alles total überfüllt ist. Ebenfalls sollten Sie in den 14 Pilger-Tagen möglichst keinen Flughafen benutzen, von dem aus Reisen nach Mekka stattfinden (hauptsächlich Kairo): Pilger und ihre Verwandten übervölkern jeden Quadratzentimeter, Abfertigungsprozeduren dauern um einiges länger als in Normalzeiten. Weiterhin werden noch Mohammeds Geburtstag (*Mulid el Nabi*) und das islamische Neujahr (*Awil Sana*) als eintägige Feste gefeiert (siehe Feiertagstabelle).

Das **koptische Weihnachtsfest** findet am 7. Januar (nach einer 43-tägigen Fastenzeit) statt.

Das Frühlingsfest **Sham el Nessim**, das mit dem koptischen Ostersonntag zusammenfällt (eine Woche nach dem christlichen Ostersonntag), geht auf altägyptische Zeiten zurück; es hat sich in seiner Ausdrucksform praktisch nicht geändert. Die pharaonische Bevölkerung betrachtete die Tag- und Nachtgleiche als Neubeginn des Lebens; man stand sehr früh auf, der Mann schenkte seiner Frau eine Lotusblüte, dann färbte man Eier - Symbol des Lebens - mit

Islamische Feiertage der nächsten Jahre			
Jahr	2008	2009	2010
Ramadan-Beginn	01.09.	22.08.	11.08.
Ramadan-Ende (Beiram)	01.10.	22.09.	10.09.
Opferfest (Großes Beiram)	08.12.	27.11.	12.11.
Neujahr (Awil Sana)	10.01.	18.12.	07.12.
Mohammeds Geburtstag (Mulid el Nabi)	20.03.	09.03.	26.02.

Hibiskusblüten oder Zwiebelschalen. Außerdem wurden gesalzene und getrocknete Fische gegessen. Heute wird die Nacht vor dem Fest ausgiebig gefeiert, in der Morgendämmerung isst man gemeinsam gesalzenen Fisch und Eier als Basis, die Ausstattung des Festtisches ist natürlich üppiger...

Es gibt eine Reihe großer religiöser Feste mit Volksfestcharakter, so genannte *Mulids*, über die Sie nähere Informationen und Termine auf Seite 90 finden.

Die Zeitverschiebung zwischen Mitteleuropa und Ägypten beträgt MEZ + 1 Stunde (Überschneidungen während der Umstellung auf Sommerzeit berücksichtigen). Häufig werden Fahrpläne oder auch Eintrittszeiten in diesem Zusammenhang geändert.

Anreise

Derzeit stehen nur zwei Anreisemöglichkeiten zur Wahl: per Flugzeug oder – ziemlich theoretisch - auf der Straße; bei Redaktionsschluss war keine Schiffsverbindung von Europa aus für Passagiere (mit oder ohne Fahrzeug) in Sicht, obwohl immer wieder Gerüchte kursieren.

Internationale Zielflughäfen im hier behandelten Reisegebiet sind Kairo und Luxor. Billige Tickets dorthin verkaufen spezialisierte Reisebüros. In den Reisebeilagen der Tageszeitungen und im Internet finden Sie aktuelle Billigflug-Angebote. Auch die Last-Minute-Flugbüros können für den, der das Spiel mit der letzten Minute eingeht, eine Fundgrube sein: z.B. € 150 nach Kairo und zurück.

Fragen Sie auch nach Verbindungen mit osteuropäischen Gesellschaften; diese sind häufig preiswerter als westliche, jedoch kann es zu unangenehm langen Zwischenaufenthalten in den jeweiligen Hauptstädten kommen. Eventuell ist der Weg über Athen nach Kairo interessant.

Wenn Sie auch innerägyptische Flüge planen, dann fliegen Sie tunlichst mit Egypt Air an den Nil, denn dann kostet das Ticket für einen lokalen Flug nur etwa 60 Prozent des normalen Inlandspreises. Studenten sollten sich nach einem STA-Ticket erkundigen, das gewöhnlich billiger als ein Normalticket ist.

Hier ein paar Adressen von Reisebüros mit gewöhnlich günstigen Angeboten:

- **All Holidays,** Schönefelder Chaussee 183, 12524 Berlin, Tel 030 60690524, info@all-holidays.de, www.all-holidays.de z.T. sehr günstige Angebote, viele Kreuzfahrten
- **Hoga Tours,** 76646 Bruchsal, Tel 07251 55011, Fax 55045, www.flieglos.de
- **Sindbad-Reisen Dr. Ahmed Fathy**, Mozartstr. 9, 77871 Renchen, Tel 07843 1449, www.bestofegypt.de
- **Travel Overland** Flugreisen, Isabellastr. 20 80798 München, Tel 089 272760, www.travel-overland.de

Billige Flüge übers **Internet** suchen und buchen:

» **5vor12**, www.lastminute.de
» **FLUG.DE**, www.flug.de
» **Gratistours.com**, www.gratistours.de, sehr günstige Angebote
» **LTUR** (Last Minute), www.ltur.de

» **Jet-Travel**, www.jet-travel.de, sehr günstige Angebote
» **START**, www.start.de
» **TRAVEL CHANNEL**, www.travel-channel.de
» **Air Berlin**, www.airberlin.de

Rabatte nutzen: teilorganisierte Reisen

Reisegruppen erhalten bei Fluggesellschaften und Hotels Rabatte bis zu 50 Prozent. Auch Einzelreisende können diese Preisnachlässe zumindest in gewissem Umfang nutzen, wenn Sie die Hilfe von Reiseveranstaltern in Anspruch nehmen. Wenn Sie bereits zu Hause die Hotels in Ägypten einschließlich der Transfers zum Flughafen oder Bahnhof sowie Flug-, Bahn- oder Schiffsreisen buchen, ist einiges an Lauferei vor Ort gespart.

In vielen Katalogen der Reiseveranstalter findet man spezielle Baustein-Angebote für Individualtouristen. In diesem Sinn dürften folgende Adressen von Interesse sein:

- **OFT REISEN**, Siemensstr. 6, 71254 Ditzingen, Tel 07156 16110, oft@oft-reisen.de, www.oft-reisen.de

Als einer der größten Ägypten-Reiseveranstalter bietet OFT auch so genannte Bausteine für individuell organisierte Reisen. Leser berichten positiv davon. OFT unterhält in Kairo ein Büro mit 24-Stunden-Erreichbarkeit.

- **Roger Tours**, Schulstr. 8, 55578 Wallertheim, reisen@rogertours.de, www.rogertours.de
- **Sindbad-Reisen** Dr. Ahmed Fathy, Mozartstr. 9, 77871 Renchen, Tel 07843 1449, www.bestofegypt.de
- **Noga Tours**, Hussein Saied Hussein, Kairo, Tel 02 207 1224, 012226 069902, Fax 02 206 3340, hsaied@hotmail.com, http://jump.to/egypt, vermittelt zum Teil sehr günstige Übernachtungen für alle Kategorien ab $ 10 pP direkt in Ägypten, die **per Email** im Voraus gebucht werden können; eventuelle Stornierungen sind kostenlos. Leser berichten sehr positiv.
- Bei **Sara Egypt**, Mr. Assim Sersy, field@saraegypt.com, www.saraegypt.com, Tel 002 (0)127 677 592, kann man bereits zu Hause unterschiedlichste Trips recht günstig buchen.

Wenn Sie schließlich vor Ort keine Lust mehr am Selbstorganisieren haben oder aber bestimmte Ziele bequemer ansteuern möchten, kann Ihnen dort geholfen werden. Einzelheiten siehe Seite 236.

Reiseziele im Niltal

Zeitbedarf in Tagen (einschließlich Anfahrt)

(Minimale Zeit in Klammern)	Tage
Kairo, Giseh, Sakkara	(3) - 5
Fayum (Rundreise mit Wadi Rayan)	
Minia, Beni Hassan, Hermopolis, Amarna	(3) - 4
Assiut, Abydos, Dendera	(2) - 3
Luxor, Theben-West	(2) - 4
Assuan, Abu Simbel	(2) - 3

Für ein so vielseitiges Land wie Ägypten muss der Reisende entweder viel Zeit mitbringen, um alles Sehenswerte zu besuchen, oder sich auf das für ihn Wichtige beschränken. Die folgenden Kurzbeschreibungen der Reiseziele sollen Ihnen den Überblick erleichtern helfen, und die anschließenden Routenvorschläge Anhaltspunkte für eine Reiseplanung geben. Weiterhin finden Sie am Beginn jeder Routen- oder Stadtbeschreibung unter dem Punkt **Sehenswertes** eine Zusammenfassung und Bewertung der wichtigsten Sehenswürdigkeiten.

Kairo und Umgebung

Kairo hat drei Gesichter: Das sympathisch-orientalische, das modern-turbulente und das pharaonische der Pyramiden. Kairo muss man erleben, sich vor allem in den Gassen des Islamischen Viertels treiben lassen, mit den Leuten in Kontakt kommen und ihre Freundlichkeit erwidern. Aber auch die historischen Schätze und Sehenswürdigkeiten sind nicht zu vergessen; Sie sollten zumindest das Ägyptische Museum besuchen, das mit seinen Kunst- und Kulturschätzen Einblicke bis in die Zeit vor 5000

Die Pyramiden, das wichtigste Reiseziel, tauchen in Kairo immer wieder am Horizont auf

Jahren bietet. Und in der direkten Umgebung der Stadt setzen sich die historischen Eindrücke mit dem Weltwunder der Pyramiden von Giseh und den nicht weniger imposanten Ruinen von Sakkara ins Überdimensionale fort. Ein Ausflug in die Halboase Fayum, den *Garten Kairos,* rundet das Bild ab.

Das Niltal von Kairo bis Abu Simbel

Eine Reise entlang der Lebensader Ägyptens bietet Ihnen immer wieder neue Eindrücke vom Leben auf dem Land und dem der kleinen Städte. Einmalige Bilder der pharaonischen Vergangenheit können Sie an vielen Orten betrachten. Schwerpunkte auf dem Weg nach Süden sind:

- die sympathische Stadt **Minia** und die zahllosen Kuppeln der Gräberstadt Sawjet el Maitin
- die bekanntesten Felsengräber des Mittleren Reichs bei **Beni Hassan** mit einer Vielzahl von Bildern über das tägliche Leben, über Handwerk und Sport vor 4000 Jahren
- **Hermopolis mit Tuna el Gebel** und, auf der anderen Nilseite, die spärlichen Reste der Hauptstadt des "Ketzer"-Pharaos Echnaton bei Tell el Amarna
- der am Hauptort der Osiris-Verehrung sehr gut erhaltene Tempel von **Abydos** und der 1200 Jahre jüngere Hathor-Tempel von **Dendera**
- Dann kommt **Luxor mit Theben-West**, die größte pharaonische Ruinenstätte mit dem einmaligen Tempelkomplex von Karnak und dem jüngeren Tempel von Luxor. Gegenüber, in Theben-West, liegen die berühmten Königsgräber mit den Darstellungen des jenseitigen Lebens, die Privatgräber mit einprägsamen Bildern aus

dem täglichen Leben der Verstorbenen, die Gräber der Königinnen und die Siedlung der Nekropolenarbeiter. Außerdem sind interessante Grabtempel u.a. der Hatschepsut, des Ramses II und III zu besichtigen.

• Weiter nilaufwärts warten die Tempel von **Esna, Edfu** (einer der besterhaltenen überhaupt) und der Doppeltempel von **Kom Ombo** auf einen Besuch.

• Das viel besuchte **Assuan** bietet ebenfalls eine Menge Sehenswertes: landschaftlich reizvolle Nilinseln, einen pharaonischen Steinbruch mit einem unfertigen Obelisken, die aus dem Stausee geretteten Tempel Philae und Kalabsha, schließlich die gewaltige Staumauer des Nasser-Stausees. Und weitere 300 km tiefer im Süden liegen die wirklich eindrucksvollen Tempel von **Abu Simbel**.

▶ Im Niltal fährt man am besten mit der Bahn. Für Besuche von Beni Hassan, Hermopolis und Tell el Amarna startet man in Minia oder, bei kürzeren Wegen, aber schlechter Unterkunft, in Mallawi. Für Abydos steigt man in Balyana aus und nimmt dann ein (Sammel)Taxi, Dendera erreicht man von Qena aus.

„Glasierte Wüste" nahe Wadi Rayan, Fayum

2

In Ägypten zurechtkommen

Ankunft und Abreise

Ankunft Kairo-Flughafen (Heliopolis)

Sollten Sie Alkohol einigermaßen preiswert erwerben wollen, so ist dies noch vor der Passkontrolle in den Duty-Free- Shops möglich; hier dürfen Sie 4 l Alkohol und 4 Stangen Zigaretten kaufen. Allerdings lässt sich dies auch in allen größeren Städten bei Duty-Free-Shops innerhalb der ersten 24 Stunden nach Ankunft nachholen.

Wenn Sie kein Visum in Europa gekauft haben, müssen Sie noch vor der Passkontrolle an einem der Bankschalter eine Gebührenmarke gegen derzeit $ 15 (oder ca. € 12, je nach Kurs) erwerben und diese in den Pass kleben. Da hier viel geschummelt wird, am besten abgezähltes Geld hinlegen. Bei der Gelegenheit können Sie gleichzeitig den Geldbedarf für die ersten Tage tauschen; erst danach an der Passkontrolle anstellen. Wenn Sie mit Freunden unterwegs sind, sollte sich eine Person am Bankschalter anstellen und die anderen in den Schlangen vor der Passkontrolle. In der Regel erhält man bei der Einreise nur eine **Aufenthaltszeit** von maximal vier Wochen. Richten Sie sich auf einen Weg zur Behörde *Mogamma* ein, wenn Sie länger bleiben wollen.

Aufenthaltserlaubnis

Falls Sie länger, als in Ihrem Pass steht, im Land bleiben wollen, müssen Sie Ihre Aufenthaltserlaubnis verlängern lassen. Tun Sie dies rechtzeitig in einer Großstadt (Passfoto notwendig). In Kairo im Mogamma-Gebäude am Midan Tahrir im 1. Stock an den Schaltern 40-50. Die Prozedur ändert sich relativ häufig, man findet aber immer einen hilfsbereiten Englisch sprechenden Menschen, der erklärt, wie es funktioniert. In anderen Städten ist dies beim Police Department möglich.

Achtung: Geldwechsler mischen schon mal 50-Piaster-Scheine geschickt in den £E-Stapel und zählen sie als Pfundnoten vor – prüfen Sie selbst geduldig nach und lassen Sie sich nicht ablenken.

Es gibt manchmal Irritationen bei der Einreise, wenn kein Rückflug gebucht wurde. Laut ägyptischem Konsulat genügt die Angabe einer Übernachtungsadresse, eine Hotelbuchung wird nicht verlangt. Suchen Sie sich also ein beliebiges Hotel aus dem jeweiligen Verzeichnis und tragen dessen Adresse ein.

Infos zum Airport (siehe auch www.cairo–airport.com), der zur Zeit stark erweitert wird:

Egypt Air Flüge kommen an einer neuen Ankunftshalle (Hall 3) im Terminal 1 an, eine moderne Stahl/Glas-Konstruktion mit angeschlossener Air Shopping Mall. Der Abflug findet weiterhin von Hall 1 aus statt.

Es gibt zwei internationale Terminals: **Terminal 1** *(Old Terminal)* und - leider etwa 2,5 km entfernt - einen **Terminal 2** (häufig noch als *New Terminal* bezeichnet). Im Terminal 1 ist die Egypt Air zu Hause, neben Nahost-Airlines wie Royal Jordanian, Syrian, Sudan Air etc. Das Terminal 1 besteht aus vier Hallen:

Hall 1: (der umgebaute Ursprung des Flughafens) internationale Abflüge (Departures) von Egypt Air und den Nahost-Airlines

Hall 2: Abflug und Ankunft Luxor, Assuan, Abu Simbel

Hall 3. Internationale Ankunft von Egypt Air

Hall 4: Abflug und Ankunft Hurghada, Sharm el Sheikh; sie liegt etwa 2 km von Hall 1 entfernt an der Straße Richtung Stadt, keine Shuttle-Verbindung.

Terminal 2 beherbergt alle anderen Linien; hier findet man auch die Autovermieter. Mindestens stündlich fährt tagsüber und abends ein **Pendelbus** zwischen Terminal 1 und 2 (wichtig: Dieser wird auf den Hinweistafeln in der Ankunftshalle nur als *C.A.A.-Bus* bezeichnet). Er ist grün-weiß angepinselt, ein unscheinbares Schild *Terminal 1 bzw. 2* deutet auf seine Funktion. Wegen Bauarbeiten fährt der Shuttle derzeit nicht bis zum Ziel am Terminal 2, sondern nur zum Parkplatz. Dort muss man in einen schon wartenden Bus umsteigen. Man kann ebenso mit den öffentlichen Bussen hin und her fahren, die an beiden Terminals halten. Doch nachts ist dieser Trip schwierig. Sobald der Pendelbus nicht mehr fährt, muss man ein Taxi teuer bezahlen.

Noch ein paar Worte zum **Weg vom Flughafen in die Stadt**. Vom Terminal 1 fährt der normale **Stadtbus** Nr. 400 (tags alle 20, nachts alle 40 Minuten) über Midan Ramsis bis zum Midan Abdel Minin Riyad (zwischen Ramses Hilton Hotel und Rückseite des Ägyptischen Museums) ins Zentrum. Fahrzeit ca. 1 Stunde. Alternativ können Sie vom Terminal 1 oder 2 per **Minibus** Nr. 27 alle halbe Stunde zum Midan Abdel Minin Riyad fahren (Fahrzeit z.B. mittags ca. 1 Stunde). Die Busse starten etwa 10 Fußminuten von Hall 1 hinter dem Parkplatz.

Daneben betreibt das Unternehmen CTA **klimatisierte Busse** quer durch die Stadt: Die Linie 356 fährt zwischen Flughafen (beide Terminals) alle 20 Minuten von 6.30-23.30 Uhr zum Midan Abdel Minin Riyad und weiter zum Mena House Hotel bei den Pyramiden. Der Fahrer kümmert sich um das Reisegepäck, das zusätzlich zu bezahlen ist. Neuankommenden kann diese mit £E 5 preiswerte Fahrt gegenüber den Auseinandersetzungen mit Taxifahrern nur empfohlen werden.

Neu ist ein sogenannter **Airport Shuttle Bus**, der zu festen Preisen - z.B. Down Town £E 35 - in die Stadt fährt. Information am Ausgang nach der Zollabfertigung.

Taxifahrten in die Stadt bucht man am besten am Ausgang des Terminals. Verhandlungen mit Taxifahrern sollte ein Neuankömmling tunlichst nicht eingehen, denn er wird mit Fantasiepreisen bedient. Auch die **Touristeninformation** am Flughafen hilft weiter. Eine Fahrt zum Midan Tahrir, also ins Stadtzentrum, sollte für ca. £E 50–70 zu haben sein. Falls Sie kein Taxi sehen, versuchen Sie Ihr Glück bei *Departure*.

Im **Sammeltaxi** - falls vorhanden - kostet der Platz ca. £E 10. Wenn Sie all den Ärger mit Taxifahrern, Omnibussen etc. sparen wollen, dann können Sie sich neuen Ärger einhandeln, indem Sie sich selbst ins Verkehrsgewühl stürzen und bereits am Flughafen einen Leihwagen mieten.

Hotelsuche vom Flughafen aus: Sie können im Büro von MISR TRAVEL oder der Touristeninformation am Flughafen ein Hotelzimmer buchen (kostenloser Vermittlungsservice). Dies klappt einigermaßen gut. Es erspart lange Märsche zwischen voll belegten Hotels; am nächsten Tag hat man dann Zeit, nötigenfalls die Unterkunft zu wechseln. Dieser Service ist vor allem für spät nachts Ankommende von Vorteil. Achten Sie aber darauf, dass nur die Angestellten telefonieren; es stehen viele Schlepper am Schalter herum, die sich als Offizielle ausgeben, aber nur auf „Opfer" warten.

Warnung vor Schleppern: Besonders Rucksackreisenden bieten sich bereits am Flughafen und im Bus oder vor den Billighotels hartnäckige Schlepper an. Sehr professionell aussehend, geben sie sich auch als beauftragte Beamte aus. Sie gehen jeweils von Hotel zu Hotel mit und fragen den Rezeptionisten auf Arabisch nach freien Betten. Diese sind dann angeblich ausgebucht, so dass schließlich nur noch überteuerte Hotels übrig bleiben. Wimmeln Sie diese Leute mit dem Argument ab, Sie hätten schon Hotel xy gebucht und suchen Sie selbst, denn Sie müssen die ca. 30 % Provision für den Schlepper mitbezahlen. Ähnliches gilt für die Ankunft in Luxor oder Assuan!

Ein anderer Aspekt des Problems: Man kann Schlepper auch als Makler betrachten, die versuchen, das für die Nachfrage zu geringe Gut "Hotelbett" dem zu verkaufen, der am meisten bietet. Diese Leute gehen einem Gewerbe nach, von dem sie vermutlich leben; leider verhalten sich einige undurchsichtig bis unfair, was ihren Job suspekt macht.

Tipps für spät Ankommende: Falls die Zimmervermittlung geschlossen ist, suchen Sie sich aus der Hotelliste ein Hotel aus, das Sie einem Schlepper nennen; entweder er bringt Sie dorthin oder Sie bestehen auf dieser Preiskategorie - wenn Sie damit zurechtkommen, wird Ihnen viel Ärger erspart bleiben. Oder Sie lassen sich zum Midan Talaat Harb fahren und klappern von dort aus die Hotels in der Sharia Talaat Harb ab. Sollten Sie irgendwann gegen Morgen ankommen, so können Sie die Zeit bis 9 Uhr vertrödeln und erst dann auf Suche gehen. Zu dieser Zeit haben die Hotels wieder Betten frei und die Auswahl ist größer.

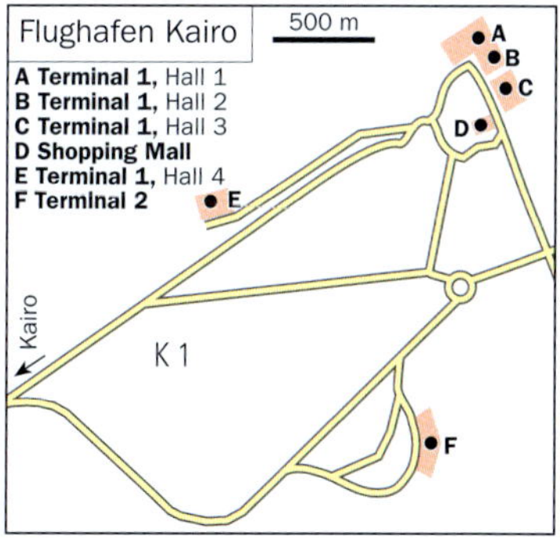

Abflug vom Flughafen Kairo

Sie sollten zwei Tage vor dem Abflug Ihr Rückflugticket bei Ihrer Fluggesellschaft bestätigen ("to confirm") lassen - zu Stoßzeiten, wie Weihnachten oder Ostern z.B., bei Egypt Air besser noch früher.

Zum Terminal 1 fährt der normale **Stadtbus** 400 (tags alle 20, nachts alle 40 Minuten) vom Midan Abdel Minin Riyad (zwischen Ramses Hilton Hotel und Rückseite des Ägyptischen Museums) und Midan Ramsis, Fahrzeit ca. 1 Stunde. Bus 949 verbindet den Midan Abdel Minin Riyad mit Terminal 2 in derselben Frequenz wie Bus 400. **Minibus** Nr. 27 fährt alle halbe Stunde vom Midan Abdel Minin Riyad zu beiden Terminals. Der AC-Bus 356 von CTA startet zwischen 0.00 23.30 Uhr alle 20 Minuten ebenfalls von diesem Platz und bedient beide Terminals.

Auch bei **Taxifahrten** zum Flughafen müssen Sie wissen, in welchem Terminal Ihre Airline abfertigt; bei Unsicherheiten lassen Sie den Fahrer warten. Zum Flughafen kann man - vor allem bei Frühflügen - eine Limousine bei MISR TRAVEL vorbestellen, Tel 2259 9813, als zuverlässig bekannt, aber teurer.

Bei der Ausreise dürfen Sie keine Antiquitäten ausführen, es sei denn, Sie sind im Besitz einer Genehmigung der Altertümerverwaltung oder eines konzessionierten Händlers. Diese Bestimmung wird von Ägyptern verständlicherweise scharf überwacht, auf Missbrauch stehen hohe Strafen. Sollten Sie grundsätzliche Zweifel haben, ob ein gekauftes oder gefundenes Stück überhaupt ausgeführt werden darf, können Sie sich beim *Ministry of Agriculture* in Gisch Rat oder ein Zertifikat holen.

Ankunft/Abreise in Luxor

Der 2005 eröffnete Neubau des *International Airport* (auch für Inlandsflüge) präsentiert sich sogar mit einer eigenen Website www.luxor-airport.com, auf der Arrivals und Departures tagesaktuell dargestellt sind.

Im Prinzip gilt Ähnliches wie in Kairo. Das Visum ist auch hier unkompliziert zu den üblichen Bedingungen erhältlich, d.h. zu $ 15 (oder ca. € 12) und maximal bis zu 4 Wochen Aufenthalt. Lassen Sie sich für die Fahrt in die Stadt nicht von Taxifahrern übers Ohr hauen: Der Trip sollte etwa £E 30-40 per Auto plus £E 1 pP Straßenbenutzungsgebühr kosten.

Obwohl in Assuan seit Jahren ein fix und fertig für Auslandsflüge eingerichteter neuer Flughafenterminal bereit steht, waren bis zur Zeit der Recherche keine internationalen Flüge zugelassen.

Rückkehr nach Europa

Irgendwann werden Sie auch wieder zurückkehren, davor liegt der heimische Grenzübergang. Sie sollten sich vor der Abreise erkundigen, was zollfrei in Europa eingeführt werden darf. Aber denken Sie auch an das Artenschutzabkommen. Die Einfuhr selbst "harmloser", am Strand gefundener Muscheln kann schon auf Schwierigkeiten stoßen. Sollten Sie auf supergünstige Rolex-Uhren oder ähnliche "Schnäppchen" aus dem Kapitel Markenpiraterie hereingefallen sein, so kann der Zoll dies mit sehr empfindlichen Strafen ahnden.

Fortbewegen

Die Reisepraxis ist in Ägypten nicht schlecht gelöst, praktisch alle Orte sind mit öffentlichen Verkehrsmitteln erreichbar. Im Niltal nimmt man gern die Eisenbahn, sonst Busse, Minibusse oder Sammeltaxis.

Wenn Sie mit Sammeltaxis oder Minibussen unterwegs sind, sollten Sie so planen, dass Sie noch vor Sonnenuntergang Ihr Ziel erreichen. Einmal ist die Nachtfahrerei in Ägypten deutlich riskanter, zum anderen sieht man nichts von der Umgebung.

Mit der Eisenbahn reisen

Die **Eisenbahn** steht an erster Stelle der Transportmittel. Sie ist im gesamten Niltal der Favorit schlechthin. Eine Bahnreise bietet nicht nur preiswerten Transport, Sie können das Landleben durch die Fenster und das Familien- und Zusammenleben direkt neben sich betrachten.

Es verkehren die folgenden Zugarten: Supersleeper, 1. Klasse mit Airconditioning (AC), 2. Klasse mit oder ohne AC, 3. Klasse. Der teure **Supersleeper** ist nur für Touristen reserviert. Die frühere staatliche Betreibergesellschaft Waggon-Lits wurde teilprivatisiert und firmiert jetzt unter ABELA. Aber es dürfte noch eine Weile dauern, bis der alte Name dem neuen sowohl in den Schalterhallen als auch in den Köpfen Platz macht. Immerhin wurden neue Züge importiert, die bequemer und schneller sind. Der Komfort soll dem einer 4-Sterne-Unterkunft entsprechen; im Fahrpreis sind Dinner und Frühstück enthalten.

Erste Klasse (grundsätzlich mit AC) ist zwar etwas teurer, aber vielleicht für den europäischen Gast am meisten angebracht, weil er hier am wenigsten die ägyptischen Reiseverhältnisse stört. Meist gibt es in diesen Zügen einen Speisewagen oder das Zugpersonal verkauft Getränke. Nachteilig in der Ersten Klasse können laute und pausenlose Videos sein.

Die relativ preiswerte und nicht unkomfortable **Zweite Klasse mit AC** wird von Travellern gern gebucht (kein Speisewagen), jedoch ebenso von der ägyptischen Mittelschicht. Auf die **Zweite Klasse ohne AC** stürzen sich die Ägypter; sie ist zumindest ab Kairo meist erbarmungslos überfüllt, Reservierungen sind wirkungslos. Eine Reise in der **Dritten Klasse** würde einem die Lebensbedingungen der Mehrheit der Ägypter hautnah vermitteln. Bedenken Sie bitte, dass diese Klasse wegen ihres geringen Preises gerade von den sozial unteren Schichten benutzt werden muss. Europäer sollten das manchmal im wörtlichen Sinne atemberaubende Gedränge vermeiden helfen und sich mindestens für die Zweite Klasse entscheiden, um den Leuten einen Platz zu lassen, die keine andere Chance haben.

Tipps zum Eisenbahnfahren

- Achtung: Für Ausländer sind wegen der Terrorismusgefahr derzeit nicht alle Züge zugelassen, deren Abfahrten bei den jeweiligen Ortsbeschreibungen angegeben sind. Wenn man die anderen Züge benutzen will, sollte man einen Ägypter bitten, das Ticket einschließlich Platzreservierung zu besorgen, da Ausländer am Schalter abgewiesen werden. Andernfalls einfach einsteigen und das Ticket beim Schaffner kaufen, dann ist allerdings keine Platzreservierung möglich.
- Grundsätzlich sollten **Tickets** (einschließlich der Platzreservierung) zumindest für die Hauptstrecken einige Zeit **im Voraus** beschafft werden.
- Für die Buchung im **Supersleeper** wird der Reisepass benötigt, Vorausbuchung während der Saison bis zu einer Woche ist empfehlenswert. In Luxor und Assuan sind die entspre-

chenden Schalter nur vormittags geöffnet. Alkoholische Getränke sind im Zug sehr teuer.

- **Ticket** sofort nach Erhalt prüfen, ob es tatsächlich für den gewünschten Zielbahnhof ausgestellt wurde.
- Seit dem Ausbau des Schienennetzes fährt die ägyptische Eisenbahn mit erstaunlich hoher **Pünktlichkeit**. Allerdings führten die schweren Bahnunglücke 2006/2007 dazu, dass mit dem Effekt stundenlanger Verspätungen vorsichtiger gefahren wurde; zumindest vorläufig. Der Aufenthalt auf den Bahnhöfen dauert nur wenige Minuten. Rechtzeitig anstellen, sonst kommt man nicht raus!
- **Reservierungen** sind grundsätzlich nur für längere Strecken möglich, auf kleineren Bahnhöfen außerhalb Kairos meist überhaupt nicht. Dort sind Karten erst wenige bis eine Stunde vor Abfahrt erhältlich. Wenn Sie zu mehreren unterwegs sind, lassen Sie sich zusammen liegende Sitze geben; im Zug ist ein Tausch nahezu unmöglich.
- Bei **ausgebuchten Zügen** funktioniert häufig der Trick, dass man ohne Reservierung gegen £E 1,50 Aufpreis in der gewünschten Klasse stehend mitfahren kann. Spätestens in Minia werden die ersten Plätze frei, oder man hat schon früher Glück, denn für Privilegierte wie Parlamentarier, Armeeangehörige etc. wird immer ein bestimmtes Kontingent Plätze freigehalten und erst kurz vor Abfahrt freigegeben. Oder versuchen Sie es mit einem Ticket über den Zielbahnhof hinaus, also z.B. nach Assuan statt Luxor oder von Assuan nach Kairo, obwohl Sie erst in Luxor zusteigen (das liegt an reservierten Kontingenten für Zielbahnhöfe).
- **Ermäßigung** gibt es auf den Internationalen Studentenausweis und auf den Internationalen Youthhostel-Ausweis, allerdings nicht für den Supersleeper.
- **AC-Abteile** können sehr kühl sein. Möglichst Platz auf der Schattenseite wählen, weil man sonst nur gegen geschlossene Vorhänge schaut.
- Für lange Bahnfahrten **Trinkwasser** einpacken, da die Getränke im Zug sehr süß sind. Toilettenpapier ist häufig nicht vorhanden.

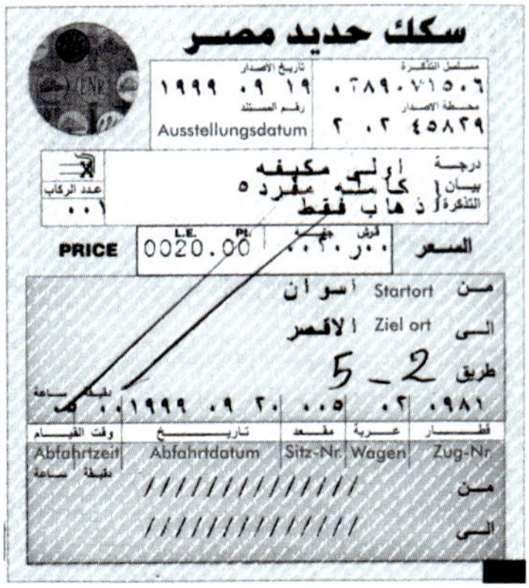

Eisenbahnticket - Ein Leser übersetzte die Bezeichnung der wichtigsten Felder als Interpretationshilfe für „Nachfahrer"

- Wer den **Zug verpasst**, tauscht sein Ticket - nur innerhalb von 24 Stunden möglich! - im Ramsis-Bahnhof in Kairo im Büro vor Gleis 8.
- **Telefonische Zugauskunft** in Kairo unter 147 und 2753 555.

Bus, Minibus oder Sammeltaxi

Busfahrten bieten gegenüber der Eisenbahn den Vorteil, dass man u.U. auch außerhalb der Haltestellen aus- und (mit etwas Glück) wieder zusteigen kann. Die großen Überland-Buslinien sind relativ pünktlich, Stehplätze gibt es nur in Ausnahmefällen. Die Komfort-Skala reicht bis zu Airconditioning, bequemen Sesseln, Video, Snack-Bar, Toilette. Für unser Reisegebiet kommen nur die Busstrecken Kairo – Hurghada – Luxor - Assuan in Betracht, da Touristen öffentliche Busse im Niltal nördlich von Luxor wegen Terrorismusgefahren untersagt sind.

Auch wenn Reisebüros Buskarten beschaffen und Vorausbuchungen erledigen, sollte der Kostenbewusste dies selbst tun, denn die Agenturen schlagen bis zu 100 Prozent Bearbeitungsgebühr auf den Fahrpreis.

Viele Leute beklagen sich über "Eiseskälte" und unerträglich laute Videofilme in Fernbussen, manchmal drei nacheinander; unbedingt wird Ohropax für solche Reisen empfohlen. Die Fahrer regeln allerdings auf Bitten die Lautstärke herunter. Wenn auch das Busnetz sehr dicht ist, so sollte man für Fernbusse Tickets im Voraus kaufen. Das gilt auch für die schnelleren, aber teureren Nachtbusse.

Sammeltaxis (arabisch *Servies),* die zwischen nahezu allen Orten verkehren, stellen eine gute Alternative zum Bus dar. Früher waren es PKWs (meist Peugeot), heute steigt man in der Regel in Minibussen fernöstlicher Bauart (enge Sitze!). Häufig verkehren auf entlegeneren Strecken Pickups – aber auch in Theben-West -, auf deren Ladefläche einfache Bänke befestigt sind. Will man aussteigen, klopft man entweder an die Rückscheibe der Fahrerkabine oder stampft mit dem Fuß auf den Boden oder bittet einen anderen Fahrgast, den Fahrer zu verständigen.

Die Abfahrtsplätze liegen meist im Ortszentrum in der Nähe der Bushaltestellen, unterwegs winkt man sie einfach heran. Sie fahren nur dann ab, wenn der Wagen voll ist (oder man für die fehlenden Passagiere mitzahlt). Fahrpläne gibt es nicht; das Warten auf einen vollen Wagen dauert selten länger als eine halbe Stunde. Der Fahrpreis liegt bei etwa 15-20 Piaster pro 10 km; man sollte vor dem Einsteigen den Preis aushandeln. Man muss auch hier damit rechnen, dass mehr als von den Einheimischen gefordert wird. Sinnvoll ist, dass man sich für längere Strecken mit anderen Reisenden zusammentut (Peugeot-Taxi hat sieben Plätze) und dann unabhängig von Warterei ist.

Tipps zum Busfahren

- Fast immer ist **Vorabbuchung** und Platzreservierung empfehlenswert, häufig sogar notwendig, wenn man wie geplant fahren will. Bei der Ticketreservierung immer die Bezeichnung "a.m." für vormittags bzw. "p.m." für nachmittags hinzufügen; sonst gibt Ihnen der Mann ein Ticket für den 19-Uhr-Bus, Sie wollten aber mit dem um 7 Uhr fahren!
- **Kontrollieren** Sie das Ticket. Einige Busfahrer versuchen, ein paar £E mehr zu verdienen als auf dem Ticket in arabischen Zahlen aufgedruckt ist. Meist erhält man das zuvor zu viel gezahlte Geld problemlos zurück.
- Als **Alleinreisende(r) ohne Platzreservierung** schließt man sich am besten anderen Travellern an. Während einer in den Bus stürzt, um Plätze zu reservieren, kümmert sich der andere darum, dass das Gepäck gut verstaut wird und nichts zurückbleibt.
- Am **Zielort** den Busfahrer so lange nicht aus den Augen lassen, bis man alle Gepäckstücke wieder in Händen hat - nicht, dass der Bus mitsamt Rucksack zur nächsten Stadt auf- und davonbraust.
- Die Angaben in den **Busfahrplänen**, die bei den jeweiligen Orten aufgeführt sind, stammen aus eigenen Recherchen, aus vielen Leserbriefen und aus offiziellen Angaben. Verlassen Sie sich bitte nur insoweit darauf, als Sie damit planen. Die **aktuelle Abfahrt** sollte man **immer vor Ort nachprüfen** bzw. durch Befragen anderer Traveller, die gerade die Strecke fuhren, herausbekommen. Denn Fahrpläne können sich überraschend sowohl vorübergehend als auch ständig ändern; offenbar geht auch Sommer- oder Winterzeit mit ein.
- Die Busse fahren häufig auch **früher** ab, als im Fahrplan steht; das können 20-30 Minuten sein.
- Wenn **zwei Gesellschaften** dieselbe Strecke befahren, erkundigen Sie sich immer nach Preisen und Fahrzeiten bei beiden; häufig gibt es krasse Unterschiede.
- Vorsicht bei **Serviceleistungen** in Luxusbussen: Wer einen Tee bestellt, wird mit Keksen und Schokoriegeln zusätzlich überhäuft, die später überteuert zu bezahlen sind.

Innerägyptische Flugverbindungen

Innerägyptische **Flugreisen** verkürzen die Reisezeit erheblich, sind natürlich teurer als alle anderen Verkehrsmittel und geben kaum einen Eindruck von dem Land, über das man hinwegjettet. Da die Inlandsflüge häufig überbucht sind, sollten Sie frühzeitig am Flughafen sein. Verspätungen kommen nicht selten vor, d.h. achten Sie bei Inlandsflügen vor Ihrem Heimflug dar-

auf, nicht zu spät den Abflughafen zu erreichen. Eine Sicherheitsreserve von einigen Stunden oder von einem Tag ist eher angebracht.
Egypt Air als Quasi-Monopolist greift bei innerägyptischen Flügen dem Besucher heftig in die Tasche. Ein lokal gebuchter Flug Kairo - Assuan z.B kostet knapp das Doppelte von dem zu Hause mitbezahlten Anschlussflug, vorausgesetzt, man schwebt mit Egypt Air in Ägypten ein. Zwischen Kairo, Luxor, Assuan und Abu Simbel gibt es täglich mehrere Flüge.

Auf dem Nil unterwegs

Wenn Sie per **Feluke** oder **Motorschiff** auf dem Nil kreuzen wollen, dann bietet sich die "Rennstrecke" zwischen Luxor und Assuan an. Informationen zu Nilkreuzschiffreisen finden Sie auf Seite 64 und zum Segeln mit Feluken auf Seite 75

Per Mietwagen unterwegs

Für unser Reisegebiet lohnt es nicht, auch nur einen Gedanken an einen Mietwagen zu verschwenden, da Taxis in der Regel billiger sind und man allen Verkehrs- sowie Parkproblemen aus dem Weg geht. Hinzu kommt, dass viele der uns in Europa eingedrillten Verkehrsregeln in Ägypten nur wenig Beachtung finden und man sich in dieses Geschehen einfinden muss. Insofern wollen wir hier nicht weiter darauf eingehen.
Für Strecken außerhalb des Niltals – z.B. die Oasen, den Sinai und die Rot-Meer-Küste – kann der Mietwagen eine sehr gute Alternative sein. Daher handeln wir dieses Thema in unserem Führer ÄGYPTEN INDIVIDUELL ausführlich ab.

Fahrradfahren

Fahrrad-Fernfahrer tauchen mehr und mehr in Ägypten auf. Richtiges Verhalten, Timing und die richtige Wegstrecke sind ganz entscheidende Punkte für das Gelingen der Reise. Die folgenden Argumente sollten bedacht werden:
Fahrzeit: Kinder können die ungewohnten Figuren auf dem Fahrrad – besonders kurzbehoste Radler – als so komisch empfinden, dass sie sich ein Vergnügen daraus machen, die Leute vom Rad zu holen. Das funktioniert mit Steinwürfen oder besser noch mit Stöcken, die blitzschnell in die Speichen gesteckt werden. Daher sollte man möglichst dann radeln, wenn die Knaben in der Schule sind, also bis etwa 14 Uhr. Oder Sie machen zwischen 14 und 16 Uhr Pause; denn die Burschen sind am einfallsreichsten, wenn sie, aus der Schule heimtrödelnd, ihre Aggressionen abbauen.
Ein Leser schreibt: *"Obwohl das Prinzip des Stärkeren gilt, existiert eine in Mitteleuropa unbekannte Kommunikation und Rücksicht zwischen den Verkehrsteilnehmern."* Für Kairo liege die beste Fahrzeit zwischen Mitternacht und 6 Uhr morgens; andere wiederum kamen im Hauptverkehr problemlos zurecht. - Wenn Sie schließlich die Lust verlieren, so stellen Sie Ihren Drahtesel in die Eisenbahn, das ist spottbillig. Falls es nur darum geht, den nächsten Ort, z.B. rechtzeitig vor der Dunkelheit, zu erreichen, dann hilft auch trampen: Leere Lkw halten meist an.
Fahrstrecke: Derzeit sind Radtouren im nördlichen Niltal wegen der Konvoivorschriften nicht ratsam, zu oft versperrt die Polizei den Weg. Für bessere Zeiten: Wer in Assuan startet, beginnt mit der verkehrsmäßig ruhigeren Zone. Man nähert sich langsam dem Chaos und gewöhnt sich daran. Ein echter Nachteil ist andererseits der ständig aus Norden blasende Gegenwind, der in umgekehrter, also in Windrichtung durchaus 25 km/h ermöglicht.

Übernachten

Verschiedene Internetportale lassen von ihren Lesern Hotels bewerten. Die Zeitschrift test untersuchte in ihrer Ausgabe Februar 2007 die Bewertung und kam zu dem Ergebnis, dass nur bei holiday-check.de weitgehend verlässliche Aussagen zu finden sind.
Da Ägypten jährlich Millionen von Besuchern unterzubringen hat, sind viele Hotels in der Hauptsaison aus- oder überbucht und der Ein-

zeltourist hat oft seine liebe Not, eine Unterkunft zu finden. Häufig zaubert ein etwas ansehnlicheres Bakschisch dennoch ein Bett im ausgebuchten HotelHotel herbei.

Schwierigkeiten kann es während der Wintersaison in Oberägypten und während des ganzen Jahres in Kairo bei der Zimmersuche geben; allerdings hat sich die Situation in jüngster Zeit gebessert. Kümmern Sie sich dennoch rechtzeitig darum, wo Sie nachts Ihr Haupt hinlegen wollen oder (nur) können. Die ägyptischen Hotels sind in Kategorien eingeteilt, die mit fünf Sternen am oberen Ende beginnen und bei keinem Stern enden. Die 5*-Herbergen gehören meist internationalen Ketten und kosten deutlich ab € 100 aufwärts. 4*-Hotels sind häufig in ägyptischer Hand, durchwegs recht gepflegt und eine echte Alternative zur teuren Kategorie; hier kommt man zu etwa Zweidritteln des 5*-Preises unter.

Auch 3*-Unterkünfte bieten gute Konditionen fürs Geld: In der Regel Aircondition (zumindest vorteilhaft gegen Moskitos und Straßenlärm), eigenes Bad mit warmer Dusche und übliche, akzeptable Sauberkeit. Meist stehen ein Kühlschrank sowie ein TV im Zimmer und morgens ein (etwas bescheidenes) Frühstück auf dem Tisch. Für den anspruchsvolleren, aber kostenbewussten Traveller sind sie bei Preisen von $ 30-80 eine gute Wahl.

Generelle Tipps und Infos

- Der Wertverlust des Ägyptischen Pfunds gegenüber dem Euro wird dazu führen, dass die in diesem Buch angegeben Übernachtungspreise früher oder später angepasst werden müssen; bedenken Sie dies bitte, wenn Sie die Hotellisten durchgehen.
- Alle **Preise sind in £E** angegeben. Wenn andere Währungen vom Hotelier verlangt werden, finden Sie ein $ oder €/€ vor der Angabe; dies gilt insbesondere bei Hotels der 3-5*-Kategorie, die in **Fremdwährung fakturieren** müssen, d.h. entweder nach Vorlage einer offiziellen Umtauschquittung in £E oder in baren Devisen oder mit Kreditkarte. Dies war in der Vergangenheit schon öfters ähnlich geregelt und löste sich irgendwann in Wohlgefallen auf.
- Theoretisch kommen bei allen Hotelkategorien **Steuern und Servicegebühren** in Höhe von 19 bis zu 26,6 % auf die Rechnung. Die Angaben in diesem Buch nennen, bis auf wenige Ausnahmen, den Endpreis einschließlich aller Steuern und Gebühren.
- **Preisgünstige Hotelbuchungen:** Wenn Sie dem Stress der ersten Hotelsuche in Ägypten vorbeugen wollen, können Sie bereits zu Hause eine preiswerte Einzelunterkunft buchen: Suchen Sie sich ein Hotel aus und rufen Sie dort an, in der Regel funktioniert die Reservierung zuverlässig. Besser ist noch die Email-Reservierung, weil man dann auf Wunsch eine schriftliche Bestätigung bekommt. Allerdings muss der Hotelier auch seine Mailbox täglich abfragen, und das scheint nicht immer zur ständigen Übung zu gehören.

  Auch im Land selbst haben Sie noch die Möglichkeit, bei American Express oder Thomas Cook nach einem **Voucher** für das Hotel Ihrer Wahl zu fragen. Mit einem solchen Schein kann man zu wesentlich günstigeren Preisen einchecken (besonders bei den besseren Unterkünften). Bucht man ein Zimmer über einen in Ägypten stationierten Vertreter eines heimischen Reiseveranstalters (Sprechzeiten hängen meist in größeren Hotels aus), spart man u.U. 30 % und mehr.

  Es sei noch einmal ausdrücklich betont: Als Einzeltourist sind Sie bei besseren Hotels immer der Unterstützer der Pauschalreisenden! Denn Sie werden mit erheblichen Zuschlägen bedacht. Wenn Sie feste Termine für Ihre Aufenthalte schon zu Hause wissen, dann buchen Sie wahrscheinlich vorteilhafter über ein Reisebüro, siehe auch Seite 39.
- Nahezu **alle in diesem Buch genannten Unterkünfte wurden von uns geprüft**, d.h. Zimmer und Bäder angeschaut und Preise vom Rezeptionisten abgefragt. Das ist allerdings keine Gewähr, dass der Hotelier bei passender Gelegenheit ganz andere Preise verlangt als die genannten.

- In der **Sommersaison** (Mai bis September) sind viele Hotels deutlich billiger. In der Spitzen-Hochsaison (Weihnachten, Ostern) langen die Hoteliers mit gewaltigen Zuschlägen kräftig zu. Gruppenreisende (ab 10 Personen) erhalten die besten Konditionen.
- Auch in Hotels gehört **Feilschen** zum Handwerk, zumindest in den mittleren und unteren Kategorien. Verschenken Sie daher nicht Ihr Geld!
- Etwa in der zweiten Januarhälfte sind **Ferien** an Schulen und Universitäten Ägyptens. Dann kann es durchaus passieren, dass man aus Hotels herausfliegt, weil eine Gruppe lange im Voraus buchte und kein Mensch daran dachte...
- Einige Leser machten schlechte Erfahrungen bei **Vorauszahlungen**, die sie gutmütig leisteten – wenn sie früher abreisen wollten, gab es kein Geld zurück. Wenn der Rezeptionist Vorkasse verlangt, ist vermutlich etwas faul; lassen Sie sich nie darauf ein.
- Wenn Ihnen jemand - vornehmlich an Bahnhöfen, Bushaltestellen etc. - anbietet, bei der Hotelsuche behilflich zu sein, handelt es sich meist um einen **Schlepper**. Er bekommt eine Provision vom Hotel, die Sie natürlich mitbezahlen müssen. Andererseits kann sich der oft nicht hohe Betrag lohnen, weil sich zumindest die Wege und die Sucherei verkürzen.
- Schauen Sie sich das Zimmer möglichst genau an und **testen Sie** Wasser, Toilette, Dusche, Ventilator oder AC, bevor Sie buchen.
- Ein simpler Ratschlag: Nehmen Sie in heißer Zeit **kein Zimmer nach Westen**, dort heizt sich das Gemäuer so auf, dass es bis tief in die Nacht alle Wärme in Ihr Zimmer strahlt.

Wahrscheinlich wollen Sie unterwegs mal Ihre Wäsche waschen lassen: Viele Hotels bieten schnellen und preiswerten **Wäscheservice** an. In diversen Billighotels steht eine Waschmaschine häufig zur freien Benutzung.

Tipps für Billighotels

- Achten Sie darauf, dass Sie Ihr **Zimmer verschließen** können und dass frau sich ungestört bzw. unbeobachtet durch Löcher in Wand oder Tür waschen können.
- An die **Sauberkeit der billigen Unterkünfte** darf man keine hohen Ansprüche stellen. Wenn die Bettwäsche noch vom Vorgänger stammt, so wird sie doch in den meisten Fällen gewechselt, wenn der Gast nachhaltig darauf besteht. Nehmen Sie eigene Handtücher mit.
- In der untersten Hotel-Kategorie können **Flöhe** vorkommen (die allerdings auch gern in dichtem Gedränge oder in öffentlichen Verkehrsmitteln auf frisches Blut umsteigen). Gegen Wanzen - die sich von der Decke auf ahnungslose Schläfer fallenlassen - und natürlich auch Moskitos schützt ein Moskitonetz.
- Ein paar Bemerkungen zum - unvermeidlichen - Thema **Toiletten** in Ägypten: In den allermeisten Hotels findet man heute ganz normale Sitztoiletten, auch wenn manche nicht gerade zum Sitzen einladen (Infektionen holt man sich übrigens weniger durchs Sitzen als durch zurückspritzende Flüssigkeit).

Häufig ragt in der Mitte ein nicht gerade sauberes Röhrchen empor, das anstelle des Abputzens Wasser zum Waschen (und zwangsläufig auch Fäkalienreste) nach oben spritzen lässt. Oder es gibt einen flexiblen Schlauch mit Wasserhahn, was etwas hygienischer sein kann. In einigen Gegenden steht in der Toilettenkabine ein Papierkorb für benutztes Toilettenpapier, weil Toilettenkonstruktion und Kanalisation dem ungewohnten Medium nicht gewachsen sind und dann gern verstopfen. Was lässt sich beim "Call of Nature" von Hygiene versessenen Menschen tun? Z.B. nicht auf eine Brille setzen oder aber entsprechende Papierunterlagen mitbringen oder aus Toilettenpapier zurechtlegen. Falls vorhanden, sind die "türkischen" Hock-Klos mit simplem Loch im Toilettenbecken durchaus vorzuziehen. Allerdings kann beim Ziehen der Spülung die Kabine geflutet werden, also vorher die Flucht ergreifen.

Essen und Trinken

Zahllose Restaurants, Garküchen und Imbissstände sorgen dafür, dass man nicht verhungert. Dass es in vielen dieser Etablissements nicht so fürchterlich hygienisch zugeht, kann der vom üppigen Mahl erfreute Besucher kurze Zeit später erleben, wenn ihn ein Durchfall plagt. *Je teurer, je ungefährlicher* – ist keine feste Regel, besitzt aber doch etwas Wahrheit. Wer mit empfindlichem Gedärm in den Orient reist, sollte Garküchen und vor allem Imbissbuden am Straßenrand meiden, denn dort wird z.B. das Fett selten gewechselt oder wenig frisches Wasser benutzt. Vielleicht als Faustregel für Billigangebote: Dort, wo großer Andrang herrscht und viele Portionen verkauft werden, haben die vorbereiteten Speisen oder Lagerbestände weniger Zeit, schlecht zu werden.

Die typische Mittagessenszeit beginnt gegen 13 Uhr, Dinner wird etwa ab 20 Uhr serviert, wobei Ägypter lieber ab 21.30 Uhr speisen; dies gilt vornehmlich für die besseren Restaurants. Die ägyptische Küche ist stark geprägt von türkisch-arabischer Tradition, außerdem sind mediterrane Einflüsse erkennbar. Als Anregung hierzu einige Erklärungen, die Ihnen die Wahl des vielseitigen und meist sehr schmackhaften Angebots erleichtern.

Vorspeisen und Hauptgerichte

- **Aish** - frisches Fladenbrot
- **Baba Ghanush** - kaltes Auberginenpüree mit rauchigem Beigeschmack, weil die Auberginen bei der Zubereitung angeröstet werden. Es eignet sich zu Vorspeisen wie z.B. eingelegten Möhren, Gurken, Rettichen oder anderem Gemüse. Es wird auch häufig als Salatsauce und zu Fisch serviert.
- **Banja** - ein Zucchini ähnliches Gemüse, das mit viel Knoblauch und Tomaten gekocht wird
- **Batata** - heiße Süßkartoffeln, die vor allem im Winter auf den Straßen verkauft werden
- **Betingan** - geröstete Auberginenscheiben, die meist mit Tahina und Fladenbrot angeboten werden
- **Dolma** - gefüllte Paprikaschoten oder Weinblätter
- **Fassulja** - weiße Bohnen in Tomatensauce
- **Felafel** - Gemüsefrikadellen: Braune Bohnen, Zwiebeln, Erbsen, Petersilie und andere Kräuter werden durchgedreht, scharf gewürzt und Frikadellen ähnlich in Öl ausgebacken.
- **Feta** - ein in eine Schüssel geschichtetes Gericht. Die unterste Lage besteht aus Fladenbrot, darüber kommen Reis und obendrauf Fleischstücke. Alles ist mit Knoblauch zubereitet und mit würziger Brühe durchtränkt.
- **Foul** - *das Fleisch des armen Mannes* genannt. Kleine, getrocknete braune Bohnen werden viele Stunden - häufig über Nacht - auf sehr kleinem Feuer gekocht. Foul hält sich trotz des heißen Klimas über mehrere Tage. Gewürzt und endgültig zubereitet wird jedes Gericht erst kurz vor der Mahlzeit. Zum Frühstück isst man es aus der Schüssel mit Olivenöl und Zitrone angemacht; als kleinen Imbiss zwischendurch belädt man Fladenbrot mit Foul und gehacktem Salat und Tahina; als Hauptmahlzeit genießt man es mit eingelegten Gurken, frischem Salat, Tomaten und hart gekochten Eiern.
- **Gibna Bejda** -recht schmackhafter, weißer Schafskäse
- **Haman Mashi** - gedünstete Täubchen. Sie sind eine ägyptische Delikatesse, der Höhepunkt vieler Festessen. Bei der traditionellen Art der Zubereitung wird der Vogel mit gestoßenen, grünen Weizenkörnern gefüllt und in einer Tonkasserolle gedünstet. Frische Minzeblätter sorgen dabei für ein anregendes Aroma. Als Haman Mashwi ist das Täubchen gegrillt.
- **Humus Bi Tahina** - kaltes Kichererbsenpüree mit Tahina
- **Kebab** - ein typisches, auf Reis serviertes orientalisches Gericht aus am Spieß gegrillten Fleischstücken, Zwiebeln und Tomaten.
- **Kibda** - frittierte Leberstückchen
- **Kushari** - ein Gericht aus Nudeln, Reis und Linsen, darüber geröstete Zwiebeln und ein Schuss Tomatensauce. Bei Bedarf gibt man über das eigentlich milde Gericht Knoblauch-Essig und Chili-Sauce. Diese preiswerte Speise

Buffet auf einem Kreuzfahrtschiff

wird häufig an kleinen, fahrbaren Kushari-Ständen oder spezialisierten Restaurants angeboten.

- **Kufta** - am Spieß gegrillte Hackfleischröllchen
- **Machshi Koossa** - Zucchini mit köstlich gewürzter Reisfüllung
- **Machshi Betingan** - dasselbe mit Auberginen
- **Mashi Wara Ainab** - Weinblätter mit gewürzter Reisfüllung
- **Molucheya** - eine Art Suppengericht aus spinatartigem, klein gehackten und in Fleischbrühe gekochten Gemüse, als Einlage dienen Reis oder Fleisch. Es ist kräftig gewürzt und mit viel Knoblauch angereichert. Das Gemüse sieht wie unsere Brennnesseln aus, man verwendet nur die Blätter. Molucheya ist eines der beliebten Nationalgerichte Ägyptens.
- **Mussaka** - dem griechischen Moussaka ähnliche Speise aus Auberginenscheiben, Tomaten, Zwiebeln
- **Pasterma** - Rindfleisch, das mit einer dicken Gewürzschicht umgeben ist (manchmal wird ersatzweise junges Kamelfleisch verwendet, das auch gut schmeckt)
- **Tahina** - eine köstliche, dicksämige Sauce aus Sesamöl und fein gemahlenen Hülsenfrüchten; Knoblauch, Zitrone, Salz und Pfeffer geben die nötige Würze. Mit ihrem starken Nuss-Aroma schmeckt sie vorzüglich, besonders wenn man - ganz nach orientalischer Art - kleine Stücke von frisch gebackenem Fladenbrot in die Sauce tunkt.

Nachspeisen

- **Aish es Seraya** - ein in Zuckersirup eingeweichter Honigfladen, garniert mit frischer Sahne. Eine recht gehaltvolle Nachspeise, die ihrem Namen *Brot des Palastes* alle Ehre macht.
- **Fetir Mishalet** - ein Blätterteig ähnliches Gebäck aus mehreren Teigschichten, gefüllt mit Pistazien und gehackten Nüssen, das mit dunklem Likör aus Zuckerrohr übergossen wird

Getränke

- **Tee** (*Shay*) und Kaffee *(Ahwa)* sind die klassischen Nationalgetränke schlechthin; wobei man Teebeutel-Tee erhält, wenn man nur *Shay* bestellt. Ägyptischen Tee ordert man *Shay el arosa* oder *Shay Masr.*. Bei jeder nur denkbaren Gelegenheit wird Tee angeboten: schwarzer Tee, Pfefferminztee (*Nhana*) und der rote **Karkade** (aus Hibiskusblüten), der sowohl heiß als auch gekühlt getrunken wird und eins der erfrischendsten Getränke schlechthin ist. Beliebt sind auch **Qirfa** (aus Wasser, Zimt und Zucker) oder **Helba** (aus Bockshornklee).
- Bei der **Kaffee-Bestellung** sollten Sie türkischen Kaffee - wobei der Begriff türkisch ne-

gativ belegt ist - ordern, der *Ahwa* heißt, weil Sie sonst meist Pulverkaffee bekommen.

- **Mineralwasser** (Baraka, Siwa, Perrier, Evian etc.) ist in 1,5- und 0,75-Liter-Flaschen zu bekommen, daneben gibt es Cola-Getränke, Seven-Up und u.ä. mehr. Achten Sie im Restaurant auf den versiegelten Verschluss, um nicht nachgefülltes Leitungswasser zu kaufen.

- **Fruchtsäfte** werden frisch gepresst an vielen Straßen, aber auch in Restaurants angeboten.
- **Sachleb** - köstliches warmes Getränk aus Milch mit Kokosnuss, gehackten Nüssen und anderen Zutaten
- **Tamarhindi** - erfrischendes, süßsäuerliches Teegetränk, das aus getrocknetem Fruchtfleisch der Tamarinde gekocht wird.
- **Zuckerrohrsaft** - wird häufig mit Walzenpressen direkt "von der Stange" am Ort gepresst; schmeckt als Gemisch mit Orangensaft auch sehr gut.

Alkoholische Getränke

Stella, das klassische in Ägypten gebraute Bier mit niedrigem Alkoholgehalt (auch als Export erhältlich), ist nach einem heißen Tag eine willkommene Erfrischung. Das lässt sich auch mit anderen, neu auf den Markt gekommenen Bieren erreichen, z.B. Sakkara oder Löwenbräu. Der Weinanbau hat bis in pharaonische Zeiten zurückreichende Tradition. Wandmalereien in den Gräbern zeigen bereits Szenen von der Weinlese, und Amphoren mit Jahrgangsangaben wurden als Grabbeigaben entdeckt. Zwar ging mit dem Einzug des Islam, der Alkohol in jeder Form verbietet, der Weinanbau zurück, es wird jedoch in kleinerem Umfang weiterhin gekeltert. Ergebnisse ägyptischer Winzerkunst erhält man in einigen Spezialgeschäften, in wenigen Supermärkten wie auch in internationalen Hotels und Restaurants.

Importierter Alkohol ist überdurchschnittlich teuer (etwa das Vierfache von europäischen Preisen), jedoch in Großstädten erhältlich. Vorsicht bei höherprozentigem Alkohol: Immer wieder werden - sogar in seriösen Geschäften - der Originalverpackung täuschend ähnlich nachgemachte Spirituosen angeboten, die aber gepanscht sind, u.a. mit Methylalkohol. Bereits geringe Mengen davon können tödlich sein; 1988 und 1991 starben jeweils zwei Deutsche in Ägypten an Methylalkoholvergiftung.

Als Abschluss einer üppigen Mahlzeit kann es anregend sein, gemeinsam mit den Tischnachbarn die **Shisha**, die orientalische Wasserpfeife zu rauchen, deren Rauch durch Wasser gekühlt wird. Das Mundstück mit seinem langen, beweglichen Schlauch wird dabei von einem zum anderen Raucher gereicht (in besseren Restaurants gibt's auswechselbare Mundstücke). Der Tonaufsatz *(Haga)* der Shisha ist meist mit *Maasal-Tabak* gefüllt, dessen Aroma durch Beimengung von Zuckerrohrmasse leicht süßlich ist. Zur Shisha schlürft man gern einen türkischen Mokka. Es darf nicht unerwähnt bleiben, dass Shisha-Rauch weit gefährlicher als Zigarettenrauch ist.

Gesundheit

Zwar zählt Ägypten nicht gerade zu den hygienischsten Ländern dieser Erde, aber mit etwas Um- und Vorsicht lässt sich das Land mit heiler Haut bereisen. Wenn Sie ein paar Regeln beachten, werden Sie die meisten Gefahren stark reduzieren oder ganz ausschalten können (Impfungen vor der Reise siehe Seite 37).

Rohes Gemüse oder auch Obst dienen vielen Krankheitskeimen (u.a. wegen der Kopfdüngung) als Sprungbrett in des Genießers Innenleben. Daher möglichst nur „**natürlich Eingepacktes** " wie z.B. Bananen essen, Äpfel oder anderes Obst sehr gründlich waschen (und eventuell schälen). Neben der ohnehin üblichen Hygiene gilt für empfindliche Naturen die etwas harte, aber effektive Regel: *Auf ungeschältes Obst und ungekochtes Gemüse, auf Salat, Eiswürfel und Speiseeis verzichten, kein Leitungswasser, sondern nur abgefülltes Wasser trinken.* Die Engländer haben diese Weisheit sehr griffig formuliert: *Peel it, boil it, cook it or forget it!* Allerdings scheint sich (subjektiv

beurteilt) die hygienische Lage in den letzten Jahren deutlich gebessert zu haben; frühere Magen/Darmprobleme kamen auf unseren letzten Reisen praktisch nicht mehr vor.
Vorsicht ist auch bei Speiseeis geboten, das auf der Straße oder in eher einfacher/unsauberer Umgebung verkauft wird. Man weiß nie, ob die Kühlkette nicht unterbrochen wurde; besondere Vorsicht nach Stromausfällen. Empfindliche vermeiden auch Meeresfrüchte wie Muscheln, Krabben etc, deren Filtersystem nicht gegen Übertragung von Krankheiten wie z.B. Hepatitis ausgelegt ist.
Essen Sie immer dort, wo auch viele andere essen, d.h. der Warenumschlag groß ist. Saubere Restaurants oder Garküchen mit sauberen Köchen/Bedienungen bürgen eher für hygienisch einwandfreie Speisen als schmuddelige Buden.
In Kairo und anderen Großstädten ist übrigens das **Wasser** so stark gechlort, dass nicht nur Bakterien einen großen Bogen darum machen.
Obwohl das Wasser, das aus dem Nil gewonnen wird (der im Übrigen als einer der am wenigsten umweltbelasteten Flüsse der Erde gilt), am Ausgabepunkt der Stadtwerke bakteriell einwandfrei ist, können infolge von Leitungsbruch oder bei ungenügender Pflege der Hauswassertanks Bakterien eindringen. Viele Ausländer trinken das Kairo-Wasser seit Jahren problemlos und unbehandelt.
Auch **eiskalte bzw. stark gekühlte Getränke** können durchschlagend aufs Gedärm wirken; einmal durch den Temperatursturz, den Sie Ihren Eingeweiden zumuten, zum anderen - bei Eiswürfeln im Glas - durch möglicherweise aufgetaute Bakterien.
Wenn z.B. beim Anblick der Toiletten oder aufgrund der Umstellung der Darm mit **Verstopfung** reagiert, dann helfen als natürlichstes Mittel frische Feigen oder bereits zu Hause gekaufte Früchtewürfel oder Trockenpflaumen mit viel Flüssigkeit.
In sehr kühlen Wintern holen sich viele Touristen böse **Erkältungen** mit Fieber. Daher gegen Abend oder bei kaltem Wind rechtzeitig etwas Wärmendes anziehen.

Die **Wundinfektionsgefahren** sind in Ägypten höher als bei uns, Staub oder Fliegen können leicht Bakterien in offene, auch kleine Wunden verschleppen. Ein rechtzeitig aufgeklebtes Pflaster nach der Desinfektion (z. B. Betaisodona) bietet hinreichend Schutz.
Auf Erkrankungen, die speziell in Ägypten vorkommen, sei besonders hingewiesen. Die **Bilharziose** ist eine der am längsten bekannten Tropenkrankheiten. Sie hat sich seit dem Bau des Assuan-Hochdamms epidemisch im gesamten Niltal ausgebreitet, denn früher trockneten die Kanäle nach der Nilflut aus. Die eigentlichen Erreger sind bis zu 26 mm große Würmer, die in Blutgefäßen des Darms und der Blase leben. Sie gelangen als so genannte Gabelschwanz-Zerkarien beim Trinken, Baden oder Waschen in Süßwasser (besonders gefährlich sind Tümpel, ruhige Gewässer mit Ufergras, Bewässerungskanäle) in Sekundenschnelle durch die Haut, setzen sich im Darm, den Harnwegen und der Leber fest und reifen zu Würmern heran. Die Krankheit führt zu schweren Schäden dieser Organe und in ernsten Fällen zum Tod. Krankheitssymptome sind Fieber, Kopf- und Gliederschmerzen, Leber- und Milzvergrößerung und allgemeine Schwäche. Seit einigen Jahren kann Bilharziose durch die Einnahme von Tabletten geheilt werden. Wer befürchtet, sich eventuell infiziert zu haben: Etwa 4-6 Wochen nach dem möglichen Infektionszeitpunkt ist ein Bluttest auf Antikörper möglich.
Die jetzt "einfache" Heilung der Bilharziose hat u.a. dazu geführt, dass die Kanalränder heute nicht mehr in dem Maße mit Pestiziden behandelt werden wie früher. Dadurch kann sich der **Leberegel** (*Fasciola*) wieder vermehrt ausbreiten. Er wird durch Blattgemüse (Salat, Brunnenkresse, Porree, Petersilie) übertragen, an dem sich die *Cercarien* – ein Zwischenstadium zwischen Ei und Wurm - anheften. Die Keime gelangen über die Darmwände in die Leber, von dort in die Galle, in der sie sehr starke Entzündungen auslösen. Ein durchschlagendes Mittel gegen diese Krankheit gibt es nicht, außer

Vorsorge: Grünzeug mindestens 15 Minuten in Essigwasser oder eine schwach konzentrierte Permanganat-Lösung legen - oder auf frische Vitamine verzichten.

Eine weitere Gefahr ist die Ägyptische Augenkrankheit, das **Trachom**. Sie wird durch den Kontakt mit Bindehautsekret bzw. Tränen eines Erkrankten (Fliegen!) übertragen. Unbehandelt kann sie bis zur Blindheit führen. Deshalb bei Augenentzündungen einen Augenarzt aufsuchen. Verleihen Sie nicht Ihre Brille, Fernglas, Fotoapparat etc. oder benutzen Sie umgekehrt keine fremden Utensilien dieser Art.

Die **Malaria** hat sich auch in Ägypten nicht ganz ausrotten lassen; allerdings wurde die letzte Erkrankung 1998 aus dem Fayum gemeldet. Sie wird während der Monate Juni bis Oktober von der Malaria(Anopheles)-Mücke übertragen, die von ihrem Brutplatz in seichten Tümpeln bis zu 3 km ausschwärmt. Daher in der fraglichen Zeit und Gegend durch helle Kleidung, Moskitonetz und/oder Repellents wie *Autan Active* oder *NoBite* gegen Moskitostiche vorbeugen. Unter www.fit-for-travel.de finden Sie aktuelle Informationen. Wer 7 Tage nach einem Aufenthalt in einem Risikogebiet Fieber über 38 Grad bekommt, sollte unbedingt einen Malariabluttest veranlassen.

Amöben sind Parasiten, die durch Fäkalien von Kranken auf Gesunde übertragen werden. Durch mangelnde Hygiene gelangen sie ins Trinkwasser, auf Speisen oder z.B. durch Fäkaliendüngung auf Obst oder Gemüse. Ein typisches Zeichen von eingefangener Amöben-Ruhr ist blutiger Durchfall ohne Fieber. In diesem Fall den Arzt aufsuchen und Stuhl untersuchen lassen.

Eine andere Infektionskrankheit ist **Hepatitis A**, die nicht nur durch Schmierinfektion auf Toiletten, sondern auch durch unsaubere Ess- und Trinkwerkzeuge wie herumgereichte Becher oder auch das ungesäuberte Mundstück der Shisha (Wasserpfeife) übertragen werden kann. Lassen Sie sich unbedingt zu Hause gegen impfen, am besten als Kombination von **Hepathitis A und B,** sofern nicht eine Immunität besteht.

Man sollte auch vor jeder Reise klären, ob der **Tetanus Schutz**, noch besteht, der nach der Impfung 10 Jahre gilt. Je nach Reisestil wird von der WHO auch noch die Impfschutz gegen Typhus und Meningokokken angeregt.

Tollwut ist auch in Ägypten bei Tieren verbreitet. Man sollte sich - unabhängig vom Ägyptenbesuch - bereits zu Hause dagegen impfen lassen, was heute mit drei Spritzen innerhalb eines Monats möglich ist.

Noch ein Hinweis auf einen simplen, häufig unbeachteten Effekt: Durch das viele **Schwitzen** oder bei Durchfall verliert der Körper mehr Salz als gut tut, man fühlt sich schlapp und hat u.U. mit Kreislaufbeschwerden zu kämpfen. Man kann dem zwar mit einem Teelöffel Salz abhelfen, täuscht dann aber dem Körper eine zu hohe Salzkonzentration vor, was zu vermehrtem Salzausstoß führt. Besser ist: Speisen kräftig salzen und würzen, gesalzene Nüsse, salzige Lakritze oder getrocknete Aprikosen essen.

Ein paar Worte zum Thema **AIDS**. Viele Ägypter sehen AIDS als ein typisch westliches Problem, wahrscheinlich sogar als gerechte Strafe Gottes für unseren lockeren Lebenswandel. Selbst wenn es denn so ist, kann auch der "Gerechte" in den Strudel dieser Strafe geraten, wenn er der Versuchung zu nahe kommt. Zahlen über AIDS-Fälle sind uns nicht bekannt, doch ist kaum anzunehmen, dass dieses von unzähligen Fremden überschwemmte Land frei von dem heimtückischen Virus sein könnte. Zwar besteht für den Normaltouristen kaum eine Gefahr der Infektion aus ägyptischen Quellen, viel eher durch Zufallsbekanntschaften aus dem eigenen Kulturraum. Umgekehrt aber der Appell, diese Krankheit nicht unter die Ägypter zu bringen - sie haben wahrlich genug andere Überlebenssorgen.

Eine Leserin berichtet, dass man trotz des Staubes auch in Ägypten **Kontaktlinsen** tragen kann, wenn man sich eine Sonnenbrille mit seitlichem Schutz und für die Dunkelheit eine Kunststoffbrille für Radrennfahrer oder weiche Kontaktlinsen besorgt.

Man sollte eine den individuellen Bedürfnissen angepasste **Reiseapotheke** mitnehmen, in der zunächst alle Medikamente, die Sie zu Hause regelmäßig einnehmen, in ausreichender Menge vorhanden sein müssen. Wenn wir im Folgenden eine Medikamentenliste zusammenstellen, so muss das keinesfalls bedeuten, dass alles und jedes wichtig ist. Prinzipiell können Sie alle bei uns üblichen Medikamente in Ägypten kaufen - und das zu Spottpreisen im Vergleich zu hier -, allerdings ist die Verständigung ein Problem. Packen Sie nur das ein, was aus Ihrer persönlichen Sicht während der Reisedauer notwendig sein könnte; im Zweifel sollten Sie mit Ihrem Hausarzt sprechen.

Als pauschale Empfehlung: Medikamente gegen Erkrankungen des Magen-Darm-Traktes, gegen Allergien und Insektenstiche, Erkältungskrankheiten (relativ häufig wegen der Temperaturwechsel); fiebersenkende Mittel, Antibiotika, Schmerzmittel, Verbandszeug, Fieberthermometer, Einwegspritzen, Einwegkanülen, Desinfektionsmittel.

Für bakterielle und amöbenbedingte **Durchfälle** reicht üblicherweise eine Einmaldosis von 500 mg *Ciprofloxacin*, einem Breitspektrum-Antibiotikum, das die meisten bakteriellen Erreger ausreichend behandelt , die Durchfälle in tropischen Ländern auslösen. Dazu gehört ein überall einfach herzustellender Elektrolytersatz ; WHO-Vorschlag: 1/2 L Wasser plus 1/2 L Orangensaft plus 10 Teelöffel Zucker plus ein Teelöffel Salz - davon möglichst viel trinken. Denselben Effekt erzielen die Mittel *Rehydran* oder *Elotrans*.

Das gern angewendete *Imodium* stoppt lediglich die Darmbewegungen. Dadurch können toxische Substanzen und Erreger länger im Darm verbleiben, die der Körper über den Durchfall loswerden will. Es sollte nur für den Notfall (Überlandfahrten, Rückflug oder längerer Stadt bummel) Verwendung finden. Zur Nachbehandlung kann man das rezeptfreie *Perenterol* einsetzen.

Allergiker müssen ihre Präparate Allergikerständig dabeihaben. Leser empfehlen immer wieder Augentropfen wegen der trockenen, staubhaltigen Luft.

Ein Tipp für Leute, die dringend ein Medikament benötigen: Die **Flughafenapotheke in Frankfurt** ist Tag und Nacht geöffnet und sorgt für schnellsten Transport.

Zum Schluss dieses Kapitels ein paar Worte zum Sinn und Wert der obigen Empfehlungen. Ein Leser schrieb fast empört, dass wir "Angst und Zittern" mit der Schilderung der Gefahren verbreiten, er selbst habe nicht das geringste Übel während seiner langen Reise verspürt und alles wie die Ägypter gegessen.

Das glauben wir gern. Jedoch sind die menschlichen Abwehrkräfte individuell sehr unterschiedlich, ihre Grenzen lassen sich nur durch schmerzhafte Erfahrung ausloten. Wir würden es als verantwortungslos ansehen, nicht auf mögliche Krankheiten hingewiesen zu haben und dabei durchaus vom "worst case" ausgegangen zu sein, zumal wir aus Leserbriefen wissen, dass viele Leute mit einer Ägyptenreise zum ersten Mal den Sprung in ein Land dieser Art wagen.

Wenn man die Gefahren kennt und sie nüchtern und realistisch beachtet, muss das keineswegs die Reiselust oder das Reisevergnügen dämpfen; wir selbst sind jahrelang in manchmal gesundheitlich sehr viel riskanteren Gegenden herumgereist und waren dank üblicher Vorsicht kein einziges Mal krank.

Es gibt Situationen, in denen ein Buch mit medizinischer Sachinformation und Anleitung zur Selbsthilfe sehr nützlich, manchmal sogar überlebenswichtig sein kann, Buchempfehlung siehe Seite 32.

Sicherheit, Polizei

Trotz der großen Enge und Armut im Niltal gehört Ägypten zu den sichersten Reiseländern überhaupt (sieht man von der weltweiten Bedrohung durch die Fundamentalisten ab). Das dürfte u.a. an der gutmütigen Mentalität und der sprichwörtlichen Genügsamkeit der Bewohner liegen. Dennoch: Gelegenheit macht Diebe, und leider bieten allzu nachlässige Touristen häufig solche Gelegenheiten.

Wie überall auf der Welt gilt auch hier, Dieben das Handwerk so schwer wie möglich zu machen:

- Je weniger Wertvolles Sie mitnehmen, umso weniger Sorgen müssen Sie sich machen.
- Zeigen Sie nicht, wie reich Sie sind (z.B. durch teuren Schmuck).
- Tragen Sie Ihr Geld nicht gut sichtbar in einem Brustbeutel herum (der von geschickten Dieben sehr leicht entwendet werden kann), Bauchtaschen oder Taschen auf der Innenseite der Hosenbeine sind weniger auffällig und weitaus schwieriger zugänglich.

Brutale Raubüberfälle – wie in westlichen Ländern schon fast an der Tagesordnung – kommen in Ägypten offenbar so selten vor, dass wir, trotz einiger Nachforschungen, nichts darüber erfuhren. Trotzdem sollte man Vorsicht walten lassen und nicht unbedingt in tiefster Nacht allein und Juwelen beladen durch dunkle Gegenden wandern.

Es soll selbsternannte oder sogar echte Polizisten in Uniform geben, die Fremde in eine Falle locken, ihnen sogar Drogen unterjubeln, um dann mit Papieren und Wertsachen unter Drohungen zu verschwinden. Sollten Sie bei einer

Touristenpolizei auf dem Weg zum Einsatz

dubiosen Begebenheit Zweifel an der Echtheit Ihres uniformierten Gegenübers haben, versuchen Sie, so schnell wie möglich wegzukommen oder durch lautes Schreien Passanten aufmerksam zu machen.

Von einem wohlbekannten **Taschendiebtrick** im Kairoer Khan el Khalili Bazar berichtet ein Leser: Kinder bewerfen das Opfer mit Staub oder spritzen es nass, hilfreiche Erwachsene entschuldigen sich und klopfen den Betroffenen sauber – erst zu spät stellt er fest, dass dabei Wertsachen verschwanden.

In Kairo macht sich in letzter Zeit leider auch ein internationales Phänomen bemerkbar: die Beschaffungskriminalität von Drogensüchtigen. Ägypten blieb von der harten Drogenwelle schließlich nicht verschont, die Folgen sind zwar noch nicht so schlimm wie in Frankfurt oder Zürich, doch die sprichwörtliche Sicherheit könnte längerfristig einen Einbruch erleiden.

Von Vergewaltigungen von Touristinnen haben wir bisher nur zweimal gehört. Den Tätern droht die Todesstrafe durch Erhängen, die auch meistens vollstreckt wird. Die Dunkelziffer bei diesem Delikt ist unbekannt.

In allen Touristenzentren ist die Touristenpolizei stationiert, die wohl allein durch ihre Anwesenheit für mehr Sicherheit bürgt. Leider sprechen die wenigsten dieser Beamten eine Fremdsprache, so dass Hilfe von dem Mann mit der Binde *Tourist Police* nur dann zu erwarten ist, wenn er kapiert, um was es geht. Bei wirklich negativen Vorkommnissen sollte man sich an diese Leute wenden, ja die bloße Drohung mit der Tourist Police kann schon ein Einlenken herbeiführen.

Wir haben uns bisher in ganz Ägypten vollkommen sicher gefühlt, obwohl wir z.B. irgendwo an einer stillen Stelle im Wohnmobil, im Zelt oder unter freiem Himmel übernachteten. Das bestätigt unter vielen anderen ein Leser: *"Ich habe mich absolut sicher in Ägypten gefühlt. Weder um mich selbst, noch um mein Gepäck habe ich jemals Angst haben müssen."* Einem anderen Leser wurde zweimal Bargeld, das er verloren hatte, nachgetragen. Leserin Sandra G. schreibt, dass sie in Kairo ihren Geldbeutel mit

Handys gehören auch in Ägypten zum Alltag

Zugticket nach Luxor, 100 DM und £E 30 in bar sowie 300 DM in Travellerschecks verlor. Sie meldete den Verlust der Tourist Police, durfte ohne Ticket nach Luxor reisen und erhielt dort drei Tage später alles zurück!!

Die Medien

Rundfunk und Fernsehen

Informiert zu sein, ist vor allem in politisch kritischen Situationen wichtig. Nachrichten aus Europa treffen häufig besser das Bild als lokale, politisch einseitig gefärbte Sendungen. Daher hier die empfangsgünstigsten Frequenzen einiger Kurzwellensender (der Empfang ist tages- und jahreszeitlich unterschiedlich, die Frequenzen werden auch häufig geändert): *Deutsche Welle* 6075 kHz (abends), 11795 kHz (abends), 13780 kHz (abends und tags), 17845 kHz (tags), 21600 kHz (morgens); *Österreich* 11670 und 11715 kHz, *Schweiz* 9885 kHz. Fernsehsendungen der Deutschen Welle-TV und von DW-Radio sind über Eutelsat II-F 1 (Transponder) auf 13 Grad Ost zu empfangen. Das Schweizer Radio SRI geht auf 9860, 13635 und 17565 kHz ab 7.15 Uhr MEZ auf Sendung.

Deutschsprachige Radiosendungen von Radio Kairo täglich von 18-19 Uhr auf Mittelwelle 558 kHz und UKW 95,4 MHz in Kairo, in Alexandria 97,0 MHz, Luxor 96,3 MHz und Assuan 92,1 MHz. Radio Kairo sendet auf Kurzwelle 1990 kHz täglich von 19-20 Uhr UTC nach Europa mit reichem Programmangebot (meist gut zu empfangen).

Kanal 2 des ägyptischen Fernsehens sendet täglich englischsprachige Nachrichten um 20.15 Uhr. In vielen Hotels können Kabel- oder Satellitenprogramme auch mit deutschsprachigen Sendungen empfangen werden.

Zeitungen/Zeitschriften

In den englischsprachigen Zeitungen *Egyptian Gazette* und in der *Al-Ahram Weekly* (einmal wöchentlich) finden Sie auch Informationen über gerade laufende Ausstellungen, Konzerte, Zugverbindungen etc. Ebenfalls wöchentlich erscheint die *Middle East Times* , die auch ägyptische Themen ausführlich behandelt. Monatlich erscheint u.a. *Egypt Today* , ein recht anspruchsvolles Magazin mit Beiträgen aus Kunst und Kultur; auch gute und stets aktualisierte Tipps zu Kultur und Nightlife in Kairo. Ähnlich gelagert ist *Egypt's Insight*, die neben interessanten Artikeln viele Adressen von Kunstgalerien bis zu Theatern bringt. *Egypt Revealed* widmet sich mehr altägyptischen Themen.

An deutschsprachigen Zeitschriften erscheint nur *Papyrus*, das Sprachrohr der deutschsprachigen Gemeinde, das aber nicht im öffentlichen Handel erhältlich ist. Europäische Zeitungen und Zeitschriften gibt es in den internationalen Hotels.

Telefon und Post

Telefonieren ins Ausland

Von Europa aus kann man im Selbstwähldienst nach Ägypten durchwählen: Landeskennzahl 0020, Ortskennzahl siehe Kasten (erste „0" vom Ausland her nicht mitwählen), danach die gewünschte Nummer.

Von Ägypten ins Ausland zu telefonieren, kostet viel Geld (Ägypten zählt weltweit zu den drei teuersten Telefon-Ländern). Inzwischen findet man nahezu überall internationale Telefone in den Telefonämtern, von denen aus man per Telefonkarte selbst wählend nach Hause anrufen kann. Dies gilt grundsätzlich auch für Hotels, die allerdings saftige Aufschläge kassieren. Ein Drei-Minuten-Gespräch nach Europa kostet von 8-20 Uhr £E 27, von 20-8 Uhr £E 16 beim Telefonamt. Achtung, jede Verbindung – auch falsch – kostet 10 £E. Wenn Sie sich verbinden lassen, zahlen Sie mindestens die Drei-Minuten-Gebühr, vom roten Telefoncard-Apparat nur die tatsächlich genutzte Zeit. Für die Telefonzellen gibt es Telefoncards ; man kauft sie in Telefonämtern oder Shops, die mit einem Telefonzeichen dafür werben.

Für Vieltelefonierer lohnt sich eine ägyptische SIM-Karte, Vodafone z.B. verlangt £E 40 incl. 10 £E Startguthaben. Am besten lässt man sich vom Verkäufer englischsprachig anmelden. Eine Prepaid-Karte mit z.B. £E 50 Guthaben bekommt man für £E 58. Nationale und internationale SMS kosten 50 Piaster, 1 Minute Inland 1,50, nach Deutschland 4,50 tagsüber und 3,50 £E nachts. Die Tarife sind in Bewegung geraten; wenn Sie dieses Buch in Händen halten, dürften die Gebühren noch niedriger liegen.

GSM- Handys (in Ägypten, wie international üblich, „Mobile" genannt) funktionieren auch mit der heimischen SIM inzwischen – je nach lokalem Provider – fast überall in den besiedelten Gebieten, sogar in Abu Simbel. Erkundigen Sie sich vorsichtshalber bei Ihrem eigenen Provider, welche Roaming-Abkommen bestehen. Achtung, die Tarife nach Deutschland liegen bei 2-3 € pro Minute.

Als „Deutschland Direkt Service" bietet die Telekom eine Lösung, aus dem Ausland für den Anrufer kostenlos nach Hause zu telefonieren, falls der Angerufene die Gebühren übernimmt. Das ist vor allem in Notfällen (Geld gestohlen, Unfall) von Vorteil. Man wählt in Ägypten 02 365 7774 (in Kairo ohne die 02) und wird mit einem deutschsprachigen Operator verbunden, der den gewünschten Gesprächspartner anruft. Weitere Infos über 0800 33 00490.

Faxen ist ebenfalls möglich (Post, Hotel); eine A4-Seite nach Deutschland kostet ca. £E 30, manchmal auch weniger. Mit Abstand am billigsten sind Telegramme für Leute, die nur ein

Wichtige Telefonvorwahlen

Alexandria	03	Assiut	088
Assuan	097	Beni Suef	082
Fayum	084	Hurghada	065
Ismailiya	064	Kairo	02
Luxor	095	Minia	086
Qena	096	Suez	062

Lebenszeichen von sich geben wollen: Ein Wort kostet £E 0,66 in Kairo (Telegrafenamt Sharia Alfi Bey), in Luxor £E 1 (auch Anschriftswörter!) - und erzeugt zu Hause eine schon nahezu anachronistische Überraschung.

Die billigste Möglichkeit, mit der Heimat zu kommunizieren, ist **SMS**. Auch die zahlreichen Internet Cafés bieten reichlich Gelegenheit, per Email mit den Lieben daheim in Verbindung zu treten; die Gebühren liegen zwischen £E 3 und selten mehr als £E 10 pro Stunde.

Telefonieren im Inland

Bei Inlandsgesprächen muss man allerdings die Telefonnummer kennen, denn es gibt kaum Telefonbücher. Die Telefon-Auskunft in Kairo hat die Nummer 140.

In lokalen Telefonzellen zahlt man entweder mit Token, die zuvor gekauft werden müssen, oder mit silbernen 5 oder 10 Pt Münzen (1 Münze für Drei-Minuten-Stadtgespräch). Bei einigen Apparaten muss man den Antwortknopf drücken, wenn sich der Angerufene meldet.

Post

Post heißt *Bosta,* Briefkästen sind blau für Luftpost-Auslandssendungen, rot für innerägyptische Post. Postkarten und Briefe sollte man sicherheitshalber im Postamt oder in großen Hotels abgeben. Das Porto für Postkarten sowie für Briefe bis 15 g beträgt £E 1,70. Postkarten im Briefumschlag kommen übrigens mit höherer Erfolgsquote und meist schneller beim Empfänger an. Filme sowie Kassetten können nur vom Hauptpostamt in Kairo nach Europa gesendet werden.

Falls Sie sich Briefe nach Ägypten schicken lassen wollen, können Sie die Adresse der Botschaft (M. Müller, c/o Embassy XY) angeben lassen oder die von American Express (Client's Mail; Adresse siehe bei den jeweiligen Städten) oder postlagernd (poste restante) an das Hauptpostamt. Für denjenigen, der unbedingt ein **Paket** (maximal 30 kg) in die Heimat schikken will, hier eine Preisinformation: Ein 5-kg-Paket kostet per Seefracht £E 50, per Luftpost £E 100. Vor dem Absenden muss man zum Zoll und sich dort in einer sehr aufwändigen Prozedur eine Bestätigung holen. Danach das Paket endgültig verschnürt in Kairo im Postamt neben dem Ramsis-Bahnhof im 2. Stock links aufgeben.

Souvenir- und Einkaufstipps

Souvenirs

Passen Sie, wie überall in der Welt, beim Souvenirkauf auf, dass Sie nicht übers Ohr gehauen werden, vor allem von fliegenden Händlern. Nach dem Kauf entpuppt sich dann der schöne Edelstein als Plastik, das Leder als Kunststoff und das Silber als poliertes Blech. Beliebt ist auch nachgemachtes Pharaonisches, das ganz Naiven als echt (und teuer), dem Normalverbraucher aber zumindest als handgemachte Basaltskulptur angedreht wird; bei genauem Hinsehen entdeckt man dann die Bläschen im Polyester.

Schlepper, aber auch Reiseagenturen oder Busunternehmer erhalten Provisionen um 50 % für die Käufe der Touristen, die sie in entsprechende Geschäfte schaffen; die Provision wird natürlich auf den Verkaufspreis geschlagen. Bei derartigen Gelegenheiten sollte man sich lediglich informieren, aber nicht kaufen. Es gibt viele Shops, in denen man ein identisches Warenangebot findet - also niemals sofort kaufen, sondern immer erst herumschauen und beim Kauf feilschen.

Papyrusbilder gehören zu den beliebten Souvenirs. Doch hier gibt es viele Fälschungen, die auf Extrakt aus Bananenblättern gemalt sind. Falschen Papyrus erkennt man daran, dass es beim Knicken an z.B. einer Ecke bricht bzw. brüchig wird, während echter Papyrus unverändert bleibt. Echter Papyrus ist kaum unter £E 50 zu kaufen. Blankes Papyruspapier (z.B. DIN-A3-Größe £E 20) kann man selbst bemalen und dann verschenken.

Der Kupferbazar hängt voller Souvenirs

Parfüm: Da in arabischen Ländern Alkohol verboten, dieser jedoch zur Parfümherstellung unabdingbar ist, erhält man in Ägypten meist Parfümöl, das Ihnen ständig in aufdringlichster Weise angeboten wird. Es birgt die Gefahr, dass es leicht mit minderwertigem Speiseöl verlängert werden kann. Als Käufer geht man also das Risiko ein, mehr Speise- als Parfümöl nach Hause zu tragen.

Silber und Gold werden nach Tagespreisen verkauft; lassen Sie den aktuellen Preis von Ihrem Hotelrezeptionisten aus ägyptischen Zeitungen ermitteln, denn die Händler im Khan el Khalili Bazar in Kairo - größtes und qualitativ bestes Angebot im Land - schlagen automatisch 5-6 £E/Gramm auf den Tagespreis. Passen Sie auf den Stempel auf, denn gern wird anstelle von 21 Karat 18-karätiges Gold verkauft. Die Edelmetalle selbst dürften kaum billiger als auf dem Weltmarkt sein. Wesentlich billiger allerdings sind die Gold- und Silberschmiede: Je mehr handwerkliche Kunst im Schmuckstück steckt, umso preiswerter können Sie es

in Ägypten erwerben - falls Sie dem Händler gewachsen sind.
Vorsicht ist beim Kauf von **Edelsteinen** (Opale, Alexandrite etc.) geboten; wegen der täuschend echten Imitationen nur etwas für Kenner!
Leicht lassen sich **Leinentaschen** nach Hause transportieren, die es preiswert z.B. in der Gegend des Bab Zuwela in Kairo gibt.
Auch **Gewürze** und Heilkräuter bringen wenig Gewicht auf die Waage. Beim Heilkräuterkauf muss man wissen, um was es geht. Gewürze gibt es in nahezu jedem Souk, z.B. kann man Koriander, Kreuzkümmel (Kumin) oder Pfeffer zu Hause gebrauchen. Wem einmal im Gewürzmarkt die Augen überliefen (buchstäblich), der wird dick bepackt mit der Fülle orientalischer Ingredienzien die Stätte verlassen. Doch auch hier heißt es aufpassen: Kurkuma z.B. wird gern als Safran verkauft; Kurkuma kostet ca. £E 1,50, Safran mehr als das Zehnfache. Daher zunächst nach Kurkuma fragen und dann erst nach Safran.
An **Textilien** herrscht fast unbegrenzte Auswahl. Frauen werden neben gängiger (westlicher) Mode ungewöhnliche oder ungewöhnlich preiswerte Dinge finden, wie z.B. bestickte Kleider. Hier sollte frau auch ein Auge auf das werfen, was Beduinenfrauen herstellen oder direkt anbieten.
Beduinenschmuck gehört sicher nicht zu den Alltagserscheinungen in Europa. Mit etwas Glück lassen sich in Souks oder in Galerien für den Kunsthandel sogar noch alte Stücke auftreiben.
Eine riesige Auswahl an **Kupfer- und Messinggefäßen** liegt in jedem größeren Souk zu Ihren Füßen. Nahezu alles stammt aus heutiger Produktion, ist aber meistens noch in Handarbeit hergestellt. Ältere Stücke mit entsprechender Patina werden immer seltener. Orientalische **Messinglampen** können Ihrem Zuhause einen ganz eigenen Touch geben; es gibt viel Kitsch, aber auch erlesene Stücke.
Auch beim Thema **Keramik** verfolgt den Interessenten die Qual der Wahl, denn gerade in diesem schon von den pharaonischen Künstlern zur Meisterschaft entwickelten Fach bieten die Nachkommen eine schier unendliche Auswahl.
Die ägyptischen **Glasbläser** beschäftigen sich vorwiegend mit blauem Material. In vielen Shops findet sich reichlich Auswahl.

Generelle Einkaufstipps

Noch vor wenigen Jahren galten strenge Importverbote für viele westliche Waren des täglichen Bedarfs. Heute stehen die Türen von Supermärkten offen, in denen es nahezu alles zu kaufen gibt, was z.B. ein in Ägypten lebender Europäer braucht oder zu brauchen meint.
Grundsätzlich sind alle lokal hergestellten Waren preiswerter als im Westen, in vielen Fällen allerdings auch bei schlechterer Qualität. Bei Textilien - vor allem solche aus Baumwolle - dürfte dieses Risiko geringer sein oder durch den geringen Preis aufgefangen werden. Vielleicht wollen Sie sich neu einkleiden: Wenn Sie Ihre Größe nicht finden, dann lassen Sie doch anfertigen, viele Schneider warten auf Kunden.
Vor allem Männer können durch den Kauf von **Baumwollunterwäsche** Geld sparen. In jeder größeren Stadt werden Sie die Kaufhauskette *Omar Effendi* und dort qualitativ sehr gute Baumwollwäsche zu einem Bruchteil des heimatlichen Preises finden.
Vielleicht werfen Sie auch einmal einen Blick in eine größere Apotheke. Eventuell ist das **Medikament**, das Sie regelmäßig einnehmen und heutzutage teuer bezahlen müssen, in Ägypten deutlich billiger erhältlich - unter anderem Namen zwar, aber bei gleicher Zusammensetzung.
Innerhalb von 24 Stunden nach Ankunft ist für Ausländer zollfreier Einkauf - vor allem von Alkoholika - in besonders zugelassenen, relativ wenigen **Duty Free**-Geschäften möglich. Achtung: Lassen Sie sich nicht auf Leute ein, die angeblich für die Hochzeit ihres Bruders auf Ihren Pass Alkohol kaufen wollen; das sind häufig Profis, die den Alkohol auf dem Schwarzmarkt für das Mehrfache weiterverkaufen. Dabei wird Ihr Pass missbraucht und Sie tragen mögliche Konsequenzen.

3

Kreuz- und Felukenfahrten

Kreuzfahrten auf dem Nil und auf dem Nassersee

Hintergrund: *Eine Laune der Natur schuf schon den frühen Bewohnern des Niltals nahezu ideale Verkehrsbedingungen: In ihren Booten konnten sie sich flussabwärts von Süd nach Nord treiben lassen, in Gegenrichtung mussten sie nur Segel setzen; der nahezu kontinuierlich von Norden nach Süden blasende Wind sorgte für den Antrieb gegen den Strom. Schon lange vor den Pharaonen nutzten die Menschen den Fluss, der ihnen darüber hinaus Lebensquelle inmitten der feindlichen Wüste war. Es mag daher nicht wundern, dass die alten Ägypter gar nicht auf die Idee kamen, Landfahrzeuge zu entwickeln und das Rad zu erfinden. Erst als ihnen Streitwagen fahrende Feinde, die Hyksos, das Leben schwer machten, übernahmen auch sie die holpernde Transportart. Dennoch blieb in ihrem Hinterkopf das Boot das Verkehrsmittel schlechthin: Götter wurden bei den Tempel-Ausflügen auch an Land in Barken getragen, Verstorbene bewegten sich per Boot (oder zu Fuß) durch die Unterwelt, die Nachtfahrt der Sonne fand im Boot statt.*

So blieb der Nil bis zur Einführung der Eisenbahn Mitte des 19. Jhs die wichtigste durchgehende Verkehrsader des Landes. Entdecker und Eroberer nutzten sie und nach dem Feldzug Napoleons die Archäologen wie auch die nachfolgenden Ägyptentouristen. Bereits im Mittelalter waren aus dem Standardboot, der seit pharaonischen Zeiten bekannten ***Feluke****, deutlich komfortablere Schiffe –* ***Dahabiyas*** *(arabisch Goldenes Boot wegen goldener Bemalung) - mit Kabinen an Bord entwickelt worden. Sie dienten als Zweimaster der gehobenen Klasse und wurden später gern von den europäischen Besuchern gechartert.*

Ab 1860 begannen Dampfschiffe, den Nil unter den Bug zu nehmen und die Segler zu verdrängen; bis dahin warteten in Kairo 200-300 Dahabiyas auf Fahrgäste. Für Nostalgiker sind immer noch ein paar der Zweimastsegler und ein echter Dampfer auf dem Fluss unterwegs, ebenso wie die malerisch anzusehenden Feluken, die heutzutage in der Mehrzahl wohl touristischen Unternehmungen dienen, aber häufig genug auch noch für lokale Transporte eingesetzt werden.

Heute spielt der Fluss im alltäglichen Verkehrsgeschehen eine fast vernachlässigbare Rolle. Es ist erstaunlich, wie wenig Lasten, z.B. im Vergleich zu europäischen Wasserstraßen, dort transportiert werden. Abgesehen von Kairo und von Fährbooten zwischen den Ufern gibt es

Typisches Nilkreuzfahrtschiff

auch keine öffentlichen Motorboote, die Passagierdienste übernehmen. Nur auf dem kurzen Stück zwischen Luxor und Assuan, wie auch auf dem Nassersee, herrscht reger Verkehr. Hier kreuzen Hotelschiffe, derzeit mehr als 250 zwischen Luxor und Assuan sowie sechs auf dem Stausee. Es sind Luxusschiffe für Touristen, auf denen man sich für den Preis von Luxushotels einbuchen kann: vollklimatisiert mit entsprechend ausgestatteten, mehr oder weniger komfortablen Kabinen, Restaurant, Bar, Tanzfläche/ Disko und kleinem Swimmingpool.

Die Nil-Kreuzfahrten zählen zu besonderen Erlebnissen, von denen die Besucher bereits zu Hause träumen. Man schwimmt in gepflegter Umgebung an den tiefgrünen Nilufern entlang, die aus dieser Perspektive über lange Strecken wie unbewohnt erscheinen. Im Gegensatz zur herkömmlichen Felukenfahrt sitzt man hier sehr viel höher und kann herrliche Ausblicke in das Fruchtland mit der dahinter liegenden Wüste genießen. Zwar gleitet man nicht lautlos dahin, aber das Landleben mit fleißigen Bauern bei der Feldbestellung zu beobachten, winkende freundliche Menschen am Ufer oder in der Strömung treibende Anglerboote – eine Beschaulichkeit, die in keinem landgebundenen Verkehrsmittel zu erfahren ist. Und abends verabschiedet sich die Sonne in einem pompösen, immer wieder wechselnden Lichterbad, das alle Fotoapparate klicken lässt.

Aber man lebt auch in einer anderen Welt, weit von der ägyptischen Wirklichkeit entfernt. Dass die Atmosphäre an Bord dem Niveau von Gruppenreisen angepasst ist und Unterhaltung mit so genannter Folklore und Bauchtanz die Abende laut ausfüllt, muss man akzeptieren. Die Landgänge unterwegs zu den Besichtigungen der großartigen Tempelanlagen stellen informative Unterbrechungen der Reise dar.

Das Innenleben eines Nilkreuzers

Ein typischer Nile Cruiser wird von mindestens zwei Dieselmotoren angetrieben, zwei oder drei Generatoren sorgen für unterbrechungsfreie Elektrizität. Der Tiefgang liegt bei maximal 160 cm, die Länge ist wegen der Schleusen auf 150 m begrenzt, die Breite auf 16 m. Die Mehrzahl der Schiffe ist etwa 70 m lang, so dass zwei in die neue Schleusenkammer von Esna passen. Ein solches Durchschnittsschiff verfügt über 60–70 Kabinen, je nach Luxusklasse von 16, 20 oder bis zu 25 qm Fläche einschließlich Bad; so genannte Suiten bieten (selten) bis zu 40 qm Fläche.

Das **Brauchwasser**, auch das für die Kabinen, stammt aus dem Nil. Es wird gefiltert und desinfiziert. Dieses Wasser sollte dennoch nicht getrunken werden, es ist aber zum Duschen und auch Zähneputzen unbedenklich. Zumindest die besseren Schiffe verwenden Mineralwasser für Tee und Kaffee oder Mixgetränke.

Die **Abwässer** enden nach Filterung und chemischer Behandlung letztlich auch wieder im Nil. Um diese Filter nicht zusätzlich zu belasten, wird auf verschiedenen Schiffen gebeten, gebrauchtes Toilettenpapier nicht in die Toilette, sondern in die Abfallkörbe zu werfen. Von der Aufsichtsbehörde gibt es hinsichtlich Wasser- und Abwasserbehandlung strenge Vorgaben, für die der Schiffsmanager gerade zu stehen hat. Auch unerwartete staatliche Kontrollen in diesem Bereich sollen für Hygiene an Bord sorgen. Eine entsprechende Lizenz muss alle drei Monate erneuert werden.

Jedes Schiff muss alle vier Jahre zum **„TÜV“**, d.h. zur staatlichen Überprüfungsstelle in Kairo (künftig in Esna), bei der es aus dem Wasser gehoben und in allen lebenswichtigen Funktionen überprüft bzw. repariert wird. Dabei wird die Lizenz für Sicherheit, Wasserversorgung, Balance etc. erneuert. Auch die Lizenzen des Kapitäns und seiner Crew müssen alle zwei Jahre geprüft und bestätigt werden. Ebenso unterliegen die Crewmitglieder, die mit Gästen in Berührung kommen, wie auch das Küchenpersonal ständiger medizinischer Kontrolle, ihre Kabinen werden regelmäßig auf Sauberkeit kontrolliert.

Sogar ein Flussschiff kann in **See(fluss)not** geraten. Daher muss es Rettungsboote und

Schwimmwesten mitführen, die häufig unter den Betten verstaut sind. Standardmäßig sind alle Kabinen mit Feuermeldern ausgerüstet, deren Alarm in der Rezeption aufläuft. Um Fehlalarme und Risiken von brennenden Zigaretten zu vermeiden, ist Rauchen in den Kabinen verboten. Man sollte sich aus eigenem Interesse über die **Sicherheitsvorkehrungen** gleich nach dem Einchecken kundig machen (auch auf dem Nil gab es, sehr selten zwar, Schiffsunfälle).

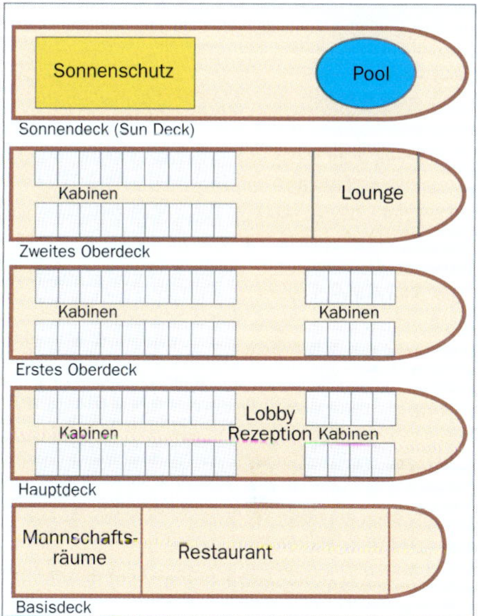

Decksplan von einem typischen Kreuzfahrtschiff

Ein mittleres Schiff steht unter der nautischen Kontrolle eines **Kapitäns** mit zwei Steuerleuten („Offizieren") und einem Bootsmann mit etwa sieben „Matrosen", die alle marinemäßigen Aufgaben zu erfüllen haben, vom Anlegen bis zum Wacheschieben rund um die Uhr beim ankernden Schiff. Auf der Maschinenseite sorgen etwa sechs Techniker für die reibungslose Funktion. Die personelle Kontrolle über das gesamte Schiff führt der **Schiffsmanager** (Boat Manager), an den man sich bei Problemen wenden sollte, die sich an der Rezeption nicht klären lassen.

Der Kapitän steuert übrigens ausschließlich nach Sicht, modernes Zeug wie Sonar oder Radar sind ihm verhasst. An Lichtreflexen sowie Wellenbewegungen und aus jahrelanger Erfahrung erkennt er Untiefen, die sich durch Sandverlagerungen relativ schnell ändern können. Denn bis ein Mann – die meisten Kapitäne kommen aus diesbezüglich traditionsreichen Sippen – ans Steuer gelassen wird, hat er in der Regel an die 20 Jahre Erfahrung hinter sich. Wenn es möglich ist, schauen Sie ihm einmal für ein paar Minuten zu, wie er im Schneidersitz auf hohem Stuhl hochkonzentriert per Fingertipp mit „Joysticks" das Schiff manövriert.

Für Ängstliche: Zumindest auf dem Flusslauf gibt es keine **Seekrankheit**, allerdings können heftige Winde auf dem Nassersee ein Schiff ins Schaukeln bringen. Aber weil dies meist Sandstürme sind und der Kapitän nichts mehr sieht, wird in der Regel die nächste Bucht angelaufen und geankert. Die größeren Schiffe auf dem See sind übrigens durch schmale offene Schotten unterteilt, um dem Wind Durchlass und damit weniger Angriffsfläche zu bieten.

Achtung: Im Prinzip werden Nilschiffe für Erwachsene gebaut; sicherheitstechnisch sind zumindest Kleinkinder nicht eingeplant, was durch z.B. zu niedrige oder zu weite Geländer zum Ausdruck kommt. Kleinere Kinder können leicht darüber klettern oder hindurch schlüpfen. Ein Spielzimmer oder spezielle Angebote wird man, wenn überhaupt, nur ganz vereinzelt finden.

Allgemeine Einrichtungen an Bord

Zu jedem Nilkreuzer gehört eine **Rezeption**, die immer im so genannten Hauptdeck untergebracht ist, das bei allen Schiffen in etwa gleicher Höhe über dem Wasserspiegel liegt. Denn bei nebeneinander ankernden Booten

schlängeln sich die Passagiere der weiter außen liegenden Schiffe beim Landgang durch diesen Bereich.
Wenn in Ihrer Kabine kein Safe eingebaut ist, sollte die Rezeption Wertsachen unterbringen können. Wichtiger Treffpunkt im klimatisierten Bereich ist die **Lounge** – ein Saal mit Tanzfläche und Bar -, in der nachts die Disko wummert oder Shows ablaufen. Einige Schiffe verfügen zusätzlich über einen Lese- und/oder Fernsehraum. **Souvenirshops**, auf die offenbar kein Nilkreuzer verzichten kann, helfen die größte touristische Sorge zu lindern.
Im großen **Speisesaal** – Restaurant ausgeschildert - finden alle Passagiere Platz. Hier werden alle Mahlzeiten gereicht, meistens als Buffet, aber auch mit individueller Bedienung. Für den Abend und die spätere Nacht gibt es in der Lounge eine **Bar**, an der man die international üblichen Alkoholika zechen kann. Auch bei Tisch sind Wein und Bier verfügbar, beides meist aus ägyptischer Produktion. Über den Geschmack der Inneneinrichter lässt sich streiten, in der Regel sollen die öffentlichen Räume einen feudalen Touch vermitteln.
Das oberste Deck – **Sun Deck** – gehört dem Tag, es ist der beliebteste Aufenthaltsort an Bord. Hier stehen Liegen zum Sonnenbaden, hier plätschert man im Swimmingpool, dessen Größe von den Luxus-Sternen abhängt, der aber stets eher fürs Nasswerden und Abkühlen als zum sportlichen Schwimmen taugt. Durstige finden eine weitere Bar, die mehr auf Tee und Kaffee, Softdrinks und Bier ausgerichtet ist. Sonnenschirme oder ein Sonnensegel schützen die Vorsichtigen vor Sonnenbrand. In der Regel reichen die schattigen Liegeflächen nicht für alle Passagiere; Vorausschauende belegen bereits früh entsprechende Plätze. Die Liegen werden täglich mit frischen Badetüchern versorgt. Die besten Plätze bietet der vordere Decksteil, weil Abgaswolken hier weniger oft hinziehen. Wenn man im Winter noch Norden fährt, der Wind kalt ist und die Abgase nach hinten bläst, kann ein Platz in Hecknähe mehr Schutz bieten.
Gerade auf dem Sun Deck muss man auf Sonnenbrand achten, aber auch darauf, dass plötzliche Windböen Hüte oder Zeitschriften über Bord wehen können. Halten Sie für die Sonnenuntergangszeit Ihre Kamera bereit, um den zahllosen diesbezüglichen Fotos noch die eigene Variante hinzuzufügen. Ein Fernglas erweitert den Blick ganz deutlich.

Essen und Trinken

Das Frühstück und die meisten Mahlzeiten werden als Buffets angeboten. Zu unterschiedlichen Anlässen wird aber auch am Tisch serviert. Die Küche aller Kreuzfahrer orientiert sich an internationalem Standard und den Gerichten des Landes, aus dem die meisten Gäste kommen – falls der Koch dies beherrscht. Das Essen ist daher nicht exotisch, nicht zu scharf und auch für verwöhntere Gaumen noch schmackhaft. In der Regel biegen sich die Buffets durch, auch bei individuellem Servieren wird es nicht an der Menge hapern – Schlankerwerden findet kaum statt an Bord.
Es sei denn, man hat das Pech und zählt zu den nicht wenigen Gästen, die sich mit **Durchfall** herumplagen. Ich habe noch keine Reise erlebt, auf der nicht Mitreisende oder ich selbst davon betroffen gewesen wären. Auch viele Leser berichten von Magen-/Darmproblemen. Nach allgemeiner Erkenntnis der Profis ist die Infektionsgefahr an Bord tatsächlich höher als an Land. Obwohl sich der hygienische Standard im Lauf der Jahre deutlich gebessert hat, scheint es den Crews nicht zu gelingen, das Problem vollends in den Griff zu bekommen. Gründe gibt es viele, und dies besonders bei älteren und bei einfachen Schiffen, aber auch die Luxusliner sind nicht unbedingt davor gefeit. Schlimmer als Durchfall sind Fleischvergiftungen, die wohl meist dadurch auftreten, dass der Strom und damit der Tiefkühler ausfiel. Also Vorsicht bei fiebrigem Brechdurchfall.
Auch wenn es noch so verlockend ist, sollte man bei Grünzeug zurückhaltend sein, siehe Seite 54. Als Vorsichtsmaßnahme kann *Perenterol* schon als Prophylaxe empfohlen werden,

die zumindest nicht schadet. Häufig sind die Gründe auch beim Fehlverhalten des Kranken zu suchen (z.B. zu kalte Getränke etc.). Grundsätzlich sollte man seinen Zustand nicht verheimlichen, sondern den Boat Manager um Hilfe bitten. Wohl alle Schiffe besitzen eine entsprechend eingerichtete Bordapotheke mit meist sehr schnell wirksamen Mitteln aus den Landesverhältnissen angepassten Mitteln (z.B. *Antinal*). Noch ein gesundheitlicher Hinweis: Beim Wechsel vom heißen Sonnendeck in die eiskalte Kabine können sich Empfindliche schnell eine Erkältung holen. Legen Sie einen Zwischenstopp in der nicht so kalten Lounge zum Akklimatisieren ein.

Die Versorgung mit Lebensmitteln erfolgt – je nach Schiffseigner – in Luxor oder Assuan für eine Rundreise, wobei Obst und Gemüse im jeweils anderen End-Ort nachgekauft werden. Gemüse (und auch Obst) wird zunächst händisch vorgereinigt, anschließend kühl gelagert und vor Gebrauch mit Frischwasser gespült, dann mit Essigwasser behandelt und schließlich mit Tüchern getrocknet. Bei verantwortungsvollem Management werden möglichst keine leicht verderblichen Zutaten serviert, wie z.B. Cremes als Nachtisch.

, Wenn auch die Gepflogenheiten gegenüber früher viel ungezwungener sind, so zieht man sich zum Dinner doch etwas besser an (keine Shorts oder gar Badehose/Bikini).

Entertainment

Die Ägypter bemühen sich nach Kräften, ihre Gäste so lange zu unterhalten, bis sie ermattet ins Bett fallen: mit schöner Aussicht vom Schiff, Sonnenbaden, Planschen im Pool, Tempelbesuch einschließlich Spalierlauf durch Souvenirshops, nicht zuletzt durch ständiges Essensangebot. Neben Frühstück, Mittag- und Abendessen wird nach guter englischer Sitte nachmittags zur *Teatime* geläutet, bei der Gebäck mit Tee oder Kaffee geboten wird.

Einmal während der Reise erfreut ein so genanntes **Kerzenlicht-Dinner** (oder ähnlich Phantasievolles) die Gäste; es wird an hübsch dekorierten Tischen serviert. Um die offensichtliche Mühe der Crew anzuerkennen und, sagen wir, festliche Stimmung zu verbreiten, ist eine entsprechende Garderobe sicher angebracht. Zu den weiteren Traditionen, wohl auf allen Schiffen, gehört eine **Galabeya-Party**, für die sich die Gäste in ägyptische Kleidung hüllen sollen. Die Bazaris in Esna oder Edfu sind bestens darauf eingerichtet und verkaufen vom hauchdünnen Bauchtanzkostüm bis zur bestickten Galabeya alles Notwendige; zur Not auch der bordeigene Shop, allerdings mit weniger Auswahl und höheren Preisen. Während

Bauchtänzerin auf einem Nilkreuzer

der Party (oder an einem anderen Abend) tritt eine Bauchtänzerin und oft ein Derwish- oder Sufi-Tänzer auf. Beim Ankern in oder vor Assuan kommt häufig eine nubische Tanzgruppe an Bord.

An einem weiteren Abend stellt der Boat Manager - bei einem (Soft)Drink - seine komplette Crew vor, was höchstens eine halbe Stunde dauert. Aber die Geselligkeit lässt sich nach Belieben fortsetzen - manchmal sogar bei Live-Musik (oder auch hochgedrehten Lautsprechern) in der **Disko.**

Auf einigen Schiffen bemüht sich der Zimmerservice, den Kabinengast durch kunstvoll geknotete Handtücher in Form von Krokodilen, Schlangen oder anderen Fantasiegebilden zu erfreuen und Aufmerksamkeit (sowie Bakschisch) zu erlangen.

Ankern

Ein Problem stellen die Ankerplätze dar. Nur wenige Unternehmen verfügen über eigene Plätze am Nilufer, daher werden die Schiffe nebeneinander vertäut, manchmal bis zu sechs oder sogar mehr. Verlässt man dann sein ganz außen liegendes Schiff für Besichtigungen, kann es passieren, dass man es bei der Rückkehr an einem Innenplatz wiederfindet, weil andere Schiffe abfuhren und neue hinzukamen. Also genau hinschauen, um nicht in der falschen Kabine zu landen! Neue Anlegestellen in Luxor und Assuan sollen das Nebeneinander von Schiffen reduzieren, aber unterwegs kommt es noch häufig genug vor.

Das ist das kleinere Übel. Unangenehmer ist der Gestank der vereinten **Abgaswolken** der Schiffspulks und der Dauerlärm der Motore; und meist endet der freie Blick über den Fluss an der Außenwand des Nachbarschiffs. Die *Pyramisa* -Kette unterhält z.B. Ankerplätze mit Stromanschluss vor den eigenen Hotels in Luxor und Assuan, so dass Lärm und Umwelt belastende Abgase entfallen – wenn sich die Crew die Mühe macht und die Verbindung herstellt. Schiffe, die aus der üblichen Norm fallen – z.B. das alte Dampfschiff *Sudan* – sind gezwungen, an Sonderplätzen anzulegen oder sich als letztes an anderen zu vertäuen.

Unterwegs zwischen Luxor und Assuan

Grundsätzlich werden Sieben- oder Drei-/Viertagereisen angeboten, sowohl zwischen Luxor und Assuan als auch auf dem Nassersee. Die Dreitagefahrten starten in der Regel in Assuan, weil es flussab schneller geht. Von Luxor nach Assuan ist man vier Tage unterwegs; beide Strecken kombiniert ergeben den Sieben-Tage-Trip.

Angeblich starten viele Touristen am liebsten am Donnerstag in den Urlaub, daher werden die einfallenden Gäste direkt auf die Schiffe transferiert, und noch nach Ankunft oder spätestens um 6 Uhr am nächsten Morgen beginnen sie mit den Besichtigungen in Luxor oder Theben-West. Auch am Samstag heißt es früh aufstehen, denn am Vormittag gibt es noch Kulturprogramm. Um die Mittagszeit beginnt mit der Abfahrt nach Esna die Erholungsphase.

In **Esna** stauen sich an der einzigen Schleuse auf dem Weg nach Assuan gern die Schiffe, obwohl das fatale Nadelöhr der alten Schleuse (früher konnte es tagelanges Warten bedeuten) durch ein neues „Lock“ mit Kapazität für zwei Schiffe deutlich entschärft wurde. An einer weiteren Schleuse wird mit Hochdruck gearbeitet. Verdammen werden die vielen **schwimmenden Händler** die neue Technik. Denn sie lauern jedem Schiff auf und preisen, behände in den Booten balancierend, ihre Waren lauthals an. Wenn sich nur das geringste Interesse an Bord rührt, stecken sie Schals, Galabeyas, Decken oder was auch immer in Plastiktüten und werfen sie zielsicher vier Stockwerke hoch aufs Sonnendeck. Dann beginnt, über die Reling gebeugt, der Akt des Feilschens, und bei Einigkeit packt man das Geld in die leere Tüte und wirft sie hinunter – die Handels- und Bootskünstler sind in der Lage, auch dem entferntesten Wurfziel hinterher zu hechten. Dieses Schauspiel, bei dem neben dem Geschick der Händler auch die überraschenden Affekte von kribbelndem Kaufrausch bei den (meist weiblichen) Handelsteilnehmern an Deck zu beobachten sind, sollte man sich nicht entgehen lassen.

Jährlich wird vom 1.-15. Dezember und vom 1.-15. Juni die Schleuse gewartet, weil dann auch der Wasserstand des Nils für die Kanalreinigung abgesenkt wird. Alle Schiffe müssen deshalb in Esna umkehren. Besichtigungen in Luxor finden zu dieser Zeit mit Bussen von Esna aus statt. Kein Nachteil ohne Vorteil: Reiseveranstalter lieben diese Zeit nicht, daher sind die Schiffe nur wenig gebucht, die Sehenswürdigkeiten entsprechend leer. Die Hitze im Juni und die kurzen Tage im Dezember muss man in Kauf nehmen.

Je nach Fahrplan wird nach Passieren der Schleuse oder am nächsten Morgen der Tempel von **Esna** besichtigt (siehe Seite 366). Der Fußweg führt mitten durch den Souk, in dem man eher nur in Schlangenlinien vorwärts kommt – um zu kaufen oder um den aufdringlichen Händlern zu entkommen. Oder das Schiff fährt durch bis Edfu, und Esna steht auf der Rückreise im Programm. Leider gehören Nachtfahrten zu jedem Fahrplan, dadurch verkürzt sich die Zeit, in der man sehr relaxt vom Deck auf die Ufer und die Landschaft schauen kann. In **Edfu** warten am Kai Scharen von Droschkenfahrern, um die Besucher zum Horus-Tempel (siehe Seite 368) zu karren. Individualtouristen zählen zu den bevorzugten Gästen, nämlich Opfern, weil Gruppen mit festen Preisen operieren. Selten wird man mit dem Kutscher unter £E 15-25 handelseinig werden. Zahlen Sie erst nach Rückkehr am Schiff, denn der Preis gilt für beide Wege; der Fahrer wartet oder erwartet Sie am verabredeten Ort, den man sich, wie auch die Kutschennummer, merken muss.

Es geht weiter nach **Kom Ombo** (siehe Seite 374), das häufig nur als Nachtplatz genutzt und erst bei der Rückkehr besichtigt wird. Hier kann man bequem vom Ankerplatz zum Doppel-Tempel wandern. Am nächsten Morgen geht es weiter nach **Assuan**, wo das Schiff bis zum übernächsten Tag liegen bleibt und die Rundfahrtpassagiere auf Besichtigungstour u.U. nach Abu Simbel gehen (siehe Seite 416). Diesen Ausflug sollte man sich gut überlegen, solange die derzeitige Konvoiregelung bestehen bleibt. Denn am Tag nach Ankunft in Assuan rasen morgens um 4 Uhr zahllose Busse mit Kreuzfahrtpassagieren nach Abu Simbel und kehren dort so um, dass die Teilnehmer zum Mittagessen ihr Schiff wieder erreichen. Das geschieht gnadenlos, auch wenn für die Besichtigung der Tempel nur 20 Minuten bleiben.

Die Fahrt zurück von Assuan nach Luxor, für die fast immer neue Passagiere zusteigen, verläuft schon aus natürlichen Gründen schneller, weil der Dampfer mit der Strömung zusätzlich Fahrt aufnimmt. Das eigentlich schöne Erlebnis, das Dahingleiten zwischen den grünen Nilufern und der Wüste im Hintergrund, dies verkürzt sich leider noch mehr.

Vor dem Attentat 1997 in Luxor gehörten auch Schiffsreisen zum Angebot, die Abydos und Dendera nördlich von Luxor einschlossen. Diese Ziele wurden über Jahre aus Sicherheitserwägungen eingestellt, kreisen aber wieder in den Köpfen der Veranstalter oder werden bereits vereinzelt angeboten.

Schwimmende Händler in Esna

Einfahrt in die Schleuse von Esna

Das Ende der Kreuzfahrt

Der Abschiedsschmerz der Crew von den so lieb gewonnenen Passagieren lässt sich nur durch ein Bakschisch mildern. Die Höhe kann man theoretisch und praktisch nach Belieben festlegen. Es haben sich quasi feste Beträge für die gesamte Schiffsmannschaft eingebürgert (ohne Tourguides!), die derzeit bei etwa 5 € pP/Nacht liegen. Diesen Betrag sollte man einkalkulieren und auch geben. Denn die Löhne der Serviceleute bewegen sich zwischen £E 250-500 (35-70 Euro) pro Monat! Und wie üblich kalkulieren die Arbeitgeber das Bakschisch irgendwie in den Lohn ein.

Vom Schiff/Veranstalter angebotene Landausflüge sind immer deutlich teurer als selbst organisierte Besichtigungen. Der vom Schiff organisierte Ausflug zur Light & Sound Show des Karnak-Tempels kostet z.B. etwa das Dreifache dessen, was man an der Kasse zahlt. Ähnlich verhält es sich bei den Abu Simbel- Ausflügen – niemand wird Sie daran hindern, mit dem öffentlichen Bus für derzeit £E 20 pro Fahrt um 8 Uhr nach Abu Simbel zu fahren und gemütlich am Nachmittag zurückzukehren. Es gibt dann zwar kein Lunchpaket, man kann aber 70-80 Euro sparen.

Kreuzfahrten auf dem Nasser-Stausee

Auch auf dem Nasser-Stausee – gern auch *Nubisches Meer* genannt - schwimmen seit gut zehn Jahren Kreuzfahrtschiffe. Sie starten am Hochdamm von Assuan, klappern die nubischen Tempel bis Abu Simbel ab, von dort fliegt ein Teil der Gäste zurück, neue steigen für den Rückweg zu. Eine Reise dauert vier Tage nach Abu Simbel und drei zurück.

Derzeit kreuzen sechs Schiffe auf dem See. Sie gleichen denen im Flusstal nahezu bis aufs Detail, sind allerdings hinsichtlich Kabinengröße und Komfort großzügiger dimensioniert. Nach kompetenter Auskunft soll die derzeit vorhandene Schiffskapazität nicht ausgeweitet werden. Ob der löbliche Vorsatz hält, wenn die Nachfrage drastisch steigt, sei dahingestellt.

Ausführliche Informationen zu den Sehenswürdigkeiten und der Reiseroute siehe Seite 408.

Praktische Informationen

Was ist beim Buchen zu beachten?

Blättert man die Kataloge der Reiseveranstalter durch, so sind wichtige Angaben häufig nicht zu finden, unwichtige werden hervorgehoben, z.B. „Nur Außenkabinen". Mir ist kein einziges Hotelschiff auf dem Nil bekannt, das auch nur eine einzige Innenkabine für Passagiere hätte.

Wenn dagegen die wichtigste Angabe fehlt, nämlich die **Größe der Kabine**, dann sollte man zumindest deutlich nachfragen: Vielleicht handelt es sich um kleine oder gar extrem kleine Zimmerchen. Wer sich in seiner Kabine bewegen und nicht ständig über Koffer stolpern will, sollte Wert auf mindestens 17, besser 18-20 qm für ein Zweibettzimmer legen, denn die Standardangabe beinhaltet noch das Bad, d.h. meist die etwa 2 qm große Duschkabine, und einen Einbaukleiderschrank. In der Regel stehen zwei Einzelbetten in der Kabine („Twin"), eine kleine Kommode und ein oder zwei Sessel.

Lassen Sie sich die Mindestgröße vom Anbieter, einerlei ob zu Hause oder in Ägypten, mitteilen und möglichst schriftlich bestätigen. Oder man bucht gleich eine sog. Suite, das ist ein etwas komfortableres, zumindest etwas größeres Zimmer, das wahlweise mit Doppelbett („Double") oder Twins und einer Sitzgruppe mit kleinem Tisch ausgestattet ist. Vor allem Familien mit dem Wunsch nach drittem Bett werden in einer Suite besser aufgehoben sein als in einer normalen Kabine, selbst wenn für diese das Zusatzbett (hinein gestelltes Klappbett) im Katalog angeboten wird.

Ein weiterer, nicht unwichtiger Punkt ist das **individuelle Einstellen der Klimaanlage**. Erfahrungsgemäß steht die zentral vorgegebene Temperatur nachts auf „Kühlschrank", man friert und findet nicht genug Decken. Daher sollte das individuelle Regeln der Kabinentemperatur ein Muss für eine komfortable Reise sein. In der Regel lassen sich die Fenster nicht öffnen. Das ist nicht sonderlich tragisch, aber bei offenem oder gekipptem Fenster kann sowohl muffige Luft heraus als auch eine angenehme Brise hinein gelassen werden.

Will man, falls möglich, bei geöffnetem Fenster schlafen, sollte man sich gegen Moskitos schützen (z.B. Autan). Einige Schiffe werben mit einer Veranda vor der Kabine; auf der eher winzigen Fläche wird man sich jedoch selten länger aufhalten.

Ziemlich bedeutungslos ist eine **Telefonanlage** an Bord, es sei denn man reist mit einer Freundesgruppe und will untereinander Kontakt halten. Die Telefonleitungen enden meist in der Rezeption; einige Schiffe können per Mobil- oder sogar Satellitenfunk ins öffentliche Netz weiterverbinden.

Über die Bordanlage nach Hause zu telefonieren, sollte man aus Preisgründen tunlichst vermeiden. Das eigene Handy ist dann billiger und funktioniert auf der gesamten Reise (Ausnahme Teilstrecken auf dem Nassersee). Ein Fernseher im Zimmer macht nur Sinn, wenn **Satelliten-TV** geboten wird, d.h. wenn man z.B. heimische Sender einigermaßen rauschfrei während möglichst der gesamten Fahrtstrecke empfangen kann, was keineswegs selbstverständlich ist.

Fragen Sie beim Buchen auch nach Sicherheitsvorkehrungen wie Schwimmwesten und Rettungsbooten.

Die besten Kabinen aussuchen

Lassen Sie sich einen Kabinenplan zeigen, falls nicht schon vorhanden. Möglichst weit oben und mitschiffs liegen die besten Kabinen, wenn (wie meistens) der Swimmingpool auf dem Vorderdeck untergebracht ist. Denn die Umwälzpumpen des Pools können sehr nervige Geräuschquellen sein, die meist lange vor Tagesanbruch an- und erst abends abgestellt werden. Wer unter der Bar/Disko eingecheckt hat, sollte Ohrenstöpsel mitnehmen, weil Tanz/Tritt/Musikgeräusche ungestörte Nachtruhe

Der alte Schaufelraddampfer Karim

erst dann zulassen, wenn dort oben Feierabend ist; es sei denn, man macht oben mit. Im hinteren Schiffsbereich dringen die Motorengeräusche eher durch und natürlich ganz unten. Auf einem der teuersten Nilschiffe, der *Triton* z.B., liegen die Kabinen nur knapp über mitschiffs hinaus, um die Lärmbelästigung der Passagiere zu minimieren.

Tunlichst meiden sollte man billigere Kabinen im Basisdeck, bei denen die Fenster knapp über der Wasserlinie liegen. Hier gibt es ausschließlich Nachteile zu vermelden: beschränkte Aussicht, Motorengeräusch aus dem Maschinenraum, und häufig genug dringt Diesel- oder Abgasgestank über den Flur ein. Leser berichteten, dass sie lieber die Nacht auf dem Oberdeck als in der Kabine ganz unten zubrachten, deren Toilette und Duschabfluss fast dauernd verstopft waren.

Hier unten, in der Nähe der Küche und Vorratsräume, halten sich bei älteren Schiffen gern **Kakerlaken** auf. Diese behänden, eigentlich harmlos aussehenden Krabbeltiere verbreiten Bakterien aller Art auf ihren Wanderwegen. Kakerlaken (englisch *Cockroach*) gehören übrigens zu den wenigen Lebewesen, die einen Atomkrieg überstehen werden. Ihre Zähigkeit ist sprichwörtlich; wo sie sich einmal eingenistet haben, sind sie kaum zu vertreiben oder zu vernichten. Wenn Sie Kakerlaken entdecken, halten Sie Koffer geschlossen, um nicht ungebetene Gäste mit nach Hause zu nehmen.

Bei Gruppenreisen werden häufig die Kabinen vom Reiseleiter verlost; auch in diesem Fall können Sie sich mit einer schriftlichen Bestätigung für Ihre **bevorzugte Kabine** aus einer (manchmal manipulierten) Verlosung ausklinken. Oder Sie beeinflussen selbst diese Manipulation, indem Sie bereits am Flughafen dem Reiseleiter ein gutes Bakschisch als Euro-Schein zustecken, dann nimmt Ihre Wunschkabine nicht an der Verlosung teil.

All-inclusive-Preise haben sich für viele Kreuzfahrtangebote etabliert, sie enthalten freie Getränkewahl, auch Alkoholika. Man muss vorher den Mehrpreis abwägen und dabei auch den Hitze bedingten Mehrverbrauch an Softdrinks einbeziehen. Zumindest stellt sich eine sorgenfreie Zeit ohne finanzielle Gewissensbisse ein; was die Leber sagt, sei dahingestellt. Zum Kalkulieren: An Bord kosten 1,5 Liter Mineralwasser £E 4-6, Softdrinks £E 5-10, 1 Flasche Stella Bier ca. £E 15-20, 1 Glas ägyptischer Wein ca. £E 20-25. Harddrinks sind wegen hoher Einfuhrzölle entsprechend teurer, etwa ab £E 50.

Wenn Sie nur eine Nilstrecke im Auge haben, sollten Sie bedenken: In Süd-Nord-Richtung, also von Assuan nach Luxor, bläst Ihnen der nahezu stetige Nordwind ins Gesicht, was im Winter u.U. unangenehm, im Sommer erfrischend sein kann; die Abgaswolken bleiben zurück. In umgekehrter Fahrtrichtung mindert der Fahrtwind die erfrischende Brise, was im Winter vorteilhaft ist; dazu kommt, dass u.U. der Nordwind die Abgase über das Schiff treibt. Andererseits geht es nilaufwärts langsamer und gemütlicher voran.

Welches Schiff nehmen?

Die Ägypter teilen den Übernachtungsluxus an Land wie auf dem Wasser in **fünf Kategorien** ein. Diese müssen hinsichtlich Qualität und Komfort nicht den international üblichen Kriterien entsprechen, häufig genug kann man einen, manchmal sogar zwei Sterne abziehen. Schiffe internationaler Eigner oder unter entsprechendem Management sind in ihrer Kategorie eher mit unseren Vorstellungen vergleichbar, aber in der Regel auch teurer. Die 5*Kategorie erweiterte sich im Lauf der Zeit sozusagen schleichend um weitere Superluxus-Klassen, die als 5*-Deluxe, Superior oder mit ähnlich phantasievollen Steigerungen von den Veranstaltern angeboten werden. Die Doppelkabine z.B. auf der Deluxe *Oberoi Philae* kostet für einen 4-Nächte-Trip in der Nebensaison $ 2200, in der Hauptsaison $ 3000.

Die folgende Tabelle, die wegen der Übersichtlichkeit auszugsweise der Website von Egypt Travel Packages & Nile Cruises co., www.

Dongola - eine gepflegte Dahabiya

christmasinegypt.com, entnommen wurde, gibt einen guten Eindruck von der preislichen Situation (ohne Anreisekosten) als grundsätzliche Information für Ihre Reiseplanung. Diese Site ist insofern besuchenswert, als man sie nach unterschiedlichen Kriterien wie Reisedauer, Budget, Orte etc. sortieren kann. Die Angebote liegen etwa im Mittelfeld. Während des Weihnachtsurlaubs vom 20.12.-01.01 ca. und der Osterferien muss generell mit **Aufschlägen** von 15-20% gerechnet werden.

Wer es wesentlich preiswerter haben will, schaut unter www.gratistours.com/hotels ae gypten nach. Dort findet man nahezu unglaubliche Angebote deutlich unter 200 € pP.

Kabinenpreise in $ pro Person für die Wintersaison 2007/8				
Klasse	3*	4*	5*	5*+
4 Tage Luxor-Assuan:	274	315	330	421
5 Tage Assuan-Luxor	366	420	440	562
8 Tage Luxor-Assuan-Luxor	639	734	769	982
4 Tage Nassersee, Assuan-Abu Simbel	328	383	465	710
5 Tage Nassersee, Abu Simbel-Assuan	437	510	619	947

Buchen Sie lieber eine **Klasse höher** und teurer als Sie sich leisten wollten, mindestens ein 4*Schiff; 3*Boote werden ohnehin seltener angeboten. Im Billighotel können Sie jederzeit ausziehen, wenn Ihnen die sanitären Umstände zu miserabel sind, sich Kakerlaken im Bad tummeln oder das Frühstück schlecht ist. Auf einem Schiff sind Sie für die gesamte Fahrtstrecke gebunden; selbst wenn Sie unterwegs die Flucht ergreifen, werden Sie Ihr Geld vermutlich nie wiedersehen.

Es ist uns nicht möglich, die über 300 Schiffe auf dem Nil ähnlich zu bewerten wie die Hotels, weil sie mehr oder weniger stets unterwegs und daher schwerer zugänglich sind. In vielen Fällen wird beim Buchen versucht, kein bestimmtes Schiff, sondern nur eine angeblich gleichwertige Gruppe festzulegen; ja häufig gibt es nur Optionen, und die endgültige Zuteilung kann noch auf der Fahrt vom Flughafen zum Nilufer geändert werden. Um

Überraschungen zu vermeiden, sollten Sie vor der Buchung die Boote anhand von Deckplänen vergleichen und dann das ausgewählte Schiff namentlich festlegen.

Je älter ein Schiff ist, umso wahrscheinlicher gibt es Kakerlaken an Bord, umso kleiner sind die Kabinen. Häufig heißt es, dass ein älteres Schiff erst kürzlich renoviert wurde; es mag dann wieder sauber und ordentlich sein, aber vermutlich blieben wesentliche Merkmale wie die Kabinengröße erhalten.

Kleinere Schiffe haben den Vorteil, dass die Besichtigungsgruppen kleiner sind, die sich gleichzeitig auf ein Objekt stürzen. Das Argument zieht jedoch nur bedingt, weil vor allem bei den Donnerstag-Ankunftsterminen große Schiffspulks gemeinsam aufbrechen und dann alle Sehenswürdigkeiten überfluten.

Einige **exklusive Schiffe** stehen selten in den Standardkatalogen: Dazu zählt die *Sudan* , die 1885 gebaut wurde, u.a. dem letzten ägyptischen König Faruk diente, heute noch von einer Dampfmaschine angetrieben wird und 22 Suiten ab etwa € 1500 pro Nacht anbietet. In ähnlicher Größenordnung liegt das moderne, wohl luxuriöseste Schiff auf dem Nil, die *Triton* , die anstelle von normalerweise 60-70 Kabinen über nur 20 Luxus-Suiten zu $ 1400-2000 verfügt, die Presidential-Suite zu $ 2700 zieht sich vorn im Oberdeck über die gesamte Schiffsbreite.

Auf den wenigen **Dahabiyas** kommt man leider nur teuer voran: Die um 1835 gebaute und liebevoll renovierte *Dongola* wird u.a. von LoudenVoyages, Berlin, louden-voyages.de, zum Preis von € 2350 pP in der Standardkabine für einen 5-Nächte-Trip Luxor-Assuan angeboten. Sie beherbergt maximal 10 Passagiere. Die *Vivant Denon*, www.felouque.com, die maximal 6 Passagiere befördert, kostet etwa $ 1200 pP/ Nacht. Museum Tours, www.museum-tours.com, bietet Segeltouren auf der *NeferuRa* an. Das Boot kann bis zu 7 Passagiere befördern. Termine sind frei vereinbar, der 5-Nächtetrip Luxor-Assuan kostet 1000 $ pP pro Nacht. Die *Royal Cleopatra* , www.nilecruiseegypt.net, kommt Flitterwöchnern mit einem Gesamtpreis für das Schiff für 5 Nächte von $ 3000-4000 (abhängig von der Saison) entgegen, sonst zahlen bis zu 6 Passagiere $ 2500 pP in der Doppelkabine.

Ein preislich sehr interessantes Angebot bietet *All Holidays* , Berlin, www.all-holidays.de: Für rund 1000 € pP einschließlich Flug segelt man in 5 Tagen von Luxor nach Assuan auf den Schiffen *Dahabeya I* oder *II*. Die Boote sind für 14 Passagiere in Doppelkabinen ausgelegt und seit 2006 im Einsatz.

Schließlich sei noch *NourElNil*, www.nourelnil.com, genannt, die mit vier Dahabiyas zu Preisen zwischen € 1000-1800 unterwegs sind. Zusätzlich betreiben sie noch so genannte ***Sandals***, das sind Zweimaster-Feluken mit vier Kabinen, die einzige Doppelkabine wird mit Bad angeboten, die anderen teilen sich in ein gemeinsames Bad. Die Preise liegen bei € 1000-1600 pP.

Auf dem **Nassersee** sind derzeit fünf 5*Schiffe - *Eugenie, Prince Abbas, Nubian Sea, Qasr Ibrim, Queen of Abu Simbel* unterwegs - sowie das 4*Schiff *Tania* . Die beiden attraktivsten Schiffe, *Eugenie* (Baujahr 1993, im Stil der vorletzten Jahrhundertwende eingerichtet) und *Qasr Ibrim* (1997, Art Deco Stil) waren die ersten auf dem Nassersee. Neben den üblichen Kabinen gibt es luxuriöse Suiten, die beste jeweils mit über 100 qm Fläche. Beide werden gemanagt von Belle Epoque Travel Bureau, 17 Sh Tunis, Maadi/Kairo, Tel 02 516 9653, eugenie@eugenie.com.eg, www.eugenie.com.eg.

Auch die anderen Schiffe sind komfortabler als vergleichbare auf dem Nil, ungefähre Preise siehe obige Tabelle; frühzeitiges Buchen wird empfohlen.

Prince Abbas, Nubian Sea und *Tania* starten montags von Assuan Richtung Abu Simbel, *Eugenie* und *Qasr Ibrim* beginnen montags in Abu Simbel.

Wo buchen?

Wer nur für eine Nilkreuzfahrt, eventuell verbunden mit einem Badeurlaub am Roten Meer, nach Ägypten fliegen will, sucht sich am besten bei heimischen Reisebüros einen passenden Trip aus.

Fast alle Ägypten-Reiseveranstalter haben inzwischen reine Kreuzfahrtreisen im Programm, bei denen man nach Luxor fliegt, eine Woche unterwegs ist und wieder zurückfliegt. Die Preise sind bei einer individuell organisierten Reise nicht oder kaum zu unterbieten.

Schauen Sie bei *OFT REISEN* oder *Sindbad Reisen* (Adressen siehe Seite 39) nach, dort bekommen Sie individuelle Angebote. Aber auch in den Katalogen von TUI, Neckermann etc. lässt sich eine passende Offerte entdecken. In der Sommersaison (Anfang Mai bis Ende September) sind die Preise stark reduziert.

Unbedingt sollten Sie einen Blick ins **Internet** werfen, dort findet man in der Regel die günstigsten Angebote.

Hier einige Webadressen:

» *www.all-holidays.de;* diverse, recht günstige Angebote auf unterschiedlichen Schiffen, auch Dahabiya, siehe weiter oben.

» *www.aegypten-nilkreuzfahrt.de*; preiswertes und umfangreiches Angebot, u.a. mit einer Dahabiya für knapp 1000 €

» *www.egyptbot.com/search.ihtml;* Tour Egypt bietet hier viele Links, unter anderem für Nilkreuzer

» *www.gratistours.de;* der Name verspricht fast nicht zu viel

» *www.niltours.de/Nilkreuzfahrten.htm;* breites, preiswertes Angebot

» www.nubiannilecruises.com; breites Angebot

» *www.travcotels.com;* Travco unterhält nach eignen Angaben die größte Flotte auf dem Nil

» *www.springtours.com/dahabia.htm;* hat u.a. 3 Dahabiyas im Programm

» *www.shalkamy-eg.com/cruise.htm*; 3*-5* Schiffe

Aber auch in Ägypten können Schnäppchen gemacht werden. Es sollte eigentlich immer möglich sein, unter den mehr als 300 Schiffen eine freie Kabine zu finden. Gehen Sie in Luxor oder Assuan direkt an Bord der dort liegenden Boote, ein freier Platz wird meist gern vergeben. Auch einige Hotels in Luxor vermitteln Trips.

In Kairo sollten Sie möglichst bei einer Reiseagentur buchen, die eigene Schiffe vermittelt, andernfalls müssen Sie zusätzlich Provisionen zahlen. Z.B. *Eastmar*, 13 Sh Qasr el Nile, Kairo, Tel 574 5024, eastmar@mail.eastmar-travel.com, www.eastmar-travel.com; *Flash Tour*, 2 Sh Samanoud, Kairo-Heliopolis, Tel 02 414 8001, flash@flashtour.net, www.flashtour.com; *Travcotels*, 19 Sh Yehia Ibrahim off Sh 26.July, Kairo-Zamalek, Tel 02 735 4890, reservations @ travcotels.com, www.travcotels.com und noch diverse mehr. In der Midan Tahrir-Umgebung finden Sie viele Travel Agents.

Falls Sie sich die Mühe des Recherchierens sparen wollen, sprechen Sie z.B. Hamis Travel (Adresse siehe Seite 236) am Ramsis Bahnhof an, diese Leute sind auf Einzelreisende spezialisiert und können günstige Angebote unterbreiten. Auch Thomas Cook vermittelt in seinen ägyptischen Büros Kreuzfahrten. Wenn möglich, buchen Sie nur die reinen Fahrzeiten, das sind manchmal nur zwei, höchstens drei Nächte. Denn Sie sind besser bedient, wenn Sie sowohl in Luxor als auch in Assuan in Hotels nächtigen als auf dem möglicherweise lauten, Abgas umnebelten Schiff. Dann können Sie außerdem Ihre Besichtigungen selbst organisieren. In diesem Buch finden Sie alle wichtigen Informationen dazu.

Per Feluke nilabwärts

Eine Segelreise auf dem Nil mit einer Feluke ist ein ungewöhnliches, an längst versunkene Zeiten erinnerndes Erlebnis. Man folgt äußerst beschaulich dem Lauf des Flusses, die laute Welt des Niltals liegt in weiter Ferne, das üppige Ufergrün kontrastiert mit den Wüstenbergen im Hintergrund. Das Leben an den Uferdämmen scheint sich seit Jahrtausenden nicht geändert zu haben.

Der beste Ausgangsplatz für eine Felukenreise ist Assuan, weil man von dort mit der Strömung flussabwärts treibt. Üblich sind Trips nach Kom

Ombo (1 Tag, 1 Nacht), Edfu (3 Tage, 2 Nächte) oder Esna (4 Tage, 3 Nächte), wobei die Edfu-Fahrt am häufigsten gebucht wird. Theoretisch könnte man von Esna noch bis Luxor weitersegeln, doch aus unerfindlichen Gründen verweigert Luxor derartige Segeltörns in seinem Gewässer. Inzwischen scheint es üblich zu sein, bis maximal etwa 30 km vor Esna zu segeln und dann per Taxi weiterfahren zu müssen. In jüngster Zeit besteht die Tendenz, die Trips um einen Tag zu verlängern, indem die Vorbereitungen auf den Abreisetag gelegt werden und die Abreise verzögern. Als Schnuppertrip zum Kennenlernen oder für Eilige werden Tagesausflüge nach Kom Ombo angeboten; die Rückfahrt erfolgt dann per Bus oder Taxi.

Eine Alternative: Da die Reisen von Assuan aus flussabwärts boomen, scheint flussaufwärts von Edfu aus so wenig geboten zu sein, dass man große Boote sehr preiswert mieten kann. Bei gutem Wind (angeblich besonders in der Vollmondzeit) ist Assuan in drei bis vier Tagen erreicht. An der Anlegestelle für Steinfrachter, südlich der Kreuzfahrtschiffe, auf ankommende Boote warten.

Die Nächte verbringt man in der Regel unter freiem Himmel an Land oder auf dem Boot, häufig an mehr oder weniger gemeinsamen Ankerplätzen. Dort wird gekocht, gegrillt, Musik gemacht oder man unterhält sich. Es kann ziemlich laut werden, an einem einsamen Ankerplatz ist das Naturerlebnis intensiver. Basisausrüstung für die Nacht sind ein eigener Schlafsack und Moskito-Repellent.

Ein Boot zu finden, ist keine Schwierigkeit, da an der Corniche in Assuan gut englisch sprechende Broker unentwegt beschäftigt sind, Kundschaft und Kapitäne in Kontakt zu bringen. Die Vermittler erhalten eine Gebühr von etwa £E 5-10; nach der Vermittlung sieht man sie nie wieder, sondern muss mit einem Kapitän zurechtkommen, der häufig kaum englisch spricht. Selbstverständlich kann man sich auch direkt mit den Kapitänen in Verbindung setzen und sein Glück versuchen.

Erkundigen Sie sich am besten zunächst beim Tourist Office nach der aktuellen Lage. Auch dort werden Touren vermittelt, die wahrscheinlich teurer sind, aber man erspart sich u.U. viel Zeit und Nerven. Ähnliches gilt für Traveller-Hotels oder Restaurants an der Corniche, die Kapitäne und Interessierte vermitteln. In diesen Fällen kann man, wenn etwas nicht klappt, auf jemanden zurückgreifen.

Die offiziellen Preise liegen – ohne Verpflegung - bei: Assuan – Kom Ombo £E 31 pP, Assuan – Edfu £E 56 pP, Assuan – Esna £E 62,50 pP. Hinzu kommt die Bordverpflegung, die üblicherweise £E 10-15 pP/Tag kostet sowie Trinkwasser. Man kann sich auch selbst verpflegen. Gewöhnlich teilen sich vier Personen ein kleineres, bis zu acht Mitfahrer ein größeres Boot. Laut Polizei dürfen pro Feluke nicht weniger als drei und nicht mehr als acht Fahrgäste befördert werden. Will man nur zu zweit reisen, wird ein Strohmann bis zur Polizeikontrolle geladen.

Auf den Fahrpreis kommt noch eine Gebühr von £E 5 pP für eine Erlaubnis (*Tasrih*) der Touristenpolizei. Möglichst schon am Tag vor der Abreise muss der Pass bei der Polizei eingereicht werden. Diese Maßnahme dient dem Schutz der

Fahrgäste, weil vor einigen Jahren zwei Touristen beim Streit mit einem allzu eiligen Kapitän ums Leben kamen. Die Polizei in Assuan kontrolliert die Feluken schärfer als früher, sogar ob Rettungswesten an Bord sind (die u.U. ein paar Minuten später an den nächsten Kapitän weitergeliehen werden).

Gestartet wird häufig um 8 Uhr, dann erreicht man abends Kom Ombo und kann am nächsten Morgen den Tempel besichtigen. Gesegelt wird von Sonnenauf- bis Sonnenuntergang, der Kapitän spielt häufig gleichzeitig Koch. Ein "einträglicher" Zeitvertreib während der Fahrt kann Angeln sein. Im Assuan Souk, in der Nähe der kleinen Moschee, können Sie die nötigen Utensilien erwerben.

Ein paar Tipps zum Segelvergnügen

- Preisvergleiche lohnen sich, vor allem, wenn man Kapitäne erwischt, die am Zielort zu Hause sind und nicht länger in der Fremde herumsitzen wollen. Allerdings kann sich ein Preisnachlass nicht nur in schlechter Stimmung des Kapitäns, sondern auch in der Essensqualität auswirken. Nehmen Sie möglichst eine größere Feluke, sie kommt besser voran und bietet mehr Bewegungsraum.
- Hamis Travel in Kairo (Adresse siehe Seite 236) organisiert (teurere) Feluken-Touren für Individualtouristen. Wenn Sie sich das Suchen und Verhandeln in Assuan ersparen wollen, buchen Sie bereits in Kairo.
- Nehmen Sie sich Zeit bei der Suche nach dem richtigen Boot und reden Sie eine Weile mit dem Kapitän, um ihn besser kennenzulernen und beurteilen zu können. Legen Sie die Bedingungen möglichst genau fest: Preise, Fahrtziel, kein Segeln über Nacht, kein Schleppenlassen von einem stinkenden Motorkahn, maximale Anzahl der Mitfahrer und keine Aufnahme weiter flussabwärts, weil dann u.U. die Verpflegung nicht reicht oder die Bewegungsfreiheit noch stärker eingeschränkt wird.
- Schauen Sie sich das Boot gut an, Sie werden viele Stunden hauptsächlich sitzend dort zubringen. Können Sie gut sitzen, gibt es ausreichenden Sonnenschutz und Decken für die Nacht? Der eigene Schlafsack (zusätzlich) ist die bessere Wahl, denn die Nächte werden vor allem im Winter ziemlich kühl bis kalt. Da man unter freiem Himmel schläft, für Moskitoschutz sorgen.
- Versuchen Sie, über Aushang in Hotels bzw. im Tourist Office Mitsegler zu finden. Leser berichten sehr positiv von Fahrten, die über das Abu Simbel Hotel vermittelt wurden, andere waren mit der Hilfe des Tourist Office oder der des Mona Lisa Restaurants sehr zufrieden. Auch im Aswan Moon Restaurant treffen sich Interessierte. Bedenken Sie, dass Sie mehrere Tage jede Minute lang mit Ihren Mitreisenden zusammen sein werden; wenn man dann nicht einigermaßen harmoniert, kann der Trip zum Trauma werden. Es gab schon bösen Streit um Kleinigkeiten.
- Leisten Sie möglichst keine oder höchstens 50 Prozent an Vorauszahlungen. Geben Sie Ihren Pass nicht aus der Hand, sondern gehen Sie selbst mit dem Kapitän zur Polizei oder geben Sie ihm eine Passkopie, die in der Regel ausreicht. Denn wenn der Kapitän oder Broker Ihren Pass hat, sind Sie ihm ausgeliefert: Er kann zeitaufwändig weitere Mitfahrer suchen, verspätet abfahren etc.
- Vielleicht gelingt es, das Boot nicht entfernungsabhängig zu mieten, sondern zeitabhängig für einen gemütlichen Trip von z.B. vier Tagen bis Edfu. Dann hetzt der Kapitän nicht, Sie können auf längeren Pausen und Nachtplätzen abseits der üblichen, häufig verdreckten Ankerplätze (an denen es manchmal laut hergeht) bestehen. Andererseits kann es vorkommen, dass der Kapitän Sie gnadenlos an Land setzt, wenn die vereinbarte Zeit abgelaufen ist, unabhängig von der bewältigten Strecke. Achtung: Manche Kapitäne argumentieren, die Tasrih (Genehmigung) sei abgelaufen; das stimmt nicht, sie ist zeitlich unbegrenzt. Wenn Sie der Kapitän gegen Ihren Willen an Land setzen will, drohen Sie mit der Touristenpolizei.
- Begleiten Sie den Kapitän beim Einkauf für die Reiseverpflegung oder kaufen Sie selbst ein.

Dann wird's vermutlich billiger, und Sie können den eigenen Geschmack berücksichtigen. Kaufen Sie den Proviant schon am Abend vor der Abfahrt, sonst verlieren Sie zu viel Zeit. Auch Klopapier, Flaschen- und Dosenöffner sowie ein Buch für langweilige Strecken einpacken.

• Bestehen Sie darauf, dass Trinkwasserflaschen in ausreichender Menge mitgeführt werden und dass Nilwasser nicht zum Kochen und möglichst auch nicht zum Abspülen verwendet wird – einen Durchfall auf der Feluke zu kurieren, dürfte eine besondere Erfahrung sein.

• Bei heftigem Sturm kommt eine Feluke ganz schön ins Schaukeln, dabei gingen bereits Rucksäcke über Bord. Packen Sie Ihr Gepäck möglichst in wasserdichte Plastiksäcke ein, damit es bei einem Unfall eventuell schwimmt. Bevor die großen Stücke unter Deck verstaut werden, nehmen Sie alles für die Reise Notwendige heraus. Papiere und Geld sollte man am besten in einer Bauchtasche am Körper tragen.

• Als klimatisch beste Zeit (gute Brise, erträgliche Hitze) empfehlen sich die Monate Februar bis April und September bis Mitte November, Dezember und Januar können recht kühl sein.

• Für den fast absurden Fall, dass Ihr Boot nachts unterwegs ist, sollten Sie selbst unbedingt wach bleiben; denn der Kapitän wird sich wahrscheinlich schlafen legen und die Steuerung einer höheren Macht überlassen – die aber einen Zusammenstoß mit z.B. einem Kreuzfahrer vielleicht auch übersehen könnte. Es soll auch Kapitäne geben, die bei später Ankunft in Kom Ombo die zeitraubende Besichtigung am nächsten Tag dadurch abkürzen, dass sie nachts heimlich weiterschippern. Also aufpassen!

• Zum guten Schluss: Achten Sie darauf, dass Abfall vernünftig an Land entsorgt wird, auch unterwegs.

Auch im Nil wird jedes Stück Inselland genutzt

4

Land, Leute und Vergangenheit

Die Landschaft

Ägypten - das ist der Nil. Dieser gewaltige Strom übertrifft mit 6670 km Länge alle anderen Afrikas. Der eine seiner Quellflüsse, der *Weiße Nil* , entspringt als *Kagera* in 2620 m Höhe in Burundi, der andere, der *Blaue Nil,* in rund 2000 m Höhe in Äthiopien. Nach der Vereinigung der beiden Arme in Khartoum im Sudan liegen vor dem nun gemeinsamen Wasser - an denen der Blaue Nil 85 % Anteil hat - immer noch 3000 km Reise bis zur Mündung ins Mittelmeer. Sie führt fast ausschließlich durch Wüstenlandschaften, in denen der Fluss eine sehr schmale, aber die längste Oase der Welt geschaffen hat. Während er sich südlich von Assuan durch Sandstein beißen musste, konnten ihm die Kalksteinschichten, die etwa 70 km nördlich von Assuan bei Silsila beginnen, nicht so viel Widerstand entgegensetzen. Ab hier wird das Tal deutlich breiter, es variiert zwischen 4 und 12 km Breite, an den Rändern steigt es um etwa 150 bis 200 m an. Denn nun folgt der Nil einer tektonischen Störungslinie, die er mit fruchtbarem Schwemmland aufgefüllt hat, das durchschnittlich 10 m hoch ist. In Assuan macht der so genannte Erste Katarakt der Schifffahrt ziemlichen Kummer, weil hier um mächtige Granitfelsen im Fluss Stromschnellen entstehen. Bis Khartoum folgten einst weitere fünf Katarakte; allerdings ging der zweite von ihnen (südlich von Wadi Halfa) im Nasser-Stausee verloren.

Erst im Deltagebiet Ägyptens weitet sich das Fruchtland zu einem fast gleichschenkligen Dreieck von etwa 250 km Seitenlänge aus. Ein Blick auf die Karte verdeutlicht den häufigen Vergleich mit der Lotusblume: das Delta als reiche Blüte, der Lauf des Nils versinnbildlicht den Stängel. Auch lässt sich die bereits von Herodot beschriebene Tatsache nicht übersehen:

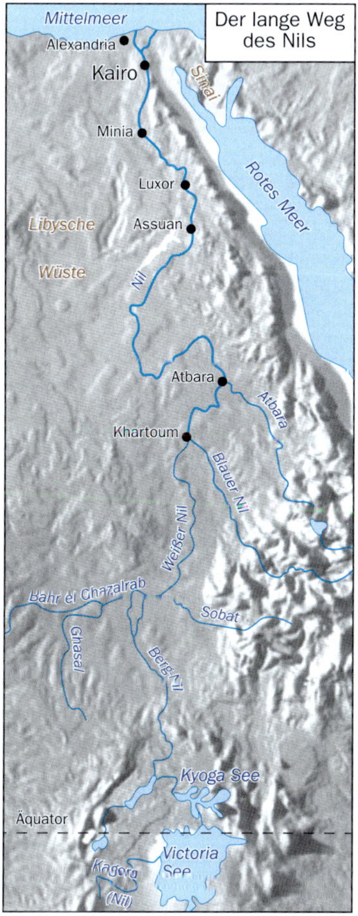

Das Land, besser das Fruchtland, ist ein Geschenk des Nils, weil er im regenarmen Ägypten das notwendige Nass heranführt und durch die jährlichen Überschwemmungen wertvollen

Schlamm in seinem Tal ablagerte. Dass dieses Geschenk im Delta reichere Früchte trägt als im engen Niltal, zeigt der Vergleich ebenfalls treffend: Etwa zwei Drittel der Anbaufläche Ägyptens liegen im Delta; ähnlich verteilt sich - abgesehen von den Städten - die Bevölkerung. Gab es zur Zeit Herodots noch sieben Mündungsarme des Nils, so teilt er sich heute im Delta nur noch in zwei Flussläufe auf, in den Rosetta- und den Damietta-Arm (nach den an der Mündung liegenden Städten benannt).

Der mächtige Fluss speist zahllose Kanäle, die sich immer weiter auffächern, um auch die entferntesten Felder zu erreichen. Denn dort, wo es nie regnet, muss man das Wasser auf diese Weise zum Verbraucher bringen. Einer der ältesten Kanäle - ursprünglich ein Seitenarm des Nils - ist der Bahr Yussuf, der heute aus dem Ibrahimiya-Kanal abzweigt, das Fayum bewässert und schließlich im Qarun-See verdunstet.

Das Nilwasser teilen sich, vertraglich abgesichert, der Sudan mit 18,5 und Ägypten mit 55,5 Milliarden Kubikmetern jährlich (diese Zahlen entsprechen dem langjährigen Jahresdurchschnitt). Als Vergleich ist interessant, dass der Rhein mit 73 Milliarden Kubikmetern etwa gleich viel und die Donau mit 197 Milliarden Kubikmetern über das Doppelte an Wasser führen. Als weitere Wasserquellen Ägyptens dienen noch das Grundwasser mit etwa 1 % der Nilwassermenge und der Regen mit 0,25 %.

Das Nilwasser ist eines der kostbarsten Güter in einem Land, in dem es praktisch nicht regnet. Daher wird es von alters her peinlich korrekt mittels eines ausgefeilten Systems auf die einzelnen, rundherum eingedämmten Felder aufgeteilt. Allerdings fließt es längst nicht immer von selbst zu allen Feldern, häufig muss es angehoben werden: nur noch selten mit pharaonischen Mitteln wie dem Göpelwerk *(Sakija)*, das von Ochsen oder Eseln angetrieben wird, oder - mühseliger - mit dem *Schaduf*, einem in der Mitte gelagerten Balken mit einem Eimer an der einen und einem Gegengewicht an der anderen Seite, oder der archimedischen Schraube, einer handbetriebenen Schneckenwelle, die sich in einem Rohr dreht. Heute übernehmen weitgehend Motorpumpen diese Arbeit.

Die Monsun-Regenfälle in Äthiopien lassen jährlich den Nil so anschwellen, dass er zwischen Juli und Oktober seinen Wasserspiegel bis zu 6 m hebt und das gesamte Tal in einen einzigen See verwandelt. Allerdings wird der Unterlauf seit dem 1971 fertig gestellten neuen **Staudamm** *(Sadd el Ali)* verschont: An der mächtigen Mauer unweit von Assuan staut sich das Hochwasser und kann jetzt gleichmäßig während des gesamten Jahres das Land versorgen. Doch löst der Staudamm keineswegs alle Probleme, sondern erzeugt neue Sorgen; lesen Sie hierzu mehr auf Seite 391.

Das Niltal ist mit einem weiteren Vorteil gesegnet: Der Wind weht, bis auf relativ kurze Unterbrechungen, fast immer von Nord nach Süd, d.h. entgegen der Laufrichtung des Nils. Dies trug sicher mit zur Entwicklung des Landes bei. Denn bereits die frühen Bewohner ließen sich in ihren Papyrusbooten flussabwärts treiben, flussaufwärts hissten sie die Segel und überließen dem Wind den Antrieb.

Aber Ägypten besteht nicht nur aus dem Nil. Im Westen erstreckt sich die endlose Weite der **Libyschen** (oder **Westlichen**) **Wüste** mit dem wegen seiner immensen Ausdehnung *Sandmeer* getauften Dünengebiet, mit dem siziliengroßen Tafelberg namens *Gilf Kebir* und den von der Erosion zernagten Felsgebilden, gesprenkelt mit ein paar von Dattelpalmen gesäumten Oasen. Auch diese einsame Landschaft hat sich seit den 70er Jahren dem Besucher erschlossen: Eine Asphaltstraße verbindet die Oasen und ermöglicht eine Reise, weit entfernt von der Hektik der Zivilisation.

Östlich des Nils erstreckt sich die **Arabische Wüste** bis zur Küste des Roten Meeres, deren bis zu 2000 m hohe Gebirgszüge aus Basalt, Granit, Diorit und anderem Hartgestein eine streckenweise bizarre Kulisse bilden. Die Breite dieses Wüstenstreifens beträgt im Norden etwa 120 km, im Süden bis zu 300 km.

Über das **Rote Meer** sind auch ein paar Sätze zu sagen. Es liegt so weit nördlich des Äquators, dass die Wassertemperatur wesentlich niedriger sein müsste und dort normalerweise keine Korallen gedeihen könnten. Doch ein paar glückliche Umstände bewirken nahezu das Gegenteil: Die stets von Norden blasenden Winde treiben das Oberflächenwasser nach Süden, es wird aber an der nur 27 km breiten Schwelle zum Indischen Ozean, am Bab el Mandeb, nach unten gedrückt und fließt langsam zurück nach Norden. Dort taucht es im Winter wieder auf, wenn die kalten Nordwinde das Oberflächenwasser abkühlen. Dieser Kreislauf sorgt dafür, dass die Wassertemperaturen nie unter 20 Grad sinken; eine absolut lebenswichtige Voraussetzung für Korallen. Weiterhin besitzt das Rote Meer ein felsiges Ufer mit nur ganz wenigen Zuflüssen, d.h. nährstoffarmes, sehr klares Wasser; wiederum eine Überlebensbedingung für Korallen. Sein mit 4,1 % vergleichsweise hoher Salzgehalt (Atlantik 2,7 %) ist auf die hohe Verdunstung und auf Solequellen am Meeresboden zurückzuführen.

Landschaftlich am beeindruckendsten ist der **Sinai**, die wüstenhafte Halbinsel mit ihren herrischen Gebirgszügen. Sie zwängt sich zwischen Afrika und Asien und liegt am Grabenbruch des Roten Meeres, der Fortsetzung des ostafrikanischen Grabenbruchs. Am Golf von Aqaba, an den steil ins Meer abfallenden Hängen des Grabenbruchs, liegen mit die schönsten Korallenriffe der Welt.

Fauna und Flora

Der Esel, als geduldigstes Lasttier, begegnet dem Besucher allüberall, und häufig sieht man Wasserbüffel, die sich in Kanälen suhlen. Kamele werden mit zunehmender Motorisierung immer mehr verdrängt. Aber interessanterweise erzeugt die Tourismusbranche einen steigenden Bedarf, weil mehr und mehr Besucher auf dem zuverlässigen Wüstenschiff „offroad" gehen. Eine ähnliche Entwicklung haben die Pferde offenbar schon hinter sich, man sieht sie hauptsächlich in Reitschulen oder bei Züchtern. Die Fellachen halten als Haustiere Ziegen, Schafe und Kleintiere wie Hühner und Gänse.

In den Berichten aus pharaonischer Zeit ist von einer Menge Wildtieren die Rede, die heute spurlos aus dem ägyptischen Leben verschwunden sind. Zugvögel haben sich Teile der Mittel-

Ägypten besteht zum allergrößten Teil aus Wüste

Ägyptens Kamele sind Dromedare

Jeder spricht vom *Kamel* in Ägypten, meint aber immer die einhöckrige Variante dieser Tiergattung, das *Dromedar (Camelus dromedarius)*. Denn eigentlich wird das Tier mit den zwei Höckern als *Kamel (Camelus bactrianus)* bezeichnet. Im Laufe der Evolution passte sich die Gattung optimal den Wüstenbedingungen an: Die so genannten Schwielenfüße sind bestens für sandiges Gelände geeignet, der sehr geringe Wasserbedarf und ihre Wasserspeicherfähigkeit von bis zu 150 Litern, die sie in speziellen Zellen bunkern und nicht im Höcker - er dient mit seinem Fett als Energiereserve für bis zu 30 Tage -, sichern die Überlebensfähigkeit bis zu zwei Wochen ohne nachzutanken. Und der hohe Hals überragt bei den meisten Sandstürmen die dichteren Schichten in Bodennähe.

Für den Menschen bietet das Kamel einen Nutzungsgrad wie kaum ein anderes domestiziertes Tier. Neben den allseits bekannten Reit- und Trageigenschaften produziert es Milch, Wolle, Fleisch und - Dung. Dieser eignet sich hervorragend als Brennmaterial, das schon so manchem Beduinen mitten in der baumlosen Wüste zu einem warmen Tee oder Mahl verholfen hat. Zum Schluss: Das Schimpfwort „Dummes Kamel" kann nur von dummen Menschen kreiert worden sein, die niemals mit dem Tier zu tun hatten.

meerküste und den Südsinai als Rastplätze auf ihrem langen Weg ausgesucht. Aber auch die heimische Vogelwelt zählt viele Arten, sowohl in der Wüste als auch im Fruchtland. Jedem Besucher werden die weißen Kuhreiher auffallen, die in Scharen auf Feldern herumpicken.

Wichtig für den Besucher ist es, die **gefährlichen Tiere** zu kennen. Es gibt eine ganze Reihe von giftigen Schlangenarten, die sich im Sommer auf Steinen oder im Sand aufhalten, sich nachts oder in der kühleren Jahreszeit im Sand eingraben oder unter Steinen Schutz suchen. Als sicherste Mittel gegen Schlangenbiss gelten: Augen offen halten und aufpassen, Geräusche machen, damit die Schlange flüchten kann, festes Schuhwerk und Hosen als Schutz der Haut tragen. Die grünen und schwarzen Skorpione, die sich an dunklen Stellen wie z.B. in Stein- oder Mauerritzen aufhalten, sind nicht gerade lebensgefährlich, ihr Stich ist aber sehr schmerzhaft.

In Ägypten wächst das Umweltbewusstsein langsam, aber stetig. In den 80er Jahren wurden die ersten Nationalparks oder *Protected Areas* geschaffen, inzwischen zählt man 24 über ganz Ägypten verstreute, aus unterschiedlichsten Gründen geschützte Gebiete.

Auch das Niltal wurde nicht von landwirtschaftlichen Monokulturen verschont. Baumwoll- und Getreidefelder bestimmen vor allem im Delta die **Flora**. Die Fellachen bauen außerdem Reis, Zuckerrohr, Bohnen, Zwiebeln und eine Reihe von Gemüsesorten an, um nur das Wichtigste zu nennen. Im Übrigen wurde die Baumwollproduktion, die Nasser stark förderte, in ihrer Bedeutung von staatlicher Seite zurückgenommen, um die Gefahr der Monokulturen und der Abhängigkeit von Weltmarktpreisen zu mindern, obwohl Ägypten mit die beste Baumwolle weltweit produziert.

Bei den Bäumen beherrscht die Dattelpalme das Bild, die in etwa 40 Arten in Ägypten vorkommt und deren Früchte zwischen August und Dezember reif werden. An den Kanälen stehen Sykomoren als typische Bäume des Landes und Tamarisken, die Niltalstraße ist vielfach von Eukalyptusbäumen gesäumt. An seinen scharlachroten, großen Blüten wird Ihnen - wenn er im Frühling blüht - der Flamboyant-Baum auffallen. Der Jakaranda (Palisander) mit seinen blauen Blüten betört fast genauso durch seinen Duft wie durch sein Aussehen. In der Wüste stößt man in Wadis, in denen sich zumindest Feuchtigkeit halten kann, auf Akazien, häufig zusammen mit Büscheln von Kameldorn.

Verschwunden war das Wappenzeichen der Pharaonen, die Papyruspflanze, obwohl sie einst weite Flächen vor allem im Delta bedeckte und außerordentlich vielseitige Verwendung fand: die Wurzel und der untere Stamm als stärkehaltiges Nahrungsmittel, der Schaft für Behältnisse von Körben bis zu seetüchtigen Schiffen. Erst dem Exdiplomaten Dr. Rhagab gelang es, diese so elegante Pflanze im Südsudan wiederzufinden und für die Papiergewinnung nach altem Brauch nach Ägypten zurückzuholen.

Der Staat und seine Probleme

Vorbemerkung zu den nächsten Kapiteln: Zahlen und statistische Angaben zu Ägypten unterscheiden sich je nach Quelle um viele Prozentpunkte. Als einigermaßen zuverlässig erscheint uns das *CIA Factbook* , auf das viele der folgenden Daten zurückgehen.

Erst seit 1952 wirklich unabhängig, trotzdem immer wieder eine Art Spielball zwischen den Mächten, mit der Last von Kriegen und ständigen Militärausgaben befrachtet und mit einem hohen Anteil Analphabetentums geschlagen, hat sich Ägypten eine erstaunliche Position im internationalen Staatengerangel geschaffen. Obwohl das Camp-David-Abkommen, d.h. der Frieden mit Israel, eine schwere Belastung für die Führungsrolle Ägyptens in der arabischen Welt war, scheint diese Problematik endgültig der Vergangenheit anzugehören.

Die Arabische Republik Ägypten - *El Djum Hurriya Misr El Arabiya* - ist eine präsidiale Republik mit sehr starker Stellung des Präsidenten und allgemeinem Wahlrecht. Amtsinhaber ist seit der Ermordung Sadats 1981 Hosni Mubarak, der 2005 mit 88,6 Prozent der Stimmen für eine weitere Amtsperiode von sechs Jahren wiedergewählt wurde. Seine Partei NDP zog bei den letzten Wahlen erneut mit überwältigender Mehrheit von 311 Sitzen ins Parlament (insgesamt 454 Sitze). Auf den zweiten Rang wurden 112 Unabhängige gewählt, die meisten von ihnen gehören fundamentalistischen Gruppierungen an.

Der Militäretat belastet den ägyptischen Haushalt mit etwa 3,4 % (2005). Dies lässt sich - vor allem in den Randzonen des Landes - kaum

Das ‚dumme' Kamel

übersehen: Zum Schutz vor unliebsamen Überraschungen sind die endlos langen Küstenlinien mit Militär gesäumt, ebenso stehen die langen Landgrenzen unter Kontrolle, auch wenn dies in den Wüsten bei weitem nicht lückenlos geschehen kann.

Rund 6 % des Staatshaushalts sind Schule und Bildung gewidmet. Doch dieser Betrag reicht vorn und hinten nicht aus, um die vordringlichsten Probleme zu lösen, obwohl Ägypten im internationalen Vergleich nicht schlecht dasteht. Seit der Revolution von 1952 wurden enorme Anstrengungen zur Besserung der Situation im Bildungsbereich unternommen.

Schule, Bevölkerungsexplosion

Der Schulbesuch ist bei Schulgeld- und Lehrmittelfreiheit obligatorisch. Die Analphabetenrate liegt bei den über 15-Jährigen aber immer noch hoch, doch die ganz junge Generation ist inzwischen weitgehend alphabetisiert. Laut CIA Factbook konnten 2005 83% der Männer und 59% der Frauen schreiben und lesen. An den Universitäten und sonstigen Hochschulen waren 1999 (jüngere Zahlen liegen nicht vor) rund 350 000 Studierende eingeschrieben, davon über die Hälfte Frauen.

Das Leben der ägyptischen Jugend ist hart, es wird schon früh von Arbeit und Existenzkampf geprägt. Die allgemeine Schulpflicht ist auf sechs Jahre festgelegt, ab dem 12. Lebensjahr gestattet das Gesetz täglich sechs Stunden leichtere Arbeit. Vorsichtige Schätzungen gehen davon aus, dass ca. 1,5 Millionen Kinder unter 15 Jahren ständig arbeiten.

Um den Bildungswillen auch breiter Bevölkerungsschichten anzureizen, hatte sich unter Nasser der Staat verpflichtet, alle Hochschulabsolventen, die anderweitig keine Anstellung finden, nach zwei Jahren Wartezeit in den Staatsdienst zu übernehmen. Diese löbliche Absicht führte dazu, dass sich die Bürokratie, wo immer möglich, noch mehr aufblähte, und dass viele Stellen mehrfach besetzt wurden, ja dass es Büros gibt, in denen weder genug Tische noch Stühle für die Staatsdiener vorhanden sind. Hinzu kommen die „fürstlichen" Gehälter, mit denen Ägyptens Beamte abgespeist werden und die das Engagement der Staatsdiener nicht gerade fördern.

Der Verwaltung, der auch die Aufklärung über Familienplanung obliegt, ist es nur in Grenzen gelungen, den Bevölkerungszuwachs des überaus fruchtbaren Landes einzudämmen. Denn so lange eine Altersversorgung nicht glaubwürdig gesichert ist, nimmt einem Ehepaar eigentlich nur eine entsprechende Anzahl von Nachkommen die Vorsorge fürs Alter ab; dies sei als einer der wichtigen Gründe für den Geburtenüberschuss genannt.

Während Sie die letzten Zeilen gelesen haben, sind bereits zwei Kinder in Ägypten (statistisch) auf die Welt gekommen: alle 14 Sekunden eine Geburt. Abzüglich der Sterberate ergibt sich derzeit ein Geburtenüberschuss von 1,7% (vor 10 Jahren noch 2,6 %), d.h. alle zwölf Monate wächst Ägypten um etwa 1,4 Mio Menschen. Und diese Menschen benötigen Schulen, Universitäten, Arbeitsplätze, Wohnungen - selbst hoch industrialisierte Länder wären mit einem derartigen Problem überfordert. Es ist daher eher ein Wunder, dass die Arbeitslosenquote bei offiziell nur 10,3 % (2006) liegt, aber auf gut 20 % geschätzt wird.

Um 2000 vC lebten etwa 1 Mio Menschen im pharaonischen Reich, für Mitte 2007 gibt das CIA Factbook rund 80,3 Mio Menschen (geschätzt) an; ein Drittel davon ist jünger als 14 Jahre. Die durchschnittliche Lebenserwartung beträgt 71,6 Jahre. Obwohl Ägypten dreimal größer als die Bundesrepublik Deutschland ist, steht nur eine landwirtschaftliche Nutzfläche von 2,9% der Landesfläche - ungefähr die Größe Baden-Württembergs - zur Verfügung. Auf dieser Fläche drängen sich fast siebenmal mehr Menschen als im Land der Schwaben.

Nicht zu vergessen ist, dass die Nutzfläche trotz aller Anstrengungen nicht beliebig in die Wüste ausdehnbar ist. Vielmehr geht auch in Ägypten wertvoller Ackerboden durch Versandung, Straßen- und Hausbau verloren. Es war schlechterdings unvorstellbar, wo die nächsten 50 Mio Ägypter Platz finden sollten - bis das so genannte *Toshka-Projekt* ins Leben gerufen wurde, das die Agrarfläche Ägyptens massiv durch Neulandgewinnung mit Bewässerungssystemen in der Westlichen Wüste erweitern soll.

Auch der Wohnungsmarkt ist mit Problemen befrachtet. So kostet eine mäßige Dreizimmer-Altbauwohnung in Kairo nur ein paar Pfund Miete, weil Nasser die Mieten auf einem niedrigen Niveau eingefroren hatte; seither wurden sie nicht dem allgemeinen Preisniveau entsprechend erhöht. Die Mieteinnahmen sind bis heute so gering, dass sie die Unterhaltskosten für die Häuser kaum oder überhaupt nicht tragen und daher viele Hausbesitzer wenig zur Erhaltung oder gar Modernisierung unternehmen.

Der trotzdem vorhandene Bauboom treibt immer wieder tödliche Blüten. Da werden Häuser mit so schlechtem Baumaterial zusammengeklebt, dass sie die Last der Bewohner nicht tragen und einstürzen. Oder man stockt ohne Überprüfung der Statik und ohne Baugenehmigung alte Häuser auf, die dann gemeinsam mit dem Neugebauten zusammenfallen.

Die Volkszählung von 1996 ergab, dass die Landflucht stark zurückging. Es hat sich der Trend verstärkt, ein Häuschen weit entfernt von der Großstadt zu bauen und per Minibus täglich bis zu 50 km zur Arbeit zu pendeln. Allerdings steht es um die Infrastruktur der meist illegal gebauten Häuser ziemlich schlecht. 20 % fehlt der Zugang zu elektrischem Strom, 50 % zur Trinkwasserversorgung, und 80 % der Haushalte auf dem Land haben keinen Abwasseranschluss, d.h. das Abwasser versickert oder wird auf die Straße geleitet.

Die heutige und zukünftige Bevölkerung will und muss auch ernährt werden. Bis in die 60er Jahre konnte Ägypten den Eigenbedarf im Agrarsektor selbst decken. Durch Bevölkerungsexplosion und höheren Pro-Kopf-Verbrauch haben sich die Verhältnisse stark geändert. Große Mengen Grundnahrungsmittel wie Weizen, Zucker, Fleisch u.a.m. müssen importiert werden, weil die Nahrungsmittelproduktion nicht mithalten kann und die Unterdeckung, die erst 1978 einsetzte, immer mehr zunimmt. So sank z.B. der Selbstversorgungsgrad des Landes bereits in den 90er Jahren bei Weizen auf 26 %, bei Mais auf 65 % und bei Zucker auf 62 %. Die Selbstversorgungsrate erreicht bei Grundnahrungsmitteln knapp 50 % des Bedarfs.

Da eine wesentliche Zunahme des fruchtbaren Bodens nicht mehr möglich erscheint - abgesehen von den Neulandgewinnungsprojekten -, kann nur der Ertrag des vorhandenen Ackerlandes gesteigert werden. Dies ist nach Meinung von Landwirtschaftsexperten durchaus möglich, stößt jedoch auf eine Reihe von Hindernissen, die teils in der Tradition uralter Anbaumethoden zu suchen sind, zum anderen in der mangelnden Investitionskraft und -bereitschaft der Bauern.

Schon heute reicht der durchschnittliche Ertrag den meisten Fellachen kaum für das Nötigste zum Lebensunterhalt; wo sollen Mittel für z.B. besseres Saatgut, zusätzliche Düngemittel oder die notwendige Drainage gegen die Versalzung der Böden herkommen? Die Ägypter haben sich in der Vergangenheit als sehr anpassungsfähig erwiesen. Dies muss einer der Schlüssel sein, um die immer größere Enge im Niltal in der Zukunft zu meistern.

Die skizzierten Probleme stellen nur einen kleinen Ausschnitt des Berges dar, vor dem Ägypten steht. Der Besucher des Landes sieht meist nur die Spitze des Eisbergs - weder antike Stätten, noch Badestrände, Wüsten oder die Souks der Städte machen allein das Land am Nil aus. Die Realität, vor der wir nicht die Augen verschließen können, begegnet uns während jeder Stunde unseres Besuches: Es sind die Mitmenschen mit ihren Freuden, existentiellen Sorgen und Nöten.

Wirtschaft, Öl und Energie

Ägypten zählt nach Weltbank-Klassifikation auch heute noch zu den so genannten halbindustrialisierten Ländern mit einem mittleren Pro-Kopf-Jahreseinkommen von $ 4200 (2006) - mit 29 Milliarden $ (2006) allerdings auch zu den stark verschuldeten Ländern der Dritten Welt.

Die Klassifikation der Weltbank kann dem Besucher durchaus Anlass sein, über die Zeitläufte und das Auf und Ab der Geschichte zu philosophieren: Ein Land, das jahrtausendelang Weltmacht oder führende Macht war, um dessen Gunst so viele buhlten, kämpft heute eher ums Überleben als um weltpolitischen Einfluss.

Mit der von Sadat eingeführten sog. Open-Door-Wirtschaftspolitik kam Ägypten wirtschaftlich voran. Zwar sind immer noch 32 % der Erwerbstätigen in der Landwirtschaft beschäftigt, aber 17 % hat die aufkeimende Industrie absorbiert, 51 % arbeiten im Dienstleistungsbereich einschließlich Verwaltung und Militär. 2,5 Mio Gastarbeiter, die hauptsächlich in der Golfregion beschäftigt sind, tragen mit ihren Devisenüberweisungen erheblich zur Entlastung des Staatshaushaltes bei. Diese Entlastung des einheimischen Arbeitsmarktes hat durchaus eine Kehrseite: Diejenigen, die ins Ausland gehen, sind meist die Tatkräftigsten und Hochqualifizierten. Damit fehlen gute Handwerker und Facharbeiter, aber auch gute Ärzte oder Ingenieure in dem Land, das sie unter hohen Kosten ausgebildet hat.

Im vorigen Jahrhundert eroberte sich Ägypten mit seinen Baumwollexporten eine zeitweise dominierende Stellung auf dem Weltmarkt. Die Böden des Nildeltas sind besonders für den Anbau des *weißen Goldes* geeignet, der langfasrigen Baumwolle. Auch heute ist die Naturfaser noch ein wichtiger Rohstoff, sowohl für die inländische Weiterverarbeitung in Spinnereien und Textilfabriken als auch für den Export; Ägypten zählt immer noch zu den großen Baumwollproduzenten weltweit. Die Revolution Nassers zerschlug den monopolartigen Großgrundbesitz der „Baumwollbarone", danach herrschte der Staat als alleiniger Monopolist über dieses Wirtschaftsgut - mit allen negativen Konsequenzen, vor allem der lähmenden ägyptischen Bürokratie.

Doch das *schwarze Gold* hat der Baumwolle als Exportschlager den Rang abgelaufen. Ägypten liegt zwar nicht weit von der ölreichen Golfregion entfernt, hat aber vergleichsweise nur bescheidene eigene Ölvorkommen. Sie konzentrieren sich vor allem im Golf von Suez, mit Schwerpunkt bei Abu Rudeis auf der Sinai-Seite und Ras Gharib auf der „Festland"-Seite. Weitere Explorationen finden in der Libyschen Wüste statt, wo relativ ergiebige Lagerstätten gefunden wurden. Viel versprechend sind Erdgasvorkommen, die derzeit erschlossen werden und sich zu einer wichtigen Devisenquelle entwickeln sollen.

Der größte Teil der Erdölproduktion - die seit 1973 ständig wuchs - wird für den Eigenbedarf des Landes benötigt, etwa 80%. Mit viel Kraft wird an neuen Energiekonzepten für die Zukunft gearbeitet. Alle Ressourcen des Landes sollen genutzt werden. Wichtiger Energielieferant in Form von Elektrizität war der Nasser-Stausee. Zusammen mit dem Bau bzw. Ausbau von Staustufen bei Esna, Nag Hammadi und Assiut konnte die vorhandene Wasserkraftkapazität noch um etwa 20 % gesteigert werden, deckt aber heute nur mehr 19 % des Bedarfs. Alle weitere elektrische Energie muss aus fossilen Brennstoffen erzeugt werden, unter anderem durch das im Land gewonnene Erdgas. Zusätzlich ist der seit vielen Jahren diskutierte Bau eines Kernkraftwerks bei El Daba an der Mittelmeerküste inzwischen beschlossen.

Gern spricht man in Ägypten von den *Big Four* der Devisenbringer, das sind die Überweisungen der ägyptischen Gastarbeiter (10 Milliarden $), die Einnahmen aus dem Touristikgeschäft (6,6 Milliarden $), Erdölexporte (2,3 Milliarden $) und Einnahmen aus dem Suezkanal (3,3 Milliarden $).

Der Tourismus als zweitwichtigste Stütze des Devisenhaushalts hatte 1996, im Jahr vor dem Luxor-Massaker, 3,9 Mio Besucher zu verbuchen, 1998 ging diese Zahl drastisch zurück, aber im nächsten Jahr kamen bereits wieder 4,9 Mio Gäste; dieses Verhalten hat sich auch bei den folgenden Anschlägen wiederholt. Das Tourismusministerium ließ verlauten, dass 78 % der von Touristen hinterlassenen Devisen im Land verbleiben, d.h. dass weniger als ein Viertel der Einnahmen für den Unterhalt touristischer Einrichtungen wieder abfließen. Für die Richtigkeit dieser guten Quote - in anderen Entwicklungsländern sollen 3/4 der Einnahmen wieder abfließen - spricht auch die weitgehend inländische Versorgung mit langlebigen Konsumartikeln wie Kühlschränken, Fernsehern etc.

Obwohl Ägypten sehr viel bessere Voraussetzungen für eine wirtschaftlich gute Entwicklung als andere Entwicklungsländer hat, sorgt der Staat selbst nicht nur durch seine ausufernde Bürokratie, sondern auch durch zum Teil extreme „Subventionitis" für negative Preisverzerrungen und nimmt manchem Erzeuger Anreize zu höherer Produktion.

So liegen die Energiepreise weit unterhalb des Weltmarktniveaus, was einer sehr hohen indirekten Subvention gleichkommt. Die Preise von Grundnahrungsmitteln werden in der Größenordnung von 6 Milliarden $ gestützt. Dadurch ist bzw. war Fladenbrot so billig, dass vielfach

Tiere damit gefüttert wurden. Zwar wurden die Spritpreise massiv angehoben, doch liegen sie immer noch deutlich unter dem üblichen Niveau. Die niedrigen Preise führen zur gedankenlosen Verschwendung; jeder Autofahrer kann an der Tankstelle den sorglosen Umgang mit dem billigen Sprit beobachten.

Die direkten und indirekten Subventionen kosten den Staat viele Milliarden Pfund jährlich. Aber ein Ausweg aus diesem Dilemma ist nicht in Sicht: Die Einkommen der sozial schwachen Schichten sind so niedrig, dass sie auf die preiswerten Grundnahrungsmittel angewiesen sind.

1991 setzte der Internationale Währungsfond (IWF) bei der ägyptischen Regierung ein Liberalisierungsprogramm zur Sanierung der Wirtschaft durch. Damit sind die meisten Preise freigegeben, Einfuhrbeschränkungen - welche vor allem die häufig unwirtschaftlich produzierenden Staatsbetriebe schützen - aufgehoben und der Kapitalmarkt geöffnet. Kairo, das vor dem Zweiten Weltkrieg die sechstgrößte Börse der Welt betrieb, will im internationalen Börsengeschehen wieder mitmischen und die ehemalige Bedeutung zurückgewinnen.

Aber so lange die prinzipiellen Probleme der Wirtschaft, wie gesetzlich verordnete Überbesetzung, Schutz vor Wettbewerb und damit international nicht wettbewerbsfähige Unternehmen, nicht gelöst sind, bleiben Investitionen oder der Aktienmarkt für ausländische Anleger wenig interessant.

Der IWF konnte zwar erreichen, dass eine Reihe von Staatsbetrieben privatisiert werden, allerdings verläuft der Prozess sehr schleppend, nicht zuletzt weil viele Management-Posten mit Günstlingen besetzt sind, die bei der Privatisierung ihre Positionen verlieren würden.

Dennoch hat sich die ägyptische Wirtschaft in den 90er Jahren gut entwickelt, das Bruttoinlandsprodukt wuchs stetig um durchschnittlich 5-6 % pro Jahr; nach Expertenaussagen ist diese Rate auch in Zukunft dringend erforderlich, um die „Kosten" des Bevölkerungswachstums aufzufangen.

Ab 1996 wurden alle Investitionsgesetze novelliert, um mehr ausländisches Kapital ins Land zu locken. So fiel die Beschränkung auf 49 % der Anteile bei der Gründung oder Beteiligung von Unternehmen. Immobilien bis hin zu Flughäfen oder Energieanlagen können seither uneingeschränkt gekauft werden. Wenn Sie also in ägyptische Feriensiedlungen investieren wollen: Es winken 10 Jahre Steuerfreiheit und - angeblich - hohe Renditen...

Wenn man abends durch Kairos enge Gassen wandert und noch ganze Heerscharen bei der Arbeit sieht, glaubt man kaum, dass Ägypten sehr stark gewerkschaftlich organisiert ist. In allen Betrieben mit mehr als 50 Mitarbeitern sind Gewerkschaftskomitees zu wählen, die u.a. über die Gewinnverteilung und eine Gratifikation für Arbeitnehmer in Abhängigkeit vom Unternehmensgewinn mitbestimmen. Darüber hinaus kümmern sie sich um die Arbeitsbedingungen, Alphabetisierungsmaßnahmen, soziale Einrichtungen oder Wohnungsbaugenossenschaften.

Die gesetzliche Arbeitszeit ist auf 48 Wochenstunden begrenzt, allerdings gilt praktisch überall die 42-Stunden-Woche. Für die über 20 Einzelgewerkschaften gibt es kein Streikrecht, Streitfragen sind durch Konsens zu lösen, Löhne und Gehälter legt die Volksversammlung fest.

Die Menschen und ihr Alltag

Städtische Bevölkerung

Sehr bald kann der Besucher der Metropole Kairo erkennen, dass sich die Gesichter und Gestalten der Ägypter deutlich in verschiedene Kategorien einteilen lassen. Im Zentrum der Stadt könnte man sich fast wie in Südeuropa fühlen, sowohl vom Flair als auch von der westlichen Kleidung her. Hier begegnet man der modernen, erstaunlich breiten Mittelschicht: Männern, die mittlere oder höhere Schulbildung erworben haben, die in Kasernen gedrillt wurden oder gar Erfahrungen auf Kriegsschauplätzen machen mussten, die betont nationalistisch und stolz auf ihr Land sind, ebenso Frauen, die durch gute Schulbildung ansehnliche Stellen im Berufsleben erreichten.

Für sie bestimmt nicht die Religion allein den Tagesablauf; sie kennen zumeist westliches Denken und handeln weit pragmatischer, als es in den orthodoxen Nachbarländern vorstellbar ist. Dennoch bleiben sie fest im Islam verwurzelt. Von dieser Mittel- und Oberschicht leben z.B. nur noch 2 % in Polygamie.

Der überwiegende Teil der städtischen Bevölkerung setzt sich aus Nachkommen der Araber zusammen, die im 7. Jh das Land besetzten und kolonialisierten. Ihr Anteil wird auf etwa 20 % der Gesamtbevölkerung geschätzt. Sie sind mittelgroß, schlank und grazil, relativ hellhäutig und haben die typisch semitische, keilförmige Nase.

Fellachen

Etwas anders sieht die Situation nur wenig entfernt von Kairo aus: Das Leben in den Dörfern änderte sich seit Jahrtausenden nur wenig; zumindest äußerlich. Die Fellachen (arabisch *Bauern)* haben sich kaum mit Fremden vermischt; sie sind direkte Nachkommen der pharaonischen Ägypter, kräftig-drahtige Menschen, genügsam und sehr konservativ. Für sie gibt es keine andere Vorstellung, als die Traditionen der Väter fortzuführen, mit Hingabe und fast ausschließlich für die Familie zu leben. Hier bestimmt die Zahl der Kinder sehr wesentlich das Ansehen des Mannes, die Frau hat sie zu gebären und aufzuziehen.

Die Fellachen sind von Natur aus fröhliche, herzliche Menschen, die gern lachen und das Leben auf ihre Art, manchmal durch „positives Nichtstun" genießen. Ihrer Umwelt gegenüber sind sie freundlich und hilfsbereit. Wer diese Menschen bei ihrer Feldarbeit beobachtet und die Gelassenheit wahrnimmt, mit der sie ihrem nicht leichten Los nachgehen, der findet bald viel Bewunderung, wenn er näher mit ihnen bekannt wird.

Bis zur Revolution 1952 gehörte der allergrößte Teil des fruchtbaren Landes nur wenigen großen Familien. Die Fellachen waren zumindest im übertragenen Sinn mehr Sklaven als Pächter der Landeigner. Unter der von Nasser eingeleiteten Agrarreform wurde das Land gleichmäßiger verteilt; die Fellachen avancierten von Pächtern zu Eigentümern. Allerdings hat die Tradition der Erbteilung bereits jetzt die Erbmasse stark zerstückelt, weil der Vater seinen Besitz unter den Söhnen aufteilt. So bleibt häufig für den einzelnen Erben so wenig übrig, dass er kaum davon leben kann - häufig genug müssen die unwirtschaftlichen Kleinflächen an vermögende Nachbarn verkauft werden, und diese wachsen schließlich zu Großfarmen.

Koptische Bevölkerungsgruppe

Als weitere eigenständige Bevölkerungsgruppe sind die Kopten zu betrachten, die der koptischen Form des Christentums anhängen. Sie vermischten sich seit der arabischen Eroberung Ägyptens kaum mit Fremden und sind daher auch oder besonders zu den Nachkommen der pharaonischen Ägypter zu zählen. Die Sprache der Liturgie hat weitgehend das pharaonische Ägyptisch erhalten. Die Kopten nennen sich *Gypt* und sind der Meinung, dass die Bezeichnung *Ägypten* auf sie zurückzuführen sei. Die offiziellen Zahlenangaben über ihren Bevölkerungsanteil schwanken zwischen 5 bis 10 % der Gesamtbevölkerung. Allerdings äußerte sich der ägyptische Religionsminister Zakzouk während des Evangelischen Kirchentages 2007 in Köln dahingehend, dass die Anzahl der Kopten bei ca. 11 Millionen liege; das entspräche etwa 16% der Bevölkerung Ägyptens.

Durch die ihnen vom Islam auferlegte Isolation wurden die Kopten von vielen Berufen und vom politischen Leben über viele Jahrhunderte ausgeschlossen. So spezialisierten sie sich u.a. auf das Bank- und Finanzwesen, das ohne sie zusammenbrechen würde, und auf handwerkliche Berufe.

Eine koptische Gruppe allerdings wurde weit abgedrängt und beherrscht ein ganz anderes Gebiet: die Müllabfuhr von Kairo, über sie wird auf Seite 88 berichtet. - Zum koptischen Christentum können Sie ab Seite nähere Informationen nachlesen.

Beduinen

Wenden wir uns noch den Beduinen zu. Nur etwa 50.000 (die Zahlenangaben schwanken sehr) leben noch als Nomaden, die überwiegende Anzahl wurde in den letzten Jahrzehnten sesshaft. So verdingen sich viele Sinai-Beduinen in den Ölfeldern und im Tourismus.

Die *Awlat Ali Beduinen* der Libyschen Wüste siedelten sich in den neu erschlossenen Gebieten im Bereich der Mittelmeerküste oder des Deltas an. Auch von ihnen leben einige vom Tourismus; die Fremdenführer bei den Pyramiden stammten ursprünglich fast ausschließlich aus ihren Reihen. In den Gebirgen der Arabischen Wüste, also östlich des Niltals, nomadisieren noch *Ababda-Beduinen* und einige Stämme mehr. Sie sind übrigens nicht arabischen Ursprungs, sondern Hamiten.

Nubier

Die Nubier, mit denen sich die Pharaonen so manche Schlacht lieferten, lebten ursprünglich südlich von Assuan, nilaufwärts an den dort immer karger werdenden grünen Flecken, bis in die Gegend des sudanesischen Dongola. Mit dem ersten, gegen Ende des 19. Jh errichteten Staudamm in Assuan schrumpfte ihr Land erheblich, nach dem Bau des Hochdamms in den 1960er Jahren ging es endgültig verloren.

Die etwa 15 000 ägyptischen Nubier – sie zählen zu den *Nil-Nubiern* - sollten eine neue Heimat hauptsächlich in der Nähe von Kom Ombo finden, eine kleinere Gruppe bei Esna. Die vor der Umsiedlung gegebenen Versprechen wurden zwar einigermaßen eingehalten, aber die neu angelegten Reißbrettdörfer entsprechen nicht dem ehemals gewohnten Großfamilienleben. Seit sich die Lage des Stausees stabilisiert hat, zieht es einige Nubier zurück an den Rand der alten Heimat; aber Siedlungen im alten Sinn werden kaum entstehen können.

Die dunkelbraunen, schlanken Menschen sprechen dem Arabischen fremde Sprachen, das *Nobiin* und am meisten das *Kenzi*. Sie grenzen sich im privaten Bereich von den Ägyptern ab und verkehren hauptsächlich miteinander. Denn immer noch werden Vorurteile aus alter Vergangenheit gegen sie gepflegt.

Häufig sieht man sehr dunkle Menschen mit nogroiden Zügen. Es sind die Nachfahren der Sklaven, die im vorigen Jahrhundert in Agypten „hängen blieben" und häufig die niedrigsten Arbeiten zu verrichten hatten. (Siehe auch www.thenubian.net/indox.php.)

Die Fellachenfamilie kehrt von der Feldarbeit zurück

Täglich Freud und Leid

Das tägliche Leben zeigt in jedem Land viele Gesichter. Daher hier nur ein paar Blicke hinter die hohen Mauern, die ägyptisches Familienleben abschirmen. Die aus Nilschlamm errichteten Häuser der Fellachen (im Delta-Gebiet wegen des häufigeren Regens meist aus gebrannten Ziegeln) könnten wegen ihrer isolierenden Eigenschaften den klimatischen Verhältnissen kaum besser angepasst sein; leider werden sie zusehends von Betonbauten abgelöst. Meistens bestehen sie aus einem Hauptraum, der direkt hinter der Eingangstür liegt, in dem sich der größte Teil des Lebens abspielt. Die Einrichtung besteht aus Sitzbänken und Matten, in besser gestellten Haushalten mit Radio und Fernseher.

Einen Küchenraum in unserem Sinn gibt es selten; Backofen und offene Feuerstelle - getrockneter Kuhmist dient häufig als Brennmaterial - liegen meist im Innenhof, daneben mag ein Gas- oder Petroleumkocher stehen. Nachts legt sich jedes Familienmitglied eine Schlafmatte aus; fest vorgesehene Schlafzimmer gibt es zwar, sie dienen aber häufig als Lagerraum. In weiteren Räumen des Hauses leben die Tiere, vom Wasserbüffel bis zu den Hühnern.

Toiletten gehören nicht überall zum Einrichtungsstandard einfacher Häuser im Dorf; wenn

Mulid - ägyptische „Kirmes"

Mulid, das ist der Inbegriff eines ägyptischen Volksfestes. Dieses im Wesentlichen religiös inspirierte, meist dreitägige Fest aus Anlass des Geburts- oder Todestages eines Heiligen hat auch sehr profane und säkulare Begleiterscheinungen. Schießbuden, Zirkusvorführungen, Zauberdarbietungen, Schlangenbeschwörer, Puppentheater, farbenfrohe Umzüge, Märkte etc. ziehen manchmal Hunderttausende Besucher an. In Zelten spielen Musiker auf oder es drehen sich Sufis (Derwische) in ekstatischem Tanz zum Trommelwirbel.

Die meisten Veranstaltungen finden - unter großer Lautstärke - nachts statt. Es gibt sehr viele Mulids in ganz Ägypten, denn jeder der etwa 300 Heiligen hat sein eigenes Fest. Für große Heilige können mehrere Mulids im Laufe eines Jahres zelebriert werden. Im Übrigen feiern Muslims wie Kopten Mulids. Oft sind beide Religionsgemeinschaften im Publikum vermischt, da beide zum gleichen Heiligen beten. Die Gläubigen beginnen bis zu zwei Tage vor der „Großen Nacht" zum Ort des Geschehens zu pilgern. Schon Herodot berichtet, dass die Ägypter gerne Feste feiern. Historisch ziemlich gesichert ist, dass der Mulid auf pharaonische Zeiten zurückgeht, ja dass die alten pharaonischen Gottheiten in späterer Zeit ganz einfach durch christliche und islamische Heilige ersetzt wurden. Das ist am deutlichsten in Luxor erkennbar, wo der pharaonische (Luxor-) Tempel zunächst in eine Kirche und später in eine Moschee umgewandelt wurde. Die heutige Prozession anlässlich des Mulids von Sidi Abou el Hagag geht eindeutig auf das Opet-Fest zu Ehren des Gottes Amun zurück. Noch heute werden die *Barken des Amun* während einer überaus farbenprächtigen Prozession durch die Stadt getragen.

Die meisten der muslimischen Mulids finden ad hoc statt oder folgen dem arabischen Mondkalender. Die koptischen Mulids liegen kalendermäßig fest.

Einige große muslimische Mulids:

Kairo: *Sayida Nafisa*, Dezember/Januar; *Sayida Zaynab*, Januar/Februar; *Sayida el Husayn*, Oktober; **Luxor:** *Sidi Abou el Hagag* , islamischer Monat Shaban; **Tanta:** *Sayid Ahmad el Badawi*, Oktober.

Einige große koptische Mulids:

Bilqas/Delta: *St. Damiana*, 20. Mai; **Assiut/ Der el Muharraq**, *Jungfrau Maria*, 28. Juni; **Massara/Heluan:** *St. Barsum el Aryan*, 28. September

kein Plumpsklo mit Versitzgrube vorhanden ist, benutzt man die Umgebung. Als Bad dient eine größere Schüssel, die in einer uneinsehbaren Ecke des Hauses aufgestellt wird und in die sich der Badende kauert und mit Wasser übergießt. Sofern kein Wasseranschluss besteht, muss Wasser vom öffentlichen Brunnen oder vom Nil geholt und in Tonkrügen aufbewahrt werden.

Der traditionelle Hausbau aus Nilschlamm stößt seit dem Assuan-Hochdamm mehr und mehr an Grenzen, weil kein Schlamm mehr nachgeliefert und stattdessen auf wertvollen Ackerboden zurückgegriffen wird; anderes Baumaterial kann sich der Fellache aber kaum leisten.

Bevor das Land mit den Segnungen der Zivilisation überschwemmt wurde, war die Hauptbeschäftigung nach getaner Arbeit der gemeinsame Schwatz im Teehaus oder einfach das nachbarliche Palaver. Heute zählen Fernsehen und Kino zu den beliebtesten Freizeitbeschäftigungen; wie überall, findet auch hier ein Großteil des Familienlebens vor oder während des Fernsehens statt.

Beim Sport zählt Fußball über alles. Wo immer ein Stück Land frei ist, findet sich ein Bolzplatz. Den jeweils eigenen Spielern gehört das Herz der Zuschauer - ein bisschen emotionaler als bei uns, aber ohne die hierzulande schon zur Tagesordnung zählenden Gewalttätigkeiten.

In der breiten Masse hat sich der Dämonenglaube fast aus pharaonischen Zeiten bis heute erhalten. Von morgens bis zum späten Abend schlägt sich die Dorfbevölkerung mit Geistern herum, vornehmlich den *Djin* („Dschin" gesprochen), die stets zu besänftigen sind und denen man beileibe nichts Schlimmes antun darf.

Die - nicht greifbaren - Djin wurden von Allah aus rauchloser Flamme geschaffen, die Engel aus Licht, die Menschen aus Lehm. Es gibt gute und böse Djin, sie sind mehrfach im Koran genannt. Auf der Erde wohnen sie bevorzugt an schmutzigen Orten wie in Ställen oder Toiletten. Man schützt sich gegen die Djin durch Reinheit, durch Rezitieren von Koranversen und

Großes Gedränge beim Mulid

durch Amulette, auf denen meist Koranverse und geheimnisvolle Formeln stehen.

Ebenso muss man sich ständig vor dem Bösen Blick in Acht nehmen und entsprechende Regeln beachten. Zum Schutz erhält das Baby sofort nach der Geburt Amulette aus Gold oder nur einen blauen Plastikarmreif. Generell bieten blaue Perlen guten Schutz vor dem so manche Heimtücken verursachenden Bösen Blick. Aber auch die vielen Augen- oder Handabbildungen sind vorzügliche Gegenmittel.

Auch der Tod hat seinen festen Ritus. Ein Toter wird mit lautem Schreien und Weinen der weiblichen Angehörigen beklagt; professionelle Klageweiber gibt es nicht mehr. Die rituellen Waschungen des Toten erfolgen noch am Sterbetag, der Körper wird in Leichentücher gehüllt und in einen Sarg oder auf eine Bahre gelegt. Er wird dann ausschließlich von Männern zur nächsten Moschee getragen (oder gefahren), nach entsprechenden Gebeten zum Friedhof gebracht und dort mit dem Kopf in Richtung Mekka beerdigt. Abends treffen sich die Trauernden zur Koran-Rezitation. Meist wird dazu ein großes Zelt auf der Straße errichtet.

Die Frauen versammeln sich im Haus des Verstorbenen. Dies alles geschieht am Tag des Todes, 40 weitere Tage wird strenge Trauer eingehalten, wobei sich die nahen Verwandten jeweils donnerstags am Grab treffen, Koranverse rezitieren und milde Gaben an Arme verteilen. Am 40. Tag findet eine abschließende Trauerfeier statt, bei der sich noch einmal alle Verwandten einzufinden haben.

Die Stellung der Frauen

Es hat sich herumgesprochen, dass die Stellung der Frau in islamischen Ländern anders als bei uns ist. Die Religion prägt oder fördert eine patriarchalische Gesellschaftsstruktur, in der eindeutig der Mann an der Spitze steht. Viele, zum Teil sehr fein gesponnene Mechanismen sorgen dafür, dass diese Stellung nicht so leicht zu erschüttern ist.

Es beginnt bei der Geburt eines Mädchens. Sollte es das Pech haben, die Erstgeborene einer Familie zu sein, so wird man sich meist nicht gerade freuen. Wenn mehrere Mädchen nacheinander auf die Welt kommen, dann ist das Unglück groß; man wird zumindest indirekt der Mutter Vorwürfe machen, dass sie keinen Sohn zu gebären vermag.

Das Erziehungsprinzip für die Mehrheit der Mädchen lässt sich, sehr grob vereinfacht, auf die Formel bringen: Sie werden darauf vorbereitet, die treusorgende Mutter der Kinder ihres künftigen Ehemannes zu sein und diesen Mann mit allem zu umgeben, was das Leben angenehm macht. Ebenso wird den Mädchen von frühester Kindheit an vermittelt, dass sie von Natur aus sündig seien und deswegen eine Gefahr für die Männerwelt darstellen.

Obwohl per Gesetz verboten, werden auch heute noch Mädchen beschnitten; d.h. im Alter von etwa sechs bis acht Jahren werden Klitoris und zumeist auch die (inneren, seltener auch die äußeren) Schamlippen amputiert. Diese Maßnahme soll die sexuelle Lust mindern und der künftigen Ehefrau jedes Interesse an anderen Männern nehmen. Viele Generationen haben die Beschneidung der Mädchen praktiziert; traditionell wurde sie damit gerechtfertigt, dass die Frau von „unreinen" Körperteilen befreit würde. Die brutale, mit meist untauglichen und unsterilisierten Instrumenten (sogar Glasscherben!) vorgenommene Beschneidung wird von älteren Frauen bzw. Hebammen oder Barbieren durchgeführt. Besonders Mütter pochen auf die Operation, weil „es sich so gehört". 1998 veröffentlichte Studien berichten, dass immer noch über 80 % (UNICEF 2000) aller ägyptischen Mädchen beschnitten werden. Wobei die Rate in gebildeten Familien nahe Null, in Analphabetenkreisen extrem hoch liegt. Eine jüngere Studie des ägyptischen Gesundheitsministeriums kam zu ähnlichen Zahlen, wie die Süddeutsche Zeitung im November 2006 schrieb.

Im Übrigen ist die Beschneidung nicht eine Erfindung des islamischen Ägyptens, sie wird ebenso konsequent bei koptischen Mädchen vorgenommen. Diese Sitte ist in vielen afrikanischen Ländern, unabhängig vom Islam, verbreitet. Sie wurde zumindest auch in Südamerika, Südostasien und Australien praktiziert, nicht jedoch in Saudi-Arabien, Iran, Irak, Algerien oder Marokko. In Ägypten lässt sich die Mädchen-Beschneidung bis in die ptolemäisch-pharaonische Zeit zurückverfolgen, aus der zum ersten Mal über derartige Praktiken berichtet wird. Anders bei den Knaben, deren Beschneidung seit alters bekannt und dokumentiert ist. Ihnen soll das weibliche Element, dessen Sitz und Symbol die Vorhaut ist, genommen werden.

Bei Bildung und Ausbildung haben innerhalb der Familie die Knaben Vorrang, selbst beim Spielen dürfen die Jungen ausgelassen toben, während sich die Mädchen zurückhalten bzw. der Mutter bei der Hausarbeit helfen müssen. Etwa ab 15 Jahren steht die Hochzeit ins Haus. Die Eltern bestimmen in vielen Fällen den Ehepartner, der entweder aus dem weiteren Kreis der Familie kommt oder nach wirtschaftlichen Gesichtspunkten ausgewählt wird.

Im obligatorischen Ehevertrag wird unter anderem auch die "Morgengabe" (Brautpreis) als Geldbetrag oder in z.B. Immobilien festgelegt, den der Bräutigam bzw. dessen Familie aufzubringen hat. Mindestens 50% erhält die Frau bei der Hochzeit, den anderen Teil spätestens bei einer Scheidung. Die wertmäßige Ausstattung muss so ausgelegt sein, dass sich die Frau im Falle eines Falles ihrer sozialen Schicht gemäß ernähren kann. Damit soll andererseits dem Mann eine Scheidung erschwert werden, zumal Frauen - wie eine Leserin schreibt - "sehr teuer" geworden sind.

Die Hochzeit dauert mehrere Tage, viele hundert Gäste sind keine Seltenheit. Wichtigstes Kriterium für den Vollzug der Ehe ist die Jungfräulichkeit der Braut. Den Beweis muss nach der Hochzeitsnacht ein blutiges Bettlaken erbringen; es ist bekannt, dass in ärmeren Schichten ersatzweise Hühnerblut den Dienst erweist, in besseren Kreisen helfen weit bekannte Ärzte, eine abhanden gekommene Jungfräulichkeit wiederherzustellen.

Für den Europäer etwas ungewöhnlich ist die Sitte, dass Frauen alle Körperhaare außer dem Kopfhaar regelmäßig mit einer aus Zucker und Zitronen hergestellten Substanz (*Hallawa*) entfernen; Männer rasieren in der Regel die Achselhaare, häufig auch die Schamhaare ab.

Die Ehe unterliegt religiösem Recht, der *Sharia*. Danach übt der Mann die „eheliche Gewalt" aus, d.h. ihm steht das Recht zu, seiner Frau im täglichen Leben ziemlich enge Grenzen zu setzen, z.B. über ihre Besucher zu bestimmen. Die Frau ist verpflichtet, ihrem Mann gehorsam zu sein, am ehelichen Aufenthaltsort zu leben, sich tugendhaft zu verhalten und über den Haushalt zu wachen.

Die verheiratete Frau behält ihren Mädchennamen und ihr Vermögen, sie kann frei über ihre Mitgift entscheiden, ihr Ehemann darf sich nicht in ihre finanziellen Angelegenheiten mischen. Wegen der gesetzlich vorgeschriebenen Gütertrennung kann die Frau in geschäftlichen Dingen völlig unabhängig von ihrem Mann agieren. Die Kinder nehmen den Namen des Vaters und seine Religion an.

Noch vor wenigen Generationen übertraten Frauen die Schwelle ihres Hauses praktisch nur zweimal: bei der Hochzeit und bei ihrem Begräbnis. Seit einigen Jahrzehnten kann die Frau auch einer Tätigkeit außerhalb des Hauses nachgehen. Etwa 20 bis 25 % der Ägypterinnen machen von diesem Recht Gebrauch - neben den vielen Frauen, die in der Landwirtschaft seit Menschengedenken mitarbeiten müssen. Im Beruf ist die Frau gesetzlich dem Mann gleichgestellt, sie hat zumindest theoretisch auch gleiche Chancen. Während des gesetzlich bis zu zwei Jahre garantierten Mutterschaftsurlaubs erhält sie ihre vollen Bezüge.

Frauenarbeit: immer noch Waschen und Spülen in jedem Wasser

Die Majorität der Frauen rackert - nach statistischen Untersuchungen - 16 bis 19 Stunden täglich: Mann und Kinder mit Essen versorgen, Kleinvieh und eventuell vorhandene Kuh füttern und melken, Brennmaterial beschaffen, Wasser holen, Geschirr und Wäsche (häufig noch im Kanal) mit Sand und bestenfalls Seife waschen, jedes Jahr ein Kind in die Welt setzen sowie die vorhandenen versorgen und, als Hauptbeschäftigung, auf dem Feld arbeiten wie der Mann. Schließlich hat sie die landwirtschaftlichen Produkte auf dem Markt zu verkaufen. Erst die heranwachsende Tochter wird sie entlasten.

Die alltägliche Kleidung besteht aus einem langen, weiten Kleid, langärmelig und mit kleinem Ausschnitt. Um den Kopf wird ein Tuch geschlungen, über das bei Verlassen des Hauses noch ein schwarzes längeres kommt, das fast den ganzen Oberkörper bedeckt.

Für Töchter aus besser gestellten Familien zeichnet sich bereits früh ein anderes Leben ab. Sie drängen in die Hochschulen und sind in akademischen Berufen deutlich stärker als Männer repräsentiert, dabei scheint das Bildungswesen eine Domäne der Frauen zu sein bzw. zu werden. Während die typische Landfrau nur zum Arbeiten Zeit hat, schlagen sich die Frauen aus einkommensstärkeren oder städtischen Schichten mit den Problemen der Familie und deren sozialer Stellung herum.

Ein islamischer Mann kann bis zu vier Frauen heiraten, eine Frau aber nur einen Mann. Will sich eine Frau gegen weitere Partnerinnen in der Ehe wehren, so konnte sie früher die Scheidung verlangen. 1985 wurde ein neues Gesetz verabschiedet, wonach die Frau im Falle einer Zweitehe nachweisen muss, dass sie dadurch materiell oder seelisch schwerwiegend beeinträchtigt wird. Erst dann ist die Scheidung möglich. Außerdem wurde sie materiell insofern schlechter gestellt, als sie nur so lange Anrecht auf Unterhalt und Wohnung hat, bis der Sohn 10 bzw. die Tochter 12 Jahre alt ist.

Verlässt die nicht geschiedene Frau ihren Mann, weil er sie z.B. misshandelte oder aus anderem Grund, so hat er das Recht, sie per Polizei in seinen Haushalt zurückzuholen. Der Ehemann kann sich im Grunde selbst von seiner Frau scheiden, indem er dreimal nacheinander sagt: „Ich verstoße dich!" Er muss zwar Alimente zahlen, die sind jedoch mäßig - falls sie überhaupt aufgebracht werden. Erst seit 2000 sieht die Lage der Frau besser aus. Seither kann sie die Auflösung der Ehe ohne Begründung verlangen.

Eine geschiedene Frau verliert häufig ihre gesellschaftliche Stellung, in gebildeten Kreisen weniger als auf dem Land. Denn in gehobenen sozialen Schichten hat sie weniger Schwierigkeiten, erneut zu heiraten. Normalerweise muss sie zu ihren Eltern oder anderen Mitgliedern der Familie zurückkehren.

Es mag in diesem Zusammenhang nicht uninteressant sein, dass seit einigen Jahren die Frauen zur islamischen Tracht, manchmal sogar zum Schleier zurückkehren. Viele sind gebildet, ja Karrierefrauen. Die Gründe für diese Tendenz sind sicher vielschichtig, nicht zuletzt zeigt sich darin auch eine Protesthaltung gegen westliche Überfremdung. Aber der Schleier gibt auch einen gewissen Schutz, besonders vor der „Anmache" von Männern. Nicht zuletzt entstand auch ein modischer Trend.

Wir sollten auch sehen, dass der Mann in der islamischen Ehe wesentlich mehr Verantwortung für das Wohlergehen und den Bestand der Familie übernimmt, als es bei Europäern gewöhnlich der Fall ist. Die islamische Familie besitzt ein ungleich stärkeres Zusammengehörigkeitsgefühl, die Mitglieder fühlen sich einander viel mehr verpflichtet. Und in dieser Beziehungswelt spielt die Frau die dominierende Rolle.

Betrachten Sie daher dieses Kapitel als Information, mit der Sie die eine oder andere Lebensäußerung des Gastlandes besser interpretieren können. Völlig falsch wäre es, daraus eine Aufforderung zu lesen, quasi missionarisch nach Ägypten zu reisen und dort die Frauen „befreien" zu wollen. Ebenso falsch ist das Argument dürftig bekleidet reisenderFrauen, den Leuten im Lande mit viel nackter Haut zeigen zu wollen, was persönliche (Pseudo-) Freiheit ist.

Der Islam - Religion der Mehrheit

So wie die pharaonische Religion das alte Ägypten in all seinen Lebensäußerungen prägte, so bestimmt der Islam das heutige - auch das moderne - Leben des Landes. Zwar pflegen die Kopten ihre eigene christliche Religion, doch die Dominanz des Islam ist so stark, dass nach außen die koptischen Einflüsse fast völlig überdeckt werden.

Um die Verhaltensweisen der Ägypter, die der Besucher täglich, ja stündlich miterlebt und manchmal mit erträgt, besser verstehen oder interpretieren zu können, ist eine wenigstens minimale Information über diese Religion notwendig, besser noch, eine Vertiefung durch entsprechende Literatur.

Mohammed und seine Zeit

Zunächst ein kurzer Blick auf die Entstehungsgeschichte des Islam: Seit Menschengedenken verehrten die Beduinen der arabischen Halbinsel bereits die **Kaaba**, das *Haus Gottes* , in das ein großer schwarzer Stein (vermutlich ein Meteorit) eingemauert ist. Dieses würfelförmige, relativ kleine Gebäude wurde angeblich von Abraham errichtet. Hier hatte sich die Stadt Mekka entwickelt, in der Ende des 6. Jhs das Waisenkind Mohammed aus dem Stamm der Hashemiten als Hirte unter Hirtenkindern bei seinem Onkel Abu Talib aufwächst. Später engagiert eine reiche Kaufmannswitwe den zuverlässigen jungen Mann als ihren Vertreter, der auf vielen Reisen in die nähere und fernere Umgebung nicht nur Geschäften nachgeht, sondern auch mit scharfer Beobachtungsgabe die jüdischen und christlichen Religionsinhalte analysiert. 610 nC werden dem etwa 40-Jährigen göttliche Offenbarungen zuteil, die er als Koran *(Offenbarung, Rezitation)* den Menschen um sich herum mitteilt.

Der **Islam**, die monotheistische Lehre Mohammeds (von einem einzigen Gott), knüpft an jüdische und christliche Überlieferungen an. Aber der Prophet gilt im eigenen Lande nicht, die Mitbürger befürchten Einkommensverluste,

Minarett, Symbol der Moschee

wenn infolge der neuen Religion die beduinischen Pilger zur Kaaba ausbleiben sollten. Sie verehren lieber ihre traditionellen Fetisch-Götter und Idole weiter.

622, nach 12 wohl ziemlich frustrierenden Jahren zieht Mohammed zusammen mit 70 Gefolgsleuten nach Medina: Mit dieser *Hedschra (Hejra)* beginnt die muslimische Zeitrechnung. In Medina gewinnt Mohammed Anerkennung und gründet die *Umma*, die Gemeinschaft der Muslime, eine theokratisch organisierte Gesellschaftsform, in der politische und religiöse Ideen verschmelzen. Auf diese Synthese wird der spätere Erfolg des Islam zurückgeführt.

630 zieht Mohammed mit einem kleinen Heer zurück nach Mekka, um Stadt und Kaaba zu erobern. Die Bewohner ergeben sich und schließen sich seiner Lehre an. Mohammed reinigt die Kaaba von Götzenbildern und bestimmt sie zum Heiligtum und Zentrum des Islam. Als der Prophet zwei Jahre später stirbt, hat er nicht nur eine neue starke Religion gestiftet, sondern auch die zerstrittenen arabischen Stämme so weit unter dem Zeichen des Islam geeint, dass diese den neuen Glauben und den darin formulierten Gottesstaat blitzartig im Orient ausbreiten können.

Mohammed hatte seine Nachfolge nicht geregelt. Als sein erster Kalif, d.h. Statthalter des Propheten, tritt Abu Bekr von 632-634 die Nachfolge an. Auf ihn folgt Omar als Kalif, der in seiner zehnjährigen Herrschaft, von Persien im Osten über Syrien bis Ägypten im Westen, einen großen Teil der damaligen Welt unterwirft und islamisiert. Nach Omars Ermordung wird von einem Wahlkollegium Othman als Kalif bestimmt, doch dagegen wendet sich Ali, der Schwiegersohn des Propheten, mit dem Argument, nur Familienmitglieder bzw. Nachkommen Mohammeds könnten die Nachfolge antreten.

661 wird Ali im Kampf getötet. Seine Anhänger verlieren die Macht und spalten sich vom Hauptstrom der Muslime als **Schiiten** (*Schiat* Ali, Partei Alis) ab. Die anderen werden **Sunniten** (Befolger der *Sunna*) genannt. Die Schiiten leben in großen Teilen des heutigen Irak und Iran. Das Kalifat besetzen nun die Omayaden, die aus dem Hause Othmans stammen. 750 folgen ihnen für fast fünf Jahrhunderte die Abbasiden.

Die von Mohammed verkündete Religionslehre des Islam (deutsch *Hingabe)* ist im **Koran** festgehalten. Doch Mohammed hatte selbst keine schriftlichen Dokumente hinterlassen; erst 20 Jahre nach seinem Tod wurde eine verbindliche Fassung seiner Lehren schriftlich fixiert. Die zu jener Zeit noch nicht voll ausgeprägte arabische Schrift ließ Mehrdeutungen zu. Insgesamt besteht der Koran in heutiger Fassung aus 114 *Suren* (Abschnitten, Kapiteln), die sich wiederum in *Ayat* (Verse) unterteilen, wobei die kürzeste Sure drei und die längste 306 Verse enthält. Da Gott den Koran dem Propheten mitteilte, wird er von den Gläubigen als heilig und unveränderbar angesehen.

Anders verhält es sich mit der **Sunna**, einer Textsammlung aus dem 9. Jh, die im Wesentlichen den Lebensweg des Propheten, sein Denken und Handeln beschreibt. Sie gilt nicht als unfehlbar, spielt jedoch eine wichtige Wegweiser-Rolle im Leben eines Gläubigen. Viele Elemente des Islam basieren auf der Thora bzw. Bibel. So betrachtet Mohammed Jesus und Moses als Propheten und damit als seine Vorgänger, er selbst allerdings sei der letzte in der Reihe der Propheten, dem die größte und abschließende Offenbarung mitgeteilt wurde.

Allah, der Gott des Islam, ist einzigartig. Er hat im Gegensatz zum christlichen Gott oder zu den früheren arabischen Göttern keine Söhne oder Töchter. Er, der allwissend ist, verlangt (wie Jahwe und der christliche Gott) unbedingte Hingabe und die strikte Befolgung seiner Gebote.

Es sollte noch angemerkt werden, dass die Ägypter in überwiegender Mehrzahl der sunnitischen Glaubensrichtung angehören.

Grundsätze des Islam

Wie auch in anderen Religionen glauben die Muslime an das Leben nach dem Tod, werden die Taten des Menschen nach dem Tod bewertet (allerdings erst beim Jüngsten Gericht), landen die Bösen unter furchtbaren Qualen in der Hölle, die Guten im Paradies. Jedoch verhält sich der Mensch prinzipiell nach Allahs Willen, er kann sein irdisches Handeln nur bedingt entgegen Allahs Wunsch modifizieren. Daraus resultiert ein gewisser Fatalismus, dem wir Europäer häufig erstaunt gegenüberstehen.

„Es gibt keinen Gott außer Allah, und Mohammed ist sein Prophet" (arabisch: *„La illaha Allah wa Mohammedun rasulu Allah")*. Dieses Glaubensbekenntnis und Dogma ist einer der fünf Grundpfeiler des Islam. Täglich hören Sie es von den Minaretten der Moscheen schallen.

Eine weitere Grundpflicht sind die täglichen fünf Gebete: Bei Sonnenuntergang (Beginn des neuen Tages) erfolgt das erste Gebet, zwei Stunden nach Sonnenuntergang das zweite, in der Morgenröte das dritte, mittags das vierte und gegen drei Uhr nachmittags das fünfte. Das Gebet muss rein, d.h. mit gewaschenen Füßen, Händen und sauberem Gesicht, barfuß und auf einer reinen Unterlage (Gebetsteppich) mit dem Kopf in Richtung Mekka erfolgen.
Einmal im Jahr hat der Muslim einen Fastenmonat einzuhalten, der im Mondmonat *Ramadan* liegt und 30 Tage dauert (ebenfalls einer der fünf Glaubensgrundpfeiler). Von der ersten Dämmerung bis zum Sonnenuntergang darf weder gegessen noch getrunken, geraucht oder sonstigen fleischlichen (sexuellen) Genüssen nachgegangen werden. Darüber hinaus sollen keine bösen Worte gesagt oder gedacht und Streit sowie kriegerische Auseinandersetzung vermieden werden. Für den Besucher kann der Monat Ramadan ein paar praktische Probleme mit sich bringen, da die meisten Sehenswürdigkeiten nur eingeschränkt geöffnet, viele Restaurants tagsüber geschlossen und nach Sonnenuntergang total überfüllt sind.
Nach Sonnenuntergang geht das Leben in eine zweite, sehr intensive Runde. Zunächst herrscht Ruhe vor dem Sturm nach Sonnenuntergang, dann setzt der Verkehr mit voller Vehemenz ein, denn Ramadan ist Besuchs- und Gastgeberzeit. Die Hausfrauen versuchen einander in den köstlichsten Gerichten zu übertreffen. Kinder ziehen mit Ramadan-Laternen durch die Straßen. Wer die Gelegenheit hat, den Abend in der Gegend von Kairos Hussein-Moschee (Khan el Khalili Bazar) zu verbringen, wird von der brodelnden Lebensfreude förmlich mitgerissen.
Zum Ramadan gehört aber auch noch eine ganz wichtige, im Christentum heute fast unbekannte Komponente: Speisung der Armen. Kurz vor Sonnenuntergang werden an Straßen und Plätzen lange Tischreihen aufgestellt, an denen Bedürftige Platz nehmen und sich satt essen können. Wer dies besonders in Kairo beobachten kann, wo zehn oder vielleicht hunderttausend Menschen verköstigt werden, wo allein diese logistische Aufgabe mit großer Bravour bewältigt wird - der wird sich mit der hier praktizierten Fürsorge und Nächstenliebe eine andere Islam-Meinung bilden als die bei uns publizierte. Es ist erstaunlich und bewundernswert, mit welchem Durchhaltewillen die gesamte islamische Welt dem Ramadan-Gebot folgt. Angemerkt sei, dass der Lebensmittelkonsum in allen islamischen Ländern während des Fastenmonats zum Teil weit über das übliche Maß hinaus ansteigt.
Als ein weiterer Glaubenspfeiler gilt die Almosenpflicht gegenüber Armen. AlmosenpflichtMit dieser „Armensteuer" reinigt sich der Besitzende vom Makel des Besitzes, für den Habenichts ist sie eine Art von Rentenversicherung. Ziemlich genaue Vorschriften regeln, welche Anteile abzugeben sind.
Weiterhin soll – als letzte der fünf grundlegenden Vorschriften – jeder Muslim einmal im Leben eine Pilgerfahrt (*Haj*) nach Mekka unternehmen. Sie zählt zu den Höhepunkten im muslimischen Leben; das gemeinsame Gebet mit vielen tausend anderen Pilgern vor der Kaaba in Mekka ist ein tief prägendes und die Glaubensgemeinschaft verbindendes Erlebnis.
Die Pilgerfahrt findet im islamischen Monat Dhul Hijra statt; am zehnten Tag wird das Opferfest zelebriert, das die gesamte muslimische Welt mit den Pilgern in Mekka verbindet, die zu dieser Zeit die Kaaba umschreiten. Zum Gedenken an die Barmherzigkeit Gottes, der letztendlich Abrahams Menschenopfer nicht zuließ, sondern sich mit einem Tier begnügte, wird an diesem Tag ein Lamm geschlachtet und das Fleisch mit Verwandten, Freunden und Armen geteilt. Das Fest dauert in der Regel vier Tage; in dieser Zeit ist das öffentliche Leben praktisch lahm gelegt.
Zu den weiteren Vorschriften des Korans zählt die Beschneidung der Knaben. Die meist mit einem großen Fest verbundene Zeremonie findet heute kurz nach der Geburt statt.
Strenge, den klimatischen Verhältnissen angepasste Verbote herrschen auch bei Tisch: Es

Den Europäern voraus

Die Forderung des Koran, sich bei den täglichen Gebeten nach Mekka auszurichten, stellte viele Gläubige vor die Frage, wo Mekka überhaupt liegt. Bereits im 8. Jh nC lösten islamische Gelehrte das Problem und gaben unter anderem damit wichtige Impulse zur Weiterentwicklung der Wissenschaft, die bald der Europas weit überlegen war. Islamische Gelehrte berechneten z.B. bereits die Krümmung der Erde, als die Europäer sie noch für eine flache Scheibe hielten. Die erste Universität der Welt in Kairo lehrte nicht nur Islam, sondern auch Astronomie, Physik und Medizin. Der Mathematiker El Chaurismi am Kalifenhof in Bagdad entdeckte im 9. Jh in indischen Manuskripten das Dezimalsystem und seine Vorteile. Zusammen mit der Erfindung der Null revolutionierte es die mühselige Rechenweise mit römischen Zahlen. Aber noch 400 Jahre vergingen, bis es sich auch in Europa langsam durchzusetzen begann. Nach der Rückeroberung Spaniens und dem Zugriff auf islamische Bibliotheken wurden in Europa viele arabische wissenschaftliche Werke übersetzt, und Gelehrte wie Galilei, Paracelsus oder Kopernikus konnten auf dem dort publizierten Wissen aufbauen.

gibt keinen Alkohol oder andere berauschende Getränke; der Verzehr von Schweinefleisch, ebenso wie von Fleisch Fleisch fressender Säugetiere ist verboten.

Als Mohammed vor knapp anderthalb Jahrtausenden seine Lehre verkündete, stellte er die Frau dem Mann rechtlich und ethisch gleich - damals ein ungeheurer emanzipatorischer Sprung nach vorn. Auch vor Allah sind beide Geschlechter gleich, lediglich auf Erden sind ihnen, da unterschiedlich geschaffen, unterschiedliche Pflichten auferlegt, aus denen wiederum unterschiedliche Rechte folgen. Dennoch bestimmt der Koran eine Gleichwertigkeit, indem er der Frau Eigenbesitz, Erbrecht und standesgemäße Versorgung zusichert. Selbst für den Fall der Scheidung wird noch vor der Heirat in einem rechtlich verbindlichen Ehevertrag vorgesorgt, der festlegt, für was der Mann aufzukommen hat.

Der Koran verlangt, dass die Ehepartner sich gegenseitig Schutz und Geborgenheit gewähren. Weder verpflichtet er zum Geschlechtsleben, noch wird es als Sünde betrachtet. Im Grunde ging Mohammed die Probleme des täglichen Lebens und Zusammenlebens sehr pragmatisch an, indem er Scheidungen zugestand, andererseits aber den Lebensunterhalt der Frau sicherte. Wer diesen Pragmatismus mit den eher verkrampften Regeln anderer Religionen in der damaligen Zeit vergleicht, wird einen der Gründe finden, warum sich der Islam so schnell verbreitete.

Wenn man heute in westlicher Überheblichkeit auf die Ungleichstellung der Frau in islamischen Ländern hinweist, sollte man vielleicht einmal in unserer Entwicklungsgeschichte die sechs Jahrhunderte zurückblättern, die unsere Religion älter ist. Wie düster sah es damals für Frauen in der christlichen Welt aus, wie schnell konnten besonders Frauen verdächtigt werden und auf dem Scheiterhaufen landen. So werden sich auch in der islamischen Welt Ansichten und Einstellungen wandeln, wird die Abhängigkeit der Frau vom Mann durch zunehmende Berufstätigkeit und die Tendenz zur Kleinfamilie gelockert.

Dass es Menschen - Traditionalisten oder Fundamentalisten - gibt, die sich neuen Ideen oder Praktiken in den Weg stellen, lässt sich beliebig in der Geschichte aller Religionen verfolgen. Häufig geht es nur darum, dass Machthungrige ihr Süppchen zu kochen versuchen, um ihre Positionen zu halten. Es spielt für sie keine Rolle, dass sie ihre Umgebung in einer Weise tyrannisieren, die weit entfernt von den Idealen des Islam ist.

Im Islam ist besonders die bildliche Darstellung von Menschen verpönt, weil sich Mohammed in dieser Richtung äußerte. Allerdings waren seine Äußerungen - keine ausdrücklichen Verbote

- mehr gegen den Götzendienst als gegen figürliche Malerei gerichtet. Dennoch scheuen auch heute noch strenge Muslime vor Kameras zurück. Dieses „Verbot" hatte allerdings extreme Auswirkungen auf die Kunst: Es führte zu der reichen **Flächenornamentik** des Islam. Die antike Blattranke wurde zur Arabeske stilisiert, einem fortlaufenden Rankenmuster aus Stängel, Blatt und Blüte. Darüber hinaus entstand die arabische Schriftkunst, die Kalligrafie, die in keiner anderen Kultur ihresgleichen hat.

Auch in Ägypten hat in den letzten Jahren eine Renaissance des Islam eingesetzt, die mehr und mehr das öffentliche Leben durchdringt. Als typisches Beispiel mag die Rückbesinnung auf die *Sharia*, das islamische, gottgegebene Recht, gelten. Hatte Nasser die Rechtsprechung noch sehr an demokratischen Vorbildern orientiert, so kehrt sie jetzt schrittweise zur orthodoxen Richtung zurück.

Die islamischen Fundamentalisten, vor allem durch ein fast subversives Netz der (bislang verbotenen) Muslimbrüderschaft sehr einflussreich vertreten, gewinnen an Boden im öffentlichen Bewusstsein. Sie widersetzen sich allen säkularen Bestrebungen und möchten den Staat voll in das religiöse Leben integrieren. Andererseits darf der Widerstand vieler Intellektueller und besonders der Kopten gegen diese häufig intolerante Linie nicht übersehen werden.

Nicht unwichtig für den Besucher des Landes ist der islamische Kalender, der auf dem Mondjahr basiert. Da es elf Tage kürzer als das Sonnenjahr ist, beginnt das islamische Jahr jährlich jeweils elf Tage früher, d.h. dass sich z.B. der Fastenmonat Ramadan und auch sämtliche religiöse Festtage gegenüber unserem Kalenderjahr ständig verschieben.

Die Monate werden wie folgt bezeichnet (in Klammern die Anzahl der Tage): *Moharam* (30), *Safar* (29), *Rabei el Awal* (30), *Rabei el Tani* (29), *Gamad el Awal* (30), *Gamad el Tani* (29), *Ragab* (30), *Shaban* (29), *Ramadan* (30), *Shawal* (29), *Zoul Qidah* (30), *Zoul Haga* (29). Die Anzahl der Tage kann variieren, da sie von der Sichtbarkeit des Neumondes abhängt. Die aktuellen Daten für Ramadan finden Sie auf Seite 39.

Koptische Christen

Der Apostel Markus brachte das Christentum nach Ägypten, 68 nC starb er in Alexandria den Märtyrertod. Auf ihn beziehen sich die heutigen Patriarchen (Päpste) der koptischen Kirche; der gegenwärtige Patriarch, Shenuda III, ist der 117 Nachfolger.

Markus-Kathedrale in Kairo, größtes Kirchenbauwerk Ägyptens

Alexandria entwickelte sich schnell zu einem christlichen Zentrum, die neue Lehre verbreitete sich durchs ganze Land. Es konnte daher nicht ausbleiben, dass die alten Machthaber mit Neid den neuen Einfluss beobachteten und zu begrenzen oder zu vernichten trachteten. Am eifrigsten tat sich Kaiser Diokletian hervor, der angeblich 800 000 Christen ermorden ließ. Die Zeitrechnung der Kopten geht in Erinnerung daran - *anno martyrii* - auf die Thronbesteigung Diokletians im Jahre 284 nC zurück.

Doch das nächste Unglück der Kopten ließ nicht lange auf sich warten. Auf dem Konzil von Chalkedon 451 nC konnte man sich nicht über die Natur Christi einigen; die ägyptische Kirche unterlag mit ihrer Ansicht der monophysitischen Lehre von der *einen Natur Gottes, die Fleisch angenommen hat,* während Byzanz von den zwei Naturen sprach. Mit dem Konzil und dem Bruch begann die eigentliche Geschichte der Kopten und sehr bald eine neue Unterdrückung - durch die Glaubensbrüder in Byzanz. Die gnadenlose Ausbeutung der ägyptischen Provinz und ihrer abtrünnigen Christen wurde so schlimm, dass die Ägypter die muslimische Eroberung 639 nC zunächst als Befreiung empfanden.

Die islamischen Herrscher ließen der koptischen Landbevölkerung über viele Jahrhunderte relative Religionsfreiheit (verlangten dafür aber höhere Steuern). Die Klöster erlebten ihre Blüte gerade in den ersten islamischen Jahrhunderten. Schließlich griff 1005 nC der schiitische Fanatiker El Hakim streng durch; nahezu alle koptischen Kirchen Ägyptens wurden zerstört und ihre Anhänger unterdrückt.

Aus der ursprünglichen Majorität wurde eine häufig geächtete und gedemütigte Minorität. Dennoch konnte sich diese Minorität über die Jahrhunderte hinweg erhalten. Erst unter Mohammed Ali gewannen die Kopten im 19. Jh wieder mehr persönliche und religiöse Bewegungsfreiheit. Offiziell sind sie heute gleichberechtigt. Ob dies die Realität widerspiegelt, mag fraglich sein, zumindest genießen sie Freiheiten wie selten zuvor in ihrer langen Geschichte.

Allerdings gab es Ende der 1970er Jahre - wie heute wiederum - Schwierigkeiten, die aus den alten Spannungen zwischen Kopten und islamischen Fundamentalisten herrührten. Einige Kirchen und im Gegenzug Moscheen wurden angezündet, Bombenattentate beunruhigten die Bevölkerung. Präsident Sadat ließ 3000 Unruhestifter beider Seiten verhaften, den Patriarchen Shenuda III stellte er unter Hausarrest im Kloster Deir Amba Bishoi im Wadi Natrun. Anfang 1985 wurde der Patriarch von Präsident Mubarak rehabilitiert.

Die Bereitschaft der Gemeindemitglieder zu dienen und zu opfern ist bemerkenswert; nicht zuletzt trägt sie zum Aufblühen der Klöster erheblich bei. Aber auch im täglichen Leben betätigen sie sich sehr aktiv, vor allem im sozialen Bereich.

Die Kopten dokumentieren ihren Glauben auch nach außen durch ein kleines Kreuz, das bereits den Kindern im 4. oder 5. Lebensjahr auf das innere rechte Handgelenk oder zwischen Daumen und Zeigefinger tätowiert wird.

Ein wichtiges Wort ist über die **Klöster** zu sagen. Bereits sehr früh zogen sich fromme Männer zur Askese in die Einsamkeit der Wüste zurück, Schüler schlossen sich ihnen an. Da die entstehenden Gebäude auch räuberischen Überfällen ausgesetzt waren, wurden bald hohe Schutzwälle errichtet. Innerhalb der Mauern entstanden - als das typische Kloster-"Ensemble" - Basiliken, Wohn- und Wirtschaftsgebäude, ein Fluchtturm mit Kapellen als letzte Rückzugsmöglichkeit und der überlebenswichtige Brunnen.

Das Mönchstum hat in den letzten Jahren großen Aufschwung genommen. Bei einigen Klöstern bestehen Wartelisten für die Aufnahme; generell müssen sich die künftigen Novizen im täglichen Leben bewährt, d.h. den Militärdienst abgeleistet und einen akademischen Beruf ausgeübt haben. Die Mönche leben im Zölibat, dagegen sind die Pfarrer der Gemeinden verheiratet.

Die Basilika, die koptische Kirche, hat gewisse Ähnlichkeit mit pharaonischen Tempeln. An eine Vorhalle (*Narthex*) schließt sich ein nach Osten gerichtetes, von Säulen getragenes Langhaus an, dahinter liegt das Allerheiligste (*Sanktuar*) mit dem Altar. Das Sanktuar ist durch eine Holzwand (*Ikonostase*), die nur während der Gottesdienste geöffnet wird, abgetrennt. Nur einmal täglich darf an einem Altar eine Messe gelesen werden, daher stehen häufig mehrere Altäre nebeneinander. Gottesdienste finden mittwochs, freitags und sonntags statt, sie dauern bis zu drei Stunden.

Auch die Kopten halten Fastenzeiten ein: generell mittwochs und freitags, aber auch lange Zeiten wie das *Große Fasten* 55 Tage lang vor Ostern, das *Kleine Fasten* mit 43 Tagen vor Weihnachten, das sie am 7.1. feiern, 15-35 Tage zu Maria Himmelfahrt am 22.8. und 1-3 Tage zum Fest Christi Taufe am 19.1. Das Fasten beginnt um Mitternacht und endet in der neunten Gebetsstunde um 15 Uhr, Strenggläubige halten bis nach Sonnenuntergang durch. Während der meisten Fastenzeiten darf kein Fleisch gegessen werden.

Die größte und repräsentativste Kirche der Kopten ist die St. Markus Kathedrale in Kairo im Stadtteil Abbassiya, die bei ihrer Einweihung 1986 die aus Venedig zurückgeführten Gebeine des hl. Markus aufnahm (siehe auch Seite 138).

Auch in der Kunst haben die Kopten eigene Formen vor allem der menschlichen Darstellung entwickelt (siehe auch Seite 180, Koptisches Museum in Alt-Kairo). Die koptische Schrift entstammt dem Griechischen, wurde aber um acht zusätzliche Buchstaben erweitert, um die altägyptische Sprache zu beschreiben. Heute hat sich als Alltagssprache Arabisch in Wort und Schrift durchgesetzt; die eigene Sprache - also die auf pharaonische Ursprünge zurückgehende - dient nur noch in der Liturgie.

Zum Schluss des Kapitels noch ein paar ergänzende Bemerkungen: Neben den Kopten sind fast sämtliche christlichen Religionsgemeinschaften in Ägypten vertreten. Stärkste Gruppe dürfte die griechisch-orthodoxe Kirche sein mit einem Patriarchat in Alexandria und dem weltbekannten Katharinen-Kloster auf dem Sinai. Aber auch die Kopten haben sich aufgespalten. So gibt es etwa 300 000 protestantische Kopten, die aus der Missionsarbeit der United Presbyterian Church of North America hervorgingen. Bekanntestes Zeichen ihrer Existenz ist die Amerikanische Universität in Kairo (siehe Seite 127).

Die koptische Kirche ist auch im Ausland vertreten, Gemeinden existieren in verschiedenen größeren Städten der Bundesrepublik. Ein koptisches Zentrum ist das *St. Antonius-Kloster* in Kröffelbach im Taunus (Hauptstr. 10, 35647 Waldsolms). Dort weihte Patriarch Shenuda III im November 1990 die St. Antonius-Kirche ein.

Die längste Vergangenheit der Welt – im Eilgang durch die Geschichte

Weltmacht am Nil

Belgische Archäologen entdeckten in den 80er Jahren das bisher älteste Bergwerk der Welt in der Nähe von Assiut. In einem Wadi fanden sie etwa 1,50 m tiefe Schächte, in denen vor rund 33 000 Jahren ganz offensichtlich Feuerstein abgebaut worden war. Amerikanische Archäologen fanden Siedlungsreste westlich von Abu Simbel, die sie auf die Zeit ab 10 000 vC datieren. Vermutlich handelt es sich um die älteste bisher bekannte Siedlung der Welt mit 75 ovalen Steinhäusern und einem Kultplatz, der an Stonehenge in England erinnert.

Demgegenüber erscheint die bekannte Vergangenheit des Niltals als kurz. Immerhin können die Ägypter als einziges Volk der Erde auf eine kontinuierliche Geschichtsschreibung von stolzen 5000 Jahren zurückblicken; das sind, anders ausgedrückt, gute 150 Generationen. Doch auch diese Zahl ist irgendwie so abstrakt, dass sie nur schwer eine wirkliche Vorstellung vermitteln kann.

Vielleicht eine andere Argumentation: Die Blütezeit der Pharaonenreiche umfasste eine Zeitspanne von rund 2000 Jahren, also wie von Beginn unserer Zeitrechnung an bis heute - und sie war bereits 500 vC beendet. Zu dieser Zeit bestand die Weltkarte hauptsächlich aus weißen Flächen, Mitteleuropa lag noch im Dunkel der (noch nicht bezeugten) Geschichte. Erst knapp 500 Jahre nach dem Niedergang der Hochkultur im Neuen Reich (NR) tauchten Fell behangene Germanen in den geschichtlichen Annalen auf (deren - politisch unbedeutende - Existenz sich allerdings weiter zurückverfolgen lässt).

Nun zur historischen Entwicklung selbst. Das Niltal bot, wie kaum ein anderer Platz auf der Erde, ideale Voraussetzungen für das Entstehen sozialer Gemeinschaften: Es ist durch die beiderseitigen Wüsten hervorragend geschützt; der Nil sorgte mit seinen regelmäßigen Überschwemmungen für eine unerschöpfliche Fruchtbarkeit des Bodens, zusätzlich liegt er als idealer Transportweg vor der Tür.

Sowohl die Überschwemmungen als auch die immerwährende regenlose Zeit zwangen die Anwohner zur Zusammenarbeit. Je besser man sich organisierte, umso günstigere Ergebnisse ließen sich in der Feldbestellung und Ernte erzielen. Bereits in der Vorgeschichte (5000-3000 vC) entwickelten sich dörfliche Gemeinschaften, dann größere Verbände und schließlich Königreiche. Gegen 3000 vC vereinigte Pharao Menes das oberägyptische mit dem unterägyptischen Reich, eine Tat von großer historischer Tragweite, die immer wieder in der späteren Geschichte durch die Doppelkrone von Unter- und Oberägypten bzw. durch das Umschlingen der Wappenpflanzen Papyrus und Lotus dargestellt wird.

In Abydos wurden Schrifttäfelchen gefunden, die als erste Schriftzeichen der Menschheit überhaupt gedeutet werden, aber auch aussagen, dass bereits vor Menes Zusammenschlüsse oder Eroberungen stattgefunden haben. Etwa 3350 vC wurden auf diesen Schrifttafeln bereits administrative Daten, wie z.B. Menge und Ursprung von Lieferungen, festgehalten.

Das heißt, bereits zu jener Zeit waren **Hieroglyphen** als erste Schrift des Niltals entstanden. Diese Zeichen entwickelten sich zu einer umfangreichen Schrift, die bis ins 4. Jh nC zumindest im Zusammenhang mit religiösen Texten benutzt wurde. Aber bereits im Alten Reich entstand parallel dazu die **demotische** Schreibschrift als eine vereinfachte Hieroglyphenschrift .

Hieroglyphen

Die „heilige Schrift" der Ägypter, die Hieroglyphen, werden Ihnen im Zusammenhang mit pharaonischen Zeiten immer wieder vor Augen kommen. Das Geheimnis hinter diesen bildhaften Zeichen lüftete 1822 der Franzose Jean-Francois Champollion anhand eines bei Rosetta gefundenen, mit Hieroglyphen und griechischen Zeichen beschrifteten Steins. Ägyptologen können heutzutage diese Schrift lesen wie ihre Tageszeitung. Kompliziert ist unter anderem, dass jede Hieroglyphe drei Bedeutungen annehmen kann: als normaler Buchstabe, der für bis zu drei Konsonanten stehen kann (Vokale werden, wie z.B. bei Arabisch, nicht geschrieben), als Ideogramm, d.h. als piktogrammähnliches Zeichen (wie z.B. Hinweiszeichen auf Bahnhöfen) oder als so genannte Determinative zur Erläuterung vorangehender Zeichen. Außerdem wurde sowohl von rechts nach links als auch umgekehrt, wie auch von oben nach unten oder umgekehrt geschrieben - so wie es dem Schreiber am schönsten erschien oder die Unterlage vorgab. Als feste Regel gilt, dass sich die Königsnamen aus der Masse des Textes durch ihre ovale Umrandung, die *Königskartusche* , abheben. Die pharaonische Schrift hat einen zu ihrer Zeit noch nicht vorhersehbaren Vorteil gezeitigt: Aus den unzähligen schriftlichen Zeugnissen ließen und lassen sich große Zusammenhänge bis hin zu kleinsten Details des damaligen Lebens rekonstruieren.

Sphinx von Giseh: Im Alten Reich geschaffen

Pharaonische Zeit

Die Epoche der Pharaonenzeit wird in Dynastien, also Herrschaftsgeschlechter, eingeteilt. Da die Dynastien von sehr unterschiedlicher Dauer waren, sagt deren Anzahl nur wenig über einen bestimmten Zeitpunkt aus. Sie ist allgemein üblich und muss daher auch hier verwendet werden.

In der von Pharao Menes eingeleiteten sog. **Frühzeit** findet eine sprunghafte Entwicklung statt. Die nun vorhandene Schrift macht die staatliche Organisation großer Räume dadurch möglich, dass Anordnungen über weite Entfernungen erteilt, dass sie und die Ergebnisse kontrolliert und zeitlos festgehalten werden können.

Mit der 3. Dynastie beginnt das **Alte Reich**, das etwa von 2670-2195 vC dauert, also 475 Jahre. Für uns Besucher dokumentiert sich diese Zeit als die der großen Pyramidenbauer, beginnend mit Pharao Djoser in Sakkara (3. Dynastie), und ihren Höhepunkt mit den Pyramiden von Giseh (Cheops, Chephren, Mykerinos; 4. Dynastie) findend.

Neben den baulichen Großtaten blühen Kunst und auch Literatur auf. In der Religion wandelt sich der Pharao, der bis dahin selbst ein Gott auf Erden war, nun zu Horus, d.h. er wird als Sohn eines Gottes angesehen. Schließlich zerfällt das Alte Reich durch innere Unruhen, die durch das Machtstreben der Gaufürsten ausgelöst werden. Während der so genannten **Ersten Zwischenzeit** halten politische Wirren Ägypten in Atem.

Mentuhotep II, ein Gaufürst aus Theben, stabilisiert gegen Ende der Ersten Zwischenzeit das Land und leitet die Epoche des **Mittleren Reiches** ein, das von 1994 vC an 344 Jahre Bestand hat. Wieder herrscht eine straffe Zentralgewalt, die eine neue Blütezeit von hohem Niveau einleitet, auch das „Goldene Zeitalter" des pharaonischen Ägyptens genannt. Als wichtige Erweiterung des Fruchtlandes fällt die Urbarmachung des Fayum in das Mittlere Reich. Doch die Ägypter verschlafen die Erfindung des Rades: Als 1650 vC Kampfwagen fahrende Fremde, die Hyksos, eindringen, können diese das Land leicht unterwerfen und damit

Kalender-Erfinder

Das Leben im alten Agypten hing ganz entscheidend vom Nil und seinen Überschwemmungszyklen ab. Die Nilflut setzte das Land ab Ende Juni unter Wasser - mit einer Toleranz von bis zu 80 Tagen -, nach vier Monaten zog sich der Fluss wieder in sein Bett zurück; diese Zeit hieß *Achet* . Danach konnte die Aussaat beginnen, an die sich das Wachstum anschloss. Diesen wiederum etwa viermonatigen Abschnitt nannte man *Perit* . Es folgte die Erntezeit *Schemu* , die bis zum Beginn der neuen Flut dauerte. Parallel zu dieser landwirtschaftlichen Jahreseinteilung entwickelten die Priester einen so genannten Luni-Stellar-Kalender, der auf Sternbeobachtungen fußte und die Mondphasen einschloss. Dieser teilte das Jahr in 365 (!) Tage; er begann jeweils mit dem regelmäßigen Erscheinen des Sirius am Morgenhimmel (ab Mitte Juli) und dem nächsten Neumond. Aber dieser Kalender war für viele religiöse Handlungen, die an bestimmten Jahrestagen zu erfolgen hatten, wie auch für administrative Zwecke zu ungenau. Schon im Alten Reich war ein standardisierter Kalender eingeführt worden, der zunächst aus zwölf Monaten zu 30 Tagen bestand, aber um fünf Tage zu kurz war, die man bald zusätzlich einschob. Doch es fehlte immer noch ein viertel Tag pro Jahr gegenüber dem Umlauf der Erde um die Sonne. Diesen Zustand negierten die Ägypter, so dass ihr „bürgerlicher Kalender" nur alle 1460 Jahre wieder mit dem Aufgang des Sirius im Juli begann; während der übrigen Zeit gab es für jedes Jahr Umrechnungstabellen. Die Römer übernahmen den pharaonischen Kalender, aber erst Papst Gregor XIII synchronisierte ihn 1582 mit der exakten Umlaufzeit durch das vierjährig wiederkehrende Schaltjahr. Unser Kalender ist also eine altägyptische Erfindung.

die **Zweite Zwischenzeit** einleiten. Erst 1550 vC gelingt es Ahmose, die Hyksos zu vertreiben und so das **Neue Reich** zu begründen, das 475 Jahre bestehen wird.

Die glanzvollste Epoche Altägyptens ist eingeleitet. Die politische Landkarte der bekannten Welt wird durch die Eroberungen Nubiens bis zum 4. Katarakt und Vorderasiens bis zum Euphrat nachhaltig verändert. Theben ist Haupt- und Weltstadt zugleich, der Tempel von Karnak entsteht in all seinem Glanz; Kunst und Kultur blühen, Ägypten ist die Weltmacht schlechthin. Pharao Amenophis IV, der sich in Echnaton umbenennt, versucht, das ägyptische Götterpantheon auf einen einzigen Gott, den Sonnengott Aton, zu reduzieren. Doch nach seinem Tod leben die alten Götter wieder auf, die Nachfolger Echnatons tilgen nahezu alle seine Spuren. Unter den Pharaonen der 19. Dynastie entstehen großartige Tempelbauwerke. Ramses II setzt sich als größter Bauherr in ganz Ägypten Denkmäler (u.a. Abu Simbel, Luxor, Abydos, Memphis und Städte im Delta). Doch auch das Neue Reich büßt an Kraft und Macht ein. Nach einer **Dritten Zwischenzeit** beginnt 775 vC mit der 25. Dynastie die **Spätzeit**, die den stetigen Verfall des glanzvollen Altägypten einläutet.

Fremdherrschaft

Das Neue Reich geht in der Dritten Zwischenzeit unter. Ab 775 vC rechnet man die **Spätzeit**, die vor allem auch durch die Herrschaft von Pharaonen fremder Herkunft gezeichnet ist, so von Nubiern, Äthiopiern, Assyrern, und schließlich von Persern. Zwar übernehmen kurzzeitig auch einheimische Könige den Thron, aber die Macht Ägyptens ist gebrochen.

332 vC fällt das Land Alexander dem Großen kampflos in die Hände. Nach dessen Tod übernehmen 323 vC die **Ptolemäer** die Herrschaft, die sich als Pharaonen installieren und die alten Sitten und die Religion achten, aber dennoch als Griechen herrschen. Doch sie verhelfen Ägypten zu einer nochmaligen Blü-

tezeit, ihr Staat gilt als einer der mächtigsten der Welt.

Alexandria ist Hauptstadt und Anziehungspunkt für Kunst und Wissenschaft. In Oberägypten kann man noch heute Bauwerke dieser Epoche bewundern, z.B. die Tempel von Philae, Kom Ombo, Edfu, Esna und Dendera. 30 vC erobert der Römer Octavian das ptolemäische Ägypten und leitet als Augustus die **Römische Epoche** ein.

Auch die RömerRömer spielen ihre Rolle als Pharaonen, aber nicht mehr mit dem Verantwortungsbewusstsein der Ptolemäer. Für sie ist Ägypten Kornkammer, die Menschen gehören zum Inventar und können keine Bürgerrechte erwerben. Mit der Christianisierung des Römischen Reiches öffnet sich auch Ägypten der neuen Religion. Während der Christenverfolgungen retten sich viele Gläubige in die Wüste, dort entstehen die ersten Klöster.

Ägypten wird eine der wichtigsten Säulen für den neuen Glauben, es trägt wesentlich zu seinem Überleben bei. Mit der Teilung des Römischen Reiches fällt Ägypten an Byzanz, das den Staat am Nil hemmungslos ausbeutet.

Islamisch-arabische Epoche

639 nC tauchen die islamischen Eroberungsheere der Araber auf und nehmen wenig später Ägypten unter die Fahne des Propheten. Der Islam wird Staatsreligion, die arabische Sprache Landessprache, alles Alte hinweggefegt. Aus dem Zeltlager der Eroberer, El Fustat, entwickelt sich sehr schnell eine Metropole, die heute Kairo heißt.

Ägypten bleibt für viele Jahrhunderte eine Provinz des Kalifenreiches, das von Damaskus, später von Bagdad aus regiert wird. Dennoch verstehen die Ägypter, sich auch unter der neuerlichen Fremdherrschaft eine gebührende Stellung zu verschaffen. Mit Gründung der Al Azhar Universität - der ersten Universität der Welt - wird Kairo das religiös-intellektuelle Zentrum des Islam.

Die Geschichte der **islamischen Epoche** liest sich wie ein spannender Roman, der auf der einen Seite von Intrigen, Mord und Totschlag nur so strotzt, auf der anderen Seite in orientalischer Pracht von Tausendundeiner Nacht schwelgt. Allerdings sollte man nicht vergessen, dass, wer auch immer das Land regiert, seine Pracht auf Kosten der Bevölkerung

Wahrzeichen über Kairo; Moschee von Mohammed Ali, dem großen Reformer

entfaltet, zumeist der Landbevölkerung. Alle bedeutenden Bauwerke entstehen in Kairo, die Provinzen gehen fast leer aus.
Omayaden, Abbasiden, Tuluniden und Ichschididen regieren in Bagdad und halten Ägypten als Provinz. Die Fatimiden, schiitische Eroberer aus dem Maghreb, machen Kairo zur Hauptstadt, werden 200 Jahre später von den Aijubiden verdrängt, die Ägypten wieder an Bagdad anschließen. Ihnen folgen die Mamluken und schließlich ab 1517 die Osmanen, in deren Regierungszeit Ägypten zu einer Randprovinz des Türkenreiches degradiert wird, in der aber weiterhin Mamluken die lokale Macht halten.

Europäischer Einfluss

1798 landet Napoleon in Ägypten, weniger um das Land zu erobern, als um Englands Mittelmeerhandel zu lähmen. Die Franzosen beenden vorläufig die über 250-jährige Herrschaft der Osmanen. Allerdings können sie sich, nicht zuletzt wegen des Eingreifens der Engländer unter Nelson, nur drei Jahre halten.
Das entstandene Machtvakuum macht sich ein analphabetischer albanischer Söldner namens **Mohammed Ali** (1805-1848) zunutze, der sich durchaus brutal zum Regenten aufschwingt: Bei einem als Versöhnung deklarierten Festmahl in der Zitadelle von Kairo lockt er die 480 geladenen Gäste - praktisch die gesamte Führungsschicht der Mamluken - in einen Hinterhalt und lässt sie kaltblütig ermorden. Aber Mohammed Ali reformiert und reorganisiert den Staat und legt damit den Grundstein für ein modernes Ägypten. Er holt europäische Experten ins Land und lässt die Landwirtschaft, vor allem den Baumwollanbau, reorganisieren, den Nil mit ersten Staudämmen regulieren, eine erste Industrialisierungsphase einleiten und eine schlagkräftige Armee aufbauen.
Seine Nachfolger Abbas und Mohammed Said führen das Werk der Modernisierung fort. Unter Said wird 1859 mit dem Bau des Suezkanals begonnen, den Mohammed Alis Enkel Ismail (1863-1879) vollendet. Daneben entstehen Bewässerungsanlagen, Eisenbahnen, Zuckerraffinerien und, als ganz wichtige Investition in die Zukunft, über 4000 Schulen.
Ägypten kann diese Ausgaben nicht allein finanzieren; infolge der hohen Verschuldung muss Ismail 1875 die ägyptischen Suezkanalaktien verkaufen und unter dem Druck der internationalen Finanzverwaltung 1879 zugunsten seines Sohnes Taufik abdanken. 1882 sind nationalistische Unruhen („Ägypten den Ägyptern!") den Engländern Anlass, zum Schutz ihrer Interessen und des 1869 eröffneten Suezkanals so starken Einfluss auszuüben, dass Ägypten unter nahezu vollständige Kontrolle der Briten gerät.
Von 1893 bis 1914 regiert praktisch der englische Generalkonsul Lord Comer Ägypten, der Khedive Abbas II Hilmi ist mehr oder weniger Marionette. Comers Modernisierungsbemühungen wie auch der Bau des ersten Assuandammes sind wesentlich darauf ausgerichtet, Englands Textilindustrie mit der hervorragenden ägyptischen Baumwolle zu versorgen. 1914 wird diese Abhängigkeit „legalisiert"; London erklärt Ägypten zum Protektorat und unterstellt den Suezkanal seiner direkten Kontrolle.

1917 setzen die Engländer Abbas II Hilmi wegen seiner Sympathien für die britischen Feinde ab und proklamieren dessen Onkel Hussein Kamil zum ersten, von den Osmanen unabhängigen Sultan Ägyptens. 1919 brechen landesweite Unruhen mit Saad Zaghlul als Anführer (und späterem Führer der Wafd-Partei) aus, deren Folgen England schließlich 1922 dazu bewegen, sich formal zurückzuziehen und Hussein Kamil unter dem Namen Fuad I zum König einer konstitutionellen Monarchie Ägyptens auszurufen.

Bei den ersten Parlamentswahlen siegt die Wafd-Partei überwältigend. Auch als der charismatische Führer Saad Zaghlul 1927 stirbt, behält die Partei ihren Einfluss. 1936 kommt der junge Sohn von Fuad I, Faruk, auf den Thron. Die Engländer räumen Ägypten mehr Autonomie ein und ziehen sich militärisch auf die Suezkanalzone zurück. Doch im Zweiten Weltkrieg wird das Land - trotz langer offizieller Neutralität - wieder von den Briten in die Pflicht genommen. Während der Nordafrika-Kämpfe dient es den Alliierten als Basis, müssen auch Ägypter ihr Leben opfern.

Nach dem Zweiten Weltkrieg

Als 1948 Ägypten im ersten Krieg gegen Israel verliert, formieren sich „Freie Offiziere" unter General Nagib und jagen König Faruk in einer unblutigen Revolution am 23. Juli aus dem Land. Der entscheidende Schritt zur unabhängigen Republik ist getan - von vielen Beobachtern als die erste, wirklich ägyptische Selbstverwaltung seit dem Ende des pharaonischen Neuen Reiches gefeiert.

In den Folgemonaten werden nahezu alle politischen Institutionen aufgehoben, das Land zur Republik proklamiert und eine Landreform durchgesetzt. 1954 tritt der eigentliche Anführer der Revolution, General Nasser, in den Vordergrund, stürzt Nagib und übernimmt alle Ämter. Als 1956 die letzten englischen Besatzungstruppen die Suezkanal-Zone verlassen haben, und die Amerikaner die Finanzierung des geplanten Assuan-Hochdammes wegen Nassers neuer Politik verweigern, verstaatlicht Nasser den Suezkanal. Engländer, Franzosen und Israelis versuchen, durch militärische Intervention einzuschreiten, doch ein Veto des UNO-Sicherheitsrates stoppt den Krieg.

Nasser wendet sich der Sowjetunion zu, sie übernimmt die Finanzierung des Assuan-Hochdammes. 1960 beginnt unter sowjetischer Leitung der Bau, der 1971 fertig gestellt wird. Darüber hinaus avancieren die Sowjets zum Hauptwaffenlieferanten und wichtigsten Financier Ägyptens; eine neue Abhängigkeit bahnt sich an.

Nasser träumt von einer panarabischen Union und gründet 1958 als ersten Schritt mit Syrien die Vereinigte Arabische Republik (VAR). Die starken sozialistischen Einflüsse wie Verstaatlichung der Banken und aller größeren Industrien führen 1961 zum Bruch der VAR, weil eine innersyrische Opposition gegen diese Tendenzen revoltiert. In Ägypten entwickelt Nasser seine arabisch-sozialistischen Vorstellungen weiter, seine Partei *Nationale Union* wird in die *Arabische Sozialistische Union (ASU)* umfunktioniert.

1967 sperrt Nasser die Straße von Tiran und damit den Zugang zum Golf von Aqaba, d.h. zum israelischen Hafen Elat. Im darauf folgenden Sechs-Tage-Krieg dringen die Israelis über den Sinai bis zum Suezkanal vor und schlagen die Ägypter. Nun ist der Suezkanal Demarkationslinie und damit für die Schifffahrt blockiert. 1970 stirbt Nasser unerwartet, Anwar el-Sadat tritt an seine Stelle. In einer Art Staatsstreich säubert Sadat 1971 die politische Führung von allzu linkslastigen „Nasseristen", erlässt eine neue Verfassung und benennt das Land in *Arabische Republik Ägypten* um. 1972 schickt er 17 000 sowjetische Militärberater nach Hause und knüpft wieder stärkere Fäden zum Westen.

Unbemerkt von der Weltöffentlichkeit und ihren Nachrichtendiensten bereitet Sadat zusammen mit dem syrischen Präsidenten Assad einen Schlag gegen Israel vor, das sich trotz aller diplomatischer Interventionen weigert, das Ostufer des Suezkanals aufzugeben. Sadat hat Erfolg: Im Oktober-Krieg von 1973 überwindet Ägypten die gewaltigen Sperranlagen am Suezkanal und kann einen Teil des Sinai zurückerobern. Zwar gewinnen die Israelis bald wieder Boden, aber durch internationale Intervention wird der Krieg beendet, die Ägypter stehen wieder auf beiden Seiten des Suezkanals. Dieser kann von gesunkenen Schiffen geräumt, erweitert und 1975 wiedereröffnet werden.

Bereits 1974 kündigt Sadat eine Öffnung der Wirtschaft durch Liberalisierung an, um ausländische Investoren anzulocken. 1975 folgt die politische Liberalisierung, indem größere Presse- und Meinungsfreiheit zugelassen wird. 1976 finden die ersten freien Wahlen seit der Revolution statt, in denen die von Nasser gegründete ASU als eine Art Sammelbecken wirkt. Als Sadat 1978 die *Nationaldemokratische Partei (NDP)* gründet, geht die ASU an Mitgliederschwund ein.

1977 fliegt Sadat nach Jerusalem und hält in der Knesset seine historische Rede, in der er zu Koexistenz und Frieden zwischen Israel und seinen Nachbarn aufruft. Unter Vermittlung des amerikanischen Präsidenten Jimmy Carter verhandeln 1978 Sadat und der israelische Premier Begin und erzielen schließlich im Camp-David-Abkommen den Friedensvertrag zwischen den beiden Ländern. Die meisten arabischen Staaten zeigen Unverständnis und brechen die Beziehungen zu Ägypten ab, dessen Mitgliedschaft in der Arabischen Liga suspendiert wird. Aber Ägypten erhält bis 1982 den gesamten Sinai zurück.

Doch die Enttäuschung über die Verhandlungen mit Israel sitzt besonders bei Konservativen sehr tief, trotz der Verringerung der militärischen Bedrohung und der Minderung der Militärausgaben. Im Oktober 1981 wird Sadat bei der Militärparade zur Feier des 6.-Oktober-Sieges von der islamistischen Terrorgruppe El-Jihad erschossen. Sein (bis dahin blasser) Vize Hosni Mubarak übernimmt die Führung.

Als Israel 1982 in den Libanon eindringt, nutzt Mubarak die Chance, sich politisch deutlich von Israel abzusetzen, ohne bestehende Verträge zu verletzen. Dies führt zu einer Wiederannäherung an die arabischen Staaten; der Prozess wird durch die Teilnahme Ägyptens an der arabischen Gipfelkonferenz von 1989 positiv abgeschlossen. Mubarak verfolgt auch innenpolitisch moderate Ziele, so dass er in vielen Konflikten eher einen Ausgleich findet.

1990/91 beteiligt sich Ägypten maßgeblich auf Seiten der Amerikaner und Kuwaitis in der Allianz gegen den Irak Saddam Husseins und an der Befreiung Kuwaits (Golfkrieg). Ab Ende 1992 gehen terroristische Fundamentalisten, die schon lange im Untergrund aktiv waren, mit Anschlägen zur offenen Konfrontation über, um das Mubarak-Regime zu stürzen und es durch eine islamistisch-fundamentalistische Variante zu ersetzen. Als leicht verwundbares Ziel auf dem Weg zur Schwächung der etablierten Regierung haben sie den Tourismus auserkoren, der einen wesentlichen Beitrag zum Staatshaushalt leistet.

Zwar geht die Zahl der Terroranschläge und -opfer in den Folgejahren zurück, doch im Herbst 1997 schlagen die fundamentalistischen Terroristen erneut massiv zu. Zunächst wird vor dem Ägyptischen Museum in Kairo ein Bombenanschlag verübt, wenig später schlachten sechs Terroristen vor dem Hatschepsut-Tempel in Luxor bei dem blutigsten Massaker 57 Touristen grausam ab. Diesmal ist ihnen ein Tiefschlag gegen den Tourismus gelungen, der sich allerdings auch gegen die Urheber wendet. Hartes staatliches Durchgreifen und tiefe Abscheu in der Bevölkerung über das Attentat scheinen ihnen zumindest vorläufig den Rückhalt entzogen zu haben.

Seit der im Oktober 2000 ausgebrochenen zweiten Intifada der Palästinenser gegen die Israelis versucht Hosni Mubarak immer wieder, zwischen den Parteien zu vermitteln. Seine geschickte Diplomatie und sein besonnenes Handeln finden weltweit Respekt. Im Irak-Krieg 2003 hält sich Ägypten offiziell auf der neutralen Seite, obwohl heftige Protestwellen gegen das völkerrechtswidrige Vorgehen der Amerikaner die Empörung der Bevölkerung zeigen.

2005 findet eine Volksabstimmung mit dem Ergebnis statt, dass der Präsident nicht mehr vom Parlament, sondern vom Volk gewählt wird. Trotz Gegenkandidaten gewinnt Mubarak die anschließende Wahl im September 2005 mit 88,6 % der Stimmen. Bei den Parlamentswahlen im folgenden Dezember erobert seine Partei (NDP) mit 311 von 454 Sitzen wiederum die absolute Mehrheit.

Geschichtstabelle

Viele Jahrtausende ereignisreicher Geschichte sind auf den ersten Blick verwirrend. Zur hoffentlich besseren Übersicht haben wir in der folgenden tabellarischen Zusammenfassung mehr als 6000 Jahre ägyptischer Historie zusammengedrängt.

Vorgeschichte

4300-3600
Negade I-Kultur, in Oberägypten mit Verbindung zu Nubien und den Oasen

3600-3200
Negade II-Kultur, von Oberägypten auf das Nildelta übergreifend; Beziehungen zu Vorderasien und Mesopotamien

Frühgeschichte

Um 3150 Zusammenschluss verschiedener Stammesgebiete in Ober- und Unterägypten zu größeren politischen Einheiten. Entstehung des Gesamtstaates Ägypten südlich von Edfu bis ans Mittelmeer. Weiterentwicklung der Schrift. Gründung der Hauptstadt Memphis.

1. Dynastie um 3100
Ausbau des Staatswesens mit differenzierter Verwaltung um die Zentralfigur des Pharaó. Vereinheitlichung von Kunst, Schrift, Religion in allen Landesteilen.

2. Dynastie 2820-2670
Letzte innenpolitische Unruhen werden beigelegt. Königs- und Beamtengräber in Sakkara.

Altes Reich

3. Dynastie 2670-2600
Explosionsartiger Aufschwung der Kultur: Stufenpyramide des Königs Djoser in Sakkara als ältester Monumentalbau. Expansion nach Osten (Sinai), Westen (Libyen) und Süden (Nubien).

4. Dynastie 2600-2475
Diese Epoche wird *Pyramidenzeit* genannt. Vollendung des Ausbaus des zentralistischen

Obelisken - Meisterwerke der Steinmetze

Staates. Nubien wird ägyptische Kolonie. Entwicklung der klassischen Pyramide als Königsgrab (Cheops-, Chephren- und Mykerinos-Pyramiden in Giseh). Beamtenfriedhöfe um die Pyramiden.

5. Dynastie 2475-2345
Reichskult des Sonnengottes Re. Neben den Pyramiden von Sakkara (Userkaf) und Abusir Sonnenheiligtümer in Abou Gurob für den Kult von König und Re. Politische und wirtschaftliche Verselbständigung der Beamtenschaft.

6. Dynastie 2345-2195
Auflösung der Zentralregierung; Autarkiebestrebungen der Gaufürsten in Mittel- und Oberägypten; außenpolitischer Rückzug Ägyptens aus Nubien und Vorderasien.

Erste Zwischenzeit

7./8. Dynastie 2195-2160
Kurzlebige gesamtägyptische Regierungen

9./10. Dynastie 2160-2040
Auf Mittel- und Unterägypten mit der Hauptstadt Herakleopolis begrenzt. Oberägypten ist unter thebanischen Fürsten unabhängig.

11. Dynastie 2040-1994
Mentuhotep II herrscht zunächst als Gaufürst von Theben. Ihm gelingt die Wiedervereinigung Ägyptens durch die militärische Unterwerfung von Herakleopolis (um 2040).

Mittleres Reich

12. Dynastie 1994-1781
Ägypten wird zur Großmacht im Ostmittelmeerraum. Residenz wieder in Memphis; Theben bleibt religiöses Zentrum. Nubien und Libyen werden Teil des Reiches; mit Vorderasien enge Handelsbeziehungen. Die Großoase Fayum wird erschlossen. Gaufürsten und hohe Beamte sind relativ selbständig.

13./14. Dynastie 1781-1650
Zahlreiche Könige mit kurzer Regierungszeit. Außenpolitischer Machtschwund, Einsickern vorderasiatischer Elemente im Delta, Kleinkönige der 14. Dynastie und Zerfall der nationalen Einheit.

Zweite Zwischenzeit

15./16./17. Dynastie 1650-1540
Hyksoszeit. Die vorderasiatischen Hyksos herrschen über Unter- und Mittelägypten. Verfall von Kunst und Kultur. Oberägypten bleibt unter der lokalen 17. Dynastie weitgehend unabhängig.

Neues Reich

18. Dynastie 1550-1291
Der Thebaner Ahmose vertreibt die Hyksos (um 1544) und vollzieht die Wiedervereinigung. Wiederherstellung der außenpolitischen Vormachtstellung Ägyptens: Erneute Unterwerfung Nubiens, Intensivierung der Kontakte zu Palästina-Syrien, das zunehmend in die Abhängigkeit Ägyptens gerät.
Der Amun Tempel in Karnak wird unter Hatschepsut und Tuthmosis III (1479-1425) zum religions- und wirtschaftspolitischen Zentrum des Reiches und zur Sammelstelle der Tribute aus der ganzen damals bekannten Welt von Punt (Somalia) bis Nordmesopotamien.
Tuthmosis III unterwirft Vorderasien bis zum Libanon. Die Innenpolitik liegt in Händen einer selbstbewussten Beamtenschaft.
Individualisierung der Politik und Kultur unter Amenophis III (1387-1350) führt zur Revolution von Amarna unter Amenophis-IV-Echnaton (1350-1333) und Gemahlin Nofretete. Bruch mit religiöser, künstlerischer und politischer Tradition, Einführung der monotheistischen Aton-Religion, Aufgabe der Residenzen Memphis und Theben, Gründung von Achetaton (Amarna) als neuer Hauptstadt.
Frühzeitiges Ende der *Revolution von oben*, unter Tutanchamun (1333- 1323) Rückkehr zu den alten Verhältnissen. Ende der Dynastie unter den Soldatenkönigen Eje und Haremhab.

19. Dynastie 1291-1185
Wiederherstellung der in der Amarna-Zeit verlorenen Hegemonie Ägyptens. Innenpolitisch wachsender Einfluss des Militärs. Residenz im Ostdelta. Ramses II (1279-1212) bannt durch Verträge die Hethitergefahr, Merenptah kann sich gegen die Libyer behaupten. Einsickern von Ausländern in Heer und Verwaltung und wachsende innenpolitische Kritik führen zu Thronstreitigkeiten am Ende der Dynastie.

20. Dynastie 1185-1075
Außenpolitische Bedrohung durch Seevölkereinfall, innere Krise und Zusammenbruch der Wirtschaft durch Streiks, Korruption und Kriminalität (Grabräuber). Übernahme der Macht durch Militärdiktatoren.

Dritte Zwischenzeit

21. Dynastie 1075-945
Spaltung Ägyptens in ein Nordreich mit Hauptstadt Tanis und ein Südreich mit Zentrum in Karnak (Gottesstaat des Amun). Verlust der ausländischen Kolonien.

22. Dynastie 945-718
Libysche Fürsten auf dem Pharaonenthron; bewusste Pflege des national-ägyptischen Erbes. Letzter Versuch einer Vorherrschaft in Vorder-

asien. Nebenlinien (23./24. Dyn.) führen zum innenpolitischen Zusammenbruch.

Spätzeit

25. Dynastie 775-653
Die kushitischen Fürsten von Napata im Sudan erobern Ägypten (seit 745) und werden als Pharaonen anerkannt. Durch assyrische Übergriffe werden die Kushiten später wieder in ihr Stammland zurückgedrängt.

26. Dynastie 653-525
Saidenzeit . Fürstenhaus von Sais im Delta schüttelt die assyrische Oberhoheit ab und schafft ein Gesamtreich, das in Rückgriff auf die Vergangenheit Großmacht am Nil zu spielen versucht, aber letztlich an Babylon scheitert.

27. Dynastie 525-404
Ägypten wird von Kambyses erobert und Teil des Perserreichs.

28.-31. Dynastie 404-332
Auf die durch ägyptische Aufstände in der 28. Dynastie vertriebenen Perserkönige folgen die letzten nationalägyptischen Herrscher aus Mendes und Sebennytos im Delta.
Nach der kurzen *2. Perserzeit* (sog. *31. Dynastie)* erobert **332 Alexander der Große** kampflos Ägypten, gründet 331 Alexandria, zieht zum Orakel nach Siwa und lässt sich in Memphis zum Pharao krönen.
323 Tod Alexanders des Großen.

Ptolemäische Zeit 330-30 vC

Ausstrahlung griechischer Kunst und Kultur von Alexandria auf das ganze Land. Später zunehmender Einfluss Roms im östlichen Mittelmeerraum; Stärkung der altägyptischen Hauptstadt Memphis durch Krönung der ptolemäischen Könige nach ägyptischem Ritus (ab 240). Vertreibung griechischer Gelehrter aus Alexandria (145/44), Verlust der Stellung als Kulturmetropole. Mit Kleopatra VII (51-30): letzter Höhepunkt und Untergang der ptolemäischen Herrschaft in Ägypten.

Römische Zeit 30 vC – 640 nC

Ägypten unter römischer bzw. oströmischer Herrschaft. Aufstieg des Christentums in Ägypten (3. Jh); Alexandria wird ein Zentrum christlicher Theologie, Entstehen der koptischen Kirche. Bei der Teilung des Römischen Reiches (395) fällt Ägypten an Byzanz.
639 Unter Amr erobern die Araber Ägypten.

Islamisch-arabische Epoche

Ab 639 Islamisierung durch arabische Heere, 646 endgültige Unterwerfung Ägyptens durch den Kalifenstellvertreter Amr Ibn el As, Gründung der Hauptstadt *Fustat* , aus dem schließlich Kairo hervorgeht.

Omaijaden 661-750
Hauptstadt Damaskus, Landessprache arabisch

Abbasiden 750-870
Gründung der Hauptstadt Bagdad; Handel und Kunst blühen während der Regierung von Harun el Rashid.

Tuluniden 870-905
Ibn Tulun, ein Türke, gründet eine kurzlebige Dynastie.

Abbasiden 905-935
Nochmalige Herrschaft der Kalifen von Bagdad

Ichschididen 935-969
Der Statthalter Ichschid regiert.

Fatimiden 969-1171
Eroberer Nordafrikas aus dem Maghreb machen Kairo zur Hauptstadt ihres Reiches. Bau der Al-Azhar-Moschee, Universität, Hakim-Moschee, der Stadttore Bab el Futuh, Nasr und Zuwela.

Aijubiden 1171-1250
Saladin schließt Ägypten wieder dem Kalifat von Bagdad an. Stadtbefestigung, Bau der Zitadelle.

Mamluken 1250-1517
Beybar, Kommandant der Sklavenleibgarde, erringt die Macht und etabliert die Mamlukendynastie. Kalaun-Moschee, Mausoleum und Madrasa, Sultan-Hassan-Moschee, Kait-Bey-

Moschee, Mausoleum Sultan Barqu (Kairo). Blüte von Kunst und Kultur.

Osmanen 1517-1798
Ägypten wird zu einer Randprovinz des osmanischen Reiches. Gouve1rneure sind meist Mamluken.

Französische Herrschaft 1798-1801
Ägypten kommt mit Europa in Verbindung, französische Wissenschaftler begründen die Ägyptologie.

Mohammed Ali 1805-1848
Nach anarchischer Periode erringt der albanische Truppenführer die Macht. Reorganisation des Staates, erste Staudämme, Alabaster-Moschee.

Mohammed Alis Nachfolger 1848-1892
Abbas I, Said, Ismail, Taufik. Unter Said Beginn des Suezkanalbaus. Unter Ismail Fortführung der Modernisierung: Bau von Schulen, Bewässerungsanlagen, Eisenbahnen, Häfen, Zuckerraffinerien.

Engländer

Zunächst bis 1914 nur indirekte englische Einflussnahme, danach offizielles Protektorat
1922-1952 Von England abhängiges **Königreich** unter Fuad I und Faruk
1952 Staatsstreich unter General **Nagib**, Gründung der unabhängigen Republik

Republik

1954 General **Nasser** setzt Nagib ab.
1956 Letzte englische Truppen verlassen Ägypten. Verstaatlichung der Suezkanalgesellschaft, daraufhin „Kanal-Krieg" Englands und Frankreichs gegen Ägypten, durch UNO-Veto gestoppt.
1960 Baubeginn des **Assuan Hochdammes** (*Sadd el Ali*)
1967 **Sechs-Tage-Krieg** gegen Israel, Verlust des Sinai, Kanal-Schließung
1970 **Tod Nassers**, Sadat wird Präsident.
1973 **Oktoberkrieg** gegen Israel, Teileroberung des Sinai
1975 **Wiedereröffnung des Suezkanals**
1979 **Friedensvertrag Israel/Ägypten**, Isolierung in der arabischen Welt
1981 **Ermordung Sadats,** Mubarak wird Präsident
1982 Vollständige **Rückgabe des Sinai** an Ägypten
1991 Teilnahme Ägyptens am **Golfkrieg**
1992-1997 **Terroranschläge** auf Touristen
2001 **Mubarak** bemüht sich um Frieden im **Palästinakonflikt**.
2003 **Irak-Krieg,** Ägypten hält sich gegenüber amerikanischen Beteiligungsversuchen bedeckt
2005 **Wahlen nach geändertem Wahlrecht**, Mubarak wird für die nächste Amtsperiode vom Volk (nicht mehr Parlament) wieder gewählt.
2005/06 **Wiederaufflackern von Terrorismus**, Anschläge in Kairo und auf dem als sicher eingeschätzten Sinai fordern Todesopfer

Zur Religion der alten Ägypter

Die große Fruchtbarkeit des Niltals befreite die Ägypter von existentiellen Sorgen. So konnten sie sich intensiver und früher als andere Völker mit philosophischen und religiösen Fragen beschäftigen. Sie hatten es auch nicht nötig, die Naturgewalten durch die Religion oder Rituale zu beschwören. Natur und Kosmos waren für sie Ausdruck göttlicher Ordnung. Der ägyptische Jenseitsglaube konzentrierte sich auf den Wunsch des Menschen, in den ewigen Kreislauf der Natur, der Sonne und der Gestirne einzutreten.
Die Vorstellung von der altägyptischen Religion als finsteres Heidentum mit bizarren Götzenbildern ist völlig falsch. In den ägyptischen Tempeln geht es um die Erklärung der Welt; die Tempelarchitektur ist ein Weltmodell, die Tempelreliefs mit ihren zahlreichen Bildern des Königs beim Gebet und Opfer vor den Göttern schildern und sichern das Verhältnis Gott - Mensch.
Die Grabbilder des Alten Reichs (Giseh und Sakkara) stellen eine ideale Diesseitswelt als Wunschtraum für das Jenseits dar; erst

Gegenüberstellung historischer Daten der letzten 5500 Jahre

Drei Jahrtausende kontinuierlicher, nachweisbarer Geschichte, davon fast zwei Jahrtausende als Führungsmacht der zu jener Zeit im Westen bekannten Welt – welches Volk auf dieser Erde kann auf eine glanzvollere Vergangenheit zurückblicken?
Die obige, nicht ganz maßstabsgerechte Grafik stellt Zeiträume, in denen der Ägyptenreisende zwangsläufig zu denken hat, anderen weltgeschichtlichen Ereignissen gegenüber.

seit dem Mittleren Reich treten erdachte Jenseitslandschaften auf, unseren Paradies- und Höllenvorstellungen vergleichbar (oder deren Ursprung?).
Sie dienen als Bildprogramm für die Königsgräber des Neuen Reichs. Der Eintritt in diese ideale Ewigkeit ist weniger von materiellen Vorleistungen wie Grab, Mumifizierung oder Opfern abhängig, sondern von der moralischen Qualifikation des Menschen, die beim Totengericht festgestellt wird.
Die pharaonische Religion hat sich über drei Jahrtausende fortentwickelt, ägyptische Götter haben nie eine einziggültige Gestalt angenommen. Der Gott Amun kann z.B. als Mensch mit Federkrone, als Widder oder als Gans dargestellt werden. Als Widder werden aber neben Amun auch Chnum von Elephantine und Heri-

schef von Herakleopolis abgebildet. Hinter diesen vielen Gestalten und Namen steht ein übergeordneter, allgemein gültiger Gottesbegriff.

Wenn in der folgenden Auflistung aus der nicht festliegenden Zahl der Namen und Gestalten ägyptischer Götter einige besonders häufig genannte herausgegriffen werden, so sei ausdrücklich darauf hingewiesen, dass jeder Gott jede Gestalt annehmen und, umgekehrt, jede Göttergestalt jedem Gott zugeordnet werden kann; im Zweifel sagen nur die hieroglyphischen Namen aus, um wen es sich handelt. Entscheidend ist, was hinter dieser zunächst verwirrenden „Regel" steht: eine Gottesvorstellung, die die Weltordnung garantiert und der sich die Ägypter dankbar und ehrfurchtsvoll über 3500 Jahre verpflichtet fühlten.

Pharaonische Götter

Eine halbwegs vollständige Liste altägyptischer Götter umfasst etwa 150 Namen; die Variationsmöglichkeiten der Götterbilder sind unbegrenzt und entziehen sich einer strengen Systematik. Als Ordnungsprinzipien in dieser Vielfalt verwendet der ägyptische Theologe u.a. die Familienstruktur Vater - Mutter - Kind (z.B. Amun - Muth - Chons in Theben) oder Zahlensymbolik wie Achtheit und Neunheit. Vorherrschend bleibt aber die Offenheit des Gottesbegriffs: Der alte Ägypter spricht oft ganz einfach von Gott, altägyptisch *nute* , das gleichbedeutend mit dem griechischen *theos* oder dem lateinischen *deus* ist.

Amun

Der „König der Götter" ist die Verkörperung aller göttlichen Eigenschaften. Er ist der alle anderen Götter überragende Reichsgott Ägyptens und göttlicher Vater des Pharao. In seiner Tempelstadt Karnak wird er wie überall sonst in Ägypten in Menschengestalt mit Doppelfederkrone, in Widdergestalt oder als Gans dargestellt, oft auch als Fruchtbarkeitsgott mit erigiertem Phallus.

Anubis

Einer der Auferstehungsgötter, insbesondere als Schutzgott der Mumifizierung ein Garant ewigen Weiterlebens. Als Schakal oder schakalköpfiger Mensch erscheint er sogar noch in römerzeitlichen Grabbildern und lebt als hundsköpfiger Heiliger in Ikonenbildern fort.

Apis

Fruchtbarkeitsgott, der meist als Stier abgebildet wird und im Tempel von Memphis als wirklicher Stier auf Erden weilt. Seine Bestattung als Stiermumie im Serapeum von Sakkara war eines der großen religiösen Feste. Sein Kopfputz, die Mondscheibe, spielt auf den regelmäßigen Kreislauf des Lebens an.

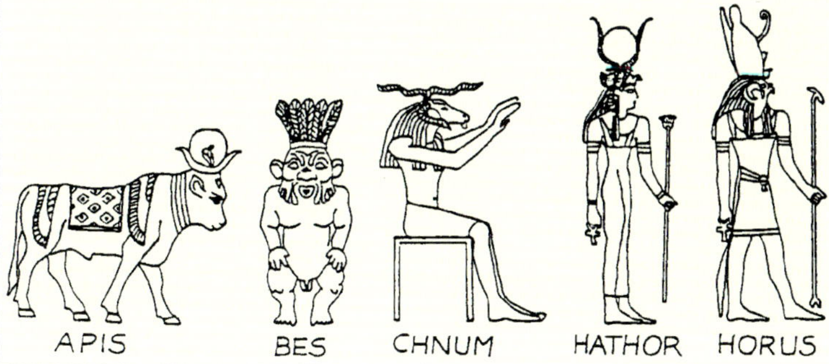

Aton
Die in Ägypten stets vorhandene Vorstellung von einer allumfassenden göttlichen Macht wurde unter Echnaton (um 1350 vC) im Namen Aton (Sonnenscheibe) zusammengefasst, dessen Strahlen in menschliche Hände auslaufen - ein Bild des unmittelbaren Kontakts zwischen Gott und Mensch.

Atum
Ur- und Schöpfergott, Hauptkultort Heliopolis, aber in ganz Ägypten zu Hause. Dem breiten Wirkungskreis entsprechen viele Darstellungsformen, u.a. Mensch mit Doppelkrone, Sphinx, Schlange, Aal.

Bes
Schutzgott von Haus und Familie in Gestalt eines Gnoms mit Löwenfratze; Urbild des griechischen Satyrs.

Chnum
Als widdergestaltiger Fruchtbarkeitsgott ist er der Schutzgott der Nilflut, aber auch der Weltschöpfer, der die Menschen auf der Töpferscheibe formt.

Chons
Sohn von Amun und Muth; das göttliche Kind, das als Nothelfer große Verehrung genießt. Als Kind abgebildet, oft auch falkenköpfig mit Mondscheibe.

Hathor
Muttergöttin in Kuhgestalt, oft auch als Frau mit Kuhgehörn und Sonnenscheibe dargestellt, als Emblem auch Frauengesicht mit Kuhohren. Vor allem in Dendera und Theben verehrt.

Horus
Der schon im 4. Jahrtausend vC verehrte Falkengott inkarniert sich im regierenden König; die ägyptische Mythologie macht ihn zum Sohn von Isis und Osiris, mit denen zusammen er als Horus (das Kind, griechisch Harpokrates) in der ganzen hellenistischen Welt Verbreitung findet.

Isis
Oft wie Hathor dargestellt, daneben auch als Frau mit dem Thronsessel als Kopfputz, verkörpert sie den weiblichen Aspekt des Göttlichen. Überall im Land verehrt, findet sie in der Römerzeit neben Osiris im ganzen römischen Reich Verbreitung.

Maat
Göttin der Weltordnung; als Wesenszug aller Götter genießt sie keinen eigenen Kult. Als Frau mit einer Feder als Kopfputz, der Hieroglyphe „maa" („gerecht"), führt sie die Verstorbenen zum Totengericht.

Muth
Als Gemahlin des Amun und Mutter des Chons ist die Göttin und Königsmutter Teil der theba-

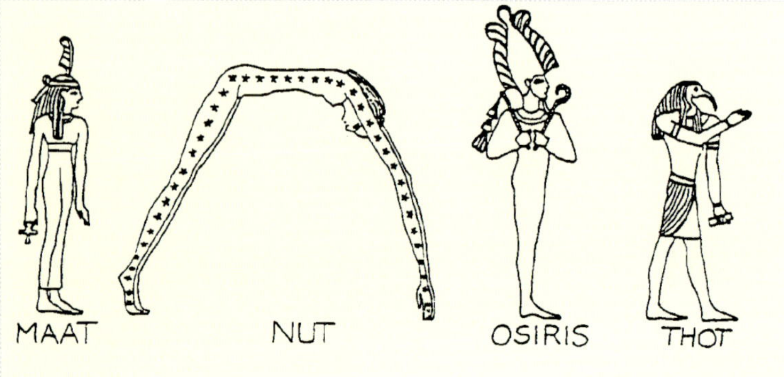

nischen Triade. Meist wird sie mit einer Geierhaube dargestellt.

Nut

Die Himmelsgöttin, die täglich die Sonne gebiert; ihr nackter Leib, vom Luftgott Schu gestützt, bildet das Himmelsgewölbe; als Baumgöttin spendet sie den Toten Speise und Trank. Auf der Innenseite von Sargdeckeln abgebildet, legt sie sich über den Toten und regeneriert ihn.

Osiris

Der Gott der Auferstehung war einst König auf Erden und wurde von seinem (neidischen) Bruder Seth getötet. Osiris überwand dann den Tod. Er wird damit zum Vorbild der Verstorbenen, die ihrerseits Osiris werden wollen. Der „König der Ewigkeit" trägt Krummstab und Wedel als Herrschaftsembleme. Im ganzen Land entstanden Kultorte.

Ptah

Der in Memphis beheimatete Schöpfergott schuf die Welt durch sein Wort. In enger Verbindung mit Sokaris und Osiris ist er auch Auferstehungsgott in der Nekropole von Memphis. Meist mumiengestaltig mit eng anliegender Kappe dargestellt.

Re

Der Sonnengott, meist als Re-Harachte, Re-Atum oder Amun-Re mit anderen großen Göttern zur Allgottheit verbunden und im ganzen Land verehrt. Menschengestaltig mit Falkenkopf und Sonnenscheibe. Haupttempel in Heliopolis.

Sechmet

Löwenköpfige Göttin, in Memphis als Frau des Ptah, in Theben der Muth angenähert (Statuen im Muth-Tempel in Karnak).

Serapis

Ein „Gott aus der Retorte"; aus der Verbindung von Osiris und Apis mit einem bärtigen griechischen Götterbild wird um 300 vC ein Gott geschaffen, der Altägyptisches und Hellenistisches in sich vereinigt. Bis in die Römerzeit im ganzen Imperium verehrt.

Seth

Der Widersacher seines Bruders Osiris, für dessen Ermordung er selbst von Horus getötet wird. Als Verkörperung des Bösen kann er in Gestalt eines Nilpferds oder Krokodils dargestellt werden (Horusmythos von Edfu!); oft auch Fabeltier mit langen Ohren und rüsselartiger Schnauze.

Sobek

Krokodilgott, der die Sonne durch den Ozean der Nacht zum morgendlichen Aufgang transportiert. Vor allem im Fayum verehrt.

Thoeris

Schwangeres Nilpferd mit Krokodilschwanz und Löwentatzen, also Konzentration der mächtigsten Tiere. Beschützerin von Mutter und Kind.

Thot

Als Ibis oder ibisköpfiger Mensch oder Affe dargestellt, ist der Weisheitsgott Thoth für Schrift und Kalender, aber auch für das Sündenregister des Menschen zuständig, das er beim Totengericht vor Osiris verliest.

Eine halbwegs vollständige Liste altägyptischer Götternamen umfasst etwa 150 Namen; die Variationsmöglichkeiten der Götterbilder sind unbegrenzt und entziehen sich einer strengen Systematik. Als Ordnungsprinzipien in dieser Vielfalt verwendet der ägyptische Theologe u.a. die Familienstruktur Vater – Mutter – Kind (z.B. Amun – Mut – Chons in Theben) oder Zahlensymbolik wie Achtheit und Neunheit. Vorherrschend bleibt aber die Offenheit des Gottesbegriffs:

Der alte Ägypter spricht oft ganz einfach von Gott, altägyptisch *nute*, das dem griechischen *theos* oder dem lateinischen *deus* entspricht.

Architektur altägyptischer Tempel

Der altägyptische Tempel ist gleichzeitig Kultbühne und Weltmodell. Als Kultbühne ist er die Wohnung des Götterbildes, das vom Hohepriester (in Stellvertretung des Königs) täglich bekleidet, geschminkt und gespeist wird. Bei großen Festen durchzieht die Götterstatue den Tempel, in Prozessionen verlässt sie auch den heiligen Bezirk. Die Tempelreliefs schildern ausführlich den täglichen Kult und die Feste bei der Begegnung mit dem Gottkönig.

Der pharaonische Tempel entstand als Abbild der Welt bzw. der Vorstellungswelt der Menschen. Den gestirnten Himmel stellt er an den Raumdecken dar, die Pflanzenwelt - hauptsächlich Palme, Lotus, Papyrus - in den Säulen, das

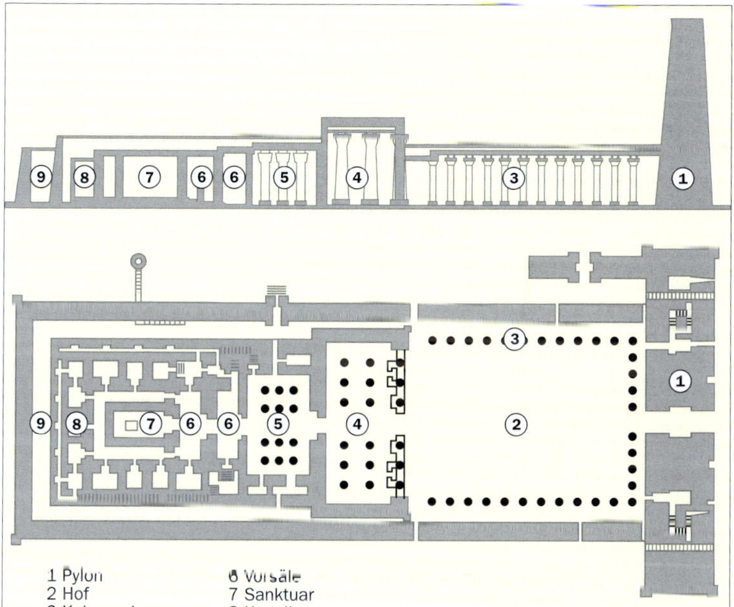

1 Pylon
2 Hof
3 Kolonnade
4 Vorhalle (Pronaos)
5 Säulensaal
6 Vorsäle
7 Sanktuar
8 Kapellen
9 Tempelumgang

Typische Tempelarchitektur
(am Beispiel des Horus-Tempels von Edfu)

Leben der Menschen in den Wandreliefs, wobei die Außenwände weltlichen Bildern wie Krieg oder Jagd vorbehalten sind, die Innenseiten religiösen Szenen. Als Abbild der Unterwelt sind die unterirdischen Krypten anzusehen.
Vom Eingang zum Allerheiligsten hin werden die Raumhöhen (Himmel) niedriger; gleichzeitig steigt das Bodenniveau (Erde) leicht an, und die Raumhelligkeit nimmt ab. Im dunklen, geheimnisvollen Allerheiligsten treffen sich Himmels- und Erdlinie; im Götterbild begegnen sich Mensch und Gott.
Der eigentliche Tempel ist nach außen durch Umgang und Umfassungsmauer hermetisch abgeriegelt. Er ist Zentrum des Tempelbezirks, den wiederum eine Ziegelmauer umschließt. In diesem (äußeren) Bereich herrschte reges Leben: Ställe, Schlachthöfe, Vorratshäuser, Priesterwohnungen, Tempelverwaltung, Verkaufsstände, Pilgerwohnungen, Krankenhäuser - eine kleine Stadt.

Islamische Architektur

Die islamische Religion soll das gesamte Leben, auch den Alltag umfassen. Es konnte daher nicht ausbleiben, dass auch die Arcwon zum Verständnis dieser steinernen Zeugen bieten.

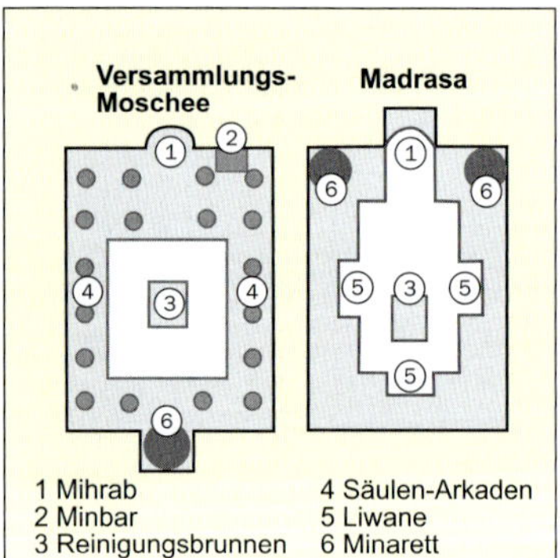

Moschee- und Madrasa-Grundriss

Moschee

Die erste Moschee war der Hof von Mohammeds Haus in Medina: ein offener, von der Außenwelt etwas abgeschlossener Platz, in dem sich die Gläubigen versammeln und ihre Gebete sprechen konnten. Aus diesen Anfängen entwickelte sich die sog. Freitags-Moschee - *Gami* -, ein großer ummauerter Hof mit Arkadengängen an allen Seiten, die sich in Richtung Mekka - *(Gebetsrichtung, Qibla)* - zu einer Halle erweitern.
In die nach Mekka gerichtete Wand, in Ägypten natürlich immer die Ostwand, ist der *Mihrab,* die Gebetsnische, eingelassen, in größeren Moscheen gibt es manchmal mehrere solcher Nischen. Ganz in der Nähe steht meist der *Minbar,* zu dem eine Treppe hinaufführt und der als Kanzel für den *Imam,* den Vorbeter, dient. In einigen Moscheen findet man noch die *Dikka,* eine auf Pfosten oder Säulen stehende Tribüne, auf der Gehilfen des Imam die Gebetshaltungen vorführen.
Zu jeder Moschee gehört mindestens ein *Minarett* . Architektonisch hat es sich aus dem quadratischen Turm syrischer Kirchen entwickelt. Besonders unter den Mamluken fand es einen krönenden Abschluss: ein schlanker, in den Himmel strebender Turm, der in eine Galerie ausläuft und mit einer Kuppel überdeckt ist.
Der *Muezzin* ist der Gebetsrufer, der früher das Minarett bestieg und von oben den Gebetsruf sang. Heutzutage bleibt er unten und lässt eine plärrende Lautsprecheranlage erschallen.

Madrasa

Die Errichtung der theologischen Schule, *Madrasa* genannt, geht auf Saladin zurück. Er wollte die von seinen fatimidischen Vorgängern hinterlassenen schiitischen Moslems zum rechten sunnitischen Glauben zurückbekehren und vereinte die theologische Ausbildung mit der Möglichkeit zum Gebet.
Die Grundform der Madrasa stammt aus dem schiitischen Iran: Vier Hallen (*Liwane* - nur zum Hof sich öffnende Hallen) stehen sich kreuzförmig gegenüber, im Zentrum meist einen offe-

Meisterhafte islamische Sakralarchitektur: Mihrab in der Sultan Hassan Moschee, Kairo

nen Platz lassend. Der östliche Liwan ist meist wegen des Mihrab größer, zumal sich hier die Gläubigen zum Gebet versammeln. Jeder der vier Liwane ist einer der orthodoxen Glaubensrichtungen - Schafi, Maliki, Hanafi und Hanabali - gewidmet. Meist gehören eine Bibliothek, weitere Unterrichtsräume und Laboratorien zur Madrasa.

Mausoleum

Die islamischen Mausoleen, *Qibba* genannt, sind meist einer Moschee angeschlossen, d.h. ein Sarkophag - manchmal auch mehrere - steht in einer Nebenhalle. Oder es ist umgekehrt, die jedem Mausoleum angeschlossene Moschee hat sich bei den Gläubigen zu einem so beliebten Gebetsplatz entwickelt, dass die Idee des Mausoleums in den Hintergrund tritt.

Sebil-Kuttab

Unter den Mamluken kam die Mode auf, öffentliche Wasserstellen zu stiften, an die eine Koranschule für Knaben angeschlossen war. Die wenigsten verfügten über eigene Brunnen oder Reservoire, so wurden viele von Wasserträgern nachgefüllt.

Wakala oder Khan

Kaufleute früherer Zeiten reisten direkt mit der Ware. Daher benötigten sie Unterkünfte, in denen sie ihre Ware anbieten und gleichzeitig auch übernachten konnten. Aus diesem Bedarf entstand die *Wakala* , meist ein mehrstöckiges Gebäude mit rechteckigem Grundriss, das einen großen, nach außen geschützten Innenhof umschließt. Im Hof konnten die Lasttiere entladen und in den ebenerdigen Räumen untergestellt werden. Die Wohn- und Geschäftsräume lagen in den Stockwerken darüber, während meist ganz oben holzvergitterte Fenster auf die Wohngemächer der mitreisenden Frauen deuten.

Privathäuser

Muslimische Häuser müssen nach außen möglichst abgeschlossen sein, damit sich die Damen im Inneren unverschleiert bewegen können. Aber auch sie wollen herausschauen, daher wurden sehr schöne Holzgitter - *Mashrabiya* - für die wenigen Fensteröffnungen geschaffen, die den Einblick verhindern, den Ausblick jedoch ermöglichen. Neben der Privatsphäre sollen sie zur Kühlung beitragen, was durch geschickte Ventilation, hohe Räume und Springbrunnen erreicht wurde.

Koptische Kirchen

Die älteren koptischen Kirchen gehen in ihrer grundsätzlichen Struktur auf die römische Basilika zurück, für die eine gewisse Parallele in altägyptischer Architektur zu finden ist (z.B. *Hypostyl* im Karnak-Tempel). Auch heute noch heißt die koptische Kirche allgemein *Basilika* . Sie ist in der Regel ein rechteckiges Gebäude, dessen Achse in Ost-West-Richtung zeigt. Der Eingang liegt im Westen und führt in einen Vorraum, *Narthex* genannt. Es folgt das Mittelschiff mit den beidseitig durch Säulen abgetrennten niedrigeren Seitenschiffen.

Das südliche Seitenschiff ist Frauen vorbehalten, das nördliche den Männern, in dem aber auch Frauen Platz nehmen dürfen. Die kultischen Handlungen werden im *Sanktuar* oder *Allerheiligsten* vorgenommen. Dafür stehen meist drei Altäre für die sieben täglichen Gottesdienste zur Verfügung. Eine hölzerne Zwischenwand *(Ikonostasis* oder *Haikal),* die häufig sehr kunstvoll mit Einlegearbeiten aus Zedernholz und Elfenbein verziert und mit Ikonen geschmückt ist, trennt diesen erhöht liegenden Bereich vom Mittelschiff.

5

Kairo und Umgebung kennen lernen

Kommen Sie mit in ein Riesenlabyrinth, das überquillt von Lärm, Menschen, Autos, Dreck, in dem neben Hochhäusern das Leben in pharaonisch geprägten Lehmhütten wie vor Jahrtausenden (scheinbar) dahinplätschert, dessen durch und durch orientalische Bazare alle Wohlgerüche des Orients verströmen und dessen chronische Verkehrsstaus zusammen mit allen anderen Luftverpestern den Himmel verdüstern. Und dennoch: Wenn Ihnen Schafe oder (immer seltener) Kamele über den Weg laufen, wenn im Bazar Pfefferschwaden die Nase reizen oder der Bazari zu einem Glas Tee im Dämmerlicht drängt, dann ist das *Orient* in all seiner phantastischen und sympathischen Vielfalt.

Viele Touristen schrecken entsetzt vor dem vermeintlichen (und tatsächlichen) Chaos Kairos zurück, trauen sich kaum einen eigenen Schritt. Aber erst wenn Sie allein oder zu zweit durch die Straßen wandern, werden Sie das echte Kairo erleben können. Sie werden, vielleicht etwas abseits der Tourismusgebiete, Menschen treffen, die Ihnen freundlich mit offenen Augen begegnen, die Ihnen sofort weiterhelfen, wenn Sie sich verloren glauben und – wo gibt es das noch – unter denen Sie sich sicher fühlen können.

Stadtgeschichte

641 nC erobert der vom Kalifen in Bagdad ausgesandte Amr Ibn el Ass die römische Festung Babylon (heute Alt-Kairo). Aus dem Heerlager Amrs entwickelt sich bald eine Stadt mit u.a. Wasser- und Abwasserversorgung, die ***El Fustat*** *genannt wird und zu den glanzvollsten jener Zeit gehört. Von den* ***Abbasiden*** *in Bagdad ernannte Gouverneure regieren Ägypten. 868 macht sich einer der Statthalter,* ***Ibn Tulun,*** *unabhängig und gründet die nach ihm benannte Moschee und eine kurzlebige Dynastie, die bereits 905 von den Abbasiden blutig niedergeschlagen wird. 935 setzt sich der Türke* ***Ichschide*** *erneut gegen die Abbasiden durch, wird jedoch 969 von den* ***Fatimiden*** *verdrängt. Sie kommen aus Nordafrika, sind Schiiten und führen diese*

Kairo von der Zitadelle aus, im Vordergrund Sultan Hassan Moschee (links) und Er Rifai Moschee

Sehenswertes

Die interessantesten Sehenswürdigkeiten Kairos auf einen Blick:

Modernes Kairo

****Ägyptisches Museum**, berühmtestes Museum der Pharaonenzeit mit mehr als 100 000 Exponaten, u.a. Grabschatz des Tutanchamun

***Insel Gezira** mit **Cairo Tower** (guter Aus- und Überblick), **Opernhaus**, **Museum of Modern Egyptian Art** und weiteren Museen

***Museum für Islamische Keramik**, relativ kleines Haus, aber mit auserlesenen Keramiken aus der islamischen Welt

Mahmoud Khalil Museum, sehenswerte Sammlung impressionistischer Maler

Downtown, sehr lebendiges Stadtzentrum

*Landwirtschaftsmuseum** (in Dokki) mit Gebrauchsgegenständen des täglichen Lebens seit den ersten Pharaonen

*Botanischer** und **Zoologischer Garten**

Islamisches Kairo

****Souks und Märkte**, insbesondere beiderseits der Sharia Al Azhar (u.a. der **Khan el Khalili Bazar**)

****Beyt el Suhaimi Palast**, typischer und sehr stimmungsvoller Sheikh-Palast und Nachbarhäuser

***Gayer-Anderson-Haus**, ein im alten Stil restauriertes Wohnhaus direkt an der Ibn-Tulun-Moschee

***Ibn Tulun-Moschee**, altes, imposantes und ausgewogenes Bauwerk aus der Frühzeit des Islam in Ägypten

***Museum für Islamische Kunst**, quasi das "Standardmuseum" der islamischen Kunst mit hervorragenden Stücken

***Zitadelle** u.a. mit *****Mohammed-Ali-Moschee** ("Alabaster-Moschee"), **Mohammed Alis Palast**, ****Nasir-Moschee**, **Militärmuseum** und herrlichem Ausblick

***Sultan Hassan-Moschee**, eines der Meisterwerke islamischer Architektur

***Al Azhar-Moschee**, einflussreichste Moschee und Institution mit ältester Universität des Islam

***Mausoleum-Sebil-Kuttab** und **Moschee von El Guri**; vor allem das erstere Gebäude ist wegen seiner hervorragenden Restaurierung sehenswert

***Kalaun Mausoleum und Madrasa**, interessanter Komplex mit schönen Mashrabien und Dekorationen

***Totenstädte**, Kairos Friedhöfe mit einer Vielzahl von Kuppelgewölben, besonders sehenswert in der nördlichen Totenstadt die **Mausoleen von ***Sultan Barquq** und von *****Sultan Ashraf Qaytbay**, in der südlichen Totenstadt das Mausoleum des ****Imam el Shafi**

Hussein-Moschee mit dem Kopf des Enkels des Propheten als Reliquie (beliebte Moschee für die täglichen Gebete)

El Hakim-Moschee, renoviert, daneben die beiden nördlichen ***Stadttore Bab el Futuh** und **Bab el Nasr** mit zugehöriger Stadtmauer

Aq Sunqur-Moschee, die wegen ihrer glasierten persischen Fliesen auch **Blaue Moschee** genannt wird

Er Rifai-Moschee, ("Schwester" der Sultan-Hassan-Moschee) mit vielen Stilelementen aus der islamischen Vergangenheit

*Aqmar-Moschee**, sehenswertes Bauwerk aus der fatimidischen Epoche (10. Jh)

*Beshtak-Palast**, typischer Wohnpalast aus dem 14. Jh für ehemals gehobene Verhältnisse

*Mausoleum des Saleh Nageh Ad Din Ayyub**, gut restauriertes Bauwerk, das mit den besten Eindruck von alter islamischer Architektur vermittelt

*Wakala El Guri**, sehr gut restaurierte ehemalige Karawanserei, heute ein Atelier-Haus

*Muayyad-Moschee** mit dem Bronzetor der Sultan-Hassan-Moschee und baumbestandenem Innenhof

*Qajmas el Ishaqi-Moschee**, interessantes Bauwerk aus dem 15. Jh mit schönen Marmor-Intarsien und guter Ventilation

*Altinbugha el Maridani-Moschee**, aus dem 14. Jh stammende Moschee mit großer Holztrennwand zum baumbestandenen Innenhof

Alt-Kairo und Insel Roda

***Alt-Kairo**, der älteste Stadtteil, ist wegen seiner koptischen Kirchen – besonders **El Moallaka** und **St. Sergius** – sowie des ****Koptischen Museums** einen Besuch wert

Manial-Palast (Insel Roda), etwas überprächtiges Gebäude aus dem 19. Jh mit schönem Garten und Jagdmuseum

*Nilometer** (Insel Roda), der viele Jahrhunderte zur Bestimmung des Wasserstandes diente und eindrucksvoll zeigt, wie hoch die Fluten stiegen

*Amr-Moschee**, die älteste Moschee Kairos

Umgebung von Kairo

****Pyramiden von Gizeh, Sphinx, Sonnenboot, Gräber**, von alters her zu den Weltwundern zählend, am besten erhaltene Pyramiden

****Pyramiden von Sakkara** - mit der sehenswerten *Stufenpyramide des Djoser* beginnt hier die Entwicklung des Pyramidenbaus – und Reste der im Fruchtland gelegenen ersten Hauptstadt Memphis

***Pyramiden von Dashur**, die *Knickpyramide* zählt zu den bekanntesten, die Grabkammer der *Roten Pyramide* ist zugänglich

*Pyramiden von Abusir** und Sonnenheiligtum, ziemlich zerstörte Anlage

*Pyramide von Medum**, weit außerhalb gelegen, bekannt wegen abgerutschter Verkleidung, Grabkammer zugänglich

islamische Glaubensrichtung in Ägypten ein. Zugleich verlegen sie die Hauptstadt ein Stück nördlich von Fustat und nennen sie ***El Qahira*** *("Eroberer"), aus dem sich das westliche Wort Kairo ableitet. Sie gründen die Al Azhar Moschee und setzen sich damit ein Denkmal bis auf den heutigen Tag. In ihrer prunkvollen Palastanlage auf der Fläche des heutigen Khan el Khalili Bazars sind etwa 25 000 Bedienstete beschäftigt.*

Als 1168 die Kreuzritter anrücken, zünden die Bewohner von Fustat ihre Stadt an allen Ecken an, um sie nicht in Feindeshand fallen zu lassen; sie brennt zwei Monate lang. Die z.T. glanzvolle Epoche der Fatimiden zerfällt schließlich; der Kurde ***Salah el Din*** *(„Saladin") ergreift, als er im Auftrag von Bagdad Ordnung schaffen und die Kreuzritter bekämpfen soll, die Macht und gründet die Dynastie der* ***Aijubiden****, die von 1171 bis 1250* *regiert. Saladin baut die* ***Zitadelle,*** *das neue Machtzentrum.*

1250 kämpfen sich ***Mamluken*** *an die Spitze. Sie waren meist als Sklaven in den Dienst eines Sultans geraten und zur militärischen Elite erzogen worden. 1382 entreißen die in der Zitadelle stationierten Burgi-Mamluken den aus den Kasernen am Fluss ("Bahri") stammenden Bahri-Mamluken die Führung. Obwohl glanzvolle Epochen die Mamluken-Herrschaft begleiten, herrscht um die Macht ein ständiger Kampf auf Leben und Tod. Die durchschnittliche Regierungszeit von fünf Jahren pro Sultan spricht Bände.*

1517 erobern die ***Osmanen*** *aus dem fernen Konstantinopel Kairo und lassen den Mamlukensultan Tuman Bey am Bab Zuwela aufhängen. Jetzt übernehmen von der Hohen Pforte, der osmanischen Regierung, abhängige Paschas die Macht, die sich jedoch auf untergeordnete Mamluken stützen. Die Paschas halten sich durchschnittlich drei Jahre an der Regierung. Sie beuten das Land brutal aus, Krankheiten und Hungersnöte dezimieren die Bevölkerung.*

1798 beendet ***Napoleon*** *mit dem Einmarsch in Ägypten vorläufig die osmanische Herrschaft. Die Engländer, von den Osmanen zu Hilfe geholt, vertreiben 1801 die Franzosen und ziehen sich 1807 wieder zurück. Die Osmanen setzen 1805 den Albaner* ***Mohammed Ali*** *als Pascha ein. Dieser schaltet 1811 den Einfluss der Mamluken aus, indem er deren Elite zu einem Festmahl einlädt, sie aber in einem Hinterhalt umbringen lässt – 474 an der Zahl.*

Mohammed Ali krempelt Ägypten und natürlich Kairo um. Sein Enkel Ismail lässt das heutige Stadtzentrum von französischen Architekten planen und bauen, Gasbeleuchtung und Kanalisation legen. Die Engländer erobern 1882 Ägypten erneut und behalten bis 1924 im Hintergrund die tatsächliche Macht. In dieser Zeit zieht es viele Europäer nach Kairo, die im neuen Zentrum Gebäude der unterschiedlichsten Stilrichtungen bauen, von Neorenaissance und -barock über Jugendstil bis hin zu Art Deco. Mit dem ***Staatsstreich der Offiziere*** *1952 und der Absetzung König Faruks geht die Dynastie von Mohammed Ali zu Ende; der westliche Einfluss wird vorübergehend zurückgedrängt.*

In den Folgejahren explodiert die Einwohnerzahl von Kairo. Besonders nach der Öffnung des Landes zum Westen unter Sadat entstehen neue Straßen und Wohnviertel, dehnt sich Kairo in alle Himmelsrichtungen aus.

Streng genommen besteht es aus ***Kairo*** *(etwa 8 Mio Einwohner) und* ***Giseh****, einer selbständigen Verwaltungseinheit. Die Einwohnerzahl des Großraums Kairo wird auf bis zu 22 Millionen Menschen geschätzt.*

Kairo als Regierungssitz beherbergt neben der gesamten Administration auch die diplomatischen Vertretungen, Universitäten, Museen und zahllose Baudenkmäler. Die Altstadt wurde in die ***UNESCO-Liste des Weltkulturerbes*** *aufgenommen.*

Orientierung in Kairo

Kairo zu verstehen, sich im Gewirr von Gassen, Gängen, Straßen, Hochstraßen und Brücken zurechtzufinden, ist keine leichte Aufgabe. Will man nicht als blindes Huhn herumirren, sollte man ein paar Minuten Zeit investieren und sich in die Topografie der Stadt hineindenken (siehe auch Plan Großraum Kairo, Seite 233).

Das alte Kairo entwickelte sich zwischen Nil und den Mokattam-Hügeln auf der östlichen Seite des Flusstals. Dieses *Islamisches Viertel* genannte Gebiet zieht sich von der Amr-Moschee (Alt-Kairo) bis zu den Resten der ehemals nördlichen Stadtmauer an der Hakim-Moschee hin. Dort lagen die Residenzen all der glanzvollen islamischen Herrscher.

Zwischen Islamischem Viertel und der Niluferstraße *Corniche* entstand das moderne Stadtzentrum. An der im Verkehr erstickenden (ehemaligen) Prachtstraße Corniche stehen u.a. Luxushotels (Semiramis, die beiden Hiltons etc.) und Botschaften. Auch die beiden Nilinseln *Roda* und *Gezira* sind vollständig in das moderne Stadtbild einbezogen, wobei Gezira

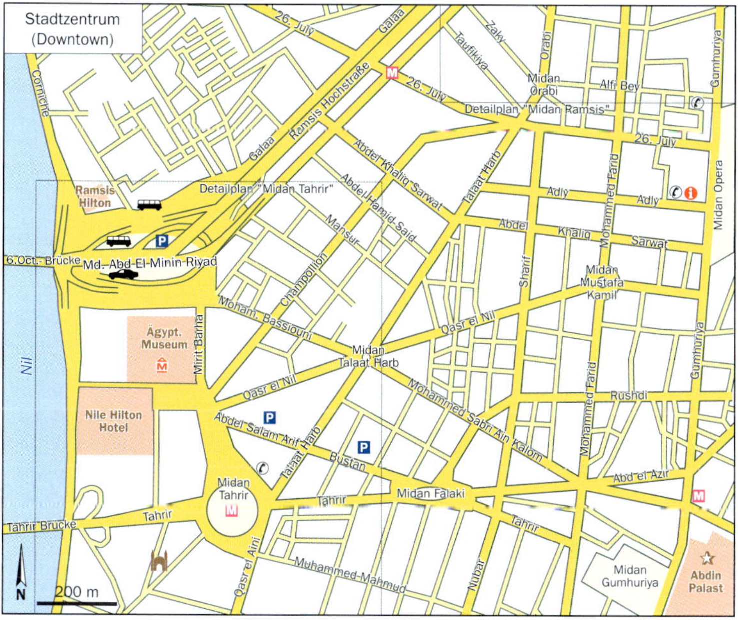

mit dem „Stadtteil" *Zamalek* die vornehmere Rolle, mit entsprechenden Wohnvierteln und vielen Botschaften, übernommen hat. Auf der anderen Seite des Nils liegen im Norden die neueren Stadtteile bzw. Wohnviertel *Mohandissin* und *Agouza*, südlich davon *Dokki* mit der Kairo-Universität und dem Zoo. Südwestlich schließt sich die selbständige Stadt *Giseh* an, mit ca. 2,5 Millionen Einwohnern, zu der die Pyramiden am westlichen Wüstenrand gehören, in praxi jedoch ist Giseh fest mit Kairo verwachsen.

Neben diesen, zum eigentlichen Kerngebiet Kairos zählenden Vierteln sind aus touristischer Sicht noch zu erwähnen: die im Nordosten liegende Vorstadt *Heliopolis* (in pharaonischer Zeit bereits besiedelt) mit dem internationalen Flughafen, im Südosten die Vorstadt *Maadi*, ein teures Pflaster, wo viele Ausländer leben, und ein Stück weiter südlich das noch ältere *Heluan*.

„Kairo soll schöner werden" könnte man ein Programm nennen, das vermutlich gar nicht als strenge Auflage besteht, sondern dort umgesetzt wird, wo Mittel und Möglichkeiten es zulassen oder vielleicht auch politischer Druck dahinter steht. Speziell in der Innenstadt wurden einige Plätze renoviert und begrünt. Auf verschiedenen Straßen entstanden Pflanzeninseln oder andere Verschönerungen, sogar erste Fußgängerzonen konnten durchgesetzt werden. Insgesamt hat sich das Bild Kairos in letzter Zeit sehr positiv verändert.

Rund um die Hauptstadt wurden in den letzten Jahrzehnten Satellitenstädte - die bekannteste heißt „6.October City" - aus dem Boden gestampft, deren Bevölkerungszahl auf derzeit etwa 5 Millionen geschätzt wird. Aber auch an die Reichen ist gedacht, denen Kairo nicht mehr attraktiv genug ist. In den neuen Städten finden sie exklusive Refugien, frei von Smog und Lärm, die mit Mauern und Wachpersonal abgeriegelt sind.

Im Zentrum und auch in anderen Stadtteilen wurden gut lesbare blaue Straßenschilder aufgestellt, deren englische Orthografie nicht unbedingt mit der Namensschreibweise in diesem Buch oder in anderen Publikationen übereinstimmt, aber sie helfen weiter.

Noch ein Wort zum Thema Sicherheit:
Viele öffentliche Einrichtungen werden durch Personenschleusen mit Metalldetektoren „geschützt". Lassen Sie daher allzu viel Schmuck, Taschenmesser oder Ähnliches besser im Hotel. Die Tourist Police - mit deutlich beschrifteten Armbinden - steht vor nahezu jedem touristisch wichtigen Gebäude. Die Männer sprechen, wie schon erwähnt, selten eine Fremdsprache, sind aber durchaus hilfsbereit. Einige haben Nebenerwerbsmöglichkeiten erkannt, indem sie sich den naiven Touristen als Fotomodell anbieten, dann aber ein kräftiges Bakschisch einfordern - den Finger an der Kalaschnikow.

Praktische Informationen

Der **Kairo-Stadtplan** ist auf der Innenseite des vorderen Umschlags.

Modernes Kairo

Midan Tahrir und Umgebung

Das moderne Leben pulsiert im Stadtzentrum mit seinen Geschäftsstraßen, Bürohäusern, Banken. Die City (häufig auch *Downtown* genannt) breitet sich vom Midan Tahrir - *Platz der Befreiung* -, dem zentralen Platz schlechthin, mit der Sharia Talaat Harb nach Norden aus, südlich liegt die Garden City mit (ehemals) vornehmen Wohnpalästen, Botschaften und Hotels. Ein wichtiger Knoten ist der Midan Talaat Harb, der - im Verlauf der gleichnamigen Straße gelegen - von der Geschäfts- und Bankenstraße Qasr El Nil und der Sharia Mohamed Bassiouni gekreuzt wird.

Das Shoppen im modernen Kairo spielt sich im Wesentlichen im Gebiet zwischen Midan Talaat Harb, Sharia Qasr El Nil, Sharia Gumhuriya, Sharia 26.July und Sharia Talaat Harb ab. Besonders in der Sharia Talaat Harb und Qasr el Nil (bis zum Midan Mustafa Kamil) drängen sich am Abend die Fußgänger. Es ist interessant, zu dieser Zeit hier zu bummeln, entweder selbst einzukaufen oder nur den Ägyptern beim Shopping zuzuschauen. Werfen Sie doch einen Blick in die zweite Querstraße rechts der Qasr el Nil. Dort steht das aus besseren Zeiten stammende Hotel Cosmopolitan am Beginn einiger restaurierter kleiner Straßen, die als ansprechende Fußgängerzone mit viel Grün gestaltet sind; fast ein Blick zurück um 100 Jahre.

Wer es bis 22 oder 23 Uhr aushält, kann in der Gegend des Midan Orabi in einen der Nachtclubs gehen und den Ausflug z.B. mit einer landestypischen Bauchtanzaufführung oder einem Besuch des stadtbekannten *Cinema Metro* in der Sharia Talaat Harb beschließen.

Aber auch am Tag lohnt ein kurzer Abstecher zum Midan Orabi mit dem kleinen Taufikiya-Frischmarkt und der kurzen Fußgängerzone, die nicht nur autofrei gehalten wird, sondern auch mit Grünanlagen und Sitzbänken aufgewertet wurde. Hier und in der Parallelstraße bieten viele kleine und größere Restaurants alle Genüsse der ägyptischen Küche. Besonders abends nimmt die Betriebsamkeit noch zu und erlischt erst lange nach Mitternacht.

Der **Midan Tahrir** (der offiziell *Midan Anwar el Sadat* wie die Metro-Station heißt), ist eine Art Institution in Kairo. Sechs Straßen spucken allen Verkehr auf dieses Areal, Fußgänger - manchmal um ihr Leben rennend - überqueren die Straßenzüge, obwohl der Metro-Bahnhof sicheres Unterqueren ermöglicht. Besonders

Neuankömmlinge sollten die Unterführungen vorziehen, weil der Verkehr lawinenartig über Platz und einmündende Straßen rollt.
Von Nord nach Süd liegen am Tahrir oder in unmittelbarer Nähe: das Ägyptische Museum, das Nile Hilton Hotel, das ehemalige Gebäude der Arabischen Liga, das Außenministerium, das Mogamma-Gebäude mit vielen Verwaltungsstellen sowie die Amerikanische Universität. Zwischendrin finden noch eine Bushaltestelle (vor der Mogamma) und natürlich eine Menge von Geschäften und Restaurants Platz.
Das **Nile Hilton Hotel** war früher die zentrale Touristen-Drehscheibe; in den letzten Jahren kam es ein wenig aus der Mode. Es entstand 1959 in den fast puritanischen, nach Moskau ausgerichteten Zeiten unter Nasser. Damals wurde es von dem mehr kosmopolitischen Teil der Bevölkerung gern als eines der wenigen Fenster nach Westen genutzt. Heute noch gilt es als eine Art touristische Institution, nicht zuletzt, weil es mit seinen Restaurants ein meist ruhiges Plätzchen im hektischen Stadtgewühl bietet.
Das Schwester-Hotel, Ramsis Hilton, wurde später nördlich der 6.October-Brücke in den Himmel geklotzt, ebenfalls kein Architektur-Denkmal. Von der Bar *Windows on the World* jedoch, die im 30.(!) Stockwerk kurz vor Sonnenuntergang öffnet, überrascht der fantastische Ausblick, u.a. auf den Midan Tahrir und manchmal bis zu den Pyramiden am Dunsthorizont. Sie ist außerdem ein sehr brauchbarer Platz für einen (teuren) „Sundowner", den Drink nach englischer Art bei Sonnenuntergang.
Eine ganz andere Atmosphäre vermittelt das Mogamma-Gebäude am südlichen Midan Tahrir. Wenn man sein Visum verlängern lässt, kann man einen Blick in die Ameisenburg alptraumhafter Bürokratie werfen. Schauen Sie am Weg zu den Schaltern in die Büros, in denen sich meist mehrere Mitarbeiter einen Schreibtisch teilen müssen. Europäische Büromenschen werden nach diesen Einblicken gern wieder an den eigenen Arbeitsplatz zurückkehren.

Sollten Sie etwas mehr Zeit haben, so könnten Sie der **American University in Cairo** (AUC) an der Südostecke des Midan Tahrir einen Besuch abstatten. Dort finden häufig auch für Fremde interessante Vorträge oder Theateraufführungen statt (Informationen im Public-Relation-Office, Eingang Sh Sheikh Rihan). Im Bookshop der AUC gibt es jede Menge Literatur, vor allem alle Bücher, Karten etc., die von der American University in Cairo Press herausgegeben werden, aber auch weitergehende Literatur, z.B. über Ägypten, von anderen Verlagen. Im Café/Mensa lässt sich's frühstücken und mit Studenten in Kontakt kommen. Oder Sie können die Studenten beobachten, die sich frei und ungezwungen verhalten wie auf jedem Campus eines westlichen Landes, obwohl auch hier einige verschleierte Mädchen von den strengen islamischen Bräuchen künden.
2003 wurde übrigens ein deutsches Pendant zur AUC vom Bundeskanzler persönlich eröffnet, die **German University in Cairo (GUC)**. Im Gegensatz zur AUC liegt sie weit außerhalb in **Qatamia** östlich der Ringroad und nahe der Autobahn nach Suez, besitzt dort aber genug Erweiterungsfläche für die Zukunft. Der Studienbetrieb ist mit sechs im Wesentlichen technisch orientierten Fakultäten sehr erfolgreich angelaufen. Die Gründerväter gaben der Universität einen elitären Anspruch mit auf den Weg, der sich auch in der hochmodernen Ausstattung widerspiegelt (siehe auch www.guc.edu.eg).
Im nächsten Block der Sharia Qasr El Aini ist das ehemalige Haus der Geologischen Gesellschaft von einer Polizei- oder Militärkaserne vereinnahmt worden. Das interessante **Geologische Museum**, das einst hier verstaubte, wurde in die Corniche 2-4, in die Gegend von Alt-Kairo verlegt, Eingang Atar el Nabi (Nähe Metro-Station Zahra). Es beherbergt beeindruckende Tertiär-Fauna, Meteoriten, Minerale etc.
Ein sehenswerter Fokussierungspunkt des täglichen ägyptischen Lebens ist der unweit gelegene Bab el Luk Markt am Midan Falaki, an der Verlängerung der Sharia Tahrir. Er lässt sich sehr

Parfümiertes Wasser?

Schlepper nutzen die Not der Touristen auf den Straßen, springen ihnen schnell zur Seite, halten die heranbrausenden Autos auf und geleiten den Fremden freundlich auf die andere Seite mit dem Spruch: „I saved your life!" Der so vor dem Tod Gerettete kann kaum die Einladung ins Parfümgeschäft und dort den Kauf einer Literflasche überteuerten Parfüms ausschlagen... Das ist übrigens nur einer der Tricks. Besonders am Midan Tahrir, in der Sharia Talaat Harb und den umliegenden Straßen sind Schlepper sehr geschickt auf ahnungslose Touristen aus. Meist sprechen sie ein paar Sätze deutsch und verwickeln den höflichen Zuhörer in ein Gespräch. Die Freundschaft endet schließlich in einem Shop, dessen Preise stark überhöht sind. Aber es geht nicht nur um Parfüm. Andere Schlepper versuchen, Ihnen überteuerte Ausflüge z.B. nach Sakkara oder sonst wohin anzudrehen oder sich Ihnen den ganzen Tag über als freundschaftlicher Führer anzudienen und am Ende ein saftiges Honorar zu verlangen.

leicht ausfindig machen, indem Sie vom Midan Tahrir nur ca. fünf Minuten stadteinwärts bis zum nächsten Platz gehen, dort liegt er rechts, nur an unscheinbaren Eingängen zu erkennen. Allerdings ist der Bab el Luk Markt ein bisschen verkommen. Weitere typische Märkte sind der Ataba Markt (siehe weiter unten) und der bereits erwähnte El Taufikiya Markt in der Nähe des Midan Orabi.

****Ägyptisches Museum

Vielleicht denken Sie jetzt an einen Besuch des Ägyptischen Museums (auch *Nationalmuseum*; www.emuseum.gov.eg). Öffnungszeit 9-18.30, Ramadan bis 14) Eintritt £E 50; Pharaonen-Mumiensaal zusätzlich £E 100; Treasury (z.Zt der Recherche geschlossene Ausstellung im Basement) £E 20; Ticket ist für Mehrfacheintritt an einem Tag gültig. Innerhalb des Museums sind keine Fotos und Videos erlaubt, nur im Garten. Fotoapparate kann man am Eingang neben dem Tickethäuschen in Verwahrung geben. Museumsführer warten zwischen Ticketschalter und Eingang auf Kunden, Stundenpreis um £E 70. Ein nur englisch oder französisch sprechender Audioführer ist nach dem Eingang rechts erhältlich, kostet £E 20 und deckt etwa 120 Objekte ab.

Auf die hier gebotenen Eindrücke sollte man selbst dann nicht verzichten, wenn man normalerweise einen Bogen um Museen macht; denn hier findet man weltweit einmalige Exponate von unschätzbarem Wert (z.B. Tutanchamun), andererseits aber auch so lebendige Darstellungen des täglichen Lebens vor 5000 Jahren, dass es einem den Atem verschlägt.

Für das mit Ausstellungsstücken und Besuchern voll gestopfte Museum sind ein paar „strategische Überlegungen" angebracht. Um 9 Uhr warten lange Schlangen bei den Gepäckdurchleuchtern und hetzen dann im traditionellen Schema durch die Räume. Folgt man dem üblichen System, dann bringt der spätere Vormittag (ab 11 oder 11.30 Uhr) erste Erleichterung, weil die meisten Gruppen jetzt bereits andere Programme abzuarbeiten haben. Daraus folgt eine Alternative: Beginnen Sie gegen den Uhrzeigersinn mit dem Besichtigen, denn die Gruppen laufen quasi mit der Uhr; um 9 Uhr und noch eine Weile später ist z.B. der Tutanchamun-Saal 3 fast leer.

In unserem früher verkauften Tonführer hatten die Autoren Sylvia Schoske und Dietrich Wildung die Besichtigung genau antizyklisch aufgebaut, d.h. mit der Spätzeit beginnend und immer tiefer in die Geschichte bis zur Frühzeit eintauchend. Die noch aktuellen Teile dieses Tonführers können Sie sich von unserer Website aus dem Internet kopieren und als ausführlichen Führer mitnehmen.

Es gilt noch einen anderen Aspekt zu bedenken. Die Eindrücke bleiben zusammenhanglos und damit fast uninteressant, wenn man sich nicht vorher ein wenig über den geschichtlichen Hintergrund informiert. Lesen Sie bitte das Kapitel *Im Eilgang durch die Geschichte*, siehe Seite 101, und versuchen Sie, die Daten mit Bildern und Inhalt auszufüllen.

Schließlich sollte man sich über das Ordnungsprinzip des Museums klar werden. Im Erdgeschoss sind - mit Ausnahmen - die Stücke und Raumthemen chronologisch angeordnet. In Raum 47, mit der Frühzeit um 3000 vC beginnend, arbeitet man sich - links herum gehend - in immer jüngere Epochen der pharaonischen Zeitläufte vor. Das Obergeschoss hingegen ist sachlich sortiert; den meisten Platz nimmt die Tutanchamun-Ausstellung ein. Bei der folgenden Beschreibung halten wir uns an den klassischen Rundgang, d.h. im Uhrzeigersinn von der Frühzeit zur Spätzeit und dann themenbezogen im Obergeschoss (siehe Plan). Bei der Fülle der Exponate beschränken wir uns auf die wichtigen Stücke.

Auf eine weitere Erschwernis muss noch hingewiesen werden: Es gibt mehrere Katalogisierungsschemata der Exponate. Man findet daher unterschiedlichste Nummern an den Stücken oder Vitrinen; manchmal auch gar keine. Da verschiedene Räume neu angepinselt wurden, verschwanden teilweise die Raumnummern unter der neuen Farbe; ohne Plan ist man manchmal hilflos. An den Kiosken am Eingang sind ausführliche und bebilderte Kataloge erhältlich.

Ansonsten ist zu überlegen, die Besichtigung auf mehrere Tage zu verteilen, z.B. vor und nach einem Oberägyptenbesuch. Man sollte auch in weniger frequentierten Räumen oder Fluren stöbern, überhaupt auf Entdeckungstour gehen. Ein Rundgang durch das Ägyptische Museum kann so spannend wie die gesamte Reise sein, und man wird bei jedem Besuch wieder Neues finden.

In der folgenden Beschreibung wird pro Raum (**Saal/Galerie**) auf die wichtigen Stücke hingewiesen. Jeweils in Klammern steht zunächst die sichtbarste der individuellen Katalognummern, dann eine grobe Lokalisierung des Aufstellungsplatzes. Fett gedruckte Angaben und Räume mit * verdienen (u.a.) besondere Beachtung.

Grand

Seit Jahrzehnten wird über einen Neubau des Ägyptischen Museums diskutiert. Nun ist es soweit: In Giseh, an der „Wüstenstraße" nach Alexandria, künden links kurz vor der Kreuzung mit der Ringroad große Tafeln den Neubau an. Das „Grand Egyptian Museum" soll etwa 100 000 Exponate unter modernsten museumspädagogischen Gesichtspunkten auf etwa 80 000 Quadratmeter Ausstellungsfläche zeigen (das künftige Berliner Ägyptische Museum wird 4500 qm haben). Daher müssen viele Objekte des alten Museums – das nicht geschlossen werden wird – nach Giseh umziehen, u.a. die gesamte Tutanchamun-Ausstellung. Die Eröffnung ist für 2011 geplant.

Bitte beachten Sie: Seit einigen Jahren wird das Museum gründlich „überholt", d.h. überladene Räume werden ausgedünnt und diverse Exponate besser präsentiert. Andere Stücke sind nur vorübergehend verschwunden oder tauchen – möglicherweise an neuem Platz – wieder auf, weil sie für Ausstellungen ausgeliehen sind oder waren. Und noch eins drauf: Objekte, die ins neue Museum umziehen sollen, müssen ihren angestammten Platz u.U. schon bald verlassen, weil sie zuvor gründlich restauriert werden sollen. Damit können sich laufend Änderungen gegenüber unserer Beschreibung ergeben, die als eine Art Momentaufnahme im Herbst 2007 zu betrachten ist.

Erdgeschoss

Nach dem Gedränge im Eingangsbereich und den Sicherheitskontrollen betritt man die so genannte Rotunde (Saal 48) mit Kolossalstatuen aus dem Neuen Reich von Amenhotep und Ramses II sowie einer Kopie des Rosetta-Steins (re an der Ecke), dessen Dreisprachigkeit die Entzifferung der Hieroglyphen ermöglichte. Gehen Sie zunächst in den Saal 43 und von dort wieder zurück.

Frühzeit

***Saal 43**: Eins der wichtigsten Stücke des Museums ist die **Narmer-Palette** (Vitr. 111, Mitte), die in früher Darstellung (um 3000 vC) Narmer als Sieger im Kampf um die Vereinigung Nord- und Südägyptens zeigt (Seite mit 3 Registern: Narmers Name im oberen Register zusammen mit Hathor-Köpfen, darunter erschlägt Narmer mit oberägyptischer Krone einen Feind im Angesicht von Horus, der ihm weitere Feinde - symbolisiert durch Papyrusstauden – zuführt, im unteren Register flüchten zwei Feinde. Auf der anderen Palettenseite oben wieder Name und Hathor-Gesichter, darunter Narmer mit Keule und Zepter, vor ihm sein Wesir und 4 Standartenträger - die Gaue repräsentierend - und enthauptete Feinde, darunter zwei mythologische Tiere mit verschlungenen Hälsen und von Wärtern gehalten - vermutlich die Einheit des Landes symbolisierend -, im unteren Register Narmer als ein eine Festung zerstörender Stier, der den Feind zu seinen Füßen schont.

Weiterhin im Saal: 56 cm hohe Schieferstatue des Pharao Khasekhem, 2. Dynastie, älteste bisher bekannte Königsstatue (14 li. von Narmer); in den folgenden Vitrinen Schmuck und Gebrauchsgegenstände aus der 1. Dynastie, ebenso gegenüber (Vitrinen vor rechtem Boot). Sie können von hier aus auch gleich die Mittelhalle besichtigen, siehe Saal 18-33 weiter unten.

Göttinnen auf dem Kanopengefäß Tutanchamuns

Altes Reich (AR)

***Galerie 48/47**: Kalkstein-Statue von Pharao Djoser aus seinem Totentempel in Sakkara (16 Eing. Mitte); Sarkophage mit Hausdekoration (li.); vollendete Bildhauerei der sog. Triaden: Pharao **Mykerinos** (kleinste Pyramide von Giseh) zwischen Hathor (re. von ihm) und einer einen Gau repräsentierenden Figur (180 li.; 1158 re.); interessante Figurinen aus dem täglichen Leben im AR (Vitr. D Mitte); Opfertisch (119 re. hint.)

Gal. 46: Zwerg Chnumhotep , sehr schöne Holzfigur eines Trägers mit „Rucksack" und Weidenkorb (Vitr. 54/65/92, Eing. Mitte); Kopf des Pharao Userkaf, 5. Dyn. (6051 hint. re.)

Gal. 41: So gen. Pastenreliefs des Nefer-maat (25 Eing. li. Wand, re. Wand), Reliefs mit bunter Paste ausgefüllt (Hund beißt Fuchs; Vogelfang)

***Saal 42**: Äußerst lebendige Holzfigur des Priesters **Ka-aper** – "Dorfschulze" – (40 li. Mitte); vollendete, sehr sorgfältig gearbeitete Diorit-Statue von Pharao **Chephren** (zweite Giseh-Pyramide) mit Horus-Falke als Beschützer (31 Mitte); **Schreiber** mit eingelegten Augen im Schneidersitz mit Papyrus auf dem Schoß (Vitr. 43 re. Eing.)

***Saal 32/37**: „Schifferstechen", bemaltes Relief (60 li. Eing.-Wand vorn); Schreiber Mitri als große und kleine Statue (li. Eing.); herrliche 5000 Jahre alte Farben: **Gänse von Medum** (138 li. Wand Mitte); **Zwerg Seneb** mit Frau und Kindern (39 li. Wand Mitte); 4 Stauen des Oberpriesters Intishedu (Vitr. hint. li.); Oberpriester **Rahotep** (Sohn des Snofru, Pyramiden von Dashur) und Gemahlin Nofret (27 hint.); Scheintür der Mastaba des Ateti (239 hint. Wand) Nebenraum 37 (hauptsächlich Funde aus dem Grab von **Hetepheres**, Mutter von Pharao Cheops): Sessel, Bett (li. Vitr.); bisher einzige Darstellung von Pharao **Cheops** (höchste Giseh-Pyramide) als 7 cm hohe Elfenbeinstatue (Vitr. Wand hint. Mitte); Sänfte von Hetepheres (vorn re.)

Wieder Saal 32: Grabherr Ti (49 re. Eing.; interessantes Grab in Sakkara)

Gal. 31: Priester Ranofer, langer Schurz, kurze Haare (45 hl); derselbe mit kurzem Schurz, Perücke (46 hint. re.)

Mittleres Reich (MR)

***Gal. 26**: Farbige Statue von Pharao Mentuhotep II, Gründer des MR, als Osiris, daher schwarze Hautfarbe, rote Krone Unterägyptens (aus Totentempel Deir el Bahri - neben Hatschepsut -, Theben-West) (67 re.)

***Saal 22**: 10 lebensgroße Statuen von Pharao **Sesostris I** (Pyramide in Lisht) um die ausgemalte Grabkammer des Harhotep herum (Mitte), schöne Holzfigur von Sesostris I (Vitr. 88 mittig re,)

Gal. 16: Doppelstatue und Mähnensphingen, vermutlich von Pharao Amenemhet III

Neues Reich (NR)

Gal. 11: Kalksteinkopf der Pharaonin Hatschepsut, bemalt, Grundton rot (männliche Farbe), der Kopf mit dem strahlenden Gesichtsausdruck stammt von einem Osirispfeiler von Deir el Bahri (Mitte)

***Saal 12**: 18. Dynastie-Raum: **Marmorstatue von Tuthmosis III** (135 li. Eing.); Amenophis II mit Opfertablett (470 li. Mitte); Relief der verkrüppelten Königin von Punt (130 li. Wand Mitte); Pharao Amenophis III mit Kriegshelm (Vitr. C hint. Wand li.); ausgemalte **Kapelle** mit Hathor-Kuh aus Deir el Bahri, unter ihrem Kopf beschützt sie Amenophis II, der als Königskind am Euter trinkt, an den Kapellenwänden Darstellungen von Tuthmosis III (138 hint. Wand); Statue der Pharaonin **Hatschepsut**, als männlicher Pharao dargestellt (952 re. Wand hint.); Würfelhocker von Senenmut, Günstling von Hatschepsut (418 re. Wand Mitte); Gra-

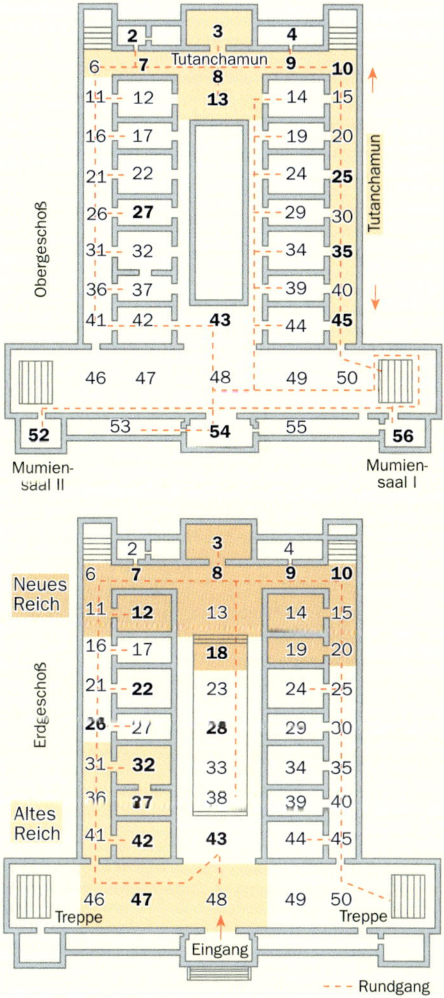

Ägyptisches Museum

nitstatue von Isis, Gemahlin von Tuthmosis II (424 Mitte re.); Granitstatue von **Tuthmosis III** (400 Mitte re.)

***Gal. 7**: Kolossalstatue von **Hatschepsut**, knieend und opfernd (6153 Mitte)

***Gal. 8**: **Kalksteinreliefs** von Echnaton und Familie (Vitr. 166 Mitte); Echnaton mit blauem Kriegshelm (Vitr. F 160, 167 Mitte); Restauriertes Kolossalstatuenpaar von Amun und Muth aus Karnak, trotz fehlender Teile imposant

***Saal 3**, Amarna-Saal: Vier **Kolossalstatuen** von Pharao Echnaton (li. Eing., re Eing., hint. re., hint. li); Malereien aus dem Palast Echnatons (li. und re. Nische); **Sargdeckel** und **Sargunterteil** („Goldsarg", in München restauriert) von vermutlich Echnaton (Vitr. E 6873 Mitte), ursprünglich wohl für Kija, Nebenfrau Echnatons; unvollendeter Kopf der **Nofretete** (Vitr. L 161 li. Nische); Schreiber des Aton mit Frau, neuer Fund aus Memphis (mittig re.)

***Saal 18-13** (Mittelhalle): **Kolossalstatuen von Amenophis III** (Erbauer des Luxor Tempels und des größten Totentempels in Theben-West, von dem nur die Memnon Kolosse blieben) und Gemahlin **Teje** aus der Blütezeit des NR (610, Wand gegenüber der Rotunde); bemalter **Palastfußboden aus Amarna** (Mitte); **Spitze der Pyramide** von Amenemhet III, Dashur (626 Nähe Rotunde)

***Gal. 10**: Königstafel von Sakkara mit 47 Königsnamen (660 Mitte); Falkengott Horus beschützt den **jungen Ramses II**, der einen Finger am Mund hält (6245 hint. Mitte)

Gal. 15: Bemalte Kalksteinbüste von **Merit-Amun**, Tochter von Ramses II (Mitte)

Saal 14: Ramses III mit Horus und Seth, die ihn krönen (Eing. Mitte)

Saal 24: Figuren aus grünem Schiefer des Schreibers Psammetich, 26. Dynastie (857, 855 Mitte); Thueris, Göttin der Fruchtbarkeit (248 li. Mitte)

Gal. 30: Alabasterstatue von Prinzessin Amenirdis, 25. Dynastie (930 Mitte)

Saal 34: Griechisch-römische Epoche – auf ersten Blick ersichtlich; bessere Objekte im entspr. Museum von Alexandria

Gal. 40: Objekte der meroitischen Kultur im Nordsudan

Saal 44: Temporäre Ausstellungen

Gal. 50/49: Spätzeitsarkophage

Von hier aus geht man die rechte Treppe (vom Eingang gesehen) hinauf.

Obergeschoss

Tutanchamun-Grabschatz

Die Räume 45, 40, 35, 30, 25, 20, 15, 10, 9, 8, 7 und 3 sind dem Grabschatz des Tutanchamun gewidmet – insgesamt etwa 1700 Exponate. Goldmaske und Sarkophage stehen im eigens klimatisierten Raum 3.

***Gal. 45**: **Tutanchamun** in Form von 2 lebensgroßen Wächterfiguren, die einst die Grabkammer bewachten (28 li. Eing.; 180 re. Eing.)

Gal. 40: Tutanchamun auf einem Boot und auf einem Panther (Vitr. 43 Mitte li,); Holztruhe mit Kriegs- und Jagdszenen (Vitr. 157 re.)

***Gal. 35**: **Thron des Tutankhamun** aus vergoldetem Holz mit Einlagen aus Silber und Halbedelsteinen, eins der Meisterstücke (Vitr. 157, Mitte); Holztruhe; Spielbretter (Vitr. 49)

Gal. 30: Fächer aus Elfenbein und Straußenfedern (Vitr. 448 re. Eing.); Krummstäbe, einige Griffe mit unterworfenen Nubiern (Vitr. 187 Mitte)

***Gal. 25**: **Zeremonialstuhl** aus Ebenholz mit Blattgold belegt (Vitr. 25 Mitte)

Gal. 20: Schiffsmodelle (Vitr. 40 Mitte); Alabastervase für Parfümöl (Vitr. 190 li.); Alabaster-Öllampen (Vitr. 33/34 re.); Gott Nefertum mit Gesichtszügen von Tutanchamun (Vitr. 118 rWh)

Gal. 15: Verschiedene Betten und Schiffe (hint. re.)

***Gal. 10/9/8/7**: In der Mitte von Gal. 10-7: drei hölzerne **Totenbetten** mit Schutzgöttinnen: Himmelsgöttin Mehurt (183), Fabeltier (22), Löwin (732); Sonnenschirm (9); Schatztruhe mit Totengott Anubis (35); **Kanopenschrein** aus Alabaster (Vitr. 176); **Kanopen-Kapelle**, beschützt von 4 Göttinnen (Vitr. 177); es folgen 4 vergoldete Eichenholzschreine (1319-1322), die ineinander gefügt waren, im innersten (als erster auf diesem Rundgang zu sehen) stand der

Quarzitsarkophag mit den drei inneren Särgen, der Goldmaske und der Mumie (siehe Saal 3); zusammenklappbare Nackenstütze (Vitr. 184 rW)

Gal. 13: Königliche Zeremonialstreitwagen

Die Säle 2, 3 und 4 zählen zu den **Highlights** des Museums, zumindest was Schmuck- und Edelmetallkunsthandwerk betrifft.

***Saal 3**: **Grabschatz des Tutanchamun**: **Goldmaske**, die den Mumienkopf bedeckte (Vitr. 5 Mitte); **innerer Sarkophag aus Gold** (Vitr. 17 li.); zweiter vergoldeter Sarkophag (Vitr. 16 li. hint.); rechter Raumteil: Vitrinen mit Waffen, **Schmuck, Goldsandalen** etc.; an der hint. Wand: Halsketten mit Pektoral; **Kanopengefäße** aus Gold (Vitr. 30); Goldbänder mit Totentexten, die Mumienbinden zusammenhielten (Vitr. 51); **Brustschmuck, Diadem** etc. (Vitr. li); Gold- und Silbernägel, mit denen der Sarkophag verschlossen war (Vitr. 54, Eing. li.)

***Saal 4**: "Ancient Egyptian Jewellery", **Schmuck aus 3000 Jahren**; die Ausstellung ist chronologisch aufgebaut, rechts vom Eingang mit den ältesten Exponaten beginnend und gegen den Uhrzeigersinn jünger werdend; die Stücke sind erklärt.

***Saal 2**: **Grabschatz aus Tanis** (3. Zwischenzeit); Silbersärge, Goldmasken, Schmuck; **Goldmaske des Pharao Psusennes I** (6290 Mitte re.); Brustschmuck des Psusennes I (re. Eing.); Sarkophage (hin. Wand li.)

Themenbezogene Räume

Gal. 6: Siegel, Amulette, Halsbänder.

Gal. 11/16/21: Sarkophage aus dem Mittleren Reich bis zur Römischen Zeit.

Saal 12: Funde aus thebanischen Königsgräbern (Ushebtis, Kanopengefäße, Perücken etc.).

Saal 17: U.a. Funde aus dem Grab des Grabbaumeisters Sennedjem (19. Dynastie), Deir el Medina, Türblatt zum Grab (215, hint. Mitte).

Saal 22: Funde aus Gräbern des Neuen Reichs

***Saal 27**: Interessante Modelle aus dem Mittleren Reich aus dem Grab des Meketre: u.a. **Opferträgerin** mit Gans und Weinkrügen auf dem Kopf (74 Eing. li.); **Spinner und Weber** bei der Arbeit (77 li. Eing.); **Tischlerei** mit sägendem Schreiner (78 li. Eing.); Bootsmodelle (6077 hint. mittig); **Fischer** ziehen Netz von zwei Booten aus (75 re. Eing.); **Viehzählung** vor Meketre, einige Viehtreiber tragen echte Stoffkleidung (76 re. Eing.)

Gal. 31: Ältester Sarkophag, aus Bast hergestellt (Mitte, 1. oder 2. Dynastie)

Saal 32: Grabfunde aus dem Alten Reich; Holzmodelle von Alltagsarbeiten (li. Wand Eing.);

Ägyptisches Museum

2 hölzerne Statuen von Isheti, 6. Dyn. (Eingang); bemalte Holzstatuen von Menschen (li. Wand Mitte); Boote (re. Wand)

Saal 37: Funde aus dem Grab des Prinzen Mesehti, 12. Dynastie; **40 ägyptische Soldaten** mit Lanzen und Schildern; **40 nubische Bogenschützen**; weitere Modellgruppen

Gal. 36/41: Interessante Funde aus dem Grab des Hemaka, 1. Dynastie: Spielbretter, Schieferteller, Vasen, Pfeile, Holzsichel mit Feuerstein-Schneide etc.

Saal 42: Objekte aus der Vorzeit, u.a. Alabaster- und Keramikgefäße, Gefäße aus Basalt, Porphyr, Diorit, Schiefer;, Messer, Pfeilspitzen aus Kupfer

***Saal 43**: Relativ umfangreicher **Grabschatz von Juya und Tuya** (Eltern der Teje, 18. Dynastie) aus dem Tal der Könige

Saal 53: **Mumifizierte Tiere**: Geordnet nach Haustieren, Tieren zur Fleischversorgung der Verstorbenen, Tieren als Votivgaben und heiligen Tieren; vergoldete Widdermumien (Vitr. hint. Wand), große Krokodilmumien (vorn re.), aber auch Vasen und Gefäße in Tierform oder mit Tiermotiven bemalt

Gal. 54: **Prähistorischen Exponate**, zählen zu den ältesten des Museums; besonders interessante Stücke in den Vitrinen an der Wand, links die ältesten aus der Naqada I Epoche (ab 4200 vC) bis Naqada III (etwa 3100 vC endend), in der sich das Alte Reich formt und offensichtlich eine Art "Massenmarkt" mit „Massenproduktion" entsteht, was aus den abnehmenden Dekorationen geschlossen werden kann

Gal. 48: Särge der Königinnen Kawit und Ashait, 11. Dynastie, kleine Preziosen-Vitrine, davor in mehreren Vitrinen wechselnde Ausstellung neuester Grabungsfunde

Gal. 50: Wasseruhr mit unterschiedlicher Stundenanzeige (4950 an Säule, nahe Eingang zum Mumiensaal).

Gal. 49: Mobiliar; Grundsteinbeigaben

Säle neben den Tutanchamun-Galerien

Saal 44: Opfergaben für Tempel, Schlösser

Saal 39: Ägyptische und griechische Terrakotta-Figuren

Saal 34: Gebrauchsgegenstände aus dem Alltagsleben: Gefäße, Kosmetikutensilien, Spiele, Maße und Gewichte, Jagdgeräte einschließlich Bumerangs etc.

Saal 29: Papyri und Schreibmaterial

Saal 24: Ostraka ("Schmierzettel" aus Ton) und Papyri

Saal 19: Darstellungen pharaonischer Götter und göttlicher Wesen

Saal 14: Mumienportraits

***Saal 56**: **Mumiensaal I**

(Zusatzticket £E 100 für beide Säle) Es ist die Frage, ob man (als Voyeur) mehr oder weniger entstellte Leichname besichtigen muss. Die Besucher werden um Ruhe gebeten, um die Totenruhe möglichst wenig zu stören. Dieser Appell wird nicht einmal von den Wärtern ernst genommen.

Die Edelgas gefüllten Särge sind parallel zu den Wänden aufgestellt. Vom Eingang rechts gehend liegen

Sekenenre Taa II (17. Dynastie, 1600 vC), tödliche Kopfverletzung, ca. 40 Jahre alt

Amenophis I (18. Dyn.), noch vollkommen in Mumienbinden, ca. 48 Jahre alt

Merit-Amun (18. Dyn.), evtl. Tochter von Amenophis I, ca. 50 Jahre alt

Tuthmosis I (18. Dyn.), ca. 30 Jahre alt

Tuthmosis II (18. Dyn.), ca. 50 Jahre alt

Tuthmosis III, erstaunlich groß für damalige Verhältnisse

Thutmosis IV, (18. Dyn.), ca. 30 Jahre alt

Sitre-In, (18. Dyn), vermutlich Amme von Hatschepsut

Hatschepsut (18. Dyn), 45-60 Jahre alt, erst 2007 identifiziert

In der Mitte:

Sethos I (19. Dyn.), ca. 40 Jahre alt

Ramses II (19. Dyn.), größter pharaonischer Bauherr, ca. 90 Jahre alt

Merenptah (19. Dyn.), 13. Kind von Ramses II

Saal 52: Mumiensaal II

Ramses III (20. Dyn.), ca. 60 Jahre

Ramses IV (20. Dyn), ca. 30 Jahre

Ramses V (20. Dyn.), ca. 30 Jahre

Ramses IX (20. Dyn.)

Hoher Priester (unter Pinudjem II)

Hemettawi (21. Dyn) Königin

Djedptahiufankh, jung verstorbener Prinz und Amun-Priester

Maatkare, Königin, zusammen mit Affe (als Haustier)

Nesikhomsher, königliche Gemahlin

Mit einer gesonderten Eintrittskarte kann (konnte) man die „New Exhibition" (Pfeile) oder auch **The Hidden Treasures of the Egyptian Museum**, d.h. die besten Stücke der in den Magazinräumen in Vergessenheit geratenen Schätze besuchen. Man geht zur linken Außenseite des Gebäudes und dort in den Keller. Es wurden besonders schöne und zum Teil aufwändig restaurierte Einzelstücke gezeigt. Zur Zeit unserer Recherche war offiziell geschlossen, inoffiziell waren nur „Duplikate" von z.B. Tutanchamun aus Legobausteinen zu sehen.

Downtown

Jetzt wollen wir uns vom Midan Tahrir und seiner Umgebung lösen und uns auf der Sharia **Talaat Harb** stadteinwärts auf den Weg machen. Bald stoßen wir auf den Midan Talaat Harb, ein wichtiger Knoten, der von der Geschäfts- und Bankenstraße Qasr el Nil, der Sharia Talaat Harb und der Sharia Mohamed Bassiouni gekreuzt wird. Im spitzwinkeligen Gebäude zwischen den letztgenannten Straßen bietet das *Café Groppi* guten Kuchen (und schlechten Service), das noch den Namen seines aus Lugano eingewanderten Gründers trägt.

Wenn Sie nun die Sharia Talaat Harb hinaufwandern und in die Sharia Adly rechts einbiegen (an der Straßenecke ein guter Softdrink-Laden mit frisch gepressten Fruchtsäften), werden Sie im letzten Block vor dem Opernplatz links das **Tourist-Information-Office** (Haus Nr. 5) finden, in dem Besucher stets unwillkommen zu sein scheinen. Nur wenige Häuser entfernt steht die 1905 erbaute Shar Hashamaim-Synagoge.

Genau gegenüber führt ein Eingang in das *„Garden Groppi"*. In dem Zweigbetrieb des Groppi vom Midan Talaat Harb sitzt man unter ein paar Bäumen im Freien und kann sich ausruhen (dort gibt es auch eine benutzbare Toilette).

Folgen Sie weiterhin der Sharia Adly, Sie landen auf dem **Midan Opera**. Das zugehörige Opernhaus brannte 1971 aus. Es war 1869, nach nur sechs Monaten Bauzeit, zur Eröffnung des Suezkanals und zur (nicht stattgefundenen)

Uraufführung von Verdis Oper Aida eingeweiht worden. Über viele Jahrzehnte galt es als bedeutender Bestandteil des kulturellen und gesellschaftlichen Lebens. Heute steht ein Parkhaus an seiner Stelle; ein Neubau wurde 1988 auf der Insel Gezira (siehe Seite 150) seiner Bestimmung übergeben. Um den Platz gibt es eine ganze Reihe von Textilgeschäften und Schneiderwerkstätten: Wenn Sie auf die Schnelle eine neue Hose brauchen, dann lassen Sie hier maßschneidern.

Vor dem unübersehbaren „Midan Opera Office Building" steht eine Reiterstatue des Ibrahim Pascha. Diese Gegend galt übrigens als Stadtzentrum bis etwa in die 50er Jahre, als es sich mehr und mehr zum Midan Tahrir und Nil verlagerte. Damals gaben hier Hotels wie *Shephards*, das bei Unruhen im Februar 1952 in Flammen aufging, den Ton an. Auch heute noch zehren Hotels der Umgebung wie das *Victoria* oder *Windsor* vom ehemaligen Ruhm.

Östlich hinter dem Midan Opera treffen Sie auf den **Midan Ataba** mit der **Hauptpost** (Sa-Do 8-15, Fr 8-13) , dem Postmuseum und der Hauptfeuerwache. Postlagernde Sendungen gibt es auf der rechten Postgebäudeseite (Schild „Correspondence Delivery" über dem Eingang), Einschreiben werden nur im Paketpostamt (links auf der gegenüberliegenden Straßenseite) angenommen. An einem der Schalter können Sammler Briefmarken kaufen; „alle erdenklichen Marken ohne Umstände", schreibt ein begeisterter Briefmarkenfreund. Philatelisten dürften am **Postmuseum** (Sa-Do 9-13) interessiert sein, das im zweiten Stockwerk der Hauptpost untergebracht ist.

An der Hauptfeuerwache vorbei und die Sharia Abd el Aziz überquert, stoßen Sie direkt auf den **Ataba Markt**, einen der lebendigsten täglichen Märkte Kairos. Sie sollten den kurzen Abstecher und Einblick in den Alltag nicht versäumen. Der eigentliche Midan Ataba wird von Hochstraßen „in den Schatten gestellt".

Links des Marktes beginnt die Sharia Al Azhar, die u.a. zum *Khan el Khalili Bazar* führt. Sie kreuzt bald die Sharia El Khaliq el Misr (früher *Bur Said*), die erst Ende des letzten Jahrhunderts dadurch entstand, dass der gleichnamige Kanal zugeschüttet und eine neue Verkehrsachse geschaffen wurde. Dieser Kanal bildete die Grenze der von den Fatimiden gegründeten Altstadt, dort zog sich auch die westliche Stadtmauer entlang, die heute verschwunden ist. Damals trennte ein Damm während des Niedrigwassers des Nils den Kanal vom Fluss. Bei einem bestimmten Hochwasserpegel riss man die Sperre mit einer großen Zeremonie ein, dann wurden weite Gebiete überflutet.

Jetzt gehen Sie am besten vom Markt durch das Verkehrsgetümmel zurück zu den **Ezbekiya Gärten**, die während des U-Bahn-Baus als Lager dienten und nachher weitgehend neu entstanden. Bis zur Mitte des 19. Jahrhunderts dehnte sich hier der Ezbekiya-See aus, ein für Kairo typischer Teich, der sich bei der Nilflut mit Wasser füllte und dann im Winter langsam austrocknete.

Um diesen kleinen See herum waren unter den Osmanen herrliche Paläste entstanden, häufig wurden illuminierte Wasserfeste mit bunten Booten veranstaltet. Schließlich schüttete man

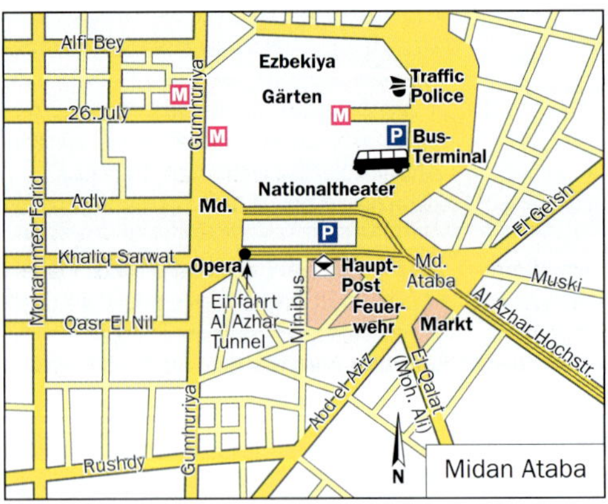

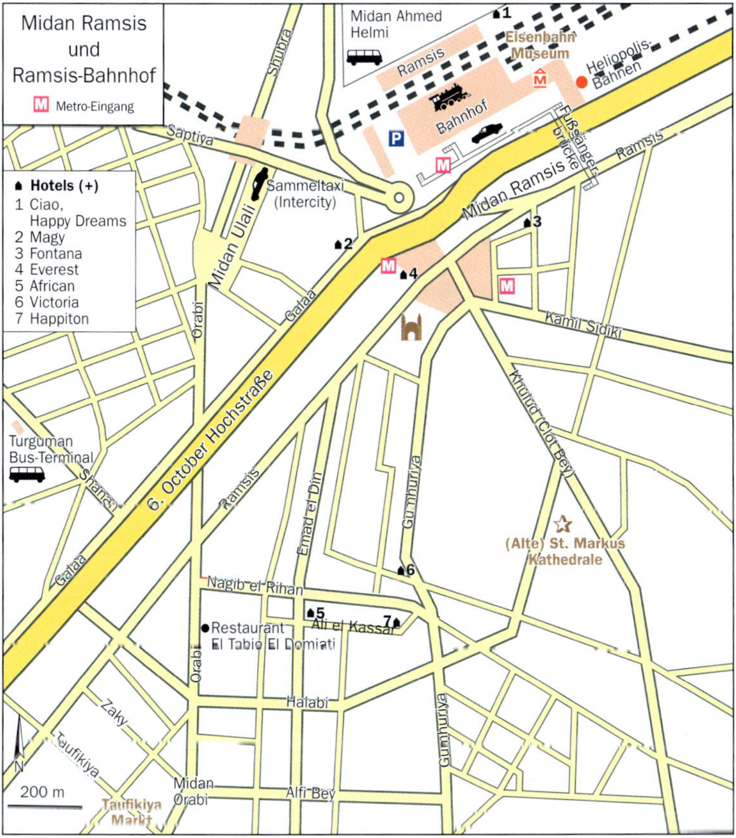

den See zu, 1870 legten französische Architekten Gartenanlagen mit exotischen Gewächsen an, die aber Umbauten zum Opfer fielen. Im Komplex zwischen Opera-Parkhaus (nicht zu verwechseln mit dem des Busterminals) und der Sharia 26.July finden Sie das **Cairo Puppet Theater** (großes weißes Gebäude). In dessen Nähe findet der Ezbekiya Büchermarkt statt.

Sie können nun auf der Sharia Gumhurriya (sie begrenzt die Gärten im Westen) nach links, nach Süden bis zum Midan el Gumhurriya wandern und damit im eigentlichen Regierungsviertel landen. Links liegt der **Abdin Palast** aus dem 19. Jh, der heute als Sitz des Staatspräsidenten offiziellen Anlässen dient. Das unübersehbar ausgeschilderte **Abdin Palace Museum** (9-15, £E 10; Eingang quasi auf der Rückseite des Palastes) dürfte besonders für den Waffenfreund eine Fundgrube aller möglichen Handwaffen, aber auch alter Geschütze darstellen. Die Deutschen sind u.a. mit Schmuckwaffen der Nazis sowie einem Standbild von Kurfürst FriedrichIII. (!) vertreten. Es gibt außerdem Medaillen, Silberarbeiten und Porzellan zu betrachten. Wenn Sie der Palast nicht interessiert, schlendern Sie vom Midan Ataba einfach Richtung Midan Tahrir zurück; unterwegs gibt es viel tägliches Leben zu sehen. Oder steigen Sie in die Metro, deren Station Mohammed Naguib in der Nähe liegt.

Ramsis-Bahnhof, Midan und Sharia Ramsis

Interessanter, als vom Midan Ataba zum Midan Tahrir zurückzukehren, ist es, entweder per Metro zum Ramsis Bahnhof (Station Mubarak) zu fahren oder der Sharia Gumhurriya nach Norden zu folgen, sie endet am Midan Ramsis. Dieser Platz erhielt seinen Namen von einer Kolossalstatue des Ramses II, die über viele Jahrzehnte den hohen Umweltbelastungen ausgesetzt war und 2006 nach Giseh zum Bauplatz des neuen Ägyptischen Museums transportiert wurde.

Der Midan Ramsis stellt einen ähnlich wichtigen Knotenpunkt wie der Midan Tahrir dar. Zentrales Bauwerk ist der **Hauptbahnhof** - *Ramsis-Bahnhof* -, an den sich östlich der Vorortbahnhof für Heliopolis, *Pt. Limoun*, anschließt. Gleich links in der Hauptbahnhofshalle sind eine Polizeistation, ein Postamt zum Briefmarkenkaufen und eine Touristeninformation untergebracht (mehr Details zum Bahnhof selbst siehe Seite 229).

Der Platz verdankt seinen Namen der Ramsis-Statue, die ihn einst groß und einsam beherrschte. Heute enden die Fahrbahnen der Ramsis-Hochstraße respektlos zu ihren Füßen bzw. stellen sie buchstäblich in den Schatten. Den Bahnhofsvorplatz kann man entweder auf Fußgängerhochbrücken über- oder durch die Metro-Station Mubarak unterqueren. Auf der Südseite erhebt sich die mächtige El Fath Moschee mit ihrem hohen Minarett, die erst in den 90er Jahren fertig gestellt wurde.

Wenn gerade kein Erdbeben stattfindet oder Feuer ausbricht, dann nehmen Sie doch den Lift ins Everest-Hotel im Hochhaus gegenüber der Moschee (kein Notausgang). Vom rund um die Uhr geöffneten Café im 15. Stock können Sie das Straßengewirr bestens überblicken, es fotografieren und sich einen Eindruck von der Umgebung verschaffen.

Am Nordende des Bahnhofsgebäudes (ca. 70 m rechts vom Eingang) liegt das zumindest für Eisenbahn-Fans und Nostalgiker sehenswerte **Eisenbahnmuseum**, das bereits 1933 eröffnet wurde (Di-So 8-14, £E 10, Fr £E 20) und heute fast charmant verstaubt-veraltet ist. Immerhin werden 700 Objekte bzw. Modelle ausgestellt, darunter alte Lokomotiven, Waggons und Signaleinrichtungen.

Einen interessanten Abstecher können Sie von hier aus zum modernen koptischen Zentrum mit dem Neubau der **Markus-Kathedrale** machen (222 Sharia Ramsis, Besichtigung und Gottesdienst nur mittwochs von 16-21 Uhr; Foto siehe Seite 99. Entweder Sie nehmen die Metro bis zur Station *El Demerdash* und gehen dort ca. 500 m südwärts; unterwegs sehen Sie die Kuppel der Kathedrale. Oder Sie fahren per Taxi ca. 2-3 km auf der Sharia Ramsis stadtauswärts. Auf der linken Straßenseite ist die von zwei Kirchtürmen flankierte, riesige Betonkuppel zu erkennen, das bedeutendste Gotteshaus der Kopten und seit den 90er Jahren Sitz des Patriarchen. Zuvor war es die aus dem 19. Jh stammende (alte) Markus-Kathedrale zwischen Sharia Gumhurriya und Sharia Clot Bey, die aber kaum einen Besuch lohnt. Allerdings bietet ein Spaziergang in diesem Bezirk viele Einblicke ins ägyptische Alltagsleben.

Die neue Kathedrale gilt als die größte christliche Kirche auf afrikanischem Boden. Die Gebeine des Heiligen Markus - der christliche Missionar Ägyptens - wurden bei der Einweihung der Kathedrale teilweise aus Venedig hierher zurückgeführt. Innerhalb eines Verwaltungskomplexes mit einer alten Basilika erhebt sich auf einem Grundriss von 100 x 150 m der mächtige, 1960 begonnene Bau mit seiner 41 m hohen Kuppel. Das nicht minder sehenswerte alte koptische Viertel Alt-Kairo ist ab Seite beschrieben.

Man könnte meinen, dass die unweit der Markus-Kathedrale, ebenfalls an der Sharia Ramsis stehende El Noor-Moschee als Antwort der Muslime auf die koptische Kathedrale verstanden werden sollte. Rein subjektiv wirkt ihre Baumasse unter den fünf grünen Kuppeln mit zwei extrem hohen Minaretts sehr viel gewaltiger als die des christlichen Pendants.

Insel Gezira - Botanischer Garten - Zoo

Ein Ausflug zur Insel Gezira (das arabische *Gezira* heißt *Insel*) bietet als Hauptattraktion den Ausblick vom ****Cairo Tower** (£E 60, für £E 80 gibt es zusätzlich einen Drink nach Wahl; keine Studentenermäßigung, kein Warten in der Schlange der Einheimischen). Von oben gewinnen Sie einen vortrefflichen Überblick über die Stadt und ihre Lage am Nil; besonders schön ist die Sonnenuntergangsstimmung. Falls Sie oben speisen wollen, müssen Sie bereits unten am Eingang Gutscheine kaufen. Das Restaurant hat nicht den besten Ruf; vor allem bei Sonnenuntergang wartet man lange auf seine Bestellung.

Der Turm steht am Rand der Sportplätze, die meisten davon gehören dem Gezira Sporting Club. Vor allem gegen Abend wird hier eifrig trainiert. Im Postamt, links vom Turmaufgang, kann man telefonieren. Unweit vom Tower sind zwei Restaurantschiffe am Nilufer vertäut, die sich als beliebter Treffpunkt der Ägypter entwickelten; bekannte Sängerinnen und Sänger treten während der Mahlzeiten auf.

Gegenüber dem Eingang zum Gezira Sporting Club, 1 Sh El Sheikh El Masrafi, steht ein exquisiter, kleiner islamischer Palast (1927 für einen Ururenkel des Khediven Ibrahim gebaut), der das *****Museum für islamische Keramik** (Di-So 10-13.30, 18-22, £E 20; www.icm.gov.eg/) beherbergt. In den Sammlungen des Museums scheinen sich die besten Keramiken der islamischen Vergangenheit zu vereinen. Neben arabischen und türkischen sind vor allem auch die andalusischen Stücke sehr sehenswert; ein Raum ist pharaonischer Kunst gewidmet. Im Untergeschoss (östlicher, tiefer liegender Seiteneingang) finden wechselnde Ausstellungen zeitgenössischer ägyptischer Künstler statt.

Jetzt sind Sie bereits im Herzen von Zamalek gelandet, einem ehemals recht feudalen Wohnviertel auf der Insel Gezira, in dessen Straßen Sie manche vornehme alte Villa betrachten können. Noch heute besitzt Zamalek Anziehungskraft für die gehobene Mittelschicht, wie die Boutiquen an der Sharia 26.July und in den nördlichen Querstraßen zeigen. Aber auch die Diplomaten fanden mit ihren Botschaftsgebäuden Gefallen an dieser Gegend. Sollten Sie zur Deutschen Botschaft gehen, dann werfen Sie einen Blick in den **Gabalaya Aquarium Park**, Eingang Sh Hassan Sabri (der Park gegenüber der Botschaft). Er bot bis Ende des 20. Jh in labyrinthartige Grotten gehauene Aquarien mit Nilfischen; die Aquarien sind nicht mehr vorhanden. Der von König Ismail im 19. Jh angelegte Park ist gepflegt (9-15.30, £E 0,50). Achtung: In den Cafés im Park wird gern abgezockt; ein Leser bezahlte für zwei Tee und ein Mineralwasser £E 19,50.

Für einen Abstecher sollten Sie über die 6.October Brücke zum linken Nilufer fahren. Praktisch an deren Ende steht das durchaus sehenswerte **Landwirtschaftsmuseum** (Di-So 9-13.30). Im ersten Gebäude wird das Landleben mit seinen Gebrauchsgegenständen zur Pharaonenzeit - von Broten bis zu Tiermumien - dokumentiert, im zweiten Gebäude sind Alltagsszenen, Nilbarken und Tiere zu sehen; im dritten ist der Feldanbau mit Schwerpunkt bei Getreide, Baumwolle und Zuckerrohr dargestellt. Jeweils Ende März findet hier eine Pflanzenausstellung statt, zu der Blumen- und Pflanzenliebhaber aus ganz Kairo pilgern.

Wenn wir auf die Insel Gezira zurückkehren und eine Pause in gepflegter Umgebung einlegen wollen, dann sollte unbedingt das Gartencafé im Marriott Palace Hotel gewählt und dabei auch der Kernbau besichtigt werden. Dies ist ein vom Khediven Ismail 1869 für die französische Kaiserin Eugenie gebauter Palast, der hervorragend restauriert wurde und den Glanz jener Zeit mit vielen erlesenen Details widerspiegelt.

Begibt man sich von hier aus ein Stück weiter nach Süden, so fällt ein Geschenk der japanischen Regierung an Ägypten unübersehbar auf, das an der nördlichen Seite der Sharia Tahrir liegende **Opernhaus**. Das 1988 eingeweihte Bauwerk ist einer fatimidischen Burg nachempfunden und bietet neben der Oper mit 1200 Plätzen in weiteren Sälen Kino, Musik und Unterrichtsräume. Kartenvorverkauf 10-13, 17-20; £E 15-50 (ausdrücklich nach Studentenermäßigung fragen). Häufig sind an der Abendkasse noch Plätze zu bekommen, die Preise liegen dann zwischen £E 5 und £E 30. Wenn gute Plätze leer bleiben, lassen die Platzanweiser ganz offiziell von den billigeren dorthin aufrücken. - Das Ganze hat allerdings einen Haken: „Full dress", d.h. Krawatte und Jackett (hier ausleihbar) sind für Männer obligatorisch, bei Damen bleiben die Übergänge zwischen Jeans und Nerz fließend.

Die künstlerisch sehr gelobte Oper bietet ein breites Repertoire von sehr guten Eigenproduktionen (z.B. Zauberflöte auf Arabisch) oder Ballettaufführungen wie auch von internationalen Gastspielen. Das Opernhaus (großer Saal, Konzertsaal und Freilichttheater) kann auch für £E 5 pP mit englischsprachiger Führung (11-14 außer Fr) besichtigt werden, ein durchaus lohnenswerter Einblick.

Das **Museum of Modern Egyptian Art** (11-14, 17.30-21; £E 20), das früher in Dokki zu Hause war, ist in das Kunstmuseum im Komplex der Oper umgezogen. In drei Stockwerken sind Gemälde, Grafiken, Zeichnungen und Keramiken ausgestellt, vor dem Museum stehen 60 Skulpturen. Vorhanden war hier bereits das kleine **National Museum for Civilization** mit etwa 1600 Ausstellungsstücken und das **Planetarium**.

Sehenswert ist auch das kleine Museum des Bildhauers **Mahmoud Moktar** an der Sharia Tahrir, südlich kurz vor der Galaa Brücke, in der Nähe des Eingangs zum Cairo Club. Hier finden Sie über 100 Arbeiten Moktars, der moderne Kunst in Ägypten einführte und von dem übrigens die Plastiken auf der Pyramid Road stammen.

An der Südspitze der Insel Gezira erhebt sich der schlanke Rundturm des *El Gezira Hotels*. Sein Terrassenrestaurant, das fast wie ein Wellenbrecher der Inselspitze aussieht, bietet einen etwas ungewöhnlichen Ausblick nilaufwärts, besonders der frühe Abend beschert schöne Stimmungen.

Wenn Sie jetzt den Nil nach Westen überqueren und vom Sheraton Hotel aus der Sharia Giseh zwei Blocks nach Süden folgen, stoßen Sie links auf das *****Mahmoud Khalil Museum** (Di-So 9.30-18; £E 25, Studenten £E 25, www.mkm.gov.eg; www.grm.gov.eg) im ursprünglichen Haus des Kunstsammlers. Die Kollektion impressionistischer Maler wie van Gogh, Renoir, Gauguin und anderer ist wirklich sehenswert. In einem schönen Garten großzügig angelegt – z.B. gibt es zwei Räume mit nur je einem Bild von Gauguin und van Gogh -, teilt sich die nahezu kontemplative Atmosphäre des Hauses dem Betrachter mit. Mahmoud Khalil war ein frankophiler, reicher Geschäftsmann und Politiker, der sich als einer der größten Kunstsammler Nordafrikas einen Namen machte. Auch seine Villa aus dem frühen 20. Jh strahlte französischen Glanz aus und war der entsprechende Rahmen seiner Kunstsammlung. 1981, lange nach dem Tod Khalils, zog Präsident Sadat ins Nachbarhaus und benötigte zusätzlichen Platz. Die Kunstsammlung wurde in einen Palast in Zamalek verlegt und kehrte erst 1995 in das ohnehin sehenswerte Gebäude zurück.

Ein Stück weiter liegen an der Sharia Charles de Gaulle (Verlängerung der Sh Giseh) der **Botanische Garten** und der ***Zoo** (8.30-17, £E 10). Der 1890/91 angelegte Zoo - einer der ältesten der Erde - wurde in den 90er Jahren umgestaltet; die meisten Tiere sind jetzt in artgerechten Gehegen untergebracht. Die weit ausladenden Baumgruppen spenden Schatten; ein Spaziergang durch die schon angelegten weitläufigenGärten, darunter ein Korallengarten aus der Zeit Mohammed Alis, kann Erholung und Abwechslung bieten. Der Zoo ist vor allem freitags und feiertags ein beliebtes Picknick-Ausflugsgebiet; Familien lagern in den Grünflächen, Kinder spielen und Radios plärren. Den Star des Zoos spielt ein 130 Jahre alter Anden-Kondor. Weit weniger Betrieb herrscht im angrenzenden Botanischen Garten, der mit weitläufigen Rasenflächen angenehmere Erholungsplätze unter ebenfalls alten Bäumen bietet.

Etwa 1 km weiter südlich treffen Sie auf den **Midan Giseh**, der, von einer Hochbrücke („Fly-Over") verdunkelt, ein wichtiger Knotenpunkt ist: Nach Süden geht es auf die oberägyptische Niltalstraße, nach Westen auf der breit ausgebauten Pyramid Road (Sharia El Ahram) zu den Pyramiden und weiter nach Alexandria.

Gepflegt relaxen

Vielleicht wollen Sie sich nach anstrengender Besichtigungsarbeit zwischendurch mal gepflegt erholen: Im Hotel Fontana, Midan Ramsis, kann man am Swimmingpool zu $ 5 pP relaxen (aber laute Straße), im Hyatt Hotel gegen £E 60 in den Pool springen, im Cairo Sheraton zu £E 100, im Semiramis für £E 90, im Atlas-Zamalek in Mohandissin für £E 25, im Mena House mit Pyramidenblick und Lunch zu £E 100. Besonders schöne Swimmingpools bietet das Hotel Le Meridien Pyramids (£E 105), Alexandria Desert Road, Giseh (beim Abzweig zum Fayum): Sechs Becken unterschiedlicher Tiefe mit Blick auf die Pyramiden (£E 60). Spätnachmittags- oder Abendstimmung können Sie besonders auf dem Wasser genießen, indem Sie per Feluke auf dem Nilabschnitt der Stadt kreuzen; Kosten etwa £E 30-40 pro Boot und Stunde. Schiffe liegen am Ufer des Nile Hilton, des Shephards und des Hyatt Hotels. Achten Sie darauf, dass Ihr Boot betankt ist, sonst kostet das Tanken viel Zeit. Für längere Trips empfiehlt sich, eine Feluke am Grand Café in Maadi (Nilufer Zentrum) zu heuern, weil dort keine Brücken das Vorwärtskommen hindern. Nehmen Sie abends ein Antimückenmittel mit!

Vom Zoo zurück zum Stadtzentrum gibt es den direkten Weg, aber wenn Sie noch Lust haben, legen Sie einen kurzen Umweg über die Insel *Roda ein.*

Insel Roda

In einem kleinen Park an der Südspitze der Insel (bei Ägyptern eher unter *Manial* bekannt) liegt der 715 nC erbaute ***Nilometer** (10-14, 16-20, £E 10), ein seit dem Nasser-Stausee bei Assuan außer Interesse geratenes, durchaus sehenswertes Bauwerk. Früher konnte aus dem Höchststand einer Überflutung der Ertrag der nächsten Ernte geschätzt werden; heute lässt die Messlatte nur noch ahnen, welch ungeheure Unterschiede die Wasserstände erreichten. Gerade dieser so ins Auge springende Unterschied ist den Besuch des Nilometers wert. Außerdem erfreut die mit Ornamentfliesen dekorierte Kuppel das Auge, mit der Mohammed Ali das ältere Bauwerk abdecken ließ.

Im Komplex des Nilometers steht der prächtige **Palast des Manisterli**, der um 1850 Innenminister und eigentlich Belgier war. Das stilvoll restaurierte Gebäude lohnt einen Besuch, allerdings geht dies nur bei Veranstaltungen (hier finden öfters international besetzte Konzerte statt). Gleich nach dem Eingang links wurde das **Umm Kulthum Museum** (10-17, £E 6) eröffnet. Auch für den Fremden wird die in Ägypten und im arabischen Raum einst hoch verehrte Sängerin mit ihren Kleidern, Auszeichnungen, Fotos, Briefen und einem kurzen Film lebendig.

Von hier aus führt eine Fußgängerbrücke ans westliche Ufer, d.h. quasi direkt Richtung *Alt-Kairo.* Es macht durchaus Sinn, einen Besuch Alt-Kairos mit Roda zu verbinden.

Mehr im Norden der Insel ließ ein Bruder von König Fuad namens Mohammed Ali zwischen 1901 und 1933 den ****Manial-Palast** (9-14, £E 25) erbauen, der heute samt angeschlossenem Jagdmuseum besichtigt werden kann. Gleich im Eingangsbereich stehen die ehemaligen Empfangsräume offen, im oberen Geschoss lag der reich dekorierte Ballsaal, daneben getrennte Räume für die Damen und Herren der Gesellschaft. Direkt neben diesem Gebäude (vom Haupteingang aus rechts) und dem Uhrenturm überrascht eine sehenswerte Moschee mit ihren blauen Blumenornament-Kacheln den Besucher. Mittags erhellen viele Lichtstrahlen das Gebäude, wenn die Sonne durch 81 gelbe Glasfenster in der Decke einfällt. Es folgt das erst 1962 gebaute Jagdmuseum mit Trophäen, Geräten und ausgestopften Tieren; beachtenswert ist u.a. eine Schmetterlingssammlung.

Ein Stück südlich - also geradeaus vom Eingang - steht im Garten der Wohnpalast des Prinzen Mohammed, dessen Architektur auf alte islamische Vorbilder zurückgeht. In den verschiedenen Salons mit erlesener Ausstattung kommt der verschwenderische Reichtum der Familie zum Ausdruck. Im anschließenden Thronpalast wurde der Thronsaal von Mohammed Ali, dem Gründer der Dynastie, wiederaufgebaut. Dann folgt, etwas weiter südwestlich, ein so genanntes privates Museum mit schönen Kalligraphien, Teppichen, Waffen und Einrichtungsgegenständen.

Kairos Altstadt: Islamisches Viertel

Ein paar Informationen vorab: In dieser Gegend steht Ihnen der Besuch einer ganzen Reihe von Moscheen bevor. Nach uralter Tradition betritt man islamische Gotteshäuser nur barfuß. In der Regel hinterlässt man seine Schuhe in einem Regal am Eingang; manchmal können auch Stoffüberschuhe gegen ein Bakschisch von £E 2-5 „gemietet" werden. Auch der Mann, der am Regal eher herumsteht als aufpasst, erwartet ein Bakschisch. Nimmt man stattdessen die Schuhe mit in die Moschee (was ungern gesehen wird), sollte man sie eher unauffällig und stets mit den Sohlen gegeneinander tragen und sie niemals mit den Sohlen auf dem Boden abstellen. Besuchen Sie Moscheen nicht während der Gebetszeiten, besonders der mittäglichen Hauptgebetszeit.

Vor einiger Zeit wurden die Eintrittsgelder für alle in Benutzung befindlichen Moscheen aufgehoben. Inzwischen hat sich eine Art „Mafia" entwickelt, die versucht, von ahnungslosen Touristen mit allen Tricks Geld zu kassieren. Wimmeln Sie alle Aufdringlinge ab. Lediglich für eine Minarettbesteigung gibt man ein paar £E Bakschisch.

Tauchen Sie ein in den Orient, in das quirlige, immer noch einen Hauch Mittelalter, einen Hauch Tausendundeine Nacht versprühende Leben des IslamischenViertels. Hier, zwischen den stellenweise noch vorhandenen Stadtmauern, lag über viele Jahrhunderte das Zentrum Ägyptens; viele historische Bauwerke spiegeln das Auf und Ab der Geschichte seit der islamischen Eroberung wider (siehe auch *Islamische Monumente* unter ww.cim.gov.eg/)

Wandern Sie durch diese verschachtelte Welt mit ihren Moscheen und Palästen, zwischen denen immer wieder enge Ladenstraßen - *Souks* - auftauchen. Besonders in der nördlichen und südlichen Umgebung des Khan el Khalili Bazars werden Sie Souks finden, in denen Sie fast ausschließlich Ägyptern und nur selten Mitmenschen deutschen Zungenschlags begegnen. Doch bummeln Sie auch durch den **Khan el Khalili Bazar**, der zwar zu den üblichen touristischen Pflichtübungen gehört, dessen Kitsch-Kulissen aber nach dem zweiten oder dritten Besuch zusammenfallen und der dann sein sympathischeres Gesicht zeigt. Es gibt übrigens auch viele Shops im ersten oder zweiten Stock, die weniger von Touristen frequentiert sind.

Nehmen Sie sich viel Zeit für das *Islamische Kairo*, denn hier kommen Sie in Berührung mit dem sehr lebendigen ägyptischen Alltag; hier werden Sie ungezwungener als in anderen Städten die täglichen Freuden und Sorgen der Ägypter studieren können, weil hier Fremde zum gewohnten Bild gehören.

Dieser vor Ihnen liegende Komplex aus engen Gassen funktioniert heute in vielen Beziehungen noch wie vor Hunderten von Jahren. Wohn- und Arbeitsstätte gehen vielfach ineinander über; theoretisch herrscht hier immer noch eine ausgeglichene soziale Struktur - bis auf die Tatsache, dass sich in den letzten Jahrzehnten die Wohnbevölkerung mehr und mehr zurückzieht, Kleinindustrie die billigen Flächen übernimmt und die damit verbundenen Belastungen, wie mangelnde Infrastruktur (z.B. überlastete Kanalisation) und zusätzlicher Verkehr, Unruhe und Umweltschäden entstehen. Allerdings versucht man jetzt, den Prozess umzudrehen und größere Betriebe auszulagern.

Durch Umweltbelastung und mangelhaften Unterhalt verfallen die historisch wichtigen Bauwerke immer schneller. Zwar versucht die ägyptische Antikenverwaltung zusammen mit ausländischen Partnern zu erhalten und zu restaurieren, aber der Wettlauf gegen den Zerfall ist schon an vielen Stellen verloren. Hinzu kommt, dass weitere schwere Schäden durch das Erdbeben von 1992 entstanden.

Die Häuser des Viertels - wie auch die vieler Neubaugegenden - rücken eng aneinander. Auf diese Weise entsteht während der meisten Zeit des Tages kühlender Schatten. Auch die Düsternis in vielen, vor allem historischen Gebäuden ist gewollt, da Lichteinfall Wärme erzeugt. Bevor wir uns auf die Wanderungen durch das Herz der Altstadt begeben, könnte ein Besuch des zum Thema passenden, quasi auf dem Weg liegenden Museums für die richtige Einstimmung sorgen:

***Islamisches Museum

Zur Zeit unserer letzten Recherche wurde das Museum (immer noch) renoviert. Laut Auskunft der Museumsverwaltung sollen die Arbeiten Ende 2007 oder Anfang 2008 abgeschlossen und alle Objekte an den jeweils alten Platz zurückgebracht werden - hoffentlich. Daher können wir Ihnen leider noch keine aktuelle Beschreibung bieten und nur hoffen, dass die Objekte tatsächlich wie angekündigt zurückkehren.

Das bekannte Museum (9-16, F 9-11, 13.30-16, £E 20) besitzt die umfassendste Sammlung islamischer Kunst der Welt. Wenn Sie sich an Dingen erfreuen können, die Menschen geschaffen haben, denen die Darstellung ihrer selbst aus religiösen Gründen untersagt ist und die sich daher auf Ornamentik und Kalligraphie stürzten und in diesen Bereichen unübertroffene Meisterwerke hinterließen, dann dürfen Sie einen Besuch des Museums mit seinen 86 000 Objekten nicht versäumen. Andererseits ist es nicht so riesig, dass man es als normal interessierter Besucher nicht in 1-2 Stunden angeschaut haben könnte. Es liegt am Midan Bab el Khaliq, an dem sich die Sharia El Khaliq el Misr (ehemals Bur Said) und die Sharia Qala (Mohammed Ali) kreuzen, der Eingang ist jedoch an der Nordseite des Gebäudes in der Sharia Bur Said.

Auch dieses Museum benötigt - ähnlich wie sein pharaonisches Pendant - ein paar Augenblicke der Vororientierung. Leider sind die Nummern einiger Säle, wie auch die beiden Säle 17 und 18 (gegenüber älteren Angaben), abhanden gekommen. Da der ehemalige Haupteingang verlegt wurde, die Nummerierung aber dort begann, ist das ursprüngliche Ordnungssystem durchbrochen. (Es heißt, dass dieser Eingang wieder geöffnet werden soll.)

Obwohl wir bei der folgenden Beschreibung vom Nordeingang ausgehen, sollte man in Erwägung ziehen, die paar Schritte zum Ex-Haupteingang zwischen Saal 3 und 23 zu gehen und dem ursprünglichen Schema zu folgen, denn den großen Kunstepochen des islamischen Ägypten wurden die Säle 2-5 gewidmet. Die Exponate der anderen Säle beziehen sich jeweils auf ein bestimmtes Thema, z.B. Holz-, Keramik- oder Metallarbeiten, Fayencen, Teppiche etc. Auch im oberen Stockwerk gab es Ausstellungsräume mit Textilien und Teppichen, leider ist der Zugang gesperrt.

Wichtige Exponate in einzelnen Sälen:

7, 8: Aijubidische und mamlukische Holz- und Elfenbeinarbeiten

Eine Fülle von Holzschnitzereien und Haushaltsgegenständen. Zwischen Raum 7 und 6 ein großes Tor aus Damietta, dessen kleinere Flügel benutzt wurden, wenn die größeren geschlossen waren; im Übergang zum mittleren Raum 10 eine osmanische Mashrabiya, in deren linkem Gitter ein Löwe unter Palmen, rechts Krüge zu erkennen sind (besser von der anderen Seite); interessante Knochen- und Elfenbeinschnitzereien, viele aus Fustat; Holztafeln z.T. mit Goldintarsien

9: Möbel, Metallarbeiten

Möbel mit Perlmutteinlegearbeiten; bemalte und vergoldete Deckentäfelungen; Koranbehälter mit schönen Einlegearbeiten; schwerer Bronze-Kerzenständer aus dem 13. Jh (Wandseite); im Durchgang zu Raum 11 Türflügel aus der Moschee des Salih Talai mit Bronzebeschlag auf der Außenseite, Schnitzereien im Hochrelief auf der Innenseite

10: Sehenswerter rekonstruierter osmanischer Wohnraum

Marmorbecken mit buntem Mosaikboden, aus dem heraus eine Marmorsäule die reich dekorierte Holzdecke stützt (Licht einschalten lassen); Holztische mit schönen Intarsien

11: Metallarbeiten, mamlukische Epoche

In den Vitrinen Vasen und Leuchter mit feinem Design (ähnliche Stücke noch heute im Bazar); Haushaltsgegenstände; astronomische Instrumente; an der Decke Messingkandelaber, u.a. achteckiger Kandelaber aus der Sultan Hassan-Moschee; im Durchgang zu Raum 12 Doppeltür aus dem Imam Shafi-Mausoleum

12: Waffen

Vom Schwert bis zu Feuerwaffen; verschiedene (luftige!) Kettenhemden; Schwerter mit reich verzierten Scheiden; Pfeile; manche Waffen mit dem Namen des Eigentümers

13: Ägyptische Keramik

Herrliche Fayencen mit unterschiedlichen, z.T. floralen Motiven oder auch Tierdarstellungen, einige mit menschlichen Figuren (vermutlich koptisch beeinflusst); Töpfersignaturen; Fayumkeramik mit chinesischem Einfluss; silberbeschlagene Tür aus der Moschee von Sayida Zeinab; typischer Glasleuchter der Sultan Hassan Moschee (Vitrine zur Wand); schöner Weihrauchbrenner mit Silbereinlegearbeiten (Vitrine gegenüber der vorigen); im Übergang zu Raum 1 zwei fein gearbeitete hexagonale Metalltische; Teppichausstellung an den oberen Wänden

14: Keramik aus anderen Ländern
Keramik mit Darstellung der Kaaba innerhalb einer Moschee (rechts nach Durchgang); sehr dekorative Kacheln an den Wänden; Teppiche an den oberen Wänden

15, 16: Ausländische Töpferware
Wiederum schöne Kacheln; Steinformen für Metallguss; Öllampen; Spielzeugfiguren; fein gearbeitete Filter für Krüge und Kannenausgüsse; Grabsteine; Teppiche an den Wänden; am Ende des Ganges Teil einer Koranschule aus Rosetta, in der großen Nische saß der Lehrer, in den kleinen wurden die Bücher aufbewahrt

Von hier aus sollte man zur Münzsammlung in Raum D weitergehen, die dann ein wirkliches „Highlight" bietet, wenn die Münzen ausgestellt sind, die in den Ruinen eines Hauses im Islamischen Viertel gefunden wurden (siehe hierzu Seite). Auch Medaillon, hauptsächlich aus der Mohammed Ali Dynastie. Danach wieder zurück und am besten zu Raum 19 durchgehen und von hier aus die Port-Said-Straßenseite besichtigen.

19: Kunst im arabischen Buch
Wertvolle Bücher in Bücherschränken aus der Sammlung von König Faruq (an beiden Außenwänden); sehr wertvolle Korane unterschiedlicher Herkunft; persische Miniaturen, mogulindische und andere Malereien

20: Textilien, Teppiche, Gebrauchsgegenstände
Reich dekorierte Textilien; Teppiche; emaillierte Keramik aus Asien; Pilgerflaschen; kleine Teller

21: Glas und Moscheenlampen
Glas aus dem 11.-15. Jh, vor allem Moscheenlampen (hauptsächlich in Syrien hergestellt); Stunden-Sanduhr (Vitrine in Raummitte); Flaschen, Parfümbehälter und Vasen (meist ägyptischen Ursprungs); persische Teppiche

22: Persische Kunst
Verschiedene Gefäße; Fayencen; Keramiken mit blaugrünem Dekor oder eingeritzten Motiven; Fayence-Plastiken wie Vögel, Tiere, Blüten; Teppiche

23: Eigentlich wechselnde Ausstellungen
Offensichtlich permanente Ausstellung von medizinischen Instrumenten, Schreibutensilien, Navigationsgeräten; Textilfragmente

1: (mit früherer Eingangshalle)
Koranbehälter des König Faruk mit einem Koran in Kufi aus dem 7. oder 8. Jh; Wanddekoration mit Teppichen (iranisch und türkisch); großer oktogonaler Messingleuchter (14. Jh)

2: Omayadische Kunstepoche (7.-8. Jh)
Schönes Fußbodenmosaik aus mehrfarbigem Marmor; Bronzekanne mit Blütenornamenten und Ausguss als krähender Hahn (Sassanidenzeit; Vitrine am Gang); hübsches kleines Arkaden-"Regal" an der Gangwand; Grabsteine mit Namen der Verstorbenen

3: Abbasiden, Tuluniden (8.-10. Jh)
Einflüsse aus Persien und der Türkei; Stuck- und Holzplatten an den Wänden; Keramik mit kobaltblauem und grünem Dekor; Ampeln mit Metallfarben, die beim Brennen oxydierten (Vitrine zur Straßenseite); imitierte chinesische Keramik aus Persien (Vitrine zum Gang)

4: Fatimidische Epoche (10.-12. Jh)
Erste Kalligraphien und Arabesken; zierliche Kufischriften in der Vitrine unter dem Fenster; Holzschnitzereien mit (noch) figürlichen Motiven; Wandmalerei aus Fustat (Person mit Trink

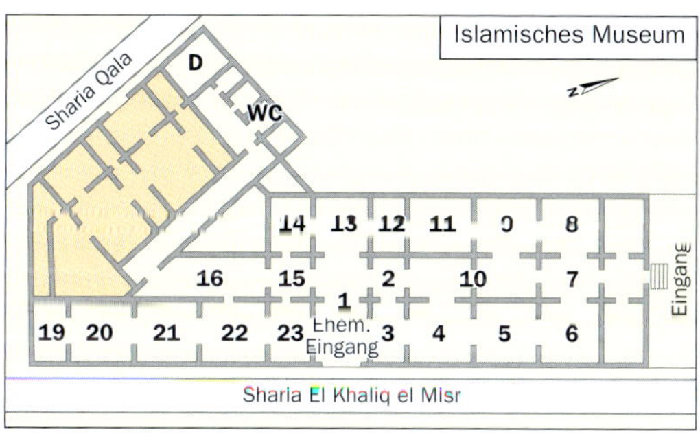

becher, an der Wand zu Raum 3); schöner polygonaler Springbrunnen aus der Aijubidenzeit; im Durchgang zu Raum 5 Moscheenfenster aus durchbrochenem Stuck mit Glasmosaiken

5: Mamlukische Epoche (13.-16. Jh)

Starker syrischer Einfluss z.B. Bronzegefäße mit Gold- oder Silbereinlagen; vergoldete und emaillierte Glasampeln (Vitrine Mitte); Glasmosaik-Fenster zur Straße; interessante Metallarbeiten in den Vitrinen; Wasserbecken eines Springbrunnens mit Marmormosaiken aus dem Kalaun-Mausoleum, im Durchgang zu Raum 6 große Holztüre aus der (nicht mehr vorhandenen) Madrasa des Salih Aijub

6: Fatimidische Holzarbeiten

Holzteile aus frühen Moscheen, u.a. tragbare Mihrabs (Sayida Zeinab-Moschee, Raummitte, Al Azhar-Moschee, Fensterfront); Holzpaneele aus dem fatimidischen Westpalast (Wand Richtung Garten).

Nach dem Besuch kann man die Beine im Museumsgarten ausruhen und dann die Sharia Port Said nur ein paar hundert Meter nach Norden, bis zur querenden Sharia Al Azhar, gehen.

Khan el Khalili-Bazar und umliegende Souks

Nun wollen wir unsere Wanderungen im Islamischen Viertel beginnen. Zur besseren Übersicht haben wir die in den Plänen auf Seite 140 und 141 angegebenen Nummern den folgenden Sehenswürdigkeiten jeweils in Klammern hinzugefügt. Vom Zentrum aus können Sie entweder einen Bus nehmen (fragen Sie nach „El Hussein") oder aber vom Midan Ataba der Sharia Al Azhar, der von einer Hochbrückenkonstruktion verunzierten Straße, folgen. Kurz nach dem Ende der Hochbrücke werden Sie eine Fußgängerbrücke quer über die Straße sehen, dort liegt das Zentrum des Viertels.

Als viel interessantere Alternative zur Sharia Al Azhar bietet sich eine Wanderung durch ihre nördliche Parallelstraße Sharia El Muski vom Midan Ataba aus an. Früher war diese Straße eine der Hauptverkehrsadern durch das Islamische Kairo. Sie führt heute durch lokale Souks, in denen es wirklich alles fürs tägliche ägyptische Leben gibt. Hierher strömen die Bewohner von weit und breit zum Einkauf. Besonders in der Nähe des Midan Ataba herrscht häufig ein unglaubliches, schier erdrückendes Gedränge. Doch keine Angst, es geht zwar hautnah zu, aber hier feiern Angebot und Nachfrage Orgien - vom Spottbilligstangebot des „billigen Jakob" über vergoldete Sitzgarnituren bis zum zentnerschweren Kronleuchter findet sich alles, was eine ägyptische Familie gebrauchen könnte oder sich aufschwatzen lässt. Die Sharia El Muski steigt leicht bergan, durchschneidet den Khan el Khalili Bazar und endet am Midan Hussein, dem großen Platz vor der Hussein Moschee.

Doch zurück zur unübersehbaren Fußgängerbrücke über die Sharia Al Azhar: Überqueren Sie diese zur linken Straßenseite und gehen Sie noch über die erste Kreuzung mit Autoverkehr (Sh Muizz li-Din Allah) zurück. Biegen Sie danach in die erste enge Gasse rechts ab. Nach wenigen Schritten verstummt der Verkehrslärm, Sie hören das Klappern von Nähmaschinen oder das Feilschen um Kleider und Stoffe. Hierher verirrt sich seltener einer der Pauschaltouristen.

Gehen Sie geradeaus bis zur nächsten (engen) Kreuzung, dort links und dann wieder rechts. Bald wird Ihnen der Geruch von orientalischen Düften entgegenwehen: Sie stehen im jahrhundertealten Gewürzmarkt (Souk el Atarin). An dem kleinen Platz können Sie Gewürzmüller beobachten; starker würziger Geruch steigt in die Nase und reizt die ungewohnten Schleimhäute. Die Gasse endet an der Sharia El Muski (siehe oben). Sollten Sie den „Einstieg" in die enge Gasse verpasst haben, können Sie auch der Sharia Al Azhar noch ein Stück bergab folgen und in die Gasse einbiegen, die spitzwinklig einmündet. Wenn Sie diese durchwandern, wird sich bald der Gewürzreiz in Ihrer Nase melden; biegen Sie dann rechts ein, um die laut dröhnenden Gewürzmühlen zu sehen und sich von dem feinen Staub ähnlich wie von Schnupftabak reizen zu lassen.

Aus dem Gewürzmarkt sollten Sie in die Sharia El Muski zur Fortsetzung des Spaziergangs gehen und dort bergauf bis zur nächsten Kreuzung mit Autoverkehr. Das ist nur ein kurzes Stück, die Straße heißt Sharia Muizz li Din Allah und ist die alte, unter den Fatimiden angelegte Nord-Süd-Achse der heutigen Altstadt. In der jüngsten Vergangenheit wurde sie gründlich renoviert und neu mit einem ziemlich holprigen Pflaster ausgelegt – das soll wohl die wilden Motorrad- und Autofahrer zur Raison bringen, vor denen man sich früher mit schnellen Sprüngen in Sicherheit bringen musste.

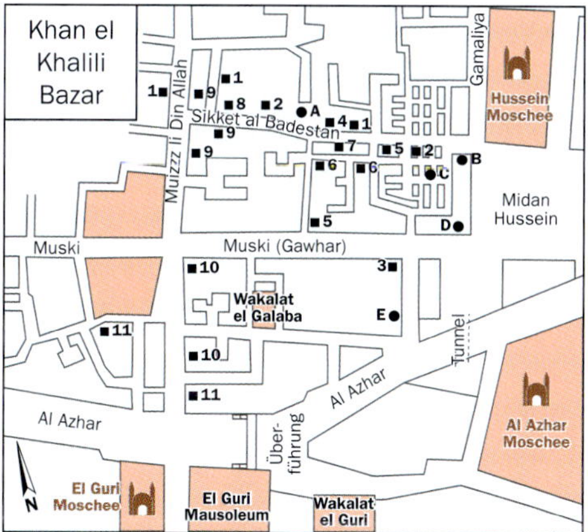

■ Shopping		● Restaurants
1 Kupfer, Messing	6 Silber	A Khan el Khalili
2 Galabeya	7 Beduinenschmuck	B Teahouse Senussi
3 Bauchtanz	8 Schmuck	C Fishawi
4 Antiquitäten	9 Gold	D Hussein
5 Teppiche	10 Parfüm	E Egyptian Pancake
	11 Gewürze	

Rechts an der Sharia Muski steht die 1425 von Sultan **Ashraf Barsbay** erbaute **Madrasa** [19]. Sultan Barsbay hatte den Gewürzhandel verstaatlicht und nutzte das hohe Steueraufkommen aus diesem Zweig unter anderem zum Bau religiöser Monumente (sein Mausoleum in der nördlichen Totenstadt ist unbedingt einen Besuch wert, siehe Seite 168). Barsbay baute hier Madrasa, Mausoleum und ein Sebil-Kuttab, das gleich links vom Eingang zu sehen ist: unten der Brunnen, oben die Koranschule. Im Korridor zur Madrasa verbirgt ein Holzgitter (Mashrabiya) den Wasserbehälter für den Brunnen. Im Nordwest-Liwan der Madrasa sind die Decken und marmorverkleideten Böden sehenswert. Werfen Sie auch einen Blick auf den Mihrab mit seinen schönen Intarsienarbeiten. Vom Minarett schweift der Blick direkt über den Khan el Kalili Bazar (und das Gerümpel auf den Dächern).

Links gegenüber erhebt sich die etwas angestaubte **Mutahar-Moschee** [18] mit Sebil-Kuttab (1744). Ihr Minarett und der Eingangsbereich stammen von einer Moschee, die Katkhuda im 12. Jh. hier erbauen ließ. Sie sollten nun links (nördlich) der Sharia Muizz li Din Allah folgen, an der sich in diesem Abschnitt Goldschmuckhändler niedergelassen haben und die bald den Souk der Kupferschmiede (Souk el Nahasin) durchquert. Wenn Sie der nächsten, rechts abzweigenden Gasse - der Eingang ist schmal und leicht zu übersehen - unverzagt folgen, werden Sie im Herzen des ******Khan el Khalili-Bazars** landen.

Dieser Bazar (sonntags weitgehend geschlossen) mit seinen zahllosen, häufig winzigen Lädchen ist die Shopping-Adresse schlechthin für Touristen, die orientalische Souvenirs nach Hause schleppen wollen; er ist einer der bekanntesten Bazare Nordafrikas. Noch dazu hat er Tradition: 1382 wurde an dieser Stelle von Jarkas el Khalili, Stallmeister des Sultan Barquq, eine Karawanserei (Khan) gegründet, in der vor allem fremde Kaufleute ihre Waren anbieten durften. Vor über einem Jahrhundert wurde im Khan el Khalili-Bazar noch einer der bekanntesten Sklavenmärkte Nordafrikas abgehalten. Das Schachern um Menschen fand im noch vorhandenen, touristisch kaum interessanten Teil namens *Wakalat el Gallaba* statt, in dem jetzt hauptsächlich Waren für den ägyptischen Haushalt angeboten werden.

Wichtige islamische Monumente

Zahllose Bauwerke wurden seit der arabischen Eroberung in Kairo geschaffen, von denen heute noch ein Bruchteil mehr oder weniger erhalten ist. Die wichtigsten sind im Text beschrieben und hier als Überblick in chronologischer Reihenfolge, nach Fertigstellungsjahr, aufgelistet:

Nilometer 814
Amr Moschee 827
Ibn Tulun Moschee 879

Fatimidische Epoche
Al Azhar Moschee. 972
El Hakim Moschee 1013
Bab el Nasr, Bab el Futuh 1087
Bab Zuweila 1090
Hussein Moschee (alter Teil) 1154
Salih Talai Moschee 1160

Ajubidische Epoche
Zitadelle 1176
El Shafi Mausoleum 1211
Salih Aijub Mausoleum. 1249

Mamlukische Epoche
Kalaun Mausoleum und Hospital . . .1284
Mausoleum El Nasir Mohammed. . .1296
El Nasir Moschee (Zitadelle). 1335
Beshtak Palast. 1339
Aq Sunqur Moschee 1347
Sultan Hassan Moschee 1363
Moschee Madrasa Sultan Barquq . .1384
Mausoleum von Sultan Barquq. 1411
El Muayyad Moschee 1423
Mausoleum Sultan Ashraf Qaytbay.1432
Qajmas el Ishaqi Moschee 1481
Wakala el Guri 1504
El Guri Madrasa und Mausoleum. . .1517

Osmanische Epoche
Beyt el Suhaimi (Palast) 1648
Sebil Kuttab von Rahman Katkhuda .1744
Mohammed Ali Moschee (Zitadelle) 1824
Hussein Moschee (Bethalle). . . 1864-1873
Er Rifai Moschee. 1911

Heute erscheint der Bazar dem flüchtigen Besucher als eine große Nepp-Falle. Wenn Sie allerdings an mehr als dem üblichen Touristenkitsch interessiert sind, dann müssen Sie sich Zeit nehmen, viel Tee trinken und sich dem orientalischen Handel und Wandel anpassen. Dann öffnet der eine oder andere Bazari auch mal die Schublade, in der er die besseren Stücke für interessierte Kunden aufbewahrt. Mit etwas Gespür können Sie unter all dem Ramsch auch heute noch Kostbarkeiten finden. Freilich dürfen Sie sich nicht im Glauben wiegen, dass auch nur einer der Händler Ihre Finanzkraft unterschätzt.

Die enge Gasse steigt allmählich an. Etwa im mittleren Teil wurde 2007 das **New Khan el Khalili Shopping Center** – links kurz vor dem Restaurant *Khan el Khalili* – eröffnet, ein komplett klimatisiertes, sehr großes Areal mit offenbar etwas besseren, zumindest aber teureren Geschäften, sogar einer Zweigstelle der Buchhandlung Lehnert und Landrock, neben weiteren 269 Shops in drei Stockwerken sowie einem Café. Als ob dem geplagten Besucher nicht schon mit den Hunderten der vorhandenen Läden nahezu übermenschliche Entscheidungskraft abgefordert würde; ganz abgesehen von seiner Finanzkraft!

Wenn Sie sich zum Schluss Ihrer Entdeckungsreise in die höher gelegenen Regionen begeben, stoßen Sie auf das Ende des Bazars und an die Mauern der ****Hussein Moschee** [17]. Sie ist eine der sehr beliebten Moscheen Kairos. In der großen Bethalle vertiefen sich fromme Männer ins Gebet, im Seitentrakt steht - unter einer mit Goldintarsien geschmückten silbernen Mausoleumskuppel - der verzierte Sarkophag mit dem Kopf Husseins. Ehrfürchtig umschreiten die Gläubigen das Heiligtum und murmeln Gebete, in denen sie Hussein ihre Wünsche mitteilen.

Hussein - der vierte und letzte der orthodoxen Kalifen - war der Sohn Alis und dieser wiederum der Schwiegersohn des Propheten. Er wurde 680 in der Schlacht von Kerbala im Iraq getötet. Bei diesem Streit spalteten sich die Schiiten von den Sunniten; die Schiiten gedenken jährlich des Todes von Hussein mit blutiger Selbstkasteiung. Während der Regentschaft der schiitischen Fatimiden wurde 1153 der Kopf Husseins nach Kairo gebracht und in der eigens errichteten Moschee aufgebahrt.

Obwohl die Moschee einen stark schiitischen Hintergrund hat, ist sie bei den sunnitischen Ägyptern zu einer Art Institution geworden. An hohen Feiertagen fahren hier die Staatskarossen mit Präsident und Ministern vor, nachts während des Ramadan oder beim *Mulid el Hussein* ist sie (erlebenswerter) Mittelpunkt von Festlichkeiten, die in Zelten ringsum stattfinden. Freitags fasst sie gewöhnlich nicht den Ansturm der Gläubigen, daher werden zusätzliche Gebetsmatten auf dem Vorplatz ausgebreitet.

Weil es sich hier sozusagen um einen heiligen Platz mit einer Reliquie handelt, sind Ungläubige, d.h. Touristen nicht gern - eigentlich sehr ungern, zumindest freitags - gesehen oder es wird ihnen häufig der Zutritt verwehrt. Frauen müssen angemessen gekleidet sein, sie müssen den östlichen Seiteneingang benutzen.

Eine ausgiebigere Verschnaufpause ermöglicht eins der Kaffe/Teehäuser schräg gegenüber der Hussein-Moschee, z.B. im Eckhaus das *Teahouse El Shaikh Shaban*; beim Tee kann man ungestört dem ameisenhaften Treiben zuschauen. Leider werden Touristen hier maximal geschröpft: Erfragen Sie zuvor Preise. Wenn Sie stattdessen ins **Fishawi** in der ersten Parallelgasse zum Midan Hussein gehen, landen Sie in der stimmungsvollsten und altbekanntesten derartigen Institution, in der sich früher Schriftsteller und Journalisten trafen.

Nördliches Islamisches Viertel

Zur Fortsetzung des Spaziergangs wenden Sie sich in der Gasse zwischen Hussein Moschee und Bazar nach links (Norden). Nach etwa 15-20 Minuten (ohne Besichtigungen) werden Sie auf die Stadtmauer treffen. Die Straße heißt zunächst Sharia El Hussein, danach El Gamaliya wie auch das umliegende Viertel, in dem übrigens der Schriftsteller und Nobelpreis-

Früher kam noch die Wahrsagerin ins Fishawi

träger Nagib Machfus aufwuchs; hier spielen diverse seiner Erzählungen bzw. Romane.

Die enge Straße - eine der Haupt-Querverbindungen zwischen den ehemaligen Stadtmauern - verläuft anfangs an der Hussein-Moschee entlang. Die links abzweigenden Gassen führen in Außenbereiche des Khan el Khalili Bazars; aber dies sind schon touristische Randzonen,

Ein paar wichtige Begriffe

(Auszug aus *Glossar*, siehe Seite 423)

Liwan - nach drei Seiten geschlossene Halle einer Moschee

Khanqa - muslimisches Kloster

Madrasa - höhere theologische Schule

Mashrabiya - gedrechselte Holzgitter, ineinander verzapft

Mausoleum - Grabbau

Mihrab - Gebetsnische

Minbar - Gebetskanzel

Sebil-Kuttab - öffentlicher Brunnen mit angeschlossener (meist darüber liegender) Koranschule

Wakala - Handelshaus, Karawanserei

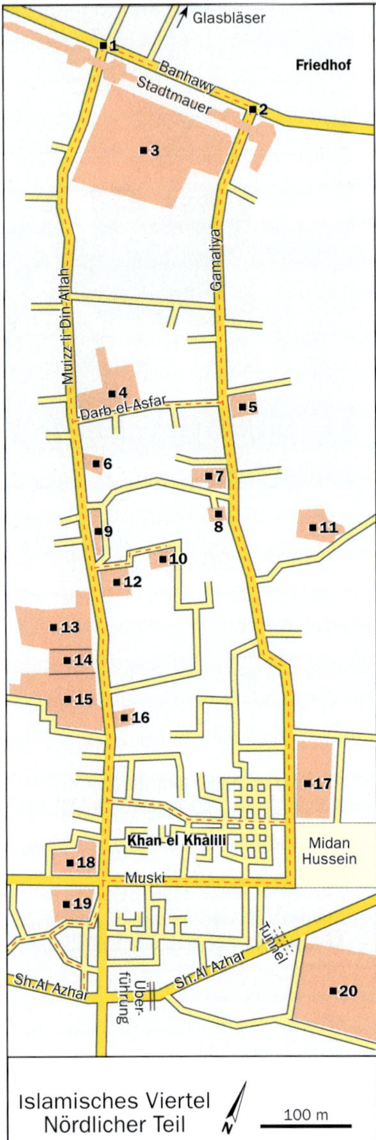

Islamisches Viertel
Nördlicher Teil

Zeichenerklärung für beide Pläne

1 Bab el Futuh
2 Bab el Nasr
3 Hakim Moschee
4 Beyt el Suhaimi Palast
5 Beybar Mausoleum
6 El Aqmar Moschee
7 Wakalat el Bazara, Ustadar Moschee
8 Tatar el Higaziya Moschee
9 Sebil-Kuttab von Katkhuda
10 Mithgal Moschee
11 Musafirkhana Palast
12 Beshtak Palast
13 Barquq Moschee und Madrasa
14 Nasir Moschee
15 Kalaun Komplex
16 Salih Aijub Mausoleum Khussru Pascha Sebil-Kuttab
17 Hussein Moschee
18 Mutahar Moschee
19 Ashraf Barsbay Madrasa
20 Al Azhar Moschee
21 Maison Zeinab Khatum
22 El Guri Moschee und Mausoleum
23 Wakalat El Guri
24 Fakahani Moschee
25 Muayyad Moschee
26 Bab Zuwela
27 Qajmas el Ishaqi Moschee
28 Zeltmacher-Bazar
29 Salih Talai Moschee
30 Mahmud el Kurdi Moschee
31 Mihmandar Moschee
32 Altinbugha el Maridani Moschee
33 Amir Gani Bak Madrasa
34 Ganim el Bahlawan Moschee
35 Bayt el Razzaz Palast
36 Aq Sunqur Moschee
37 Aytmish el Bagasi Moschee
38 Ilgay el Yusufi Madrasa
39 Bab Mangak el Silahdar
40 Muayyad Maristan
41 Madrasa des Amir
42 Er Rifai Moschee
43 Sultan Hassan Moschee

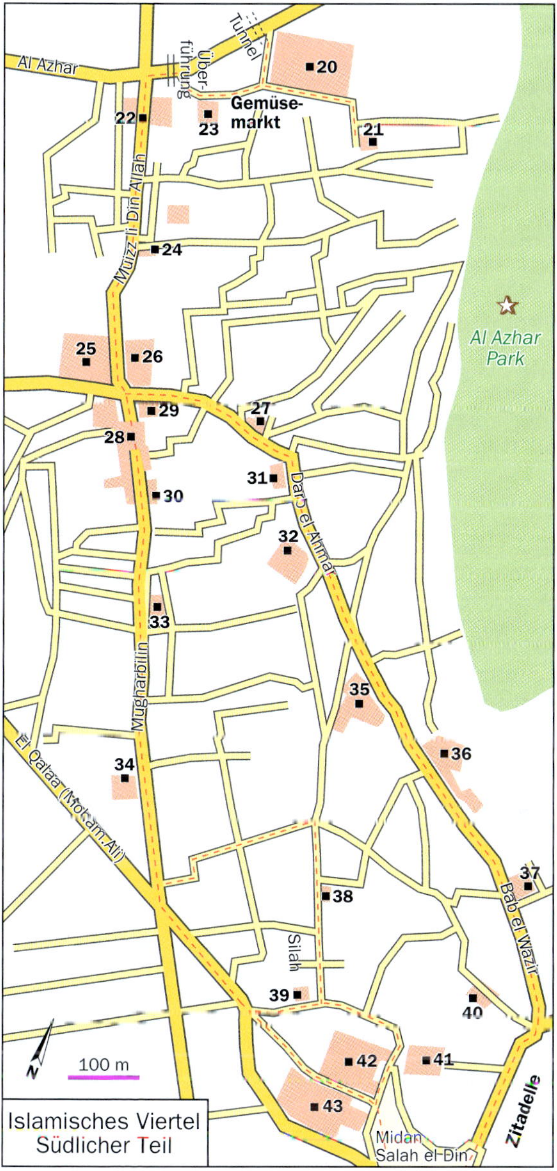

hier dominiert bald das normale tägliche Leben des Islamischen Viertels. Sollten Sie z.B. einen Friseurstuhl als Souvenir mit nach Hause nehmen wollen, so finden Sie in dieser Gegend das entsprechende Angebot.

Die Straße verschiebt sich mit Hilfe einiger Kurven ein Stück nach Westen und verläuft dann wieder einigermaßen geradeaus. Die abzweigenden schmalen Gassen sind so genannte *Shillas*, Gassen, in denen jeder jeden kennt und die jeder gegen Eindringlinge in den Sozialbereich verteidigt. Die „Verkehrsfläche" einer solchen Gasse gehört den Kindern, sie spielen Fußball oder helfen den Erwachsenen. Aber nicht nur Kinder, auch hin und wieder müssen sich auch Schafe oder Ziegen das bisschen Fläche mit den Autos teilen.

An der Sharia Gamaliya folgt bald links die Moschee **Gamal el Din el Ustadar** [7] aus dem 15. Jh, deren Mauern nach dem Erdbeben einzustürzen drohten; sie ist jetzt repariert und renoviert. Nach dem

Gedränge gab es schon immer...

"In den Straßen, in denen man die beiden Seitenmauern beinahe mit dem Ellenbogen streift, galoppieren Esel, Saphis laufen vor einem trabenden Reiter her und schlagen mit der Karbatsche in die Menge, Kamele bewegen sich in langer Reihe vorwärts, beladen mit Bausteinen oder Balken, die quergelegt sind, so dass sie die Passanten zu zermalmen oder zu durchbohren drohen..." (J.J. Ampere, 1844)
"Die arabischen Kutschenfahrer sind tollkühn und dickköpfig und schlagen sich wie wild durch die Menge, während ein 'Sais' oder Läufer mit einem langen Stock bewaffnet vorauseilt, um den Weg für das Gefährt freizumachen." (M.I. Whatley, 1863)

Namensgeber, einem mächtigen Amir, erhielt auch die Straße ihren Namen. Ursprünglich war der Komplex reich dekoriert, denn Gamal el Din wollte hier seinen „Ruhestand" verbringen - aber Sultan Barquq beendete den Wunsch per Exekution. Westlich nebenan liegt die **Wakala el Bazara** [7] (9-18, £E 20), eine Karawanserei aus dem 17. Jh, in der hauptsächlich Tabakhandel betrieben wurde (Zugang durch die Gasse links nach der Moschee). Auch hier ist die typische Aufteilung zu sehen: Im großen Innenhof wurden die Tiere der rastenden Kaufleute entladen und die Waren im Erdgeschoss gelagert, im ersten Stock standen entsprechende Verkaufsräume zur Verfügung, und in den Wohnungen darüber - die sich intern teilweise über drei Stockwerke zogen - konnte der Händler samt Harem unterkommen.

Ein kurzes Stück weiter auf der Sharia Gamaliya steht auf der rechten Seite eine große Moschee. Es ist das 1310 errichtete (derzeit unter Renovierung befindliche) **Kloster und Mausoleum (Khanqah) Beybars II** [5] (el Gashankir), ein nur ein Jahr regierender und dann von seinem Nachfolger exekutierter mamlukischer Sultan, der während seines Aufstiegs eine Zeit lang Vorschmecker - *Gashankir* - war. Es handelt sich um das älteste Sufi-Kloster Kairos. Zwischen den beiden Hauptliwanen sind die Wohnzellen für die Sufis (muslimische Mystiker) angeordnet; bis zu 400 von ihnen lebten im 14. Jh hier. Das Mausoleum, in dem heute ein islamischer Heiliger ruht, erreicht man durch einen separaten Gang links vom Eingang. Über dem Eingang verläuft ein vergoldetes Spruchband, von dem ein Stück fehlt: dort stand einst der Name Beybars, den sein Nachfolger entfernen ließ.

In diesem Abschnitt der Sharia Gamaliya bieten viele Garküchen ihre Speisen an; besonders am frühen Abend kann man hier die friedliche Feierabendstimmung der Bewohner miterleben. Gleich an der nächsten Straßenecke hämmern (rechts in der Gasse) fleißige Kistenbauer wie wild und teilweise im „Fließbandverfahren" Obstkisten zusammen. Die „Straßenfabrik" mit ihren freundlichen Arbeitern ist sicher einen anerkennenden Blick wert.

Die Sharia Gamaliya zieht sich noch ein Stück hin, nach der nächsten Kreuzung rechts erkennt man eine alte, aber offensichtlich erneuerte Fassade mit Mashrabien. Sie gehört zur 1673 errichteten **Wakala und Sebil des Oda Basha**. Die größtenteils erhaltene Anlage wurde gründlich renoviert. Heute dient sie kleinen Handwerksbetrieben als Unterkunft. Schräg gegenüber (nach der nächsten Kreuzung links) lag die Wakala des Amir Qausum (1330), von der nur der Eingang erhalten blieb. Eine dritte, 1481 von Sultan Qaytbay errichtete Wakala steht – kaum noch erkennbar - direkt links vor dem Bab el Nasr. Die Nähe der drei Karawansereien zu den nördlichen Stadttoren kommt nicht von ungefähr, denn ab dem Mittelalter wurden die Waren, die über das Rote Meer verschifft worden waren, in Suez auf Kamele verladen und per Landtransport nach Kairo geschafft.

Schließlich führt die Straße durch das gut erhaltene „Stadttor des Sieges", das ***Bab el Nasr** [2]. Dieses, wie auch das gleich nebenan stehende Schwestertor ***Bab el Futuh** [1] (Tor der Eroberung), wurde 1087 von den Fatimiden unter dem Armenier Badr el Gamali erbaut, um sowohl die Hakim-Moschee in die ummauerte Stadt einzubeziehen als auch vorhandene Lehmziegelbefestigungen zu ersetzen. Es handelt sich um eins der bemerkenswertesten Stücke islamischer Militär-Architektur. Die soliden Steine sind z.T. pharaonischen Ursprungs aus Memphis, wie u.a. ein Nilpferd-Relief an einer Treppe des Bab el Futuh beweist. Beide Tore sind von Türmen flankiert, zwischen denen ein Gewölbegang verläuft, in dem sich die Verteidiger in voller Deckung bewegen konnten.

Dieser Teil der Stadtmauer zwischen den Toren kann besichtigt werden. Fragen Sie am Eingang der El Hakim-Moschee, dort verkauft man Ihnen das Ticket und dort führt auch derzeit ein Weg hinauf. In jüngster Zeit wurde ein großer Teil der Stadtmauer restauriert, alles sieht danach aus, als ob eine längere Strecke zugänglich gemacht werden soll. Zur Zeit unserer Recherche waren die Arbeiten noch voll im Gang. Aber schon jetzt wirkt die Mauer von außerhalb betrachtet sehr imposant und wuchtig. Von oben blickt man über die Dächer hinweg in den Innenhof der El Hakim-Moschee und auf der gegenüberliegenden Seite in die Behausungen auf den Gräbern des gleich anschließenden Friedhofs.

Gegenüber dem Bab el Futuh ist noch eine **Glasbläserei** in Betrieb, die man wie folgt findet: Sie gehen aus dem Stadttor hinaus, überqueren die Hauptstraße, gehen auf der anderen Straßenseite nach rechts und biegen ein paar Schritte weiter in die erste Gasse namens Haret Elbeerkedar links ein. Am Ende - etwa 100 m

Stadtmauer zwischen den beiden Stadttoren

Kistenmacher

nach dem Abzweig einer Gasse namens Atfet el Ghannam - raucht die „Glas Factory", in der Sie sowohl dem schweißtreibenden Umgang mit dem Blasrohr zuschauen als auch die gerade entstandenen Produkte in einem vollgestopften Laden kaufen können.

Wenn Sie die Nördliche oder Südliche Totenstadt nicht besuchen, dann können Sie in dieser Gegend einen Blick auf einen ägyptischen Friedhof werfen, der mit unseren Vorstellungen von Begräbnisstätten nicht viel gemein hat. Gehen Sie, schräg gegenüber dem Bab el Futuh, rechts und leicht bergan ca. 100 bis 200 m in den Parallelweg zur Hauptstraße. Links zweigen enge Gassen, dann Eingänge in die Totenstadt ab. Sie sollten auf manchmal nicht allzu freundlichen Empfang vorbereitet sein. Verhalten Sie sich daher zurückhaltend.

Die Totenstädte Kairos werden von vielen Lebenden bewohnt. Das sind zum Teil „Profis", nämlich Bewacher von noch intakten Grabanlagen oder Leute, die besitzlose, d.h. aufgegebene Gräber als Wohnung übernommen haben. Die Grabbauten bestehen aus der eigentlichen Familiengruft und oberirdischen Wohnbauten, in welche die Anverwandten während der Totenfeste einziehen.

Es gibt häufig Elektrizität und Wasseranschluss; verlockend genug für Zuwanderer oder sonstige Wohnungslose, sich pragmatisch mit den Umständen abzufinden und den Friedhof als Wohnumfeld zu akzeptieren. Mehr über die Gräber und ihre Bedeutung können Sie im Kapitel Totenstädte (siehe Seite 174) nachlesen.

Für den Rückweg nehmen Sie am besten die vom Bab el Futuh stadteinwärts führende Sharia Muizz Li-Din Allah, die aus dem Mittelalter stammende Hauptstraße (Qasaba), die sich von hier bis Fustat zog. Gleich nach dem Tor durchstreifen Sie den Knoblauchmarkt oder eher den Umschlagplatz für die Knollen. In dieser Gegend werden auch Wasserpfeifen (*Shisha*) produziert und gehandelt.

Links dehnen sich die Mauern der 990-1013 erbauten, wie eine Trutzburg wirkenden ****El Hakim-Moschee** [3] aus. Das recht klar gegliederte, imposante Bauwerk wurde unter dem Fatimiden El Aziz begonnen und von seinem religiös-exzentrischen Sohn El Hakim bi-Amr Allah (wörtlich *Herrscher durch Gottes Befehl*) fertig gestellt. Vorbild in Größe und Stil war offenbar die Ibn Tulun Moschee, allerdings ist der Eingang monumentaler. Ein fünfschiffiger Liwan mit dem Mihrab weist nach Osten in Richtung Mekka, die übrigen Liwane sind zweischiffig. Die beiden sehr schönen Minarette an den Enden der Westwand wurden nach einem Erdbeben 1303 im Basisbereich verstärkt. Die Moschee ist erst in den 1980er Jahren renoviert worden, nachdem sie über die Jahrhunderte einiges mitgemacht hatte: Gefangenenlager für Kreuzfahrer, Stallungen unter Saladin, Versorgungslager napoleonischer Truppen und Schule während der Nasser-Zeit.

Der Weiterweg ist zunächst nicht sonderlich aufregend, doch biegen Sie unbedingt in die zweite Gasse links *(Darb el Asfar - „Gelbe Gasse")* ab, sie wurde komplett renoviert und als Fußgängerzone hergerichtet. Gleich am Beginn liegen drei historische Gebäude (9-18, Winter 9-17, £E 20) beginnend mit dem *Haus des Gaafar* (1713, relativ klein, schöne Mashrabien, bemalte Holzdecke, Holz verschalte und bemalte Wände), dann der *Palast des Kharazati* (1881) und schließlich die Hauptattraktion, ******Beyt el Suhaimi-Palast** [4] (1648). Er gehörte dem gleichnamigen Stadtteil-Scheich aus dem 17. Jh; sein grüner Innenhof ist noch heute eine sehr erholsame Oase im Trubel der Umgebung. Hier finden Sie ein im Original vollständig erhaltenes Domizil, zum Teil noch mit den Einrichtungsgegenständen des Besitzers - im Grunde ein wesentlich authentischeres Beispiel der Vergangenheit als das auf Seite 171 beschriebene *Gayer-Anderson-Haus*.

Gleich nach dem Eingang rechts befand sich der etwas nüchterne Essraum für Männer. Gehen Sie zunächst über den Innenhof in den hinteren Quertrakt und links die Treppe hinauf. Oben zieht sich der Harem - in dem die Frauen lebten - fast über den gesamten Quertrakt. Sie stehen im schönsten Raum mit farbenfrohen Kacheln, hübschen Holzgittern und vielen Sitzgelegenheiten. Links hinten im Harem führt eine Tür in einen kleinen Raum, in dem Wirbelknochen eines Wals liegen: Wenn die Damen siebenmal darüber schritten, sollte sie dies dem Wunsch nach Schwangerschaft einen Schritt weiter bringen. Zum Harem gehörten außerdem eine Toilette, ein Massageraum und ein Dampfbad. Im gegenüberliegenden Trakt, an der Straßenseite im ersten Stock, war ein Raum für Schwangere eingerichtet und daneben ein Speisesaal für die Damen des Hauses.

Nebenan in der Loggia empfing der Hausherr abends seine Freunde oder man traf sich im Erdgeschoss (Mitte links) in der *Manadara*, der sehr stimmungsvollen großen Empfangshalle mit Springbrunnen zur Kühlung der Raumtemperatur, Marmorverkleidungen und schönen Einlegearbeiten. Hier rezitierten Koranvorbeter oder es fanden auch sehr weltliche Empfänge mit üppigen Tafeln, Musikern und Tänzerinnen statt. Geschäfte dagegen wickelte der Hausherr im überdeckten Raum gegenüber, am Durchgang zum Garten ab. Im renovierten Gartenbereich hinter dem Haus sind noch eine alte Ölmühle und ein Wasserschöpfwerk (*Sakiya*) neben einem sehr alten Olivenbaum zu sehen.

Zurück zur zuvor verlassenen Hauptstraße. Im nächsten Block kommen Sie links an einem palastähnlichen Gebäude vorbei, das gerade renoviert wird. Man kann aber jetzt schon einen

Blick hinein werfen. Es folgt die ***Moschee El Aqmar** [6], die 1125 für den Kalifen el Amir erbaut wurde. Sie gilt als ein gutes Beispiel der fatimidischen Architektur; einstmals markierte sie die Nordostecke des großen (östlichen) fatimidischen Palastes.

Am Ende des nächsten Blocks wird Ihnen ein spitzwinkliges Haus auffallen, dessen Stirnseite mit Holzgitterwerk geschmückt ist. Dieses **Sebil-Kuttab von Rahman Katkhuda** [9] („Brunnenhaus") aus dem Jahr 1744 gehört eigentlich zu den Schmuckstücken seiner Art. Es wurde Anfang der 1980er Jahre unter Mithilfe des Deutschen Archäologischen Instituts (DAI) renoviert; leider sieht man heute nicht mehr viel davon. Das direkt nach Norden anschließende Gebäude ist übrigens ein „Appartement Haus", Baujahr 1300.

Weiter auf der Hauptstraße liegt gleich links der sehenswerte ***Beshtak Palast** [12], der - als ältester Palast von Kairo - ebenfalls unter Mithilfe des DAI renoviert wurde und infolge des Erdbebens von 1992 einer erneuten Renovierung bedarf . Wegen dieser Arbeiten ist er immer noch für Besucher gesperrt. Der Erbauer Al Din Beshtak ließ 1335 eine Reihe älterer Bauten abreißen, um Platz für seinen überdimensionierten Palast zu schaffen. Eine ebenfalls im Weg stehende Moschee bezog er kurzerhand ins Gebäude ein. Der Palast war ursprünglich fünf Stockwerke hoch, die alle mit fließendem Wasser ausgestattet waren. Von der Architektur her geht das Gebäude auf die fatimidischen Palastanlagen zurück, die einst hier standen.

Heute betritt man die immer noch beeindruckenden Überreste des Beshtak-Palastes durch einen Seiteneingang von der schmalen, links abzweigenden Gasse aus. Eine Treppe führt in die große Empfangshalle, deren schöne Zedernholz-Kassettendecke gut drei Stockwerke höher ist. In der Mitte der Halle erfrischte einst ein kunstvoller Marmorspringbrunnen die Atmosphäre, Musikanten und Tänzerinnen sollen ihren Teil zur Unterhaltung der Gäste beigetragen haben.

Einer der Innenhöfe im Beyt el Suhaimi-Palast

Von oben herab konnten die Haremsdamen des Hauses durch Holzgitter auf das Treiben in der Halle unbemerkt herunterschauen oder in der Halle selbst durch Gitter zur Straße das dortige Leben beobachten. Beides ist auch heute noch nachvollziehbar, der Ausblick jedoch weit nüchterner als zu Zeiten von Tausendundeiner Nacht.

Wenn Sie der kleinen Seitengasse (durch die Sie zum Hintereingang des Beshtak-Palastes fanden) folgen, werden Sie links das etwas unter Straßenniveau geratene Grabmal des Heiligen **Scheich Sinan** sehen. Am Ende der Gasse überspannt rechts die renovierte **Moschee des Amirs Mithgal** [10] einen Fußweg; der Amir war Chef der Eunuchen unter Sultan Shaban von 1361-1374. Sehenswert ist der schöne, aus grauem und rotem Marmor errichtete Mihrab.

Auf der Hauptstraße beginnt jetzt der ehemals prächtigste Teil der *Qasaba*, des Hauptverkehrsweges durch das mittelalterliche Kairo. Denn hier standen sich während der Fatimiden-

zeit der östliche und der westliche Palast gegenüber; spätere Generationen wollten gerade in diesem Straßenabschnitt mit großartigen Bauwerken glänzen. Von den beiden fatimidischen Palästen ist übrigens außer einigen schönen Holzschnitzereien im Islamischen Museum nichts übrig geblieben.
Gegenüber dem Beshtak-Palast können Sie einen Blick auf die **Madrasa des El Kamil Aijub** werfen, eines der sehr wenigen Relikte aus der kurzen Aijubiden-Epoche. Gleich nebenan sehen Sie gewaltige Mauern aufsteigen, die sich in drei bekannte Bauwerke teilen. Das erste ist die **Moschee und Madrasa von Barquq** [13] (£E 6), 1384-86 erbaut. Die Machtergreifung von Barquq - eines aus Kaukasien stammenden Sklaven - verlief nicht gerade sanft, vielleicht baute er daher eine umso größere Madrasa (und eins der schönsten Grabmäler in der nördlichen Totenstadt, siehe Seite 178). Er war der erste der Burgi Mamluken; seine Regierungszeit dauerte immerhin von 1382 bis 1399.
Ein monumentaler Torbogen aus weißem und schwarzem Marmor und Bronze beschlagenen Toren führt in einen Korridor mit anschließendem Hof, um den sich vier Liwane gruppieren. Dort lohnt ein Blick in den rechts liegenden Hauptliwan, der trotz seiner Größe nicht erdrückend wirkt und dessen gut restaurierte Decke mit ihren vergoldeten Facetten von pharaonischen Porphyr-Säulen getragen wird. Man geht daran vorbei durch die hintere Türe zum Mausoleum. Bunte Glasfenster werfen diffuses Licht in den hohen Raum mit seinem Marmorboden und verschiedenfarbigen Wänden. Hier sind Familienangehörige bestattet, für den Sultan selbst war dieses Mausoleum wohl nicht gut genug.
Gleich anschließend stoßen Sie auf einen ungewöhnlichen - gotischen - Moscheeneingang. Es handelt sich um **Mausoleum und Madrasa** von **El Nasir Mohammed** [14] (1296-1304 erbaut), einem Sohn von Kalaun (siehe nächste Moschee). Er regierte - mit zwei Unterbrechungen - 30 Jahre lang während der Hochblüte der Mamluken-Ära, baute etwa 30 Moscheen und das Aquädukt vom Nil zur Zitadelle. Das Eingangsportal ist ein Beutestück der Kreuzfahrerkirche von Akko (bei Haifa im heutigen Israel), das von Nasirs Bruder El Ashraf als Siegestrophäe über die Kreuzritter abmontiert und nach Kairo transportiert wurde. Der hinter dem Portal liegende Eingangsbereich wurde unter Mithilfe des DAI restauriert (schöne Decke), mehr ist eigentlich nicht zu sehen. Bemerkenswert ist noch das Minarett mit außergewöhnlich feinem Stuck.
Der wirklich dominierende Komplex dieser Gegend ist der des gleich anschließenden *****Kalaun Mausoleums** [15] (£E 10) mit Madrasa und Hospital. Kalaun (zu deutsch *Ente*), ein vom letzten Aijubidenherrscher Salih Aijub importierter mongolischer Sklave, entwickelte sich zum erfolgreichen Mamluken-Sultan, der so-

Mittelalterlicher Luxus

Die Reichen im mittelalterlichen Kairo ließen ihre Paläste meist ungemein prunkvoll ausstatten. Die Wände waren mit Stuckornamenten, Mosaiken und Malereien dekoriert, in eingelassenen Nischen standen Nippesfiguren, Porzellangeschirr oder andere teure Dekorationsgegenstände. Entlang der Wände zogen sich mit Kissen ausgelegte Bänke, in den Haupträumen plätscherten Springbrunnen, um Kühle zu verbreiten. Anstelle von Schränken dienten kupferbeschlagene Truhen als Aufbewahrungsort. Es gab Destillationsapparate zur Wasserentkeimung, in vielen Badezimmern sogar fließendes warmes und kaltes Wasser. Über den Sultanspalast schreibt ein Zeitgenosse: *"Die Ausstattung der Räume sind das reichste, was man sich vorstellen kann. Sowohl die Wände als auch die Fußböden sind gänzlich mit den verschiedenartigsten polierten Steinintarsien aus weißem, schwarzem oder rotem Marmor, aus Serpentin (Schlangenstein), Porphyr, Kornalin und anderen erlesenen Steinen in verschiedenen Farbtönen verziert. Man kostet im Voraus die Wonnen des Paradieses."*

wohl die Mongolen als auch die Kreuzritter in Schach hielt und eine Dynastie gründete, die immerhin drei Generationen lang an der Macht blieb. Kalaun ließ an der Stelle, an der einst der Palast des fatimidischen Sultans Muizz li-Din Allah stand, ein imposantes und reich ornamentiertes Bauwerk errichten, das die Stilrichtung für viele nachfolgende Mamlukenbauten vorgab. In den 1284 erbauten Komplex integrierte er ein für die damalige Zeit sehr ungewöhnliches Bauwerk, ein Hospital (*Maristan*), von dem leider nur Ruinen übrig blieben. Aber auch heute noch wird eine Augenklinik unterhalten, die im rückwärtigen Bereich liegt (Zugang gleich nach dem Komplex rechts).

Das ursprüngliche Hospital - das vom heutigen Haupteingang des Kalaun-Komplexes her betreten wurde - war in Kreuzform mit vier Liwan-Hallen und anschließenden Krankensälen angelegt. In jedem der Liwane wurden bestimmte Krankheiten behandelt, wie Fieber, Augenkrankheiten, Magen/Darmerkrankungen, und sogar Operationen durchgeführt. Dieses Hospital galt aus medizinischer und auch sozialor Sicht als eine Weltberühmtheit seiner Zeit. Es stand allen Patienten offen, die sogar durch Geschichtenerzähler und Musikanten unterhalten wurden. Damals mischten sich Patienten, Besucher und Betende im Korridor, der von der Eingangstür des Kalaun-Komplexes (gleich neben der Nasir-Moschee) zur Madrasa, zum Mausoleum und zum Hospital führte. Heute gehört er nur mehr den Betenden.

Versäumen Sie auf keinen Fall einen Blick in den Kalaun-Komplex. Man betritt ihn durch ein großes, mit geometrisch gemusterten Bronzeplatten beschlagenes Portal. Die erste Tür links im Korridor führt in die rechteckige Madrasa, deren Dach nicht mehr existiert; jede Ecke endet in einem Liwan. Bemerkenswert ist der östliche, nach Mekka ausgerichtete Liwan, der mit Stuckarbeiten reich verziert ist und mit seinen drei Gängen und klassischen Säulen an sein Vorbild, eine syrische Basilika, erinnert. Die Wölbung des Mihrab ist mit einem Goldmosaik geschmückt.

Die zweite Tür rechts öffnet sich zum Mausoleum. Diesen Eingang überwölbt ein schöner Stuck verzierter Bogen. Die Mausoleumshalle selbst überrascht durch ihre ungewöhnliche Höhe und ihren in ein Quadrat gelegten oktogonalen Grundriss sowie die antiken Rosengranitsäulen. Glasmosaikfenster werfen bunte Strahlen in das Dämmerlicht der riesigen Halle. Die Wände schmücken sich im unteren Bereich mit schier endlosen Arabesken und Schriftzügen aus feinsten Marmorintarsien, darüber eine bemalte Holzkassettendecke. Der Sarkophag (eigentlich Kenotaph) ist durch eins der schönsten (und flächenmäßig größten) Mashrabien (Holzgitterwerk) Kairos vom Eingangsbereich abgetrennt. Ein interessantes Detail: An den Fensterlaibungen lässt sich erkennen, dass die Wand zur Straße unterschiedlich dick ist. Damit wurde im Innenraum die Ausrichtung des Mihrab (mit schönen Marmormosaiken) nach Mekka erreicht und außen die Anbindung an die vorhandene Straße.

Vom Minarett bietet sich übrigens ein eindrucksvoller Ausblick, der Wärter weist den Weg. Es geht auf syrische und andalusische Einflüsse zurück, was besonders im Stuck des oberen Stockwerks zum Ausdruck kommt.

Gegenüber dem Kalaun-Komplex steht das ***Mausoleum des Salih Aijub** [16] (Offizielle Bezeichnung *Al Salih Nadjmed Din Ayyub*; £E 10). Salih Aijub war der letzte Regent aus Saladins Dynastie und der „Erfinder" der Gebäudekombination aus Madrasa und Mausoleum, die häufig nachgeahmt werden sollte. Als Salih Aijub kurz vor der Schlacht von Mansura gegen die Kreuzritter starb, ließ seine Frau Shagaret el Durr das Mausoleum für ihren Mann bauen. Sie war übrigens die einzige Frau, die in der islamischen Epoche kurzzeitig Ägypten regierte.

Das Mausoleum wurde in den 1990er Jahren vom DAI sehr sorgfältig, mit viel Kunstsinn und Geschmack restauriert und im Originalzustand wiederhergestellt. Manches Detail des Bauwerks kam zum Vorschein, das in Schautafeln erklärt wird. Allerdings setzt der allgegenwärtige Verfall auch hier wieder ein: Der Sarkophag steht bereits wegen Bodenverwerfungen schief, nur noch ein Teil der Lampen brennt und die seltenen Besucher hinterlassen Fußspuren auf dem staubigen Boden. Für Öffnen und Eintrittsgeld ist der Wärter der Kalaun-Moschee zuständig.

Von der ursprünglichen Madrasa/Mausoleum-Kombination, die 1242-50 errichtet wurde, sind neben dem Mausoleum nur die heute weitgehend verdeckte, 70 m lange Westfassade und ein Minarett (fast an deren Ende) erhalten geblieben. Sie finden diese Reste, wenn Sie links in die nächste Gasse gehen; durch den Minarettsockel führt ein Durchgang zum Khan el Khalili Bazar.

Der folgende Bereich der Hauptstraße gehört zum *Souk el Nahasin*, dem Gebiet der *Kupferschmiede*, wie sich unschwer an den Auslagen der Shops erkennen lässt. Die nächste Gasse links führt direkt in den Khan el Khalili-Bazar.

Doch gehen wir noch ein paar Schritte weiter geradeaus. Bald stoßen wir auf die relativ breite Querstraße *Sharia El Muski*; ihr folgen wir nach Osten (links) und gönnen uns nach dem langen Spaziergang in einem der Teehäuser am Midan Hussein eine Pause. Sollte es Sie nach mehr als einer Tasse Tee gelüsten, so wäre das Hotel und Restaurant El Hussein (oberstes Stockwerk, guter Ausblick – besser als das Essen...) eine brauchbare Adresse (Eingang noch in der Sharia El Muski links, kurz vor dem Platz).

Ungezwungen im Café

Beim Tee können Sie über das Leben vor etwa 900 Jahren in der unmittelbaren Umgebung sinnieren: Unter der Herrschaft des Kalifen Muizz entstand in dieser Gegend der so genannte *Große Palast*, der bis zum 11. Jh ständig durch neue Paläste erweitert wurde. Sie trugen Namen wie *Perlen-Pavillon* oder *Pavillon der Gazellen*. Sie waren verschwenderisch ausgestattet, durch unterirdische Gänge miteinander verbunden und enthielten Wasserbecken, die nicht zuletzt als Löschwasserreservoir angelegt waren. Gegen Ende der fatimidischen Herrschaft lebten und wirkten hier schließlich 12 000 Diener und die gleiche Anzahl an Sklavinnen.

Zentrales Islamisches Viertel

Wenn Sie Lust haben, kann es im Islamischen Kairo weitergehen: Unterqueren Sie die Sharia Al Azhar durch den Fußgängertunnel. Auf der anderen Seite laufen Sie links direkt in das Tor der Barbiere der *****Al-Azhar-Moschee** [20] (Frauen müssen ein Kopftuch tragen; manchmal für Touristen gesperrt). Die Moschee wurde nach den Erdbebenschäden von 1992 komplett renoviert. Mit der angeschlossenen Universität ist sie als der intellektuelle Mittelpunkt der islamischen Welt bekannt.

Hintergrund: *Der 970 von dem fatimidischen Eroberer Gawhar errichteten Moschee wurde bereits 988 eine Madrasa angegliedert, um die ägyptischen Sunniten im schiitischen Denken zu unterweisen. 1005 bestimmte El Hakim, dass auch naturwissenschaftliche Fächer in den Lehrplan aufzunehmen seien. Damit ist die*

Al Azhar Park

**Al Azhar Park

Man könnte eine Pause im Grünen mit herrlicher Aussicht einlegen: im neuen, von der Aga Khan-Stiftung finanzierten Park (£E 10) zwischen Sharia Salah Salem und den Resten der alten Stadtmauer. Nicht nur der gute Ausblick über das mittelalterliche Kairo, auch die grüne Insel oberhalb der Stadt, ihre gärtnerische Gestaltung und ihr Ambiente sind wirklich einen Besuch wert. An einem kleinen See liegt ein als Cafeteria bezeichnetes Restaurant und ein weiteres, sehr gepflegtes auf der nördlichen Anhöhe, wo Eltern auch einen Spielplatz für die Kleinen finden. Siehe auch http://archrecord.construction.com/news/daily/archives/041027egypt.asp. Das (unverständliche) Manko des Parks: Es gibt derzeit nur einen Eingang an der Südseite der Sharia Salah Salem (nordwestlich der Zitadelle). Anfangs war von einem weiteren Einlass in der Nähe der Al Azhar-Moschee die Rede, aber er existiert nicht. So lässt sich der Haupteingang eigentlich nur per Taxi erreichen, was von der Al Azhar Moschee aus kaum 10 Minuten dauern sollte (wenn man auf der bergauf führenden Fahrbahn startet). Eingefleischte Fußgänger könnten mit öffentlichen Verkehrsmitteln zur Kreuzung Sharia Al Azhar/ Sharia Salah Salem fahren und dann nach rechts ca. 1,5 km wandern.

Al Azhar die älteste (mindestens jedoch zweitälteste) Universität der Welt.

1961 wurde sie modernisiert; von den 37 Fakultäten stehen seither neun für Frauen offen. Als Hauptfächer werden Theologie, Islamisches Recht und Arabisch, als Nebenfächer Geschichte, Geografie, Mathematik, Chemie, Biologie und Astronomie gelehrt. Die durchschnittliche Studienzeit beträgt 15 Jahre, die Studienbewerber werden schon in frühester Jugend, u.a. nach ihrer Religiosität, ausgewählt, wobei ein wichtiges Kriterium eine strenge islamische Einstellung der Väter ist. Die Studentenzahl der Al Azhar liegt bei über 100 000; viele Fakultäten und Institute sind über ganz Ägypten verstreut. Als Rektor der Universität fungiert der Imam (Vorbeter der Moschee), der gleichzeitig hochrangige Staatsämter wahrnimmt (z.B. Religionsminister), woran der Einfluss der Institution Al Azhar gemessen werden kann. Wenn auch heute bei weitem nicht mehr alle Studenten in der großen Gebetshalle der Al Azhar - in Gruppen um den Lehrer lagernd - unterrichtet werden können, so ist die Moschee dennoch das Zentrum der Uni geblieben. In den 30er Jahren entstand direkt östlich ein großer Universitätskomplex mit modernen Hörsälen, Laboratorien etc. 1950 wurde im Osten der Moschee eine Aula mit 4000 Plätzen und ein weiteres Gebäude für die juristische Fakultät errichtet.

Die Al Azhar-Moschee besitzt drei Minarette, von denen sowohl das El Guri- als auch das

Quaytbay-Minarett gegen ein Bakschisch bestiegen werden können, der Ausblick über die Umgebung und die Studentenquartiere ist interessant. Beim Dekan der Universität (gegenüber der Moschee) gibt es deutschsprachige Literatur über den Islam.

Die tausend Jahre Geschichte sind nicht spurlos am Gebäudekomplex vorbeigegangen. Im Laufe der Zeit haben Um- und Anbauten die Originale überdeckt oder verdrängt, so dass es sogar für Kenner schwer ist, die einzelnen Bereiche korrekt zuzuordnen. Dennoch wirkt dieses Konglomerat an Bauten harmonisch, majestätisch, fern vom Lärm der Außenwelt. Der Eingang führt heute durch das **Tor der Barbiere**, so genannt nach den Friseuren, die früher den Studenten die Schädel kahl schnitten. Links liegt die *Madrasa El Akbughawija*, die jetzt als Bibliothek genutzt wird, rechts die *Madrasa El Taibarsija*, die 1309 erbaut wurde und den Mihrab aus der Gründerzeit beherbergt. Dieser Mihrab gilt als ein ganz besonderes Juwel; leider sind beide Madrasas nur mit besonderer Genehmigung zugänglich.

Besucher werden gern von (selbsternannten) Muezzims der Moschee angesprochen, die Führungen anbieten. Bei einem solchen - niemals kostenlosen - Rundgang sieht man u.U. Räume, die ein normaler Besucher nicht zu Gesicht bekommt.

Das Tor der Barbiere öffnet sich - nach einem Korridor - in den großen Innenhof, dessen Dimensionen noch dem Originalplan entsprechen. Drei Liwane, deren Decken von z.T. antiken Säulen getragen werden, umgrenzen den Innenhof. Im 80 x 50 m großen Ostliwan - dem Eingang gegenüberliegend - dominieren acht Reihen mit insgesamt 140 Marmorsäulen, von denen etwa hundert aus pharaonischen Quellen stammen. Der (oben erwähnte) schöne, stuckverzierte Haupt-Mihrab im Zentrum des Liwans erreicht nicht, wie üblich, die Abschlusswand, da diese im Laufe der Jahrhunderte weiter nach außen versetzt wurde. Dieser Liwan ist Betsaal und Auditorium der Universität zugleich.

Nach dem Besuch der Al Azhar können Sie sich noch zwei typische ehemalige Paläste anschauen: Gehen Sie links, die nächste Straße wieder links, bis diese nach etwa 100 m ein Gebäude zu umgehen hat. Gleich nach der Kurve an dem kleinen Park macht ein Schild auf **Maison Zeinab Khatum** [21] (9-17, £E 10)aufmerksam, das, 1486 erbaut und 1713 erneuert, in den 1980er Jahren von den Franzosen renoviert und kurzerhand als_*Maison* beschrieben wurde. Es handelt sich um ein altes arabisches Haus, das dem Besucher ein paar schöne Räume mit alten Mashrabien zu bieten hat. Wer aber nicht gerade ein Fan ist, sollte sich das Geld sparen und die interessanteren Räume z.B. im Beyt el Suhaimi-Palast anschauen.

Auf der anderen Seite des Parks wurde ebenfalls ein Palast von den Franzosen restauriert, **Beit el Harar** (*Maison Harabi*, 9-17, £E 10). Dieses Gebäude wird für kulturelle Veranstaltungen genutzt; es bietet architektonisch nicht so viel wie der Nachbar, aber einige Räume besitzen bemalte Decken und sehr hübsche, alte Mashrabien, die die Außenwelt abschirmen. In einem Shop zwischen beiden Palästen verkaufen Künstler ihre kreativen Produkte.

Nun kehrt man wieder zurück, lässt den Obst- und Gemüsemarkt links liegen und wirft im nächsten Block einen Blick in die 1504 erbaute ***Wakala el Guri** [23] (£E 10), die ehemalige Karawanserei mit 365 Räumen, die heute für Kunsthandwerksausstellungen genutzt werden und in deren Innenhof die bekannten Derwish-Tänze stattfinden (siehe Seite 243).

Gehen Sie weiter in Richtung Fußgängerbrücke, biegen Sie jedoch links in die Verlängerung der Sharia Muizz Li Din Allah ein. Gleich die beiden ersten Gebäude rechts und links der Straße sind sehr dominant und wirken als eine Art harmonischer Einlass in diesen Teil der Qasaba, der ehemaligen Hauptverkehrsverbindung. Es handelt sich um die so genannte *Guriya* [22], die 1503-05 erbauten mit einem Schattendach verbundenen Doppelgebäude: rechts die ***Madrasa von Sultan el Guri**, links sein **Mausoleum Sebil-Kuttab**. Die Madrasa ist sehr ausgewogen in Kreuzform mit vier Liwanen angelegt, die Innenausstattung der Moschee wirklich sehenswert (kein Eintritt, für Gefängnis und Minarett ca. £E 10 Bakschisch). Ein Aufstieg auf das Minarett belohnt mit gutem Ausblick. Im Keller war einst ein Gefängnis untergebracht, dessen z.T. winzige Zellen den früheren Strafvollzug vor Augen führen.

Das ***Mausoleum** auf der linken Straßenseite (wird derzeit noch restauriert) sollten Sie auf gar keinen Fall auslassen. Gleich rechts der Eingangstür betreten Sie die für El Guri geplante letzte Ruhestätte, in der sein Leichnam jedoch nicht bestattet wurde, weil er in einer Schlacht gegen die osmanischen Türken bei Aleppo verloren ging. Heute ist der Gesamtkomplex eine Nachbarschaftseinrichtung des umliegenden Viertels, in der vor allem Erwachsenenbildung betrieben wird. Der Mausoleumsraum dient als Bibliothek - sehr ehrwürdig und mit fein restaurierten Wänden. Ungewöhnlich sind die Stuckarabesken oberhalb des Marmorsockels. Die ursprüngliche Kuppel existiert nicht mehr.

Links des Vorraums betreten Sie die ehemalige Koranschule mit einem Mihrab. Der heutige Theatersaal wurde für atemberaubende Derwish-Tänze genutzt (*Sufi Dancers*), die derzeit in der unweit gelegenen Wakala el Guri stattfinden. Ob sie wieder hierher zurückkehren, steht offen. Auf den gepolsterten Stühlen lässt sich's zur Bewunderung der Decke und der wunderschönen Holzarbeiten gut verweilen. Die Eleganz dieses Raumes, der nach unserem Eindruck zu den stimmungsvollen des Islamischen Kairo gehört, spiegelt Reichtum und Pracht vor 500 Jahren wider.

Während Ramadan wird nach Sonnenuntergang zum Fastenbrechen auf dem Midan Hussein serviert

Beim Hinausgehen sollten Sie sich einen Augenblick lang vorstellen, dass früher hier die Seidenhändler ihre Ware aufbauten und lautstark verhökerten; sie waren beim Bau der Guriya bereits eingeplant, wie die Ladenfronten heute noch zeigen. Die Shops sollten zum Unterhalt der Bauwerke beitragen.

Nun folgen wir der Sharia Muizz Li Din Allah weiter nach Süden. In einer leichten Kurve steht links das restaurierte **Sebil-Kuttab von Tusun**

Goldgräber

Als in den 80er Jahren bei Restaurierungsarbeiten an einer Moschee ein Arbeiter von Goldmünzen förmlich überschüttet wurde, sprach sich diese verheißungsvolle Nachricht wie ein Lauffeuer herum. Seither buddeln immer wieder Goldträumer in den Hinterhöfen des Islamischen Viertels. Nennenswerte Funde wurden bisher nicht gemeldet, aber einige der Goldgräber fielen ihrer Leidenschaft zum Opfer, weil die ungesicherten Gruben über ihnen zusammenstürzten. Selbst Zauberer aus Oberägypten wurden engagiert, um die bösen Geister - *Djins* - zu vertreiben, die über den Schätzen unter ihren Häusern wachen. 1998 kam wiederum ein junger Mann in der Nähe des Bab Zuwela kurz vor seiner Hochzeit in seiner selbstgebauten Grube ums Leben.

Pascha (auch Muhamad Ali Pascha) aus dem Jahr 1820. Das hübsche Gebäude gilt als typisches Bauwerk der Mohammed-Ali-Epoche. Der Sebil-Teil (links) kann besichtigt werden, indem man an dem schmalen Eisentor rüttelt und damit den Wärter herbeiholt. Die Besichtigung lohnt sich, denn unter dem Gebäude dehnt sich eine zugängliche, riesige Zisterne aus, die 455 000 Liter Wasser speicherte und sich während der Nilüberflutung quasi selbst füllte. Daraus konnten immerhin 1,5 Millionen Tassen verteilt werden. In dem oberirdischen Raum gibt es eine kleine Dokumentation über Mohammed und seine Familie.

Unsere Straße mündet nach wenigen Minuten in das 1092 errichtete, gründlich restaurierte fatimidische Stadttor [26] **Bab Zuwela** (9-18, £E 10). Informationstafeln und ein kleiner Ausstellungsraum weisen auf interessante Details hin. Man kann und sollte auf das Tor und die beiden Minarett-Türme (die zur Muayyad-Moschee gehören) hinaufsteigen. Oben, in luftiger und stabiler Höhe, bieten sich viele Ausblicke, aber auch Einblicke in Innenhöfe und Schrottlager auf den Hausdächern.

Um dieses Tor ranken sich eine Menge Geschichten. Sein volkstümlicher Name lautet eigentlich *Bab el Mitwali* nach einem lokalen Heiligen, der hier lebte und viele Wunder wirkte. So wurden schmerzhafte Zähne gezogen und in die Planken des östlichen Torflügels gesteckt, weil der Geist des Mitwali dort wohnte, Linderung versprach oder andere Wunder vollbrachte. Hier startete während der Mamluken-Epoche der Prozessionszug, der das neue Tuch (*Kiswa*) nach Mekka brachte, mit dem die Kaaba bedeckt wird. Häufig war das Tor beliebter Exekutionsplatz mit allen möglichen Arten der Beförderung vom Leben zum Tode; die Köpfe der Verschiedenen wurden meist am Tor aufgespießt. Die Osmanen erhängten hier den letzten Mamluken-Sultan Tuman Bey nach der Eroberung Kairos. Am Ost-Turm hängen noch Gewichte, die mittelalterlichen Sportlern zum Training dienten.

Links vor dem Tor wurde das **Sebil-Kuttab Nafisa Bayda** (£E 6) aus dem Jahr 1750 mit seinen schönen Mashrabien sorgfältig restauriert. Aber nur wenige Räume sind zugänglich (Wärter des Bab Zuwela schließen auf), deren Besuch sich eher nur für Kenner islamischer Architektur lohnt. Die kleine Straße, die hier nach Osten führt, ist die *Zuckergasse*, früher für ihre Süßigkeiten bekannt und heute, weil Nagib Machfus in seiner Trilogie über sie schreibt. Wenn Sie durch das Tor gehen, können Sie die alte fatimidische Stadtmauer noch ca. 100 m nach Osten verfolgen.

Rechts vor dem Tor erhebt sich die sehenswerte ***Muayyad Moschee** [25] aus dem 15. Jh, in deren kunstvolles Portal die berühmten Bronzetüren der Sultan Hassan Moschee eingesetzt wurden. Von dort kommt man in einen Vorraum, dann in das Mausoleum mit geometrischer Marmordekoration und schließlich in den Moscheenbereich. Dort überrascht ein großer Innenhof mit einem sorgfältig restaurierten, sehr stilvollen Reinigungsbrunnen aus Marmor. Vor dem Erdbeben von 1992, das die Moschee stark beschädigte, standen im Innenhof viele Bäume mit einer zwitschernden Vogelschar. Die

Gebetshalle besitzt noch viel ihrer wertvollen Originalausstattung wie die farbigen Marmorintarsien, den schönen Mihrab und die Vorbeterkanzel aus Marmor.

Südliches Islamisches Viertel, Zentraler Bereich

Am Bab Zuwela verzweigen sich unsere Spazierwege; sowohl geradeaus als auch nach links führt je eine Straße zur Zitadelle. Es lohnt sich, zunächst den Spaziergang vom Bab Zuwela aus geradeaus weiter auf der zentralen Straße, der historischen *Qasaba*, fortzusetzen.

Gleich rechts am gegenüberliegenden schmalen Platz haben Händler von aparten **Leinentaschen** ihre Produkte ausgebreitet, hier findet man recht schöne Stücke als Souvenir (oder für die unterwegs erstandenen Schätze). Die Moschee auf der linken Seite wurde 1160 von **Salih Talai** [29] als letzte der fatimidischen Epoche errichtet. Sie besticht durch ihre Schlichtheit. Ihr Niveau liegt inzwischen unterhalb dem der Straße, die im Laufe der Jahrhunderte aufgeschüttet wurde. Schon damals war die Moschee durch Läden und Magazine in den Außenwänden in das Marktgeschehen einbezogen. Die große Eingangstür wird heute im Islamischen Museum ausgestellt, hier sehen Sie eine Kopie.

Der Weiterweg führt durch den überdachten **Zeltmacher-(*Kiyamiyya*)-Bazar** [28], in dem es bunte, teilweise handwerklich sehr gute Stoffapplikationen zu kaufen gibt, die in großen Bahnen zu Zelten zusammengeschnürt werden können. Gleich außerhalb des kurzen, überdachten Straßenstücks kann man die Sorglosigkeit der Ägypter betrachten: Rechts weist ein schmaler Weg in einen „Handwerkerhof", althergebracht und nur mit ein paar neuen Maschinen angereichert. Die Luft ist von Sägemehlstaub geschwängert, man glaubt, in den Hallen auf der Stelle ersticken zu müssen. Die Arbeiter machen einen quicklebendigen Eindruck und begrüßen den Fremden mit freundlichem Hallo. Dieses „Ensemble" wurde, wie auch der überdachte Zeltmacher-Bazar, 1650 von Ridwan Bey errichtet.

Sie sollten dieser mit Souks gesäumten Straße bis zur Sultan Hassan Moschee folgen, unterwegs werden Sie das tägliche Leben Kairos finden. Zunächst kann man nach dem überdachten Stück gleich links der Straße einen Blick auf die **Moschee Mahmud el Kurdi** [30] aus dem Jahr 1395 und nur etwa 70 m weiter die Madrasa von Imal el Yusufi (1392) werfen. Bald verbreitert sich die Straße etwas, und der zusätzliche Platz wird gleich von einer Menge Händlern genutzt. In einer der rechts abzweigenden Querstraßen gibt es Marktstände mit Gemüse und Kräutern. Die links sich erhebende Madrasa mit Mausoleum (1426) stammt von **Sultan Amir Gani Bak** [33], der unter Sultan Barsbay in steiler Karriere aufstieg und sich so viele Feinde erwarb, dass er bereits mit 25 Jahren vergiftet wurde.

Jetzt können Sie der sehr frequentierten Straße bis zur Sultan Hassan Moschee folgen oder Sie heben sich diesen Leckerbissen für später auf und kehren kreuz und quer durch die kleinen Gassen, die seitlich der eben durchwanderten Sharia Muizz li Din Allah liegen, zum Bab Zuwela zurück. Gerade diese Seitengassen sind voll täglichen Arbeitslebens der hier wohnenden Menschen. Bei dem Spaziergang werden Sie von mittelalterlichen Eindrücken ins 20. Jahr-

Stoffdrucke im Zeltmacher-Bazar

hundert und wieder zurück geholt. Auch sollten Sie keine Sorge haben sich zu verirren, wenn Sie sich unsicher fühlen, fragen Sie die Leute z.B. nach *Bab Zuwela* oder besser nach *Bab Mitwali*, es wird sich immer jemand finden, der weiterhilft oder Sie so weit begleitet, bis kein Verirren mehr möglich ist.

Südöstliches Islamisches Viertel

Ein anderer Spaziergang beginnt wieder am Bab Zuwela, führt uns aber in die südöstlicheren Gebiete des mittelalterlichen Kairo. Wenn Sie sich nun hinter dem Bab Zuwela links halten und der ständig leicht bergan führenden Sharia Darb el Ahmar folgen, werden Sie schließlich ebenfalls die Zitadelle erreichen. Schon bald erblicken Sie quasi frontal die schöne Fassade der ***Qajmas el Ishaqi Moschee** [27], die inmitten einer Y-förmigen Straßengabelung 1480-1481 errichtet wurde. Über die linke Gasse führt ein Übergang zum *Sebil-Kuttab*, der damals abgesetzt von der eigentlichen Moschee war. Das nach allen Seiten freistehende Gebäude zeichnet sich u.a. durch gute Querlüftung aus.

Das Portal ist mit roten, weißen und schwarzen Marmorintarsien in Form einer Rosette geschmückt. Kurz hinter dem Eingang führt ein Korridor, der sowohl als Ventilationsschacht als auch als Lichtquelle geplant war und den eine zweiflügelige Schiebetür (immerhin Baujahr 1480) verschließt, in den Innenraum. Dort fallen bunte Lichtbündel durch die Glasfenster, Marmorarabesken und umlaufende Spruchbänder schmücken die Wände. Der Aufgang zum Minbar ist mit schönen Holzintarsien verziert, auch der Mihrab ist einen Blick wert. Der Erbauer starb in Syrien und ist auch dort beerdigt. Im Mausoleum (Zugang durch das südliche Portal des Ost-Liwans) ruht ein heiliger Scheich namens Abu Hurayba, nach dem die Moschee volkstümlich auch benannt wird.

Bald folgen rechts zwei quasi aneinander gebaute Moscheen, wobei die zweite - die **Ahmad el Mihmandar Moschee** [31]- 1324 errichtet wurde und zu den ältesten Bauwerken des Viertels zählt.

Einen wiederum recht guten Platz zum Ausruhen finden Sie im nächsten sakralen Bauwerk rechts, der ***Altinbugha el Maridani Moschee** [32]. Von der Straße her auffallend ist ihre Zinnen bekrönte Außenmauer mit Nischen, Fenstern und einem umlaufenden Koran-Spruchband. Sie wurde 1339 errichtet, ungewöhnlich ist eine Holztrennwand zwischen dem offenen, Baum bestandenen Innenhof und dem Ost-Liwan, der eigentlichen Gebetshalle. Diese mit schönen geometrischen Mustern versehene Wand zieht sich über eine beachtliche Länge hin.

Die Straße steigt weiter bergan. Das nächste historische Bauwerk auf der rechten Seite ist der **Palast des Bayt Ahmad Kakuda el Razzaz** [35], der von Sultan Qaytbay gebaut wurde, zu erkennen u.a. auch an den schönen Mashrabiya-Fenstern im zweiten Stockwerk. Das großflächige Bauwerk mit einstmals über 80 Räumen erstreckt sich bis zur Sharia Souk el Silah. Fast Mauer an Mauer folgt die frisch restaurierte **Umm el Sultan Shaban Madrasa**, die der Sultan Shaban 1368 für seine Mutter (*Umm*) baute, während sie auf Pilgerfahrt war. Schon die Fassade mit den rötlichen Mauerquerstreifen und dem sehr schön gestalteten Eingangsbereich ist beeindruckend, im Inneren ist derzeit nur ein Treppenhaus zugänglich, das aufs Dach führt. Von dort kann man das Minarett erklimmen und einen der besten Ausblicke der Umgebung genießen: nördlich auf den grün hervorstechenden Al Azhar Park, rechts herumdrehend auf die Zitadelle, dann auf die imposanten Baumassen der Er Rifai und der Sultan Hassan Moschee, gegen Westen mit etwas Glück auf die Pyramiden und schließlich auf das Islamische Viertel. Zum Eingang der Moschee muss man wieder aus dem Gebäude heraus und um seine östliche Ecke gehen. Die Madrasa ist kreuzförmig angelegt, rechts neben dem östlichen Liwan ruhen die Mutter und eine Tochter, links der Sultan und sein Sohn.

Nach der nächsten Querstraße namens Sekhet Darb el Kazzazin, gegenüber von Haus Nr. 40, finden Sie die 1346 erbaute ****Ak Sunqur-**

Moschee [36], die wegen ihrer mit blauen Motiven geschmückten, persisch inspirierten Fayencen unter der Bezeichnung **Blaue Moschee** bekannt ist (wird immer noch renoviert). Man sollte aber nicht ein in Blau leuchtendes Gebäude erwarten; vielmehr liegt die Schönheit im Detail der Fayencen. Die Moschee wurde 1346 von dem Emir gleichen Namens erbaut, 1652-54 von Ibrahim Agha Mustahfizan nach Erdbebenschäden restauriert und teilweise mit den blauen Kacheln gefliest. Gleich links vom Eingang liegt das Grab des Sultans El Ashraf Kuchuk, der im zarten Alter von sechs Jahren für fünf Monate Sultan spielte, dann von seinem Bruder El Kamil Shaban abgelöst, in den Kerker der Zitadelle geworfen und drei Jahre später von eben diesem Bruder ermordet wurde.

Auf der rechten Seite des Innenhofs ist das mit blauen persischen Fayencen verkleidete Marmorgrabmal Ibrahim Aghas zu sehen, östlich davon das Grab Ak Sunqurs. Die Ostwand der Moschee wurde großflächig mit Fliesen verkleidet, die im Grunde eine Beziehung zur Moschee vermissen lassen; aber sie wurden damals von den Osmanen besonders geliebt und gern in Kairos Privathäusern verwendet. Sie tragen - ähnlich wie das Ibrahim Agha Grab - zarte Pflanzen- und Blumenmuster in blauem und türkisem Grundton. . Der Marmor-Mihrab sollte wegen seiner sorgfältigen Intarsien beachtet werden, der Marmor-Minbar ist das älteste noch vorhandene Beispiel seiner Art.

Ein paar Schritte weiter folgt auf der linken Seite – frisch restauriert, aber nicht zugänglich - **Moschee** und **Mausoleum von Khayrbak**, der als erster ottomanischer Vize-König herrschte. Vorsichtshalber baute er bereits 1502 sein Mausoleum und erst 1520 die Moschee mit anschließendem Sebil. Für diese Bauten okkupierte er teilweise den Palastbereich von Alin Aq aus dem Jahr 1293, dessen imposante Ruinen sich an den Komplex anschließen. Alin Aq war unter Sultan Kalaun hoch aufgestiegen und konnte sich offenbar einen großen Palast leisten.

Noch einmal geht's ein Stück bergan, dann liegen an einer Gasse links wiederum zwei historische Bauwerke: zunächst das Sebil-Kuttab-Mausoleum von **Tarrabay el Sharifi**, das 1503-04 erbaut wurde. Danach folgt die **Aytmish el Bagasi-Moschee** [37] aus dem Jahr 1383, die recht schlicht in Ausführung und Dekoration gehalten ist.

Die Straße steigt jetzt steil an, Kaffeehäuser und kleine Handwerksbetriebe säumen sie. Schließlich ändert sie ihren Namen in Sharia el Maghar. Kurz bevor sie gegenüber der Zitadellenmauer endet, zweigt rechts eine Gasse namens Sikkat el Gomi ab. Dort finden Sie auf der linken Seite die beeindruckenden Ruinen des **Muayyad Maristan** [40], eines mamlukischen Krankenhauses, das parallel zu dem von Kalaun den Bezirk der Zitadelle versorgte. Einige wenige Bauarbeiter belegen, dass hier noch lange Stein für Stein restauriert werden wird.

Leider liegt der heutige Eingang zur Zitadelle genau auf der anderen Seite. Man geht rechts den Berg hinunter bis zum Midan El Qala, von wo man wieder bergan zum Haupteingang wandern muss; nehmen Sie lieber ein Taxi.

***Zitadelle

Hintergrund: *Die Idee, eine Festung hoch über Ägyptens Hauptstadt zu bauen, geht auf Salah el Din Ibn Aijub (kurz Saladin) zurück. Er war eigentlich von Nur al Din, dem von Damaskus aus auch über Ägypten herrschenden Kalifen, geschickt worden, die Fatimiden in ihrem Kampf gegen die Kreuzritter zu unterstützen. Anstatt nach dem Sieg über die christlichen Heere nach Damaskus zurückzukehren, besann sich Saladin eines anderen und unterwarf schnell seine Gastgeber, die er schließlich auch noch von der schiitischen in die sunnitische Glaubensrichtung umdrehen musste. Damit nicht genug, gründete er die Aijubiden-Dynastie, baute 1176-82 die Zitadelle hoch über den Häusern von Kairo und erweiterte die Stadtmauern, die er im nördlichen Bereich bis etwa zum heutigen Ramsis-Bahnhof und südlich bis nach El Fustat verlängerte. Saladins Bruder und Nachfolger El*

Aldil befestigte die Zitadelle weiter, sein Neffe El Kamil verlegte im 13. Jh endgültig auch die Residenz hinter ihre Mauern.
Im 14. Jh beschäftigte sich Sultan El Nasir Mohammed mit größeren Um- und Neubauten; er konzentrierte die gesamte politische, militärische und administrative Macht in der Zitadelle und baute die nach ihm benannte Moschee. Schließlich riss Mohammed Ali im 19. Jh fast alle Bauten seiner Vorgänger nieder - soweit sie nicht durch eine gewaltige Pulverexplosion im Jahr 1823 zerstört worden waren- und ließ seine Moschee sowie neue Paläste errichten. Als schließlich Ismail 1874 in den neuen Abdin-Palast im Zentrum Kairos umzog, gingen fast sieben Jahrhunderte politischer Macht in der Zitadelle zu Ende.

Sie betreten also ein Stück Erde, auf dem Geschichte in allen denkbaren Spielarten stattfand. Hier lag zeitweise zumindest ein faktisches Zentrum des Orients, immer aber das der Nil-Oase. Hier fanden Intrigen und trickreichste Morde statt, vielleicht zur gleichen Zeit verzauberte Liebesnächte und Märchen aus Tausendundeiner Nacht. Hier inszenierte schließlich Mohammed Ali das Mamlukenmassaker, das sogar die damals gar nicht so zimperliche westliche Welt in heftige Erregung versetzte.
Die Zitadelle wurde erst 1983 in wesentlichen Teilen der Öffentlichkeit zugänglich gemacht. Zu sehen gibt es vielerlei: Da ist zunächst einmal der fantastische Ausblick auf die Stadt zu nennen, dann sind innerhalb der Zitadellenmauern die Moscheen *Mohammed Ali* und *El Nasir* einen Besuch wert, weiterhin Mohammed Alis *Gawhara Palast* und sein Haremspalast, der heute (sinnigerweise) das *Militärmuseum* beherbergt, außerdem ein *Kutschen-* , ein *Polizeimuseum* sowie ein Museum für beschlagnahmte Gegenstände und schließlich der tiefe *Josephsbrunnen* . Insgesamt sollten Sie sich etwa einen knappen halben Tag Zeit nehmen.
Die Zitadelle erreicht man mit öffentlichen Verkehrsmitteln, indem man zum Midan El Qala (in der Nähe der Sultan Hassan-Moschee) fährt.

Das Mamluken-Massaker

„In dem Augenblick, da der erste Teil des Zuges durch das Tor el Azab hindurch war, befahl Salech Odsch, das Tor zu schließen, und enthüllte seinen Soldaten die Verschwörung. Die wendeten sich unverzüglich gegen die Emire, die sich genau in dem engen Durchgang eingezwängt fanden, der zum Bab el Azab hinabführt. Als die Emire sich angegriffen sahen, wollten sie auf der Stelle umkehren, doch das gelang ihnen nicht. Denn einerseits versperrten die Pferde den Durchgang, andererseits schossen die Soldaten, die auf den Felsen und Mauern postiert waren, von hinten auf sie. In ihrer Bedrängnis und da sie sahen, dass eine Anzahl der Ihren schon gefallen war, stiegen die Emire von den Pferden.... Doch in diesem Durcheinander wurden die meisten von ihnen getötet. Sobald die Soldaten (in der Stadt) Mohammed Alis die Neuigkeit erfuhren, fielen sie wie Heuschrecken über die Häuser der Emire und die Nachbarhäuser her, um zu plündern. Das geschah im Handumdrehen. Sie taten den Herrinnen Gewalt an und zerrten sie und die Frauen und die Sklavinnen hinter sich her, um ihren Schmuck und ihre Gewänder zu rauben. Mit einem Wort, sie ließen ihren Gelüsten freien Lauf." (El Djabarti, 1811)

Hier gibt es aber nur das geschlossene Tor *Bab el Azab* (das einst den Mamluken zum Verhängnis wurde). Sie sollten sich nach Nordosten wenden und der Straße an der Festungsmauer folgen, bis Sie auf das Eingangstor stoßen. Da es ohnehin genug innerhalb der Festung zu laufen gibt, nimmt man entweder am Midan El Qala, besser bereits in der Stadt ein Taxi direkt zum *Bab el Gebel* (Berg-Tor).
Autofahrer nehmen die Sharia Salah Salem vom Nil her bis zum Abzweig *Mokattam* , biegen dort rechts ab und machen sobald wie möglich einen U-Turn zurück auf die Sharia Salah Salem, um diese bis zum ersten Abzweig rechts

zurückzufahren, dann die steile Straße zum Bab el Gebel hinauf und dort zu parken.

Am Eingang ist **Eintritt für die gesamte Zitadelle** (8-18, Winter 8-16.30, freitags und während Gebetszeiten sind Moscheen geschlossen; £E 40) zu bezahlen, also nicht für jedes einzelne Objekt. Vermeiden Sie den **Besuch freitags und an Feiertagen**, weil viele Einheimische hierher strömen, um innerhalb der Festungsmauern zu picknicken und die Museen zu besuchen. Dann ist Gedränge und häufig nervige Anmache angesagt.

Mohammed Ali - der in Griechenland geborene Albaner, der 1805 die Macht übernahm und Ägypten auf den Weg in die Moderne brachte - ließ die nach ihm benannte, allgemein als *****Alabaster Moschee** bekannte Moschee 1830-48 von einem bosnischen Architekten an der Stelle des mamlukischen Thron- und Justizpalastes bauen. Sie kann ihr Vorbild, die Blaue Moschee von Istanbul, nicht verleugnen. Obwohl sie stilistisch zumindest ein Unikat in Kairo, wenn nicht gar ein Fremdkörper ist, wurde sie mit ihren Kuppeln und 82 m hohen Bleistift-Minaretten zu einem Wahrzeichen der Stadt.

Vom Eingang her kommt man zunächst in den Vorhof, der von einem Kuppel überwölbten Arkadengang umgeben ist. Im Zentrum steht ein Brunnenhaus, dessen Kuppeldach den Reinigungsbrunnen überdeckt. Der neugotische Uhrenturm auf der Westseite des Vorhofs wurde Mohammed Ali vom französischen König Louis Philippe als Gegengeschenk für den Obelisken gemacht, der heute auf dem Place de la Concorde steht. Die eigentliche, etwas pompös ausgestattete Gebetshalle beeindruckt durch ihre Ausmaße und Höhe, immerhin „schwebt" die Zentralkuppel auf vier Pfeilern in 52 m Höhe über dem Boden. Auf den vier Seiten schließen sich Halbkuppeln und kleinere Kuppeln an. Auch der Mihrab ist von einer eigenen Halbkuppel überspannt. Rechts vom Eingang steht hinter einem vergoldeten Bronzegitter der Sarkophag Mohammed Alis, der 1849 starb.

Unvergesslich wird der Ausblick sein, dem Sie sich von den Terrassengärten neben der Moschee unbedingt hingeben sollten: Direkt zu Ihren Füßen

Reich verzierter Reinigungsbrunnen in der Alabastermoschee

stehen die Moscheen Sultan Hassan und Er Rifai nebeneinander, dann folgt der Wald der Minarette des Islamischen Kairo, schon fast direkt dahinter die Hochhausketten auf beiden Seiten des Nils, und in der Ferne - wenn Ihnen der Smog gnädig ist - markieren die Pyramiden von Giseh den Übergang des Fruchtlandes zur Wüste.

Östlich, fast gegenüber der Alabaster-Moschee erhebt sich die ****El Nasir-Moschee**, die von Sultan El Nasir Mohammed, dem größten Bauherrn der Bahri-Mamluken-Periode, 1318-35 errichtet wurde und die über viele Jahrhunderte die Hauptmoschee der Zitadelle war. Auch sie ist gewaltig in ihren Dimensionen, kann sie doch 5000 Besuchern Platz bieten.

Zum Bau der Moschee wurden viele antike Säulen verschiedenster Epochen verwendet, wie sich aus den unterschiedlichen Kapitellen und Basen leicht erkennen lässt. Die Wände im Innenraum sehen etwas nackt aus, weil der osmanische Sultan Selim die gesamte Marmorverkleidung abmontieren und nach Istanbul schaffen ließ. Dieses Bauwerk gefiel uns von der Atmosphäre her besser als die Alabaster-Moschee, zumal man hier eine ruhige, fast besinnliche Pause ohne allzu viel Touristenrummel einlegen kann.

Ganz in der Nähe (östlich) ließ Saladin den 88 m tiefen, per Wendeltreppe begehbaren **Josephsbrunnen** z.T. von gefangen genommenen Kreuzrittern bauen; er erreicht das Nilgrundwasser und sicherte die Versorgung der Zitadelle auch im Kriegsfall.

Südlich der Alabaster-Moschee stehen die nach einem Brand im Jahr 1974 übrig gebliebenen Teile des **Gawhara-** oder **Bijou-Palastes** von Mohammed Ali. Hier lebte der Schöpfer des neuen Ägypten, hier wartete er auch das von ihm befohlene Massaker an den Mamlukenfürsten ab, das unterhalb des Palastes seinen grauenvollen Verlauf nahm. Das heute gezeigte Interieur mutet etwas simpel an im Vergleich zu der Persönlichkeit, die von diesen Räumen aus einst einem gedemütigten Land Selbstbewusstsein zurückgab.

Im nördlichen, militärischen Teil der Zitadelle baute Mohammed Ali den **Haremspalast**. Heute finden Sie dort ein **Militärmuseum** mit Waffensammlungen der neueren ägyptischen Geschichte, wobei Beutestücke aus den Kriegen mit den Israelis den chronologischen Abschluss bilden.

Auch für Nicht-Waffen-Fanatiker ist dieses Museum einen Blick wert, weil die Palasträume zumeist original erhalten sind und die unverfälschten Decken einen Eindruck vom Prunk an Mohammed Alis Hof vermitteln. Das Café neben dem Militärmuseum lädt zu einer Pause ein. Das **Kutschenmuseum**, das im östlichen Bereich der Zitadelle liegt, erhielt die prächtigsten Gefährte aus dem ursprünglichen Kutschen-Museum (86 Sh 26.July, etwa 100 m rechts von der Corniche aus), das dort in den ehemaligen königlichen Ställen untergebracht war und immer noch einige verstaubte Gefährte jener Zeit ausstellt.

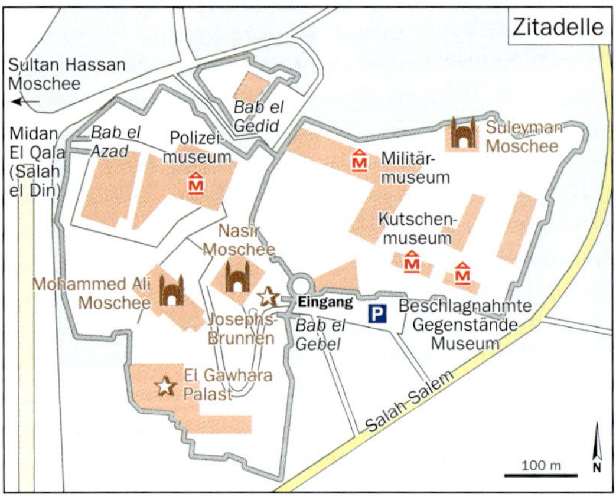

In naher Nachbarschaft verspricht das **Museum für gestohlene Gegen-**

Touristen?

„...Und alles scheint in Mohammed Alis Moschee von unentweihbarem religiösem Frieden umfangen - da plötzlich lärmende Unterhaltung in teutonischer Sprache, schallende Stimmen und Gelächter! Ist's glaublich, hier in nächster Nähe des großen Toten? Eine Horde Touristen erscheint, nach der neuesten Mode gekleidet. Ein Führer mit albernem Gesicht betet die Sehenswürdigkeiten her, mit schallender Stimme wie ein Ausrufer im Zirkus. Und eine der Besucherinnen lacht über die zu großen Überschuhe, in denen sie stolpert, lacht mit einfältigem, fortwährendem Kichern, wie eine glucksende Pute. Gibt es denn keinen Wächter, keine Polizei in dieser heiligen Moschee? ... In jeder beliebigen Kirche Europas, wo Gläubige knien und beten, möchte ich sehen, wie man mohammedanische Touristen empfinge, die - wenn dies überhaupt möglich ist - sich so aufführten wie diese Barbaren!" (Pierre Loti, 1907)

stände *(Seized Museum , auch Museum of Stolen Things)* mehr, als es eigentlich zeigt: gestohlene und von der Polizei wieder entdeckte Artefakte quer durch die ägyptische Geschichte, von Sarkophagen über Statuen, Stelen bis hin zu Schmuck und Waffen; aber eigentlich würde man zusätzlich die Geschichten hinter einzelnen Stücken erwarten.

Etwas abseits steht - in dieser Gegend - die kleine **Suleyman Pasha-Moschee**, die 1528 als erstes osmanisches Gotteshaus von ihrem Namensgeber erbaut wurde. Nach sorgfältiger Restaurierung ist sie zugänglich und mit ihren hübschen Intarsienarbeiten und kalligrafischen Bändern an den Wänden sicher einen Besuch wert.

In der Nähe des Bab el Gedid wurde ein **Polizeimuseum** installiert, das u.a. das Gefängniswesen im Spiegel der Zeiten darstellt. In der Nähe lädt eine Cafeteria bei herrlichem Ausblick über die Stadt zu einer Pause ein.

Wenn Sie von der Zitadelle aus auf der Verlängerung der Sharia Salah Salem nach Südwesten Richtung Nil weiterfahren, werden Ihnen bald links hohe Mauern auffallen. Dies ist das 1311 unter El Nasr erbaute und im Lauf der Jahrhunderte mehrfach erweiterte bzw. renovierte **Aquädukt**, auf dem bis Mitte des 19. Jhs Wasser zur Zitadelle befördert wurde. In dem hohen Gebäude an der Corniche, an dem das Aquädukt endet, schöpften einst sechs von Ochsen angetriebene Wasserräder das kostbare Nass auf das entsprechende Niveau. Derzeit betreibt die Verwaltung die Renovierung der Gesamtanlage, die als Touristenattraktion wieder in Betrieb genommen werden soll.

Sultan Hassan-, Rifai-Moschee

Zu Füßen der Zitadelle liegt links an der Sharia el Qala - die in diesem Bereich Fußgängerzone ist - die 1356-1363 erbaute *****Sultan Hassan Moschee** [43] (9-16.30, £E 20). Sie gilt als das hervorragendste Beispiel arabischer Moscheen-Baukunst; angeblich ließ der Sultan dem Architekten die Hand abschlagen, damit er nicht ein weiteres, ähnlich schönes Bauwerk zeichnen könne. Der Zugang für beide Moscheen ist nur vom Midan Salah el Din, also von der Zitadelle her möglich.

Hintergrund: *Die Gelder für den Bau der Moschee verdankte Sultan Hassan - der eher ein willensschwacher Sohn des eisernen Bauherrn El Nasr Mohammed war - der Pest des Jahres 1348, da viele Besitztümer Verstorbener der Staatskasse anheim fielen. Sultan Hassan erlebte übrigens die Fertigstellung seiner Moschee nicht mehr; er wurde 1361 von seinem Mamluken-Fürsten hingerichtet (nach einer anderen Version verschwand er spurlos aus seiner Gefangenschaft).*

Die Sultan Hassan-Moschee scheint von der Baumasse her alle Dimensionen des Islamischen Kairo zu sprengen; sie bedeckt fast 8000 qm, ist 86 m hoch, die Längswand misst gute 150 m. Durch Blendnischen mit Rundbogenfenstern werden die riesigen Wände geschickt unterteilt, sie wirken aber dadurch eher noch imposanter. Vom Grundriss her stellt die Mo-

schee ein unregelmäßiges Fünfeck dar, in das vier Liwane kreuzförmig eingebettet sind. Dieses gewaltige Bauwerk wirkt als eine Art Pendant zur Zitadelle - und zweimal wurde es auch als Wehrburg gegen die Inhaber der Festung benutzt: 1391 von rebellierenden Mamluken-Fürsten und 1517 als Zufluchtsort für den letzten Mamluken-Sultan Tumam Bey.

Man sollte nicht ein Gebäude in vollendeter Schönheit erwarten. Die Patina der Jahrhunderte hat sich als grauer Schleier auf ein ohnehin nur sparsam farbiges Gebilde gelegt. So wirken die Wände eher etwas düster (besonders im Vergleich zur Nachbarin Er Rifai). Erst die gewaltigen, in sich stimmigen Dimensionen des Bauwerks machen den gewichtigen Eindruck aus.

Man betritt die Moschee durch ein überdimensionales Portal von 26 m Höhe, das mit Stalaktiten und schönem Gesims verziert ist. Der Weg führt weiter in ein Vestibül, von dort durch zwei Korridore in den *Sahn* (Innenhof), dessen Zentrum ein sorgfältig gearbeiteter Brunnen schmückt. Alle vier Seiten des Sahn gehen in Liwane über, zwischen denen jeweils die Madrasas für die vier orthodoxen islamischen Riten untergebracht sind. Der Haupt-Liwan liegt dem Korridor gegenüber, aus dem man in den Innenhof trat. Aus allen Bögen hängen Ketten herunter, an denen früher Hunderte von Öllampen befestigt wurden, sicherlich ein stimmungsvolles Bild in der Dunkelheit.

In seiner Mitte steht eine Art Plattform - *Dikka* - für Koranlesungen. In der Ostwand sieht man den Mihrab und daneben den Minbar. Die beiden Türen in der Ostwand öffnen sich in das Mausoleum, wobei die rechte Originaltüre wegen ihrer Silber- und Goldintarsien sehenswert ist. Im Mausoleum - das von der großen, den Gesamtkomplex der Moschee überragenden Kuppel überwölbt wird - sind zwei Söhne Sultan Hassans bestattet.

Genau gegenüber der Hassan-Moschee stoßen Sie auf die ****Er Rifai-Moschee** [42] (9-16.30, £E 20) aus dem Jahr 1912, die am Ruhm der Nachbarin zu partizipieren versucht und von Fremdenführern gern „Schwester" der Sultan Hassan-Moschee genannt wird. In Wirklichkeit bildet sie lediglich eine Art städtebauliches Gegengewicht zu der viel älteren Nachbarin. Sie wurde von der Mutter des Khediven Ismail initiiert, erhielt das Grab des lokalen Scheich-Heiligen Ali er Rifai und sollte als Grabmoschee der königlichen Familie dienen (nur Fuad und Faruk sind im Haupttrakt bestattet, die Stifterin, Ismail mit Familie und König Husayn Kamil im Nebentrakt an der Nordseite). Außerdem fand hier der letzte persische Schah Reza Pahlewi eine Ruhestätte.

Die Bauarbeiten begannen 1869; wegen finanzieller Probleme und des Todes von sowohl der Stifterin als auch des Architekten ruhte ab 1880 die Baustelle, und erst 1905 wurde erneut begonnen. Da der Architekt keine Pläne für die Innendekoration hinterlassen hatte, nahm sich der Nachfolger Max Herz Bey die schönsten Stücke aus Kairos Moscheen als Vorlagen - schon von daher ist die Moschee einen Besuch wert. Denn Wände und z.T. Decken sind stilvoll dekoriert und erfreuen das Auge viel mehr als die der Nachbarin.

Sharia Souk el Silah

Wir biegen in die erste links abzweigende Gasse von der abwärts führenden Umgehungsstraße um die Er Rifai Moschee in den *Souk el Silah* ein, den Waffen-Souk, in dem heute zwar keine Schießeisen mehr gehandelt werden, aber immer noch kleine Metallhandwerksbetriebe zum Teil auf der Straße tätig sind. Als erstes sieht man gleich links die Ruinen des **Bab** *(Tor)* **Mangak el Silahdar** [38], das einstmals zum Palast des Mangak el Yusufi el Silahdar führte.

Nach einem kurzen Stück Weg liegt rechts die Madrasa des **Ilgay el Yusufi** [39] aus dem Jahr 1373, aus der späten Bahri-Mamluken-Epoche, die wegen der Kuppel mit gedrehten Rippen auffällt. Auch hier ist an der Nordwestecke ein öffentlicher Brunnen (*Sebil*) angebaut, zum ersten Mal wurde der Platz darüber für eine Koran-

„Straßenschmiede" in der Sharia Souk el Sila

schule (*Kuttab*) genutzt. Dieses Ensemble setzte sich dann quasi als Standard durch.

Keine 100 m entfernt treffen Sie rechts auf ein eigentlich wunderschönes **Sebil-Kuttab**, das von **Ruqayya Dudu**, der Tochter eines hohen Mamluken, 1761 im osmanischen Stil errichtet wurde. Leider ist das Bauwerk ziemlich heruntergekommen, dennoch vermittelt es vor allem durch seine Ornamente einen Eindruck seiner ehemaligen Schönheit.

Von hier aus stehen drei Möglichkeiten für den Weiterweg offen: Entweder folgen Sie der Sharia el Silah, bis sie auf die Darb el Ahmer trifft, oder Sie biegen an der Kreuzung zuvor rechts ab und werfen - ebenfalls auf dem Weg zur Darb el Ahmer - einen Blick in die 1711 erbaute Moschee des Alti Barmaq, oder Sie halten sich links und stoßen - ein Stück bergab - auf die Sharia el Qala (ehemals Sh Muhammed Ali) und gehen dann zurück zur Sultan Hassan Moschee.

Ibn Tulun-Moschee, Gayer-Anderson-Haus

Wenn Sie von der Sultan Hassan-Moschee zur *Ibn Tulun-Moschee* gehen wollen, dann wandern Sie am besten den Fußgängerweg empor bis zum Midan Salah el Din (Richtung Zitadelle), biegen dort rechts und die dritte Straße *Sharia Saliba* wieder rechts ab und folgen ihr etwa 15 Minuten. Der Fußweg ist wegen der lärmigen Straße nicht besonders attraktiv, aber zu überstehen.

Das erste historische Bauwerk, das Ihnen schon bald auffallen wird, ist das **Sebil-Kuttab des Sultans Qaytbay** (links der Straße) aus dem Jahr 1479. Dies war das erste frei stehende Sebil-Kuttab in Kairo. Es ist reich und sorgfältig dekoriert.

Etwas weiter stehen sich zwei alte Gebäude gegenüber. Es handelt sich um die **Moschee** (1349) (rechte Straßenseite) und die sehr große **Khanqah** (1355) (links) **von Amir Shaykhu**. Der Amir baute zuerst die Moschee, in der sich 20 Sufis (Mönche) niederließen, denen er später dann die *Khanqah*, das Kloster, und sein Mausoleum auf der anderen Straßenseite mit identischer Fassade folgen ließ. Die Moschee - eine typische Versammlungs-Moschee - bietet nicht allzu Überraschendes, aber mit einem grünen Baum im ziemlich großen Innenhof doch etwas Abgeschiedenheit gegenüber dem Straßenlärm. Die Khanqah beherbergte bis zu 700 Sufi-Derwische, die in Zellen um einen Innenhof untergebracht waren. Nach der folgenden Kreuzung steht rechts der *Sebil von Umm Abbas* (1867), dann die *Madrasa Taghri Bardi* aus dem Jahr 1440 mit einer reich verzierten Marmorfassade.

Nach diesen beiden Moscheen sollten Sie rechts in die Sharia Suyufiya abbiegen. Nach ca. 100 m stehen rechts hohe Mauern, die den **Palast des Amir Taz** (8-17 außer Fr, kein Eintritt) zur Straße hin abschließen. Dahinter verbirgt sich einer der größten noch erhaltenen Paläste aus der Mamlukenzeit, der sorgfältig restauriert und Ende 2005 der Öffentlichkeit zugänglich gemacht wurde. Bei der Besichtigung gewinnt der Besucher einen annähernden Eindruck von dem unermesslichen Reichtum und dem prachtvollen Rahmen, in dem die damaligen Mamluken-Fürsten lebten. Drei große, nebeneinander stehende Gebäudekomplexe mit zahlreichen Räumen umgeben gepflegte Innenhöfe, deren Palmen zum Teil die Dächer überragen.

Der zweite hintere Querflügel wird für das **Bahri Mamluk-Museum** genutzt, in dem die Geschichte dieser bewegten Zeit anschaulich

Im Amir Taz Palast

anhand von Bildern und englischsprachigen Texten und (wenigen) Ausstellungsstücken dargestellt ist. Auch über das sehr unruhige, aber wohl zeittypische Leben des Herrn Taz wird berichtet. Besucher sollten zunächst dieses Museum anschauen, um ein besseres Verständnis für die Gesamtanlage zu finden. Im mittleren Quertrakt wurde die Geschichte der Renovierung dokumentiert.

Andere Räume dienen Kunstausstellungen, der überwiegende Teil des Palastes steht jedoch leer, man kann ungestört herumwandern und z.B. die Wasserversorgung, Bäder und Sanitäreinrichtungen betrachten oder auf den Dächern spazieren. Leider fehlen Beschreibungen oder Hinweise über die Bedeutung der einzelnen Räume.

Wieder zurück zur Hauptstraße.

Schon bald taucht links das unübersehbare Mauerrechteck und das Minarett mit der Wendeltreppe der *****Ibn-Tulun-Moschee** auf, die sich frisch renoviert präsentiert. Bei Betrachtung der großen, sehr klar gegliederten Baumasse spürt man, dass hier in erster Linie ein Platz zum Beten, zum Meditieren geschaffen werden sollte und - vielleicht - weniger ein Denkmal des Erbauers. Diese sehr alte Moschee sollten Sie in jedem Fall in Ihren Besichtigungsplan aufnehmen.

***Hintergrund**: Ahmed Ibn Tulun, Sohn eines türkischen Sklaven des Abbasiden-Kalifen El Mamun, wurde 868 im Alter von 33 Jahren vom Kalifenhof in Bagdad als Gouverneur nach El Fustat geschickt und schon zwei Jahre später zum Gouverneur des gesamten Landes ernannt. Kurz danach machte er sich unabhängig und gründete eine kurzlebige Dynastie (bis 905), die der Tuluniden, die dem Land Wohlstand und Glanz bescherte. Er verschmähte die alte Hauptstadt El Fustat und gründete nordöstlich davon auf dem Hügel Yaskhur eine neue, äußerst prächtige Hauptstadt namens El Qatai mit seiner Moschee als Mittelpunkt. Als schließlich 905 die Abbasiden das Land zurückeroberten, machten sie El Qatai dem Erdboden gleich, ließen aber die Moschee unangetastet.*

Die Ibn Tulun-Moschee ist das älteste islamische Bauwerk Kairos (879 nC), das weitgehend im Originalzustand erhalten ist (die ältere Amr Moschee wurde viele Male umgebaut). Es handelt sich um eine klassische Portikus-Moschee mit vier Liwanen, wobei der nach Mekka weisende Ost-Liwan fünfschiffig angelegt wurde, die anderen sind zweischiffig. Die Moschee ist mit einer zweiten Außenmauer versehen, so ergibt sich ein umlaufender Außenhof zwischen den Mauern. Diese Konstruktion war wohl nicht so sehr als Schutz gegen Feinde als viel mehr gegen die herandrängenden Läden der Bazaris und dem damit verbundenen Lärm gedacht. Die schmucklose Strenge der inneren Mauer wird von 128 Fenstern und 23 Toren - die sich gegenüberliegend in der Außenmauer wiederholen - gemildert.

Die Konstruktion der Liwane weist zwei neue Merkmale auf: Zum einen wurden keine Säulen als tragende Elemente verwendet, sondern gemauerte Ziegelpfeiler, die mit Putz überzogen und säulenartig geformt wurden. Zum anderen kommen hier zum ersten Mal leicht hufeisenförmige Spitzbögen in den Arkaden vor. Auch die Verzierungen wurden mit mehr Liebe hergestellt und nicht wie üblich aus vorgeformten Gipsabgüssen zusammengesetzt, sondern in den frischen Putz hineingeschnitten. Die Kapitelle der Pfeiler sind mit Knospen und Blättern nach dem zeitgenössischen Geschmack verschönert, die Gewölbe zeigen erste Ansätze für Arabesken-Verzierungen.

Ein Abschlussfries aus Sykomorenholz verläuft unterhalb der Decke über alle Joche; in ihm sind etwa sechs Prozent der Koran-Suren in kufischer Schrift eingeschnitzt - immerhin ein Band von knapp 2000 m Länge. Der Minbar ist ein hervorragendes Zeugnis der frühen Mamlukenzeit, denn er stammt, wie auch der Reinigungsbrunnen in der Mitte des Innenhofes, vom ersten Restaurateur der Moschee im Jahr 1296, dem Sultan Husam el Din Lagin. Der Haupt-Mihrab in der Mitte der Ostwand blieb original erhalten. Die Tür rechts daneben diente Ibn Tulun als Privatzugang zur Moschee.

Sehr ungewöhnlich ist auch das Minarett, das nach dem Vorbild des Original-Minaretts von Husam el Din Lagin offenbar neu aufgebaut wurde (wie aus verschiedenen Details hervorgeht). Ibn Tulun hatte wahrscheinlich das Minarett der Großen Moschee von Samarra, das wiederum von den Zigarrats in Mesopotamien inspiriert war, zum Vorbild genommen. Steigen Sie unbedingt hinauf, der Ausblick lohnt die geringe Anstrengung (Zugang im Bereich zwischen den Mauern, also direkt nach dem Ticket-häuschen rechts gehen).

Wenn Sie die Moschee verlassen, vergessen Sie auf keinen Fall das rechts liegende *****Gayer-Anderson-Haus** oder *Bayt el Kritliya* (9-17; £E 30). Es handelt sich eigentlich um zwei alte arabische Häuser, die auf das frühe 17. Jh zurückgehen. 1934 wurden sie in verwahrlostem Zustand vom Staat übernommen und dem britischen Armee-Arzt Gayer-Anderson überlassen, der als Sammler islamischer Kunst bekannt war.

Gayer-Anderson fasste die Gebäude zu einem Doppelhaus zusammen, ließ sie renovieren und

Arkade in der Ibn-Tulun-Moschee

vor allem die Inneneinrichtung mit Originalelementen aus Abbruchhäusern so wiederherstellen, dass sie dem Stil eines vornehmen arabischen Hauses entsprachen. Allerdings stammt ein Teil der Möblierung aus islamischen Nachbarländern. Die einzelnen Räume und Einrichtungsgegenstände sind ausgeschildert, so dass man sich gut zurechtfinden kann. Hier können Sie den Komfort und den Luxus nachempfinden, mit dem sich wohlhabende Bürger vor 300 Jahren umgaben. - Üblicherweise wird man geführt; machen Sie Ihrem Führer deutlich klar, dass Sie das Museum in Ruhe anschauen wollen.

Nur ein kurzes Stück weiter (westlich) in der Sharia Saliba erhebt sich links die sehr hoch erscheinende **Madrasa der Emire Salar und Sangar**, die 1304 geschickt über einen Felshang gebaut wurde; ihre Außenmauer verdeckt den Hang und erzielt damit die optische Höhe. Unter den beiden Kuppeln befinden sich die Mausoleen der beiden engen Freunde Salar und Sangar (Emir unter Nasir Mohammed), die auch im Tod einander nah bleiben wollten.

Gar nicht weit von der Ibn Tulun Moschee entfernt liegt die **Moschee der Sayida Zeinab** am gleichnamigen Platz. Man geht die Sharia Qadry, die von der Sharia Saliba rechts abzweigt (quasi gegenüber dem Minarett der Tulun Moschee), bis zur Einmündung in die Sharia Port Said und dort nach links, oder nimmt ein Taxi. Die Namensgeberin der Moschee war die Tochter Alis, d.h. die Enkelin des Propheten Mohammed. Sie gehört zu den drei „Stadtheiligen", um deren Segen viele Besucher bitten. Die heutige Grabmoschee stammt aus dem Jahr 1885; Nicht-Muslime sind hier ungern gesehen. Südlich der Moschee besteht ein lebendiger Stadtteilmarkt, auf den sich äußerst selten Touristen verirren.

Ganz in der Nähe, 17 Haret Monge, wartet normalerweise das schöne alte **Beit es Sennari** auf Besucher. Es wurde renoviert und scheint wieder auf dem Weg in die Vergangenheit zu sein. Bei unserem letzten Besuch machte es einen eher ungepflegten Eindruck mit Müll im Innenhof, dafür sollten wir £E 20 Eintritt zahlen. Hier arbeitete ab 1798 das napoleonische Komitee, das letztendlich den Grundstock der Ägyptologie legte.

Die Totenstädte

***Hintergrund**: Wenn anderswo die Muslime ihre Toten in der Erde verscharren und das Grab namenlos mit einem Stein bedecken, so folgen die Ägypter - Muselmanen wie Christen - häufig 5000 Jahre alten Bräuchen. Sie errichten Mausoleen und bleiben über diese Bauwerke mit ihren Toten verbunden. Im Laufe der Zeit entstanden ganze Stadtteile für die Toten, die sich von unseren Friedhöfen völlig unterscheiden: Der Verstorbene hat sozusagen nur seinen Wohnsitz gewechselt, das Leben um ihn herum kann wie gewohnt weitergehen.*

Auch gab oder gibt es den Brauch, die Nacht von Donnerstag auf Freitag, besonders aber die vom 14. zum 15. des islamischen Monats Shaban auf dem Familiengrab zu verbringen. Bei solchen Gelegenheiten herrscht reges Treiben mit fliegenden Händlern auf den Friedhöfen. Bei bestimmten Festen zieht die ganze Familie zur Familiengruft und veranstaltet dort ein üppiges Festessen zu Ehren der Verstorbenen.

Die eigentlichen Grabstätten bestehen meist aus einem ummauerten Hof, in dem ein mit Deckel verschlossener Schacht in die Familiengruft führt. Von diesem Schacht aus werden schmale waagerechte Stollen gegraben und nach dem Einbringen des Leichnams verschlossen. Ein Wärter, der traditionell im Friedhofsbereich mit seiner Familie wohnt, beaufsichtigt meist mehrere Grabanlagen. Bereits Mamlukenherrscher wie die Sultane Barquq oder Barsbay ließen Wohnungen für die Bediensteten der Grabmoscheen oder für Theologiestudenten um die Grabanlagen herum bauen.

In Kairo eroberten die Lebenden ganze Totenstadt-Bezirke; angeblich wohnen 150 000 Menschen auf den Friedhöfen. Wo immer eine Fa-

Totenfest

„Die Wohlhabenden bauen Häuser um ihre Familiengrüfte, in denen sie an hohen Festtagen weilen und der Toten gedenken. In dieser Nacht (Vollmondnacht des Totenfestes) saßen die schwarzen Frauen vielfach unverschleiert auf den Gräbern, damit sie von dem verstorbenen Gatten gut gesehen werden können, es ist das einzige Mal, dass das Ablegen des Schleiers außerhalb des Hauses von der Religion gestattet wird. Die Gräber, die ja nur Mauerwerk sind, das niemals mit Blumen geschmückt wird, zeigen je einen Pfeiler am Kopf- und Fußende. Auf diesen Pfeilern lassen sich nachts die beiden Frage-Engel nieder, Munkar und Nakir, sie fragen dem Toten das Glaubensbekenntnis ab, das jeder Gläubige nach Mohammeds Gebot fünfmal am Tag in der Richtung nach Mekka sprechen muss, es besteht also keine Gefahr, dass der Tote es nicht kennt. Sollte er es aber dennoch nicht aufzusagen wissen, so kommt Iblis, der oberste Teufel, und wie es dem armen Toten dann ergeht, kann man sich denken...."

(Hans Bethge, 1926)

miliengruft nicht mehr beaufsichtigt wird, lässt man sich in den Innenhöfen nieder, respektiert aber weiterhin das eigentliche Grab. In den Fällen, in denen Anverwandte überraschend wieder auftauchen, macht man bei Festen bereitwillig Platz und begeht sie gemeinsam mit den Grabeigentümern. Die Besiedlung hat schon so viel Tradition, dass die Stadtverwaltung Wasser- und Elektrizitätsversorgung auf den Friedhöfen installierte.

Doch das Ende der innerstädtischen Totenstädte scheint besiegelt zu sein. Denn der wertvolle Boden kann auch anders verwendet werden. Einer Auflassung stand bisher vor allem der religiöse Aspekt entgegen, dass die Totenruhe nicht gestört werden darf, Gräber praktisch unantastbar sind. Aber es konnte schließlich ein Einverständnis mit den religiösen Autoritäten gefunden werden, so dass in den kommenden Jahrzehnten mit der endgültigen Auflassung - bis auf die historisch wertvollen Mausoleen - zu rechnen ist. Sieht man von den Toten ab, so werden die in den Grabbauten Lebenden vor das Problem gestellt, andere preiswerte Unterkünfte zu finden. Hilfeversprechungen der Verwaltung traut man in der Regel nicht.

Fremden begegnet man abseits der Hauptstraßen manchmal mit Misstrauen, zumindest sollten Sie sich darauf gefasst machen, die Aufmerksamkeit von Kindern und Jugendlichen auf sich zu ziehen. Vermeiden Sie in jedem Fall die Dunkelheit; Frauen sollten nur in männlicher Begleitung unterwegs sein. Trotzdem lohnt ein Besuch, zum einen wegen des streckenweise blühenden Lebens auf den Friedhöfen, zum anderen wegen einiger sehr sehenswerter Bauwerke.

Geht (besser: fährt) man ein bisschen kreuz und quer durch die Totenstädte (besonders die südliche), so stößt man auf fast schon lauschige Plätzchen: Unter Schatten spendenden Bäumen versammeln sich die Bewohner, Hühner scharren im Sand, Schafe blöken, die Männer rauchen Wasserpfeife, Kinder tollen umher.

Möblierter Friedhof

Es gibt zwei große Nekropolen, die eine liegt südlich der Zitadelle, die andere nördlich, und zwar östlich der Sharia Salah Salem. Die interessantesten Gebäude finden Sie im nördlichen Gebiet; es ist auch etwas einfacher zu erreichen. Und hier sollten Sie nicht zu geizig sein mit der Zeit, wählen Sie wegen der Lichtstimmung den späteren Nachmittag.

Nördliche Totenstadt

Viele Taxifahrer verstehen „Sultan Barquq" Mausoleum; falls nicht, lassen Sie sich auf der Sharia Salah Salem kurz vor dem Fly-over (dem ersten nach der Zitadelle) absetzen und gehen Sie in der rechts abzweigenden Straße einfach zu dem größten der Bauwerke mit den beiden Minaretts hinüber. Als Autofahrer verhalten Sie sich ähnlich. Den Eingang finden Sie an der Südwestecke des Gebäudes.

Der ***Mausoleumskomplex von Faraq Ibn Barquq** ist für uns eine der schönsten Grabmoscheen in Kairo. Ihr Besuch lohnt sich wirklich. Sie wurde 1400-11 von seinem Sohn Faraq als Khanqah, d.h. als Kloster und Mausoleum gebaut. Schon von weitem fallen die Zwillingsminarette, die Zwillingskuppeln und schließlich die beiden gleichen Sebil-Kuttabs jeweils an

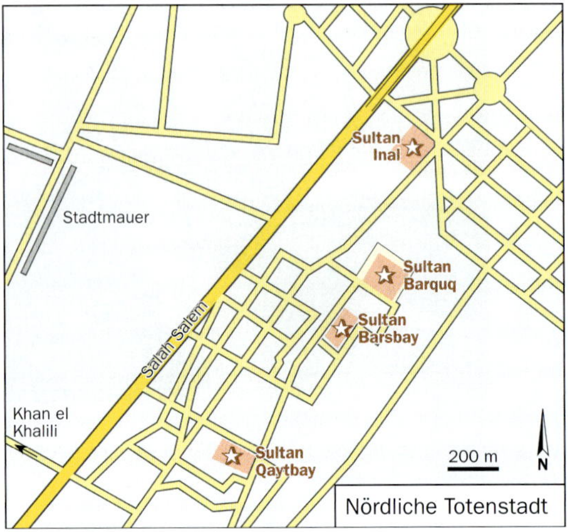

bei lässt sich sowohl die leichte, fast gebrechliche Konstruktion dieser Türme bewundern als auch der weite Ausblick über die Gräberstadt und besonders über das nördliche Kairo.

Wenn Sie die Moschee verlassen, gehen Sie links die Gasse nach Süden, nach einem kurzen Stück fällt Ihnen auf der linken Seite ein lang gestreckter Komplex auf. Hier ließ sich ****Sultan Barsbay** bestatten, der von 1422-38 regierte. Auch dieses 1432 errichtete Bauwerk war ein Khanqah. Auffallend ist die dekorative, übermächtige Kuppel. Im Innern finden Sie die eindrucksvollsten Dekorationen der Totenstädte, unter den Strohmatten auf dem Boden verbergen sich beachtenswerte Marmormosaike. Der hölzerne Minbar, mit sehr feinen Elfenbein- und Perlmutt-Einlegearbeiten, wird als der geschmackvollste in Kairo apostrophiert. Im Mausoleum - am nördlichen Ende des Komplexes - überrascht zunächst die unerwartete Höhe der Kuppel. Aber auch der Mihrab direkt hinter dem Sarkophag gehört zum Feinsten und sollte beachtet werden.

Der Weg führt weiter nach Süden durch einen mit Wohnhäusern dicht bebauten Bereich des Nordfriedhofs. Die Straße macht ein paar leichte Windungen, dann erkennen Sie rechts den stark zerfallenen *Rab* des Qaytbay, ein ehemaliger „Apartment-Block", der als eine Art Hotel für Reisende und damit als Einnahmequelle für die Moschee diente. Heute ist nur eine lang gezogene Mauer geblieben. Nach dem Rab folgt ein überdachter Brunnen, dessen Tröge für Tiere vorgesehen waren.

Verweilen Sie jetzt ein wenig auf dem kleinen Platz vor dem *****Sultan Qaytbay-Mausoleum**. Dieses Bauwerk gehört zu den ausgewo-

den Enden der langen Fassade auf. Vom Eingang führt der Weg zunächst in ein Vestibül, von dort nach links in einen Korridor, an dem links die Wirtschaftsräume lagen, rechts ist der Hof mit dem Reinigungsbrunnen. Der Korridor mündet in den *Sahn*, den großen Innenhof mit einem schönen, achteckigen Brunnen. Ein paar Bäume mildern die graue Strenge des Mauerwerks und tragen, besonders am späteren Nachmittag, zur weltabgerückten Stimmung bei.

Die Liwane sind ein- oder zweischiffig, lediglich der Ost-Liwan ist dreischiffig angelegt. Hier steht ein wunderschöner Minbar. Das Eckquadrat zwischen Ost- und Nord-Liwan ist dem Mausoleum Barquqs vorbehalten, sein Sarkophag ruht auf einem Sockel aus schwarzem und braunem Marmor. Der gegenüberliegende Eckbereich dient als Mausoleum für die drei Frauen Barquqs.

Die Khanqah-Funktion (Kloster mit Mausoleum) wird an den „Studierzimmern" deutlich, die den Innenhof säumen. In der Nordwestecke führt eine Treppe in die oberen Stockwerke mit weiteren Zellen für die Derwische. Von hier kann - und sollte - man weiter hinauf aufs Dach und weiter auf eins der Minarette steigen. Da-

gensten der islamischen Grabbauten (daher auf der 1-Pfund-Note abgebildet). In der Mitte befindet sich das schöne Portal mit einem Medaillon aus Metall, links der Sebil-Kuttab-Komplex mit dem Brunnen an der Straße und - im Stockwerk darüber - die Koranschule. Über diesen Bereich ragt von hinten her die Mausoleumskuppel ins Bild, sehr dominant und sehr schön mit Arabesken und, kontrastbetont, mit geometrischen Sternmustern geschmückt. Rechts vom Portal erhebt sich das Minarett, es gehört zu den architektonisch gelungensten der Epoche: Die kubische Basis geht von einem oktogonalen Abschnitt in einen eleganten zylindrischen Schaft mit fein gearbeiteten Dekorationen über. Auch dieses Minarett ist ein guter Aussichtsplatz, besonders geeignet jedoch, um die Ornamente der Mausoleumskuppel aus der Nähe zu betrachten. Die in Kreuzform angelegte Madrasa hat einen (am späten Nachmittag) lichtdurchfluteten, überdachten Innenhof mit einer sehenswerten Holzdecke. Hinter dem Ost-Liwan liegt das Mausoleum mit einer Kuppel von unerwarteter Höhe, die durch bunte Glasmosaikfenster erhellt wird. Gegenüber dem Mihrab ist ein Stück Fels mit dem Fußabdruck Mohammeds eingemauert, das Qaytbay bei einer Pilgerfahrt nach Mekka erwarb.

Südliche Totenstadt

Die südliche Totenstadt wird von der Sharia Salah Salem durchschnitten. Sie bietet für Touristen - obwohl seltener von ihnen besucht - ebenfalls interessante Objekte. Höhepunkt ist das ****Mausoleum des Imam El Shafi**, das knapp 2 km südlich des Midan El Qala an der Sharia Imam el Shafi liegt.

Hintergrund: *Der Imam El Shafi war ein Nachkomme des Onkels des Propheten und daher schon von Geburt her ein wichtiger Mann. Er gründete den nach ihm benannten orthodoxen Ritus, der neben den drei anderen Riten in den meisten Madrasas gelehrt wird. El Shafi kam zu Beginn des 9. Jhs nach Ägypten, wo er bis zu seinem Tod im Jahr 820 blieb. Zu seinen Ehren findet jeweils im 8. Monat des islamischen Jahres ab dem ersten Mittwoch ein großes, eine Woche dauerndes Fest (Mulid) in und an diesem Mausoleum statt. Wenn Sie zufällig zu dieser Zeit Kairo besuchen, sollten Sie das Fest nicht versäumen.*

Der Imam El Shafi gilt als einer der größten muslimischen Heiligen. Ihm werden Wunder wirkende Heilkräfte zugesprochen: Muslime aus ganz Ägypten und dem Ausland besuchen sein Mausoleum, umrunden betend sein Grab und hoffen auf Genesung von Krankheiten. Hier, in einem der wichtigsten islamischen Heiligtümer Ägyptens, trifft man stets Besucher. Wenn Sie es besichtigen, nehmen Sie daher Rücksicht auf die Gefühle der Gläubigen, vermeiden Sie Gebetszeiten für den Besuch. Frauen dürfen nicht den Haupteingang benutzen, sondern müssen an ihm vorbei, rechts um die Straßenecke zum dortigen Seiteneingang gehen.

Das Mausoleum wurde erst 1211 von Saladins Neffen El Kamil wohl auch in der Absicht ge-

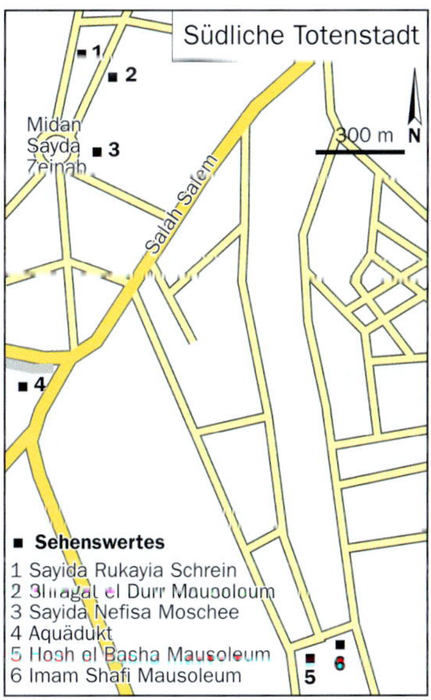

baut, nach der schiitischen Epoche ein Zeichen für die Sunniten Ägyptens zu setzen. Seither sind mehrere Um- und Anbauten vorgenommen worden, so auch die Kuppel des Mausoleums, die aus dem Jahr 1772 stammt und von der man nicht genau weiß, wie ähnlich sie dem Original ist. Sie besteht aus einer mit Blei verkleideten Holzkonstruktion. Auf der Spitze ist ein halbmondförmiges Boot aus Kupfer angebracht - quasi das Symbol des Mausoleums -, das mit Körnern als Vogelfutter gefüllt wird.

Vom Midan El Qala unterhalb der Zitadelle kommend, unterquert man am Midan el Sayida Aisha den Fly-over der Sharia Salah Salem in östlicher Richtung. Die riesige Kuppel des Mausoleums ist bald zu sehen, lange bevor sie erreicht wird. An einem kleinen Platz treffen Sie rechts auf das gewaltige Bauwerk, das als das größte freistehende islamische Mausoleum Ägyptens gilt.

Der Haupteingang führt zunächst in eine Moschee, die 1891 anstelle der ursprünglichen Madrasa errichtet wurde. Man geht dann in das Mausoleum, dessen weiter Raum von diffusem Licht durchdrungen wird. Der mit einer Teakholzschnitzerei bedeckte Kenotaph des Imam Shafi ist ein Meisterstück seiner Zeit. Daneben steht noch der Kenotaph des Abd el Hakim, in dessen Grab der Imam Shafi zunächst beerdigt worden war.

Nur ein kurzes Stück hinter dem Mausoleum des Imam Shafi (davor stehend die erste Straße rechts, dann die erste links) erhebt sich ein renovierter Komplex mit fünf Kuppeln, der **Hosh el Basha** (£E 15) genannt wird und in dem die Mitglieder der Familie Mohammed Alis - außer ihm selbst - beerdigt sind. Hier liegen die Söhne seiner Lieblingsfrau Tusun, Ismail und Ibrahim, neben weiteren etwa 40 Mitgliedern der Familie ebenso wie einige der von Mohammed Ali ermordeten Mamluken (!!), Diener und hochrangige Mitarbeiter. Die reich verzierten Kenotaphen rechtfertigen den Abstecher: Vom Eingang führt ein kurzer Weg in eine dreifach unterteilte Halle. Geradeaus ruht die Mutter von Mohammed Ali, im ersten Raum links Ismail mit Familie, gegenüber die Mamluken, im letzten Raum links Ibrahim mit Familie.

Nördlich der Sahria Salah Salim liegt noch ein kleines Restgebiet der Totenstadt mit dem Midan Sayida Nefisa an der Sharia Ashraf (die an der Kreuzung von der Sharia Salah Salem abzweigt, an der diese nach Süden abknickt und man halbrechts dem Aquädukt folgend zum Nil kommt). Dort steht rechts die **Sayida Nefisa Moschee**. Die Namensgeberin war die Urenkelin von Hassan, dieser wiederum ein Enkel des Propheten Mohammed. Sayida Nefisa bewirkte bereits während ihres Lebens Wunder, nach ihrem Tod 824 versuchten viele Anhänger, durch ein Grab in ihrer Nähe an ihrem Segen teilzuhaben; einige abbasidische Gräber sind noch in der Umgebung vorhanden. Die heutige Moschee stammt aus dem Jahr 1897. Mit ihren Marmorböden und der großen Gebetshalle macht sie einen gepflegten Eindruck und lädt von der Atmosphäre her zum Verweilen ein. Sie zählt zu den beliebten Hochzeitsmoscheen von Kairo. Denn Sayida Nefisa gehört zu den drei Stadtheiligen, um deren Segen nicht nur die Hochzeiter, sondern auch viele andere Besucher bitten.

Gegenüber ragt ein großes modernes Gebäude auf einem Hügel auf, in dem mehrmals täglich von einer religiösen Stiftung Speisen an Bedürftige ausgegeben werden. Geht man vom Midan Sayida Nefisa auf der Sharia Al Ashraf (die viel später Sharia Muizz li Din Allah heißt) nach Norden, so teilt sich die fast dörfliche Stimmung dieses Totenstadt-Randgebiets mit. Hühner gackern in den Gassen, Knoblauch-Kochgerüche wehen durchs Viertel, Kinder schaukeln vergnügt in einer am Wegesrand stehenden Schiffschaukel, Schreiner- und Autowerkstätten säumen die Straße. Nach der dritten rechts abzweigenden Gasse sieht man links der Straße ein eher unscheinbares Bauwerk, den Schrein der **Sayida Rukayia**, einer Tochter Alis, also Enkelin Mohammeds. Obwohl sie in Damaskus begraben ist, gilt auch sie als eine der drei "Stadtheiligen" Kairos. Hier wur-

de ein Schrein mit einem Kenotaphen als Gedenkstätte errichtet.
Nur wenige Schritte nördlich steht auf der rechten Straßenseite das **Mausoleum der Shagarat el Durr**, das arg heruntergekommen ist. Obwohl der Nachbar gern das Tor öffnet, lohnt kaum ein Blick in die Grabstätte der einzigen Frau, die Ägypten in der islamischen Epoche regierte. Der Mann von Shagarat el Durr, der Sultan Salih Aijub – letzter Herrscher der Aijubiden-Dynastie und Nachkomme Saladins – starb kurz vor der Schlacht von Mansura gegen die Kreuzritter. Seine Frau hielt den Tod des Herrschers geheim, um den Schlachtenausgang nicht negativ zu beeinflussen. Sie herrschte aber bald offen und ließ sich zur Sultanin ausrufen. Das wiederum ging gegen die Ehre der Fürsten, sie zwangen die Sultanin, den Kommandanten Aybek zum Gemahl zu nehmen, mit dem sie offenbar schon vorher eng liiert war. Aybek stammte aus dem Ural und war ursprünglich Sklave von Salih Aijub, wurde aber freigelassen und stieg zum Kommandanten auf. Mit dieser Heirat begann die lange Reihe der Mamlukenherrscher in Ägypten.
Und Aybek endete, wie viele seiner Nachfolger, eines unnatürlichen Todes; als er sich eine weitere Frau nehmen wollte, ließ Sharagat el Durr ihn von ihren Eunuchen im Bad ertränken. Daraufhin nahmen die anderen Mamlukenfürsten die Sultanin gefangen, setzten den Sohn der ersten Frau von Aybek zum Nachfolger ein, dieser übergab die Ex-Sultanin seiner Mutter, die sie von ihren Sklavinnen mit hölzernen Badeschuhen erschlagen und den Leichnam von der Stadtmauer den Hunden und Schakalen zum Fraß vorwerfen ließ. Nach dem Zerfleddern der Leiche wurden die Reste von ihren Anhängern in ihr Mausoleum gebracht, ihr Name dort aber entfernt.

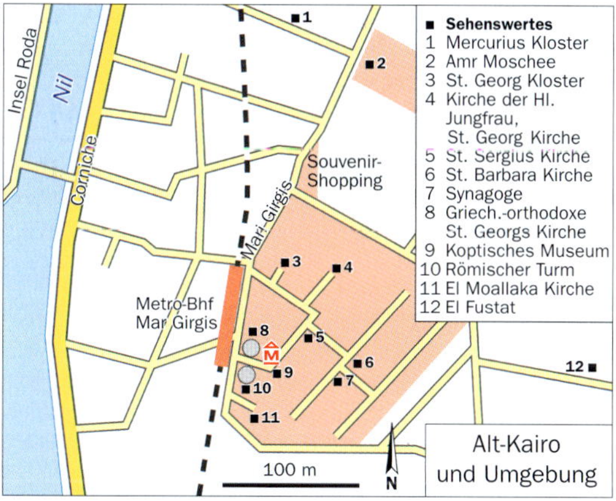

Alt-Kairo und Umgebung

***Alt-Kairo

Zentrum des hauptsächlich von Kopten bewohnten Alt-Kairo ist die altrömische Festung Babylon mit ihren schmalen, verwinkelten Gassen. Sie verleihen dem Viertel eine sehr eigene, erlebenswerte Atmosphäre.

Hintergrund: *Es gibt ziemlich gesicherte historische Hinweise, dass die Römer sehr frühzeitig am Eingang zum Delta eine Legion stationierten und deren Lager bald befestigten. Trajan (98-117) und Arcadius (395-408) ließen diese Bastion, die Babylon genannt wurde, ausbauen und verstärken. Babylon war der Schlüssel für den Besitz Ägyptens, was sich deutlich während der arabischen Eroberung zeigte: Erst als diese Festung gefallen war, konnte das gesamte Land am Nil eingenommen werden.*
Das Fort lag ursprünglich direkt am Nil, es war vom Grundriss her ein Vieleck mit diversen halbrunden Bastionen. Die Westseite zog sich geradlinig am Nil entlang; sie hatte keine Bastionen, dafür aber zwei Türme mit einer Zugbrücke. Noch heute sind die Reste des Befestigungsbauwerks eines der besterhaltenen Beispiele für römische Militärbauten. Auf dem

linken Turm wurde die griechisch-orthodoxe Rundkirche St. Georg - deren Ursprünge ins 10. Jh zurückgehen - nach einem Brand 1904 neu errichtet; ihr schließt sich in nördlicher Richtung ein gleichnamiges Kloster an. Die erhaltenen Mauern des rechten Turms ermöglichen einen Blick in die Bauweise.

Zu erreichen ist das alte Viertel am einfachsten mit der Metro/Heluan-Bahn (Haltestelle *Mari Girgis*) oder per Nilboot (siehe Seite 228). Autofahrer nehmen vom Tahrir aus die Corniche in südlicher Richtung, biegen an der Giseh-Brücke links ab (dort verläuft die Straße durch eine Unterführung) und den ersten Abzweig nach der Unterführung rechts; an der links liegenden Amr-Moschee vorbei bis zur nächsten Y-Kreuzung, dort rechts halten.

Als Zugang zu Alt-Kairo (8-17) dient das originale nördliche Tor - etwa 100 m nördlich der römischen Türme, gegenüber der Bahnüberführung -, zu dem eine Treppe hinunterführt. Durch den eigentlichen Haupteingang zwischen den beiden römischen Türmen gelangt man nur zum Museum. Leider sind innerhalb der ummauerten Festung nur noch die Kirchen (und natürlich die Souvenirshops) zugänglich, die übrigen Gassen wurden für Nichtbewohner gesperrt. Damit hat das Viertel seine Authentizität und Lebendigkeit verloren.

Hat man die Festungsmauer durch ein kleines Tor hinter sich gelassen, zweigt in der anschließenden Gasse bald links ein Weg zum Kloster St. Georg ab, das noch bewohnt ist. Die Kapelle des St. Georg kann besichtigt werden, sie bietet aber nicht viel. An der nächsten Kreuzung führt links eine Gasse zur Kirche der Hl. Jungfrau (*Qasirat el Rihan*) - das Gebäude fiel 1979 einem Feuer zum Opfer - und zur Kirche *St. Georg*, die nach einem Brand im letzten Jahrhundert erneuert wurde; beide sind wenig interessant.

Rechts und nach ein paar Schritten links finden Sie den tiefer als das Straßenniveau liegenden Eingang zur ****St. Sergius und Bacchus-Kirche.** (auch *Abu Sarga* genannt), der ältesten von Kairo. Sie ist den Märtyrersoldaten gleichen Namens geweiht und soll um die Wende vom 4. zum 5. Jh erbaut worden sein. Bekannt ist sie vor allem wegen ihrer schönen Holzintarsien aus dem 12./13. Jh auf der Abschlusswand zum *Heikal*, d.h. dem Sanktuarium mit den Altären. Die teils (noch) im Grundwasser stehende Krypta soll Josef und Maria auf der Flucht nach Ägypten Schutz geboten haben.

Östlich der Sergius Kirche steht die **St. Barbara-Kirche**, deren heutiger Bau aus dem 10. Jh stammt. Die Namensgeberin wurde von ihrem Vater wegen ihres Übertritts zum Christentum zu Tode gefoltert. Die Basilika soll einst die schönste in Ägypten gewesen sein. Nordöstlich wurde zu Beginn des 20. Jhs eine Kirche angebaut, die dem ursprünglichen Namensgeber, St. Cyrus, geweiht ist. Nicht weit entfernt stößt man auf die **Ben Ezra-Synagoge**, die zunächst als Kirche erbaut und im 12. Jh in eine Synagoge umgewandelt wurde. Sie ist gut restauriert worden und eine Besichtigung wert.

Zum Besuch des Koptischen Museums und der *hängenden Kirche* muss man das „Kirchenviertel" wieder verlassen und an der Bahnlinie nach Süden bis zu den römischen Türmen gehen, zwischen denen der Museumseingang liegt.

****Koptisches Museum

(9-16, £E 40; www.copticmuseum.gov.eg),
Es wurde ursprünglich wie ein koptisches Haus um einen rechteckigen Hof errichtet; viele Bauteile wie Türen und Fenster entstammen alten koptischen Gemäuern. Später musste man es um einen *New Wing* erweitern, um die insgesamt etwa 15 000 Ausstellungsstücke unterzubringen. Die beiden Flügel wurden während der sehr aufwändigen, aber auch sehr gelungenen Renovierung in den ersten 2000er Jahren so vereint, dass ihre unterschiedliche Entstehung nur im Korridor des oberen Stockwerks bemerkbar wird.

Das sehr sehenswerte Museum hat viel Atmosphäre und vermittelt einen guten Einblick in die koptische Kunst. Alle Stücke sind dreisprachig beschriftet. Im Shop neben der Kasse gibt es einen detaillierten Führer (Gawdat

Gabra: *Cairo, the Coptic Museum & Old Churches,* The Egyptian International Publishing Company), der aber leider noch nicht auf die neue Situation aktualisiert wurde. Beim Besuch sollten Sie auch öfters mal einen Blick nach oben werfen, denn die Decken vieler Räume entstammen alten Häusern und bergen sehr schöne Intarsienarbeiten.

Eingang zum Koptischen Museum neben dem Römischen Turm

Erdgeschoss

Raum 1: Eingangsbereich mit einem Springbrunnen, wie er in vielen besseren ägyptischen Häusern üblich war, und einem Gebäudeplan zur Orientierung

Raum 2: Meisterstücke aus der „Auswahl des Direktors": ein schöner Gobelin mit einem dunkelhäutigen Flötisten, ein Wandbild mit Mönchen und ein Fries mit Akanthusrollen, alle aus dem Jeremias Kloster von Sakkara

Raum 3: Stücke aus dem Kloster Anhas (am Bahr Yussef im Fayum, 3.-5. Jh), das Ende des 19. Jh ausgegraben wurde; deutlich griechischer Hintergrund der Skulpturen, z.B. Aphrodite entsteigt einer Muschel oder dem Meer, Leda mit dem Schwan etc.

Raum 4: Das Erbe des pharaonischen Ägypten wird u.a. an Kreuzdarstellungen gezeigt, die eindeutig auf das Ankh-Zeichen zurückgehen (rechts nach dem Eingang)

Raum 5, 6: Hauptsächlich den Funden aus dem Jeremias-Kloster in Sakkara gewidmet; Säulen mit unterschiedlichsten, z.T. sehr fein gearbeiteten Kapitellen, ausdrucksstark bemalte Nischen mit gut erhaltenen Farben, Gebrauchsgegenstände des täglichen Lebens; werfen Sie in Raum 6 einen Blick auf die herrliche Holzdecke mit Durchbruch ins obere Stockwerk

Innenhof: Von Raum 6 führt eine Tür in den glasüberdachten Innenhof mit weiteren Skulpturen, Säulenkapitellen und einer Kanzel aus dem Jeremias-Kloster, mit hervorragenden Mashrabien dekorierte Wände

Raum 7, 8, 9: U.a. dekorative geometrische Muster und figürliche Wandbemalung aus dem großen Klosterkomplex Bawit (ca. 200 km südl. von Kairo); Kalksteinfriese und Skulpturen; sorgfältig und ausdrucksvoll bemalte Nischen; Fresko Adam und Eva nackt vor dem „Sünden"-Fall und ernüchtert abgedeckt danach; sehr fein gearbeitetes Marmorkapitell, das vermutlich später als Taufbecken genutzt wurde (Raum 9), Treppe ins obere Stockwerk

Obergeschoss

Raum 10: Ausgewählte Stücke zur koptischen Kultur; Bücher, Kleidung (Umhänge), Goldmünzen, Architekturfragmente

Räume 11: Vor allem Textilien mit religiösen Darstellungen, Gebrauchsgegenstände mit religiöser Dekoration, zeitlicher Zusammenhang mit der Bibelübersetzung ins Koptische im 3. Jh

Raum 12: Liturgisches Instrumentarium und Gewänder

Raum 13, 14: Textilien als Beispiele für Darstellungen religiöser und weltlicher Art

Raum 15: Dieser Raum ist den Manuskripten aus der Nag Hamadi Bibliothek gewidmet, die – aus dem 4. Jh stammend – 1945 in einem großen Krug gefunden wurden

Räume 16: Schreibgeräte, Bücher, Schriftrollen auf unterschiedlichsten Medien, wie Ostraka, Papyrus, Papier etc.

Raum 17: „The Psalms" , ein Psalmen-Buch aus dem 4. Jh als einziges Ausstellungsstück
Korridor, Übergang zum Old Wing: Funde aus Kellia – viele Wandmalereien -, einst die größte Einsiedelei mit 1500 Unterkünften am westlichen Deltarand
Raum 18: „Nilszenen" über Fauna und Flora entlang des Nils
Raum 19: Tägliches Leben, Gebrauchsgegenstände vom Spielzeug bis zum Kamm, sehr schöne ausgemalte Holzdecke
Raum 20: Ikonen aus Kirchen mit Motiven von Christus, der Heiligen Familie, Szenen aus dem Alten und Neuen Testament**Raum 21, 22:** Ikonen, Fliesen
Raum 23: Metallgegenstände aller Art, Schmuck, Behälter; auffallend: mächtige Schlüssel aus dem Weißen Kloster bei Sohag
Raum 24, 25: Keramik und Glas; Weinbehälter, Schalen, Abu Mena Flaschen aus dem Abu Mena Kloster westlich von Alexandria, Gläser
Raum 26: Zwischengeschoss: Hier steht u.a. ein geschlossener Kasten als hölzerne Sänfte zum geschützten Transport von Pilgerrinnen auf dem Weg nach Jerusalem.

Nur wenig südlich des Museums bzw. Festungs-Südturms „hängt" die auf das 4. Jh zurückgehende ****El Moallaka-Kirche**, die oft erwähnte Attraktion. Sie wird „die Hängende" genannt, weil sie über das Südwesttor gebaut wurde und dort zu hängen scheint.
Aber dieses Attribut sollte völlig unwichtig sein; die El Moallaka-Kirche ist die stimmungsvollste koptische Basilika in Alt-Kairo. Wenn sich am späteren Nachmittag das Licht der Mosaikfenster im Dachgewölbe bricht und eben jenen Zedernholz- Dachstuhl ausleuchtet und auch die Intarsienarbeiten im Kirchenschiff tiefer erstrahlen, dann kann man (konnte man - der Lärm hat sehr störend zugenommen) hier abgeschiedene Stille einfangen und ein wenig meditieren - der sehr harmonisch wirkende Innenraum der El Moallaka verführt ganz einfach dazu. Aber auch Details wie die fein gearbeitete Abschlusswand zum Heikal (Sanktuar mit den Altären) und die beachtenswerte Kanzel mit ihren schlanken Marmorsäulen bestimmen den Eindruck dieser altehrwürdigen Basilika. Die El Moallaka wurde im Übrigen im 7. Jh erbaut, von dem armenischen Statthalter Ali Ibn Jahja 840 zerstört und im 10. Jh unter dem Patriarchen Alexander schließlich wieder errichtet. Studenten und sonstige Freiwillige führen gerne Touristen durch die Kirche. Es lohnt sich, diesen unentgeltlichen Service anzunehmen.
Wenn Sie einen Abstecher in eine etwas ruhigere Gegend machen wollen, dann wäre vielleicht ein Spaziergang auf dem römisch-katholischen Friedhof gleich südlich der El Moallaka Kirche zu empfehlen. Viele französisch-arabische Namensverbindungen erinnern an frühere Zeiten.

Fustat

Hintergrund: *Hier errichteten die auf die byzantinische Festung Babylon einstürmenden Araber unter Amr Ibn el Ass zunächst ein Zeltlager, aus dem sie auch nach der Eroberung der Festung - nach sieben Monaten - nicht auszogen. Später entstand anstelle der Zelte eine Stadt mit fünf- bis sechsstöckigen Häusern, Wasserversorgung und Kanalisation, die um die Jahrtausendwende größer und reicher war als Bagdad oder Damaskus, ja als die meisten europäischen Städte. Zumindest war sie wesentlich sauberer: Zu einer Zeit, als in Europa die Gassen der Städte mit Fäkalien und Abfall überhäuft waren, verfügte Fustat über eine zentrale Wasserversorgung und über ein Kanalisationssystem, an das Toiletten angeschlossen waren. Fustat verlosch im November 1168, als die Bewohner glaubten, sich nicht vor dem anrückenden Kreuzritterheer unter König Alamaric von Jerusalem retten zu können: Mit Lampenöl und Fackeln setzten sie ihre Stadt in Brand. Das Feuer wütete angeblich 60 Tage.*

Gleich östlich der Ex-Festung Babylon stößt man auf **Fustat**, den in Ruinen liegenden Ursprungsort von Kairo. Ein großer Teil des Geländes ist heute mit einer hohen Mauer umgeben und als Parklandschaft gestaltet.

Man geht/fährt vom Eingang der El Moallaka Kirche aus um die Südwestecke von Alt-Kairo herum und hält sich immer parallel zur Mauer. Nach etwa 1 km stößt man auf eine stark befahrene Straße. Gegenüber fallen ziemlich neue Gebäude mit Kuppeln und Gewölben auf. Es handelt sich um das **Al Foustat Handicrafts Center,** das Ende der 1990er Jahre dort entstand, wo noch vor 20 Jahren Müll verbrennende Töpfereien in den Himmel stanken. Die Handwerker und Künstler freuen sich über Besucher und zeigen gern ihre Arbeiten (9-16, Tel 2364 3103, 012 2601976 Mr. Haithan).

Noch etwa 100 m auf der stark befahrenen Straße weiter nach Süden gibt es einen Weg zu den kümmerlichen Resten von Fustat. Der Besuch lohnt nicht mal für Enthusiasten. In der Nähe wird das künftige **Museum of Egytian Civilization** errichtet, das Mitte 2009 eröffnet werden soll.

Geht man die stark befahrene Straße in entgegengesetzter Richtung, stößt man an der nächsten Kreuzung eher unvermutet auf ein **Shoppingcenter** namens *Souk Fustat* mit dem üblichen Touristenkitsch, aber auch besseren Angeboten. Von hier aus sieht man bereits das nicht weit entfernte Minarett der **Amr-Moschee**, die von dem islamischen Eroberer Amr Ibn el Ass vermutlich bereits im Jahr 641 gegründet wurde. Vom Ursprung her handelt es sich um die älteste Moschee Kairos, sie war einst das Zentrum von Fustat. Allerdings stammt das heutige, ziemlich mächtige Bauwerk aus unterschiedlichen Epochen. Im 9. Jh wurde das ursprüngliche Gebäude weitgehend durch ein größeres - etwa den heutigen Dimensionen entsprechendes - ersetzt; im 18. Jh fanden erhebliche Umbauten und vor einigen Jahren erfolgreiche Restaurierungsarbeiten statt. Beim Besuch sollten Sie einen Blick auf das Grabmal des Abdallah werfen (hinten links), der ein Sohn des Amr war und dessen Haus - in dem er beerdigt worden war - bei der Erweiterung im 9. Jh einfach in die Moschee integriert wurde. Schön ist der Brunnen mit vergoldetem Dach.

Es gibt viele Geschichten über die Amr-Moschee. In einer heißt es, dass vor langer Zeit an einem letzten Freitag im Ramadan (Orphan) eine Hälfte der Moschee sich geradewegs ins Paradies erhob und alle Gläubigen mitnahm. Erst am Jüngsten Tag wird sie sich mit der noch vorhandenen Hälfte wieder vereinigen?

Ganz in der Nähe liegt das koptische **Kloster des Hl. Mercurius** (*Deir Abou Seifein*), ein Komplex mit drei alten koptischen Kirchen: Gehen Sie die Straße, die vom Eingang der Amr-Moschee Richtung Metrobahnlinie führt, bis fast zur Bahn. Dort kommt von rechts die Sharia Aly Salim. Direkt an der Kreuzung sehen Sie die Kirchengebäude hinter hohen Mauern. Die drei Kirchen *Mercurius* (vom Eingang her die letzte), *Anba Shenuda* und *El Adra Damjirja* (Jungfrau von Damjirja) stammen nach Angaben auf der Beschilderung aus dem 4. Jh, in der Literatur ist vom 7./8. Jh die Rede. Die dem oberägyptischen Abt Schenute geweihte Kirche wird 743 anlässlich einer Bischofsversammlung erstmals erwähnt. Sie liegt heute 2 m unterhalb des Straßenniveaus, Säulenreihen teilen das Innere in zwei Seitenschiffe und ein Mittelschiff. Die Zedernholz-Altarschranke trägt sehr schöne Ikonen, in der Westwand des Narthex steht ein Schrein mit den Reliquien von Shenute und Wissa. Auch die Mercurius-Kirche besitzt wertvolle alte Ikonen.

Andere Attraktionen Kairos

*Pharaonic Village und Papyrus Institut

Dr. Ragab, Wiederentdecker der Papyrusherstellung, baute seit vielen Jahren auf einer Nilinsel Papyrus an. Mitten in dieser Pflanzung errichtete er nach alten Vorbildern ein typisch pharaonisches Dorf. Dort werden die alltäglichen Arbeiten jener Zeit durch Laienschauspieler vorgeführt. Wenn auch das Ganze den Eindruck eines pharaonischen Disneyland's macht, so ist doch die Reise durch die Vergangenheit insofern informativ, als man zu den historischen Informationen (Sprache wählbar) auch gleich ein Abbild zum Anfassen vor sich hat. Es gibt unterschiedliche Führungsprogramme, die man mit Besuchen verschiedener interner Museen/ Ausstellungen kombinieren kann. Für £E 119 sieht man nur die Museen und feste Bauten, bei £E 139 ist die Bootsrundfahrt inbegriffen, bei £E 159 auch ein Essen.

Die Rundfahrt durch papyrusgesäumte Kanäle passiert zunächst Götterstatuen, dann führen in handgewebte Originalkleidung gehüllte Komparsen das Landleben vor. Da wird gepflügt, gesät, geerntet und gedroschen, Brot gebacken, Feuer geschlagen und einiges mehr aus längst vergangenen Zeiten. Zum Schluss können Sie einen Tempel, das Haus einer reichen und einer armen Familie und Museen einschließlich des Tutanchamun-Grabes besuchen.

Wenn Sie die Zeitmaschine in die pharaonische Vergangenheit besteigen wollen, fahren Sie am Westufer nilaufwärts, 2,5 km südlich der Giseh-Brücke taucht links ein unübersehbares Schild *Pharaonic Village* auf (südliche Nachbarinsel von Roda). Vom Zentrum können Sie Bus Nr. 107 oder 109 nehmen. Wenn Sie nach dem Besuch Hunger verspüren, bietet das *El Shallal Restaurant* preiswertes und gutes Essen. Es liegt genau gegenüber dem hohen Ziegeleischornstein etwas nördlich des Village.

Dr. Ragabs Papyrus-Wiederentdeckung und -entwicklung fand viele Nachahmer, die vor allem im Pyramidenbereich ihre Fangarme nach Touristen ausstrecken und versuchen, viel Schund, aber wenig Gutes abzusetzen. Bevor Sie kaufen, lesen Sie vorsichtshalber die Tipps zum Thema auf Seite 71 nach.

Mokattam-Berge

Von der Sharia Salah Salem zweigt in nördlicher Richtung hinter der Zitadelle eine Straße ab, die in Serpentinen auf die etwa 200 m hohen Mokattam-Berge hinaufführt. Am Rand des Steilabfalls liegen einige Restaurants. Die oben am Hügelrand entlang führende Straße bietet gute Ausblicke über Kairo, soweit der Smog dies zulässt. Auch können Sie von dort den langen Weg des Pyramiden-Baumaterials verfolgen: In den Steinbrüchen zu Ihren Füßen wurden Verkleidungsplatten gebrochen, quer durchs Niltal transportiert, dabei über den Nil übergesetzt und schließlich die Anhöhe zu den Pyramiden hinaufgeschafft.

Müllprojekt und koptische Kirchen St. Samaan (Höhlenkirchen)

Am *Mokattam* entstanden in den vergangenen Jahren zwei Projekte, die unter Touristen wenig bekannt, aber dennoch für diejenigen einen Besuch wert sind, die sich für die soziale Schattenseite des Lebens in Kairo interessieren und schließlich eine Fleißarbeit der Kopten kennen lernen wollen.

Hintergrund: *Bis noch vor wenigen Jahren fuhren unförmige Eselskarren, randvoll mit Müll beladen und von Kindern gelenkt, quer durch Kairo zum Mokattam. Heute sind diese Karren weitgehend etwas betagten Kleinlastern gewichen, die ebenfalls total mit Müll überladen den Bergen zustreben. Auch diese Müllmenschen, Zabbalin genannt, sind ein Mosaiksteinchen im Bild Kairos. Es handelt sich um Kopten, die im 19. Jh als Arbeitslose aus Mittelägypten, vornehmlich aus Assiut, nach Kairo zogen und keine andere Arbeit fanden. Sie schaffen gegen geringes Entgelt die Abfälle der Geschäfte, Restaurants und vieler Bürger in ihre Müllsiedlungen an der Peripherie Kairos – täglich etwa 700 Tonnen. Dort sor-*

Inzwischen selten: Zabbalin mit Eselskarren

Koptische Kirche St. Samaan mit Großprojektionsleinwand und Platz für 15 000 Gläubige

tieren sie per Hand den Unrat und verwerten ihn so weit wie möglich.

Der größte Teil der organischen Rückstände wird an die von den Zabbalin gehaltenen Schweine verfüttert, andere Abfälle gehen in die Hände von spezialisierten Altwarenhändlern. Insgesamt leben mehr als 50 000 Menschen in sechs Siedlungen am Stadtrand von Kairo, z.T. in primitiven Hütten inmitten der Müllberge und vom Müll - ein Los, das die ägyptische Gesellschaft kaum als besondere Tragik wahrnimmt.

Dieses System funktionierte jahrzehntelang perfekt, heute kommen die Zabbalin mit ihren klapprigen Lastwagen nicht mehr nach. Aber auch die städtische Müllabfuhr schafft die Aufgabe nicht, trotz modernerem Gerät und zu mehrfach höheren Preisen. So müssen, wie von alters her, Katzen, Ziegen, Ratten oder die (wenigen) streunenden Hunde bei der Stadtteilarbeit mitwirken.

Durch ausländische Hilfe wurden vor allem in der Zabbalin-Siedlung am Mokattam die Hütten durch Beton/Ziegelhäuser mit Elektrizität, fließendem Wasser, Toiletten und Kanalisation ersetzt, in deren Erdgeschoss der angelieferte Müll geschüttet wird. Noch in morgendlicher Dunkelheit macht sich der Vater mit Söhnen und kleineren Töchtern auf den Weg in die Stadt, um Müll einzusammeln. Sobald das Fahrzeug vollgeladen ist, geht es zurück. Nun folgt die Arbeit der Frauen und älteren Mädchen, die den angelieferten Unrat mit bloßen Händen nach Wertstoffen sortieren; Verletzungen und Infektionen sind stetige Begleiter dieser Arbeit, besonders Krankenhausmüll führt sehr häufig zu Infektionen mit der gefährlichen Hepatitis C.

Früher wurde der in großen Mengen in der Siedlung anfallende Schweinekot unbehandelt an Farmer verkauft. 1984 gründeten engagierte Ägypter die **Association for the Protection of the Environment** *(A.P.E.; Tel 2510 2723, ape1@idsc.gov.eg, www.ape.org.eg), die zunächst eine Kompostierungsanlage baute, um vor allem den Schweinemist zu hochwertigem Dünger zu verarbeiten. Die Kompostierung wurde wegen der Geruchsbelästigung inzwischen an einen anderen Ort verlegt. Dr. Leila Iskandar initiierte unter dem Motto „Learning and Earning" in einem neuen Gebäude am Rand des ehemaligen Kompostierungsfeldes eine Papier-Recycling-Anlage, eine Teppich-Webschule und Patchwork-Unterrichtsräume für junge Mädchen, die hier Alphabetisierungskurse absolvieren, systematisches Arbeiten, Hygiene und nicht zuletzt Selbstbewusstsein erlernen. Denn das Gesamtprojekt trägt sich inzwischen selbst und kann die Mädchen je nach Arbeitsleistung entlohnen; dies gibt ihnen in ihrer Familie und künftigen Ehe mehr Selbständigkeit und Unabhängigkeit.*

In den 1970er Jahren begannen Zabbalin oberhalb ihrer Siedlung mit dem Freilegen alter Felsenkirchen, die ab dem 4. Jh in aufgelassene Steinbrüche gebaut worden waren. Mit Spenden der koptischen Christen entstand in den 1990er Jahren ein religiöses Zentrum zu Ehren von **St. Samaan** mit heute sieben Kirchen, einem Kloster, einem Krankenhaus und Schulen. Der Legende zufolge hatte Samaan (*Simon*), ein Schuster, in der fatimidischen Zeit die Kopten vor dem Untergang bewahrt, indem er durch ein Wunder den Mokattam-Berg spaltete, um den fatimidischen Herrschern die Kraft des christlichen Glaubens zu demonstrieren. Heute, gut 1000 Jahre später, überrascht hier eine Openair-Kirche in Form eines Amphitheaters unter einem mächtigen Felsvorsprung, die 10 000 qm Fläche einnimmt und etwa 15 000 Gläubigen Sitzfläche bietet. Hier - rechts vom Altar - werden auch die Reliquien des St. Samaan in einem Glaskasten aufbewahrt. Andere Kirchen sind vollständig in den Berg hineingebaut. Denn St. Samaan ist eine Pilgerstätte geworden, die Gläubige aus ganz Ägypten anzieht. Direkt am Abhang wurden Pilgerrastplätze angelegt. Sie bieten einen fast herausfordernden Ausblick über das Müllviertel im Vordergrund und die quirlige Metropole mit ihren Hochhäusern und Minaretten gleich dahinter.

Es lohnt aus zwei Gründen, sich auf den Weg in die Müllstadt zu machen: einmal, um das A.P.E.-Projekt kennen zu lernen, am Ort der Entstehung handgemachte Souvenirs zu kaufen und damit die Frauen sowohl materiell als auch ideell zu unterstützen. Zum anderen lässt sich der Besuch mit dem des St.-Samaan-Zentrums verbinden, das in seiner frommen Zurückgezogenheit in krassem Gegensatz zu dem Viertel steht, durch das sich unzählige Pilgerbusse quälen.

- **Anfahrt:** Es gibt keine öffentlichen Verkehrsmittel, zumindest keine zumutbaren. Die meisten Straßen im Viertel sind übelste, ungeteerte Wege mit tiefen Schlaglöchern, Müllgestank dringt in die Nase, Müllbergen türmen sich vor und in den Häusern.
- Rufen Sie am besten Mr. Bekhit Rizk Mettry an, Tel 012 32 11 259, er ist Projektleiter und führt gern (täglich 8-15, außer So) sowohl zum Projekt selbst als auch zu den Höhlenkirchen. Falls Sie es auf eigene Faust per Taxi probieren wollen, sollten Sie sich im unten genannten Souvenirshop oder von Ihrem Hotelrezeptionisten die Adresse in arabisch aufschreiben lassen, um sie dem Taxifahrer präsentieren zu können.

A.P.E. unterhält auch einen **Souvenirshop** im kunsthandwerklich anspruchsvolleren Fustat Shopping Center *Souk Fustat* (siehe Seite 183) in der Nähe der Amr Moschee.

Kinderarbeit

Eine grundsätzliche Anmerkung: Auch wenn es sich bei der Teppichherstellung meist um - bei uns verbotene - Kinderarbeit handelt, so wäre es verkehrt, dieses Problem nur durch die Augen wohlhabender europäischer Besucher zu beurteilen, für die Kinderarbeit undenkbar ist. In Ägypten gehört Arbeit der Kinder zum gewohnten Alltag, sei es auf dem Feld, in der väterlichen Werkstatt, als Schuhputzer oder z.B. beim Teppichknüpfen. Selbstverständlich streichen die Carpet Schools den meisten Profit ein, doch auch die Kinder profitieren, indem sie kunsthandwerklich ausgebildet werden und mit dem kargen Lohn zum Lebensunterhalt ihrer Familie beitragen. Es wäre fatal, wenn man deswegen keine Teppiche kaufen und damit den Kindern eine Chance verweigern würde. Die Lösung des Problems kann nur in der sozialen Entwicklung der ägyptischen Volkswirtschaft liegen, die es den Familien ermöglicht, auch ohne diese zusätzliche Einnahme auszukommen. Darüber hinaus ist es unabdingbar, dass den Kindern der Schulbesuch ermöglicht wird und die Unternehmer ihre jungen Mitarbeiter fair entlohnen.

Engere Umgebung von Kairo

Wissa-Wassef-Werkstatt

Hintergrund: *1940 gründete der Architekt und Kunsterzieher Ramses Wissa Wassef eine private Grundschule in Alt-Kairo. Er versuchte die natürliche Kreativität der Kinder zu wecken, indem er sie ihre eigene Vorstellungswelt in Skulpturen zum Ausdruck bringen ließ. Dies deckte sich mit den Ideen seines Schwiegerva-*

1985 als Kind beim Töpfern...

... und heute noch als Familienvater

ters Habib Gorgy, der neben eigenen künstlerischen Aktivitäten ebenfalls als Kunsterzieher tätig war. Wissa Wassef erlernte das Teppichknüpfen und lehrte es einigen Kindern, die so ihre Ausdrucksmöglichkeiten erweitern konnten. Als sein Experiment Früchte trug, zog Wissa Wassef 1952 in das Dorf Haraniya südlich von Giseh und baute dort ein Kunstzentrum auf. Er ermunterte die Kinder von Fellachen, ihre Kreativität in die Teppichwebkunst einzubringen. Der herausgeforderte und gezielt geförderte Kunstsinn der Kinder führte zu fantastisch-naiven Werken, die sich zudem gut verkaufen ließen.

Trotz aller Erfolge verloren der Gründer und seine Nachfolger die selbst gestellte Aufgabe nicht aus den Augen, den jungen Menschen Schulbildung und eine Berufschance zu bieten. Der 1985 fotografierte junge Töpfer (siehe Foto oben) ist z.B. heute noch dort tätig; inzwischen werden seine Kinder im Kunstzentrum ausgebildet. Wissa Wassef fand viele Nachahmer, die ihre sichtbar schlechtere Ware in den typischen Touristenläden anbieten.

Ein Besuch in der Original-Werkstatt (10-17) lohnt sich sehr, denn man kann in den Ausstellungsräumen einige der schönsten Stücke - Teppiche, Keramik und Batik - bewundern und natürlich auch kaufen sowie den Teppichknüpfern oder Töpfern bei der Arbeit zuschauen. Außerdem ist der Gebäudekomplex in traditioneller Bauweise mit Kuppeldächern sehenswert.

▸ Man fährt auf der Pyramid Road bis zur Ausschilderung *Sakkara, Ringroad* und zweigt dort links ab. 8 km entfernt biegt man rechts ins Dorf Haraniya und nach der Kanalüberquerung wieder rechts ab. An der linken Seite liegt die unscheinbare Einfahrt zum Haus des Wissa Wassef (daneben übrigens der Campingplatz *Salma Camp).*

El Awadly ist eine sehr ähnliche Werkstatt am anderen Ende des Dorfes, die 1976 von Fouad El Awadly und seiner deutschen Frau gegründet wurde. Allerdings sind fast ausschließlich erwachsene Weberinnen und Weber beschäftigt. Auch hier gibt es schöne Webarbeiten, aber nicht ganz so fein wie bei Wissa Wassef, dafür wesentlich billiger. Kontakt und Verkauf nur über die (fließend deutsch sprechende) Tochter Nina El Awadly, Tel 010 142 5544.

Weberdorf Kerdassa

In Kerdassa, einem traditionsreichen Dorf (heute schon eher Vorstadt) am nordwestlichen Stadtrand, weben viele Familien Teppiche nach der Schule von Wissa Wassef.

Die Hauptstraße ist mit Shops gesäumt, in denen nicht nur relativ preiswerte Teppiche zu finden sind, sondern auch Souvenirs aller Art (Lederarbeiten, Kupfer, Galabeyas etc.). Hier lohnt übrigens das Feilschen besonders wegen des reichhaltigen, vergleichbaren Angebots. Im Dorf selbst kann man Webern (meist Kinder und junge Frauen) bei der Arbeit zuschauen.

▸ **Anfahrt:** Etwa 30 m von der „Sakkara" Kreuzung der Pyramid Road fahren (nördlich, westliche Kanalseite) Minibusse nach Kerdassa; vom Midan Giseh der Bus 116. Als Autofahrer nehmen Sie die Pyramid Road stadtauswärts und biegen an der Kreuzung mit der Ausschilderung *Sakkara, Ringroad* nach rechts ab (links geht es nach Sakkara), aber auf die linke (westliche) Seite des Kanals, lassen nach gut 1 km das Restaurant *Andrea* links liegen, und nach weiteren 5 km biegt man links in das Weberdorf ein. Es zweigen mehrere Straßen ab; nehmen Sie die, die mit Souvenirläden vollgestopft ist.

Kamelmarkt

Eigentlich eine sehr traurige Angelegenheit: Das Ziel eines gut vierwöchigen Trecks vom Sudan bis nach Kairo ist - das Schlachthaus. Den letzten, eher qualvollen Zwischenstopp haben die Kamele auf einem tristen Marktplatz nördlich von Kairo einzulegen. Dort werden sie nach altarabischer Sitte verschachert. Manche der stolzen Wüstentiere scheinen ihr Schicksal zu ahnen und brechen zu einem letzten Fluchtversuch aus; aber die Händler sind allemal schneller und treiben die Ausreißer mit brutalen Schlägen zurück.

Leider ist der Markt vor Jahren von seinem traditionellen Standort im Vorort Embaba nach **Barkash** (auch *Birqash),* 30 km nördlich von Giseh, verlegt worden. Es empfiehlt sich, den Besuch für die Haupttage Samstag oder Dienstag, möglichst früh am Morgen, zu planen. Aber auch an anderen Tagen wird geschachert. Inzwischen wurde der gleichzeitige Esel- und Pferdemarkt in die Nähe der Barrages du Nil verlegt. Dadurch verlor das Geschehen an Attraktion. Ein Besuch (£E 20 Eintritt für Ausländer) kann nur dem empfohlen werden, der speziell an solchen Veranstaltungen und der Menge an Kamelen interessiert ist.

▸ **Öffentliche Verkehrsmittel:** Der Bus 214 fährt vom Midan Tahrir Richtung *Barkash.* Von der Endhaltestelle bzw. ca. 300 m in Rückrichtung verkehren Minibusse direkt zum Markt. Fragen Sie unterwegs nach *Barkash* und dann nach *Souk el Gimaal* . Eine Taxifahrt kostet etwa £E 120-150. Einige Traveller-Hotels organisieren Minibusfahrten ab etwa £E 40 pP.

▸ Als **Autofahrer** folgen Sie zunächst der Beschreibung zum Weberdorf Kerdassa (im vorigen Abschnitt) und dann dem Kanal noch 19 km nach Norden. Barkash liegt dort, wo rechter Hand etwas entfernt eine große Betonbrücke einen Kanal und die Eisenbahnlinie überspannt. Halten Sie sich hier halblinks, bis die Straße nach ca. 700 m wieder auf einen Kanal stößt, auf dessen anderer Seite die Eisenbahnlinie verläuft. Links breitet sich der Ort Barkash aus. Fahren Sie am Kanal 4 km weiter, bis rechts ein Schild zu einer Farm namens *Nimos* verweist, hier halblinks halten. Nach 3 km erneut links abbiegen, nach weiteren 2 km ist der schattenlose Marktplatz erreicht.

Letzte Station einer langen Reise - Kamelmarkt

October War Panorama

Auf dem Weg zum Flughafen oder nach Heliopolis könnten Sie am **October War Panorama** (£E 20) Halt machen. Dieses an den Oktober-Krieg 1973 gegen Israel erinnernde Denkmal wurde von Nordkoreanern gebaut. Im zylindrischen Hauptgebäude wird u.a. der Durchbruch durch die israelische Bar-Lev-Linie dargestellt. Die Vorführungen finden täglich außer dienstags um 9.30, 11, 12.30, 18 und 19.30 Uhr statt, allerdings nur mit arabischem Kommentar in den beiden Seitensälen; im Hauptsaal sind Kopfhörer mit deutscher Übersetzung erhältlich; zu anderen Zeiten kein Einlass. Außerhalb des Hauptgebäudes sind Panzer, Flugzeuge und anderes Kriegsgerät ausgestellt. In der Umgebung befindet sich das Grab von Anwar el Sadat (1982 hier ermordet) und das des Unbekannten Soldaten.

Sesostris-Obelisk

Heliopolis und der Obelisk von Sesostris

Heliopolis, den meisten Besuchern nur als Flughafen-Vorstadt von Kairo bekannt, blickt auf eine sehr lange Vergangenheit zurück. Der altägyptischen Mythologie zufolge lag hier der Ursprungsort des Pharaonentums, daher war es über lange Zeiten hinweg religiöses Zentrum, von ähnlicher Bedeutung wie Karnak. Heute kündet nur noch der 22 m hohe ***Obelisk des Sesostris I** (12. Dynastie) von dem ehemaligen Ruhm des Sonnentempels. Er steht zusammen mit ein paar anderen altägyptischen Monumenten in einem Park im Dorf Matariya am nordwestlichen Rand von Heliopolis. Auf allen vier Seiten ließ Sesostris I gleichlautend berichten, dass er den Obelisken anlässlich seines Regierungsjubiläums stiftete.

In diesem weitab vom Massentourismus liegenden Openair-Museum (£E 20) freut man sich über jeden einzelnen Besucher. Gleich nach dem Eingang liegen rechts ein paar Säulenteile und andere Fragmente von einem Tempel des Amenhotep III sowie Steinsarkophage. Der Obelisk selbst überrascht durch seine Höhe, die hier besser zur Geltung kommt, weil er quasi frei steht, ohne andere Bauten in unmittelbarer Nähe. Wahllos und ohne Erklärung liegen dort pharaonische Tempelfragmente herum. Zwei Scheintüren fallen auf, aus einem treten Ramose und seine Frau (21. Dynastie).

▸ **Anfahrt**: Am besten mit der Straßenbahn/Metro, El Marg Linie, bis zur Station *Midan Matariya*, von dort fünf Minuten per Taxi auf der Sharia Matariya bis quasi zu deren Ende folgen; dort ist links der Obelisk in einer kleinen Grünanlage am Rand eines großen Feldes zu erkennen. Oder mit Bus 50 zum Midan Hegaz, dort weiter mit Bus 55. Oder per Auto auf der stadtauswärts führenden Sharia Port (Bur) Said fahren, bis man auf einen breiten Kanal stößt; dort rechts auf der Sharia El Qablat bis zum Midan Matariya und diesen auf der gleichnamigen Straße verlassen.

Ganz in der Nähe gibt es eine weitere Sehenswürdigkeit: Im **Shargat Mariam** (£E 10) sollen Joseph, Maria und Jesus auf ihrer Flucht Halt unter einem Baum gemacht haben, dessen bizarrer Wurzelstock noch heute vorhanden und zu besichtigen ist. Durch ein Wunder entsprang eine Quelle und versorgte die Heilige Familie mit Wasser. Es ist heute untrinkbar, soll aber so aufbereitet werden, dass Pilger es als heiliges Wasser, abgefüllt in Flaschen, mit nach Hause nehmen können.

Die gesamte, lang gestreckte Anlage bietet dem Betrachter ein fast ungewöhnliches Bild von Sauberkeit. Der knorrige alte Baumstamm steht würdevoll im Schatten eines jüngeren Exemplars. Ein großes Wandgemälde in einem seitlichen Andachtsraum zeigt die Heilige Familie unter dem bewussten Baum.

Heliopolis besitzt auch einen interessanten neugeschichtlichen Hintergrund. Der Belgier Edouard Empain - vom armen Lehrersohn zum Multimillionär aufgestiegen - wollte zeigen, dass man auch in der Wüste Gärten anlegen kann und plante daher eine Oase im Norden Kairos. Ohne staatliche Hilfe begann er 1905 seine Ideen in die Tat umzusetzen: Es entstand eine gut durchdachte Siedlung mit einer Kathedrale im Mittelpunkt, mit Moscheen, Clubs, Luna-Park und einem feudalen Hotel. Die Einwohnerzahl stieg von 1000 im Jahr 1909 auf 24 000 (1928) und 1986 auf 200 000. Bevorzugt besiedelt wurde und wird der inzwischen vom auswuchernden Kairo eingefangene Vorort von Freiberuflern, höheren Staatsangestellten und Europäern.

▶ **Anfahrt**: Fußgänger nehmen am besten den Minibus 27 oder 30 vom Midan Tahrir aus. Autofahrer halten sich auf der Sharia Salah Salem immer Richtung Flughafen und biegen vor der einzigen Unterführung bei der Ausschilderung HELIOPOLIS bzw. ROXI SQ rechts ab, machen einen U-Turn, überqueren die Sharia Salah Salem (hier Sharia Uruba), fahren auf der Sharia Said El Mirghany am Präsidenten-Palast (rechts) vorbei und sind bald im Herzen von Heliopolis. Vom Midan Roxy führt die Sharia Ibrahim Laqqani ins ursprüngliche Zentrum. Bald zweigt links die Einkaufsstraße Sharia al Ahram ab, an deren Ende die **Basilika** steht, die von einem belgischen Architekten der Istanbuler Haya Sofia nachempfunden wurde. Baron Empain und seine Familie sind hier begraben.

Hier und in der Umgebung können Sie sowohl alte Häuser als auch moderne Boutiquen anschauen. Eine weitere Attraktion vor allem für Familien ist der Merryland-Park in der Nähe des Midan Roxy, mit vielen Pflanzen, Bäumen und einer Delphinshow; die Seen und Wiesen werden vor allem freitags von Großfamilien gestürmt (Eintritt £E 30).

Baron Edouard Empain baute sich übrigens einen extravaganten Wohnpalast im Stil eines indischen Tempels, **Empain Palace** genannt, der nur drei Blocks in Richtung Flughafen, nach der oben angegebenen Unterführung auf der rechten Seite steht. Leider ist das einst von grünen Gärten umgebene Gebäude, dessen Drehturm automatisch dem Sonnenstand folgte, arg heruntergekommen, nachdem es in den 50er Jahren von der Familie des Barons verkauft wurde. Lange Zeit war es als Drogenszene verschrien, wurde dann vom Staat übernommen und soll jetzt renoviert werden - Ende unbekannt.

Eltern mit Kindern werden sich über das **Suzanne Mubarak Child Museum**, 34 Sharia Abu Bakr el Seddik, Tel 2259 7277, freuen, in dem die Kleinen Kultur, Geschichte und Geografie interaktiv - anfassen, fragen, antworten - erleben können.

Heluan

Schwefelhaltige Quellen und gesunde Luft begründeten schon im Altertum den heilkräftigen Ruf von Heluan. Die Khediven Ismail und Taufik ließen fruchtbare Erde aus dem Delta heranschaffen und legten ein mondänes Heilbad mit schachbrettartigen Straßenzügen an. Im Laufe der letzten Jahrzehnte rückte die Industrie der Stadt immer näher, von der guten Luft blieb fast nichts übrig.

Im Grunde bietet Heluan heute nicht mehr viel. Das alte Badehaus im maurischen Stil ist noch erhalten. Am einzigen **Japanischen Garten** (£E 1) im Nahen Osten - außerordentlich fremd in diesem Wüstenland - hatte der Zahn der Zeit schon arg genagt, die Buddha-Figuren schauten traurig in die Zukunft. Er wurde wieder hergerichtet und besitzt etwas Ähnlichkeit mit Gärten in Japan. Der Kuriosität wegen ist die Anlage einen Blick wert, zumal sie von der Bevölkerung angenommen und mit regem Leben erfüllt wird. Der Garten liegt ein paar Blocks östlich der Endstation der Metro Kairo - Heluan, d.h. man geht die erste Straße links (in Fahrtrichtung des Zuges gesehen), bis man auf den Park stößt.

Knapp 2 km von der Endstation in Richtung Kairo entfernt, finden Sie direkt an der Westseite der Bahnlinie ein kleines **Wachsfigurenmuseum** (10-15.30, £E 10) , das ein Syrer in den 1930er Jahren bauen ließ. Hier sind Begebenheiten der ägyptischen Vergangenheit in etwas naiven Szenenfolgen dargestellt, von pharaonischer Geschichte (Echnaton mit Gemahlin oder Kleopatra, sterbend mit Schlange am Busen) bis hin zu Bildern aus dem täglichen Leben. Leider hat auch hier der Zahn der Zeit an den Figuren genagt; ein Besuch kann vielleicht einen kleinen Beitrag zur Restaurierung beisteuern, die sich seit Jahren dahinschleppt.

Delta-Staudamm (Barrages du Nil)

1835 begann Mohammed Ali am Eingang zum Delta Staudämme zur Regulierung der Nilfluten zu bauen, die knapp 20 Jahre später und nach vielen Missgeschicken fertig gestellt wurden; immerhin waren sie damals die größten Stauwerke weltweit. Im Laufe der Zeit mussten die Dämme mehrmals verstärkt werden, weil man die Unterspülung durch den Nil unterschätzt hatte.

Die Anlage wurde an der Stelle angelegt, an der sich der Nil in den Rosetta- und Damietta-Arm teilt. Die ursprünglichen Dämme sind 452 und 522 m lang, das Wasser strömt durch insgesamt 132 Schleusentore. Ziemlich grotesk wirkt die in den Fluss verpflanzte Ritterburgen-Architektur der Dammoberbauten, zumal zwischen den beiden Flussarmen schöne Gärten mit alten Banyan-Bäumen den Kontrast noch unterstreichen. Sehenswert wäre das **Bewässerungsmuseum** (*Mathaf Zrahi*) im ehemaligen Verwaltungsgebäude mit einem Überblick über die Bewässerungstechnik und mit aktivierbaren Modellen; aber es war bei unserem letzten Besuch geschlossen.

Heute ist diese Gegend ein beliebtes Ausflugsziel. Besonders an Wochenenden strömen viele Familien und junge Leute aus Kairo hierher. Fahrrad- oder Motorrollertouren, ein Rummelplatz mit Karussellen und Scootern zählen zu den Freizeitangeboten.

Am schönsten ist eine Segeltour per Feluke von Kairo aus zu dem etwa 20 km stromabwärts liegenden Damm. Freitags und sonntags (je nach Jahreszeit auch an anderen Tagen) fahren Motorboote etwa ab 9 bis ca. 11 Uhr (eine Strecke 2 Std) nach Norden und zwischen 16-17 Uhr zurück (£E 10 pP) von der Maspero Station beim TV-Building (nebenan starten die Boote nach Alt-Kairo); ansonsten Bus Nr. 214 vom Midan Abdel Minin Riyad. Mit dem Auto bietet sich eine Rundreise an: z.B. auf der Sharia el Nil am linken Flussufer bis zum Damm nach Norden oder der Beschreibung zum Kamelmarkt folgen, im Ort Barkash aber über die Brücke bis zum Nil und flussabwärts zum Damm. Die eigentliche Dammstraße ist für Autos gesperrt, 1 km nördlich übernimmt eine Brücke den Verkehr. Dort liegt der Freizeitpark. Schließlich geht es auf der ersten nilparallelen Straße oder auf der Agriculture-Road wieder zurück nach Kairo.

Die beiden höchsten Pyramiden: links Cheops, rechts (im Hintergrund) Chephren

Die Pyramiden

Hintergrund: *Erst in jüngster Zeit hat sich die Erkenntnis durchgesetzt, dass die Pyramiden nicht das Produkt harter Sklavenarbeit waren, sondern dass sich viele Menschen zusammentaten, um in religiöser Inbrunst Sakralbauwerke zu schaffen. Mit großer Wahrscheinlichkeit bestimmten auch innenpolitische (Macht) Überlegungen des Pharaos die Monumentalität. Es wäre daher sicher falsch, beim Anblick der Pyramiden nur an den Schweiß und die Mühsal der Arbeiter zu denken oder gar daran, dass sie zu ihrer Leistung geprügelt wurden.*

Ein Bauwerk, an dem Zehntausende beschäftigt waren, konnte nur in gemeinschaftlicher Zusammenarbeit der Niltalbewohner erstellt werden. Nicht zuletzt bot es Arbeit während der drei- bis viermonatigen Untätigkeit in den Zeiten der Nilüberflutung und eine Gelegenheit zum besseren Verständnis der Menschen untereinander. Am Ende der Pyramidenzeit war der noch relativ junge ägyptische Staat ein hierarchisch gestuftes Gebilde mit einer sehr differenzierten Beamtenschaft; eine Entwicklung, die zumindest teilweise auf den Bau der Mammutprojekte zurückzuführen ist.

Sicher war es kein leichter Job, viele Tonnen schwere Steinquader neben den Pyramiden oder auf der östlichen Nilseite in den Brüchen des Mokattam, Tura (Außenverkleidung) oder gar bei Assuan (Granit) mit den damaligen Werkzeugen zu brechen, sie anschließend auf Holzschlitten zum Nil, dann per Schiff nach Giseh und schließlich bis zur Spitze der Pyramiden zu schaffen. Aber der Glaube, Stein auf Stein für das Überleben des Volkes aufzuschichten, versetzte buchstäblich Berge und machte den Arbeitern die Last leichter. Herodot berichtet (drei Jahrtausende nach dem Entstehen), dass 100 000 Arbeiter mit dem Bau einer Pyramide beschäftigt gewesen seien. Moderne Berechnungen ergaben, dass es ca. 25 000 Menschen in ungefähr 30 Jahren geschafft haben müssten, die 2,3 Millionen Steine der Cheops-Pyramide aufeinander zu stapeln. Wobei etwa 15 000 Mann direkt am Bau arbeiteten, die anderen für die Infrastruktur und Logistik zu sorgen hatten, vom Werkzeugbau über Steinebrechen bis zum Transport wie auch für Administration und Verpflegung.

Dabei bewältigten die Erbauer technische Probleme wie die Nivellierung des Bodens zu einer absolut waagerechten Ebene, die Ausrichtung der Cheops-Pyramide nach Norden (Fehler nur 5 Minuten, 30 Sekunden!), Abweichungen in der Waagerechten zwischen den einzelnen Steinschichtungen von nur wenigen Zentimetern und schließlich die Tatsache, dass die vier Kanten in der Pyramidenspitze wirklich zusammentrafen - eine Abweichung dieser Linien um nur 2 Grad hätte ein Auseinanderklaffen um 15 m (!) an der Spitze bewirkt.

Außen- und Innenrampen

Die französische Firma Dassault System ließ ein neues Modell zum Bau der Cheops Pyramide entwickeln. Unter Leitung des Architekten Jean-Piere Houdin recherchierten und rechneten 14 Ingenieure 2 Jahre lang, um eine 3-D-Simulation des Pyramidenbaus zu erstellen. Man ging von der Theorie innerer Rampen aus, die ab einer Höhe von 43 m – bis dahin wurde eine Außenrampe verwendet – als Materialweg im Inneren der Pyramide angelegt wurden. Auf insgesamt 21 solcher Rampen zogen je 10 Arbeiter die 2,5 t schweren Blöcke immer höher hinauf. Die Enden jeder Rampe führten zu einer offenen Ecke der Pyramide. Dort drehte man die Steinblöcke mit hölzernen Schwenkarmen um 90 Grad auf die weiterführende Rampe. Als nach weiteren 103 Höhenmetern die Pyramidenspitze erreicht war, schloss man die offenen Ecken, und nichts war mehr vom Bausystem zu erkennen. Unter *http://khufu.3ds.com/introduction* können Sie diese Theorie nachvollziehen.

Auch unter heutigen Verhältnissen wäre das Errichten einer solch großen Baumasse (die Cheopspyramide ist immer noch das vom Volumen her größte, jemals von Menschen geschaffene Steingebäude) eine technische Meisterleistung - um wie viel höher müssen wir diese Präzisionsbauwerke bewerten, wenn wir uns vorstellen, dass die Pyramiden in der Steinzeit mit Steinwerkzeugen errichtet wurden: mit Dolerit-Hämmern, Quarzit-Poliersteinen und Bolzen aus Kiesel. Lediglich Beile und Sägen bestanden aus gehärtetem Kupfer. Als Transportmittel dienten von Ochsen gezogene Ziehschlitten.

Mit welchen Methoden die Pyramiden tatsächlich errichtet wurden, bleibt unter den Fachleuten wohl so lange umstritten, bis nicht ein archäologischer Beweis für die Bauweise gefunden wird. Als gängige Meinung herrscht vor, dass man Rampen angelegt habe, um das Baumaterial auf einer schiefen Ebene nach oben zu schaffen. Für diese Theorie gibt es unterschiedlichste Ansätze, von denen keiner eine endgültig befriedigende Antwort auf das Problem ist. Herodot spricht von „Maschinen" aus kurzen Hölzern. Eine Theorie, die diesen Gedanken aufgreift, geht von hölzernen Winden (Spills) aus, mit denen man die Steine über eine schiefe Ebene hinaufzog.

Doch neben der rein technischen Großtat muss die logistische und organisatorische Leistung in ebenso hohen Tönen gelobt werden. Denn die vielen Menschen mussten in eigens errichteten Dörfern untergebracht, verköstigt und sozial betreut werden. Ihre unterschiedlichen Tätigkeiten waren so aufeinander abzustimmen, dass jeweils das richtige Material zum richtigen Zeitpunkt an Ort und Stelle zur Verfügung stand, dass sich die Leute nicht gegenseitig auf die Füße traten bzw. stets dort waren, wo sie benötigt wurden - um nur einige der Probleme zu nennen.

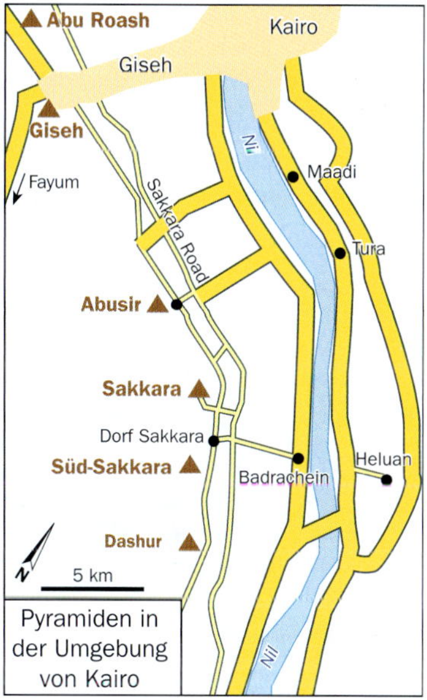

Pyramiden in der Umgebung von Kairo

Die Pyramiden haben eine deutliche Entwicklung durchgemacht. Das erste Bauwerk dieser Art, die Stufenpyramide des Djoser in Sakkara, stellt eigentlich nur eine vergrößerte Form der vorher gebräuchlichen Mastaba, des so genannten Bankgrabs dar, bei der das Grab mit einem rechteckigen Ziegelbau überdeckt wurde. Imhotep, der Architekt Djosers, ummantelte die Mastaba mit um 18 Grad nach innen schräg gestellten Steinen und setzte darüber fünf immer kleiner werdende Stufen. Dasselbe geschah noch mit dem nächsten Pyramidenbauwerk. In Medum ließ Huni, letzter Pharao der 3. Dynastie, auch eine Mastaba errichten und dann außen in ähnlicher Weise verkleiden.

Sein Nachfolger Snofru begann mit dem Bau einer richtigen Pyramide bei Dashur, bei der die Bausteine waagerecht gelegt und dann im Böschungswinkel geglättet wurden. Sie wäre 140 m hoch geworden, wenn nicht der Baugrund nachgegeben hätte und man den Böschungswinkel verringern musste, um zu einem schnellen Ende zu kommen: Fertig war die Knickpyramide, die aber wegen ihrer Bauschäden nicht benutzt werden konnte. So ließ Snofru um 2610 vC die Rote Pyramide errichten, die erste „perfekte" Pyramide. Snofrus Sohn Cheops folgte dann in Giseh mit seinem monumentalen Bauwerk, das von keinem Nachfolger überboten werden sollte. Zwischen den Anfängen in Sakkara und dem Höhepunkt in Giseh liegen nur etwa zwei Jahrhunderte.

Aus der religiösen Bedeutung der Pyramide - dem toten Pharao (Gott) die Verbindung zwischen dem Reich der Lebenden im Osten und dem der Toten im Westen zu ermöglichen - entwickelte sich das typische Schema dieser Bauten. Ein Taltempel auf der Grenzlinie zwischen Frucht- und Ödland, mit dem Nil durch einen Kanal verbunden, diente den ersten religiösen Zeremonien und der Mumifizierung. Hier am Ende des Reichs der Lebenden endete auch die Trauerprozession. Die Mumie wurde dann auf einem überdachten Weg („Aufweg") zum direkt an der Pyramide liegenden Totentempel gebracht und schließlich in der im Westen (Reich der Toten) liegenden Sargkammer beigesetzt. Der Totentempel diente fortan den Priestern für den Totenkult.

Die Pyramiden - die einzig noch erhaltenen Bauwerke der einst sieben Weltwunder - wurden bereits 1979 von der UNESCO in die Liste des **Weltkulturerbes** aufgenommen.

****Pyramiden von Giseh

Hinweis: Die Pyramiden liegen direkt am Stadtrand, nicht mitten in der Wüste, wie raffinierte Taxifahrer glauben machen wollen! Von den beiden Eingängen zum Gelände sollten Sie für den Beginn den bei der Cheops-Pyramide oberhalb des Mena House-Hotels nehmen und das Gelände über den Eingang beim Sphinx verlassen.

Auf dem Weg vom Stadtzentrum her tauchen die Pyramiden, sobald man den Midan Giseh hinter sich gelassen und auf der Pyramid Road

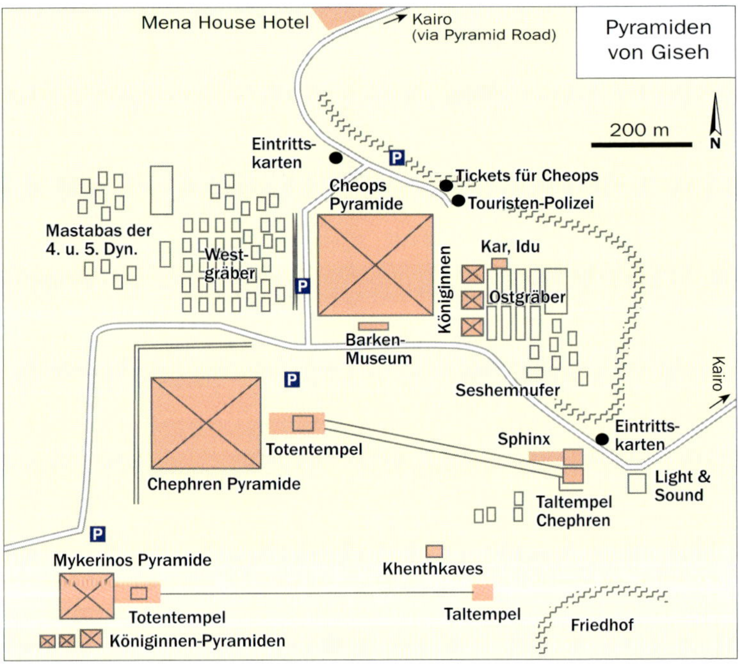

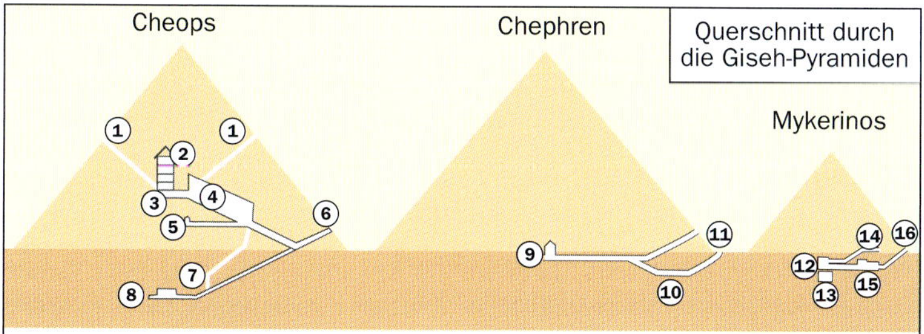

1 Schächte
2 Entlastungskammern
3 Grabkammer
4 Große Halle
5 Königinkammer
6 Heutiger Eingang
7 Sicherheitsweg
8 Unterirdische Grabanlage
9 Grabkammer
10 Erste Grabkammer
11 Eingang
12 Halle (Scheingrab)
13 Grabkammer
14 Ursprünglicher Zugang
15 Raum mit Scheintüren
16 Eingang

- *Sharia el Ahram* - ein Stück zurückgelegt hat, zunächst schemenhaft aus dem Dunst Kairos auf; bald wachsen sie in ihrer geometrisch klaren Form immer gewaltiger gegen den Horizont. Die Straße führt schnurgerade auf sie zu und erklimmt dann am Mena House-Hotel den Steilabfall der Wüste zum Fruchtland.

▸ Hier unten, am Mena House-Hotel, liegt die Endstation der Bus- und Minibuslinien. Günstig für die **Anfahrt** ist ein Kompromiss: mit der Metro 2 bis zur Station *El Giza* fahren, am hinteren Bahnhofsende ins Freie direkt auf die Pyramid Road gehen und diese nach etwa 50 m stadtauswärts überqueren. Kurz nach einer weißen Moschee halten Minibusse (es wird „Aaram" gerufen), mit 50 Pt Fahrpreis steigt man am Mena-Hotel aus. Oder von der Metro aus per Taxi zu den Pyramiden (ca. LE 10-15), das ist billiger und vor allem schneller als per Taxi aus dem Zentrum. Die Buslinie 913 endet im Dorf *Nazlit El Saman* am *Sphinx* , etwa 500 m vom Taltempel entfernt, mitten im Ort; sie eignet sich besonders für die Rückfahrt, weil man nicht zum Mena House-Hotel zurückwandern muss. Da sie dort startet, gibt es fast immer Platz für müde Wandersleute.

Es gibt kaum eine andere Stelle in Ägypten, an der Touristen mit so vielen Tricks und Lügen ausgenommen werden wie an den Giseh-Pyramiden; hier kann man wirklich den Glauben an die sonst so freundlichen Ägypter verlieren. Es lauert eine Horde von Bakschischjägern: Dragomanen (Führer), Kamel- und Pferdevermieter, selbsternannte Ticketverkäufer (ohne gültige Tickets!), Souvenirverkäufer etc. Versuchen Sie, alle Leute energisch abzuwimmeln, Sie brauchen wirklich keinen einzigen.

Passen Sie vor allem als Orient Neuling auf; die Händler merken sofort Ihre Unerfahrenheit und „ziehen Sie bis auf die Unterhose aus", wie ein Leser schreibt. Nur zwei von vielen Tricks: Sie sollen sich auf dem sitzenden Kamel fotografieren lassen, plötzlich steht das Kamel auf und Sie kommen nicht mehr ohne saftiges Bakschisch herunter. Taxis halten bereits in der Mena-House-Gegend an und den darin sitzenden Touristen wird erklärt, man könne um die Pyramiden nur reiten: Die Taxireise endet dann an einem der Reitställe. Ein Leser schreibt Ende 2005. „Leider haben Sie mit den Umschreibungen des Verhaltens der Ägypter bei den Pyramiden noch untertrieben..."

Fünftausend Jahre lang standen die Pyramiden einsam am Rand der Wüste, jedermann konnte sie - kostenlos - besichtigen, sie besteigen oder ganze Steine als Souvenir davontragen. Das ist alles nicht mehr möglich; der Gesamtkomplex ist umzäunt, die Pyramiden dürfen nicht mehr bestiegen werden, da immer mehr Steine zerstört wurden. Ganz abgesehen von den vielen Todesopfern und Verletzten dieser Kletterpartien: Es sind zahllose vom Sand schlüpfrige, über 1 m hohe Stufen zu überwinden, einmal abgerutscht, findet man keinen Halt und stürzt

Kaiserin Eugenie in Giseh

„Am linken Nilufer, der Insel Roda gegenüber, liegt das Dorf Giseh, wo sich gleichfalls ein vizeköngliches Schloß befindet. Dieses Giseh ist der Ausgangspunkt für den Besuch der Großen Pyramiden. Die schnurgerade Allee von Nilakazien, die man auf dem Wege dahin zurückzulegen hat, wurde seinerzeit von dem galanten Ex-Khediven Ismail Pascha einzig und allein der Kaiserin Eugenie zu Ehren angelegt. Damals war die (französische) Kaiserin noch die allgefeierte und allbeneidete Monarchin, deren Huld und Liebreiz auch den modernen Pharaonen bestrickt hatten. Gegen 30 0000 arme Fellachen mussten in wenigen Wochen diese 4 km lange neue Fahrstraße abgraben, ebnen und mit Bäumen bepflanzen. Was der hübsche Weg an Schweißtropfen, vielleicht auch Blutstropfen, gekostet hat, ahnte die Kaiserin gewiss nicht, als sie bald darauf sechsspännig, mit goldbestickten keuchenden Läufern voraus, und gefolgt von einer schimmernden Kavalkade, in der alle Kostüme des Orients vertreten waren, über den glatten Wüstenkies dahinfuhr, an ihrer Seite der Prinz von Wales, ihr gegenüber der glückliche Khedive." (Aleph, 1904)

nach unten. Das Verbot ist also sinnvoll. Man sollte sich daran halten, auch wenn immer wieder selbsternannte Führer zum Aufsteigen ermuntern. Wen die Polizei erwischt, der zahlt saftige Strafe.

Die Umweltbelastung des Großraums Kairo und der touristische Massenansturm der letzten Jahre setzen den Bauwerken, vor allem dem Sphinx, massiv zu. Daher wird seit einiger Zeit immer nur das Innere einer Pyramide zur Besichtigung freigegeben und auch nur für eine maximale Zahl von Besuchern pro Tag, um die tourismusbedingten Schäden zu minimieren. 20 Milliliter Flüssigkeit lässt im Durchschnitt jeder von uns in einer Grabkammer zurück. Diese kondensiert an den kühleren Steinen, da sie sich nicht in die äußere Umgebungsluft verflüchtigen kann. In der Cheops-Pyramide hatte sich bis zum Ende der 90er Jahre eine bis zu 3 cm dicke Schicht aus Salz und Schmutz abgesetzt, über 300 Risse waren im Gestein entstanden. Die Pyramide musste „repariert" und gereinigt werden, außerdem erhielt sie eine Belüftungsanlage, die künftige Schäden verhindern soll.

Der Pyramidenkomplex kostet £E 50 **Eintritt**, damit darf man die Steinkolosse nur von außen bewundern. Wer das relativ weitläufige Areal per Auto befahren will, zahlt £E 2 zusätzlich. Für den Besuch der Grabkammern der Cheops-Pyramide wird man mit £E 100 Eintritt zur Kasse gebeten; allerdings ist das Kartenkontingent auf 150 Stück pro Halbtag begrenzt; Tickets werden jeweils ab 8 bzw. ab 13 Uhr so lange verkauft, wie das Kontingent reicht. Manchmal ist es in wenigen Minuten durch den Einkauf von Gruppen ausgeschöpft, daher unbedingt frühzeitig anstellen. Bei der zweiten Tranche nachmittags scheinen die Chancen größer zu sein, weil viele Gruppen dann andere Ziele ansteuern. Die Grabkammer der Chephren-Pyramide kostet £E 25, das Barkenmuseum £E 40 und die Mykerinos-Pyramide £E 20.

Von außen darf man so viel filmen und fotografieren, wie man will, im Innern der Pyramiden sind Fotos oder Filmen verboten. Am Eingang der Cheops-Pyramide müssen Kameras abgegeben werden, es wird intensiv danach gesucht.

Allgemeine Eintrittskarten werden am Haupteingang bei der Cheops-Pyramide und beim Taltempel verkauft, die speziellen bei den jeweiligen Objekten, d.h. die für Cheops in einem Häuschen neben den Toilettencontainern auf der Stadtseite. Nehmen Sie für die Besichtigung der Grabkammern vorsichtshalber eine Taschenlampe mit. Das Pyramidenareal sowie die Grabkammern und das Barkenmuseum sind im Sommer von 8-17 (Winter -16 U) geöffnet; aus dem Pyramidenareal selbst wird man häufig eine halbe Stunde vor und spätestens eine halbe Stunde nach Toresschluss vertrieben; ab etwa einer Stunde vor Schließung wird man nicht mehr eingelassen.

Eine Leserin berichtet, dass morgens zunächst die zu Fuß gehenden Besucher ins Pyramidengelände eingelassen werden, damit sie einen entsprechenden Vorsprung vor den Bussen und noch die Chance haben, eins der 150 Cheops-Tickets zu bekommen. Zwischen etwa 11 und 13 Uhr sperren die Wärter die Pyramiden ab; auch wenn man Eintrittskarten hat, kommt man nicht hinein. Freitags ist der Besucherandrang höher, weil viele Ägypter den freien Tag für eine Besichtigung nutzen. Generell günstig ist ein sehr früher Besuch; dann ist die Gegend noch vergleichsweise menschenleer.

Ein wichtiger Hinweis: Die drangvolle Enge und die Hitze können Leute mit Engen/Platzangst (Klaustrophobie), Atemnot oder Kreislaufbeschwerden in ernste Gefahr bringen, besser: draußen bleiben.

Wenn Sie dem Gedränge hier aus dem Weg gehen wollen und dennoch unbedingt und preiswerter erleben wollen, wie es ist, wenn in einer Jahrtausende alten Grabkammer etwa eine Million Tonnen Gestein über einem aufgestapelt sind, dann besuchen Sie die Rote Pyramide in Dashur (siehe Seite 210). Dort gibt es keine Beschränkung der Besucherzahl, allerdings sind die Innenräume wesentlich bescheidener als die der Cheops-Pyramide.

Sollten Sie den Wunsch nach einem Führer - *Dragoman* - nicht unterdrücken können, nehmen Sie am besten einen lizenzierten Mann, er muss sich mit einer Messingplakette ausweisen. Die Kenntnisse dieser Leute werden geprüft, dadurch haben Sie Gewähr, mehr Fakten als Märchen zu hören. Übrigens kommen die meisten Dragomanen aus Beduinenkreisen.

Unentwegte, die auf einen Ritt um die Pyramiden nicht verzichten wollen, erkundigen sich am besten vor dem Pyramidenbesuch im Tourist Office gegenüber dem Mena House-Hotel; dort erfahren Sie aktuelle Preise als Basis für Ihre Verhandlungen. Spätnachmittags sinken die Angebotspreise. Ein Kamelritt mag den Vorteil haben, dass man die Pyramiden aus einiger Distanz sieht und die Treiber die besten Fotoplätze kennen. In der Nähe der Pyramiden gibt es einige Reitställe; wer Interesse an größeren Reitausflügen hat, lese Seite 209 nach.

****Cheops-Pyramide

Doch zu den Pyramiden selbst: Im Norden - exakt auf dem 30. Grad nördlicher Breite - erhebt sich die unter Cheops (altägyptischer Name *Chufu)* gebaute Pyramide, mit ursprünglich einschließlich Verkleidung 147 m, heute noch 137 m Höhe, d.h. höher als ein 40-stöckiger Wolkenkratzer. Sie ist die höchste und älteste der drei weltberühmten Bauwerke (siehe auch *www.cheops.org*).

Die Besichtigung der Grabkammer dieser Pyramide lohnt sich gegenüber den anderen am meisten; denn trotz aller Mühsal, schlechter Luft und Gedränge zeigen sich im Innern die Baumassen in ihren gewaltigen Ausmaßen sehr eindrucksvoll. Vom heutigen Eingang, einem ehemaligen Grabräuberzugang, führt der Weg zunächst leicht ab-, dann aufwärts. Würde man sich am Wendepunkt über einen 106 m langen Gang (teils kriechend) weiter in die Tiefe begeben, sähe man nur eine leere Kammer. Sie ist für die Öffentlichkeit gesperrt.

Nun steigt man weiter durch den ebenfalls engen Gang nach oben. Er öffnet sich schließlich in die (weiterhin ansteigende) *Große Halle* mit polierten und fast fugenlos aneinander gefügten Steinplatten, 8,5 m hoch, bis zu 2,15 m breit und 47 m lang (am Beginn der Halle zweigt ein horizontaler Gang zur *Königinkammer* ab). Man geht bis zum oberen Ende der Großen Halle und weiter durch eine niedrige Passage in die *Grabkammer*, die immerhin 42,3 m (gute 15 Stockwerke!) über der Pyramidenbasis liegt. Die Wände wie auch die Decke bestehen aus rotem Granit, wobei die Decke selbst von gewaltigen, 5,65 m langen und 40 t (!) schweren Granit-Monolithen getragen wird, um überhaupt die Last der vielen Steinquader oberhalb auffangen zu können (daher wurden zur Lastenminderung fünf Hohlräume über der Decke ausgespart).

Etwas außerhalb der Mitte steht der leere Sarkophag, ohne jede Beschriftung oder eine Andeutung seines Besitzers. Lediglich weit oben in den

Hohlräumen über der Kammer wurde mehrmals der Name Chufu gefunden. Zwei schräg nach oben führende Schächte sollten vermutlich den Flug der Seele zum Himmel ermöglichen. Die Grabkammer war ursprünglich mit Granit-Fallplatten verschlossen, von denen sich eine noch in der „Ausgangsposition" befindet.

Im westlichen **Gräberfeld** - rechts der Straße, an der Nordwestecke der Cheops-Pyramide - wurden einige Gräber restauriert und zugänglich gemacht: Das Grab des Senedjemib Mehi (5. Dynastie), Oberster Richter und Wesir, ist das uninteressanteste mit nur zwei kleinen Räumen, links daneben das Grab des Achetmehu Chenemente (6. Dynastie), Oberschatzmeister und Aufseher des Einbalsamierungshauses, größtes der drei Gräber mit vielen Reliefs und zwei voneinander getrennten Räumen. Das dritte Grab gehörte Senedjemeb Inti, 5. Dynastie, Oberster Richter und Wesir.

An der Ostseite der Pyramide erhob sich einst auf einer Fläche von 52 x 40 m der **Totentempel** des Cheops. Leider blieb nur noch die schwarze Basaltpflasterung erhalten. Der zugehörige Taltempel ist komplett verschwunden, ebenfalls fehlen vom Aufweg alle Spuren. Die drei **kleinen Pyramiden**, die sich südlich an den Totentempel anschließen, dienten Königinnen als letzte Ruhestätte, d.h. (von Nord nach Süd) der Königsmutter Hetepheres, die mittlere der Nebenfrau Merititis (Mutter seines Nachfolgers Chephren) und die dritte der weiteren Nebenfrau Henutsen. Die Grabkammern wurden restauriert und können besichtigt werden. Allerdings geht es durch einen engen Gang in gekrümmter Haltung 10 m tief in den gewachsenen Felsen - unten angekommen sieht man nur enge leere Räume, bei Henutsen immerhin eine Art Sarkophag-Wanne im Boden. Die Mühe lohnt sich für den Normalbesucher in keinem der drei Fälle.

Neben der Hetepheres-Pyramide weisen die Wärter auf die **Mastabas von Kar und Idu** hin. Der Blick in die fast ebenerdigen Grabkammern kostet keine Mühe. Kar entschädigt mit seiner Statue in Begleitung von Verwandten, im rechten und linken Seitenraum sieht man die im Alten Reich üblichen Scheintüren, an verschiedenen Wänden Reliefs. Idus Grabkammer fiel etwas bescheidener aus; rechts in einer Wandnische mit Scheintür scheint er aus dem Jenseits aufzutauchen und seine Opfer einzufordern, denn er schaut nur ab Brusthöhe aus dem Boden.

An der Südostecke des Gräberfeldes liegt das **Grab des Seschemnefer IV**, Inspektor der Ärzte (Ende 5. Dynastie), dessen oberirdische Räume wenige, z.T. zerstörte Reliefs enthalten. Die Grabkammer selbst ist nur durch einen engen Durchgang erreichbar; hier steht noch der mächtige Steinsarkophag mit geöffnetem Deckel.

An der Südseite der Cheops-Pyramide wird Ihnen ein aus der Form geratenes Betonbauwerk auffallen, das *****Cheops Boat Museum** (£E 40). Hier ist eine erst 1954 am selben Platz gefundene **Barke des Pharao** ausgestellt. Sie war, in 1224 Einzelteile zerlegt, in einer hermetisch abgeschlossenen Kammer nahezu 5000 Jahre lang gelagert, in die weder Feuchtigkeit noch Schädlinge eindringen konnten. Versäumen Sie trotz des zusätzlichen Eintritts den Besuch nicht. Das Boot hat die lange Wartezeit nahezu unbeschadet überstanden, sein Anblick ist überwältigend: Ohne jegliche metallische Elemente (bis auf zwei Kupferstifte) zusammengefügt, übertrifft es die Größe heutiger Nil-Feluken bei weitem. Es maß 43 m vom Bug zum Heck und 5,66m zwischen den Bordwänden. Die Hauptkajüte war bequeme 9 m lang und 2,50 m hoch, auch die Kapitänskajüte am Bug ist erhalten. Das Boot führt sehr deutlich den hohen Stand der Handwerkskunst sowohl in Planung als auch in der Ausführung vor Augen. Insgesamt fünf Boote waren in Gruben nahe der Pyramide untergebracht (an den Schutzgeländern erkennbar). Lediglich die beiden Boote an der Südseite blieben erhalten. Kleinere Boote lagen zwischen den Königinnenpyramiden.

***Chephren-Pyramide

(altägyptischer Name *Cha-ef-Ra)*

Sie ist 136,5 m hoch (früher 143,5 m) und überragt dennoch die Nachbarin, aber nur, weil sie auf einem etwas höheren Felspodest erbaut wurde. Die Verkleidung an der Spitze blieb erhalten, sie lässt ahnen, wie die Pyramide ursprünglich aussah. Offensichtlich wurden die Baupläne während der Ausführung geändert, daher führen zwei Gänge in die Grabkammer, die - außer dem obersten Teil - im gewachsenen Felsen direkt unter der Pyramidengrundfläche liegt. Der erste Gang verläuft unterirdisch, der andere senkt sich 15 m oberhalb der Grundfläche durch die Pyramide nach unten und trifft dann auf den ersten Gang. Der italienische Abenteurer Belzoni entdeckte 1816 die Grabkammer, die einen mit Geröll gefüllten Sarkophag enthielt, dessen Deckel zerbrochen war. Insgesamt ist dieses System bei weitem nicht so beeindruckend wie das der Nachbarpyramide.

Östlich der Pyramide erhob sich der Totentempel, von dem noch die Grundmauern erhalten sind. Von hier führte der immer noch gut erkennbare, von hohen Seitenmauern begleitete Aufweg hinunter zum Taltempel (Beschreibung weiter unten).

*****Mykorinos-Pyramide**

(altägyptischer Name *Men-Kau-Ra)*

Sie ist mit 62 m (früher 66,5 m) die kleinste und südlichste des Trios. Im unteren Bereich zeigt die noch vorhandene Granitverkleidung, mit welcher Sorgfalt die Baumeister arbeiteten. Auch diese Pyramide erfuhr während des Baus Änderungen bzw. Erweiterungen. Dies ist z.B. aus einem heute blinden Gang zu erkennen, dessen Eingang mit der Erweiterung überbaut werden musste.

In das Innere gelangt man auf einer schrägen Rampe, die zunächst in einen Raum mit Scheintüren mündet. Weiter geht es über einen horizontalen Korridor in eine rechteckige, von Ost nach West orientierte Halle (Scheingrab). Hier endet auch der ursprüngliche Gang. Daher wurde die Halle tiefer gelegt und unter dieser die eigentliche Grabkammer in den Fels getrieben. Der schön dekorierte Sarkophag, der einst hier stand, ging auf dem Weg nach England (im 19.Jh) bei einem Schiffsunglück verloren. Eine Nebenkammer enthält sechs Nischen, die vermutlich für die *Kanopen* angelegt worden waren. Das Kammersystem wurde jüngst restauriert und mit einem ziemlich bescheidenen Ventilationssystem versehen, das außerdem bei unserem letzten Besuch abgeschaltet war. Die Frage ist jedoch, ob sich das zusätzliche Eintrittsgeld und mehr als 90 Stufen (davon die meisten in gebückter Haltung) für praktisch leere, weitgehend undekorierte Räume mit schlechter Luft lohnen.

Neben der Pyramide stehen drei unvollendete, kleinere Pyramiden, die der königlichen Familie zugedacht waren. Die Reste des Totentempels auf der Ostseite der Hauptpyramide zeigen,

Cheops-Barke: 1224 Einzelteile überstanden fast 4,5 Jahrtausende

dass zumindest hier in Eile gebaut wurde: Anstelle von Granitsteinen verwendete man teilweise Ziegel, die mit Stuck überzogen und dann schwarz angemalt wurden. Etwas entfernt wurden Gräber von Arbeitern aus der 4. Dynastie gefunden, die beim Pyramidenbau beschäftigt waren. Interessant ist, dass Armknochen mit Holzstücken geschient waren; ein Beweis, dass die Männer von Ärzten betreut wurden.

Von allen zugehörigen Tempeln ist nur noch die Ruine des Taltempels der Chephren-Pyramide übrig geblieben, die vom weltberühmten Sphinx überragt wird. Eine Asphaltstraße zwischen Cheops- und Chephren-Pyramide führt steil hinab zum Tempel. Unterwegs treffen Sie auf den

******Sphinx**

Im ersten Augenblick erscheint die ebenfalls weltberühmte Figur viel kleiner als erwartet, obwohl der Koloss 20 m hoch und 75 m lang ist. Nehmen Sie sich auch hier Zeit, um den Blick des Sphinx in die zeitlose Ferne zu erfassen, schauen Sie ihn zu verschiedenen Tageszeiten mit unterschiedlichem Lichteinfall an; der Kopf wird Sie, wie viele Generationen seiner Besucher vor Ihnen, zunehmend fesseln.

Die etwas rätselhafte Figur - von den Einheimischen *Vater des Terrors, Abu Hol* genannt - gab und gibt noch heute zu vielen Spekulationen Anlass, wer sie aus welchem Grund erbaut haben könnte. Vielleicht trifft die simple These zu, dass sich der Rest eines Felsrückens im Steinbruch einfach anbot, daraus einen Sphinx als Wächter zu schaffen. Üblicherweise trug ein solcher Wächter die Gesichtszüge des Pharao, und tatsächlich lässt sich eine Ähnlichkeit mit Cheops nicht verleugnen. Denn es gilt inzwischen als sicher, dass der Sphinx nie einen Zeremonialbart trug (ihm dieser auch nicht abgeschlagen wurde). Chephren huldigte dieser neuen Mode, sein Vater Cheops aber nicht. Als weiteres Indiz mag gelten, dass der Aufweg zu Chephrens Pyramide schräg verläuft, den bereits vorhandenen Sphinx also umgehen musste.

Dass er bereits auf die alten Ägypter Faszination ausübte, ist z.B. aus der so genannten Traumstele von Tuthmosis IV bekannt, die noch zwischen den Tatzen steht und berichtet, wie ihm der Sphinx im Traum erschien und seine Thronbesteigung voraussagte. Aus Dankbarkeit ließ er den Sand entfernen, der den Körper einhüllte.

Andererseits ist der Sphinx nicht mehr der, der er einmal war: In nachpharaonischer Zeit wurde er nicht gepflegt, sondern eher zerstört, z.B. benutzten ihn Mamluken als Zielscheibe und zerschossen sein Gesicht. Die Umweltprobleme unserer Zeit setzten ihm bis ins Innerste zu. Eine falsche Renovierung in den 80er Jahren schadete mehr als sie nutzte; erst eine neuerliche, fünfjährige Restaurierung in den 90er Jahren konnte den Zustand stabilisieren. Eine wesentliche Ursache des ständigen Verfalls waren die unkontrollierten Abwässer des nahen, 350 Jahre alten Dorfes Nazlit El Saman und das gestiegene Grundwasser als Folge des Assuan-Staudamms. Im Zuge der Renovierung wurde jedoch der Grundwasserspiegel so weit abgesenkt, dass diese Gefahr gebannt zu sein scheint. Dennoch wurde 1994 beschlossen, die Siedlung wegen der Abgase und Erschütterun-

Präzisionsarbeit im Taltempel

gen zu verlegen - allerdings fehlt bisher noch der erste Handschlag.

Der nahezu vollständig erhaltene ****Taltempel des Chephren** zeigt die meisterhafte Leistung der Steinmetze: Es gibt keinen noch so dünnen Spalt zwischen den übermannshohen Granitplatten. Einige Steine sind so geformt, dass sie Ecksteine bilden, also nicht rechtwinklig aufeinander stoßen. Mit seinen monolithischen Pfeilern und Deckenbalken stellt er die eindrucksvolle, aber schlichte Architektur des Alten Reichs deutlich dar. Vom Eingang führte die Prozession für den verstorbenen König in einen Vorraum, von dort in die Pfeilerhalle mit ihren monolithischen Granitpfeilern und der ehemals aus Monolithen bestehenden Decke und, nach den Zeremonien, vorbei am Sphinx zum Totentempel. Im Tal- wie im Totentempel standen Statuen des Königs; aus dem Taltempel stammt das berühmte Sitzbild des Chephren mit dem Falken im Nacken (heute Ägyptisches Museum in Kairo).

Hinweis: Vor dem Taltempel drücken sich viele selbsternannte Führer herum, die ein Statuen-Museum zeigen wollen. In Wirklichkeit geht es nur um ein paar Reliefs und kümmerliche Statuenreste hinter dem Tempel, die zum Teil im Freiluft-Toilettenbereich dieser Leute liegen.

Südlich des Sphinx steht auf einem kleinen Hügel die Ruine des Mastaba ähnlichen Grabbaus von **Khenthkaves**, vermutlich einer Tochter von Mykerinos. Die Grabkammer, die früher zugänglich war, ist verschlossen, wohl weil der steile Abstieg hinunter nicht ungefährlich ist.

Vom Pizza-Hut-Restaurant gegenüber dem Sphinx-Eingang kann man in klimatisierter Umgebung Sphinx und Pyramiden in aller Ruhe bewundern. Der Besitzer des dahinter liegenden Parfümladens lädt nicht nur zur Parfümprobe, sondern auch zu sehr überteuerten Pferderitten u.a. nach Sakkara ein.

Zu erwähnen ist noch das **Light and Sound**-Spektakel (£E 70, keine Sudentenermäßigung). Für manche Augen und Ohren geht es hart am Kitsch vorbei, bei manchen trifft es mitten hinein. Zumindest stehen die Pyramiden mal in

Blick in die Unendlichkeit

anderem Licht da; wir haben es letztlich der Licht- und Lasereffekte wegen nicht bereut. Die Show wird überwiegend in Englisch, sonntags und mittwochs jeweils als dritte Vorstellung (Winter 20.30, Sommer 22.30) in Deutsch abgespielt, demnächst über Kopfhörer in beliebigen Sprachen. Erkundigen Sie sich vorsichtshalber in einem der großen Hotels nach Termin und Anfangszeit der gewünschten Sprache. Nehmen Sie im Winter eine warme Jacke, im Sommer Mückenschutzmittel mit (oder beides). Der Eingang ist im Dorf Nazlit El Saman nahe dem Wendekreisel vor dem Taltempel bzw. Sphinx.

Wenn Sie die Show aus ungewöhnlicher Perspektive ohne Ton erleben wollen: Oberhalb des Friedhofs (südlich des Sphinx) ist ein guter Beobachtungsplatz. Sollten emsige Kartenverkäufer kommen - hier kostet das Zuschauen nichts. Auch vom Restaurant am Pool im Mena House-Hotel lässt sich die Show - tonlos und von der falschen Seite - verfolgen. So lange noch mit Lautsprechern gearbeitet wird, können Sie das Spektakel auch vom Pizza Hut oder St. Melodies-Restaurant im Dorf ohne Einschränkung erleben.

Pyramide von Abu Roash

8 km nördlich der Giseh-Pyramiden liegt in der Nähe des Dorfes Abu Roash ein Felsplateau, auf dem einst eine kleine Pyramide stand. Erneute Ausgrabungen in den letzten Jahren machten wieder auf sie aufmerksam. Der Sohn von Cheops, **Djedefre**, hatte dort mit dem Bau einer Pyramide begonnen, indem er zunächst auf einem 150 m hohen Felssockel eine 67 m hohe Pyramidenspitze bauen und sie mit Rosengranitplatten aus Assuan verkleiden ließ. Anschließend sollte der Felssockel pyramidenförmig abgetragen werden. Djedefre starb jedoch lange vorher, und die möglicherweise höchste aller Pyramiden wurde nie vollendet. Im Gegenteil, bereits zur Römerzeit diente der fertig gestellte Abschnitt als bequemes Baumaterialdepot für die Ortschaften der Umgebung, so dass heute für den Normalbesucher kaum etwas zu sehen ist (das Gelände ist nicht zugänglich). Die Reste sind jedoch gut von der Alexandria Desert Road zu erkennen, wenn man ca. 10 km nach der Mena House Hotel-Kreuzung auf den hohen Hügel östlich der Straße schaut.

▸ **Anfahrt:** Bus 116 ab Midan Abdel Minin Riyad bis *Kafr Chatati*, von dort per Minibus (50 Pt.)

**Pyramiden von Abusir

Auf halber Strecke zwischen Giseh und Sakkara liegt das wenig besuchte, aber durchaus sehenswerte Pyramidenfeld von Abusir aus der 5. Dynastie. In jener Zeit wurde wesentlich bescheidener gebaut als in der 4. Dynastie, doch lässt sich hier das Grundprinzip des Pyramiden-Komplexes wiederum gut erkennen: Taltempel - heute nur noch wenige Blöcke, da schon im Fruchtlandbereich liegend - Aufweg, Totentempel und schließlich das Grab, die Pyramide.

Das Gebiet ist seit Jahren praktisch nicht öffentlich zugänglich, obwohl ein großzügiger Parkplatz, Ticketschalter und Toiletten angelegt wurden. Offiziell kann es nur mit einer Sondergenehmigung der Antikenverwaltung, 3 Sharia Abdel Bakr, Tel 012 25094 001 (Mr. Ashraf Salah) besucht werden; inoffiziell gegen erkleckliches Bakschisch vor Ort.

> Glück gehabt
>
> Leser berichteten, dass sie per Minibus nach Abusir fuhren und auf dem Fußweg vom Dorf zu den Pyramiden, von Kindern umringt, um die Brieftasche mit Geld und Papieren bestohlen wurden. Sie meldeten den Vorfall der Touristenpolizei in Sakkara, der es gelang, die Diebe ausfindig zu machen und einen Tag später alles zurückzugeben. Die Antikenverwaltung entschuldigte sich schriftlich und entschädigte mit freiem Eintritt für Sakkara.

Insgesamt konnten 14 Pyramiden in Abusir identifiziert werden, aber nur vier - alle aus der 5. Dynastie - sind noch vorhanden: nördlich die Pyramide von **Sahu-Re**, südlich davon die von **Niuser-Re**, links und direkt daneben die von **Neferikara** (unvollendet) und **Neferefre** (weitgehend zerstört).

Am besten ist die Pyramide von Sahu-Re erhalten. Der Totentempel liegt rechts vom neu angelegten Aufweg. Von den ehemals 16 Säulen des Hofes sind zwei am Eingang wiedererrichtet worden; auf dem Boden liegende Granitbalken zeigen die Kartusche des Königs. Die Wände waren einst mit sehr feinen Reliefs bedeckt, die erhaltenen befinden sich heute vor allem in den Museen von Kairo und Berlin. Neben dem hellen Kalkstein für die Wände wurde für Säulen, Fundamente, Schwellen und Architrave wertvolles „farbiges" Steinmaterial wie Rosengranit aus Assuan und Basalt verwendet. Ein gut erhaltenes Deckenfragment aus Kalkstein lässt sich eigentlich nicht übersehen, da es mit den typischen Sternen versehen ist. Am unteren Ende des Aufwegs sind die Reste des Taltempels erkennbar.

Zwischen den Totentempeln der beiden nördlichen Pyramiden liegen Mastabas, deren größte und interessanteste die des **Ptah-schepses** ist. Es lässt sich nachvollziehen, dass sie in üblichen Dimensionen begonnen, aber mit der Karriere des Eigentümers immer weiter ausgebaut wurde. Man betritt die Anlage durch zwei Eingangshallen - hier stehen Säulen mit den frühesten Beispielen von Kapitellen in Lotusform - und kommt dann in einen Opferraum mit drei Nischen. Links führt ein Durchgang in einen offenen Hof mit 20 quadratischen Pfeilern. An der Westseite des Hofes liegt eine Nische, durch die man in die Grabkammer mit dem Sarkophag des Ptah-schepses und dem seiner Frau hinunterschauen kann (der Weg hinunter durch die anderen Kammern lohnt nicht). In der Südwestecke führt ein Durchgang zu zwei Gruben, die offenbar für Boote angelegt worden waren; ein Zeichen für die Bedeutung des Grabherrn, denn normalerweise nahmen nur Pharaonen Boote mit in die Ewigkeit.

Tschechische Archäologen entdeckten 1989 im Gelände von Abusir den von Grabräubern geleerten Sarkophag von Udja-Hor-resnet, einem Mann mit zweifelhaftem Ruhm: Er soll den letzten ägyptischen Herrscher der 26. Dynastie, Psammetich III, an den Perserkönig Kambyses verraten haben.

1996 fanden dieselben Wissenschaftler das unberührte **Grab des Iufaa**, Vorlesepriester und Palastchef in der 26. Dynastie. Ein 28 m tiefer Schacht (neun Stockwerke!) führt zur Grabkammer, in der noch der versiegelte Sarkophag stand. Zunächst mussten aber die eher fragilen Wände und Decken gesichert werden, bevor man sich dem bisher fünften, unversehrt gefundenen Grab näher widmen konnte. Bei der Öffnung des Steinsarkophags im November 1998 stellte sich heraus, dass im Innern ein weiterer schwarzer Basaltsarkophag einen Holzsarkophag enthielt, der durch Feuchtigkeit sehr gelitten hatte. Die Wände der Grabkammer sind mit sehr gut erhaltenen und schönen Reliefs geschmückt.

Bei klarem Wetter bietet Abusir einen guten Weitblick. Im Norden erkennt man die Pyramiden von Giseh, im Süden zunächst die von Sakkara, dann sogar Dashur.

Nördlich von Abusir liegen die **Sonnenheiligtümer der Könige Userkaf und Niuser-Re** (etwa 1km entfernt und in 20 Minuten zu Fuß zu erreichen, aber Achtung: teils militärisches Gebiet). Das Sonnenheiligtum des Userkaf ist heute fast völlig zerstört, das des Niuser-Re lässt die ursprüngliche Anlage noch gut erkennen, die Parallelen zum Pyramiden-Komplex aufweist: Am Fruchtlandrand steht der Taltempel, dem sich der Aufweg anschließt.

Das eigentliche Sonnenheiligtum bestand aus einem großen offenen Hof mit einem überdimensionalen Altar aus Kalzit-Alabaster (vor Ort erhalten). Dahinter erhob sich auf einem Pyramidenstumpf ein gewaltiger aufgemauerter Obelisk, das Kultsymbol für den Sonnengott Re, dessen Verehrung in der 5. Dynastie einen ersten Höhepunkt erlebte. An den Hof schlossen sich beiderseits Magazine und Schlachthöfe an, die Opferbecken sind heute noch vorhanden. Die Plattform des Obelisken konnte über einen mehrfach abgeknickten Gang erreicht werden; diesen Weg kann man noch nachvollziehen, während vom Obelisken selbst nichts mehr übrig geblieben ist.

In einer kleinen Kapelle im Hof und in einem geschlossenen Gang im Süden, der zu dem oben erwähnten Aufstieg führte, wurden überaus wichtige Reliefs gefunden, die zum einen das königliche Erneuerungsfest darstellen, zum anderen in der so genannten Jahreszeitenkammer in Naturdarstellungen das Wirken des Sonnengottes schildern (heute in Kairo, Berlin und München).

▶ **Anfahrt:** Per **Minibus**: dazu an der Sakkara-Kreuzung (siehe Seite 209, Anfahrt Sakkara) auf die östliche (also eigentlich falsche Richtung) Fahrbahn gehen und gegen Fahrtrichtung bis zur ersten kleinen links abzweigenden Straße, dort findet man Minibusse ins Dorf *Abusir*.

▶ Per **Auto:** von der Pyramid Road auf die Sakkara-Straße abbiegen (mit *Sakkara* und *Ringroad* ausgeschildert). Nach 14,5 km kurz nach dem Restaurant *Sakkara* rechts abbiegen, nach 1 km im Dorf Abusir vor einer Kanalbrücke rechts ab und am Kanal entlang, nach 1,4 km links über den Kanal, 300 m weiter liegt das Pyramidenfeld.

Folgt man von Abusir aus der schmalen Straße am Kanal geradeaus weiter nach Süden, so erreicht man nach etwa 2 km die Zufahrt zum Sakkara-Komplex (man muss also nicht wieder zurück zur Hauptstraße fahren).

****Pyramiden von Sakkara

Hintergrund: *Als am Ende des 4. Jahrtausends vC Ober- und Unterägypten zu einer politischen Einheit zusammenwuchsen, bildete sich an der natürlichen Nahtstelle zwischen Delta und Niltal die Stadt Memphis, „die Waage der beiden Länder". Sie war die Hauptstadt Ägyptens in der Zeit des Alten Reiches, zeitweise auch im Mittleren und Neuen Reich. Auch in den Zeiten, als das politische Zentrum des Landes in Oberägypten oder im Delta lag, war Memphis stets einer der religiösen Mittelpunkte Ägyptens. Von der einst mit weißen Mauern umgebenen Pracht ist fast nichts geblieben, vieles versank im Nilschlamm; die meisten Bauwerke aber dienten als „Steinbruch" für die Umgebung, vornehmlich also für Kairo.*

Im Westen von Memphis, dort wo das Reich der Toten beginnt, entstand die Nekropole der Hauptstadt. In der Nähe des heutigen Dörfchens Sakkara erhebt sich als deutliches Wahrzeichen die Stufenpyramide des Djoser. Sie ist die erste Pyramide überhaupt und die erhabenste von den 15 Pyramiden der näheren Umgebung. Weiterhin zeugen eine unübersehbare Zahl von Mastabas - die Bankgräber der Würdenträger - von der Bedeutung dieser Stätte.

Etwas verwirrend ist die Tatsache, dass hier noch bis zur Perserzeit Tote bestattet wurden. Dennoch handelt es sich hauptsächlich um eine Nekropole des Alten Reichs, und aus dieser Epoche sind hier einige der interessantesten Dokumente zu finden. Betrachten Sie vor allem die Reliefs in den Gräbern als eine Art dokumentarisches Bilderbuch des Alten Reichs, das viele Lebensbereiche des vor fünf Jahrtausenden existierenden Gemeinwesens detailliert schildert.

Sakkara ist immer wieder für Überraschungen gut. 2006 stießen Archäologen auf Gräber aus der 5. oder 6. Dynastie mit sehr gut erhaltenen Holzstatuen und Sarkophagen. In einer Lehmziegel-Mastaba waren ein Schreiber und seine Frau bestattet worden. Als Grabbeigaben dienten 5 gut erhaltene hölzerne Statuen, wobei eine Doppelstatue des sitzenden Paares als ungewöhnlich gilt.

Die große Auswahl der zu besichtigenden Stätten droht den Besucher zu erschlagen. Es ist wichtig, sich vorher in die historischen Zusammenhänge einzulesen und sich ein Bild von dem zu machen, was einen hier erwartet:

- die früheste Steinarchitektur
- der Übergang vom Bank-Grab (Mastaba) zur Pyramide
- weiterentwickelte Pyramiden
- Scheinbauten von Kapellen und Heiligtümern (innerhalb der Umfassungsmauern der Djoser-Pyramide)
- Mastabas der hohen Beamten (Pyramiden waren den Pharaonen vorbehalten), die reich verziert und ausgestattet den gewohnten Lebensstil nach dem Tod ermöglichen sollten
- Gräber der Beamten, die ähnlich wie die Scheinbauten den Grabherren wenigstens bildlich mit der verlassenen Umwelt umgeben und das Weiterleben nach dem Tod sichern sollten
- die Begräbnistätte der heiligen Stiere (Apis) des Gottes Ptah.

Vor allem aber erwartet Sie eine riesige Bilddokumentation des täglichen Lebens vor 5000 Jahren, von der Wiege bis zur Bahre, vom Wohnen, Leben, Arbeiten bis zum Vergnügen; Hunderte von Quadratmetern an minutiösen Darstellungen dessen, was den Menschen damals wichtig erschien - wo sonst kann man so viel im Buch der Zeit lesen? Siehe auch *www.alien.de/horus/ warum.htm.*

Das wichtigste und sehenswerteste Bauwerk ist die Pyramide des Djoser. Ganz Eilige sollten zusätzlich wenigstens die Gräber des Ti, Mereruka und Idut besichtigen (diese aber in Ruhe betrachten); wenn Zeit bleibt, einen Blick in die

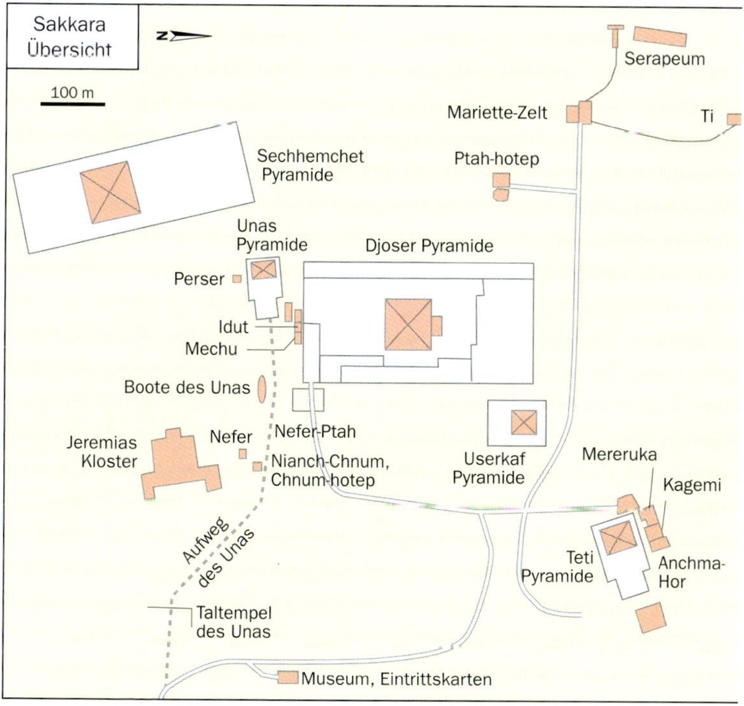

Persergräber und die Unas-Pyramide werfen. Die bemerkenswertesten der vielen Sehenswürdigkeiten Sakkaras (nicht immer sind alle zugänglich) sind im Folgenden kurz skizziert, jeweils örtlich zusammengefasst.

Aber zunächst sollte man sich nach dem Ticketkauf mit einem Besuch des kleinen, aber doch feinen **Imhotep-Museums** einstimmen, in dem einige bisher nicht zu sehende Funde aus Sakkara ausgestellt sind. Der Rundgang beginnt mit einem kurzen Einführungsvideo. Das Museum selbst ist thematisch Djoser, Imhotep und der Stufenpyramide gewidmet, viele Texttafeln und ein guter Übersichtsplan vermitteln zusätzliche Informationen. Leider sind einige Beschriftungen wegen schlechter Beleuchtung und/oder kleiner Schrift nur schwer zu lesen. An Ausstellungsstücken sind u.a. Paneele mit blauen und grünen Fayence-Kacheln, die älteste Steindecke, eine Bronzestatue von Imhotep (etwa 1000 Jahre nach seinem Tod angefertigt), eine vergoldete Mumie aus der Ptolemäerzeit, verschiedene Holzstatuen und anderes mehr zu sehen.

Bezirk der Djoser-Pyramide

******Stufenpyramide des Djoser** (3. Dynastie): Der Komplex der Djoser-Pyramide ist von größtem Interesse, weil hier der erste monumentale Steinbau überhaupt entstanden ist (vorher Ziegelarchitektur). Das eigentliche Grab, die Pyramide, ist umgeben von einer ganzen Reihe Bauten, die als Scheinarchitektur - nicht begehbar, innen massiv - dem verstorbenen König ins Jenseits mitgegeben wurde. Der Architekt dieser grandiosen Anlage ist bekannt: Imhotep, dem die „Erfindung" der Steinarchitektur zugeschrieben wurde, galt späteren Generationen als Weiser und wurde in der Spätzeit wie ein Gott verehrt (Heiligtum in Philae).

Der Bezirk ist von einem Mauergeviert in Nischenarchitektur von 277 m x 544 m umgeben. Der einzige Zugang liegt im Südosten. Dort geht man zunächst durch eine Eingangshalle mit Pflanzensäulen und erreicht den offenen Hof vor der 62 m hohen Pyramide. Diese hat eine ziemlich komplizierte Baugeschichte: Ursprünglich als Mastaba begonnen, wurde sie mehrfach vergrößert, schließlich setzte man sechs Stufen aufeinander; damit war die erste (Stufen-)Pyramide entstanden. Von der Hofseite aus sind die Vergrößerungen deutlich zu erkennen.

Gehen Sie rechts an der Pyramide am *Haus des Südens* und dem *Haus des Nordens* – Entsprechungen des vereinten Reichs aus Ober- und Unterägypten - vorbei, das Sie betreten können; allerdings endet der Gang nach wenigen Metern, dann folgt der massive Kern. Im Eingang sind Besucherinschriften aus der Ramessidenzeit zu erkennen, vergleichbar den heutigen Touristen-Graffiti. Hinter der Pyramide (im Norden) liegen die Überreste des Totentempels, von dem aus ein Schacht zur Grabkammer und einem verzweigten Gangsystem hinunterführt (wegen Einsturzgefahr nicht zugänglich). Im Bereich des Totentempels steht eine kleine geschlossene Kapelle für eine Statue des Königs, in der heute nur eine Kopie zu sehen ist (Original im Museum in Kairo). Beim Rückweg nicht durch den Hof, sondern leicht links durch eine Reihe von Kapellen - wieder Scheinbauten - gehen.

Hier lässt sich gut der Übergang von der Lehmziegel- zur Steinarchitektur beobachten: Die geböschten Wände, die Hohlkehle, der Rundstab sind Elemente aus dem Lehmziegelbau, im Steinbau funktionslos und hier erstmalig als Schmuckform übernommen. Die Kapellen bilden Heiligtümer aus Ober- und Unterägypten nach und stehen wahrscheinlich in Verbindung mit dem königlichen Jubiläumsfest (*Heb-Sed*), das der Tote auch im Jenseits feiern sollte. Am Südende des offenen Hofes liegt quer das Südgrab (nicht zugänglich) mit einem unterirdischen Kammersystem für ein rituelles Begräbnis der königlichen Seele (*Ka*).

****Mastaba des Wesirs Mechu** (6. Dynastie): Die Reliefs sind wegen der besonders gut erhaltenen Farben von Interesse, die Motive entsprechen der Themenvielfalt am Ende des Alten Reichs: Fisch- und Vogelfang im Papyrusdickicht, Landwirtschafts- und Handwerkerszenen, lange Reihen von Opferträgern.

****Mastaba der Prinzessin Idut** (6. Dynastie): In diesem Grab, das ursprünglich für einen Wesir namens Ihi bestimmt war, liegt der Darstellungsschwerpunkt auf der Ausfahrt der Grabprinzessin ins Papyrusdickicht (Rudern, Fischen etc.).

****Persergräber** (27. Dynastie): 25 m tiefe Schachtgräber. Die Wände sind z.T. mit feinsten Hieroglyphen und religiösen Darstellungen geschmückt.

*****Unas-Pyramide** (Ende der 5. Dynastie): In der Sarg- und Vorkammer finden sich erstmalig die so genannten Pyramidentexte. Sie sind eine Spruchsammlung aus älterer Zeit, die auf Rituale während der königlichen Bestattung anspielt, dem König den Übergang ins Jenseits und den Aufstieg zu den Göttern ermöglichen soll. Die Sargkammer ist schön ausgemalt. Auf der dem Eingang gegenüberliegenden Südseite ist eine Inschrift von Chaemwase (Sohn Ramses II) zu sehen, der die Pyramide restaurieren ließ.

Der zugehörige, östlich der Pyramide angelegte Totentempel ist praktisch nicht mehr vorhanden, weiter östlich wurden Gruben für Boote in den Felsen gehauen. Der Aufweg zur Unas-Pyramide lässt sich noch etwa 700 m verfolgen. Er wurde teilweise freigelegt, Reste der ursprünglichen Reliefdekoration (Sternenhimmel, Säulentransport) sind noch zu sehen. Auch die spärlichen Ruinen des Taltempels können - in der Nähe des Tickethäuschens - noch ausgemacht werden.

Gräber am Aufweg des Unas (£E 25 zusätzlicher Eintritt): Östlich der Unas-Pyramide liegen

Beginn des Pyramidenbaus: Djosers Stufenpyramide

am Aufweg einige Gräber von Beamten der 5. Dynastie, die relativ bald nach ihrer Entstehung bei der Anlage des Aufwegs zugeschüttet wurden und daher z.T. gut erhalten sind.

Westlich nach dem Knick des Aufwegs liegt das aus sechs Räumen bestehende Doppelgrab des **Nianch-Chnum** und des **Chnum-Hotep**. Die beiden Besitzer trugen jeder den Titel „Aufseher der Manikure am königlichen Hof". Da die Grabanlage schon frühzeitig verschüttet wurde, sind die hervorragend gestalteten, zum Teil ungewöhnlichen Reliefs sehr gut erhalten. Ungewöhnlich, weil die Männer stets gemeinsam und mehrfach in enger Umarmung dargestellt werden. Noch konnten die Archäologen keine schlüssige Erklärung dafür finden, nicht einmal, ob es sich um Brüder oder Freunde handelt. Die Website *www.egyptology. com/niankhkhnum_khnumhotep/* vermittelt Hintergründe.

Unweit südlich hat sich **Nefer** ein ebenfalls dekoriertes Felsengrab anlegen lassen, allerdings mit deutlich gröberen Reliefs.

Südöstlich dieser Gräber blieben vom ehemaligen **Jeremias-Kloster** fast nur noch Ruinen übrig, viele Einzelfunde sind im Koptischen Museum, Kairo, ausgestellt. Südwestlich der Unas-Pyramide sind Reste des unvollendeten Grabkomplexes des **Sechemchet** (Nischen-Architektur der Umfassungsmauer) zu erkennen, der noch größer als der Djoser-Bezirk werden sollte. In der 40 m tiefen Grabkammer wurde ein Sarkophag, im Zugang zur Kammer Goldschmuck (jetzt Museum Kairo) gefunden.

Bezirk der Teti-Pyramide

*****Teti-Pyramide** (6. Dynastie): Zwar ist die Pyramide von Teti, dem Gründer der 6. Dynastie, in ihrem Oberbau stark zerstört, doch sind die unterirdischen Kammern mit den Pyramidentexten gut erhalten.

*****Mastaba des Wesirs Mereruka** (6. Dynastie): Innerhalb des Grabkomplexes des Mereruka liegen auch die Räume für den Grabkult seiner Frau Watet-chet-Hor und seines Sohnes Merjtetj. Mit seinen insgesamt 32 Räumen ist diese Anlage der umfassendste private Grabkomplex des Alten Reichs. Der ursprünglich massive Oberbau der Mastaba ist jetzt vollständig „ausgehöhlt" und beinhaltet eine Abfolge von reliefdekorierten Räumen, die für den Totenkult zugänglich waren.

Wichtige Darstellungen: der Grabherr als Maler vor einer Staffelei im Eingangsbereich, dann Nilpferdjagd, im folgenden kleinen Raum Handwerksszenen (mit Zwergen), im rechten Längsraum Tanz- und Musikdarstellungen. Im großen Pfeilersaal findet sich eine beeindruckende Kombination von Grabstatue und Scheintür -

überaus lebendig tritt eine lebensgroße Statue des Mereruka aus seinem Grab heraus. An den Wänden Schiffsdarstellungen und Szenen aus der Tierzucht (Geflügelhof, Mästen einer Hyäne). - Die nicht zugängliche Grabkammer mit Sarkophag und Beigaben liegt ein Stockwerk tiefer, zu dem Schächte hinabführen.

****Mastaba des Wesirs Kagemni** (6. Dynastie): Die Außenmaße der direkt an die Anlage des Mereruka anschließenden Mastaba übertreffen diese, doch ist das Grab im Innern weniger differenziert und enthält weniger dekorierte Räume.

****Mastaba des Wesirs Anchma-Hor**: Gehen Sie die Gräberstraße weiter entlang und biegen Sie bei der ersten Möglichkeit nach links ab; vorbei an einigen Scheintüren führt der Weg zum Grab des Anchma-Hor, in dem einige der seltenen medizinischen Darstellungen - darunter eine Beschneidungsszene - bemerkenswert sind (im Durchgang vom Eingangsraum rechts zur Pfeilerhalle).

Nordwestlicher Bezirk

*****Mastaba des Ti** (5. Dynastie): Obwohl dieses Grab in seinen Ausmaßen deutlich hinter Mereruka oder Kagemni zurückbleibt, ist es wegen der Qualität seiner Reliefs und deren gutem Erhaltungszustand eines der bekanntesten Gräber des Alten Reichs; Sie sollten es auf keinen Fall versäumen. Aus der Fülle der Darstellungen, die das tägliche Leben und die Versorgung für das Jenseits schildern, seien nur einige besonders interessante herausgegriffen.

Im schmalen Korridor zur Kultkammer auf der linken Seite Transport der Statuen des Grabherrn, rechts Schiffsdarstellungen; in der ersten (kleinen) Kammer Szenen vom Backen und Bierbrauen; in der Kultkammer links vom Eingang landwirtschaftliche Szenen (von der Aussaat bis zur Ernte), auf der rechten Wand die berühmte Szene von der Fahrt des Ti ins Papyrusdickicht mit Nilpferd, Fischen, Bootsbau.

****Serapeum** (wegen Baufälligkeit vermutlich länger geschlossen): Der Apis-Stier, die irdische „Variante" des Gottes Ptah, wurde nach seinem Tod mumifiziert und beigesetzt. Seit Amenophis III fand die Bestattung in Einzelgräbern statt, unter Ramses II wurde mit dem Bau einer unterirdischen Galerie für viele Gräber, dem Serapeum, begonnen. Der ehemals für Besucher zugängliche Teil stammt aus der Spätzeit (ab der 26. Dynastie); beeindruckend sind die gewaltigen, viele Tonnen schweren Sarkophage für die Stiermumien. Der letzte Sarg blieb mitten im Gang stehen. Rechts vom Eingang wurden zahlreiche kleine Nischen für Kultgegenstände des Apisstiers in den Fels geschlagen.

*****Mastaba des Ptah-hotep** (5. Dynastie): Obwohl kleiner in den Ausmaßen, übertrifft dieses Grab in der Qualität seiner Reliefs noch diejenigen des Ti. In einer einzigen Kammer (jenseits der Pfeilerhalle liegt die Kultkammer seines Vaters Achti-hotep) wird auf engstem Raum die Vielfalt altägyptischen Lebens wiedergegeben: Fischfang und Bootsbau, Weinherstellung und Tierschlachtung, Spiel und Musik, Jagd und Tierhaltung, Handwerker und Opferträger und immer wieder, deutlich größer dargestellt (Bedeutungsmaßstab), der Grabherr mit seiner Familie. Mit etwas Zeit entdeckt man hier immer neue Details.

Etwa 1,5 km südlich liegt die stark zerfallene Nekropole Sakkara-Süd mit weiteren Pyramiden.

4 km südlich des Sakkara-Abzweigs biegt man von der nach Dashur weiterführenden Straße links zum Dorf Mit-Rahina und nach *Memphis* ab, das nach 2 km erreicht ist.

Praktische Informationen

- **Besichtigung:** 7.30-16.30, £E 50; für einige Gräber wird zusätzlicher Eintritt erhoben, die Tickets dafür sind am Eingang der Djoser-Pyramide erhältlich.
- Einige Hinweise: Nehmen Sie vorsichtshalber eine lichtstarke **Taschenlampe** mit; zwar sind die meisten Gräber inzwischen „elektrifiziert", manchmal fällt der Strom mehr oder weniger zufällig zur Freude der Wärter aus. Auch geben bakschischgierige Wärter manchmal vor, Gräber seien geschlossen, um dann gegen Ex-

tra-Trinkgeld den Eintritt doch zu ermöglichen. Die Entfernungen zwischen den einzelnen Stätten sind beachtlich. Wer sich mit öffentlichen Verkehrsmitteln nach Sakkara begibt, sollte die zusätzlichen Wanderungen einkalkulieren, sowohl zeitlich als auch in schweißtreibender Hinsicht. Wenn Sie sich am Ende der Besichtigungsstrapazen erfrischen wollen: Im *Sakkara Palm Club* - kurz nach dem Tickethäuschen rechts an der Straße nach Kairo - gibt es einen großen Swimmingpool am teuren Restaurant.

▸ **Anfahrt**: Sakkara liegt 20 km südlich von Giseh. Die preiswerte Anfahrt: Vom Abzweig *Sakkara* der Pyramid Road einen **Minibus** nach Abusir nehmen (70 Pt) und dort noch einmal nach Sakkara umsteigen. Dieser Bus überquert die Zufahrtsstraße nach Sakkara ganz in der Nähe des unteren Eingangs. Alternative: In der Nähe der o.a. Pyramid Road Kreuzung (ca. 100 m Sakkara Road stadtauswärts, bei 1. Kanalbrücke links in kleiner Seitengasse) fahren direkte Minibusse nach Sakkara, aber nur relativ selten (£E 1); am gut sichtbaren Abzweig zu den Pyramiden aussteigen und von dort etwa 3 km zum Eingang wandern. Oder an der Endstation den Fahrer überreden, einen Abstecher zu den Pyramiden zu machen bzw. ein Taxi nehmen. - Beachten Sie bei allen Busfahrten, dass Sie von Sakkara auch wieder zurückkommen müssen: Taxifahrer wissen das und verlangen dann so viel, wie man sonst für eine Rundreise hätte ausgeben müssen.

▸ Wenn Sie ein normales **Taxi** mieten, das nicht mehr als £E 80-100 insgesamt kosten sollte, kommen Sie auch wieder nach Kairo zurück. Legen Sie aber vor Abfahrt Preis und Konditionen (Aufenthaltszeit u.ä.) fest. Taxis in guter Auswahl stehen in Giseh auch in der Nähe vom Taltempel bzw. Sphinx; dort ist die Auswahl größer als am Haupteingang beim Mena House-Hotel. Man kann mit einer kleineren Gruppe auch einen Minibus für ca. £E 10-15 pP für die gesamte Rundreise mieten, der Fahrer wartet bei den Sehenswürdigkeiten. Eine ganze Reihe von Traveller-Hotels bieten Taxi- oder Minibusfahrten an, die in der Regel sehr gelobt werden. Dabei tragen zumindest indirekt die Hotels eine gewisse Verantwortung dafür, dass das Vereinbarte auch eingehalten wird. Oder Sie nehmen eine für Individualisten organisierte Tour (siehe weiter unten).

▸ **Auto:** Von der Pyramid Road beim Schild *Sakkara* und *Ringroad* nach Süden abbiegen. Nach 9 km passiert man das Städtchen Haraniya (Wissa Wassef, siehe Seite 186). Der Abzweig zu den Ruinen ist nach weiteren 10 km ausgeschildert; 3 km westlich liegt das Ziel.

▸ **Reiten:** In Giseh drängen Kamel- und Pferdetreiber jedem Fremden Ritte nach Sakkara auf. Ein solcher Ritt wäre eigentlich die dem Anlass und auch der Umgebung am besten angepasste Reisemöglichkeit, zumal auch noch die Pyramidenruinen von Abusir am Weg liegen. Vorausgesetzt allerdings, man hält körperlich den langen Ritt durch und reitet in der Wüste und nicht auf schmalen Straßen am Fruchtlandrand vorbei an Abfallhaufen. Da die Reitstallbesitzer häufig mit ihren Tieren gnadenlos brutal umgehen, nehmen Sie nur gesunde, wundfreie Tiere, deren Haut vor allem unter dem Sattel heil und nicht durchgescheuert ist. Als **Kamel**-Mieter sollten Sie sich nicht darauf einlassen, mit dem Führer für eine so lange Strecke auf einem Kamel zu sitzen, das wird unbequem und unangenehm.

▸ Es empfiehlt sich, vor Besteigen des trabenden Untersatzes den Preis und die Konditionen fest auszuhandeln (gehen Sie von um £E 150 pP aus). Für eine Strecke ist mit etwa 2-3 Stunden zu rechnen, insgesamt etwa mit 10 Stunden. Uns sind Berichte bekannt, wonach die Treiber unterwegs den zuvor vereinbarten Preis mit der Drohung, die Fremden allein stehen zu lassen, rigoros in die Höhe trieben. Dagegen kann man sich schützen, indem man Bezahlung am Schluss vereinbart oder in einer größeren Gruppe reitet. Es passiert auch immer wieder, dass die auf etwa halbem Weg liegenden Pyramiden von Abusir als die von Sakkara ausgegeben werden, um den Trip kurz zu gestalten. Verlangen Sie auch, dass der Treiber in Sakkara zunächst mit zum südlich gelegenen Ticketschalter reitet, andernfalls haben Sie später den Ärger, Eintrittskarten besorgen zu müssen. Stimmungsvoll ist die Rückkehr am späten Nachmittag, also bei den Giseh-Pyramiden im Sonnenuntergangslicht ankommend.

▶ **Organisierte Fahrten:** Wenn man das Selbstorganisieren satt hat, sollte man z.B. bei Hamis Travel (Büro im Ramsis-Bahnhof-Nebengebäude) eine Rundtour buchen. Auch die Rezeptionisten von Billighotels kennen Tour Operators. Die Preise liegen bei £E 30-35 pP für den ungehetzten Tagestrip. Außerdem bieten viele Reisebüros in Kairo organisierte Fahrten im vollklimatisierten Bus nach Sakkara/Memphis an, aktuelle Informationen z.B. bei MISR Travel.

**Memphis

Memphis (9-17, £E 30, Foto £E 10, Video £E 20), im Grenzbereich zwischen Ober- und Unterägypten gelegen, war die erste Hauptstadt des vereinigten Ägyptens. Zwar übernahmen im Lauf der langen Pharaonengeschichte auch andere Städte diese Funktion, aber Memphis spielte immer eine wichtige Rolle. Der Hauptgott der Stadt war Ptah, dem hier eine der größten Tempelanlagen des Landes erbaut wurde. Nach der Zeitenwende verfiel die Stadt mehr und mehr in Bedeutungslosigkeit, später diente sie den Baumeistern aus Kairo als reiche Fundgrube für Baumaterial.

Da von Memphis nicht viel erhalten blieb, kann der Besucher ein paar Minuten Rast unter einer Palme einlegen und darüber philosophieren, dass selbst 3000 Jahre lebendigster Geschichte eine Weltstadt nicht vor dem Auslöschen bewahren. Am Rand einer Palmenplantage sind zu besichtigen:

****Ramses II**, liegend (19. Dynastie): Die in einer überdachten Halle untergebrachte Kolossalstatue wirkt hier überdimensional, da sie in ungewohnter Perspektive und noch dazu von einer Balustrade anzuschauen ist. Ihr Pendant, das ebenfalls hier gefunden wurde, trotzte jahrzehntelang den Autoabgasen am Ramsis-Bahnhof in Kairo; Ende 2006 wurde sie „in Sicherheit" auf das Neubaugelände des künftigen Ägyptischen Museums in der Nähe der Pyramiden gebracht. Weitere (kleinere) Ramses II Statuen wurden bei neueren Ausgrabungen entdeckt. Sie stehen im Freigelände.

Alabaster-Sphinx: Die mit gut 5 m Höhe imposante Figur stammt aus der ersten Hälfte der 18. Dynastie. Ursprünglich stand sie vor dem Eingang des Ptah-Tempels. In ihrer Umgebung liegen Architekturfragmente und Statuen, die nur noch eine schwache Vorstellung von der ehemaligen Bedeutung dieses Tempels vermitteln können.

Balsamierungshaus der Apis-Stiere: Etwa 200 m weiter an der Straße nach Sakkara finden sich die Überreste des Balsamierungshauses für die Apis-Stiere (die in Sakkara im Serapeum bestattet wurden). Erhalten blieben einige überaus fein gearbeitete Balsamierungstische aus Alabaster mit stilisierten Löwenkörpern an den Längsseiten.

Hathor-Tempel: Ziemlich unbeachtet sind die Ruinen eines kleinen Hathor-Tempels mit einigen Hathor-Köpfen. Vom Parkplatz (rechts hinten) führt ein Pfad in südwestliche Richtung, nach etwa 50 m finden Sie die Köpfe.

Pyramiden von **Dashur

***Hintergrund:** Noch fünf Pyramiden sind gut sichtbar. Näher zum Fruchtland reihen sich in einer Linie von Nord nach Süd drei Pyramiden von Pharaonen der 12. Dynastie (Mittleres Reich): von Sesostris III, Amenemhet II und Amenemhet III. Die nördliche und südliche sind aus Nilschlammziegeln errichtet, daher **Schwarze Pyramide**, die mittlere aus Kalkstein wird **Weiße Pyramide** genannt. Westlich davon liegen die 800 Jahre älteren Pyramiden des Snofru aus der 4. Dynastie, die **Rote Pyramide** (wegen ihres nachmittags rötlich schimmernden Kalksteins) und, südlicher, die **Knickpyramide**, als die bekannteste von Dashur.*

Neuere Untersuchungen des Deutschen Archäologischen Instituts in Kairo zur Knickpyramide brachten interessante Ergebnisse zu einer recht komplizierten Baugeschichte zutage: Infolge eines nicht geeigneten Untergrunds

(Absenkungen) ergaben sich mit Anwachsen der Pyramide und ihres enormen Gewichts Bodensenkungen und dadurch Schwierigkeiten in der Statik. Dem versuchte man zunächst durch eine Umschalung zu begegnen, dann durch das Auffüllen von Kammern und die beschleunigte Fertigstellung durch die Verringerung des Neigungswinkels. Er beträgt zunächst rund 54 Grad, im oberen Teil knickt er auf 43 Grad ab. Offensichtlich fruchteten die Maßnahmen nicht; so wurde diese Pyramide zwar vollendet, aber aufgegeben. Nördlich davon ließ Snofru eine weitere, die Rote Pyramide, errichten. Sie weist gleich von Anfang an den flachen Neigungswinkel des oberen Teils der Knickpyramide auf, außerdem erhielt sie ein stabiles Fundament aus Kalksteinplatten.

Man kann in die Rote Pyramide, die direkt neben der Straße steht und als einzige im Innern zugänglich ist, hineinklettern, um die leere Grabkammer zu besichtigen. Ob sich die Anstrengung lohnt, muss jeder selbst entscheiden, wenn er sieht, dass man vom recht hoch gelegenen Eingang (28 m hoch, 70 Stufen) in gebückter Haltung bis etwa auf Bodenniveau hinunterklettern und später auf demselben Weg, wieder gebückt, bei schlechter Luft hinauf muss. Dennoch besticht die leider durch eine Holzstellage verschandelte Kammer durch ihre Höhe und Architektur, nicht zuletzt auch durch die Präzision, mit der die Steinquader aufeinander gelegt wurden. - Menschen mit Atembeschwerden oder unter Klaustrophobie leidend sollten draußen bleiben.

Etwa 2,5 km südlich erhebt sich - fast stolz ob ihres Knicks - die ungewöhnlichste Pyramide von der Kontur her. Ihre beiden Eingänge sind geschlossen, man kann hier lediglich die Bautechnik studieren. Dies ist insofern interessant, weil noch ein großer Teil der Verkleidung vorhanden ist. Und wenn man ein bisschen zusätzliches Glück hat, beschwert sich der hier wohnende langohrige Wüstenfuchs mit krächzendem Bellen und argwöhnischem Schauen.

Knickpyramide von Dashur

Praktische Informationen

▸ Das Dashur-Pyramidenfeld liegt in militärischem Sperrgebiet; erst 1996 gab das Militär den größten Teil des Komplexes frei (8-17, Winter 16, £E 25, Auto £E 5). Besucher sollten sich entsprechend der Nähe zur militärischen Macht verhalten: Kamera und Fernglas nur auf die Historie richten. Auch sollte man sich nicht zu weit von den Pyramiden entfernen.

▸ Gewarnt wird vor dem Trick eines Polizisten, der sich Einzeltouristen aufdrängt, sie um die Pyramide herumführt, um dort ein Foto mit Kalaschnikow machen zu lassen. Dann verlangt er £E 20 Bakschisch - mit der Kalaschnikow in der Hand.

▸ **Anfahrt: Minibusse** oder **Taxis** fahren in Giseh von der Kreuzung Pyramid /Sakkara Road (siehe weiter oben) ab. Per Minibus nach Dashur zu kommen, stellt überhaupt kein Problem dar. Wenn kein Direktbus nach Dashur in Sicht ist, steigt man in Sakkara um (25 Pt). Allerdings muss man vom Ort aus noch ein ganzes Stück bis zu den Pyramiden marschieren: ca. 2 km bis zum Tickethäuschen am Wüstenbeginn und weitere 2 km von dort bis zur Roten Pyramide.

▸ Per **Auto** erreicht man die Pyramiden auf der Sakkara-Straße, fährt jedoch an Sakkara vorbei und noch 8 km weiter nach Süden bis zum Dorf Dashur. Dort, an der Kreuzung mit der Kanalüberquerung, biegt man rechts ab (auf die Straße, die eigentlich weiter ins Fayum führt,

Medum Pyramide

aber für Ausländer kurz hinter den Pyramiden wegen des Militärcamps gesperrt ist), fährt durchs Dorf zum Tickethäuschen und weiter zur Roten Pyramide (insgesamt 4 km). Biegt man zuvor am Tickethäuschen links ab und folgt dem Kanal, kommt man zu einem sehr reizvollen See, dessen Ursprung der Aushub für die Ziegel der Pyramiden ist.

Pyramiden von Lisht

Sie liegen 27 km südlich von Dashur. Im Gegensatz zu den Pyramiden der Umgebung entstanden sie erst zu Beginn des Mittleren Reichs (12. Dynastie), also gut 600 Jahre später als Sakkara. Die nördliche Pyramide wurde von Amenemhet I, die ca. 2 km südlicher gelegene von seinem Sohn Sesostris I errichtet. Vermutlich lag in der Umgebung auch die von Amenemhet I gegründete Königsstadt der 12. Dynastie. Beide Pyramiden sind stark zerstört und nur für totale Pharaonen-Freaks interessant. Die Grabkammer des Hohepriesters Senuseretanch im Gebiet der Südpyramide ist noch relativ gut erhalten.

▸ **Anfahrt:** Von Kairo aus bei km 57 von der Niltalstraße nach Westen abbiegen, 2 km geradeaus bis über eine Kanalbrücke, dort links, nach ca. 200 m rechts über den zweiten Kanal (kurz vor dem Kanal erhält man im „schönsten" Haus links den Schlüssel für das Grab des Senuseretanch); von hier aus rechts und dann wieder links zur Nordpyramide oder links, nach 100 m rechts, dann halblinks, nach 200 m erneut rechts zur Südpyramide.

Pyramide von *Medum

Hintergrund: *Diese Pyramide (£E 30) erhebt sich mit ihrer gewaltigen Bau- und Schuttmasse majestätisch auf der Höhe des Wüstenabbruchs zum Fruchtland. Östlich steht ein kleines Heiligtum mit zwei unbeschrifteten Stelen. Es handelt sich eigentlich um den Totentempel, der hier erstmals im Osten angelegt wurde. Von ihm führt der Aufweg schnurgerade zum Rand des Fruchtlandes.*

Am Ende der 3. Dynastie als siebenstufige Stufenpyramide begonnen, wurde das Bauwerk zunächst erweitert und auf acht Stufen erhöht; schließlich wurden in einer dritten Bauphase die Stufen aufgefüllt, und sie erhielt die Verkleidung einer „echten" Pyramide. Ob diese letzte Bauphase abgeschlossen wurde, ist umstritten, vermutlich war Snofru für sie verantwortlich. Diese verschiedenen Phasen lassen sich in der Bänderung der Pyramide, die von geglätteten und ungeglätteten Partien stammt, gut ablesen.

Unter dem Schuttberg rings um die Pyramide - der durch die Glättung der Außenflächen entstanden ist und aus kleinen Kalksteinsplittern besteht - wurde die vollständig erhaltene Verkleidung des unteren Drittels der Pyramide teilweise freigelegt. Das Verschwinden der oberen Verkleidungsblöcke kann mit dem Abtransport von Steinmaterial im Mittelalter, wie bei den anderen Pyramiden, in Verbindung gebracht werden.

Die Besichtigung - die kein großes Erlebnis ist - stählt wieder einmal die Beinmuskeln. Zunächst geht man am Schuttberg hinauf bis zum Eingang, um dann 195 Stufen in leicht gebückter Haltung hinunter (und wieder hinauf) zu kraxeln. Unten wird man mit drei aufeinander

folgenden Kraggewölbekammern belohnt, die schlicht und archaisch wirken. Die eigentliche Grabkammer ist leer.
Der Pyramide gegenüber erhebt sich eine große **Mastaba** (Nr. 17), wohl aus der 3. Dynastie; die Identität ihres Besitzers ist nicht geklärt. Durch einen von Grabräubern angelegten sehr niedrigen Gang gelangt man in das Innere. Obwohl es ein bisschen anstrengend und staubig ist, sollte man diese Mühe auf sich nehmen. Am Ende geht's nur auf dem Bauch durch ein enges Loch in die Grabkammer; nichts für Leute mit Platzangst! Dann steht man in einem ebenfalls archaischen Raum, in dem ein gewaltiger Sarkophag die Blicke auf sich zieht. Er ist leer, unter dem halb abgeschobenen Deckel liegt noch ein Werkzeug der Grabräuber.

▸ **Anfahrt per Bus:** Vom Midan Monib fahren Minibusse über die Wüstenautobahn nach Beni Suef (fF 6). Der Fahrer biegt (auf Wunsch oder regulär) von der Autobahn auf die Niltalstraße ab, wenn die Pyramide zu sehen ist und kommt am Abzweig zur Pyramide vorbei. Man hat dann nur noch ein kurzes Stück zu laufen. **Per Auto:** Auf der westlichen Wüstenautobahn ab Abzweig von der Fayumstraße 53 km und dort links 6 km zur östlich sichtbaren Pyramide.

Halboase Fayum

Hintergrund: *Das Fayum (mit der Provinzhauptstadt Medinet Fayum) ist eine nur an der dünnen Nabelschnur des Bahr Yussuf Kanals (ursprünglich ein Nil-Seitenarm) hängende Semi-Oase, die zur Libyschen Wüste hin vom Qarun-See (Birket Qarun) abgeschlossen wird. Von Beni Suef kommend fließt der Bahr Yussuf auf 23 m Höhe ins Fayum ein. Seine Ab- und Drainagewässer münden schließlich in den 46 m unter dem Meeresspiegel liegenden Qarun-See, nachdem die bewirtschaftete Fläche von rund 4000 qkm mit einem Netz von Kanälen bewässert wurde.*

Ursprünglich bedeckte der Qarun-See fast die gesamte Oase, nachdem der Nil vor etwa 70 000 Jahren die natürliche Barriere durchbrochen und die Senke aufgefüllt hatte. Die Pharaonen der 12. Dynastie begannen, den Bahr Yussuf durch Dämme und Schleusen zu regulieren, um der jährlichen Überschwemmungen besser Herr werden zu können und den Wasserspiegel abzusenken. Aus der Sumpflandschaft entwickelte sich fruchtbares Land. Da der See von Krokodilen wimmelte, lag es auf der Hand, dass hier der Kult des krokodilgestaltigen Gottes Sobek dominierte.

Bereits die Ptolemäer erkannten im 3. Jh vC, dass man per Wasserkraft das Wasser aus den Kanälen auf die höher gelegenen Felder schaffen konnte. Sie führten die für das Fayum typischen Wasserschöpfräder (Nuriyas) ein: Die ziemlich starke Strömung in den Kanälen treibt Schaufelräder an, an denen zugleich Schöpflöffel befestigt sind, die das Wasser bis zu 4 m hoch anheben und damit höher liegende Kanäle speisen. Daraus resultiert ein Durchmesser der Räder von bis zu 8 m. Insgesamt gibt es noch etwa 200 dieser Schöpfräder; erstaunlicherweise, denn sie sind für eine Lebensdauer von etwa zehn Jahren ziemlich pflegebedürftig. Um diese überhaupt zu erreichen, werden sie geteert - daher das schwarze Wassersymbol der Provinz - und einmal jährlich bei Niedrigwasserstand im Januar gründlich überholt; sollte dies während Normalwasserstand nötig sein, werden angeblich 12 Männer gebraucht, um ein Rad anzuhalten. Sehr bekannt sind die vier Wasserräder im Zentrum und die sieben am Bahr Sinuris in Medinet Fayum, der Provinzhauptstadt.

Am historischen Eingang des Fayum, bei Lahun, wird seit dem Mittleren Reich der Wasserhaushalt mit Schleusenanlagen im Bahr Yussuf, mit seinen beiden hier abzweigenden Seitenkanälen Bahr Whasif und Bahr Wahbi, kontrolliert; Überschusswasser fließt zurück durch den Bahr Giza ins Niltal. In der Hauptstadt Medinet Fayum verschwindet der Bahr Yussuf dann endgültig von der Landkarte: Bei den Wasserrädern im Zentrum zweigt der Bahr Tanhala ab; wenig später, im Westen der Stadt, wird er in sechs Kanäle aufgeteilt.

Kein Vorteil ohne Nachteil: Bei Dauerbewässerung muss per Drainage dafür gesorgt werden, dass die gelösten Salze im Boden nicht aufsteigen. Seit alten Zeiten leiten zwei große Kanäle alles überschüssige Drainagewasser in den Qarun-See. Aber der See ohne Abfluss kann nur so viel aufnehmen wie natürlich verdunstet, d.h. eine maximal nicht zu überschreitende Menge. Überschwemmungen des salzigen Sees führten in der Vergangenheit zu großen Schäden auf den näher liegenden Feldern. Daher war wasserintensiver Anbau wie Reis nicht möglich.

Zur Abhilfe wurde eine Art Überlauf zum südwestlich gelegenen ***Wadi Rayan*** *(siehe Seite 222) durch ein unterirdisches Kanalsystem geschaffen, welches das Fayum ein Stück nördlich von Medinet Madi verlässt. Wadi Rayan ist eine 600 qkm große Depression, die vom Fayum völlig getrennt 42 m unter dem Meeresspiegel liegt. Die Wasserableitung vom Fayum hat Seen mitten in der Wüste erzeugt, die inzwischen zur Fischzucht genutzt werden. Zunächst sammelte sich Wasser in drei Seen, von denen zwei inzwischen ineinander übergingen. Der nordöstliche See liegt auf einem Niveau von bereits -32 m, der südwestliche bei -42 m. Zwischen beiden plätschert ein Wasserfall. Nachdem in der Nähe wertvolle Fossilienfunde von Walen gemacht wurden, stellte man das Gesamtgebiet unter Naturschutz, will aber dennoch kommerzielle Aktivitäten, der Umgebung angepasst, zulassen. Unter anderem sollen 1700 Hektar Neuland westlich des unteren Sees gewonnen werden.*

Das Fayum ist der große Garten vor den Toren Kairos, der zumindest früher bei Reisenden Vorstellungen vom Garten Eden erweckte. Heute baut man vielfach Baumwolle an, die im April gepflanzt und im September geerntet wird. Auf sandigerem Boden ziehen die Bauern Tomaten, in den typischen, von Dattelpalmen beschatteten Gärten wachsen Bohnen, Melonen, Gurken, Kartoffeln, Gewürzpflanzen etc. Im zentraleren Gebiet dominieren Obstgärten mit Orangen, Limonen, Mangos, Feigen und anderen Südfrüchten.

Eine Reise durch die von etwa zwei Millionen Menschen bewohnte Halboase zeigt auf der einen Seite die mögliche üppige Natur (natürlich abhängig von der Jahreszeit), auf der anderen die Mühsal der Bauern, ihre Felder durch gezielte Bewässerung üppig zu erhalten. Von den historischen Stätten blieb nicht allzu viel übrig; ein Besuch des Fayum gilt mehr dem verschwenderischen Garten, dem Qarun-See und dem Wadi Rayan. Vermeiden Sie dabei den Freitag, dann herrscht viel lokaler Ausflugsverkehr.

Die Halboase gewinnt immer mehr an Bedeutung für Touristen und vor allem Wochenendbesucher aus Kairo, die der Großstadt kurzzeitig entfliehen wollen. Die Tourismusindustrie kommt diesem Trend entgegen, am Qarun-See wurden mehrere Feriendörfer errichtet, die hauptsächlich von Ägyptern genutzt werden.

Das Fayum gilt als eine der Hochburgen der **islamischen Fundamentalisten**. Manchmal werden - je nach aktueller Sicherheitslage -

Sehenswertes

- ****Wadi El Hitan,** das landschaftlich sehr reizvolle „Tal der Wale", in dem viele versteinerte Skelette einer ausgestorbenen Walart zu sehen sind
- ****Wadi Rayan,** hier entstanden - mitten in einer schönen Wüstenlandschaft - Seen aus Drainage-Wasser des Fayum
- ***Hauwara Pyramide,** Lehmziegelruine der „Pyramide mit dem Labyrinth"
- ***Karanis,** ptolemäisch/römische Stadt- und Tempelreste am Eingang des Fayum
- ***Medinet Fayum,** quirlige, erlebenswerte Hauptstadt des Fayum
- ***Nazla,** ungewöhnliches Töpferdorf
- ***Tempel von Medinet Madi,** einer der wenigen erhalten Tempel aus dem MR

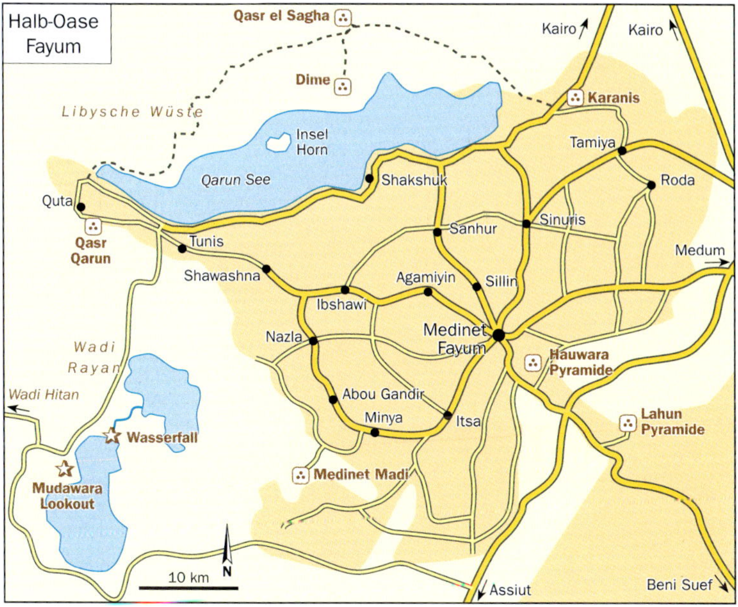

Ausländer am Eingang zur Oase höflich aber bestimmt gebeten, nur freigegebene Orte zu besuchen oder von einem Besuch Abstand zu nehmen und nach Kairo zurückzukehren.

Wir selbst konnten uns bei unseren nahezu jährlichen Besuchen in den letzten Jahren jedes Mal völlig frei bewegen - auch an Plätzen, von denen andere Reiseführer über Totalsperre für Touristen berichten. Die Touristenpolizei in Medinet Fayum war freundlich und hilfsbereit, erlegte uns aber niemals Restriktionen auf. Ein Tipp: Wenn Sie am Checkpost zum Fayum nach dem Reiseziel gefragt werden, geben Sie das Wadi Rayan an, dann ist die Chance groß, z.B. unbehelligt von Polizei bis Medinet Fayum zu kommen oder aber am Qarun-See entlang ins Wadi Rayan.

▸ **Öffentliche Verkehrsmittel:** Am besten fährt man von Kairo, Midan Monib, per Bus (stündlich von 6-20 Uhr) oder per Minibus nach *Medinet Fayum*. Auch vom Midan Helmi beim Ramsis-Bahnhof fahren Busse in ähnlicher Frequenz. Im Fayum selbst schlägt man sich per Taxi oder Sammeltaxi/Minibus zum Qarun-See durch. Nehmen Sie ein Sammeltaxi zum See (Pickups mit Sitzbänken) nach Sanhur. Dort müssen Sie umsteigen, die Fahrer nennen den See meist *El Birka*, Fahrpreis um £E 1 für die gesamte Strecke. Wer etwas mehr Zeit hat, sollte sich in Medinet Fayum ein Fahrrad mieten und dann zum Qarun-See radeln; so erschließt sich das Fayum wesentlich besser als per Bus.

Zu abgelegenen Plätzen wie Wadi Rayan kommt man nur oder einfacher per Auto, wobei ein Normal-Pkw genügt, da alle Straßen asphaltiert sind (Ausnahmen: Wadi Hitan, Anfahrt Medinet Madi Tempel). Mietwagen sind nicht so furchtbar teuer, vor allem, wenn sich mehrere Mitfahrer die Kosten teilen.

Entfernungen: Giseh - Medinet Fayum 85 km, Wadi Rayan 129 km, Wadi Rayan Rundreise insgesamt 327 km.

Zum besseren Kennenlernen schlagen wir drei Reiserouten vor: einmal von Nord nach Süd durch die Oase, mit Schwerpunkt Medinet

Fayum; von dort eine Rundreise in den westlichen Bereich und schließlich eine „Drei-Seen-Fahrt" rund um das Fayum: am Qarun-See entlang zu den beiden Seen im Wadi Rayan und um den Süden des Fayum zurück.

Von Nord nach Süd durch die Oase

Anfahrt: Von der Pyramid Road kommend, fährt man am Mena House-Hotel rechts, am nächsten Kreisel links.

Nach 6 km: Abzweig

Rechts zur **Oase Bahariya** und zur **6.October City**

Nach 14 km: Abzweig

Links zweigt die westliche Wüstenstraße nach Assiut ab, ausgeschildert als *Assiut, Western Road.* Etwa 8 km nach dem Abzweig liegt westlich der Fayum-Autobahn etwas abseits ein Neubaufriedhof, außerdem eine Erste-Hilfe-Station.

Nach 32 km: Checkpost

Nach 5 km:

Karanis

Links, ein kurzes Stück südlich des heutigen Ortes Kom Aushim, liegen die **Ruinen von Karanis** (Sa-Do 8.30-16; £E 20). Dieser Ort entstand im 3. Jh vC unter den Ptolemäern und beherbergte etwa 3000 Bewohner. Straßenzüge und Grundmauern der Häuser sind noch gut erkennbar. Wie es sich für das einst krokodilreiche Fayum gehört, waren die Tempel dem Krokodilgott Sobek geweiht. Den südlichen Tempel begannen die Ptolemäer, der Römer Nero beendete ihn. Seine Außenmauern sind noch gut erhalten, im Innern gibt es Kammern für Krokodile bzw. deren Mumien; vom Dach hat man einen schönen Ausblick weit in die Fayum-Ebene. Am ehemaligen Marktplatz vorbei führt der Weg zur nördlichen Tempelruine, einst neben Sobek auch Zeus-Amun gewidmet. Nördlich davon ist noch ein kleines Badehaus erhalten und in der Männerabteilung sogar Reste von Bemalung.

Das Museum wurde leider aufgelassen, Guter Rast- und Picknickplatz.

Abstecher nach Dime und Qasr el Sagha

Hinweis: Die folgende Beschreibung stammt von einer schon länger zurückliegenden Reise; es werden sich vor allem im Anfangsbereich verschiedene Änderungen ergeben haben. Allradfahrzeuge (fahren Sie möglichst nicht allein) werden empfohlen.

Kurz nach dem Eingang von *Karanis* biegt man in einer leichten Linkskurve rechts ab (N29° 31,196' E30° 53,99'), fährt zunächst durch eine Art Park, wendet sich dort nach Westen, später nach Nordwesten. Bald kommt man in ein von Baggern und Baufahrzeugen durchwühltes Gelände, und schließlich auf die Piste nach Qasr El Sagha und Dime. Nach knapp 30 km ist ***Qasr el Sagha** (N29°35,7' E30°40,7') erreicht, das ein bisschen trotzig von einem Absatz des Tafelberges in die Ferne schaut.

Imposant sind die mächtigen Steinquader der Frontseite, die hier im Mittleren Reich zu einem Bauwerk aufgeschichtet wurden, das mit seiner Umgebung zu einer nahezu perfekten Einheit verschmolzen scheint. Im Innern finden Sie sieben nebeneinander liegende Nischen - ein ungewöhnlicher und in seiner Funktion noch nicht geklärter Grundriss. In der Antike lag der Tempel näher am Ufer des Qarun-Sees, der früher weit mehr Wasser führte.

Von Qasr el Sagha erblickt man am Horizont (im Süden) bereits die unverwechselbare Silhouette von *Dime*; wie Haifischflossen heben sich die gewaltigen Mauerreste gegen den Himmel ab. Um dorthin zu kommen, fahren Sie vom Tempel aus ca. 1 km zurück und halten sich am Rand des Absatzes rechts. Die folgende Piste ist praktisch nicht markiert, das Ziel verliert man allerdings kaum aus den Augen und erreicht es nach 7 km (N29°31,93' E30°40,37').

***Dime** ist die eindrucksvollste Stadtanlage aus griechisch-römischer Zeit im Fayum. Auch sie lag einst am See, auf den man heute herabblickt (er liegt gut 60 m tiefer und über 2 km entfernt). Nehmen Sie sich Zeit, durch das ausgedehnte Stadtgebiet zu streifen. Übrig geblieben sind bis zu 10 m hoch aufragende, mächtige Mauern, Tempel- und Wohnviertel; gelegentlich kann man sogar Reste der Stuckverkleidung der Wände entdecken. Interessanterweise handelt es sich größtenteils um grau-weiße Lehmziegelmauern - Millionen von Ziegeln müssen hier verbaut worden sein, die immerhin zwei Jahrtausende dem ewigen Wind und seinen Erosionsgelüsten standhielten. In Richtung See liegen noch zwei weitere Komplexe, von denen der erste zumindest noch einen Besuch wegen erhaltener Gewölbekonstruktionen wert ist.

Von hier aus lässt sich der See umrunden, indem man 7 km zurückfährt und dann links auf eine relativ gute Piste einschwenkt, die nach ca. 30 km, kurz vor dem Westende des Sees, in eine Asphaltstraße mündet. Dime kann aber auch per zweistündigem Bootstrip von *Shakshuk* auf der anderen Seite des Sees her erreicht werden. Von der Anlegestelle aus etwa eine Stunde Fußmarsch zu den Ruinen

Weiter auf der Hauptstraße

3 km nach Karanis: Abzweig

Wir wollen der rechts abzweigenden Straße folgen, sie führt zum Qarun-See. Geradeaus geht es über Sinuris direkt nach Medinet Fayum (24 km).

Sinuris, das 11 km vor der Provinzhauptstadt liegt, ist die zweitgrößte Stadt des Fayum. Sollten Sie samstags vorbeikommen, dann lohnt sich ein Halt wegen des regen Markttreibens.

Der **Qarun-See** ist auf längeren Strecken zugänglich; verschiedene Strandabschnitte wurden - im Wesentlichen durch Hotelressorts - erschlossen. Da das Wasser salzhaltig ist, können Sie unbesorgt vor Bilharziose im größten See Ägyptens baden, was vor allem freitags Busladungen mit Abwechslung suchenden Kairenern tun. Der See bietet etwa 90 Vogelarten Heimat; auf der Insel Horn gibt es eine Flamingokolonie. Man kann sich per Boot zur Insel oder zum anderen Ufer bringen lassen.

Ein Leser schreibt, der Qarun-See sei „nicht sehenswert". Tatsächlich hat diese riesige „Restwasserlache" nicht den Charme eines oberbayerischen Gebirgssees, in dem sich die umliegenden Gipfel spiegeln. Sein etwas knirschender Reiz liegt im Gegensatz von Wasser und Wüstenumgebung, und auch in der so deutlichen Trennung zwischen Fruchtland hier und Wüste in der Ferne.

Nach 5 km: Abzweig

Links halten, um 20 km über **Sanhur** und **Sillin** nach **Medinet Fayum** zu fahren; (geradeaus weiter über **Shakshuk** zu den Strandhotels und weiter zur Rundreise ins Wadi Rayan (siehe Seite 222).

Nach 7 km: **Sanhur**

Die Gegend um Sanhur ist das Zentrum des Obstanbaus mit besonders reichen Gärten.

Nach 4 km:

Sillin

Eine inzwischen versiegte Mineralwasserquelle lieferte den Anlass für ein beliebtes **Ausflugsziel** der Ägypter mit einem großen Picknickplatz, Restaurants und Vergnügungspark im Herzen des Fayum. Hier können Sie Körbe aller Art aus den nahen Korbflechtereien erwerben. Einige Anwohner entdeckten, dass sie aus dem Präsentieren ihrer Gärten und Häuser Geld machen können - es lohnt sich tatsächlich, einen Blick auf die üppig-grünen Grundstücke zu werfen und mit den hier lebenden Menschen in Kontakt zu kommen, gegen entsprechendes Bakschisch natürlich

Nach 9 km:

*Medinet Fayum

Hintergrund: *Die Stadtgeschichte geht bis weit in pharaonische Zeiten zurück, als das frühere Krokodilopolis ein Zentrum des krokodilköpfigen Gottes Sobek war. Die damalige Fayum-Hauptstadt lag im Norden der heutigen; die Kultstätten des Sobek bildeten das eigentliche Zentrum. In einem Wasserbecken wurden heilige Krokodile für Sobek gehalten. Leider diente Krokodilopolis dem modernen Medinet Fayum als Steinbruch und Baustofflager, so dass von der einst sehr großen Stadt praktisch nichts mehr übrig blieb. Heute ist Medinet Fayum eine sehr sympathische und lebendige Provinzhauptstadt an beiden Seiten des Bahr Yussuf.*

Das Stadtzentrum wurde um die letzte Jahrtausendwende ziemlich umgekrempelt. Man entfernte die hinderlichen Eisenbahnschienen und ersetzte sie durch (noch) gepflegte grüne Streifen mit Blumenrabatten. Um die vier sich nur zur Schau drehenden **Wasserräder** am Bahr Yussuf entstand ein Park, dem leider die bekannte Cafeteria *El Medina* zum Opfer fiel; sie war ein beliebter Treffpunkt auch unter Travellern. Insgesamt macht das Zentrum für ägyptische Verhältnisse einen freundlichen, sauberen und aufgeräumten Eindruck. Es macht Spaß, am Kanal entlang und durch Seitenstraßen zu bummeln.

Aus pharaonischer Zeit blieb nur der 13 m hohe **Obelisk von Abgig** aus der 12. Dynastie erhalten, der aus dem gleichnamigen Dorf nahe Itsa stammt und in Wahrheit eine überlange Stele ist. Er wurde im ersten Kreisel der von Kairo kommenden Straße aufgestellt.

Neben den Wasserrädern im zentralen Park gehören die sieben „historischen" **Wasserräder** am *Bahr Sinuris* zu den Sehenswürdigkeiten. Sie liegen etwas außerhalb: Bei den Wasserrädern im Zentrum überquert man die Ex-Eisenbahnlinie (hinter dem Park), heute ein schienenbreiter Grünstreifen, der stellenweise mit Blumen bepflanzt ist. Links halten bis zum zweiten Kanal, der Bahr Sinuris heißt, und diesem unentwegt auf der rechten Seite folgen. Nach knapp 2 km stehen Sie am ersten Wasserrad (N29°19,64' E30°50,65'), etwa 300 m weiter folgen vier und 700 m weiter noch einmal zwei sich gemütlich drehende Räder. - Unterwegs, etwa auf halbem Weg zu den ersten Wasserrädern, liegt auf der linken Kanalseite der Governorate Club an der hier zweispurigen Einfahrtstraße von Sanhur/ Sillin her.

Der mit seinen verwinkelten Gassen erlebenswerte **Souk el Qantara** für den täglichen Bedarf breitet sich in der Nähe des Bahr Yussuf aus; den Eingang findet man an der vierten Brücke nach den Wasserrädern. In den engen, sich ständig in beliebigen Winkeln kreuzenden Gassen könnte man sich verlieren, aber der Souk ist nicht so groß, dass man nicht wieder herausfinden würde. Für den Fremden dürfte die Gasse der Kupferschmiede besonders interessant sein. Der **Souk el Sagha**, der den Gold- und Silberhändlern vorbehalten ist, liegt hinter dem Souk el Qantara. Doch bei den verwinkelten Gassen ist er etwas schwierig zu finden, man muss sich durchfragen.

Jeweils dienstags und teilweise auch freitags finden „Stadtteilmärkte" statt, zu denen die Landfrauen ihre Produkte heranschleppen, häufig genug noch auf dem Kopf. Zeitgleich kommen in der Gegend der nördlich gelegenen Sharia Madaris Töpfer und Geflügelhändler zusammen. Wenn Sie dichtes Gedränge nicht scheuen, können Sie beste Einblicke in den ägyptischen Alltag gewinnen.

Wasserräder in Medinet Fayum

Wenn Sie als Fußgänger zur **Hauwara-Pyramide** kommen wollen, gibt es entweder die Anreise per Taxi oder per Bus Richtung Beni Suef und in *Hauwara el Makta* aussteigen. Als letzte Alternative sei die Empfehlung eines Lesers genannt, der zur Pyramide marschierte und sich dabei durchfragte; als Lohn traf er auf freundliche Menschen und gewann ungestörte Einblicke ins ländliche Leben.

Praktische Informationen

▸ **Telefonvorwahl 084**

▸ Das **Tourist-Office**, Tel 26343 044, findet man im etwas abseits liegenden Governorate-Gebäude (Sharia Saad Zaghlul); dort wurde auch ein kleines Museum mit Funden zur lokalen Geschichte eingerichtet.

▸ Wenn Sie durch die Stadt radeln wollen: Der gut englisch sprechende Manager des Hotels Palace, Ashraf Arafa, verleiht Räder gegen £E 5 pro Tag. Achtung: Kinder werfen manchmal mit Steinen nach radelnden Touristinnen. Zum Qarun-See radelt man etwa 2 Stunden, ein Taxi kostet ca. £E 15.

▸ Wie auch in anderen Städten muss man sich keine Sorge um das tägliche Essen machen; zahllose kleine oder größere Restaurants freuen sich über Besucher. Hier nur zwei Adressen:

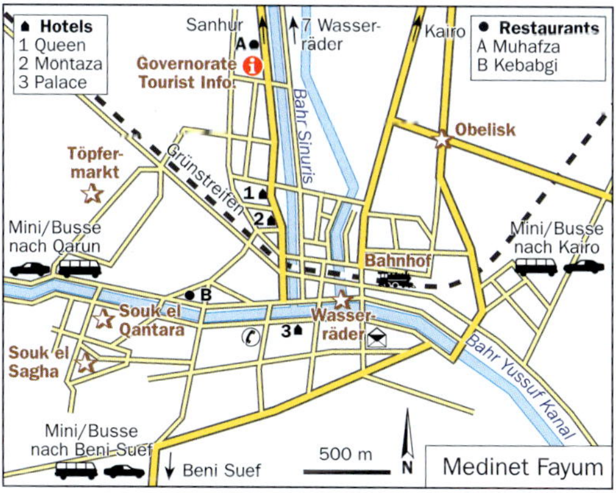

▸ **Kebabgi**, Sh Mustafa Kamil zwischen Bahr Yussuf und Sh Ramla, gute ägyptische Küche, preiswert

▸ Im **Nadi El Muhafza** (Governorate Club) gibt es auch westliches Essen - auch im Garten am Sinuris Kanal serviert, gute Atmosphäre

Übernachten

Karoun, Zentrum, Tel 6309 423, altes Gebäude, extrem einf ....Dorm pP 7, E 10-15, D 15-25
Montaza, 6 Sh Esmail el Medany, Tel 6348 662, fr, hb, sa, Ven, ru, mF .... F+B 60, E+B+AC 90, D+B 50, D+B+AC 90
Palace, Sh Hurya, ca. 150 m von 4 Wasserrädern, Tel 6311 222, Fax 6311 277, rel gr Zi, se fr, se hb, sa, Ven, tlw AC, empf, mF (gut) .... E 30, E+B 60, D 50, D+B+AC 80
Queen, 22 Sh Al Shaaheed Attallah Hassan, Mishaat Lotfallah, Tel 6346 819, Fax 6346 233, se sa u. se gut eingerichtet, bestes Hotel d. Stadt, Zi tlw ohne Außenfenster, se fr, AC, SatTV, Kschr, kostenl. Internet, mF (gut) .... E+B 150, D+B 200
Youth Hostel, Lux Housing Block Nr.7, 4.Stock, Flat Nr.7 u. 8, (im sog. Erholungspark), Tel 6323 682, nahe Kairo-Bus-Bhf, derzeit wegen Renovierung geschlossen

Außerhalb von Medinet Fayum

Helnan Auberge-Fayum, 5*, Qarun-See, Tel 698 1200, Fax 698 1300, auberge@helnan.com, www.helnan.com, nach Renovierung 2007 neu eröffnet, Pool direkt am Seeufer, se sa, SatTV, AC, Kschr, mF .... E+B $100-110, D+B 110-130
New Panorama Resort, 4*, Shakshuk, Tel 683 0757, gr u recht gepflegte Hotelanlage am Seeufer, sehr großzügige Zimmer, se sa, ru, AC, SatTV, Kschr, Pool, Nightclub, HP E+B 220, D+B 340

Camping Fayum

Im Fayum können Sie am ungestörtesten auf dem ausgewiesenen Campingplatz im **Wadi Rayan** campen. Auch das **Karanis Camp**, km 72 der Straße Kairo - Fayum, bietet Campmöglichkeit

Rundreise durchs westliche Fayum

Eine interessante Rundreise lässt sich von Medinet Fayum aus ins westliche Fayum nach **Medinet Madi** unternehmen. Dort scheinen nur selten Touristen aufzutauchen, daher reagiert die Bevölkerung wesentlich gelassener. Dieser Ausflug ist am besten per Auto/Taxi zu machen, zumal Medinet Madi - eines der lohnenswerten historischen Ziele - kaum per Bus zu erreichen ist. Ein Leser probierte die Reise mit öffentlichen Verkehrsmitteln, kam bis Abou Gandir mit Minibussen und musste anschließend auf ein Motorradtaxi umsteigen, das ihn bis fast zum Tempel brachte - allerdings dort nicht wartete. Der 3-km-Fußmarsch im Sand zurück zum Fruchtland war etwas anstrengend.

Medinet Fayum in Richtung Itsa (10 km) verlassen. 2 km nach Itsa-Kreuzung (N29°13,60' E30°46,65'), hier rechts halten.

Nach 4 km: **El Minya**

Größeres, extrem dreckiges Städtchen; an dessen Stadtausgang links auf eine schmale Straße abbiegen. Geradeaus würde es über Abou Gandir nach Nazla weitergehen.

Nach 3 km: Kanalbrücke

Etwa 100 m weiter stößt man auf eine Kanalverzweigung (N29°12,77 E30°43,34), d.h. nach rechts führen zwei Kanäle. Hier auf den Damm zwischen den Kanälen abbiegen und auf diesem für sieben miserable Kilometer bleiben. Dann (bei N29°13,13' E30°39,48') links über eine Brücke abbiegen und ziemlich schnurgerade durch das Dorf fahren. Am Ortsausgang einer der Pisten nach Südosten zum Grabungsgelände folgen; links weist eine Baumreihe auf ein Neulandprojekt hin, das aber am besten links liegen bleibt. Die 3 km lange Piste lässt sich bis kurz vor dem Hügel mit dem Grabungshaus relativ gut fahren; im Hügelbereich wird es ziemlich sandig, der Tempel liegt bei N29°11,63' E30°38,67'.

*Tempel von Medinet Madi

Der - relativ kleine - Tempel (£E 20) wurde im Mittleren Reich von Amenemhet III gegründet, von seinem Sohn Amenemhet IV fertig gestellt und von den Ptolemäern erweitert. Er gilt als eines der wenigen Architekturbeispiele eines kompletten Tempels aus dem Mittleren Reich und ist daher für Enthusiasten des pharaonischen Ägyptens von besonderem Interesse.

Von der ehemaligen (ptolemäischen) Löwen- und Sphingenallee sind noch einige Exemplare gut erhalten. Auch der dem Krokodilgott Sobek geweihte Tempel des Mittleren Reichs hat die Jahrtausende in wesentlichen Teilen überdauert. Die noch erkennbaren Reliefs an den Wänden stellen meist Amenemhet III und seinen Sohn bei Opferungen dar. Im Sanktuar sind die drei Nischen vorhanden, in denen einst die Götterstatuen standen. An der Rückseite des Tempels aus dem Mittleren Reich finden Sie einen kleinen ptolemäischen Tempelbau. Die gesamte Anlage wird, nachdem sie in den 60er Jahren freigelegt wurde, erneut vom Dünensand bedroht; die Sphingenallee ist bereits größtenteils unter einer Düne begraben. (Detailliertere Informationen im *Guide to the Antiquities of the Fayum*, in Kairo erhältlich).

Fahren Sie zurück zum Dorf und biegen Sie nach der Kanalbrücke links ab. (Die folgende Beschreibung ist älteren Datums; sicherer ist es, nach Minya zurückzufahren und von dort nach **Nazla**).

Nach 5 km: Abzweig

Hier die Kanaldamm-Straße nach rechts verlassen und in den folgenden Dörfern geradeaus.

Nach 4 km: Kreuzung

Rechts nach El Minya, links nach Nazla halten.

Nach 3 km:

*Nazla

Die malerischen **Töpfereien von Nazla** sind einen Besuch wert. Nach der Moschee biegt man rechts ab und blickt bald in das tief eingeschnittene Wadi Masraf, an dessen Ufer Töpfereien und Brennöfen stehen, umgeben von frisch geformten, zum Trocknen in die Sonne gestellten Gefäßen. Schwarze Qualmwolken steigen zum Himmel, fleißige Töpfer formen hauptsächlich *Bukla*, kugelige Wassergefäße, die fürs Fayum typisch sind. Übrigens wird die Porösität des Tons - die für die Wasserverdunstung und damit Kühlung des Inhalts notwendig ist - durch Zugabe von Strohhäcksel zum Ton erreicht, das nach dem Brennen des Tons Kapillaren hinterlässt.

Im Laufe der letzten Jahre hat die Tourismusbranche die Töpfer entdeckt, seither gehört aufdringliches Bakschischfordern zum ortsüblichen Ton. Allerdings sollte man bedenken, dass die Menschen hier trotz harter Arbeit sehr wenig verdienen, weil ihre Arbeit und damit sie selbst von der Bevölkerung nicht sonderlich anerkannt werden.

Nach 4 km: Y-Kreuzung

Rechts nach Medinet Fayum über **Ibshawi**. Links führt ein interessanter Abstecher nach Qasr Qarun, den man allerdings auch (und einfacher) beim Besuch des Wadi Rayan (siehe Seite 212) einlegen kann. Von dieser Kreuzung aus sind etwa 25 km zurückzulegen. Nach ca. 18 km zweigt links die Straße Richtung Wadi Rayan ab.

Bald nach dem Ort Qarun taucht links der ***Sobek-Tempel von Qasr Qarun** (£E 20) auf. Der äußerlich eindrucksvolle ptolemäische Bau ist im Innern relativ gut erhalten (nehmen Sie eine Taschenlampe mit). Dort durchquert man drei Vorsäle bis zum Sanktuar, das aus drei Räumen besteht. An den Eingängen zu den Sälen und zum Sanktuar sind Uräusschlangen anstelle der üblichen Hohlkehlen angebracht. Von einem der Vorsäle führt eine Treppe in den unterirdischen Keller, von einem anderen zum Obergeschoss, an dessen Korridor vierzehn Räume liegen, drei davon sind Kulträume. Über eine weitere Treppe erreicht man das Tempeldach, das einen weiten Ausblick über die Wüste und ebenso über das von Sand bedeckte, gleich nebenan liegende Ruinenfeld von **Dionysias** bietet. Von dieser ptolemäischen Stadt und Garnison sind nur ziemlich unübersichtliche Trümmer geblieben.

Zurück zur Y-Kreuzung.

22 km über Ibshawi nach Medinet Fayum; unterwegs rechts halten über **El Agamiyin** (Zentrum von Korbflechtern). Ende der Rundreise.

Fortsetzung der Hauptroute

In Medinet Fayum müssen Sie sich Richtung Beni Suef halten.

Nach 10 km: Dorf Hawarat el Makta

Abzweig, links über die Kanalbrücke durchs Dorf bis zu einer T-Kreuzung, dort rechts zum Bahr Yussuf Kanal und nach ca. 1 km links, noch knapp 3 km zur

*Hauwara-Pyramide

Amenemhet III ließ seine Pyramide (£E 30) aus Nilschlammziegeln erbauen. Die feste Außenschale wurde später zunächst von den Römern als Baumaterial abgetragen, der Kern von der Witterung bis auf einen hohen Stumpf zerstört. Ebenso erging es dem daneben liegenden, im Altertum zu den sieben Weltwundern zählenden **Labyrinth**, das aus 1500 Räumen (andere Quellen sprechen von 3000 Räumen inklusive einiger Paläste) in zwei Stockwerken bestand und den eigentlichen Totentempel bildete; nur noch Schutthügel lassen die Dimensionen erahnen.

In römischer Zeit lag hier eine ausgedehnte Nekropole; aus ihr stammen die meisten der sog. Mumienporträts der römischen Bevölkerung (3./4. Jh nC), mit viel Sorgfalt und Liebe auf hohem künstlerischen Niveau gemalte Porträts von Verstorbenen, die zu Lebzeiten angefertigt und der Mumie beigelegt wurden. Dargestellt sind Menschen jeden Alters, von Kindern bis zu Greisen, Frauen wie Männer, Afrikaner, Syrer, Nord- wie Süditaliener, Griechen oder Spanier. Viele der Porträts können Sie im Ägyptischen Museum in Kairo in Saal 14 OG betrachten.

Ein Besuch am späteren Nachmittag ist wegen der langen Schatten und des Blicks über die Umgebung recht stimmungsvoll.

Zurück zum obigen Abzweig.

Nach 2 km:

Kreuzung mit Westlicher Wüstenstraße

Hier bietet sich ein kurzer Abstecher zur Lahun Pyramide an, indem man geradeaus weiterfährt.
Nach 15 km:

Lahun (auch Illahun)

Hier kreuzen Sie die Schleusen, die den Wasserhaushalt im Fayum kontrollieren. Die älteste, im 13. Jh unter Sultan Baaybars erbaute ist zwar noch erhalten, sie wurde aber 1943 außer Betrieb genommen. Sie darf jedoch wegen der strategischen Bedeutung der Gesamtanlage nicht näher besichtigt werden: Fotografieren ist streng verboten.
Wenn Sie die Ruinen der stark zerstörten **Pyramide von Lahun** (£E 30) - die Sesostris II zugeschrieben wird - besuchen wollen, fahren Sie direkt vor dem Überqueren einer modernen Eisenbrücke und vor den Schleusenanlagen links ab und an der nächsten Kreuzung rechts über den Kanal, gleich wieder links und ca. 1 km durch das Dorf Lahun bis zu einer T-Kreuzung, dort links aus dem Dorf heraus auf einen Damm, nach ca. 2 km ist das Ziel erreicht.
Die Pyramide von Pharao Swenwosret II (12. Dynastie) ist wegen ihres Konstruktionsprinzips interessant: Man hatte einen massiven Felsen als Basis genommen und darauf ein inneres Gerüst aus Kalksteinplatten aufgebaut, das bis etwa zur halben Pyramidenhöhe reichte. Die Hohlräume wurden mit ungebrannten Lehmziegeln aufgefüllt. Auch die Außenmauern bestanden aus ungebrannten Lehmziegeln, darüber lagen als äußerer Schutz wiederum Kalksteinplatten. Doch Grab- und Baumaterialräuber trugen das Brauchbare davon, übrig blieben die inzwischen zu einer gewaltigen Erdmasse zusammengeklumpten Lehmziegel und Reste des inneren Kalksteingerüsts.
Im Norden liegen Mastaba-Gräber. In der zur Pyramide gehörenden östlich gelegenen Stadt wurde ein umfangreiches Papyrus-Archiv gefunden.Von hier aus Rückfahrt nach Kairo, entweder über die Wüstenstraße nach Giseh oder über Beni Suef durchs Niltal.

Zum **Wadi Rayan

Ein durchaus ungewöhnliches Erlebnis können und sollten Sie sich gönnen, wenn Sie den ersten Abzweig der Qarun-Uferstraße (nach Sanhur, siehe Seite 217) links liegen lassen und geradeaus weiter am See entlang in Richtung Wadi Rayan fahren: Die Straße führt am Seeufer entlang. Auf dem ersten Teil gibt es immer mal wieder Möglichkeiten zum Baden, meist allerdings in oder bei Hotelanlagen.
Nach 37 km: Abzweig (ausgeschildert)
Links abbiegen
Nach 2 km: Kreuzung
Geradeaus weiter. Rechts zum Tempel von **Qasr Qarun** und Ruinenfeld von Dionysias (siehe Seite 220), links nach Medinet Fayum bzw. etwa 3 km zum Dorf **Tunis** mit verschiedenen Töpfereien z. T. europäischer Künstler.
Nach 7 km: Abzweig
Links über einen Kanal fahren.
Nach 2 km: Eingang zum
Wadi El Rayan Protected Area (WRPA). Eintritt kassierender Checkpost $ 3 pP, Auto £E 5). Dieses Naturschutzgebiet, das auch das Wadi El Hitan einschließt, wurde 1998 ausgewiesen.
Nach 14 km:

Wadi Rayan Wasserfälle

Links 3 km zum **Verbindungskanal der beiden Seen** mit einem dreigeteilten, etwa 3 m hohen Wasserfall. Dort erwarten Sie das Visitor-Center und ein einfaches Feriencamp namens *Safari*. Der Wasserfall ist wahrlich nicht imposant, aber der einzige in der Wüste sowie der einzige des Landes und daher hoch gelobt. Doch das grün umsäumte Seeufer, das sich im Wasser spiegelt, zeigt die Grenze dieser fast unwirklichen Kulisse: Nur diesen schmalen Streifen vermochte der See zu begrünen, danach regiert die Wüste bis über den Horizont.
Fahren Sie auf der Asphaltstraße weiter, Sie werden mit einigen reizvollen Ausblicken auf den Unteren See, auf Zeugenberge und mit wunderschönen Dünen belohnt. Am Ufer dehnen sich Schilfgürtel aus, die von vielen Vögeln

bewohnt werden; eine gute Gegend zur Vogelbeobachtung.

Nach 6 km:

El Mudawara Lookout

Die Hügel links der Straße sind als Aussichtsplatz prädestiniert. Offiziell ist hier auch ein (schattenloser) Picknickplatz ausgewiesen, der besonders freitags frequentiert wird.

Nach 10 km:

Hier (N 29°11,80' E30°20,4') zweigt eine 36 km lange, im Frühjahr 2006 gut gepflegte Piste nach Westen ins **Wadi El Hitan** ab, in das Tal der Wale. Der ohne Allradantrieb gut zu bewältigende Abstecher lohnt sich einmal wegen der ungewöhnlichen Landschaft im Endbereich der Piste. Zum anderen stößt man hier auf versteinerte Skelette von Walen einer sehr frühen Spezies *(Basilosaurus, Zeuglodon)*, die vor etwa 40 Millionen Jahren in eine Falle gerieten, als sich durch tektonische Veränderungen der Ozean verflüchtigte, in dem sie lebten. Die beiden Namen sind darauf zurückzuführen, dass die Wissenschaftler nach der Entdeckung 1830 eine *Reptilienart* vermuteten (Basilosaurus), die sich später aber als eine ausgestorbene *Walart* herausstellte, der man dann den Namen Zeuglodon gab. 2005 wurde das Zeuglodonten-Wadi von der UNESCO zum Weltnaturerbe erklärt.

„Wal mit Gräten"

Am Ende der Piste (N 29°15,89' E30°1,43') kommt ein Ranger und kassiert Eintritt (£E 5 pP + £E 5 per Auto), zeigt aber auch in dem weitläufigen Gebiet Plätze mit gut erhaltenen Versteinerungen und einen abgegrenzten Bereich für Camping. Die noch vorhandenen Skelette liegen an ihren Fundstellen und sind durch Steinmarkierung oder Seile gewissermaßen gegen Übertretung und Berührung geschützt. Man kann der Piste ca. 5 km nach Norden folgen und sieht immer wieder neue Skelette. Es sollen insgesamt 200 gewesen sein, von denen bereits viele gestohlen wurden.

Die Wadi Rayan-Straße umrundet jetzt die Südspitze des zweiten Sees und führt anschließend durch eine so herrliche Wüsten- bzw. Dünenlandschaft, wie man sie nicht sehr häufig in Ägypten findet. Lichtgelber Sand bedeckt weite Flächen oder lässt sich vom steten Wind zu hohen Dünen aufblasen, die sich Schlangenspuren gleich zu immer neuen Bildern formen (Fotografen sollten Nachmittagslicht abwarten).

Nach 10 km:

Schild *Outpost*, eine Rangerstation. 8 km entfernt, in der Einsamkeit bauten koptische Mönche das **Kloster Abu Markar** (N 29°4,88' E30°17,04') in herrlicher Wüstenumgebung wieder auf, das auf den Heiligen Markarius zurückgeht. Es macht einen etwas ärmlichen Eindruck. Aber die eifrigen Mönche erweitern und verbessern ihre kleine Kirche, die Gemeinschaftsräume und die als Höhlen in den Berghang geschlagenen Zellen kontinuierlich. Einige leben als Einsiedler in der Wüste und kommen nur sonntags zu den Gottesdiensten und um Nahrungsmittel mitzunehmen.

Der Weg führt querfeldein, häufig ohne sichtbare Piste, auch über ein paar Dünen zum Kloster. Ohne Führung durch z.B. einen Ranger ist die Anlage nur schwer zu finden

Nach 33 km:
Links ziemlich schlechte Piste zum ausgewiesenen Campingplatz und zur Vogelbeobachtung.
Nach 4 km:
Ein Schild weist auf den südöstlichen Eingang zur Protected Area. Im weiteren Verlauf nähert sich die Straße den südöstlichen, gegen die Wüste herausfordernd grünen Feldern des Fayum. An der Straße werden preiswerte Tageserzeugnisse angeboten.
Nach 33 km: Kreuzung
Die westliche Wüstenstraße ist erreicht, geradeaus nach Beni Suef, links 123 km bis Fayum-Kreisverkehr Nähe Mena House-Hotel. Fährt man die Strecke als große Schleife, legt man etwa 330 km zurück.
Leser schrieben uns, dass man von dieser Kreuzung aus einen Abstecher zum **Kloster Deir Amba Samuel** südlich des Fayum einlegen kann. Man fährt ca. 30 km Richtung Assiut bis zum (vielleicht ehemals) ausgeschilderten Abzweig nach Süden (den wir nicht finden konnten). Von dort führt eine mit Pkw befahrbare landschaftlich schöne Piste 25 km nach Nordwesten zum Kloster am Gebel Kalamoun. Wenn man die Webseite *www.touregypt.net/featurestories/samuel.htm* anschaut, bekommt man Lust auf einen Besuch.

Im Wadi Hitan

6

In Kairo zurechtkommen – Praktische Informationen –

Kairo für Fußgänger

Fußgänger in Kairo zu sein, hat etwas mit Überlebenskunst zu tun: Da jeder motorisierte Verkehrsteilnehmer den jeweils Schwächeren aussticht, ist der am Ende der Kette laufende Fußgänger der Dumme - in Kairo lernt auch der Faulste, um sein Leben zu rennen (aber nur sehr selten). Trotzdem sollten Sie auf Spaziergänge, vor allem in den Souks, nicht verzichten; nur als Fußgänger mit Muße werden Sie Blicke hinter die Kulissen werfen können.

Wenn Sie als Neuling stark frequentierte Straßen überqueren wollen, halten Sie sich an ägyptische Fußgänger, am besten an solche mit Kindern, da reagieren die Autofahrer noch vorsichtiger und der „Windschatten" ist breiter. Als Fortgeschrittener nehmen Sie Blickkontakt mit den Autofahrern auf, geben Sie ihnen eine Chance auszuweichen oder zu stoppen. Wenn Sie sich plötzlich unsicher fühlen, bleiben Sie nach Möglichkeit stehen und winken abwehrend mit den Händen und der Einkaufstüte. Vermeiden Sie, in Panik zurückzulaufen.

Kairos Busse

Frauen sollten Busse meiden, weil Touristinnen-Grapschen beliebt ist und es im Gedränge kein Entkommen gibt.

Man steigt hinten im Bus ein und vorne aus; der Kampf nach vorne ist notwendig, außerdem ist dort meist ein Hauch mehr Platz. Bleiben Sie in Türnähe und verteidigen Sie diesen Platz mit aller Standhaftigkeit, denn rauszukommen ist manchmal schwieriger als hinein. Versuchen Sie, Ihre Mitfahrer von Ihrem Ziel in Kenntnis zu setzen, damit Sie rechtzeitig darauf aufmerksam gemacht werden.

Die Liniennummern der weißroten oder weißblauen öffentlichen Busse stehen oberhalb der Windschutzscheibe und neben der vorderen Tür; allerdings in arabischen Ziffern. Die Haltestellen sind mit einer im Original roten Stange und, falls noch lesbar, einem Schild der haltenden Busnummer und meist einer Traube Wartender gekennzeichnet. Die meisten Busse verkehren von 6-24 Uhr, während Ramadan bis 2 Uhr nachts. Der Fahrpreis in der gesamten Stadt beträgt 25 Pt.

Die wichtigsten **Busbahnhöfe**:

- **Midan Abdel Minin Riyad:** Unter der Hochstraßenbrücke zwischen der Rückseite des Ägyptischen Museums und dem Ramsis-Hilton-Hotel, wichtigster innerstädtischer Busbahnhof.
- **Midan Ramsis:** Durchfahrende Linien *vom* Midan Tahrir halten in der Sharia Ramsis, neben der großen Moschee; die in Richtung *zum* Midan Tahrir unter der Hochstraße in der Sharia Galaa; alle anderen auf dem **Midan Ahmed Holmi** direkt hinter dem Ramsis-Bahnhof (rechts neben der Kirche, vom Bahnhof aus gesehen). Gleichzeitig wird dieser Platz auch von Minibussen benutzt, die Ziele innerhalb der Stadt anfahren.
- **Midan Ataba:** Normale Busse halten im Erdgeschoss des nördlicheren Parkhauses, während Minibusse das Parkhaus zwischen den beiden Hochbrückenrampen benutzen.
- Die meisten Fernbusse - siehe weiter unten - starten vom **Midan Turguman** und (wenige) vom Midan Ulali (südlich des Ramsis-Bahnhofs).

Aus den mehr als 200 Buslinien haben wir eine Auswahl der für Fußgänger interessanten Linien zusammengestellt. (Vorsicht, die Liniennummern ändern sich immer mal wieder, fragen Sie unbedingt vor dem Einsteigen nach dem Ziel).

Eine Alternative zum normalen Bus sind die etwas teureren verbeulten weißen Linien-Minibusse, die tollkühn durch die Stadt rasen. Früher wurden nur Sitzplätze verkauft, heute ist

Einige Buslinien in Kairo

Fahrstrecke	Linie	
Md Ataba - Flughafen	948	٩٤٨
Md Ramsis - Md Abdel Minin Riyad - **Dokki**	810	٨١٠
Md Ramsis - Md Abdel Minin Riyad - **Maadi**	412	٤١٢
Md Ramsis - Zamalek - **Pyramiden**	30	٣٠
Md Ramsis - Zamalek - **Pyramiden** (AC Bus)	357	٣٥٧
Md Abdel Minin Riyad - Md Ramsis - **Flughafen** (Terminal 1, Tag/Nacht)	400	٤٠٠
Md Abdel Minin Riyad - Md Ramsis - **Flughafen** (Terminal 2)	949	٩٤٩
Md Abdel Minin Riyad - Md Ramsis - **Flughafen** (AC-Bus)	356	٣٥٦
Md Abdel Minin Riyad - **Sultan Hassan-Moschee** - Zitadelle	194	١٩٤
Md Abdel Minin Riyad - Nazlit El Saman **(Sphinx, Pyramiden)**	997	٩٩٧
Md Tahrir - Manial - **Pyramiden**, Haltestelle Mena House	998	٩٩٨
Md Tahrir - **Khan el Khalili-Bazar**	186	١٨٦
Minibusse		
Md Ataba - Md Tahrir - **Insel Roda**	59	٥٩
Md Ramsis - Sharia 26.July - **Zamalek** (Nordspitze)	47	٤٧
Md Abdel Minin Riyad (Tahrir) - **Zamalek** (Nordspitze)	49	٤٩
Md Ramsis - Sharia 26.July - **Md Lebanon** (Mohandissin)	70, 72	٧٠، ٧٢
Md Abdel Minin Riyad (Tahrir) - Md Ramsis - Roxy - **Flughafen** (Terminal 1)	27	٢٧
Md Abdel Minin Riyad - Dokki - **Pyramiden**, Mena House Hotel	82, 83	٨٢، ٨٣
Md Abdel Minin Riyad - Md Abbassiya **(Sinai Terminal)** - Roxy (Heliopolis)	30, 32	٣٠،٣٢
Md Abdel Minin Riyad - Sharia Port Said - **Khan el Khalili**	77, 102	٧٧، ١٠٢

dieses System „durchlöchert". Der Fahrpreis beträgt normal 50 Pt; die Busse fahren allerdings an den Endpunkten erst los, wenn alle Plätze besetzt sind.

Daneben gibt es diverse Strecken, die von privaten **Minibussen** versorgt werden, z.B. auf der Pyramid Road durch VW-Transporter aller Altersklassen. Man winkt sie an und nennt das Fahrtziel; wenn die Richtung stimmt und Platz ist, steigt man zu und zahlt um 100 Pt. Man kann z.B. vom Midan Tahrir zu den Pyramiden, nach Heliopolis oder von der Sharia Qasr El Aini Richtung Maadi/Heluan fahren; doch sind die Busse meist total überfüllt.

Die neuen grünen Busse in Kairo

Grundsätzlich ist man in der Regel besser in einem Taxi aufgehoben, als sich der hautnahen Enge im Bus oder Minibus auszusetzen.

Die Firma **CTA** fährt mit ihren komfortableren **AC-Bussen** quer durch die Stadt: **Linie 356** startet am Flughafen (beide Terminals) zum Midan Abdel Minin Riyad alle 30 Minuten von 6.30-23.30 Uhr, die Nr. **355** und **357** pendeln zwischen Heliopolis, Midan Ramsis, Midan Tahrir/Midan Abdel Minin Riyad, Manial und den Pyramiden (Mena House Hotel). Die Haltestelle in Tahrir-Nähe liegt östlich vom Ramsis Hilton Hotel, bei den Blumenständen an der Sharia Galaa.

Die Metro - Kairos U-Bahn

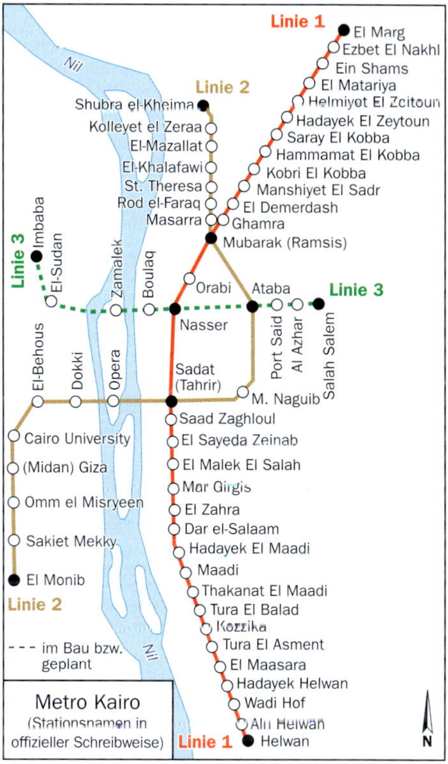

1987 wurde die von den Franzosen erbaute erste Linie der Metro eröffnet, die erste U-Bahn in afrikanischem Boden. Inzwischen ging auch die Linie 2 vollständig in Betrieb; die Planungen für die Linie 3 sind abgeschlossen, die Bauausführung verzögert sich jedoch.

Von Süden kommend verschwindet die Stammstrecke (Linie 1) der Metro im innerstädtischen Bereich bei der Station *Saad Zaghlul* (Nähe Sharia Qasr El Aini, Parlament) in der Erde. Die nächste Station heißt *Anwar el Sadat* und liegt unter dem Midan Tahrir. Danach folgt die Station *Gamal Abdel Nasser* an der Straßenkreuzung Sharia 26.July/Ramsis, dann die Station *Ahmed Urabi* an der Kreuzung Sharia Orabi/Ramsis und schließlich die Station *Hosni Mubarak* unter dem Midan Ramsis vor dem Ramsis-Bahnhof; danach geht's wieder ans Tageslicht. Die Linie 2 verbindet Bulaq mit dem Midan Ramsis, fährt weiter über Midan Ataba zum Midan Tahrir, unterquert den Nil und endet nach verschiedenen Stopps oberirdisch am Midan Monib in Giseh.

Die Abfolge der Stationen - arabisch und englisch ausgeschildert - geht aus dem nebenstehenden Metroplan hervor. Oberirdisch weisen Schilder - rotes **M** in achteckigem Stern und arabischer Schriftzug für *Metro* - auf das Verkehrsmittel hin.

Einige Tipps

- Die Züge fahren zwischen 5.00 und 24 Uhr in wenigen Minuten Abständen.
- Die Metro kostet auf dem gesamten Streckennetz £E 1, Kinder unter 10 Jahren fahren kostenlos. Tickets kauft man am entsprechenden Schalter jeder Station, meist an einer bzw. zwei Schlangen zu erkennen, die kürzere davon ist die für Frauen. Heben Sie das Ticket bis zum Aussteigen auf, Sie benötigen es für die Ausgangssperre.
- Die Züge sind zumindest während der Stoßzeiten von etwa 8-10, um die Mittagszeit und nachmittags ab etwa 15 Uhr brechend voll.
- **Für Frauen** sind der erste oder die beiden ersten Wagen reserviert; sie können aber auch andere Wagen benutzen. Männer, die versehentlich einsteigen, müssen sich gegenüber der Polizei rechtfertigen.

Die **Straßenbahn**, einst Hauptverkehrsmittel, dann Verkehrshindernis, ist nach dem Metrobau praktisch aus dem Innenstadtbereich verbannt worden.

Als weitere Schienenverbindung ist die **Heliopolis-Bahn** zu nennen, die aus drei Linien besteht und eher eine Schnellbahn ist. Sie startet am Ramsis-Bahnhof und fährt weite Strecken auf eigenem Gleiskörper. Die drei Linien steuern, nachdem sie Zentral-Heliopolis (Roxy und Sh Al Ahram) hinter sich haben, unterschiedliche Ziele an: Sh El Mousa (rote Linie), Mirghani (gelbe Linie) und Higazi/Abdel Aziz Fahmy (türkis).

Motorboot-Liniendienst

Für 50 Pt Fahrpreis befördern blauweiße Linienschiffe Passagiere auf dem Nil; ein gerade für den Neuankömmling empfehlenswertes Verkehrsmittel, um - gemütlich - einen Eindruck der Stadt beiderseits ihres Flusses zu gewinnen. Die Haltestellen (großes weißes Schild mit roter arabischer Schrift auf weißem Untergrund am blauen Anleger) liegen:

- rechtes Nilufer, nördlich der 6.October Brücke, nahe dem Radio & Television Building
- linkes Nilufer in Dokki, Nähe der Universität, nördlich der El Gamma-Brücke
- Insel Roda, südlich der El Gamma-Brücke
- Insel Roda, südlich der Giseh-Brücke
- linkes Nilufer in Giseh, südlich der Giseh-Brücke
- rechtes Nilufer Alt-Kairo, etwas südlich gegenüber dem Nilometer

Hinweis: Nicht alle Linien fahren alle Haltepunkte an, daher beim Einsteigen fragen, ob der gewünschte Halt tatsächlich angelaufen wird.

Von der Anlegestelle an der Embaba-Eisenbahnbrücke fahren auch Boote zu den Barrages du Nil ab (siehe Seite 190).

Taxi

Taxifahrten sind, verglichen mit deutschen Preisen, spottbillig. Für die hiesige Grundgebühr fährt man in Kairo durch zwei Stadtteile, z.B. vom Midan Tahrir über den Nil nach Mohandissin

Wer günstig davonkommen will, kennt den Preis für die Strecke im Voraus, hält passendes Geld bereit, zahlt kommentarlos beim Aussteigen (Profis steigen aus und zahlen durchs geöffnete Fenster) und lässt sich auf weiteres Feilschen nicht ein. Für den ersten Kilometer sollte man ca. £E 1,50 rechnen, jeder weitere km bis zu £E 0,50; allerdings fließen auch Verkehrssituation, Tageszeit, Anzahl der Fahrgäste und eventuelles Gepäck mit in den Preis ein; eine hierzu passende Größenordnung aus jüngster Zeit ist 1 £E pro Minute Unterwegssein. Mit etwa £E 5-10 kann man im Stadtzentrum zurechtkommen; z.B. die Strecke Midan Tahrir - Khan el Khalili abfahren, zur Zitadelle zahlt man £E 10-15, zu den Pyramiden ca. £E 20-30 (diese Preisangaben beziehen sich jeweils auf 1-2 Passagiere). Vergessen Sie den Taxameter; falls überhaupt eingeschaltet, zeigt er uralte Preise an. Wichtig für Billig-Mitfahrer ist, tunlichst die schwarzweißen, meist verbeulten Taximodelle (Fiat, japanische Modelle) anzuwinken; zwar sprechen deren Fahrer selten englisch, aber sie fahren mit ihren manchmal abenteuerlichen Rumpelkisten zu geringerem Entgelt.

Wenn man ein Taxi für einen Ausflug mietet, sollte man vielleicht auch den Hotelrezeptionisten mit einbinden, diese Leute haben meist einigermaßen zuverlässige Fahrer an der Hand, die unterwegs nicht erneut um den Preis feilschen. Das ist zwar immer deutlich teurer, weil der Taxler den Vermittler am Umsatz beteiligen muss; deswegen halten sich in der Nähe von besseren Hotels immer abrufbereite Taxis auf. Es handelt sich um etwas vornehmere Autos (bevorzugte Marke Peugeot), die mindestens doppelt so teuer wie die üblichen Klapperkisten sind, die Fahrer sprechen aber meist etwas englisch. Vereinbaren Sie für Fahrten z.B. ins Fayum oder nach Sakkara unbedingt vorher Preis, Fahrtroute, Dauer und eventuelle Sonderleistungen möglichst eindeutig und genau. Gehen Sie, vor allem bei nicht vermittelten Taxis, davon aus, dass Sie dem Fahrer unterwegs ausgeliefert sind, und dass er diese Situation zum Erpressen höherer Preise nutzen kann. Nehmen Sie ältere Fahrer, die haben den etwas besseren Ruf; zahlen Sie erst nach der Rückkehr. Leser machten gute Erfahrungen mit Ahmed Fouad in Kairo/Bulaq, Tel 0122 780213.

Es gibt keine Taxi-Standplätze wie bei uns; man stellt sich möglichst dicht an den Straßenrand und versucht, durch Winken auf sich aufmerksam zu machen. Sobald sich ein Taxi interessiert nähert und bereits Fahrgäste befördert, rufen Sie Ihr Fahrtziel (möglichst bekannte Straße oder Stadtteil) dem Fahrer zu. Wenn dies an seiner Strecke liegt, nimmt er Sie mit. Leere Taxis fahren natürlich das gewünschte Ziel direkt an. Angesichts größerer Gewinnspanne halten Taxis bevorzugt bei Fremden. Lassen Sie sich unbekanntere Ziele im Hotel in Arabisch auf Zettel schreiben, die Sie dann dem Taxler oder seinen Gästen zeigen können, damit er Sie zum richtigen Ort bringt. Dazu gehört auch der Name Ihres Hotels für den Rückweg.

Doch bei dem verständlichen Wunsch, nicht vom Taxifahrer übers Ohr gehauen zu werden, sollte der Fahrgast auch an den Mann/Familienvater hinter dem Steuer denken: Sein durchschnittlicher Tagesverdienst liegt nach allen Abzügen bei £E 20-30. Wer würde sich in Deutschland für einen ähnlichen Hungerlohn einen Tag lang durch Abgasschwaden quälen? Gute/freundliche Fahrer sollte man mit einem zusätzlichen Trinkgeld belohnen.

Yellow Cabs sind eine neue, noch nicht häufig zu sehende Variante, die speziell für Touristen eingeführt wurde und derzeit nur telefonisch bestellt werden kann. Umweltschonend durch Erdgasbetrieb, klimatisiert, Sicherheitsgurte, funktionierende Taxameter für die Abrechnung, auch per Kreditkarte bezahlbar, der Startkilometer kostet LE 3,50, jeder weitere km £E 1, Wartezeiten (Stau) werden ebenfalls berechnet. Die Fahrer haben einen Englischgrundkurs hinter sich. Drei Firmen teilen sich den Kuchen, daher die folgenden Telefonnummern: International Cairo Taxi: **19155**, City Cab: **16516**, Cairo Cab: **19730.**

Yellow Cab am Midan Tahrir

Besonders mutige Besucher können sich ein **Fahrrad** leihen (ca. £E 10/6 Std) bei Fahrradhändlern im Zentrum, in der Nähe der Kreuzung Sh Mohammed Farid/Qasr el Nil oder in Zamalek bei Hannafi Mohammed Mousa, 8 Sh El Said el Bakri.

Organisierte Bus-Trips

Natürlich freuen sich alle lokalen Reisebüros, Sie auf einen organisierten Busausflug („Kaffeefahrt") z.B. zu den Pyramiden von Giseh und nach Sakkara mitzunehmen; unter £E 70-100 ist ein derartiger Trip kaum zu bekommen. Aber eine Warnung: Gewöhnlich lassen diese Busse keinen Parfüm-, Teppich-, Papyrus- oder sonstigen Souvenirladen aus und halten mittags geschickt vor einem Restaurant mit angeschlossener Souvenirabteilung. Der Unternehmer/Fahrer ist mit bis zu 50 Prozent an jedem gekauften Objekt beteiligt - und Sie verlieren zusätzlich jede Menge Zeit, wenn Sie selbst nicht am Einkaufen interessiert sind, aber auf die anderen Fahrgäste warten müssen.

Anders verlaufen hingegen die Minibus-Trips, die von nahezu jedem Billighotel oder z.B. von *Hamis Travel* angeboten werden und bei denen man schon (ohne Guide) für ca. £E 40-60 pP nach Gisen, Sakkara und Memphis kommt. Uns ist zumindest nicht bekannt, dass von diesen ähnliche Tricks angewandt werden. Dennoch sollten sie sich vorsichtshalber vor der Abfahrt vergewissern.

Fernverkehr

Züge

Die Fahrkartenschalter sind im **Ramsis-Bahnhof** einigermaßen unsystematisch angelegt; siehe Plan. Für Tickets nach Oberägypten muss man durch die Haupthalle gehen, die Gleise unterqueren und in der ersten Schalterhalle Fahr-

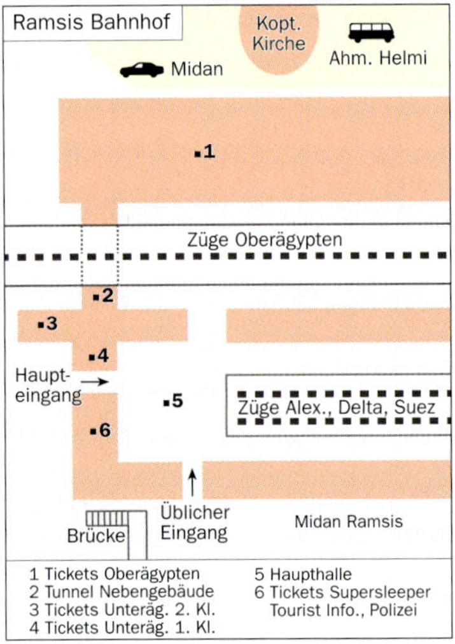

karten für die Erste Klasse, in der zweiten für die Zweite Klasse kaufen. Die Schalter öffnen um 6 Uhr; häufig sind die Zugnummern, für die Karten verkauft werden, angezeigt (allerdings in Arabisch, wie auch auf den Bahnhöfen; Zahlen siehe Seite 426). Fahrkartenkauf bedeutet häufig langes Anstehen; Frauen stehen in eigener, meist kürzerer Reihe an. Auch *Hamis Travel* im Gebäude gegenüber dem Eingang besorgt Fahrkarten, durchaus auch für angeblich ausverkaufte Züge. Im Ramsis-Bahnhof gibt es aus Sicherheitsgründen keine Schließfächer mehr.

Wer sich das Durcheinander am Ramsis-Bahnhof ersparen will, kann für **Fahrten nach Oberägypten** auch vom **Giseh-Bahnhof** aus starten; dies wird sogar offiziell empfohlen. Dort kann man ebenfalls Tickets kaufen. Am besten fährt man mit der Metro, von deren Bahnhof folgt man dem Schild *Trains to Upper Egypt* die Treppe hinunter und steht am richtigen Gleis. Tickets gibt es links neben dem Ausgang. Die Züge fahren von Giseh aus etwa 15 Minuten später als von Ramsis ab. Häufig halten zuvor noch andere Züge nach Oberägypten, die aber so alt aussehen, dass man gar nicht auf die Idee kommt, einzusteigen.

Luxor und Assuan:

Im Herbst 2007 waren neben dem komfortablen Schlafwagenzug *Supersleeper* drei Züge für Ausländer zugelassen, fragen Sie aber den aktuellen Stand ab.

- **Sleeper**: Abfahrt **20.00 Uhr**, Ankunft Luxor 8.00, Assuan 10.00, Fahrpreis incl. Dinner und Frühstück: Doppelkabine $ 120, Einzelkabine $ 80.
- **Abfahrten der zugelassenen Normalzüge** (1., 2. Kl. AC; £E 90 1. Kl., £E 60 2.Kl. bis Luxor, £E 110/75 bis Assuan):
- **7.40 Uhr,** Ankunft Luxor ca. 17.40, Assuan ca. 20.40
- **22.00 Uhr**, Ankunft Luxor ca. 8.00, Assuan ca. 11.00
- **0.30 Uhr,** Ankunft Luxor ca. 10.30, Assuan ca. 13.30

Die Züge verkehren derzeit wieder sehr unpünktlich. Nach den schweren Unfällen in der jüngsten Vergangenheit soll mehr Sicherheit durch langsameres Fahren erzeugt werden.

Wenn Sie entgegen den Bestimmungen mit anderen Zügen fahren wollen, steigen Sie ein und kaufen das Ticket im Zug, allerdings gibt es dann keine Sitzplatzreservierung, und das kann Stehen über lange Strecken bedeuten. Es sei denn, ein Ägypter kauft das Ticket mit Reservierung für Sie. Geeignete Züge mit 1. und 2. Kl. AC fahren ab um 12.00, 19.45 und 22.00.

Fernbusse

Da für das Niltal Züge deutlich besser geeignet und Busfahren wegen der Restriktionen für Ausländer immer noch problematisch sind, verzichten wir hier auf detaillierte Angaben. Erst zwischen Luxor und Assuan ist Busfahren wegen der höheren Frequenz der Verbindungen wieder interessant. Wer dennoch den Bus nehmen will, muss am Roten Meer entlang über Hurghada fahren.

- **Kairo - Assuan** über Luxor 17.00, £E 91, 12 Std Fahrzeit
- **Kairo – Luxor** 21.00, £E 91, 9 Std

Der Haupttterminal für Fernbusse befindet sich auf dem **Midan Turguman**, einem Platz an der

Sharia Shanan, die von der Sh Galaa abzweigt. Nach ca. 100 m die erste Straße nach links (ohne Namen) nehmen, dort liegt der Terminal nach 50 m rechts hinter einer Moschee (von der nordöstlich gelegenen U-Bahnstation Orabi läuft man etwa 400 m). In einem großen Neubau sind die Schalter der Busgesellschaften ebenerdig aneinander gereiht, elektronische Anzeigen darüber leuchten zeitweise auch in Englisch auf. Die Busse fahren im Tiefgeschoss ab.

Autofahren in Kairo

Mitschwimmen im Verkehr

Tipps für Selbst(Mietwagen)fahrer

Fürchten Sie sich nicht! Kairo überrumpelt den ordnungsliebenden Mitteleuropäer mit dem anscheinend chaotischsten Verkehr der Welt - umgekehrt wird ein Ägypter über die Sturheit unseres Verkehrssystems nur den Kopf schütteln können. Dennoch, haben Sie keine Angst, sich in Kairo ans Steuer zu setzen, um z.B. nach Sakkara oder ins Fayum (Wadi Rayan) zu fahren.

Jeder Verkehrsteilnehmer ist ständig darauf gefasst, dass sich alle um ihn herum jederzeit alles erlauben: plötzlich ausscheren, abbiegen, bremsen, wenden, stehen bleiben, in zweiter oder dritter Reihe anhalten oder parken etc. Das alles geschieht hautnah, manchmal ein bisschen zu nah, weil keine Chance des Vorwärtskommens ungenutzt bleiben darf und jede auch nur handtellergroße Lücke sekundenschnell zu besetzen ist. Es ist erstaunlich, wie schnell man - mit etwas gutem Willen und ohne in Kairo mitteleuropäisches Verkehrsverhalten einführen zu wollen - sich in dieses System integriert. Mir macht es ausgesprochen Spaß, in dem Getümmel mitzumischen.

Diese extrem flexible Verkehrsabwicklung ist überhaupt nur möglich, weil in der Praxis nur wenige Regeln anerkannt werden; denn es gilt, auf den verstopften Straßen voranzukommen und sich nicht durch abstrakte Gesetze behindern zu lassen. Allerdings bemüht sich die Obrigkeit neuerdings um mehr Ordnung: Ampeln wurden mit Rotlichtblitzanlagen ausgerüstet, Polizisten greifen mehr ein.

Der Hupenlärm erreicht, wie Messungen ergaben, am Midan Tahrir Werte von 105 Dezibel, also weit mehr, als die Dauerbelastung zulässt. Daher ist seit 1998 in Kairo das Hupen verboten, Zuwiderhandlungen kosten £E 100 Strafe. Wenn seither für jeden Druck auf die Hupe auch nur £E 1 kassiert worden wäre, könnte Kairo schlagartig alle Finanznöte vergessen...

Als großes Problem - wie könnte es anders sein - erweist sich das **Parken**. Noch scheint es, dass jeder sein Auto stehen lässt, wo immer es ihm einfällt. An vielen Straßen hüten selbsternannte Parkwächter den arg begrenzten Raum. Häufig kann man - wenn nichts Wertvolles im Wagen liegt - Auto samt Schlüssel hinterlassen, und der gute Mann wird es in die erste frei werdende Lücke bugsieren. Auch wenn Sie einen Platz gefunden haben, lassen Sie den Wagen ohne Bremse stehen, damit er hin- und her geschoben werden kann. Manchmal werden wilde Parker sogar abgeschleppt; allerdings kennt niemand die Regel, warum welcher der unendlich vielen Falschparker von der Bildfläche verschwindet.

In der Innenstadt gibt es nur wenige **öffentliche Parkflächen** bzw. -häuser. Hier die uns bekannten: offene Plätze (wohnmobilgeeignet) unter der 6.October-Brückenabfahrt zum Tahrir oder in der Sharia Abdel Salam Arif (Verlängerung der Sharia Bustan) kurz vor dem Midan Tahrir rechts. Ganz in der Nähe des Midan Tahrir steht ein Parkhaus: Fahren Sie in die Sharia Talaat Harb, dann gleich rechts in die Sharia Bustani und dort wiederum die erste Straße rechts, links sehen Sie das Schild. Quasi vor dem Mogammagebäude gibt es eine unterirdische Parkgarage, die allerdings schon bald morgens überfüllt ist. Eine weitere Tiefgarage wird derzeit vor dem Ägyptischen Museum gebaut. Auch am Midan Opera gibt es zwei Parkhäuser. Am Ramsis-Bahnhof kann man mit viel Glück gegen Gebühr direkt vor dem Haupteingang parken, der links neben dem üblichen Eingang liegt. In vielen Straßen im Zentrum wurden an den Straßenrändern „verschließbare" Parkplätze angelegt, die £E 20 pro Tag kosten und von einem Wärter betreut werden, der herbeieilt.

Das Straßennetz

Das Fortbewegen in Kairo hat - leider - viele Schattenseiten. Die Stadt wurde einst für etwa 2 Mio Einwohner geplant, ca. 16 Millionen müssen sich jetzt in der Stadt bewegen, die wenigsten per Auto, aber diese verstopfen die Straßen schon genug.

Der Nil, der die westlichen Stadtteile vom größeren östlichen Gebiet trennt, kann im innerstädtischen Bereich nur auf sechs **Brücken** überquert werden (abgesehen von den beiden Ringroad-Autobahnbrücken); ihnen kommt fast eine Schlüsselfunktion zu. Die **15.May-Brücke** ist die nördlichste der über die Insel Gezira führenden Brücken. Auf ihr kreuzt die **Sharia 26.July** den Nil, die im Zentrum an den Ezbekiya-Gärten (Nähe Midan Ataba) beginnt, zunächst den östlichen Zentrumsteil und dann Zamalek durchquert. Am Westufer zweigt die sechsspurige Gamniat el Doval el Arabiya im Wohnviertel Mohandissin ab, es geht aber kreuzungsfrei weiter zum Midan Lebnon und dort auf den so genannten **26.July-Corridor**, der als Autobahn zur **Alexandria Desert Road** und dann zur 6.October-City führt und in die **Oasenstraße Richtung Bahariya** einmündet.

Die **6.October-Brücke** ist eine der wichtigsten innerstädtischen Verbindungen. Sie gehört zu einem Hochstraßensystem, das in Abbassiya im Nodosten beginnt und, als angeblich längste Brücke Afrikas, etwa dem Verlauf der Sharia Ramsis zum Ramsis-Bahnhof folgt, dann Richtung Midan Tahrir zielt, aber vorher zur 6.October-Brücke abknickt, auf dieser den Nil mit der Insel Gezira nach Dokki überquert und dort auch noch kreuzungsfrei über einige Straßen hinwegführt.

Südlich der 6.October-Brücke überspannt die **El Tahrir-Brücke** (auch Qasr el Nil-Brücke) den Fluss bis zur Insel Gezira. Dort mündet sie in einen kleinen Platz mit einer von dem Bildhauer Mokhtar geschaffenen Statue von Saad Zaghlul, dem unerschrockenen Kämpfer für die Unabhängigkeit Ägyptens von den Engländern. Dann verläuft die Straße ein Stück auf der Insel und findet über die **El Gala-Brücke** Anschluss ans Westufer. Diese Strecke nimmt viel Verkehr vom Midan Tahrir in Richtung Dokki oder Giseh auf.

Die Insel Roda dient zwei Brücken als Stützpunkt: der **El Gamma-Brücke** im Norden und der **El Giseh-Brücke** im Süden, welche die Pyramid Road mit der Sharia Salah Salem verbindet.

Weitere wichtige innerstädtische Verbindungen sind die Straßen zu beiden Seiten des Nils. Die östliche, die **Corniche el Nil**, nimmt im Norden den Verkehr vom Delta und von Alexandria auf und verläuft meist vierspurig immer am Nil entlang, quer durch die Stadt Richtung Heluan. Ihr gegenüber am Westufer ist die **Sharia El Nil**, die ebenfalls von Norden in die Stadt führt, aber an der El Gala-Brücke, am Südende der Gezira-Insel, den Verkehr an die um einen Block vom Nilufer entfernte Sharia El Giseh abgibt. Erst südlich der El Giseh-Brücke wird der Nil wieder erreicht.

Eine, zumindest aus touristischer Sicht, sehr wichtige Aufgabe muss man der von den Pyramiden und damit der Wüstenautobahn von Alexandria (*Desert Road*) herführenden **Sharia El Ahram (Pyramid Road)** zusprechen, die Giseh durchschneidet und über die zweitsüdlichste Nilbrücke auf die breit angelegte Sharia Salah Salem führt. Diese wiederum umgeht die Zitadelle östlich und endet als Sharia El Uruba in gerader Linie am Flughafen in Heliopolis. Zuvor zweigen, über einige Kreuzungen hinweg, die Straßen nach Suez und Ismailiya ab.

Parallel zur Pyramid Road, und bereits etwas früher von der Desert Road abzweigend, führt die **Sharia Feisal** ebenfalls zum Midan Giseh.

Eine weitere, als Schnellstraßen-Tangente angelegte innerstädtische Umgehung führt, von Suez bzw. dem Flughafen kommend, Richtung Zitadelle, biegt dort leicht links ab, lässt El Fustat rechts liegen und umgeht Maadi ebenso wie Heluan, um schließlich am Ostufer in die Niluferstraße zu münden.

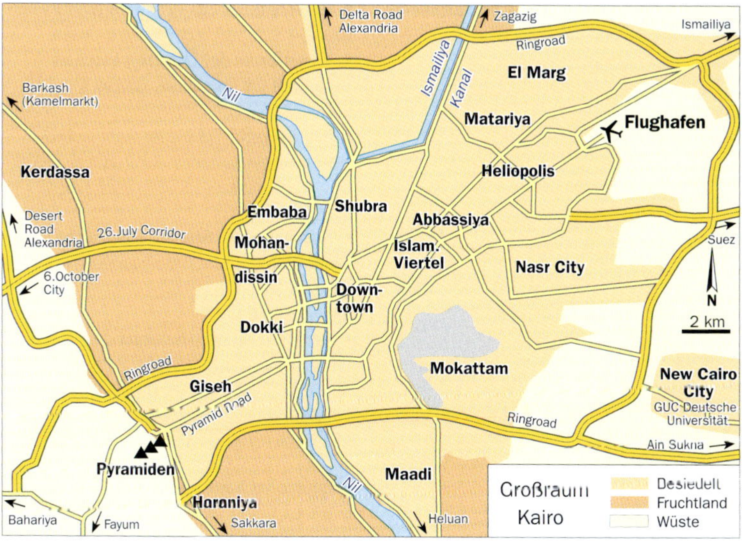

Nützliche Adressen

Wichtige Organisationen, staatliche Stellen

- **Telefon-Vorwahl 02**
- Informationen im Web zu Kairo siehe S. 30
- **Touristen-Information:** Hauptbüro 5 Sh Adly, Tel/Fax 22391 3454; Öffnungszeiten 9-19, Ramadan -15, Uhr. Weitere Büros finden Sie in beiden Flughafenterminals, Tel 2291 4277, im Hauptbahnhof, Tel 2579 0767 und Giseh Bahnhof, Tel 3570 2233, an der Pyramid Road, Tel 3383 8823, gegenüber dem Mena House Hotel.
- **Polizei:** Tel 122, Notruf 2757 987, 2760 785, 2930 900, 922
- **Touristenpolizei:** 5 Sh Adly, Tel 126 oder 292 611 205, in Giseh gegenüber Mena House Hotel
- **Ambulanz:** Tel 123
- **Feuerwehr:** Tel 125
- **Cairo Traffic Department** (Verkehrsfragen): Ende der Sh 26.July am Midan Opera
- **Antiquitätenverwaltung:** Supreme Council of Antiquities (SCA), 4d Sh Fakhri Abd el Nour, Abbassiya (direkt hinter Misr Travel Tower)
- **Hauptpost:** Midan Ataba, geöffnet 7-19 Uhr, postlagernde Briefe und Pakete (8-18, Fr 10-12) in der Seitenstraße rechts
- **Telefon:** (Auslandsgespräche) und Telegramme mit 24 Std-Service: Central Telephone and Telegraph Office, Sh Adly (nahe Touristen-Information), Midan Tahrir, Sh Ramsis und Sh El Alfy
- **Mogamma:** Behördensilo, u.a. Ausstellung von Visa-Verlängerungen etc., Midan Tahrir (Süd)
- **Automobile and Touring Club of Egypt:** 10 Sh Qasr el Nil, Tel 2578 355
- **Tasrih-Ausstellung** für z.B. Gebiete der Libyschen Wüste:**Military Intelligence Group** 26 Sh Manshia el Bakry, Heliopolis
- **Deutsche Evangelische Oberschule** (DEO): 6 Sh El Dokki, Dokki, www.gega.net/deokairo

- **Deutsche Schule der Borromäerinnen:** 8 Sh Mohammed Mahmoud, Bab el Louk, www.dasan.de/dsbkairo

Botschaften

- **Bundesrepublik Deutschland**, 8 Sh Hassan Sabry/ 2 Sh Berlin, Zamalek, Tel 2728 2000, Fax 2728 2159, germemb@gega.net, Geschäftszeiten So-Do 9-11 Uhr, www.german-embassy.org.eg, www.cairo.diplo.de
- **Republik Österreich**, 5 Sh Wissa Wassef/ Sh El Nile (südlich neben der Universitäts-Brücke *Kubri el Gama*), Dokki, Tel 2570 2975, Fax 2570 2979, www.austriaegypt.org
- **Schweiz**, 10 Sh Abdel Khalek Tharwat, Downtown, Tel 2575 82 84, Fax 2574 5236, vertretung@cai.rep.admin.ch
- **Jordanien**, 6 Sharia Guhainy, Dokki, Tel 2748 5566
- **Libyen**, 7 Sharia El Sallah Ayub, Zamalek, Tel 2735 0072
- **Sudan**, 3 Sharia Ibrahim, Garden City, Tel 2736 7863
- **Syrien**, 18 Sharia Abd el Rahim Sabri, Dokki, Tel 2335 8806

Kultur, Archäologie

- **American University in Cairo** (AUC), Public Relation Office, Hauptgebäude Sharia Sheikh Rihan (Nähe Tahrir)
- **Deutsches Archäologisches Institut** (DAI), 31 Sh Abou el Feda, Zamalek, Tel 2311 591
- **Deutscher Akademischer Austauschdienst** (DAAD), 11 Sh Salah Ayoub, Zamalek, Tel 2735 2726
- **German University in Cairo** (GUC), New Cairo City, Main Entrance Al Tagamoa Al Khames, Tel 27589 9908, contact@guc.edu.eg, www.guc.edu.eg
- **Goethe-Institut**, 5 Sh Bustan (Nähe Tahrir), Tel 2575 9877, http//:www.goethe.de/na/kai; Bibliothek geöffnet Mo-Sa 9-14, 17-20, deutsche Bücher, Zeitschriften und Tageszeitungen
- **Österreichisches Archäologisches Institut**, 6A Sh Ismail Mohammed, Zamalek
- **Kulturforum der Österreichischen Botschaft**, 1103 Corniche, Garden City, Tel 2794 4063
- **Pro Helvetia**, Schweizer Kulturinstitut, c/o Schweizer Botschaft, 10 Sh Abdel Khalek Tarwat, Downtown, Tel 2575 8284, www.prohelvetia.ch/cairo
- **Schweizer Institut für Ägyptische Bauforschung**, 13 Sh El Shaer Aziz Abaza, Zamalek

Sprachschulen

- **Arabic Language Institute** der American University in Cairo, Sh Sheikh Rihan (Nähe Tahrir), Tel 2354 2964, (bestes Institut, teuer)
- **International Language Institute** 3 Sh Mahmoud Azmy, Mohandissin, Tel 2346 3087

Fluggesellschaften

- **Air France**, 2 Midan Talaat Harb, Tel. 575 8899, Terminal 2, Tel. 417 5306/7
- **Alitalia**, Nile Hilton Hotel, Tel 2578 5823
- **Austrian Airlines**, 4d Sh Gesira, Zamalek, Tel 2735 2777
- **Egypt Air** , 6 Sh Adly, Tel 2390 0999; 9 Sh Talaat Harb, Tel 2392 7664; Flughafen Tel 2418 3690; weitere Büros in vielen Stadtteilen
- **Lufthansa**, 6 Sh El Sheikh el Marssafi, Zamalek, Tel 2739 8339; Flughafen Terminal Tel 2417 6419
- **MALEV**, 5 Sh Talaat Harb, Tel 2392 0219
- **Olympic Airways**, 23 Sh Qasr El Nil, Tel 2393 1277
- **Turkish Airlines**, Nile Hilton Hotel, Tel 2574 9009
- **Swiss International Airlines**, 4 Sh Qasr el Nil, Tel 2396 1733

Banken

Banken-Öffnungszeiten: außer freitags 8.30-13.30 Uhr, sonntags 10-12 Uhr. Die deutschen Banken sind nur durch Repräsentanten in Ägypten vertreten. Barauszahlungen mit Kredit- oder EC-Karte sind bei einer Vielzahl von Bankautomaten der MISR und der Cairo Bank möglich.

- **American Express**, 15 Sh Qasr El Nil, POB 2160, Tel 2760 5256 (täglich 8.30-16.30 U), auch 4 Sh Syria, Mohandissin, Tel 2760 1564, oder im Nile Hilton Hotel; Büros auch in den großen Hotels Kairos, im Winter Palace Hotel in Luxor und Old Cataract Hotel in Assuan
- **Citibank**, Nile Tower, 21/23 Sh Giseh, Giseh oder 2 Sh Abdul Kader Hamza, Garden City, Tel 2792 2786
- **Commerzbank**, Banque Misr Tower, 22nd floor, 153 Sh Mohammed Farid, Tel 2390 7242
- **Misr International Bank**, 8 Sh Ibrahim Neguib, Garden City
- **Geldwechsel:**

24-Stunden Geldwechsel bietet die Bank im Nile Hilton Hotel. Von 9-21 Uhr hält **EIMCO** in der Sh Bustan Nähe Sh Talaat Harb offen. In der Sh Bustan sind noch weitere Wechsler zu finden, die in der Regel recht günstige Kurse bieten ebenso wie **Pharao**, Sh Qasr el Nil/ Mohammed Farid.

Medizinische Versorgung

Nehmen Sie in Notfällen Kontakt mit Ihrer Botschaft auf, Deutschland Tel 02 2728 2000, Österreich Tel 02 2570 2975,Schweiz Tel 02 2575 82 84

Die meisten der folgenden Angaben gehen auf die Zeitschrift *Papyrus* bzw. auf die sehr informative Internetsite **www.kairofamiliennetz.de** zurück, die in akuten Fällen wegen aktuellster Information kontaktiert werden sollte.

- **Krankenwagentransport** Tel 123 (Doktor verlangen!) oder bei Krankenhaus anfordern; kann lange dauern, daher Taxi nehmen

Vertrauensärzte der Deutschen Botschaft (Allgemeinärzte und Innere Medizin)

- **Frau Prof. Dr. Mona Abu-Zekry** (deutschsprachig; sehr gut), 7 Sharia El Zouhour, Mohandissin, Tel 2760 0101, privat 2730 4998, 012 2142 669
- **Dr. Mahmoud el Kadi** (deutschsprachig), El Fath Hospital, Road 9, Maadi, Tel 2358 5895, 2358 5651, privat 010 197 1743
- **Frau Dr. Lamiis Ragab** (deutschsprachig, Vertrauensärztin der Dt. Evang. Oberschule DEO, Kinderheilkunde), 11 Sh Talaat Harb, Downtown (ab 20 Uhr), Tel 2392 0774, 010 191 9918

Hals-Nasen-Ohren

- **Dr. Ashraf Ragab** (deutschsprachig), 11 Sh Talaat Harb, Apt. 16, Tel 2392 0774, 012 215 6722

Urologe

- **Dr. Hisham El Din Mustafa** (Assistent Dr. Samir spr. deutsch), über Shaalan Surgicenter, Mohandissin, Tel 2748 5479, 012 311 3606

Gynäkologen

- **Frau Dr. Samira El Mallach**, (deutschsprachig), 21 Sharia El Kalifa El Maamoun, Roxy Heliopolis, Tel 2291 8030, 010 146 7863
- **Dr. Sherif Hamza** (deutschsprachig), 53 Sharia El Zahraa, Mohandissin, Tel 2748 3424, 2760 7029, 012 211 1458

Augenarzt

- **Dr. Saleh Sherif Adel** (deutschsprachig), 5 Sharia Mossadek, Dokki, Tel 2761 0105, 010 142 3776

Zahnarzt

- **Dr. Nader Bashandi** (deutschsprachig), 310, Sh. Sudan, Mohandissin, Tel 010 170 17 29.

Krankenhäuser

Bei Behandlung im privaten Krankenhaus wird meist Vorschusszahlung verlangt.

- **Anglo-American Hospital**, Tel 2735 6162/4, Zamalek, direkt neben dem Cairo Tower
- **Al Shorouk Hospital**, 5 Sharia Bahr el Ghazal, Mohandissin, Tel 2739 96 99
- **Misr International Hospital**, 12 Sharia El Saraya, Dokki (Nähe Midan Saad El Aly), Tel 2760 8261-9, Notfallaufnahme 2335 3567
- **Al Salam International Hospital**, Corniche el Nil, Maadi, Tel 2524 0250, Notfallaufnahme 2524 0077.

Erste Hilfe bei Vergiftungen

- **El Shams Universitätsklinik**, Heliopolis, Tel 2482 3314

Tierarzt, Tiermedizin

- **The Broke Hospital for Animals**, 2 Sh Beyram El Tonfi, Alt-Kairo, Tel 2364 9312

Apotheken (24-Stunden-Service)

- **El Ezaby, Dr. Alam**, 11 Sharia Syria, Mohandissin, Tel 2704 1847
- **Essam**, 101 Road 9, Maadi, Tel 2380 1611
- **Seif**, 76 Qasr el Aini, Tel 2794 2678

Reiseagenturen

Hunderte von Reisebüros bieten in Kairo ihre Dienste an; in der kostenlosen Broschüre *Cairo By Night And Day* finden Sie eine ausführliche Auflistung. Grundsätzlich muss man sich überlegen, ob man mehr Zeit fürs Anstehen und Buchen oder mehr Geld für eine organisierte Reise ausgeben will. Für diesen Fall können die folgenden Adressen von Nutzen sein.

- **Blue Sky Travel**, 14 Sh Champollion (Zentrum), Tel 2574 2201, besorgen Einzelplätze auf Nilkreuzfahrern (Büros in Luxor, Assuan)
- **De Castro Tours**, 12 Sh Talaat Harb, Tel 2574 3144, gegenüber Felfela Restaurant; guter Service, günstige Preise, Studentenrabatte
- **Eastmar**, 13 Sh Qasr El Nil (Nähe Tahrir), Tel 2574 5024, auf Nilkreuzfahrten spezialisiert, aber auch andere Angebote, seriös
- **Egypt For All**, 44 Sh Mostafa Sadek El Rafei, Heliopolis, Tel 23270 457, 3113 988, info@egyptforall.com, www.egyptforall.com; spezialisiert auf Behinderte, sehr engagiert, bietet sogar Wüstentrips an
- **MISR Travel**, Sh Demaskes Sour Nadi, Midan El Maadi Swaris, Tel 2359 6807, staatliches ägyptisches Reisebüro, gut englisch-, auch deutschsprachiges Personal
- **Pan Arab Tours**, Alma Nagub, 55 Sh Gumhurriya, Tel 2902 133, deutschspr. Personal
- **Spring Tours**, Hauptbüro 3 Sh El Said el Bakry, Zamalek, Tel 2736 5972; Zweigbüro 11 Sh Talaat Harb, Tel 2392 2627. Wir machten gute Erfahrungen mit der und Effektivität dieser Leute.
- **Thomas Cook**, 17 Sh Mahmoud Bassiouny, Tel 2574 3955, sehr freundlich und hilfsbereit
- **Travco**, 13 Sh Mahmoud Azmi, Zamalek, Tel 2736 2042, www.travco-eg.com, bekannte Agentur (Tochtergesellschaft von TUI)

Reiseführer

- **Ashraf Kamal**, 52 Sh El Zahara (Dokki), Tel 2761 1195, bietet häufig gelobte Minibus-Touren nach Sakkara, ins Fayum oder zu anderen Zielen an
- **Nina El Awadly**, fließend deutsch sprechend als Tochter einer deutschen Mutter, fundiertes Wissen, gute Verbindungen, Tel 010 142 5544, alexanina33@htomail.com
- **Serageldin Elhanafi,** guter deutschsprachiger Fremdenführer, Tel 2271 8651, 012 2152596, selhanafi@yahoo.com
- **Ahmed Elshebokshi**, gut deutsch sprechender Kairo-Führer, 9 Sh Riadshams, Nasr City, Tel 2287 3839
- **Mahmoud Bakkar,** 25 Moez El-Dawla, Nasr City, Tel 0122142352, drbakkar2000@yahoo.com

Reiseagenturen für Individualtouristen

Einige Reisebüros kümmern sich speziell um Individualisten. Rezeptionisten von Billighotels vermitteln ebenfalls diese Kleinunternehmer. Auch das folgende Büro startete so:

- **Hamis Travel**, Ramsis-Station (im Nebengebäude gegenüber dem eigentlichen Haupteingang), P.O Box 600 Cairo, Tel 2574 9275, hamis@hamis-eg.com, hamis@hamis.com.eg, www.hamis-eg.com, Dr. Abou Shadi von Hamis Travel und seine deutsch sprechende Frau Anny haben sich auf organisierte Touren für Individual-Traveller spezialisiert: z.B. Tagestrips nach Giseh und Sakkara, Mehrtagestrips nach Luxor und Assuan, in die Oasen, auf den Sinai, Kreuzfahrten und Feluka-Trips zwischen Assuan und Luxor; zuverlässig, häufig gelobt.
- **Noga Tours**, 26 Sh Kodai, Shubra, Tel 2207 1224, 012226 069902, Fax 2206 3340, hsaied@hotmail.com, http://jump.to/egypt, Mr. Hussein Saied, kümmert sich ebenfalls um Individualtouristen und bietet billige Touren in ganz Ägypten an bzw. arrangiert Übernachtungen auch in Billighotels.
- In diese Kategorie gehört auch **YEHIA M. EL TAWEL**, Heliopolis, Tel 012321 6053

yehia_John@yahoo.com, mit preiswerten vororganisierten Reisen nach Oberägypten.

• Eine Alternative zur Stadtrundfahrt im Touristenbus bietet die Deutsche Katholische Kirche mit den „**STATT-Rundgängen**" und den „KAIRO konkret"-Veranstaltungen. In kleinen Gruppen kann man hier unbekannte Seiten von Kairo in lockerer und unterhaltsamer Weise kennen lernen. Das aktuelle Programm gibt es unter www.kath.de/ kasdbk/kairo/, Tel 2795 7516. Teilnahmegebühr £E 40, Voranmeldung erforderlich.

Mietwagen

Lesen Sie hierzu auch die allgemeinen Informationen, siehe Seite 49.

• **Al Salam,** International Limousine (auch mit Fahrer), 2 Sh Bahgat Ali, Zamalek, Tel 2736 3551

• **AVIS**: 16 Sh Mamaal El Sukar, Garden City, Tel 2794 7400 (vermietet auch Allradfahrzeuge, z.B. Nissan Pathfinder), Airport, Tel 2291 4288, Nile Hilton Hotel, Tel 2576 6432

• **Budget**: 5 Sh El Makrazi, Zamalek, Tel 2340 0070, Airport Tel 2265 2395

• **CRC**, 66 Sh El Orouba, Heliopolis, Tel 2417 8768

• **Europcar** (früher MAX Rent a Car), 5 Sh El Fallah, Mohandissin, Tel 23035 030, führt auch Allradfahrzeuge (Jeep CJ8, Lada)

• **Hertz**, 195 Sh 26.Juli, Tel 23474 172, auch Allradfahrzeuge

• **PAN ARAB TOURS**, 55 Sh Gumhurriya, Tel 2291 2503, Fax 2291 3506, vermietet ebenfalls Allradfahrzeuge (Toyota Landcruiser), Preis hängt von Verfügbarkeit ab

• **Smartlimo**, 115 Corniche, Maadi, Tel 2524 3006, eine smarte Firma, wie www.smartlimo.com zeigt

• **Thrifty**, 1 Sh El Fouessar, hinter Sheraton Heliopolis, Tel 2266 3313

Kirchen in Kairo

• Koptisch: St. Markus Kathedrale, 222 Sh Ramsis, mit englischsprachigen Messen

• Katholisch: **Deutschsprachige St. Markus-Gemeinde**, 6 Sh 12/Ecke Sh 75, Maadi; Messe sonntags 9.00 Uhr; **Deutsche Schule der Borromäerinnen**, 8 Sh Mohammed Mahmoud, Bab el Louk; samstags 18.30 Uhr im Konvent der Borromäerinnen; Auskunft Tel./Fax 2795 75 16, kathkairo@gmx.net

• Protestantisch: **Deutsche Evangelische Kirche**, 32 Sh El Galaa, Boulak; Gottesdienste 2.,4.,5. Sonntag, 1. und 3. Sonntag im Monat Konvent der Borromäerinnen, Maadi (siehe oben); **Schweizerische Evangelische Kirche**, 39 Sh 26.July

Sonstige Adressen

Internet-Cafés gibt es inzwischen überall, die Stundenpreise liegen bei 2-5 £E. Auch viele Traveller-Hotels bieten häufig günstigen Netzzugang.

• Zwei zentral gelegene Adressen: 4U Internet Café, 6 Md Talaat Harb, Five St@rs Net, 6 Md Talaat Harb, beide DSL, beide im Haus des Lialy Hotels

• In Zamalek nahe dem Flamenco Hotel: Sigma Net, Sh Gezirat el Wusta

• **LAW & TAX**, Anwaltskanzlei, Pyramid Road, 7 Saad Ibn Abi Waggas, Giseh, Tel 3582 8814, Fax 2582 8815, Law&Tax@link.com.eg; englisch-deutsche Kanzlei, falls Bedarf...

• **ISIC**, 23 Sh Manial, Roda, stellt Studentenausweise für Leute unter 30 aus, Studienbestätigung nicht erforderlich, damit halbieren sich viele Eintrittspreise (www.isic.org)

• Wenn Sie gezielt **Kontakt mit Ägyptern** aufnehmen wollen, bietet die **Tourist Friends Association Egypt,** Kairo, 33 Sh Qasr el Nil, linker Gebäudeflügel, 9. Stock, (18-21, Winter 19-21 Uhr) die Möglichkeit dazu. Deren Mitglieder sprechen verschiedene Sprachen und sind in der Lage, Auskunft über Kultur, Kunst und Lebensart zu erteilen

• **Zentrum für Deutsch**, 43, Sh. El Ansar/Moussadak, Dokki, Tel 2749 3043, me@zfd.info, www.zfd.info, neben Deutschkursen kann man hier auch (mehrfach gelobte) **Arabischkurse** belegen.

Shopping

Souvenirs

Die größte Konzentration und auch Ansammlung von Souvenirs bietet mit Abstand der Khan el Khalili-Bazar. Wenn Ihnen die Anmache dort zu sehr auf die Nerven geht, dann sehen Sie sich im Zentrum um, z.B. in der Sharia Talaat Harb. In den einschlägigen Shops finden Sie ein ähnliches Angebot, allerdings teurer. Vielleicht sollten Sie, bevor Sie sich ins Getümmel stürzen, die generellen Tipps über Souvenirs und Einkaufen auf Seite 61 nachlesen. Bei den folgenden Adressen können Sie ausgefallenere und anspruchsvollere Souvenirs zu allerdings entsprechend höheren Preisen kaufen:

- **Al Ain Gallery**, 73 Sh El Hussein, Dokki (Nähe Shooting Club), hochwertiges Kunsthandwerk im weitesten Sinn: Schmuck, Beduinenhandarbeiten, Messing, Kleinmöbel
- **Atlas**, im Khan el Khalili, schneidert aus reichhaltigem Stoffangebot auf Bestellung hochwertige Kleidung; relativ teuer
- **Dounia**, günstige Lage am Beginn der Sh Talat Harb direkt am Midan Tahrir, gehobene, auch kunsthandwerklich gute Souvenirs
- **Emad Fazi**, 7 Sh Adly (Eingang Ministry of Tourism, 1. St. rechts Nr. 44), schneidert hervorragend und preiswert vor allem Damenbekleidung
- **Mamelouk**, 4 Sh Hassan Assem, Zamalek (Nähe Alpha Market), Bronze-, Kupfer- und Glaswaren, Keramik, Bilder
- **Nomad Gallery**, 14 Saraya Al Gezira, Zamalek (Nähe Marriott Hotel), Schmuck, Textilien und Kunsthandwerk der gehobenen Klasse, geschmack- und stilvoll (auch im Marriott und Nile Hilton Hotel)
- **Senouhi**, 54 Sh Abdel Khalek Tarwat (Nähe Midan Opera), 5. Stock, erlesenes Angebot alt und neu: Gefäße aus Silber, Kupfer, Messing, Keramik, Handgewebtes, Bücher, Stiche, Schmuck, Batiken, Wissa Wassef-Produkte; traditionsbewusst
- **Shahira Mehrez**, 12 Sh Abi Emama, Dokki (Nähe Sheraton) 6. Stock, traditionelle Kleider (alt und neu), Fayum-Keramik, Schmuck, Stickereien; edel, teuer
- **Sheba Gallery,** 6 Sh Sri Lanka, 1st Floor, Zamalek; moderner dekorativer Schmuck unter Verwendung alter jemenitischer Silberelemente (erlesen und teuer)
- **Samir el Guindi**, 261 Sh Sudan (Nähe Midan Lebanon), Tel 2347 3445, ungewöhnlich schöne Arbeiten der traditionellen ägyptischen Töpferkunst (Academy of Fine Arts), viele Ausstellungen im Ausland
- Künstlerisch außergewöhnliche **Teppichknüpfkunst** können Sie bei Wissa Wassef (siehe Seite 176) bewundern und erwerben, übliche Ware im Weberdorf Kerdassa kaufen
- Die mit am besten verarbeiteten **Leinentaschen** zu fairen Preisen gibt's bei Yosri M. Ouf, zwischen Bab Zuwela und Eingangstor zum überdachten Zeltmacher-Bazar, gegenüber der Sali Talai-Moschee. Er fertigt auch auf Bestellung innerhalb von 2-3 Tagen.
- Für **Papyrusbilder** wird häufig das Delta Papyrus Center, 21 Sh Ghouria, 3. Stock empfohlen; der Besitzer Said hat recht gute Kenntnisse - aber vergessen Sie nicht zu handeln
- **Tukul Crafts-Shop**, All Saints Cathedral, Sh Michel Lutfullah, Zamalek; schöne Handarbeiten von Flüchtlingen und anderen Selbsthilfegruppen aus Kairo www.refuge-egypt.org/tukul.
- In 27 Sh Yahya Ibrahim, Zamalek, gibt es bei **Egypt Crafts** ebenfalls Handarbeiten von Selbsthilfegruppen aus ganz Ägypten www.egyptcrafts.com.
- Auch im **Fustat Shopping Center** (Souk el Fustat) zwischen Alt-Kairo und Amr-Moschee, werden anspruchsvollere Souvenirs angeboten
- Das angeblich größte Angebot an **Heilkräutern** und Gewürzen - vier Stockwerke, eigene Gärten - hat der 1885 gegründete Harraz Herb Shop, 39 Sh Ahmed Maher
- In der Sh Muizz Li-Din Allah nahe der Sh Muski (gegenüber Ashraf-Barsbay-Moschee)

am Khan el Khalili-Bazar finden Sie den Laden von **Khedr al Attar**; werfen Sie beim Bazarbesuch unbedingt einen Blick hinein, Augen und Nase werden sich freuen

- Falls Sie unbedingt **Parfüm** kaufen wollen, kann Ihnen z.B. im *Palace of Thousand Flowers Parfumes*, Sh Qasr El Nil, geholfen werden; Parfümhändler zählen zu den aufdringlichsten aller Bazaris
- **Bauchtanzzubehör** verkaufen Al-Wihalah-Mahmoud Abd El Ghaffar, 73 Sh Gawhar el Qayid oder Haberdashery, 73 Sh Muski (Parallelstraße der Sh Al Azhar), allerdings in einer Seitengasse, fachkundiger Besitzer
- **Messing-Türschilder**, Stempel, Visitenkarten etc. bieten viele kleine Shops in der Sh Qala (früher Mohammed Ali), die zur Zitadelle führt. Hier gibt es auch preiswerte **Musikinstrumente**, mit Shops für Flöten, Trommeln, Lauten etc.; typisch ist die Gegend um die Nr. 160.
- Weitere **Messingwaren** findet man im Khan el Khalili-Bazar, z.B. bei Hassan Mohammed Said, 99 Sh Muizz Li Din Allah.
- **Maßgeschneiderte Galabeyas** kann man sich u.a. in einer kleinen Seitengasse der Sh Muizz Li-Din Allah, etwa gegenüber der Fakahami-Moschee machen lassen.
- **Stoff für Hochzeitszelte** gibt es im überdachten Zeltmacherbazar südlich vom Bab Zuwela und in der Darb el Ahmar, ganz in der Nähe der Maridani-Moschee (Nr. 31 auf der Karte *Südliches Islamisches Viertel*)
- **Musikkassetten** mit ägyptischer Musik konservieren allgegenwärtige akustische Eindrücke; fragen Sie nach der berühmtesten Sängerin Uum Kalthum oder dem Sänger Abdel Halim Hafez.
- Ausgefallenes können Sie vielleicht auch auf dem **sudanesischen Flohmarkt** am Ataba-Parkhaus finden.

„Normales" Shopping

Im Grunde ist ganz Kairo ein Einkaufszentrum, jedoch gibt es einige Schwerpunkte. Boutiquen mit den letzten Modehits finden Sie im Diplomatenviertel Zamalek. Ähnlich, etwas billiger und weniger elegant, hat sich Heliopolis herausgemausert: Der Midan Roxy und die Sharia Bagdad sind die ersten Adressen. An der Schnellstraße nach Suez (noch im Stadtbereich) entstand eins der modernsten Shopping Centers namens **City Stars** mit Kinos und Hotels. Ebenfalls bietet der bei Ausländern beliebte Vorort Maadi gute Einkaufsmöglichkeiten. Nicht zuletzt versucht man im Stadtzentrum alles zu verkaufen, was ein Mensch begehren könnte. Das ist aber mehr auf den Normalverbraucher ausgerichtet und entsprechend billiger. **Preiswerte Kleidung** oder **Schuhe** werden zwischen Sh Khalek Tarwat und Sh Qasr el Nil angeboten.

- Innerhalb von 24 Stunden nach der Ankunft lässt Ägypten noch Einkauf in **Duty-Free-Shops** der Egypt Free Shops Company in der Stadt zu, z.B. in 19 Sh Talaat Harb (kein Alkohol und Zigaretten), 17 Sh Gumhurriya und im Sheraton Hotel. Notwendig sind - neben Geld - Pass und Flugticket.

Supermärkte

- **Al Bustan Commercial Center**, Sh Bustan, eher unscheinbares Gebäude (teils Parkhaus), ein Block von Sh Talaat Harb Richtung Midan Falaky, mit einer Unzahl von Schuh-, Hosen- und T-Shirt-Boutiquen westlicher Prägung
- **Arkadia Shopping Mall**, Corniche, etwa 300 m nördlich des World Trade Center, mit 500 z.T. sehr anspruchsvollen Shops wohl das größte derartige Center in Kairo; eindrucksvolles Gebäude mit Mosaiken an den Wänden, Restaurants, Diskos und Kinderspielplatz im Obergeschoss
- **Carrefour Maadi City Center**, Maadi, östlich der Metro-Bahnlinie, Abfahrt von der Ringroad beim Abzweig Maadi City Center, Hypermarkt mit 8500 qm Verkaufsfläche, in dem es alles gibt vom Reiskorn bis zur Waschmaschine; Fastfood-Restaurant, Kino; ein zweiter Markt wurde an der Alexandria Desert Road kurz nach der Kreuzung mit „26th July-Corridor" eröffnet.
- **Metro Supermarket**, Sh El Misaha, Dokki, sehr gut und europäisch sortiert, eigener

Frische Brotfladen

Hausbäcker; auch in einer Seitenstraße der Pyramid Road in Giseh (ausgeschildert) oder in Zamalek, Sh Ismail Mohammed

Bekannte Frischmärkte

- **Ataba** Markt am Midan Ataba (Fleisch u. Fisch)
- **Bab el Louk Markt**, am Midan el Falaki (Gemüse, Obst)
- **Taufikiya Markt**, am Midan el Orabi

Lebensmittel

- Bekannt für Bio-Lebensmittel ist „Nature's Best SEKEM" mit der Filialkette **Sekem**: 10 Sh Salah Magdy, Heliopolis; 29 Sh Mostafa Kamel, Maadi; 8 Sh Ahmed Sabri (nördlich parallel zu Sh 26.July), Zamalek

Bäckereien/Konditoreien

- **El Abd**, Sh 26.July/Sh Sherif, sehr gute lokale Bäckerei mit hervorragenden Süßigkeiten (weitere Filialen Sh Talaat Harb und Sh El Mosaddak in Dokki)
- **City Bakery**, Road 9, Maadi, deutsche Bäckerei mit deutschem dunklem Brot, ein Stück weiter in derselben Straße ist das **Café El Greco** mit hervorragendem Kuchen
- **Groppi**, Midan Talaat Harb (Café, Kuchen), Zweigbetrieb in der Sh Adly schräg gegenüber der Touristeninformation
- **Postres**, Sh Abu El Feda, Zamalek, (gehört zum Hotel Flamenco, Eingang Nilseite) nördlich der 26.July Brücke, gute Bäckerei und Konditorei, auch dunkles Brot
- In den folgenden **Hotels** gibt es **Bäckereien** mit Kuchen, Brötchen und dunklen Broten: Marriott (gutes Schwarzbrot), Nile Hilton, Sheraton, Semiramis, President (Graubrot); Vollkornbrot im Hotel Meridien Heliopolis.
- **Mandarine Koueider**, 17 Sh Sharaet El Dorr, Zamalek, sehr gute Konditorei nördlich Sharia 26.July

Lokaler Alkohol

- **Christos Orphanides** (Wein, Bier, Gin, Whisky), 23 Sh 26.July (Nähe Einmündung der Sh Talaat Harb). **Comparos**, 19 Sh 26.July, weitere Shops in der Umgebung und der Sh Orabi, auch in der Sh Bassiouni/Hussein Pascha el Meamar. In Zamalek ebenfalls an der Sh 26.July, Nähe Marriott-Hotel (gegenüberliegende Straßenseite) oder im nördlichen Mohandissin nördlich der Sh Ahmed Urabi.

Blumen

- **Fleurop**, Sh 26.July, Zamalek, gegenüber von Tankstelle am Midan Orabi, in der Sh Zaky
- **Blumenstände** am Midan Abdel Minin Riyad, Nähe Ramsis-Hotel

Einige Kaufhäuser

- **Chalons**, Sharia Qasr El Nil
- **Cicurel**, Sharia 26.July
- **Hannaux**, Sharia Mohammed Bassiouni
- **Omar Effendi**, Sh Talaat Harb und in vielen anderen Straßen

Buchhandlungen

Im Januar findet in Kairo die jährliche Buchmesse mit einem überwältigenden Angebot statt. Zwar geht es hauptsächlich um arabische Bücher, aber z.B. belegt die Amerikanische Universität eine ganze Halle mit englischsprachiger Literatur (stark ermäßigte Preise).

- **American University Cairo Press**, 11 Qasr el Aini, vielfältiges, englischsprachiges Angebot vor allem eigener Produktionen
- **Anglo Egyptian Bookshop** (englisch), 165 Sh Mohammed Farid
- **Diwan**, 159 Sh 26.July, Zamalek, (Ecke erste Seitenstraße rechts vom Zentrum aus), sehr gut sortiert, englisch und arabisch, auch CDs und DVDs, ungewöhnlich positive Buchhandlungsatmosphäre u.a. durch kleines Café
- **Lehnert & Landrock**, 44 Sh Sherif, (9.30-14, 16-19, So geschlossen), Tel 2392 7606, Buchhandlung und Kunstgalerie, größte

Auswahl deutschsprachiger (Ägypten) Literatur, Karten, anspruchsvolle und sehenswerte Fotogalerie; weiterer Laden im Anbau des Nil Hilton Hotels, schräg gegenüber dem Eingang zum Ägyptischen Museum

- **Zamalek Bookshop**, 19 Shagaret el Dorr, Zamalek, gute Auswahl der von der amerikanischen Universität herausgegebenen Bücher
- Außerdem **Buchläden in den internationalen Hotels,** meist auch mit aktuellen deutschsprachigen Zeitungen. Fremdsprachige Zeitschriften werden auch von Straßenständen am Tahrir oder Midan Talaat Harb oder in der Sharia 26.July in Zamalek verkauft.
- Der **Ezbekiya Bookmarket** am Rand der gleichnamigen Gärten (siehe Seite 136) ist das größte Antiquariat der Stadt.

Foto

- **Kodak ProCenter**, 20 Sh Adly, Kodak Passage schräg gegenüber Panorama Hotel, (1 Std-Filmentwicklung, gutes Ergebnis), auch Profifilme
- **Photo Labib**, 26 Sh Sheikh Rayhan/Nubar), Tel 2795 1642, angeblich bester Reparateur Kairos

Sonstige Artikel

- **Dary**, 330 Sh Ahram (Pyramid Road), rechte Seite stadtauswärts, Do-it-yourself und Autoartikel
- **OffRoad Egypt** 4X4 Hardware and Accessories, 4 Sh Maahad Elsahaari, Heliopolis, Tel 012 316 9196, www.offroadegypt.com
- **Gaskartuschen** gibt es bei Adib (Mo-Fr 10-16), Sh Orabi (vom Midan Taufik in Richtung Sh Ramsis, 7. Geschäft links)

Was man alles unternehmen kann

Kairo ist eine Weltstadt und bietet Unterhaltung jeder Art. Typisch ägyptische Veranstaltungen von Derwish-Tänzen bis Bauchtanz, aber auch Konzerte, Theater, Oper, Kunstausstellungen und vieles mehr begeistern den Kulturbeflissenen. Nachtschwärmer müssen dem nicht nachstehen; zwar wechselt die Szene wie überall ständig, aber ein Urlaub wird nicht ausreichen, um alle Versuchungen zu testen. Nehmen Sie eine der englischsprachigen Zeitschriften in die Hand, Sie werden erstaunt über das Angebot sein. *Egypt Today* gibt sich nach unserem Eindruck am meisten Mühe und listet fast akribisch auf, was ein Monat zu bieten hat, sowohl in Kairo als auch in anderen wichtigen Städten.

In Hotels, Cafés, Restaurants und diversen Geschäften liegt **the COC** aus, ein handliches Heftchen mit einem ebenso guten Monatsüberblick. Darüber hinaus werden Restaurants, Cafés, Bars oder Lifebands empfohlen. Wir publizieren hier wegen der Schnelllebigkeit nur einen Ausschnitt des Geschehens.

Es sei noch hingewiesen auf die

- **Community Services Organisation (CSA)**, 4 Sh 21, Maadi, Tel 2350 5284, eine Organisation, die ein ziemlich breites Spektrum an Ausflügen - von Sakkara bis zu Besuchen bei Kupferschmieden oder Zeltmachern im Khan el Khalili-Bazar und einiges mehr - für Interessierte anbietet
- Fast täglich kann man sehr interessante Konzerte (klassische arabische Musik, arabischer Jazz, auch Rock-Musik) im **El Sawy Cultural Center** hören, auch *Sakiya* oder *Culturewheel* genannt. Das aktuelle Programm lässt sich im Internet unter www.culturewheel.com aufrufen. Neben Konzerten werden auch Ausstellungen und Lesungen angeboten. Das Zentrum ist unter der Sh 26. Juli in Zamalek kurz vor der Brücke nach Mohandissin zu finden.

Kunstgalerien, Kino, Theater

Die Webseite http://yallabina.com listet mit hoher Zuverlässigkeit alles auf, was mit Unterhaltung in Kairo zusammenhängt. Es lohnt sich, in einem Internetcafé die interessierenden aktuellen Themen abzufragen.

Galerien

- **Center of Arts, Akhnaton Halls**, 1 Sh Mahed el Swissry/26.July, Zamalek. In alter Villa direkt am Nil Ausstellungen moderner ägyptischer Kunst oder auch ausländische Ausstellungen

- **Egyptian Centre for International Cultural Cooperation**, 11 Sh Shagaret el Dorr/26.July, Zamalek, Tel 2736 5414. Das Zentrum besitzt zwar auch eine Galerie, dient aber mehr dem internationalen Austausch: arabische Sprachkurse, ägyptische Filme mit englischen Untertiteln, Volksmusikabende etc.
- **Cairo Atelier**, 2 Sh Karim al Dawla (Querstraße der Sh Bassiouni, Nähe Ägyptisches Museum), Ausstellungen junger Künstler, aber auch Lesungen, Filmvorführungen, Kunstdiskussionen; im kleinen Garten kann man ausruhen und etwas trinken
- **Townhouse**, 10 Sh Nabrawy (Seitenstraße Sh Champollion, Nähe Midan Talaat Harb), zeitgenössische Kunst im Ambiente eines alten Stadthauses, einschlägige Bibliothek und Internetzugang
- Das **Museum of Egyptian Modern Art**, neben der neuen Oper, soll hier noch einmal mit seiner *Art Gallery* erwähnt werden

Kino

Nicht entgehen wird Ihnen die Kinoreklame. Filme bieten einen guten Blick hinter die Traum- und Wunschkulisse des jeweiligen Volkes. Wenn Sie von den ägyptischen Filmen auch kein Wort verstehen, so werden Sie dennoch die meist sehr einfache Handlung nachempfinden können. Die Vorstellungen beginnen gewöhnlich um 15.30, 18.30, 20.30 Uhr; Karten sollten vorab gekauft werden. Für Europäer mag ein Open-Air-Kino interessant sein, z.B. im Gezira Sportclub auf der Gezira-Insel oder Sphinx, Midan 26.July. Sehr gelobt wird das Tahrir-Kino in der Sharia Tahrir in Dokki; täglich wechselnde ausländische Filme, sehr gute Klimaanlage. Vielleicht wäre auch ein Besuch in einem der alten Paläste wie *Metro* (35 Sh Talaat Harb) oder *Radio* (24 Sh Talaat Harb) etwas; dort werden häufig US-Filme mit arabischen Untertiteln gespielt, an denen das Publikum lautstark Anteil nimmt. Deutsche oder deutschsprachige Filme bietet das Goethe-Institut, in anderen Kulturzentren gibt es ebenfalls Filmprogramme.

Jährlich finden folgende **Festivals** statt: Dokumentarfilm im Juli, Experimentelles Theater und Folklore-Festival *Wafa el Nil* im September sowie Internationales Filmfestival im Dezember.

Aber vielleicht denken Sie eher an einen

Theaterbesuch

- **Balloon Theater**, Sh El Nil (südlich der 26. July-Brücke), Agouza: Folklore, arabische Stücke, ägyptischer Volkstanz. Das Theater scheint nicht mehr sehr besucht zu sein, nur noch wenige Vorstellungen im Monat.
- **Zaki-Tolaimat-Theater**, Midan Ataba: Arabische Avantgarde
- **Gumhurriya Theater**, 12 Sh Gumhurriya: Ausländische Bühnen, aber auch Arabic Music Troup
- **Sayid Derwish Concert Hall**, Sh Gamal el Din el Afghani, arabische Musikgruppen, Kairo Symphonie Orchester
- **Cairo Opera**, im Opernhaus auf der Insel Gezira gibt es eine große Opernbühne, vier Kinosäle und einen Musiksaal. Kartenvorbestellung 10-13 und 17-20 Uhr unter Tel 2737 0598. Jackett- und Krawattenzwang (werden dort verliehen). Die Eintrittspreise variieren je nach Vorstellung und, natürlich, Sitzplatz
- **Makan, Egytian Center for Culture & Art**, Sh Mansur/Sh Saad Zaghlul (neben Zaghlul Mausoleum bzw. gleichnamigem Metro-Halt), sehr ägyptische Musik und gute Zar-Vorführungen

Anderes

- Vielleicht ist Ihnen der **Ägyptische Staatszirkus** einen Besuch wert. Sein Stammquartier liegt an der Sharia el Nil in Agouza, südlich der 26.July-Brücke
- Die **Ägyptische Nationalbibliothek, Darb El Kutub**, Corniche, nördlich der 26.July-Brücke, (9-15, Eintritt frei), stellt mittelalterliche Meisterwerke des islamischen Schrifttums, u.a. auch persische Miniaturen aus. Der Ausstellungsraum liegt gegenüber dem Eingang, leider gibt es nur Erklärungen in arabischer Schrift.

Besonders für Kinder geeignet

- Auch das **Cairo Puppet Theatre** (Oktober bis Mai, Midan Ataba) kann sehr unterhaltsam sein - vielleicht mehr wegen der jungen Besucher als wegen der eigentlichen Vorführung; denn hier ist der Fremde völlige Nebensache, er hat Muße, die aufgeregten Kinder zu beobachten und zu fotografieren
- **Crazy Water Park**, 6. October-City, Wellenbad, Wasserrutschen, Wasserspiele etc., am Wochenende überlaufen.
- **Dream Park**, 6. October-City, unübersehbar an der Straße Richtung Bahariya, Achterbahn, Geisterbahn, Riesenrad, Kinderland für kleinere Kinder.
- **Filfila Village**, gehört zur gleichnamigen Restaurantkette, Maryutiya Canal in Giseh (Pyramid Road kurz vor Abzweig *Sakkara* rechts); hier gibt es zu typisch ägyptischen Gerichten orientalische Shows mit Akrobaten, Zauberern, Tanz und Gesang.
- In diese Rubrik gehört auch das **Child Museum** in Heliopolis, siehe Seite 190.

Nightlife

Im Gegensatz zu anderen arabischen Ländern bietet Ägypten ein reges Nachtleben. Als größte Attraktion (besonders für die orthodoxen arabischen Nachbarn) gilt der **Bauchtanz**, die ägyptische nationale Unterhaltungsshow schlechthin (die 12 erfolgreichsten Tänzerinnen zahlen angeblich zusammen etwa $ 260 Mio jährlich an Steuern!).

Eine solche Veranstaltung wird mit anderen Varieté-Einlagen verbrämt. An der Pyramid Road finden Sie eine ganze Reihe von (nicht sonderlich guten, aber teuren) Nightclubs mit „Oriental and Belly Dance"; außerdem bieten alle internationalen Hotels in ihren Nachtbars Bauchtanz und ähnliche Shows. Da die wirklich guten Stars hauptsächlich in diesen Hotels auftreten, lohnt sich die Mehrausgabe für Weltklassedarbietungen gegenüber einer mittelmäßigen Veranstaltung. Bekannte Tänzerinnen sind u.a. Dina, Lucy, Camilla und Liza Liziza. Die mittelmäßigen Shows sind während der Woche wegen Besuchermangels noch weniger als mittelmäßig, man sollte sie nur am Wochenende besuchen.

In den besseren Etablissements herrscht häufig Krawattenzwang. Erkundigen Sie sich auch nach einer Minimum Charge, falls Sie nur kurz hineinschauen wollen; es könnte sonst ein etwas teurer Kurzbesuch werden.

- Zum späten, nicht billigen Dinner kann man ins *Qasr El Nil* gegenüber dem Hilton, auf der Insel Gezira am Nilufer (gute Show ab 23 Uhr) gehen. Immer wieder gelobt: Das *Ramsis Hilton* mit gutem Bauchtanz, verbunden mit einem obligatorischen, aber gutem und teurem Dinner. Wer es exklusiv erleben will: Im Nachtclub *Pariziana* (Pyramid Road) der bekannten Tänzerin *Lucy* tritt die Besitzerin von 3-5 Uhr auf. Im Rahmenprogramm weitere bekannte Künstler. Eintritt $ 50 (ohne Getränke), die sich nach Aussage von Kennern lohnen. Oder – preiswerter und „volksnäher" - ins *New Arizona* (nur arabisch beschriftet), 6 Sh Alfi Bey, Nähe Nordende Sharia Talaat Harb (auch negative Kritik: „Ältliche Damen tänzelten lustlos zur lustlos spielenden Band "); besser scheint es im *Palmyra*, Sh 26.July zu sein. Nicht ganz so gut/lustig, aber billiger ist *Sharazad* in der Fußgängerzone der Sharia Alfi.
- Alles auf einen Schlag: Bauchtanz, **Nilkreuzfahrt** und ein opulentes Abendessen während der 1,5 Stunden langen Fahrt. Es werden sowohl Tages- als auch Abendtouren auf dem Nil angeboten. Abends sehr schöner Blick auf die erleuchtete Stadt, gute ägyptische Atmosphäre, Musik und Tanz. Die Preise liegen ab £E 100 pP einschließlich Dinner. Anbieter: *Aquarius,* Tel 2525 3690, *Nile Crystal,* Tel 2363 9021, *Nile Maxim,* Tel 2738 8888, *Nile Peking,* Tel 2531 6381, *Nile Pharao,* Tel 2570 1000, *Scarabee,* Tel 2795 4481.
- **Wirklich sehenswerte Derwish-Tänze** (*Sufi Dancers*) finden jeweils Mittwoch- und Samstagabend ab 20.00 Uhr (Achtung, Anfangszeit ändert sich häufiger) in der Wakalat El Guri bei freiem Eintritt statt (siehe Seite 160 und Plan vom Khan el Khalili-Bazar). Der An-

Derwishtänzer

drang ist groß, besser mehr als eine Stunde vor Beginn dort sein. Häufig scheinen alle Karten von Gruppen aufgekauft zu werden. (Achtung, keine Tonaufnahmen erlaubt, Fotos ja.) Es handelt sich um eine Vorstellung der *Al Tannura Traditional Troupe*, die 1988 vom ägyptischen Kulturministerium gegründet wurde. Sie vereint Elemente ägyptischer Volksmusik mit Derwisch-Drehtänzen bei wirklich eindrucksvollen Darbietungen.

• Spieler können in diversen **Casinos** - die in der Regel zu den großen internationalen Hotels gehören - ihr Geld riskieren: z.B. Hilton, Mena House, Sheraton, Shephards, Pyramisa und einige andere.

Eine ganze Reihe von Diskos, Bars und Pubs warten auf Publikum (die meisten allerdings in den internationalen Hotels). Hier ein paar Adressen:

• **After Eight**, 6 Sh Qasr El Nil, tagsüber Restaurant, abends gute Kneipe mit Bierausschank

• **Audio 9**, Wahba Building, 33 Sh Qasr El Nil, günstig im Hotelbereich gelegen

• **B's Corner**, 22 Sh Dr. Taha Hussein, Zamalek, Video-Bar, beliebter Treffpunkt der Ausländer in Kairo. Im selben Gebäude ist auch das Restaurant *El Capo*

• **Balimoral** - The German Corner - 157 Sh 26.July, vom Zentrum kommend gleich rechts nach der Brücke, viele ausländische Geschäftsleute, gute Stimmung

• **++Bull's Eye**, 32 Sh Jeddah, Mohandissin, (21.00-2.00), „IN-Kneipe", sehr gemütliche Bar, Jazz, Bier £E 10, Dart Board,

• **Cairo Jazz Club**, 197 Sh 26.July (Mohandissin), gegenüber Balloon Theater), Programm: www.cairojazzclub.com, Restaurant und Jazz Club mit Live Music (von Jazz, über Rock und Reggae bis Klassik) bis 2 Uhr, überwiegend Ausländer

• **Cellar Bar**, Hotel President, 22 Sh Dr. Taha Hussein, Zamalek, etwas dunkle, doch altbekannte Kellerbar - nomen est omen

• **Hard Rock Cafe**, Hyatt Hotel Cairo, Corniche El Nil, Garden City, der Eingang ist 30 m links vom Haupteingang des Hotels

• **Harris Café**, 7 Sh Baghdad, Korba, Heliopolis, (17.00-2.00)

• **Harry's Pub**, Marriott Hotel, Zamalek, (12.00-2.30), typisch amerikanische Bar mit guter Atmosphäre, viele Ausländer, freitags Karaoke

• **Indigo**, 8 Sh Abd El Rahman El Rafey, Mohandissin (Nähe Shooting Club), (17.00-2.00), unter Europäern recht beliebte Disko, relativ klein

• **Le Tabasco**, 8 Midan Amman, Dokki, (13.00-2.00), relativ kleines, aber gutes Restaurant, in dem ab 23 Uhr Jazz, Rock oder andere Musik die Räumlichkeiten platzen lassen

• **Magha**, 36 Sh Talaat Harb (neben Brazilian Burger), typische Bierbar, eher schmierig

• **Merryland**, Sh Hegaz, Heliopolis, bekannter Nachtclub vornehmlich mit asiatischen Tänzern

• **Pizza Pomodore**, Corniche, neben dem World Trade Center, „IN-Restaurant" mit sehr guter Pizza und nachts bis 3.30 Uhr Live-Musik, junges Publikum

• **++Pub 28**, Sh Sharagat el Dorr, Zamalek, gute Kneipe, internationale Küche, auch als Gay-Lokal bekannt

• **Taverne Du Champs De Mars**, im Nile Hilton Hotel, teuer, auch Gay-Treffpunkt

• **Windows On The World**, Ramsis Hilton, oberstes Stockwerk, 1115 Corniche El Nil, Zentrum, (13.00-4.00), ist für uns der obligatorische Platz in Kairo für den Sundowner: Mit

Glück sieht man die Sonne (je nach Jahreszeit) im Dunst direkt hinter den Pyramiden versinken, die Lichter der Stadt flammen auf - ein fantastischer Ausblick; in dieser Bar kann man, etwas teuer zwar, den Abend bei Live-Musik verbringen

- **Windsor**, 19 Sh Alfi (Downtown), altes Hotel; Bar wurde als Offizierstreff englischer Truppen im Zweiten Weltkrieg bekannt, hat viel vom alten Geist herübergerettet, gute Atmosphäre, mittlere Preise
- **World Trade Center**, Corniche, hier ist für teure Unterhaltung und Abwechslung gesorgt: Im Bar-Restaurant *Piano Piano* kann man bis 3 Uhr bei Pianomusik gepflegt speisen, sich im *Upstairs* (13.00-4.00), einer American Bar, mit Cocktails aller Art vergnügen oder sich in der Disko *Downstairs* austoben

Hotels mit Dachterrassenbar und gutem Blick

- **Carlton**, 21 Sh 26.July und **Odeon Palace**, 6 Sh Abd el Hamid Said, Seitenstraße der Sh Talaat Harb, bekannte Bar, gute Atmosphäre, 24 h

Hotels mit Terrasse am bzw. über dem Nil

Le Meridien Cairo, Corniche El Nil, Garden City, herrlicher Panaromablick, Mindestverzehr £E 50

- **El Gezirah Sheraton**, 3 Sh Maqles Quadet El-Thawra, südlichster Punkt der Gezirah-Insel, Terrasse auf dem Wasser, Mindestverzehr £E 35

Diskos

- **Churchill**, Baron Hotel, Sh Oruba, Heliopolis, Matinee So und Do 17.00-21.00, ansonsten täglich 22.00-3.00 außer Mo
- **Crazy House Cairo Land Entertainment Center**, 1 Sh Salah Salem, Disko in drei Stockwerken mit zwei Bars
- **Disko Horris**, im Hotel Horris, 5 Sh 26.July, Nähe Midan Opera, im 15.St. im Freien, eher langweilig, aber guter Blick
- **Jackie's Joint**, Nile Hilton Hotel, Corniche, (21.00-4.00); eine der besten Diskos, aber teuer, vor allem am Wochenende überfüllt, nur für Paare, häufig Live Music
- **Jimmy's**, beliebte Bar und Disko im Pyramisa Hotel (gegenüber Cairo Sheraton, Dokki)
- **Le Cameleon**, Disko im Safir Hotel, Midan El Messaha, Dokki, (ab 22.00), jeden Monat spezielle Nächte
- **Le Disco**, El-Gezirah Sheraton Hotel, Gezirah-Zamalek
- **Papillon**, Cairo-Heliopolis, Mövenpick Hotel, Sh El Horreya, Airport Road, (ab 22.30)
- **Saddle**, Mena House Oberoi Hotel, 4 Sh El-Tayaran, Nasr City, (22.00-3.00)
- **The Castle**, Shephards Hotel Cairo, Corniche El Nil, Garden City, (21.00-4.00)
- **Tamango**, Atlas Zamalek Hotel, Sh Gameat el Dowwal el Arabia, Mohandissin; preiswert und populär, nur für Paare

Sport

Wer in Kairo nicht auf sportliche Aktivitäten verzichten will, kann in einem der Sportclubs eine - in der Regel ziemlich teure - temporäre Mitgliedschaft erwerben und dann die angebotenen Möglichkeiten nutzen.

- Viel bietet der *Gezira-Sporting-Club* auf der Insel Gezira mit 20 Tennisplätzen, 18-Loch-Golfplatz, Bowling, Squash, Schwimmbad, Sauna, Reiten etc; Eintritt für Tagesgäste £E 20, Poolbenutzung nur für Mitglieder. Ein weiterer Sportclub mit Golfplatz wird vom *Oberoi Mena House Hotel* in Giseh unterhalten (auch z.B. Tennis und Schwimmen). Der *Merryland Park* in Heliopolis kostet £E 20 Eintritt, bietet große Rasenflächen, einen Wasserpark mit verschiedenen Pools und eine Delphin-Show. Der *Sakkara Country Club* (rechts ab von der Sakkara Road, etwa in Höhe der Abusir Pyramiden) bietet - neben sauberen Hotelzimmern - jede Menge sportlicher Aktivitäten: Schwimmen, Golf, Tennis, Reiten. Doch damit nicht genug, es gibt noch diverse weitere Clubs, andere sind im Aufbau.
- **Health Clubs** mit allen Marterwerkzeugen der modernen Gyms bieten vor allem die großen internationalen Hotels wie Sheraton, Siag, Sofitel, Sonesta und andere.

• **Reiten** ist relativ preiswert. Entweder handeln Sie mit den Leuten, die Ihnen in der Nähe der Pyramiden ohnehin ein Pferd aufdrängen wollen, oder Sie gehen zu einem der renommierten Ställe ins Dorf Nazlet el Saman in der Nähe des Sphinx. Dort sind die bekannten Ställe „AA" (Tel 3385 0531) und „MG" (Tel 3358 3832) ausgeschildert, die im Übrigen auch Reitunterricht erteilen oder Pferde für den Ritt nach Sakkara vermieten. Die Pferde – die etwa £E 25/ Std kosten - sind so billig, weil das Angebot mit etwa 2000 Pferden bei weitem die Nachfrage übersteigt. Neben den Besitzern haben vor allem die Pferde darunter zu leiden. Das Ägyptische Nationalgestüt *El Zahra* mit seinen Araberpferden kann man vormittags in der Nähe des *El Shams Club* in Heliopolis anschauen.

Ein paar Lesertipps zur Wahl des Pferdes: Schauen Sie, dass das Tier keine Blutflecken bzw. Narben hat, dass das Maul nicht blutig gerissen wurde und unter dem Sattel keine wundgescheuerten Stellen sind. Fragen Sie nach einem ruhigen Pferd. Für längere Ritte sollte man eine weiche lange Hose tragen, damit man sich nicht an den Beinen aufscheuert. Nicht zuletzt: sich dick mit Sonnencreme einschmieren.

• Im Wüstenland Ägypten wurden in den letzten Jahren verschiedene **Golfplätze** angelegt, die mit ihrem satten Grün im heftigen Kontrast zur umliegenden Wüste stehen. Als der derzeit schönste Platz gilt *Katamaya Heights*, der 23 km südöstlich vom Zentrum liegt.

• Jährliche sportliche **internationale Wettbewerbe** sind der *Internationale Giseh Marathonlauf*, die *Pharao Ralley* im Oktober und ein *internationaler Ruderwettbewerb* auf dem Nil.

Restaurants

Wir haben versucht, eine gewisse geografische Zuordnung von Kairos Restaurants zu treffen, damit Ihnen auch aus diesem Blickwinkel die Entscheidung leichter fällt. Doch ist uns klar, dass wir nur einen kleinen Ausschnitt aus der Fülle von Essplätzen auflisten konnten. Einige Restaurants gehen mit der Zeit und bieten **Hotspots** für Laptopbesitzer und andere Nutzer an. - Wer Weihnachten oder Silvester in etwas teureren Restaurants diniert, muss meist zusätzlich 20 Prozent „Special Christmas and New Year's Tax" zahlen.

Zentrum

Internationale Küche (auch ägyptisch)

• **Arabesque**, [M] 6 Sh Qasr El Nil, Tel 2574 7898, 12-16 und 19-22 U, nahe Midan Tahrir; arabische und französische Küche in geschmackvoller Atmosphäre mit entsprechenden Preisen; angeschlossen ist eine Galerie mit Exponaten zeitgenössischer Künstler

• **Café Riche**, [N] 17 Sh Talaat Harb, Tel 2391 8873, 10-24 U, Nähe Midan Talaat Harb, altes Intellektuellen-Café (Bar) und Restaurant, restauriert, gut, Bier, mittlere Preise, AUC-Buchverkauf, kleine Galerie

• **Cilantro**, 31 Sh Mohamed Mahmud, Tel 2792 4572, 9-01 U, Nähe Amerikanische Universität, gute Auswahl, preiswert (auch 157 Sh 26.July, Zamalek; im Carrefour, Maadi, Mohandissin) Hotspot

• **Excelsior**, [G] Sh Talaat Harb/Sh Adly; Tel 23925002, 9-24 U, lieblos, Weißwein, Stella-Bier,

• **Kowloon**, im Cleopatra-Hotel (Hotelplan [29]), Tel 2575 7266, 11-23 U, Sh Bustan Nähe Midan Tahrir; gute chinesische und koreanische Küche, sehr sauber und gemütlich, freundlicher Service, Hotspot Laptop

• **La Chesa**, [H] 21 Sh Adly; Tel 2393 9360, 8-23 U, gutes Schweizer Restaurant, freundlich, hervorragendes Essen, gutes Frühstücksbuffet, nicht zu teuer, internationale Zeitungen

• **Le Grillon**, [M] 8 Sh Qasr El Nil; Tel 2574 3114, 11-02.30 U, ein bisschen lauschig einger-

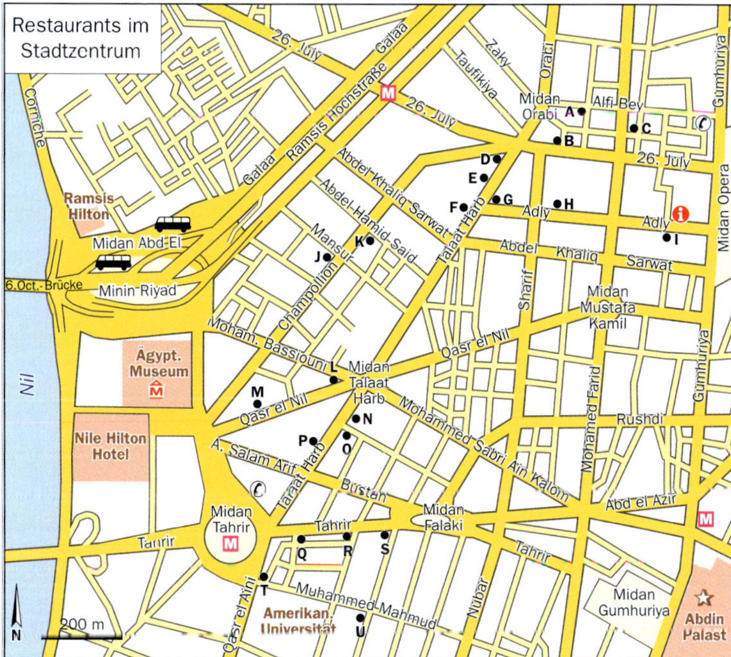

A Alfi Bey
B GAD
C Peking
D L'Americaine
E McDonalds
F Kasr Elelesee Fouad
G Excelsior
H La Chesa
I Groppi Garden
J Abou Tarek
K Odeon Palace Hotel
L Greec Club, Groppi
M Arabesque, Le Grillon
N Café Riche
O Filfila
P Evergreen
Q Fatari el Tahrir
R El Tahrir Kushari
S Hoty El Guiche
T McDonalds, KFC

ichtet, „französische" Küche, diese allerdings sehr abgewandelt und weniger schmackhaft, nicht billig

- **Nile Hilton**; Frühstücksbar, Tel 2578 0444, 24 Std, IBIS-Café, mehrere Restaurants, u.a. Dachrestaurant mit schönem Blick, sehr gute Küche, empfehlenswerte Abend-Buffets (besonders während Ramadan), Preise angemessen bis teuer, Touristen-Treffpunkt. Gutes italienisches Restaurant, Hotspot; **Da Mario** Restaurant, auch Wein zu akzeptablen Preisen; mittags im zugehörigen Außenrestaurant gute ägyptische Spezialitäten
- **Greec Club**, [L] Sh Qasr el Nil, Tel 2575 0759, 19-24 U, direkt hinter Café Groppi, ehemaliger Club von Kairos Griechen, jetzt öffentlich, eher mittelmäßig
- **Peking** [C] 14 Sh El Ezbekiya, Tel 2575 0822, 12-24 U, Nähe Kino Diana (auch in vielen anderen Stadtteilen), gute chinesische Küche, preiswert, auch Take-away-food

Ägyptische Küche

- **Abou Shakra**, 69 Sh Qasr el Aini; Tel 3344 4767, 10-01 U, bekanntes Spezialitätenrestaurant für Kufta und Kebab, viele leckere Vorspeisen, trotz relativ geringer Auswahl empfehlenswert
- **Abou Tarek**, [J] Sh Champollion/Sh Mansur, Tel 2577 75935, 6-01 U, auf drei Stockwerke verteilt, sehr bekannt für hervorragendes Kushari und andere ägyptische Gerichte, sehr sauber, preiswert

• **Alfi Bey**, [A] Sh Alfi Bey (Nähe Midan Orabi; 12-01 U, neben Nachtclub Shahrazad),Tel 2577 1888, brauchbare ägyptische Gerichte, gutes Lamm, freundlich, sauber, reichhaltige Portionen, sieht nobel aus, ist aber relativ preiswert

• **Haty El Guishe**, [S] Midan Falaki; Tel 2794 5438, 11-02 Uhr, sehr gut, teuer, unfreundlicher Service

• **El Tabie El Domiati**, 31 Sh Orabi, Tel 19122, (siehe Plan *Midan Ramsis*) 7-02 U, vorwiegend vegetarisch, sehr gutes Salatbuffet, sehr gutes Foul - vermutlich das beste der Stadt - und Felafel, viel „ägyptischer" als das Restaurant Filfila, sehr preiswert, sehr sauber, viel Betrieb. Ein paar Häuser weiter (Nr. 21) kann man im Café *Umm Kalthum,* nur arabisch beschriftet, sehr gemütlich und gehoben, ägyptisch Kaffee trinken und Shisha rauchen

• **El Tahrir Kushari**, [R] Sh Tahrir Nähe Midan Tahrir, Tel 2795 8418, 7-1 U, sehr gutes, preiswertes und reichliches Kushari

• **Filfila** (auch **Felfela**), [O] 15 Sh Hoda Shaarawy, Tel 2392 2751, Querstraße der Sh Talaat Harb, Nähe Midan Talaat Harb; „das Touristenrestaurant" mit ägyptischer Küche, empfehlenswert, relativ sauber, bekannt für viele Foul-Arten und gute Vorspeisen; Preise halten sich in Grenzen. Zum *Filfila* gehört eine Art Schnellimbiss (Eingang Sh Talaat Harb) mit preiswertem Take-away-food, Portionen eher spärlich. Weitere *Filfila* gibt es am Midan Ahmed Orabi, das wesentlich weniger von Touristen heimgesucht wird, ebenfalls an der Wüstenstraße nach Alexandria nahe dem Mena House Hotel

• **Filfila** (Fast-Food-Abteilung), [O] Sh Talaat Harb, Tel 2392 2833, 8-24 U

• **GAD**, [B] 13 Sh 26.July, Nähe Einmündung Sh Talaat Harb, Tel 2577 7962, 24 Std, preiswertes und gutes Schnellrestaurant, Take-away-food, mittags überfüllt von Büromenschen

• **Kasr Elelesee Fouad Pacha** (früher *Zeina)*, [F] 34 Sh Talaat Harb (gegenüber Einmündung Sh Adly); Tel 2576 0362, gute ägyptische Küche, relativ sauber, eher teuer, unpersönlich, man wird zur Eile getrieben

• **Odeon Palace Hotel**, [K] 6 Sh Abd el Hamid, Tel 2576 7971, 24 Std, Seitenstraße der Sh Talaat Harb; Dachterrassen-Restaurant und Bar im 10. Stock, internationale und ägyptische Gerichte, mäßig, relativ preiswert, einst Treffpunkt ägyptischer Künstler und Journalisten

Schnellimbisse, Garküchen

• Gute einheimische Imbissstände findet man östlich der Moschee am Ramsis-Bahnhof, auch am Midan Orabi.

• **American Fried Chicken**, 8 Sh Hoda Sharawi, Trendrestaurant, gute Pizza, Fleisch, Fisch oder Leberbrot, nicht billig, auch Takeaway

• **Domiati**, Midan el Falaki/Sh Tahrir; Tel 2576 1166 oder 16015, 12-03 U, sehr gute kleine ägyptische Gerichte, preiswert

• **Fatari El Tahrir**, [Q] 166 Sh Tahrir, Nähe Midan Tahrir; 2795 3596, Spezialist für Feteer (ägyptischer Pfannkuchen), ägyptische Fleisch- oder Gemüsepastetchen, sehr gut, preiswert, 24 Std geöffnet, empfehlenswert

• **McDonalds** Tel 19991 [E][T] und **Kentucky Fried Chicken** Tel 19019 [T] sind in der Sh Mohamed Mahmud (südlich vom Tahrir abgehend) zu finden aber auch in vielen anderen Stadtteilen, 24 Std, z.T. Hotspot

• **Pizza Hut**, Midan Tahrir, Tel 19000, 11-03 U, gute Lasagne, Pizzas, nicht billig

Kaffee- und Teehäuser

Typisch ägyptische Kaffeehäuser (arabisch *Ahwas*), in denen Besucher den Tag oder Abend mit Backgammon, Domino oder Schach verspielen, findet man in praktisch jeder Straße; am Midan el Falaki sowie in der ersten Querstraße rechts von der Sh El Ezbekiya am Midan Orabi sind es deutlich mehr - wer sich hier dazusetzt, wird ohne Anmache willkommen geheißen.

• **El Abd Konditorei**, 25 Sh Talaat Harb; Tel

2392 4407, 9.30-24 U, sehr guter ägyptischer Kuchen und sehr gutes ägyptisches Gebäck, nur Verkauf, besser als Groppi

• **El Andalusia** , Sh 26.July, Nähe Grand Hotel, Tel 2574 7485, 9-02 U, sehr typisch, im 1. Stock ein Raum für Shisha rauchende Frauen

• **Groppi**, [L] Midan Talaat Harb/Sh Qasr El Nil; Te l257 43244, 8-23.30 U, eins der ältesten Cafés, große Auswahl an Kuchen und Süßigkeiten, schlechter Service

• **Groppi Garden**, [I] 2 Sh Abdel Khalek Tarwat; Tel 2391 198, 8-23.30 U, hier sitzt man in weinumrankten Gartenlauben, etwas besserer Service

• **Hurriya**, Sh Tahrir, Nordseite, Nähe Midan Falaki, Tel 2392 0397, traditioneller Stil, ägyptische Intellektuelle spielen Schach, es gibt auch Bier

• **L'Americaine**, [D] Sh Talaat Harb/Sh 26.July, Tel 2574 5344, 8-24 U, guter Kaffee, Torten, Snacks, Eis und Getränke, relativ teuer, langsamer Service

• **Rhaghadan**, 25 Sh Adly; Tel 2392 7954, hervorragende ägyptische und internationale Kuchen und Kekse, nur Verkauf

Khan el Khalili

(Plan *Khan el Khalili* siehe Seite 147)

• **Al Dahan**, 4 Khan el Khalili (direkt neben El Hussein Hotel); Tel 2593 9325, 11-03 U, Kufta und Kebab, einfach, nicht sonderlich sauber

• **Chicken House**, Sh Muski, kurz vor Midan Hussein, gut und preiswert

• **Egyptian Pancake (Fatatry El Husseiny)**, Md Al Azhar, Tel 2590 8623, 24 Std, Nähe der Fußgängerunterführung unter der Sh Al Azhar; preiswerte und sehr gute Pfannkuchen, gute Pizza

• **Fishawi**, Midan Hussein/Khan El Khalili (erste Parallelgasse zum Midan Hussein), 24 Std; Tel 2590 6755, „altehrwürdiges", stimmungsvollstes Café und Teehaus von Kairo, in dem sich Intellektuelle trafen/treffen, berühmt, empfehlenswert

• **El Halwagy**, neben Egyptian Pancake, Tel 2591 7055, sehr gutes Foul und andere Gerichte, preiswert

• **GAD,** Sh Al Ahzar, Tel 2514 5900, 8-02 Uhr, Südseite Nähe Fußgängerbrücke, preiswert und gut

• **Khan El Khalili,** (ehemals *Nagib Mahfus*) Restaurant und Coffeeshop (Restaurant mittags häufig ausgebucht, viele Gruppen), Tel 2590 3788, 10-02 U, direkt im Khan el Khalili-Bazar an der Hauptgasse Sekhet el Badistan, geschmackvolles „Nobel"-Kaffeehaus im islamischen Stil; gute orientalische Gerichte, mäßiger Service; im zugehörigen Restaurant gutes Essen, sehr sauber, Preise angemessen, Vorausbuchung empfohlen

Gezira und Zamalek

(Plan siehe Seite 139)

Internationale Küche (auch ägyptisch)

• **Abou El Sid**, 157 Sh 26.July, Tel 27359640, sehr frequentiert, gemütlich eingerichtet, sehr gutes Essen, Alkohol, nicht billig, täglich 12-01:30 U, Vorausbuchung empfohlen, www.deyafa.net

• **Cairo Tower**, Insel Gezira, Tel 2730 5112, 9-01 U, Aussicht bestens, Menüs mittelmäßig bis gut, teuer, Drehrestaurant renoviert, Eintritt nur für Tower £E 60, £E 80 für Tower und 1 Stück Kuchen

• **Dido's Al Dente**, [B] 26 Sh Baghet Aly (Nähe President Hotel), 24 Std, Tel 27359117, kleines italienisches Restaurant, gut, große Pasta-Auswahl, mittlere Preislage

• **Five Bells**, 9 Sh Adel Abou Bakr/Sh Ismail Mohammed, Zamalek; Tel 2735 8635, 12.30-01.30 U, sehr hübsch in einem Garten, gute internationale und ägyptische Küche, mittlere Preise

• **Hana**, 21 Sh Mahaad Swisry, Nähe Nile Zamalek Hotel, Tel 2738 2072, 12-22.30 U, koreanisch- chinesisch-japanisches Restau rant, sehr gut bei großer Auswahl, gehobene Preisklasse

• **La Bodega**, [D] 157 Sh 26.July, Zamalek; Tel 2735 0543, 12-01 Uhr, Bistro, Lounge,

Bar, stilvoll in hohen Räumen, internationale Küche, sehr gut, nicht billig, Hotspot

- **La Pacha 1901**, ein Restaurantschiff, Tel 2735 6730, 12-01 U, Sh Gezirah in Zamalek, etwa gegenüber dem TV-Gebäude; insgesamt sorgen sich neun Restaurants und Pubs um das Wohl der Gäste, teuer
- **Crave** (früher *101 Coffee Ology*), 22a Sh Dr. Taha Hussein, Tel 2736 3870, 11-02 U, im Gebäude des President Hotel, Studenten-IN-Kneipe und -Restaurant, italienisch geprägte Küche, mittlere Preise, neu eingerichtet, sehr sauber

Ägyptische Küche

- **Arabica,** Sh El Maraashly/Ahmed Heshmat, Tel 2735 7982, 9-01.30 U, tolle Feteers, Säfte, Salate, preiswert; schräg gegenüber von *Arabica* **Cafe Tabasco**, gut, Hotspot
- **Casino Qasr El Nil**, gegenüber Cairo Tower, direkt am Nilufer; Tel 2736 8023, teuer, aber nicht sonderlich gut
- **Sequoia**, [A] an der Nordspitze der Insel Zamalek, (bekannt in Giseh und Maadi) mit ausgezeichneter Küche, ein guter Essplatz am Nil, Trend-Restaurant, Pressestimme: „einer der besten Hang-outs in Kairo", teuer

Schnellimbisse und Garküchen

- **Maison Thomas**, Sh 26.July, Zamalek; Tel 2735 7075, 24 Std, gute Pizza, Sandwich, relativ teuer, Hotspot
- **Pizza Hut**, [C]Sh Abu El Feda, Zamalek, Tel 19000, 11-03 U
- **Zamalek Restaurant**, Sh 26.July, gleich hinter Sh Hassan Sabri; Tel 2730 9136, 24 Std, mehr Schnellimbiss als Restaurant, Felafel

Agouza und Mohandissin

Internationale Küche (auch ägyptisch)

- **Chili's**, Sh El Fawakeh, Nähe Mustafa Mahmoud Moschee, Mohandissin, Tel 19002, 3761 7004, 12-01.30 U; gutes amerikanisch-mexikanisches Restaurant, nicht billig, Hotspot
- **Flying Fish**, 166 Sh El Nil, Agouza; Tel 3749 3234, 12-01 U, sehr gutes Fischrestaurant, aber auch Kofta und Kebabs, gute Atmosphäre, teuer, Hotspot
- **Kandahar**, 3 Sh Gamiat el Dowal el Arabiya, Mohandissin; Tel 3303 0615, 12-01 U, gutes pakistanisches Restaurant mit Tandoori und Curries, Liveband, Vorausbuchung empf.
- **Marush**, 64 Midan Lebanon, 2. Etage, Mohandissin, Tel 3345 0972, 11.30-03.30 U, gute libanesische Küche
- **Papillon**, Sh 26.July, Mohandissin, gegenüber Sporting Club; Tel 3303 5045, 13-24.30 U, gute Atmosphäre, hervorragende libanesisch-arabische Küche, Bier und Wein, relativ teuer
- **Bukhara** (früher *Taj Mahal*), 5 Sh Lebanon, Mohandissin, Tel 3302 5669, 14-23.30 U, (Schwester-Restaurant in Maadi, 43 Sh Misr Heluan); gutes indisches Restaurant mit indischen Köchen, bekannt für gute vegetarische Gerichte, Take-away
- **Tikka Chicken**, Mohandissin, neben Hardee's Restaurant, 47 Sh Abd el Aziz/ Sh Gamiat el Dowal el Arabiya; Tel 19099, 11-03 U, sehr gutes Huhn und Salatbuffet; unten Take-away, oben Restaurant
- **Tirol**, Mohandissin, 38 Sh Gezirat El Arab; Tel 3344 9725, 9-02 U, österr. und deutsche Spezialitäten vom Chef Alois Gartner zubereitet

Ägyptische Küche

- **Abou Shakra**, 17 Sh Gamiat el Dowal el Arabiya, Mohandissin (Filiale des Restaurants im Zentrum); ein „In-Restaurant" der Upper Class mit sehr gutem Essen, aufmerksamer Bedienung
- **Al Omda**, 6 Sh El Gazayer (Nähe Atlas Hotel), Tel 3346 2701, 24 Std, sehr gute ägyptische Küche mit reichhaltiger Auswahl, große Portionen, schneller Service, preiswert
- **El Tabie El Domiati**, (siehe auch weiter oben), 17 Sh Gamiat el Dowal el Arabiya, vorwiegend vegetarisch, sehr gutes Salatbuffet, sehr gutes Foul und Felafel, sehr preiswert
- **Happy Dolphin**, 70 Sh Abdel Aziz Al Soud, Tel 2362 9660, 10-02 U, schwimmendes Restaurant südlich der Gamaa-Brücke, Mindestverzehr auf dem Schiff £E 25, im zugehörigen Landrestaurant nicht, sehr leckere Täubchen

Schnellimbisse und Garküchen

• **Kentucky Fried Chicken**, El Batal Ahmed Aziz, Mohandissin; gute Hamburger, Salat-Bar, reichlich

Dokki und Giseh

Internationale Küche (auch ägyptisch)

• **Andrea**, 59-60 Sh Maryutia am Maryutia Kanal in Giseh, Tel 3383 1133, 13-01 U, Gartenrestaurant, stadtauswärts auf der Pyramid Road/Kreuzung Sakkarastraße rechts ab (ausgeschildert); sehr bekannt und beliebt, mit guten Brathühnchen und ägyptischen Spezialitäten, preiswert, empfehlenswert

• **Café Ezbet Elkebeer** (früher *Café Guevara)*, 48 Sh Iran, Seitenstraße der Sh Mohieddin Abul-Ezz, Dokki, Tel 3762 0970, 10-02 U; Bistro-Typ, Che Guevara grüßt von der Wand, orientalische Gerichte, recht gut und mäßig teuer

• **Le Chalet**, 3 Sh Ahmed Nessim, Dokki, Nähe University Bridge, Tel 3748 5321, 8-24 U; gute Snacks und Kuchen, im oberen Stockwerk **Le Chateau**, Spezialität auf Holzkohle gegrillte Hühnchen und Steaks

• **Christo**, gegenüber Mena House Hotel (Pyramiden), Tel 33770086, 11-01 U, Pyramidenblick, ausgezeichnetes Fischrestaurant, große Auswahl an frischem Fisch, relativ teuer

• **Mena-House Hotel**, Pyramid-Road, Tel 3377 3222, 24 Std; empfehlenswerter Coffee-Shop *Khan El Khalili*, sehr gut mit Superblick auf Pyramiden, im *Moghul Room* wird indische Küche in "Mogul-Athmosphäre" serviert, teuer

• **St. Melodies**, **El Bahawia**, 8 Sh Abo El Holl, im Dorf Nazlet neben dem Sphinx, von hier aus hervorragende Sicht auf Light & Sound, jedes Wort zu verstehen, gute ägypt. Küche, Pizza

• **TGI Friday's**, 26 Sh el Nil, Giseh, Tel 3570 9685; amerikanische Kette, schwimmendes Restaurant mit typisch amerikanischer Küche, nicht teuer

Ägyptische Küche

• **American Fish Market**, 26 Sh El Nil (über TGI Friday's), Tel 3570 9693; gutes Fischrestaurant ägyptischer Küchenprägung, relativ große Auswahl, mittlere Preise

• **El Badawia**, 8 Sh Abo El Holl, im Dorf neben dem Sphinx, Tel 3771 1001, hervorragende Sicht auf Light & Sound, jedes Wort zu verstehen, gute ägypt. Küche, Pizza, täglich 10 bis Ende letzter Show (22.30, Winter 21:30 U)

• **Filfila** (auch *Felfela*), ziemlich zu Beginn der Wüstenstraße Kairo-Alexandria, Tel 3384 1111, 10-23 U, große Filiale des gleichnamigen bekannten Restaurants im Zentrum, gut, nicht teuer

• **Sun Shine**, Sh El Nil, Dokki, (Nähe University Bridge), Eingang neben Bowling Club, Tel 3336 1630; ägyptisches Lokal direkt am Nil, mit sehr angenehmer Atmosphäre, gutes Kebab, sehr preiswert, empfehlenswert

Kaffee- und Teehäuser

• **El Jasmeen**, westliches Ende der Sh Feisal im Gebäude der National Company, Nähe Pyramiden, Tel 3741 2774, 7-03 U; Teehaus mit erlesenen Tees, werden vor Ort gemischt

• **Swissair Coffeeshop** (*Le Chalet*), El Nasr Building, Sh Shahid Abdol Hady Salah Abdullah/Sh El Nil, Giseh), Tel 3748 5321, 7-03 U; Schweizer Kuchen, Käsespezialitäten, ziemlich teuer

Übernachten

Beachten Sie bitte: Die Unterkünfte sind zunächst nach Ortsteil sortiert, dann nach Preisklassen (Sternen) und innerhalb der Preisklasse alphabetisch. Im Stadtzentrum gibt es keine 4*-Hotels.

Zentrum

(Stadtteile Taufikiyakia, Ezbekiya, Abdin und Khan el Khalili-Umgebung)
Die Zahlen in **[ ]** beziehen sich auf den Plan *Hotels im Stadtzentrum* (siehe rechts), die zusätzliche Angabe **[+]** auf den Plan *Midan Ramsis* (siehe Seite 137).

Luxushotels

Wie bei allen Luxushotels gilt auch hier, dass Gruppen bis zu 50% weniger bezahlen als Einzelreisende. Wer also diese Klasse als Individualist subventionieren will, bucht sich hier ein. Zuvor sollte man allerdings versuchen, über ein Reisebüro einen Voucher zu bekommen, in jedem Fall einen Blick auf die Internetseiten zu werfen, denn dort gibt es häufig Sonderangebote. Daher geben wir für diese Kategorie keine Details und Preise an.
Hier nur eine - beliebige – Auswahl.

- **Mövenpick Hotel** Cairo-Heliopolis gehört nicht mehr zum Portfolio der Schweizer Hotelgruppe
- **Four Seasons**, 5*, Nile Plaza, 1089 Corniche, Garden City, Tel 2791 7000, Fax 2791 6900, sehr gut, sehr teuer
- **Grand Hyatt Cairo**, 5*, Garden City (an der Südspitze der Insel Roda), Tel 2365 1234, Fax 2362 1927, cairo.grand.hyatt.com, sehr gut eingerichtet, Drehrestaurant auf dem Dach, gut und teuer
- **Conrad Cairo**, 5*, 1191 Corniche, Tel 2580 5000, Fax 2580 8080, cairoinfo@conradhotels.com, www.conradhotels.com, großzügig eingerichtet, gute Restaurants, bekannte Disko
- **Helnan Shephards**, 5*, 1113 Corniche, Garden City, Tel 2792 1000, Fax 2792 1010, res@shepheard-hotel.com; unpersönlich, hat nichts mit 1952 abgebranntem *Shephards* gemein
- **Nile Hilton**, [28] 5*, Corniche (Md Tahrir), Tel 2578 0444, Fax 2578 0475, nile@hilton.com, www.hilton.com, das 1960 erbaute erste westlich orientierte Luxushotel, zentrale Lage
- **Ramsis Hilton**, [18] 5*, 1115 Corniche, Tel 2577 7444, Fax 2575 2942, reservationramses@hilton.com, reservationramses@hilton.com, www.cairo-ramses.hilton.com; toller Blick
- **Semiramis Intercontinental**, 5*, Corniche, Garden City (Nähe Md Tahrir), Tel 2795 7171, Fax 2796 3020, caiha-resvn@interconti.com, www.intercontinental.com; moderner Neubau, großzügige Lobby

3*Hotels

- **Ambassador**, [1] 31 Sh 26.July, (7.-10.St.), Tel 2578 3225, Fax 2574 3263; SatTV, Kschr, se sa, la, fr, AC, empf, mF .... E+B $45 D+B $55
- **Cairo Khan**, [9] Sh 26.July/Mohamed Farid, Tel 2392 2015, Fax 2390 6799, cairokhan@link.net, info@cairokhan.com, sales@cairokhan.com; SatTV, Internet, AC, se sa, Kschr, mF .... E+B $70, D+B $90
- **Carlton**, [2] 21 Sh 26.July, Tel 2575 5022, Fax 2575 5323, reserve@carltonhotelcairo.com, www.carltonhotelcairo.com; zentral, Nähe Metro, 2 eigene Lifts, fr, se sa, rel la, AC (häufig laut, defekt), SatTV, Balkon, Dachterrasse mit Rest, guter Blick, Zi unterschiedlicher Qualität (eher 2*), HP .... E+B 100-125, D+B 150-175

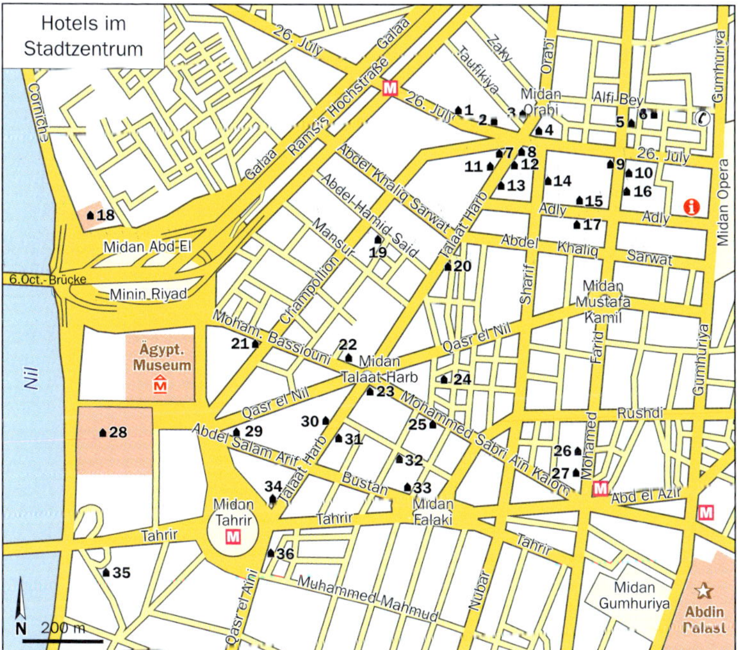

1 Ambassador
2 Carlton
3 Sultan, Venice
4 Grand
5 Horis
6 Windsor
7 Omayad
8 Claridge
9 Cairo Khan
10 Nitocrisse
11 Blue Bird
12 Talismann
13 King Tut
14 Richmond
15 Select; Let Me Inn
16 Roma
17 Panorama Palace
18 Ramsis Hilton
19 Odeon
20 Luna
21 Anglo Swiss
22 Dahab, Swiss Pension
23 Tulip
24 Cosmopolitan
25 Meramees
26 Bostan
27 Happy City
28 Nile Hilton
29 Cleopatra
30 Lotus
31 Paris
32 Sara Inn
33 Amin
34 New Sun
35 Garden City
36 Ismailiya House

- **Cosmopolitan**, [24] 1 Sh Ben Taalab/Qasr el Nil, Tel 2392 3956, Fax 2393 3531, zentral, stimmungsvolles altes Hotel, se sa, fr, ang, SatTV, Internet, AC, Kschr, mF .. E+B $44, D+B $57
- **Cleopatra**, [29] 1 Sh El Bustan/Ecke Md Tahrir, Tel 2575 9900, Fax 2575 9807, cleopatrapalace@hotmail.com, www.cleopatra_hotel.com; guter Blick, hb, se sa, la, AC,SatTV, Wäscheservice, für die Ausstattung zu teuer, aber günstig gelegen, Bar, koreanisches Restaurant, mF .... E+B $60, D+B $70
- **Fontana**, [3+] Md Ramsis (genau Sh Seif el Din el Mahran), Tel 2592 2321, Fax 2592 2145, zentral, Dachterrasse mit Pool, Disco, AC, sc la (Md Ramsis), se sa, fr, hb, TV, mF........ E+B $35, D+B $52
- **Grand**, [4] 17 Sh 26.July, Tel 2575 7700, Fax 2575 7593, gegenüber Taufik-Markt, grandhotel@link.net; www.grandhotel.clickhere2.net, gr Zi, „old fashion", stilvoll, gute Atmosphäre, la, AC, SatTV, se sa, ang, empf, mF........ E+B $36, D+B $46
- **Happy City**, [27] 92 Sh Mohammed Farid, Tel 2395 9333,Fax 2395 9777,

happycity@happycityhotel.com, www.happycityhotel.com, günstig in Metronähe, Dachterrasse, se sa, gepflegt, AC, SatTV, Kschr, mF.. E+B $36, D+B $44

• **Odeon Palace**, [19] 6 Sh Abdel Hamid Said, Tel 2576 7971, Fax 2576 7971, neben Cinema Odeon, zentral, etwas abgewohnt, Abholungsservice vom Flughafen, se sa, fr, rel ru, ang, AC, SatTV, Dachrestaurant, bekannte Nachtbar, F $3,... E+B $41, D+B $51

• **Talisman**, [12] 39 Sh Talaat Harb, 5.St, Tel 2393 9431, Fax 2393 6031, talisman_hoteldecharme@yahoo.fr, www.talisman-hotel.com; das „Hotel de charme" ist die mit Abstand beste Unterkunft außerhalb der 5*-Hotelketten im Herzen Kairos, jedes Zimmer individuell und sehr geschmackvoll im islamischen Stil dekoriert, Bibliothek, arabischer Salon, AC, SatTV, Kschr, se sa, se fr, hb, mF ....E+B € 60, D+B € 80, Suite € 120

• **Victoria**, [7+] 66 Sh GumHurriya, Tel 2589 2290, Fax 2591 3008, info@victoria.com.eg, www.victoria.com.eg, altes, gemütl. Hotel, se sa, se fr, z.T. se la, AC, SatTV, Internet, preiswert, empf, mF (gutes Büffet)... E+B $37, D+B $48

• **Windsor**, [6] 19 Sh El Alfy (Alfi Bey), Tel 2591 5277, Fax 2592 1621, windsor@link.net, www.windsorcairo.com, angeblich ältestes noch existierendes Hotel Ägyptens, gr alte Räume, altmodisch, teils stilvoll eingerichtet, teils abgewohnt, die Bar ist einen Besuch wert, familiäre Atmosphäre, Dachterasse, Abholservice vom Airport $5 pP (mindestens 2 Pers.), sa, rel la, AC, se fr, se hb, Internet, mF .... E+B €29-36, D+B €37-44

Einfache Hotels

Alle Hotels in der Sharia Talaat Harb und der Sharia 26.July sind sehr laut, Lärmempfindliche buchen Zimmer zum Hof.

• **African**, [6+] 15 Sh Emad El Din, Tel 2591 7220, 3.St, in jüngster Umfrage von Worldhostel angebl. als 6. bestes Hostel im Zentrum Kairos gewählt, africanhousehotel@hotmail.com, se sa, se hb, Kaffee und Tee kostenlos, neu eingerichtet, organisiert Trips, Abholung vom Flughafen, Internet, Küche, Wäscheservice, mF ....E 40, D 60, D+B 70-75

• **Amin**, [33] 38 Md Falaki/Bab el Louk, Tel 2393 3813, 6./10.St., abgewohnt, rel sa, la, gut für alleinr. Frauen, Balkon, F £E 5 .... E+B 38, D 39, D+B 44, D+B+AC 63

• **Anglo Swiss**, [21] 14 Sh Champollion, Tel 2575 1497, 6.St., 2 Lifts (manchmal defekt), gr alte Räume, museale Badewannen, Kü, la, fr, mä sa, hb, Balkon, se einfa möbiliert, mF...E 30, D 45, D+B 50

• **Blue Bird**, [11] 42 Sh Talaat Harb, 6.St., Tel 2575 6377, se einf, sa, hb, fr, mF......E 35, D 55

• **Brothers**, 34 Sh Talaat Harb, 4.St, Tel 2579 6946, hostelbrothers@yahoo.com, neu eröffnet, von Select Hotel gemanagt, Wäscheservice, Internet, Flughafenabholung, AC, se sa, mF... E+B 80, D+B 100

• **Ciao**, [1+] 2*, 28 Sh Ahmed Helmi, Tel 2235 2858, Fax 2236 9192, ciao@link.net, (hinter Ramsis-Bhf, links neben Happy Dreams Hotel), la, se sa, se hb, Balkon, AC, Internet, Wäscheservice, bestes Hotel in Bahnhofsgegend, empf, (Studentenermäßigung möglich) mF... E+B 75, D+B 105

• **Canadian Hostel**, 5 Sh Talaat Harb, Tel 2392 5794, www.thecanadianhostel.com, canadianhostel@gotouregypt.com, 2005 eröffnet, 1 St., großzügige Zi, se sa, Internet, mF... E 80, E+B 90, D+AC 90, D+B 100

• **Claridge**, [8] 41 Sh Talaat Harb, Tel 2393 7776, Lift manchmal defekt, hotelclaridge@yahoo.com, auch Eingang m. Lift in Sh Sherif, hübsche Cafeteria, bei Tourenangeboten Preise vergleichen, abgewohnt, se sa, fr, SatTV, mF .... E 35, E+B 45, D 65, D+B 80, D+B+AC 120

- **Dahab**, [22] 26 Sh Mahmoud Bassiouni, Tel 2579 9104, www.dahabhostel.com, info@dahabhostel.com; im Stockwerk über *Swiss Pension*, nach Dahab-Vorbild wurden z.T. gemauerte „Hütten" aufs Hausdach gesetzt, viele Blumen, interessante Atmosphäre, viele Traveller, Internetzugang, (Achtung, Schlepper am Eingang mit falschen Angaben über Dahab), kl Zi, sa, fr, se hb, Internet, mF .... E 30, E+D 40, D 40, D+B 50
- **El Hussein**, 2*, Md Hussein (Khan el Khalili), Tel 2591 8664, Fax 2591 8479, z.T guter Blick auf Md Hussein, la, sa, mF .... E+B 90, E+B+AC 105, D+B 115, D+B+AC 130
- **Everest**, [4+] Md Ramsis, Tel 2574 2506, Fax 2574 2688 Hochhaus gegenüb. Ramsis-Bhf, (15. St., Vorsicht: nur Lift, Treppenh. vermutl. unzugängl.!), toller Blick, rel sa, bedingt empf, se einf, mF .... E 20, D 30, D+B 50
- **Garden City House**, [35] 23 Sh Kamal el Din Salah (direkt an Abfahrt von Tahrir Brücke), Tel 2794 8400, Fax 2794 4126, garden77house@yahoo.com, www.gardencity.plus.com, tlw Nilblick, Balkon, Flughafentransfer, AC, se la, se sa, fr, hb, mF .... E 65 E+B 86, D 91 D+B 130
- **Happy Dreams**, [1+], 28 Sh Ahmed Helmi, (hinter Ramsis-Bahnhof, dasselbe Haus wie Ciao Hotel), Tel 2235 8699; 12 Stockwerke, hb, sa, Wäscheservice, Cafeteria im 12. St., Restaurant im 10. St, guter Blick, mF .... E 40, E+B+AC 55, D 70, D+B+AC 80
- **Happiton**, [8+] 2*, 10 Sh Ali el Kassar (Seitenstr. der Sh Emad el Din), Tel/Fax 2592 8600, se sa, se fr, hb, SatTV, mF .... E+B 70, D+B 89
- **Horris**, [5] 2*, 5 Sh 26.July (Rückgebäude), Tel 2591 0389, Fax 2591 0478, 14. St., Lift, AC, sa, TV, mF .... B+AC 76, D+B+AC 136
- **Isis,** 33B Sh Ramsis, 16. St. Maroof Tower (re. am Ende der 6.Okt Brücke Richtung Ramsis), Tel 2579 9757,www.isiscairo.com, isishotel2004@yahoo.com; toller Blick, Internet, 15 % Rabatt für Leser dieses Buches, SatTV, Kschr, sa, la, mF E 70, D 90, E+B+AC 130, D+B+AC 160
- **Ismailiya House**, [36] 1 Md Tahrir (Eingang li. Haus), Tel 2796 3122, Ismahouse@hotmail.com, 7./8.St., Lift, (demnächst alle Zi mit B, TV und teurer), Vorausbuchungen auch von Europa ok, zentral, viele Traveller, sa, se fr, la, Internet, mF .... Dorm pP 22, E 35, D 60, D+B 75
- **King Tut**, [13] 37 Sh. Talaat Harb, 8.St, Tel 2395 0745 king_tut_hostel@hotmail.com; www.kingtuthostel.com, se sa, se fr, AC, SatTV, Internet, Airportservice, Wäscheservice, mF .... E 65, E+B 85, D 100, D+B 120
- **Let Me Inn,** [15] 19B Sh Adly, 6.St., Tel 2396 0681, 012734 2168, letme_inn@yahoo.com; 2007 unter dt. Leitung eröffnet, einf eingerichtet, se sa, se fr, Internet, mF .... Dorm 35, E 45, D 70, D+AC 80.
- **Lialy**, 8 Md Talaat Harb (gegenüber Tulib [23], Tel 2575 2802, 3.St kein Lift, lialy_hostel@yahoo.com; Traveller Hostel, se sa, tlw AC, gemeinsame Küche, Waschmaschine, Airportabholung, arabische Halle mit SatTV, mF .... Dorm 30-40 pP, E+B 50, D 60, D+AC 80
- **Lotus**, [30] 2*, 12 Sh Talaat Harb, 7.St, Tel 2575 0627, Fax 2575 4702, lotushotel@link.net,www.lotushotel.com, Lift, 8.St. Bar, 9.St. Restaurant (preiswert), se la, fr, hb, AC, se sa, Internet, mF .... E $11, E+B+AC $17, D $17, D+B+AC $22
- **Luna**, [20] 27 Sh Talaat Harb, Tel 2396 10 20, lunapensionn@hotmail.com, www.hotelluna-cairo.com; Lift, gr und gepfl. Zi, se sa, se hb, familiäre Atmosphäre, tlw Balkon, AC, Internet, Wäscheservice, mF .... E+AC 90, E+B+AC 110, D+AC 90, D+B+AC 110
- **Magy**, [2+] 122 Sh El Galaa (nur ein paar Schritte vom Md Ramsis)Lift, 4.St., Tel 2574 2904, magyhotel@hotmail.com, www.magyhotelegypt.com; wurde z.Zt. der Recherche renoviert, se la, fr, hb, (z.B. Beschaffung von Zugtickets, Internat. Studentenausweis), kostenlose Softgetränke, mF .... E €5, E+B+AC €10, D €8, D+B+AC €14

- **Merames**, [25] 32 Sh. Muh. Sabry Abu Alam, 5. u 6.St, Lift nur nach oben, Tel 2396 2318, neben kl. Moschee, merameeshotel@hotmail.com, Abholung v. Airport, Küchenbenutzung, organisiert Touren z.B. Weisse Wüste, se sa, AC, ang, fr, hb, Wäscheservice, Internet, mF .... Dorm 25, E 50, D 90, D+B 110
- **Nitocrisse**, [10] 171 Sh Moh Farid, Tel 2391 5166, gr Zi, Parkettb., sa, mF .. E+B 67, D+B 95
- **New Sun**, [34] 2 Sh Talaat Harb/Md Tahrir, (Hotellift li. v. Eingang nur 15-8 U, Hauptlift nur 8-15 U), 9.St., frisch renoviert, Tel 2578 1786, 2579 7977, sunhotel@hotmail.com, www.newsunhotelcairo.com, se sa, fr, Ven, viele Traveller, Internet, Übern. auf Dach mögl, organis. preiswerte Touren, Wäscheservice, mF .... Dorm pP 25, E 60, E+B+AC 140, D 80, D+B+AC 8
- **Omayad**, [7] 2*, 22 Sh 26.July/Talaat Harb, Tel 2575 5103, Fax 2575 5212; se sa, Balkon, SatTV, AC, Kschr, hb, mF .... E+B+AC 120, D+B+AC 160
- **Panorama Palace**, [17] 20 Sh Adly gegenüber der Synagoge, Tel 2392 9127, 4.St., Lift häufig kaputt (geht nur nach oben), sa, se fr, SatTV, Zi z.T. ohne Fenster („Panorama!"), mF .... E (se klein) 35, D+B 80, D+B+AC 90
- **Paris**, [31] 15 Sh Talaat Harb, 3.St, Tel 2395 0921, parishotel_2006@hotmail.com, www.parishotelegypt.com; einf, sa, Internet, AC .... E+B 120, D+B 160
- **Pension Vienna**, [22] 26 Sh Bassiouni, 3.St., Tel 2579 9307, (im Haus v. H. Dahab u. Swiss Pension) ramadanvienna@hotmail.com, Internet, einf. kl. Pension, Balkon, se sa, mF .... E 50, E+B+AC 80, D+AC 60, D+B+AC 140
- **Ramses II**, [13] 37 Sh Talaat Harb, 12.St, Lift, Tel 2395 0745; info@ramses2_hostel.com, www.Ramses2_hostel.com; mit Rotana Palace Hotel unter einem Management, se sa, SatTV, AC, mF .... E 70, D 100
- **Rotana Palace**, [13] 37 Sh Talaat Harb, 6.St, Tel 2390 4380; Lift, www.RotanaPalaceHostel.com, info@RotanaPalacehostel.com; se sa, AC, SatTV, Internet, Airportabholung, mF .. E 100, D 120
- **Richmond**, [14] 41 Sh Sharif, Tel 2393 9358, amarichmondd@hotmail.com,amarichmond@hotmail.com, eigene Lift Internetzugang, Kü, Diskount für „Wiederkehrer", se sa, se fr, gr Zi, Ven, mF .... E 35, D 65
- **Roma** (Pension), [16] 169 Sh Mohammed Farid, Tel 2391 1088, Fax 2579 6243, 4.St./Lift, sympathisch eingerichtet, se sa, se fr, se hb, tlw la, vorab reservieren, da häufig ausgebucht, nur wenige Zi mit Bad (meist aber Waschbecken), empf, mF .... E 50, D 82, D+B 91
- **Safari**, [3] 4 Sh Souk Eltaufikiya, 5.St., Tel 2577 8692, safari_res@hotmail.com, (im Haus v. Sultan und Venice), se einf, Wäscheservice, mä sa, Gemeinschaftsküche, Internet, Ven, ... Dorm 11, E 30, D 40-45
- **Sara Inn Hostel**, [32] 21 Sh Yousef El Gendi/Sh Hoda Shaarawy, 7.St., Tel 2392 2940, sarainn_@hotmail.com, www.sarainnhostel.com, (Nähe Filfila Rest.) Wäscheservice, Flughafenabholung frei bei Reservierung von Zi mit B, organis. Trips, se gepflegt, Kü, se sa, Internet, mF .... E 50, E+B+AC 70, D 80, D+B+AC 120
- **Select**, [15] 19 Sh Adly, 8.St., Tel 2393 3707, 2 Lifte, hostelselect@yahoo.com, Internet, neu eingerichtet, tlw AC, se sa, la, fr, Wäscheservice, Internet, mF .... E+B 80, D+B 100
- **Sultan**, [3] 4 Sh Taufikiya (im selb. Haus auch Venice), Tel 2577 2258, verdreckter Hauseingang, Lift liegt als Wrack im EG, se einf, Kü, Ven, mä sa, fr, ... Dorm pP 11, E/D 40
- **Swiss Pension**, [22] 26 Sh Bassiouni, 6.St., Tel 2574 6639, suisse_hotel@hotmail.com,

Traveller-Hotel, Gepäckdepot 1 £E pP/Tag, Lift nur rauf, zentral, sa, mä ru .... E 40, D 50, E+B 50, D+B 60

- **Tulip**, [23] 3 Sh/Md Talaat Harb, Tel 2392 2704, 4.St., tuliphotel@yahoo.com; se sa, fr, la z. Straßens., se ru z. Innenhof, kl. Balkon, oft ausgeb., mF .... E 60, D 80, E+B 75, D+B 110, E+B+AC 110, D+B+AC 145
- **Venice**, [3] 4 Sh Taufikiya (im Haus v. Safari u. Sultan),4.St., Tel 2574 3269, Venicehotel-cairo@yahoo.com, fr, hb, mä sa, Ven, Kü, Wäsches., Internet, mF, ...Dorm pP 15, E 35-40, D 50
- **Venus**, 38 Sh Ramses, 10.St., Tel 2577 8807, Nähe Everest Hotel, venus_hotel@yahoo.com, verschmutzter Eingang, Lift, viele AC-Zi, sa, fr, einfach, F 5 ....E 30, E+B 50, D 50, D+B 80

Zamalek

Die Zahlen in **[ ]** beziehen sich auf den Plan *Zamalek,* siehe Seite 129.

5* und 4* Hotels

- **Cairo Marriott**, [8] 5*, 16 Sh Seray el Gezira, Tel 2735 8888, Fax 2735 6667, www.cairomarriotthotel.com; geschmackvoll renovierter Kern ist sehenswert, 1869 für Frankreichs Kaiserin Eugénie erbauter Palast, stilvoll eingerichtet, schöner Hotelgarten (auch für Nichtgäste einen Besuch wert)
- **Sofitel El Gezirah**, [9] 5*, Tel 2737 3737, Fax 2736 3640, H5307@accor.com, www.sofitel.com, runder Turm an Südspitze der Insel Gezira, großartiger Nilblick, kürzlich renoviert, se gepflegt
- **Flamenco**, [2] 4*, 2, Sh El Gezira el Wosta, Tel 2735 0815, Fax 2735 0819, sales@flamencohotels.com, www.flamencohotels.com; tlw kl. Zi, wenige mit Nilblick, AC, SatTV, Kschr, se sa, mF .... E+B $118, D+B $136
- **Om Kolthoom**, [3] 4*, 5 Sh Abu El Feda (nördl. der Sh 26.July), Tel 2736 8444, Fax 2735 5304, info@omkolthoomhotel.com; www.omkolthoomhotel.com; am Nil, 70% der Zi mit Nilblick, großzügig eingerichtet, gr Zi, se sa u. gepfl.,(kein Alkohol), AC, SatTV, Kschr, mF........E+B $120-136, D+B $120-161

3* und einfachere Hotels

- **Horus House**, [4] 3*, 21 Sh Ismail Mohammed, 4.St., Tel 2735 3977, Fax 2735 3182, hotel_horus@yahoo.com, unterhalb Hotel Longchamps, Internet, gedieg. Wohnhaus m. entspr. Flair, AC, SatTV, Kschr, gr Zi, fr, se sa, mF .... E+B $52, D+B $70
- **Longchamps**, [4] 3*, 21 Sh Ismail Mohammed, 5.St. (ü. Horus Hotel), Tel 2735 2311, Fax 2735 9644, hotel.longchamps@web.de, www.hotellongchamps.com, in deutschem Besitz, fr eingerichtet in gr gedieg. Wohnhaus mit entspr. Flair, kl. Bibliothek, 2 Terrassen, Internetzugang in jedem Zi, jedes Zi hat eigenen Stil, Flughafenabholung £E 65 max 3 Pers., Wäscheservice, AC, Kschr, SatTV, la, se sa, se fr, se hb, se empf, mF........E+B(Standard) €42, E+B (Excutive) €48 , D+B(Standard) €48, D+B (Excutive) €58
- **New President**, [1] 3*, 20 Sh Dr. Taha Hussein, Tel 2737 2780, Fax 2737 2781, se sa, se fr, AC, SatTV, Kschr, rel ru, kein Balkon, Internet (Wi-Fi), mF .... E+B 245, D+B 330
- **President**, [1] 3*, 22 Sh Dr. Taha Hussein, Tel 2735 0652, Fax 2736 1752, preshotl@thewayout.net, AC, SatTV, Kschr, ru, se sa, Internet, tlw Balkon, mF...... E+B+AC $55, D+B $65
- **May Fair**, [6] 9 Sh Aziz Osman, Tel 2735 7315, Fax 2735 0424, mayfaircairo@yahoo.com, www.mayfaircairo.com, 10% Rabatt für Leser dieses Buches, gr. Balkon, ru, se sa, se fr u. hb tlw AC, SatTV, Kschr, Internet, mF .... E 100, E+B+AC 150, D 120, D+B+AC 170

• **Nile Zamalek**, [5] 2*, 21 Sh Aziz Abaza, am Midan Sidky, Tel 2735 1846, Fax 2735 0220, tlw Balkon, tlw Nilblick, Parkplatz, se sa, AC, Kschr, fr, rel ru, Dachterrasse, korean. Restaurant, mF .... E+B+AC 160, D+B+AC 180

• **Pension Zamalek**, [7] 6 Sh Salah el Din, Tel 2735 9318, Fax 2735 3773, pensionzamalek@msn.com; keine unverheiratete Paare, se ru, gr Zi, einf möbliert, ang, Internet (WLAN) AC + £E 25, Wäscheservice, se sa, 1 Bad für 2 Zi, mF .... E 100, D 150

Westlich des Nils (Agouza, Mohandissin, Dokki, Giseh, Sakkara)

5* und 4* Hotels

• **Cairo Sheraton**, 5*, Md El Galaa, Giseh, Tel 3336 9700, Fax 3336 4602, www.sheraton.com/cairo, csher@rite.com, beliebt bei Geschäftsleuten und Diplomaten

• **Atlas Zamalek**, 4*, 20 Gamiat el Dowal el Arabiyya, Mohandissin, Tel 3346 4175, Fax 3347 6958,atlas_zamalek_hotel@hotmail.com, viele Gruppen, unpersönlich, se sa, la, AC, SatTV, Kschr, Pool (im Schatten), F $3 .... E+B $50, D+B $60

• **Kaoud Delta Pyramids**, 4*, Sh King Faisal (westl. Ende, Pyramidennähe), Tel 3383 3000, Fax 3385 6989, Dalia@deltacasablancahotel.com, www.deltacasablancahotel.com; Bettenburg, Dachterrasse, Westzimmer m. herrl. Pyramidenblick, se sa, se fr, AC, SatTV, Kschr, la, mF .... E+B $58, D+B $72

• **Mena House Oberoi**, 5*, Ende Pyramid Road, Giseh, Tel 3377 3222, Fax 3376 7777, reservation@Oberoi.com.eg, www.oberoihotels.com; eines der stimmungsvollsten Hotels in Kairo, gr Garten, gr Pool, gute Restaurants. Alter Palast-Trakt mit nur 36 Zi ist ein orientalisches Prunkstück; aus jedem Zi Pyramidenblick. Dahinter der neue Trakt, uniform, ohne Atmosphäre, teils renovierungsbedürftig, vereinzelt Pyramidenblick

• **Middle East**, 4*, 85 Sh King Faisal, Tel 3740 6061, Fax 3740 6151, www.middleeasthotel.com, Familienhotel, Dachterrasse, SatTV, Kschr, se sa, la, fr, Zi zur Seite empf, mF .... E+B $70, D+B $90

• **Mövenpick Cairo Pyramids**, 5*, Alexandria Desert Road, Tel 3377 2555, Fax 2383 5006, resort.cairo.pyramids@mövenpick.com, www.mövenpick-cairo-pyramids.com; von einigen Räumen Pyramidenblick, guter Pool

• **Pyramisa**, 5*, 60 Sh Giza, westlich gegenüber Cairo Sheraton Hotel, Tel 3336 9000, Fax 3336 05347, cairo@pyramisägypt.com, www.pyramisägypt.com, gut, ang, se fr

3* und einfachere Hotels

• **Concorde**, 3*, 146 Sh El Tahrir (Nähe Sheraton Hotel), Dokki, Tel 3336 1198, Fax 3336 1189, concorde@online.com.eg, www.concordehotel-egypt.com, Bar, Wäscheservice, Internet, organisiert Touren, TV, Kschr, AC, Flughafenabholung, ... mF E+B $60, D+B $75

• **Noran**, 3*, 13 Sh Mohammed Khalaf, Dokki, (Metrostation Dokki), Tel 3760 4447, Fax 3760 4446, 8.St., Dachterrasse mit Bar, gr Zi, sa, fr, ru, AC, SatTV, Kschr, mF .... E+B 240, D+B 310

• **Vendome**, 3*, 287 Sh El Ahram, Tel 3779 9613, Fax 3585 4138, Zi nach hinten bzw. höhere Stockwerke besser, Disko, Nightclub, SatTV, AC, ru, viele Ägypter u. Kinder, sa, korean. Restaurant, mF .... E+B 170, D+B 230

• **Moon Light**, 2*, 465 Sh Ahram, Tel/Fax 3569 4941, Nähe Metro, sa, AC, SatTV, Disko, Nachtclub, E+B 150, D+B 210

• **Tiab House**, 24 Sh Mohamed Khalaf, Dokki, Tel 3761 8556, einf, Wäscheservice, auf derselben Straße von Noran Hotel, AC, TV, mF .... E 80, D 120

Auf dem Weg nach oben

Die Richtung stimmt schon: Es geht senkrecht nach oben - „direkt in den Himmel", könnte man häufig genug bei den musealen Aufzügen in Ägyptens alten Häusern denken (in denen sich viele der preiswerten Hotels eingemietet haben). Eine Kabine aus Gitterwerk und ein offener Schacht geben unbarmherzig alle vermeintlichen und tatsächlichen Mängel der Maschinerie frei. Die Führungsschienen triefen zwar von Fett, aber das scheint auch die einzige Wartung der Gefährte zu sein. Die Seile sind irgendwie am Kopf der Kabine befestigt, einzelne Drähte hängen häufig wirr herab. Ob Befestigung oder Seil die nächste Belastung überstehen werden?

Man drückt auf den Knopf oder die Reste davon und hofft, dass sich etwas tut. Ist schließlich die Kabine angekommen, muss man das altertümliche Türschloss irgendwie öffnen: Entweder löst kräftiges Rütteln den Schließmechanismus oder es hilft nur, durchs Gitter ins Innere zu greifen und den Verschluss dort zurückzuschieben. Geht die Tür sehr leicht auf, sollte der stürmische Fahrgast sich „vor dem Einsteigen überzeugen, dass der Lift vorhanden ist", was an vielen Aufzügen leider nur arabisch empfohlen wird. Der Spalt zwischen Fahrstuhlboden und Schacht ist vielfach so breit, dass man bequem zum Selbstmord hindurch gleiten könnte - falls einem der mit Müll gefüllte Schachtboden nicht zu unappetitlich wäre.

Nach dem Einsteigen und sorgfältigen Schließen der Innentüren geht meistens das Licht aus. Man sollte also zuvor nach dem richtigen Knopf schauen und auch, ob er noch vorhanden ist, sonst verschwindet im Dunkel der Finger in einem schwarzen Loch. Mit Glück setzt sich die Kabine bei richtigem Knopfdruck mit einem kräftigen Ruck in Bewegung, wenn nicht, wackelt man heftig an den Türen, um deren elektrische Kontakte zu überlisten.

Geht es schließlich nach oben, hat der Liftbenutzer während der langsamen Fahrt Zeit, den Abfall zu bewundern, den die Bewohner auf kleinsten Vorsprüngen von Innenhöfen und Treppenhäusern zu platzieren wissen. Bleibt der Lift unterwegs stecken, schreit man laut „Hammed" (fast jeder Aufzugkenner heißt so) und irgendeine hilfreiche Hand wird so lange an den Türen wackeln, bis der Motor wieder summt. Aus unerfindlichen Gründen fahren viele Aufzüge nur vom Erdgeschoss nach oben; zum Runterfahren sollte man sich mit dem Hotelier gut stellen, der dann einen heimlich angebrachten Liftknopf betätigen kann.

Heliopolis und Maadi

5* und 4* Hotels

• **Concorde El Salam**, 5*, 65 Sh Abdel Hamid Badawi, Heliopolis, Tel 2622 4000, Fax 2622 6037, ca 10 Min. v. Flughafen, Pendelbus z. Flughafen alle 30 Min.

• **Meridien Heliopolis**, 5*, 51 Sh Orouba, Tel 2290 5055, Fax 2291 8533, salesoffice@lemeridien-heliopolis.com, www.lemeridien.com, Treffpunkt der Franzosen in Kairo

• **Novotel**,4*, direkt am Flughafen, Tel 2291 8520, Fax 2291 4794,h0502@accor-hotels.com, www.novotel.com; Pendelbus z. Flugh. jede Stunde, mF .... D+B ab $130

• **Sofitel Maadi**, 5*, Corniche Maadi am Ortseingang Maadi, Tel 2526 0601, Fax 2526 1133, H1526@accor-hotels.com, www.sofitel.com, www.accorhotels.com,

• **Cairotel**, 4*, Maadi Zentrum am ersten Abzweig von Maadi, Tel 2358 6787, Fax 2358 6787; se sa, SatTV, AC, Kschr, mF........ E+B $79, D+B $116

- **Maadi Hotel**, 4*, 19 Sh Misr Helwan (Nähe Cairotel), Tel 2358 5858, Fax 2359 8710, mail@maadihotel.com, www.maadihotel.com; se sa, guter Pool, Internet, keine alkohol. Getränke, ... mF e+B $70, D+B $80
- **Le Baron**, 4*, Heliopolis, neben Baron Empain Palast, Tel 2291 5757 Fax 2290 7077, resv@baronhotels.com, reservation@baroncairo.com www.baronhotels.com, AC, SatTV, Kschr, se sa, fr, Internet, F $10 .... E+B $80, D+B $90

3* und einfachere Hotels

- **Beirut**, 3*, 56 Sh Beirut, Heliopolis, Tel 2415 2347, Fax 2290 4065, res.ca@beiruthotels-eg.com;www.beiruthotels-eg.com, Abholung v. Flugh., se sa, AC, SatTV, Kschr, se gepfl., gute u. beliebte Bar, F $6 .... E+B $88, D+B $110
- **Gabaly**, 221 Sh El Hegaz, Heliopolis, Tel 2623 3896, Fax 2623 3985, se sa, fr, AC, SatTV, Kschr, (obere Etagen empf), mF .... E+B 116, D+B 150
- **Pearl (Loloet El Maadi)**, 3*, Road 7/Road 82, Maadi, Tel 2358 5313, Fax 2378 0458, rumnrtvl@link.net; Nähe Metro, ru, se sa, AC(neu), SatTV, Kschr, ang, Wäscheservice, Flughafenabholung (2 Pers. £E 150), Internet, hb, mF .... E+B $37, D+B $49

6th Oktober City

In der neuen Wüstenstadt westlich von Giseh wurden neue Hotels eröffnet, die einen Tick besser als die alten sind. Zum Stadtzentrum fahren alle 30 Minuten Pendelbusse, Fahrzeit 30–45 Minuten.

- **Hilton Pyramids Golf Resort**, 5*, Nähe Dreamland Unterhaltungspark, Tel 3855 3333, Fax 3855 3338, pyramidsgolf@hilton.com, www.hilton.com/worldwideresorts, Golfplatz, Golfkurse
- **Mövenpick Media City**, 5*, 6. Okt City, in der Nähe der Media City, Tel 3855 5001, Fax 3855 5003, hotel.cairo.mediacity@moevenpick.com, www.moevenpick-cairo-mediacity.com, se ru, schöner Pool, kostenl. Besichtigungstour der Media City
- **Novotel 6th of October**, 4*, Sh 26.July neben M.U.S.T.Uni, Tel 3837 7200, Fax 3837 2070, h3359@accor.com, www.novotel.com, www.accorhotels.com, 2006 zum besten 4*Hotel Ägyptens gewählt .... D+B ab $120

Camping

- **Salma Camp** (N29°58,17' E31°10,54'), Tel 3381 5062, an der Straße nach Sakkara: 4 km vom Abzweig Pyramid Road zweigt kurz nach der Ringroad-Überführung eine Straße rechts u.a. zum Wissa-Wassef-Zentrum ab (siehe Seite 186) und zum Camp (rechts daneben). Relativ saubere Sanitäranlagen, warme Duschen, Küche, ... £E 25 pP

...AC, SatTV...

7

Im Niltal von Kairo nach Luxor

Hintergrund: *Die Reise am Nil entlang nach Süden wird Ihnen die unterschiedlichsten Eindrücke bescheren. Sie werden - je nach Fortbewegungsmittel - mehr oder weniger in das Alltagsleben der Ägypter hineingezogen und das emsige, ameisengleiche Gewimmel im Niltal mit seinen Licht- und Schattenseiten beobachten können. Sie werden viele freudige Überraschungen und positive Eindrücke gewinnen und natürlich auch das Gegenteil. Und Sie werden als Fremder immer wieder Attraktion für Kinder oder Erwachsene sein, die sich, je touristischer ein Ort, desto Bakschisch heischender an Sie hängen. Auch das ist tägliches Leben in einem Land, das seit über zwei Jahrtausenden von Touristen heimgesucht wird.*

Landschaftlich bieten sich keine überwältigenden Höhepunkte auf diesem Abschnitt. Das Niltal ist nur ganz selten so breit, dass man die Wüste aus den Augen verliert, zumal sich der Nil ziemlich tief in das umgebende Kalksteinplateau eingegraben und im Osten und Westen meist deutliche Steilabfälle erzeugt hat. Von der Straße her bekommt man den Fluss nur sehr selten zu Gesicht; meist zieht sich die ziemlich stark von allen denkbaren Verkehrsmitteln frequentierte Strecke an Kanälen entlang. Doch melodramatische Sonnenuntergänge über den Bergrücken der Libyschen Wüste lassen alle Plackerei eines heißen Tages vergessen.

Dieses Tal birgt Zeugnisse aus fünf historisch nachvollziehbaren Jahrtausenden und noch einiges mehr aus grauer Vorzeit. Wer alle bekannten Stätten besuchen will, ist lange beschäftigt. Doch vermittelt eine auch nur knappe Auswahl der am besten erhaltenen Ruinen bereits einen guten Eindruck vom Leben in pharaonischen Zeiten.

Restriktionen: Wegen möglicher Gefahren durch islamistische Fundamentalisten in Mittelägypten dürfen sich Ausländer im Niltal

Sehenswertes

****Tempel von Abydos**, einer der besterhaltenen Tempel des Neuen Reichs (von Sethos I gebaut), sowie ein interessanter Ramses III-Tempel

****Tempel von Dendera**, ein der Göttin Hathor geweihtes und noch sehr gut erhaltenes Bauwerk mit aufschlussreichen Reliefs

***Tell el Amarna**, der Ort, an dem der Monotheist Echnaton seine Hauptstadt errichtete

***Beni Hassan**, aus dem Mittleren Reich stammende Nekropole der dortigen Gaufürsten mit sehr lebendigen Darstellungen des täglichen Lebens; durchaus vergleichbar mit den Privatgräbern in Theben West

***Sawjet el Maitin**, eine von der Bevölkerung Minias auch heute noch benutzte Gräberstadt mit Tausenden von Kuppeln; gleich nebenan Kom el Ahmar mit Ruinen aus der 3. Dynastie, u.a. einer der ersten Pyramiden; in der Nähe die Nekropole Techna el Gebel aus dem Alten Reich und das koptische Kloster Deir el Adra

Hermopolis, das einst berühmte *Schmunu*, wo imposante Reste eines Thot-Tempels und in der Nekropole **Tuna el Gebel stilistisch ungewöhnliche Malereien zu sehen sind

Minia, eine sympathische Stadt mit einer für Ägypten gepflegten Uferpromenade

*Merit-Amun** in Achmin (Schwesterstadt von Sohag), kolossale und schönste pharaonische Frauenstatue

*Assiut**, lebhafte Provinzhauptstadt mit großem Souk

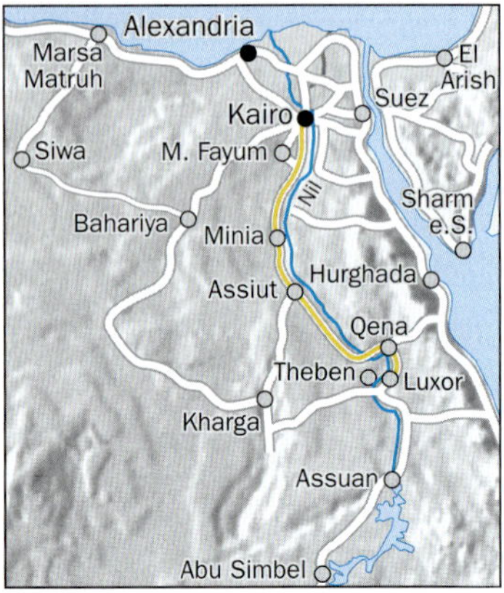

theoretisch nur mit Polizeibegleitung bewegen, Ausnahmen sind die Stadtbezirke von Luxor und Assuan. Zu festgelegten Zeiten rasen daher Konvois aus PKWs, Taxen und Bussen von Luxor nach Assuan oder zum Roten Meer und jeweils zurück. Mittelägypten lässt sich nur per Bahn erreichen. In Städten wie Assiut und Minia werden Ausländer, sobald als Fremde erkannt, von Polizei bzw. Militär begleitet. Wer per Auto von Kairo nach Süden durchs Niltal fahren will, wird - wenn überhaupt möglich - im Privatkonvoi gegen stolze Gebühren zum jeweiligen Ziel eskortiert. Als Alternative bleibt ausländischen Autofahrern, entweder über die Oasenstrecke der Westlichen Wüste oder an der Rotmeer-Küste bis Hurghada und von dort im Konvoi nach Luxor und Assuan zu fahren; dabei muss man auf die Sehenswürdigkeiten Mittelägyptens verzichten.

Streckenbeschreibung

Öffentliche Verkehrsmittel: Die Eisenbahn fährt durch das gesamte Niltal; alle Orte sind erreichbar, wenn auch manchmal auf Umwegen. Busse verkehren zwischen den Städten, dürfen aber in der Regel nicht von Ausländern benutzt werden. Schließlich sind Sammeltaxis/Minibusse überall unterwegs (Abfahrt in Kairo vom Midan Monib am südlichen Stadtrand). Eisenbahnfahrer erreichen Abydos von Balyana aus, den Tempel von Dendera von Qena. Wegen der Einschränkungen für Touristen bei der Benutzung öffentlicher Verkehrsmittel gehen wir in diesem Kapitel nicht auf Fahrpläne ein.

Von Kairo verläuft die traditionelle Straße am Westufer dicht am Nil, in Nag Hammadi wechselt sie bis Assuan ans Ostufer. Sie ist von allen nur vorstellbaren Verkehrsteilnehmern frequentiert. Neuerdings wird sie auch *Agriculture-Road* genannt, ihr folgt unsere Beschreibung; wir sprechen dabei von der Niltalstraße. In den 80er und 90er Jahren wurden östlich und westlich jeweils außerhalb des Fruchtlands weitere, zum Teil vierspurige Verbindungsstraßen nach Süden gebaut.

▸ **Entfernungen auf der Niltalstraße von Kairo aus:** Minia 235 km, Assiut 359 km, Balyana (Abydos) 498 km, Luxor 652 km, Assuan 866 km, Abu Simbel 1151 km.

Als Hinweis für Ihre Planung: Für die historischen Stätten Beni Hassan, Hermopolis und Tell el Amarna wäre Mallawi eine Ausgangsbasis, allerdings mit eher unzumutbaren Unterkünften. Wer Wert auf mehr Komfort legt, wählt Minia als Standort.

Kairo verlässt man am besten auf der *Sharia El Nil*, die am Westufer des Nils über den Midan Monib nach Süden verweist.

Nach 29 km: Abzweig

Links Nilbrücke nach Heluan; geradeaus weiter zweigt nach einem kurzen Stück rechts an einer Y-förmigen Kreuzung eine Straße zu den **Pyramiden von Dashur** ab (siehe Seite 210).

Nach 28 km: Abzweig

In einem kleinen Ort zweigt rechts eine Straße zum Rand der Wüste, zu den beiden **Pyramiden von Lisht** (12. Dynastie) ab. Sie sind stark zerstört und im Innern nicht zu betreten. Die nördliche Pyramide war für Amenemhet I, die ca. 2 km südlicher gelegene für dessen Sohn Sesostris I errichtet worden. Diese ist so stark verfallen, dass ihre Grundkonstruktion recht gut zu erkennen ist (siehe auch Seite 212) .

Nach 25 km: Abzweig

Rechts zur **Pyramide Medum** (siehe Seite 212).

Nach 33 km:

Beni Suef

Die Provinzhauptstadt Beni Suef liegt an der mit etwa 25 km in Ost-West-Richtung breitesten Stelle des Niltals; dies wiederum gibt ihr eine wichtige Rolle als Handelszentrum für die Landwirtschaft. Die Stadt selbst quetscht sich, wie etliche andere im Niltal, zwischen Nil und Ibrahimiya-Kanal. Die Wohngebiete westlich des Kanals sind mehr oder weniger erst in jüngerer Zeit entstanden. Den älteren, aus dem Mittelalter stammenden Stadtteil mit Souks etc. finden Sie auf der östlichen Seite der Eisenbahn. An einem kleinen Park - neben dem Zoo in der Stadtmitte - wurde ein Museum gebaut, in dessen Erdgeschoss interessante pharaonische und im Obergeschoss islamische Relikte zu sehen sind.

Am südlichen Ortsausgang links führt eine vierspurige Straße (vom südlichsten Bahnübergang aus) zur Nilbrücke ans Ostufer, die Verlängerung nach Westen ins **Fayum**. Beim 16 km westlich der Stadt gelegenen Ort *Ihnasiya el Medina* können Pharaonenfans die Hauptstadt der Ersten Zwischenzeit, später **Herakleopolis** genannt, besuchen, wo noch Reste eines Tempels von Ramses II stehen.

▶ Im Hotel **Semiramis**, kann man zur Not übernachten: neben Bhf, Tel 322 092, mä sa, fr, ang, mF .... E+B 50, D+B 65

Nach 20 km: **Beba el Kubra**

Rechts 22 km nach **Deshasha**, eine von Gaufürsten des Mittleren Reichs am Wüstenrand jenseits des Bahr Yussuf angelegte Nekropole, von der eigentlich nur das Grab des Ateti einen Blick lohnt. Derzeit nicht zugänglich.

Nach 51 km: **Beni Mazar**

Rechts 15 km nach Behnasa, wo noch die letzten Reste der christlichen **Klosterstadt Oxyrhynchos** (in der Blütezeit von 10 000 Mönchen und 12 000 Nonnen bewohnt) zu finden sind. Links mit einer Fähre über den Nil und auf einer Asphaltstraße nach Ras Gharib am Roten Meer.

Nach 49 km:

**Minia

Hintergrund: *Minia, die geschäftige Provinzhaupt- und Universitätsstadt mit etwa 500 000*

Nofretete überwacht als Denkmal den Kreisverkehr auf der Ostseite der Minia-Brücke

Einwohnern, liegt inmitten einer vor Fruchtbarkeit strotzenden Region. Sie geht wahrscheinlich auf pharaonische Ursprünge zurück und ist, ähnlich wie Beni Suef, auf ca. 5 km Länge zwischen Ibrahimiya-Kanal und Nil eingequetscht. Dort prunkt sie mit einer breiten und erstaunlich gepflegten Uferpromenade, der Sharia El Nil (oder Corniche). Wie überhaupt fast alles in Minia einen Hauch gepflegter ist als anderswo in Ägypten. Vor der Nasser-Revolution residierten hier einige Baumwollbarone in Villen, die meist von italienischen Architekten gebaut worden waren. Zu deren Festen reisten angeblich sogar Gäste aus Kairo mit Freude an.

Vielleicht hat sich aus jener Zeit noch der Wunsch nach sauberen Straßen und Grünanlagen erhalten. Beste Beispiele sind der Midan Tahrir (laut offiziellem Stadtplan auch Midan Palace) auf der Sharia Gumhuriya vom Bahnhof zum Nil und die Sharia El Nil mit ihren schattigen Bäumen und der praktisch durchgehenden Grünanlage. Wenn Sie durch die Stadt bummeln, werden Sie vor allem an der Sharia Mahatta auf ein paar ehemalige Prachtbauten stoßen, die immer noch einen für ägyptische Verhältnisse guten Eindruck machen. Zusammen mit der Partnerstadt Hildesheim ist seit Jahren ein Museum geplant und nun am Ostufer des Nils im Bau, das hauptsächlich Objekte aus der Umgebung zeigen und auch die Ausstellungsstücke des Museums von Mallawi aufnehmen wird. Präsident Mubarak soll es 2008 (laut Tourist Office erst 2010) eröffnen.

Achtung: Da der Bereich von Minia bis Qena als terroristisch aktiv gilt, stehen Besucher unter mehr oder weniger präsentem Schutz der Polizei, d.h. öffentliche Verkehrsmittel können kaum benutzt werden. Bei Besuchen der außerhalb Minias liegenden Sehenswürdigkeiten ist man auf Taxifahrten angewiesen, die meist von Polizeiwagen begleitet werden. Es gibt aber derzeit kaum noch Einschränkungen hinsichtlich Zielen und Bewegungsfreiheit. Je nach Sicherheitslage kann man sich auch ohne Polizeibegleitung bewegen, wenn man schriftlich bestätigt, auf eigenes Risiko unterwegs zu sein und die Polizei - die vorher über alle Ziele informiert werden will - keine Verantwortung für eventuelle Zwischenfälle trägt.

Die sehr sympathische Stadt lohnt ganz sicher einen Besuch. Der Verkehr ist nicht so hektisch wie in Kairo, aufdringliche Händler kommen praktisch nicht vor, die Bewohner sind einen Tick freundlicher und herzlicher als anderswo. Touristen werden in Minia viel eher ins normale Leben integriert als z.B. in Luxor, d.h. man lässt sie gewähren. Allerdings stößt man häufiger auf Verständigungsprobleme, weil weniger Leute englisch sprechen oder es erst üben. Der montägliche Wochenmarkt, der früher im Stadtzentrum stattfand, wurde in den Süden der Stadt verlegt und hat an touristischem Reiz verloren. Die Sharia Taha Hussini ist eine der Hauptgeschäftsstraßen vor allem im südlicheren Bereich.

Da Minia über eine erstaunlich gute Hotel-Infrastruktur verfügt, dient der Ort gern als Standort für Besuche in die Umgebung bis hin nach *Tell el Amarna*, für die man wenigstens zwei Tage einplanen sollte.

Fußgängern/Radfahrern bietet sich ein Spaziergang bzw. Ausflug über die Brücke ans andere Ufer und durch die Felder des Ostufers an, was recht stimmungsvoll sein kann. **Fahrräder**

Restaurants

- **Al Bedaya**, Sh El Husseini, Tel 234 7264, ägyptisch, schnell,, sauber, gut und preiswert
- **Al Khalil**, Sh Abdel Mena, Tel 233 4433, klein, sehr sauber, sehr gut, freundlich, preiswert
- **KFC Kentucky Fried Chicken,** Corniche, übliche Gerichte der amerikanischen Kette
- **ZAD.** Restaurant und Café, Corniche, Tel 010 9207500, freundlich, sehr sauber, preiswert
- Restaurant des **Lotus Hotels**, sehr gut, auch europäische Küche, freundlich, preiswert

Übernachten

- **Akhenaton**, 3*, Sh Moh. Tawfik Khashba/Sh 26.July, Tel 2365 918 723, Fax 236 5918, kingakhenaton@hotmail.com, www.kingakhenaton.8m.com; Balkon, tlw Nilblick, AC, SatTV, Kschr, Internet, orgnisiert Trips, se sa, ang, hb, gutes Dachrest, empf, mF................ E+B 100, D+B 130
- **Aton**, 4*, Corniche ca. 1 km nördl. vom Zentrum, gegenüber *Mercure* (aber deutlich besser), Tel 234 2993, Fax 234 1517, atonresort@yahoo.com; Bungalows direkt am Nilufer, bestgelegenes Hotel, se gepflegt, AC, SatTV, Kschr, Pool, se sa, rel ru, mF...................... E+B $40, D+B $50
- **Beach**, Sh Mahatma, Nähe Corniche, Tel 2362 307, tlws Balkon, la, se sa, mF..E+B 55, E+B+AC 60, D+B 55, D+B+AC 75
- **Kleopatra**, 3*, Sh Taha Hussein (ca. 1 km nördl. vom Zentrum) Nähe Mercure Hotel, Tel 237 0800, Fax 237 0801, cleopatramenia@hotmail.com; AC, SatTV, Kschr, se sa, se fr, Dachrest. mit gutem Blick, empf, mF .... E+B 100, D+B 175
- **Mercure Inn**, 4*, Corniche ca. 1 km nördl. vom Zentrum, Tel 234 1515, Fax 236 6467, mercureminia@link.net, www.mercure.com; AC, SatTV, Kschr, se sa, schöner Blick, Internet, mF .... E+B $58, D+B $85
- **Lotus**, 1 Sh Bur Said, Tel 2364 541, Fax 2364 576; rel la (kl. Hinterzi. ru), se sa, (laut Leserin eins der gepflegtesten Hotels Ägyptens in dieser Preisklasse), se fr, hb, AC, Kschr, tlw Balkon, Dachterrase mit Rest, empf, mF (gut).. E+B 58, D+B 80
- **Palace**, vom Bhf Sh Mahatta zum Md Palace (Tahrir), dort re Seite, Tel 236 4021, alt, ehem. Palast mit hohen Zi, leicht verstaubt, doch Charme, handgemalte pharaonische Motive an den Wänden, fr, rel sa, hb, Ven,...E 19, E+B 27, D 24, D+B 37
- **Savoy,** gegenüber Bhf, Tel 236 3270, la, sa, se einfach ....E 20, E+B 36, D 24, D+B 37
- Das *Omar El Khayam Hotel,* Tel 236 5666, nimmt in der Regel nur ägyptische Gäste auf (E 29, D 41).

vermieten u.a. das Palace und das Akhenaton Hotel.

Praktische Informationen

- **Telefonvorwahl 086**
- Das **Tourist Office,** Tel 2371 521 (8-18) liegt an der Corniche, südlich der fatimidischen Lamady Moschee, nicht weit von der Nilbrücke. Hilfsbereite Mitarbeiter sind kompetent und geben sich Mühe, Besucher zu unterstützen. Man sollte hier Rat holen, wenn man die umliegenden pharaonischen Stätten besuchen will. Zeitweise sind dort auch deutschsprachige Prospekte erhältlich.
- Das **Telefonamt** ist im Bahnhof untergebracht, die **Post** in der Nähe am Beginn der Sh Gumhuriya.
- **Mini- und Bushaltestellen** findet man etwa 400 m südlich vom Bahnhof, unterhalb der Auto-Eisenbahnüberführung, also nicht an der Fußgängerüberführung. Von hier fahren stündlich Busse nach Kairo oder nach Assiut; allerdings dringt die Polizei auf Eisenbahntransport der Ausländer.
- Leser machten mit dem **Taxifahrer** George Yany, Tel 012 756 5351, für Ausflüge in die Umgebung sehr gute Erfahrungen, Tagespreis ca. £E 200. Sie engagierten zusätzlich John Ezat Fawzy, Tel 012 330 0816, als kompetenten Führer für ca. £E 100 pro Tag.
- Die **Bank Misr** am Midan Saha hat einen Geldautomaten (ATM).
- Am Nil sind die **Restaurantschiffe Hamis und Nefertiti,** genau gegenüber der Einmündung der Sharia Gumhuriya in die Corniche, vertäut, die bei entsprechender Nachfrage auch nilaufwärts z.B. nach Beni Hassan (2 - Stunden) fahren. Einzelreisende können sich Gruppen anschließen, sofern noch Platz vorhanden ist (ca. £E 15 pP). Zwei kleinere Schiffe mit den Köpfen von Nofretete und Echnaton am Bug offerieren ebenfalls Ausflüge.

Einen sehr lohnenswerten Ausflug kann man von Minia aus am Ostufer des Nils unternehmen:

***Kuppelgräber von Sawjet el Maitin

Nahe dem auch als *Zawiet el Amwad* bekannten Dorf Sawjet el Sultan bestatten auch heute noch die Einwohner von Minia ihre Toten in Kuppelgewölben, die sich tausendfach wie Bienenwaben am Wüstenrand entlang ziehen; ein kaum glaubhaftes Bild von Fleiß und Totenverehrung vieler Generationen - angeblich der größte Friedhof der Welt. Während des jährlich dreimal stattfindenden Totenfestes (in Vollmondnächten der muslimischen Monate Ragab, Shawal und Zoul Haga) zieht Leben in die Totenstadt ein. Die Familien besuchen ihre verschiedenen Verwandten in den Kuppelbauten. Plötzlich herrscht eine Art Jahrmarktstimmung mit Musik und Fernsehen; der Kontrast könnte kaum größer sein.
Hoch oben am Berghang, kurz vor dem Gräberdorf, wird Kalkstein in halsbrecherischer Arbeit mit einfachsten Hilfsmitteln gebrochen und auf Klapperlastwagen zu Tal gekarrt. Vom Staub kalkweiß gefärbte Jugendliche bedienen die Steinmühlen am Nilufer (südlich des Dorfes), wo Feluken auf den Abtransport warten.
Am südlichen Rand der Kuppelgräberstadt stößt man auf ein eingezäuntes Gelände namens **Kom el Ahmar** (£E 12), in dem gleich nach dem Eingang ein Steinsockel aus der 3. Dynastie auffällt, auf dem einst eine (kleine) Pyramide stand. Sie gehört zu den Anfängen des Pyramidenbaus, war aber kein Grab. Bergaufwärts führt eine Treppe vorbei an Grundmauerresten, die vermutlich zu einem Tempel gehörten. Weiter oben am Berg sind einige Gräber aus dem Alten Reich und der 18. Dynastie erhalten. Je höher man steigt, umso besser wird der Ausblick auf die Kuppelgräberstadt.

- **Anfahrt per Minibus:** Von der Nilbrücke oder an der T-Kreuzung auf der Ostseite nach Sawjet el Maitin fahren (am Ende des zweiten Dorfs aussteigen, wenn Kom el Ahmar links sichtbar wird). Alle im Folgenden genannten Plätze sind ebenfalls mit Minibussen und zum

Fast bis zum Horizont: Kuppelgräber von Sawjet el Maitin

Teil erheblichen Fußmärschen erreichbar. Am besten an der T-Kreuzung nach Norden fahrenden Minibussen das Fahrtziel zurufen.

Autofahrer biegen an der T-Kreuzung nach der Nilbrücke rechts ab (dann nicht den Berg hinauf), fahren durch erstes Dorf namens Sanada mit koptischen Kuppelgräbern nach Sawjet el Maitin (Sultan). Am Dorfende links ist der Eingang von Kom el Ahmar (etwa 5 km von der Kreuzung)

Techna el Gebel, Fraser Tombs, koptisches Kloster Deir el Adra

Auf der Ostseite, aber nördlich der Gräberstadt, liegen einige Sehenswürdigkeiten. An der T-Kreuzung nach der Brücke fährt man links (nach Norden) und zweigt nach 7,5 km rechts zu den so genannten **Fraser Tombs** ab. Es handelt sich um insgesamt 14 in den Fels geschlagene Gräber aus dem Alten Reich, 1889 von dem englischen Archäologen Fraser entdeckt. Über 100 Jahre später wurden die vier am besten erhaltenen restauriert und zugänglich gemacht (9-17, £E 12).

Das erste und interessanteste Grab gehörte dem Hathor-Priester **Ni-ka-Anch**, den man gleich links zusammen mit seiner Frau sieht, die ihm liebevoll den Arm um die Schultern legt. In der nächsten Szene sind auch die Kinder mit abgebildet. Die Seitenwände zeigen Reliefs mit Opfergaben, den Palast und lange Inschriften. Auch das zweite, ähnliche Grab gehörte Ni-ka-Anch, doch es ist mehr zerstört. Es fällt auf, dass hier die Frau an seiner rechten Seite steht und etwas korpulenter als die im ersten Grab ist; es handelt sich um seine Mutter, der Ni-ka-Anch ehrerbietig die „bessere" Seite anbietet. Das dritte Grab ist noch stärker zerstört, in ihm wie auch im vierten Grab versteckten sich Christen, die wohl auch Bilderstürmerei betrieben. Die Grabinhaber sind unbekannt.

Weiter in nördlicher Richtung können Sie 11 km nach der Nilbrückenkreuzung erneut rechts abbiegen und **Techna el Gebel** besuchen.

Im nahe gelegenen Dorf gibt es zwei Möglichkeiten: Entweder Sie fahren am Eingang rechts über die enge Brücke, dann links bis zum Ende und wieder rechts auf schmaler Piste bis direkt unterhalb der Monumente (Sie können den Wagen auch stehen lassen und gehen das letzte kurze Stück zu Fuß) oder Sie durchqueren das Dorf und folgen nach rechts dem Wadi. Etwa 1 km nach dem Dorf den Berg hinaufgehen. Auf halber Höhe ist ein kleiner **Tempel** mit Sanktuar in den Fels gehauen (wahrscheinlich unter Nero), der obere Teil eines Säulenstumpfes mit Hathorkopf hängt von der Decke. In einem vergitterten Raum liegen Krokodilmumien, darüber Felsengräber. Am Fuß des Hügels (links, vom Tempel aus gesehen) liegt eine große unvollendete Säule von etwa 3 m Durchmesser.

Wenn Sie sich noch ein bisschen mehr umsehen wollen, folgen Sie der Piste; nach ca. 3 km rechts in ein Seitenwadi abbiegen; die Piste zieht sich durch eine Kalksteinwüste und steigt zuletzt steil auf das Hochplateau an, von dort grandioser Ausblick. Links sind Überreste eines auf pharaonische Zeit datierbaren Steinbruchs zu sehen, in dessen Felswand eine **kolossale Ramses-III-Statue** steht; außerdem liegen noch „frisch" gebrochene Steinquader herum.

Das im 4. Jh gegründete koptische Kloster **Deir el Adra** (21 km nach der T-Kreuzung) war früher sehr einsam. Heute ist das umliegende Dorf dicht bevölkert; ein Besuch ist wegen der alten Klosterkirche und der Lage auf dem Gebel El Ter (Vogelberg) am Rand des fast senkrechten Abfalls zum Fruchtland bedingt empfehlenswert. Zumindest lohnt sich die Anfahrt durch das offenbar selten von Fremden heimgesuchte Fruchtlandgebiet. Nachdem die Mönche im 19. Jh ihr Kloster verließen, leben heute wieder einige wenige dort. Jeweils am 22. August (Maria Himmelfahrt der Kopten) ist es Wallfahrtsziel für zahllose Gläubige. In der Friedhofsgegend wird eine enge Höhle als Unterkunft der heiligen Familie bei ihrer Flucht nach Ägypten ausgegeben.

Noch einige Kilometer weiter nördlich blieben im pharaonischen Steinbruch bei **Siririya** (auch *Saririya*) Felsreste stehen, die zwei riesige Tore ergeben, *El Baben* genannt. In einer kleinen Felsenkapelle ist ein Relief von Merenptah mit Isis und Sobek erhalten.

Weiter im westlichen Niltal:

22 km nach Minia: **Abou Kurkas**

Von hier führt eine Straße zum Nilufer. Dort, auf der gegenüberliegenden Seite, liegen die sehr sehenswerten

***Felsengräber von Beni Hassan

Hintergrund: *Diese Gräber sind besonders deswegen interessant, weil sie von vermögenden Gaufürsten des Mittleren Reichs angelegt und sehr lebensnah ausgeschmückt wurden. Ähnlich wie die Privatgräber in Theben-West stellen auch hier die Fürsten - ein wenig prahlerisch vielleicht - ihre Welt dar. Wer also das tägliche Leben, Jagd, Sport, Handwerker etc. im Mittleren Reich sehen, ja eigentlich wegen der detaillierten, in Einzelphasen festgehaltenen Aktivitäten miterleben will, der sollte sich diese Illustrationen auf keinen Fall entgehen lassen, zumal sie gut 600 Jahre älter sind als die von Theben-West.*

Im Prinzip wiederholen sich die Darstellungen in allen vier Gräbern. Ihre Besonderheit liegt in der ausführlichen Schilderung der Jagd in der Wüste, des Fischfangs und der Vogeljagd; in fast kinematografischer Abfolge sind Ringer-, Kampf- und Schlachtszenen in Hunderten von Einzelbildern oder viele unterschiedliche Handwerker bei der Arbeit dargestellt.

Beni Hassan hieß „das Dorf von Beduinen", die sich in der Zeit von Mohammed Ali dadurch hervortaten, dass sie Nilschiffe ausraubten und auch sonst nicht kleinlich mit dem Eigentum Fremder umgingen. Mohammed Ali ließ die Anführer fangen, mit dem Tod bestrafen und ihr Dorf schleifen. Die pittoresken Ruinen ragen etwas entfernt rechts des Aufwegs in den Himmel.

Von den insgesamt 39 Gräbern sind sehenswert und zugänglich:

Grab Nr. 2 Amenemhet (12. Dyn.)

Auf einen Vorraum mit zwei Säulen folgt die Haupthalle mit vier Säulen und leicht gewölbter Decke. Die linke Eingangswand ist mit Handwerkerszenen (Schuhmacher, Schreiner, Töpfer etc.) dekoriert, die linke Seitenwand im oberen Register mit einer Jagdszene, darunter mit Statuentransport und Tänzern. Darunter empfängt der Grabherr Abgaben seiner Güter, in den beiden unteren Reihen sieht man das „Büro" des Amenemhet u.a. mit Schreibern. Die Rückwand zeigt oben Ringer- sowie Kampfspiele um eine Festung, unten die Schiffsreise des Toten nach Abydos. In der Nische stehen stark beschädigte Statuen von Amenemhet mit Mutter und Frau. Auf der rechten Seitenwand dominiert der Grabherr vor dem Opfertisch mit Opfergaben, weiter rechts das ähnliche, aber kleinere Bild seiner Frau.

Grab Nr. 3 Chnumhotep (12. Dyn.)

Dieses Grab ist dem des Amenemhet im Aufbau sehr ähnlich. Auf dem nördlichen Teil der Eingangswand sieht man die Kanzlei des Grabherrn, z.B. notiert ein Schreiber die Getreidemenge, die zuvor gemessen und in die Scheune getragen wurde. Darunter zwei Reihen mit

Feldarbeiten, dann die Reise der Mumie nach Abydos, ganz unten Rinder im Wasser. Die linke Seitenwand zeigt oben Chnumhotep auf der Jagd in der Wüste mit vielen Details, in der dritten Reihe die berühmte Semitenkarawane: 37 semitische Beduinen ziehen mit ihren Frauen, Kindern, Vieh und mit Augenschminke beladenen Eseln zum Grabherrn. Der Anführer wird übrigens als „Herr der Fremdländer" bezeichnet. Dies gilt als erster bisher bekannter Hinweis auf die Hyksos. Auf der Rückwand beschäftigt sich Chnumhotep mit Fisch- und Vogelfang. Auf der rechten Seitenwand sieht man ihn vor dem Opfertisch mit vielen Gaben, die von Trägern herbeigebracht werden, weiter rechts seine kleiner dargestellte Frau vor dem Opfertisch. Der südliche Teil der Eingangswand ist Handwerkerszenen gewidmet, u.a. Wäscher, Schreiner, Töpfer, Holzfäller, Bildhauer (unten). Im 3. Register fährt die Mumie nach Abydos.

Grab Nr. 15 Baket (11. Dyn.)

Die linke Seitenwand zeigt Jagdszenen in der Wüste (z.T. Fabeltiere), darunter Barbier, Wäscher, Weber und Maler. Links unten schauen Baket und Frau auf vier Reihen mit Weberinnen, Sportlern, Vieh, Metallarbeitern oder Fischern. Auf der Rückwand gibt es wieder Ringer in kinematografischen Einzelbildern zu sehen, darunter Kampfspiele oder Training. In die hintere rechte Wand ist eine kleine Nische mit Statuensockel eingelassen. Rechts davon sind viele Einzelszenen in mehreren Reihen vor dem Grabherrn zu sehen, z.B. Tänzer und Tänzerinnen, Gabenträger mit Schmuck, Prügelstrafen, Töpfer mit Töpferscheibe etc.

Grab Nr. 17 Cheti (Sohn des Baket)

Die Bilder auf der linken Eingangswand zeigen Vogel- und Fischfang, z.T. im Papyrusdickicht. Die linke Seitenwand ist zunächst oben mit Jagd in der Wüste dekoriert, darunter Handwerker, dann Sportler, darunter Tänzer und Tänzerinnen, unten wieder Handwerker. Rechts davon scheint der Grabherr mit Frau und Hunden diesen Szenen zuzuschauen. Auf der Rückwand spielen sich wieder Ringkämpfe und Kriegsspiele in vielen Einzelszenen ab. Auf der rechten hinteren Seitenwand sieht man zunächst den Grabherrn mit Frau und Hund nach links gewandt, daneben dann nach rechts schauend und von Fächer-, Sandalenträgern, Krüppel, Zwerg und Hunden begleitet. Auf dem vorderen Wandteil empfängt er Opfergaben. Die rechte Eingangswand enthält eine Scheintür, die Bilder zeigen Landleben und Opferungen.

Etwa 3 km südlich liegt rechts am Eingang eines ziemlich breiten Wadis eine unter der griechischen Bezeichnung **Speos Artemidos** bekannte, von Hatschepsut und Tuthmosis III erbaute Felskapelle der Löwengöttin Pachet. Diese Kapelle ist für Ägyptologen vor allem wegen einer langen Inschrift von Bedeutung, in der Hatschepsut ihre Regierungszeit lobpreist. Der Weg dorthin lohnt sich nur für Enthusiasten; man geht (oder fährt besser) vom Rasthaus aus nach Süden weiter bis zum nächsten Dorf und fast an diesem vorbei (fragen Sie nach *Estabel antr)*.Das breite Wadi ist jedoch gut zu erkennen. Der Wärter mit dem Schlüssel kommt bei irgendwie nach Besuchern aussehenden Menschen aus dem Dorf gerannt.

Praktische Informationen

- Die beste **Besuchszeit** (9-17, £E 25) ist der frühe Vormittag, weil dann die Felsen noch nicht so stark aufgewärmt sind.
- **Anfahrt:** Wenn es Ihnen gelingt, nicht von der Polizei entdeckt zu werden, können Sie den traditionellen Weg per Minibus von Minia nach Abou Kurkas (£E 1) nehmen. Dort den Ibrahimiya-Kanal und die Eisenbahn überqueren, nach ca. 200 m gibt es einen Pickup-Standplatz; fragen Sie nach Beni Hassan und man wird Sie zur Anlegestelle für Fährboote bringen. Achtung, das letzte Schiff fährt angeblich um 16 Uhr. Alternativ müsste es auf der relativ neuen Straße am Ostufer von Minia aus Minibusverbindungen geben, die uns jedoch noch nicht bekannt sind. Falls Sie kein Risiko eingehen wollen oder von der Polizei entdeckt werden, bleibt nur ein Taxi (ca. £E 70-100) und Polizeibegleitung (kostenlos).

▸ Auf der anderen Nilseite karrt ein Minibus die Besucher das kurze Stück bis zum Rasthaus unten am Hang. Dort werden Eintrittskarten verkauft und dort wartet auch die Begleitmannschaft (Verantwortungsträger, Aufschließer und dessen Schlüsselträger, Beleuchtungsschalterbetätiger, Polizisten als Aufpasser etc.). Die Anlage wurde Ende der 80er Jahre restauriert, der Weg den Berg hinauf neu angelegt und eine Beleuchtungsanlage in den wichtigsten Gräbern installiert.

Von Abou Kurkas weiter nach Süden:

Nach 15 km: **Roda**

Am Ostufer lag einst **Antinoupolis**, die Stadt, die Kaiser Hadrian seinem hier im Nil ertrunkenen Freund Antinos erbauen ließ. Die im 19. Jh noch ansehnlichen Ruinen wurden zum Bau der Zuckerfabrik von Roda verwendet; es blieb praktisch nichts zurück.

Nach 3 km: Abzweig direkt zu den antiken Stätten Hermopolis (6 km) bei **El Ashmunein** und der zugehörigen Nekropole Tuna el Gebel.

Hermopolis, kolossale Pavianstatue im Freilichtmuseum

**Hermopolis

Hintergrund: *Das antike Schmunu, jahrtausendelang Hauptstadt des oberägyptischen Hasengaues, galt als heilige Stätte, denn hier waren die acht Urgötter auf dem Urhügel beheimatet, der aus der Urflut aufgetaucht war, und hier schlüpfte die Sonne aus dem Ur-Ei. Vermutlich bestand bereits im Alten Reich ein Thot-Tempel, mindestens jedoch seit dem Mittleren Reich. Denn hier wurde der Gott der Weisheit besonders verehrt, den - sehr viel später - die Ptolemäer mit Hermes gleichsetzten und die Stadt in Hermopolis umtauften. Aus christlicher Zeit stehen noch Reste einer Basilika. Auch diese im 19. Jh noch wesentlich besser erhaltene antike Stätte diente als Steinbruch und* Düngemittellieferant *(Shebba, fruchtbare Schutterde).*

Das riesige Ruinengelände steht teilweise im Grundwasser. Überall stößt man auf Reste von Statuen, Säulen, Kapitellen, Inschriften. Dazwischen liegen hohe Schuttkegel der antiken Stadt, die außerdem von den umliegenden Dörfern teilweise überbaut ist. In einem kleinen Freilichtmuseum an der asphaltierten Zugangsstraße im Nordwesten sind ein paar kolossale Fundstücke ausgestellt, u.a. ein 4 m hoher Pavian. Von dort führt die Straße weiter bis zur Agora, dem ehemaligen Marktplatz, an dem die Basilika aus dem frühen 5. Jh stand. Sie war auf einem dorischen Tempel aus dem 1. Jh vC erbaut worden, ihre z.T. wieder aufgestellten Säulen sind heute das sichtbarste Zeichen der antiken Stätte. Von hier aus erreicht man in nordwestlicher Richtung die Pylon-Ruine eines Tempels, den Ramses II errichten ließ. Viel mehr blieb nicht erhalten, aber der Pylon war angefüllt mit Steinen aus dem Aton Tempel

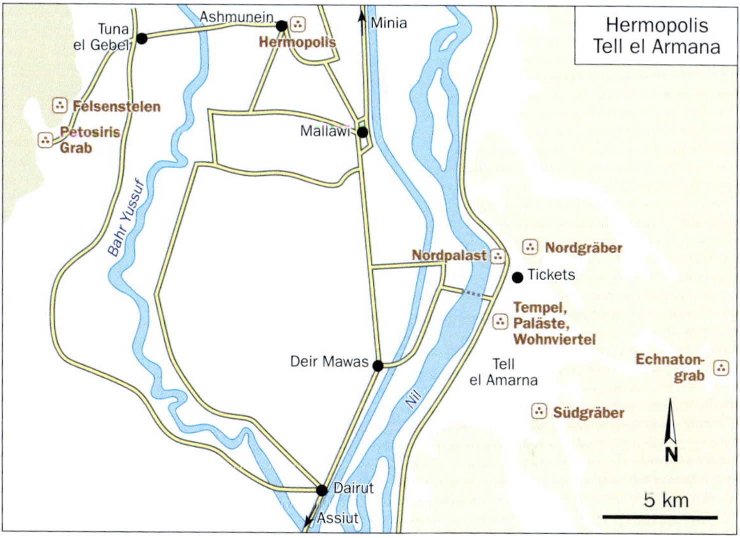

von Amarna, deren Reliefs und Inschriften wertvolle historische Informationen lieferten. Leider wurde die Hälfte der 2000 Blöcke bald nach der Entdeckung von Raubgräbern gestohlen.

In der Nähe stand der Thot-Tempel aus dem Mittleren Reich, von dem nur noch Grundmauern erhalten sind. Ähnlich erging es einem nahe gelegenen Amun-Tempel aus der 19. Dynastie. Noch einmal ein Stück nördlich sieht man spärliche Reste eines weiteren Thot-Tempels, den der Hohepriester Petosiris (siehe weiter unten) in ptolemäischer Zeit verfallen vorfand und restaurieren ließ. An einigen Stellen tritt die ehemalige, sehr massive Umfassungsmauer zutage.

▸ **Sammeltaxis/Minibusse** fahren mehrmals täglich von Mallawi nach Ashumein, sind aber total überfüllt (von der Bushaltestelle etwa 1 km zu laufen). Von dort nach Tuna el Gebel ist man auf Taxi angewiesen. Ein Tages-Taxi für beide Orte kostet etwa £E 120-150.

Geradeaus weiter nach Westen und an der nächsten Kreuzung links; noch 11 km bis zu einer etwas ungewöhnlichen Nekropole in der Nähe des Anstiegs zur Libyschen Wüste.

**Tuna el Gebel

Hintergrund: *Um den ca. 300 vC errichteten sehenswerten Grabtempel des Petosiris, der Hohepriester in Hermopolis war und dessen Grab sehr verehrt wurde, hatte sich eine regelrechte Stadt für Tote entwickelt. Aber Tuna el Gebel ist auch wegen seines großen Tierfriedhofs (zweitgrößter nach Sakkara) bekannt. In der kilometerlangen Katakomben-Anlage wurden hauptsächlich Mumien von Pavianen und Ibissen beerdigt, die im altägyptischen Tierkult eine Rolle spielten.*

Die Nekropole von Hermopolis (9-16, £E 15) liegt wie üblich am Rand der Wüste. Man betritt eine relativ weitläufige Anlage, die wegen der Fußmärsche um die Mittagszeit gemieden werden sollte. Es gibt ein kleines Resthouse mit Getränken und sauberen Toiletten.

Der **Grabtempel des Petosiris** - Abbild eines vornehmen Hauses seiner Zeit - war über Jahrtausende vom Sand zugeweht und blieb daher gut erhalten. Die Darstellungen in der eigentlichen Totenkapelle machen einen rein ägyptisch Eindruck, während die Bilder vom täglichen Leben in der Vorhalle stark von griechischen Elementen geprägt sind; schließlich gaben zur Zeit des Petosiris die griechischen Ptolemäer den Ton im ägyptischen Alltag an, die Totenriten jedoch folgten altägyptischer Tradition.

Kurz vor dem Gebäude steht links ein Hörneraltar. Die Vorhalle wird nach außen von vier durch Schranken verbundene Säulen mit schönen Pflanzenkapitellen abgeschlossen. Auf der westlichen (rechten) inneren Schrankenwand sieht man Metallhandwerker bei der Arbeit, auf der anderen Seite oben Salbenherstellung, in den beiden unteren Reihen Schreiner; zwei Männer stehen an der ersten bekannten Darstellung einer Drehbank. Die linke Seitenwand zeigt Ernteszenen, die gegenüberliegende Rinderherden und Weinernte. Die Eingangswand zur eigentlichen Kapelle ist den Verstorbenen gewidmet, links oben trauern die Söhne, rechts die Töchter vor ihren Eltern.

Auf den Pfeilern der Kapelle sind lange Inschriften und der Tote beim Gebet zu sehen. Auf der linken Eingangswand spendet die Göttin Nut aus einem Baum heraus den Petosiris-Eltern Wasser, die linke Seitenwand ist Begräbnisszenen des Petosiris gewidmet, die Rückwand verschiedenen Familienmitgliedern und Petosiris (rechte Seite, zweite Reihe) beim Gebet vor verschiedenen Göttern. Ähnlich auch die rechte Seitenwand, wobei in der mittleren Reihe Petosiris das 18. Kapitel des Totenbuches betend spricht. Auf der rechten Eingangswand sieht man den Toten vor dem Opfertisch, darunter vor seinem Bruder, unten werden Rinder durchs Wasser getrieben. In der nicht zugänglichen Grabkammer waren Petosiris mit Frau und Sohn beigesetzt, sein Sarkophag steht heute im Ägyptischen Museum in Kairo.

Von den umliegenden Grabbauten sollte man noch den der **Isidora** besuchen, einem ertrunkenen Mädchen, dessen Mumie zu sehen ist. Aber schauen Sie sich auch das erhaltene und zur Zeit der Entdeckung noch voll funktionsfähige **Schöpfwerk** (*Sakija*) einschließlich eines 35 m tiefen Brunnens aus ptolemäischer Zeit an, zu dessen Mitteletage eine bequeme Treppe hinunterführt.

Ganz in der Nähe steigt man über Treppen hinunter in die düsteren Katakomben-Gänge des **Tierfriedhofs** und kann ein seltenes Ensemble von Mumien und kleinen Sarkophagen aus Holz, Ton oder Granit besichtigen, die nicht nur von Priestern, sondern auch von frommen Pilgern hier beigesetzt wurden. Die Anlage dehnt sich in langen, aus dem rohen Fels gehauenen Gängen aus; vielleicht sogar bis Hermopolis, kann man in diversen Publikationen lesen.

Ca. 200 m vor dem Nekropolengelände führt westlich der Straße an einem Felshang (10 Minuten zu Fuß) ein Treppenaufgang zu heute verglasten **Felsenstelen** mit Statuen des Echnaton und seiner Familie. Es handelt sich um zwei von einst 16 Grenzstelen des Stadtgebietes von Achet-Aton (Amarna), das etwa gegenüber auf dem Ostufer lag. Eine weitere Stele ist ca. 3 km südlich zu sehen. Man erreicht sie über eine Wüstenpiste und ca. 500 m Fußmarsch auf steilem Sandanstieg.

Zurück auf die Niltalstraße.

Nach 5 km:

Mallawi

Das Städtchen (auch *Mellauwi* geschrieben) hat sogar Atmosphäre, besonders wenn man spätnachmittags oder abends durch den Souk bummelt. An Markttagen (großer Markt samstags, kleiner Markt donnerstags) herrscht sehr buntes Treiben. Ein schöner Rastplatz, besonders für Abendstimmungen, ist die Nilufer-Promenade (über eine der Kanalbrücken, dann immer geradeaus).

Das **Museum** von Mallawi (Do-Di 10-16, F 9-12, 13-15; £E 10, Fototicket £E 10, es darf noch fotografiert werden), dessen Funde demnächst ins neue Museum von Minia verbracht werden sollen, lohnt einen Besuch so lange es noch besteht. Es beherbergt hauptsächlich Funde der Umgebung. Aus Tuna el Gebel stammen

viele Tiermumien, insbesondere Ibisse, kunstvoll gewickelt, in Holzsärgen oder als Statuen; die schönste - vergoldet mit Göttin Maat - steht gleich im Erdgeschoss. Dort findet man auch eine Echnaton-Tochter als eins der wenigen Amarna-Objekte und weiter hinten eine Sitzstatue eines Paares aus dem Alten Reich. Im Obergeschoss sind hauptsächlich Gebrauchsgegenstände ausgestellt.
Es sollte noch erwähnt werden, dass gegenüber Mallawi - auf der Ostseite des Nils - das koptische Kloster **Deir el Bersha** steht (quasi am Ende des Wadi el Nachla). Im nördlichen Talhang gibt es Felsengräber aus dem Mittleren Reich, von denen das Grab des Djehutj-heteb einigermaßen gut erhalten und interessant ist (Besichtigung nur mit Genehmigung der Altertümerverwaltung).

Praktische Informationen

▶ In Mallawi gibt es nur eine **Übernachtungsmöglichkeit**: in der koptischen Kirche (vom Kanal kommend 20 m nach Museum links, nach einer leichten Kurve sieht man die Kirche), se sa, se fr; kostenfrei, dafür Spende von ca. £E 25/Nacht.

5 km nach Mallawi:
Abzweig (zweite Kanalbrücke nach Mallawi, an einer kleinen Polizeistation erkennbar)
Links nach

***Tell el Amarna

Hintergrund: *Pharao Amenophis IV, der sich in Echnaton umtaufte, nannte seine auf einem Wüstenplateau am Ostufer des Nils neu gegründete Hauptstadt Achet-Aton; heute sind die wenigen Ruinen unter Tell el Amarna bekannt.*
Echnaton war der Ketzerkönig, der mit der Götterviclfalt Schluss machte und sie auf einen einzigen Gott Aton (die Sonne) reduzierte, weil das Sonnenlicht die Quelle allen Lebens sei. Er stemmte sich mit seiner neuen monotheistischen Lehre gegen die mächtige Priesterkaste, die dadurch praktisch ihre Privilegien verlor und entmachtet wurde. Dies ging so weit, dass

Treppen in der Wüste führen zur Echnaton-Stele

er sogar im Haupttempel von Amun in Karnak die Götternamen löschen und gegen Aton ersetzen ließ. Einhergehend mit der neuen Lehre setzte Echnaton auch neue Maßstäbe in der Kunst. Gegenüber den über viele Generationen gepflegten idealisierenden Darstellungen zieht jetzt Realität in die Bilder ein. Nicht zuletzt er selbst lässt sich so abbilden, wie er offenbar aussah: wulstlippig, mit lang gezogenem Kinn, Hängebauch über dünnen Schenkeln. Auch sein Familienleben ist nicht tabu; seine bildhübsche Frau Nofretete wird in nahezu intimen Szenen mit dem Pharao und häufig auch mit den Kindern dargestellt.
Echnaton führt eine neue Bautechnik mit wesentlich kleineren Steinen ein, aus denen sich Gebäude schneller errichten ließen. Im fünften Regierungsjahr verlässt er zusammen mit seiner Frau Nofretete Theben und erbaut hier im heutigen Amarna eine neue, prachtvolle Hauptstadt, Achet-Aton, mit Königspalast, großer Halle und Tempeln, die sich 2,5 km am Nil entlang zieht und in ihrer Blütezeit etwa 50 000 Menschen beherbergt. Es ist eine Gartenstadt, von Kanälen durchzogen, mit bis zu 40 m breiten Hauptstraßen. Sowohl der repräsentative

Große Palast im Zentrum als auch der Wohnpalast im Norden sind bis ins kleinste Detail prachtvoll gebaut, Wände und Fußböden mit erlesenem Geschmack dekoriert - die noch wenige Jahre zuvor tote Wüstenebene am Ostufer des Nils ist voller Leben.

Die neue monotheistische Lehre überlebt allerdings ihren Gründer kaum. Nach dem Tod Echnatons kehrt Ägypten zum Pantheon der Götter zurück, tilgt, wo immer es geht, seinen Namen und lässt seine Hauptstadt schleifen und zerfallen. Daher sind heute nur noch Schutthügel im Raster der Grundmauern und eine Reihe von Felsengräbern mit interessanten Reliefs zu sehen.

Doch für den Besucher zählt eigentlich ein ganz anderes Erlebnis: Vom Eingang der Gräber fällt der Blick auf ein verlassenes Wüstenareal, das einst von prachtvollem Treiben erfüllt war, ins Leben gerufen einzig durch die Idee eines großen Mannes, der sich gegen die Übermacht von Traditionen stemmte und lange vor Buddha und Christus eine monotheistische Lehre verkündete - offenbar bevor die Zeit reif für seine Erkenntnis war.

Sie sollten zumindest die **Nordgräber** besichtigen (8-16, £E 25; vorsichtshalber Taschenlampe mitnehmen, falls Beleuchtung defekt), von den insgesamt weniger interessanten Südgräbern ist im Wesentlichen das des *Teje* sehenswert. Der Weg führt quer durch die hauptsächlich als Bodenwellen sichtbaren Ruinen der Hauptstadt Echnatons. Man kommt am Gelände des **Palasts und Tempels** vorbei, der so weit ausgegraben wurde, dass die Grundmauern (z.T. durch neue Lehmziegelmauern ersetzt) sichtbar sind. Eine aus Beton rekonstruierte Säule und eine weitere halbe wurden aufgestellt, um einen (winzigen) Eindruck der ehemaligen Anlage zu vermitteln.

Bevor der Weg steil den Berg hinauf ansteigt, bietet ein Ticket- und Teehäuschen Erfrischungen, Toilette, Souvenirs und Schatten. Ein Stück zuvor, noch in der Ebene, zweigt nach rechts eine asphaltierte Straße zur Echnaton-Stele und zu seinem Grab ab (siehe weiter unten). Die Nordgräber wurden renoviert; die Reliefs zeigen neben dem jeweiligen Grabherrn viele, häufig private Szenen aus dem Leben am Hof. Deutlich ist der aufkommende Realismus in der darstellenden Kunst erkennbar.

Interessant sind:

Grab Nr. 1, Huje, Haremsvorsteher und Haushofmeister der Königsmutter Teje

Die Anlage besteht aus einer Säulenhalle mit einst zwei Säulen, einem Quertrakt, in dem rechts der Grabschacht eingelassen ist, und einer hinteren Kammer mit Hujes beschädigter Sitzstatue. Auf der linken Eingangswand sieht man Echnaton und Nofretete, denen Teje am Speisetisch gegenübersitzt, im unteren Register Musikantinnen und Höflinge. Auf der linken Seitenwand wird Echnaton in großem Gefolge vom Palast zu einer Empfangshalle getragen, um Tribute von Unterworfenen zu empfangen. Die ziemlich beschädigten Darstellungen der linken und rechten Rückwandhälfte zeigen jeweils das Königspaar, das dem Grabherrn Gold spendet.

Über der Tür sind drei Generationen versammelt: Amenophis III und Teje, Echnaton mit Nofretete und die Prinzessinnen. Auf der rechten Seitenwand führt Echnaton seine Mutter zum ihr geweihten Tempel von Amarna, darunter Huje mit Gefolge. Schließlich wiederholt sich auf der rechten Eingangswand die Szene der linken, hier aber wird gegessen: Echnaton ein Stück Fleisch, Nofretete Geflügel. Und überall hält die Sonne ihre Strahlenhände schützend über das Königspaar.

Grab Nr. 2, Merire II, Haremsvorsteher und Schreiber

Das Grab ist ähnlich aufgebaut wie Nr. 1, aber nur die Säulenhalle wurde fertig gestellt. Auf der Rückseite der linken Eingangswand sitzt Echnaton unter einem Baldachin, Nofretete in Gesellschaft von drei Töchtern bedient ihn mit einem Trank, unten sieht man Musikanten. Die rechte Rückwand zeigt Merire II, der von Echnatons Schwiegersohn und Tochter Meritaton belohnt wird. Auf der rechten Seitenwand sitzt

Sonnengesang des Echnaton
(kurzer Auszug aus dem sehr langen Hymnus)

*Schön erscheinst Du
im Horizonte des Himmels,
du lebendige Sonne,
die vom Anbeginn lebt!
Du bist aufgegangen im Osthorizont
und hast jedes Land mit deiner Schönheit erfüllt.
Schön bist Du, groß und strahlend, hoch über allem Land.
Deine Strahlen umfassen die Länder
bis ans Ende von allem, was du geschaffen hast.
Du bist Re, wenn Du ihre Grenzen erreichst,
wenn Du sie niederbeugst für deinen geliebten Sohn.
Fern bist Du, doch deine Strahlen sind auf Erden;
du scheinst auf die Gesichter, doch unerforschlich ist dein Lauf.
Gehst Du unter im Westhorizont,
so ist die Welt in Finsternis,
in der Verfassung des Todes.
Am Morgen aber bist Du aufgegangen im Horizont
und leuchtest als Sonne am Tage;
Du vertreibst die Finsternis und schenkst Deine Strahlen.
Bäume und Kräuter grünen.
Die Vögel sind aus ihren Nestern aufgeflogen,
ihre Schwingen preisen Deine Kraft.*

das Königspaar, umgeben von sechs Prinzessinnen, unter einem Baldachin und empfängt Tribute von Asiaten und Afrikanern. Die rechte Eingangswand zeigt, wie das Königspaar und die Prinzessinnen vom Balkon des Palastes Merire II mit Gold beschenken, während im Vorhof Wagen und Bedienstete warten. Darunter kehrt der Beschenkte nach Hause zurück.
Die folgenden Gräber liegen etwa 10-15 Minuten südlich entfernt.

Grab Nr. 3, Ahmose, Wedelträger
Das unvollendete, in Kreuzform angelegte Grab hat den größten Teil seiner Dekoration verloren. Auf der linken Seitenwand innen sieht man die königliche Familie, oberhalb dieser Szene sind Soldaten unterwegs und hinter ihnen der nur vorgezeichnete königliche Wagen. Die Grabschächte wurden in den Querkammern tief in den Boden getrieben.

Grab Nr. 4, Merire I, Hohepriester des Aton
Hier gelangt man durch einen Vorraum (mit Scheintüren und betendem Grabherrn) in eine Säulenhalle, deren linke Eingangswand Echnaton zeigt, wie er Merire I mit Gold beschenkt und ihn in sein Amt als Hohepriester einführt. Auf der linken Seitenwand fährt das Königspaar zum Sonnentempel, gefolgt von Prinzessinnen und Hofstaat. Die Szene wird auf der linken Rückwandhälfte fortgesetzt, wo am Tempeleingang Priester mit Opfertieren und Musikanten die Königsfamilie erwarten. Auf der rechten Wandhälfte ist das Haus des Merire I mit Garten, Teich und Speichern zu sehen.
Auf der rechten Seitenwand besucht die Königsfamilie den sehr detailliert dargestellten Aton-Tempel (ein wesentlicher Beitrag zu dessen heutigem Bild). Darunter empfängt der Grabherr Goldschmuck. Die rechte Eingangs-

Gedränge auf der Tell el Amarna Fähre

wand zeigt das Königspaar mit zwei Töchtern beim Opfern, unterstützt von Merire I und einem Priester, darunter der Hofstaat und eine sehr ausdrucksstark dargestellte blinde Musikantengruppe (unten rechts).

Grab Nr. 5, Pentu, Oberarzt, und Grab Nr. 6, Panehsi, Aufseher der Speicher

Das Grab Nr. 5 ist stark zerstört, nur das Königspaar beim Gebet und ein Sonnenhymnus blieben als Dekoration erhalten. Im Grab Nr. 6 führt rechts in der Säulenhalle eine Treppe zur Sargkammer. Die Halle wurde von Kopten als Kirche benutzt, eine Scheintür in ein Taufbecken umgebaut. Auf der linken Eingangswand wird der Grabherr mit Gold beschenkt, auf der linken Seitenwand betet Echnaton im Sonnentempel auf einem Altar stehend. Die gegenüberliegende rechte Seitenwand zeigt das Königspaar bei einem Wagenausflug, die rechte Eingangswand den Grabherrn beim Opfern vor dem Königspaar.

Zum entlegenen **Grab des Echnaton** (£E 20), das weltabgeschieden in einem fernen Wadi in der Wüste liegt, führt eine 11 km lange Asphaltstraße (ab Wärter/Souvenirhäuschen, dort fragen, ob Zugang möglich). Nach 2,5 km zweigt nach links eine kurze Strecke zu der am Hang eingeschlagenen Grenzstele des Echnaton ab.

Das Grab selbst ist nicht gerade überwältigend; viele der einstmals schönen Reliefs sind von modernen Grabräubern gestohlen worden. Der Weg in die Wüste lässt sich eher als Referenz an einen großen Mann rechtfertigen, der - vermutlich - hier seine letzte, aber leider nicht ungestörte Ruhestätte fand. Ziemlich gesichert scheint, dass es sich auch um ein Familiengrab handelte, denn in Eingangsnähe wurden Bruchstücke eines Sarkophags von Teje, der Königsmutter, gefunden. Im Grabraum zeigen die erhaltenen Reliefs, u.a. wie das Königspaar mit Angehörigen um den Tod der Tochter Meketaton trauert (linke Wand) oder der aufgehenden Sonne Gebete und Opfer darbringt (linke Eingangswand). In das etwas komplex angelegte Grab führt ein Korridor über zwei Treppen hinunter zur Sargkammer, unterwegs zweigen zweimal Räume bzw. ein Korridor mit drei Räumen nach rechts ab, in denen Ausschmückungen zu sehen sind.

Die Südgräber liegen östlich des nächsten Dorfes. Zwar weist kurz nach der Anlegestelle ein Schild nach rechts, doch sollte man so schnell nicht aufgeben; die Route führt quer durch das Dorf und dann an der Fruchtlandgrenze entlang nach Süden; im nächsten Dorf nach Osten fahren. Unterwegs nach „El Makabr el Tschenobeja" fragen.

Von den **Gräbern der Südgruppe** lohnen nur die Gräber Nr. 9 und Nr. 25 den Besuch, obwohl sich in verschiedenen anderen interessante Details entdecken lassen. Im Grab des Polizeikommandanten Mahu (Nr. 9) wurde die Sargkammer vollendet, als einzige der Nekropole. In der vorderen Halle lassen sich alle Schritte der Reliefherstellung nachvollziehen wie auch Ausschnitte aus dem Leben und Dienst des Grabherrn.

Das **Grab des Eje** zählt zu den schönsten von Tell el Amarna. Der Grabherr war Fächerträger unter Echnaton und als Nachfolger Tutanchamuns später selbst Pharao (er wurde daher nicht hier, sondern im Tal der Könige in Theben-West bestattet). An den Türpfosten sieht man Eje im Gebet, darüber steht der bekannte *Große Sonnenhymnus*. Im kurzen Eingangskorridor kniet links das Königspaar, begleitet von Prinzessinnen und Hofstaat, auf der rechten Seite ist Eje in Amtstracht und betet gemeinsam mit seiner Frau. In der folgenden Säulenhalle wurden nur die Darstellungen auf der linken Eingangswand fertig gestellt: Das Königspaar steht - unter den Sonnenstrahlen - am Erscheinungsfenster des Palastes und wirft Eje mit Frau Schmuck zu. Eine der Prinzessinnen streichelt Nofretete am Kinn. Dahinter sieht man Vorratshäuser und den Harem mit ausländischen Frauen, im Palasthof den Hofstaat. Rechts davon hat Echnaton den Palast verlassen und „badet" in der Volksmasse, die ihm zujubelt.

Praktische Informationen

▶ **Anfahrt für Fußgänger:** Tell el Amarna ist derzeit nicht mit öffentlichen Verkehrsmitteln von Mallawi aus zu erreichen. Es bleibt nur ein Taxi, u.U. von Minia aus. Am Fähranleger auf der anderen Nilseite (Personenfähre £E 1, Autofähre £E 16) zahlt man zunächst £E 20 Eintritt und £E 1 als Sonderabgabe für das gesamte Gebiet. Dann fährt man per Minibus zu den Gräbern; der Trip zu den Nordgräbern und dem Palast kostet etwa £E 10, zu den Südgräbern einschließlich Aton-Tempel ca. £E 35, bei Einschluss des entfernt liegenden Echnaton-Grabes £E 45 (alle Preise pro Bus). Einzelreisende müssen meist auf Gruppen warten.

▶ **Autofahrer** fahren über den Kanal, an der ersten Kreuzung rechts, nächste Kreuzung links; 5 km nach Verlassen der Hauptstrecke endet die Straße in kleinem Dorf mit Anlegestelle der Fährboote. Hier können Sie mit der Lkw-Fähre Ihr eigenes Fahrzeug auf die andere Nilseite verschiffen; was sich wegen der Unabhängigkeit drüben lohnt, besonders dann, wenn Sie das Grab des Echnaton oder die Südgräber besuchen wollen. Von Minia aus ist angeblich eine Straße direkt am Ostufer im Bau, die aber Tell el Amarna noch nicht erreicht hat.

Weiter auf der Westuferstraße

Nach 23 km: Dairut

Der Bahr Yussuf, ehemaliger Nilarm und heutiger Seitenkanal des Ibrahimiya-Kanals, zweigt hier zu seinem Weg ins Fayum und schließlich in den Qarun-See ab. Die Schleusenanlagen sind nicht uninteressant. Aufgrund des hohen koptischen Bevölkerungsanteils gehört Dairut zu den Städten, in denen immer wieder Anschläge zwischen den beiden Religionsgruppen stattfinden; man sollte also derzeit einen Aufenthalt vermeiden.

Nach 6 km: **Kusiya**

Rechts 12 km zum koptischen **Kloster Deir el Muharraq** und zur Nekropole von Kussai, heute nach dem nahen Dorf *Mir* benannt. Im Klosterbezirk gibt es eine Höhle, in der Joseph und Maria während ihrer Flucht vor Herodes sechs Monate lang gelebt haben sollen. Das an dieser Stelle im 4. Jh gegründete Kloster wird als das erste in Ägypten angegeben, die Klosterkirche El Adra als das erste Gotteshaus. Allerdings sind die ursprünglichen Gebäude zerstört. Das neu erbaute Kloster zieht Ende Juni Tausende von Pilgern an.

Im 6 km entfernten **Mir** sind zumeist schlecht erhaltene Gräber aus dem Alten Reich und vor allem dem Mittleren Reich mit Reliefs und Malereien zu sehen, wegen ihres Zustands aber nur für Archäologen von Interesse. Die Gräber 1 und 2 sind mit vielen pharaonischen Götter-

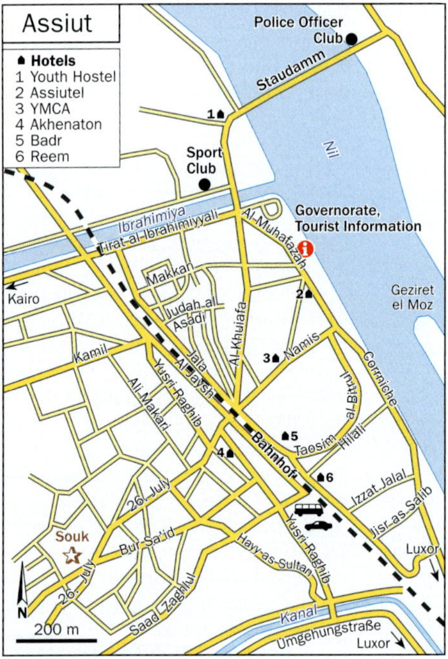

bildern bemalt; Grab Nr. 3 ist u.a. mit dem Bild einer kalbenden Kuh dekoriert.

Nach 37 km: Abzweig rechts zur Oase Kharga

Nach 8 km:

*Assiut

Hintergrund: *Ein langer geschichtlicher Weg liegt hinter der Provinzhauptstadt, ohne sie mit historischen Reichtümern gesegnet zu haben. Bereits in der ersten Zwischenzeit spielte der Ort eine gewisse politische Rolle, hielt sich über die Jahrtausende aber eher im Hintergrund. Im Mittelalter gewann die Stadt einen Ruf als der größte Sklavenmarkt Ägyptens, denn hier endete der mörderische Treck über die Darb el Arbein, die 40-Tage-Piste aus dem Sudan, die von den Sklaven zu bewältigen war.*

Die heute größte Stadt Oberägyptens mit rund 400 000 Einwohnern dehnt sich bis zur westlichen Gebirgskette aus. Ein 833 m langer und 12,5 m hoher Staudamm sperrt den Nil, um den Ibrahimiya-Kanal zu speisen, der hier seinen langen Weg beginnt. Über den Staudamm verläuft eine Straße zum östlichen Nilufer.

In Assiut und seiner Umgebung leben viele Kopten, wie die zahlreichen Kirchtürme neben den Minaretten beweisen. Andererseits gilt Assiut seit jeher als eine Basis islamisch-fundamentalistischer Strömungen.

Wir haben uns in Assiut immer sehr wohl gefühlt und das dortige Leben gern beobachtet und miterlebt; umso mehr bedauern wir, dass dem Ägyptenbesucher ein sympathischer Ort nicht mehr oder nur eingeschränkt offen steht.

Assiut ist bekannt für sein Kunsthandwerk, hier werden viele Souvenirs für Kairo hergestellt. Allerdings dürften sich die Fabrikationsmethoden inzwischen mehr zur Massenherstellung entwickelt haben, man sieht kaum mehr etwas Attraktives.

Das Zentrum der Stadt liegt in der Nähe des Bahnhofs. Den großen **Souk**, der einen Besuch schon wegen der freundlichen Händler wert ist, finden Sie recht einfach: Die Straße, die genau gegenüber vom Haupteingang des Bahnhofs geradeaus verläuft, mündet in eine Souk-Straße. Dieser folgen, ein Stück weiter quert eine enge Gasse, die sowohl nach rechts als auch nach links streckenweise überdacht (oder mit alten Säcken überdeckt) ist. Hier gibt es alles zu kaufen, von Henna bis zu „Fleckerlteppichen" (*Kilim*) in kühnen Farbkombinationen.

Kurz vor dem Ortseingang wird Ihnen die Universität aufgefallen sein, die zu den größten des Landes zählt. Die Studenten suchen gern Kontakt zu Ausländern, sie bieten sich häufig fast selbstlos als Stadtführer an.

Sie können auch ein kleines Museum mit pharaonischen, koptischen und islamischen Relikten besuchen. In der Al Salam Schule gibt es ein interessantes Schulmuseum. Oder es bietet sich ein Ausflug zur Nilinsel **Geziret el Moz** an: Dort, wo die Sharia Salah Salim auf das Nilufer trifft, liegt die Anlegestelle der Fähre (Feluke), die zur Insel übersetzt. Ein schöner Spaziergang führt durch Nilauen, vorbei an Weingärten, Bananenpflanzungen, Orangengärten und wohlhabenden Gehöften.

In den Steilabfall der westlichen Gebirgskette sind **Gräber der Gaufürsten** des pharaonischen Sykomorengaues eingemeißelt. Der dort ruhende Hepdjefai misstraute den Totenpriestern so sehr, dass er die Verträge mit ihnen über die abzuhaltenden Rituale an seiner Grabwand niederlegen ließ. So konnte jeder kontrollieren, ob die Priester ihren Verpflichtungen nachkamen.

Leider sind die Gräber von militärischem Sperrgebiet umgeben und nur mit Sondergenehmigung zugänglich. Der Ausflug in diese Gegend lohnt sich dennoch, weil sich von hier aus Tausende von Kuppelgräbern am Wüstenrand hinziehen. Sie liegen direkt westlich der Umgehungsstraße von Assiut und sind sichtbar, sobald diese an den Rand der Wüste stößt.

Dort, wo die Umgehungsstraße das Militärgebiet unterhalb der Felsengräber erreicht, zweigt nach Süden eine Straße ab, die zum **Convent Virgin Mary** führt; von den Ägyptern *Deir Doronka* genannt, von Assiut per Sammeltaxi erreichbar (ausgeschildert, 8 km). Diese größtenteils neu errichtete Klosteranlage klebt in fast kühner Betonarchitektur am Steilhang. Eine freundliche Nonne führt Besucher in eine im 1. Jh nC errichtete Höhlenkirche, in der angeblich die Heilige Familie Zuflucht fand. Das Kloster ist von 6-18 Uhr geöffnet, nach vorheriger Anmeldung besteht Übernachtungsmöglichkeit (auch im nahen - darunter liegenden - katholischen Kloster). Sehr schön ist der Blick über das Fruchtland bis hin nach Assiut.

Restaurants

- Das **Mahtam el Azhar Restaurant**, Sh Saad Zaghlul, ca. 100 m südl. vom Bhf, bester Ruf
- **Express Restaurant**, Sh 26.July, nördl. vom Bhf nach Unterführung links, nicht schlecht
- **Cafeteria Majestic**, gegenüber Bhf, preiswertes ägyptisches Essen
- Auch die **Hotels** offerieren in der Regel brauchbare bis gute Gerichte, das beste ist das *Assiutel;* im *Akhenaton-Hotel* gibt es auch Bier
- Im **Police Officer's Club** (am östl. Nilufer) sind Gäste willkommen, guter Blick auf die rauschenden Wassermassen aus den Staudamm-Auslässen und auf den Nil, recht gutes Essen, ebenso wie im Sportclub auf der westlichen Seite.

Übernachten

- **Akhenaton**, Sh Moh. Tawfik Khashba/Sh 26.July, Tel 233 8181, Fax 2331600 nahe Bahnunterf., AC, sa, fr, TV, mF .... E+B 75, D+B 100
- **Assiutel**, 3*, Sh Thawra (Niluferstraße), Tel 231 2121, Fax 231 2122 AC, SatTV, Kschr, se sa, fr, mF........ E+B $35-40, D+B $40-50
- **Badr Touristic**, 3*, Sh Nahda (hinter Bhf), Tel 232 9811, sa, AC, Kschr, fr .... E+B $29, D+B $32
- **Reem**, 3*, Sh Mahatta, Tel 2311 421, 2311 422 Fax 2311 424, schräg hinter Bhf, sa, fr, hb, AC, TV, Zi z. Bahn se la, ... E+B 100, D+B 155
- **YMCA**, Sh Salah el Din el Ayoubi, Tel 232 32118, Garten, sa, se fr, AC, TV, Kü, la, Zi nach hinten ru, empf (oberster Stock), ... alter Teil pP 8, neuer Teil E+B 30, D+B 40
- **Youth Hostel**, Lux Housing Bld. 503, Tel 223 4846, 8-Betten-Zi .... pP 5

Praktische Informationen

Ausländische Besucher werden wegen der Terrorismusgefahr derzeit bei ihrer Ankunft meist von Militär empfangen und zu ihren innerstädtischen Zielen begleitet; Touristenautos dürfen nur mit Begleitschutz von Polizeifahrzeugen durch die Stadt fahren. In jüngster Zeit soll sich die Situation etwas gelockert haben.

- **Telefonvorwahl 093**
- **Touristen-Information** (Egyptian Tourist Authority), Sh El Saorah/El Hamara, Mr. Ramadan, Tel 0123 462 601. Im Governorate Building in der Sh Thawra beantragt man den Polizeischutz.
- Verkehrsknotenpunkt ist der Bahnhof. Gleich nebenan liegt der Busbahnhof und ca. 100 m südlich der Sammeltaxi/Minibusstand. Hier gibt es Verbindungen in die Umgebung, bis nach Kairo oder Luxor und in die Oasen. Die Sammeltaxi-Reise ist kaum teurer als der Bus. Sie können auch per Sammeltaxi nach Tell el Amarna fahren.
- Bei der Weiterfahrt werden Sie öfter Taubenhäuser entdecken: wahre Burgen und Paläste für die Vögel, die zum einen als Delikatesse auf den ägyptischen Tisch kommen, deren Mist zum anderen als Düngemittel dient - wobei freilich fraglich bleibt, ob diese Düngung das wettmacht, was die Tauben von der Ernte wegfressen.

Nach 93 km:

Sohag

Provinzhauptstadt mit einem sehr lebendigen Souk in der Nähe des Bahnhofs und einer Nilbrücke ans Ostufer, von dort 5 km zur Schwesterstadt Achmin. Auch Sohag steht im Zeichen des Terrorismus, allerdings nicht so extrem wie Assiut. Touristen können sich meist nur im Geleitschutz bewegen. Die Stadt hat außer dem täglichen ägyptischen Leben nichts Besonderes zu bieten. Am Ostufer wurde ein Museum gebaut - gleich links nach der Brücke hinter dem Governerate-Gebäude -, dessen Eröffnung noch aussteht..

Die Hauptverkehrsader von Sohag führt von Norden her bald an den Nil und ein Stück parallel zum Ufer. An der ersten Ampel am Nil zweigt rechts eine Straße über die Bahn und zum Souk ab. Doch die Niluferstraße wendet sich schließlich auch nach Westen und folgt ein kurzes Stück einem Kanal und mündet dann in die westliche Straße Assiut - Qena.

Abstecher nach Achmin

Hintergrund: *Achmin wurde auf die Grundmauern des pharaonischen Chente-Min gebaut, das dann unter den Ptolemäern Panopolis genannt wurde. Auch die Römer waren als Bauherren noch fleißig, die Christen gründeten eine Reihe von Klöstern.*

Bei Ausgrabungen in den 1980er Jahren konnten in einem belebten Stadtviertel und neben einem islamischen Friedhof Reste eines Tempels von Ramses II und Statuen freigelegt werden. Nachdem festgestellt wurde, dass sich der sehr große Tempel unter einem islamischen Friedhof und belebten Straßen fortsetzte, gingen die Ausgrabungsarbeiten nur langsam voran, ein Teil des Friedhofs wurde nach langen Verhandlungen verlegt. Bisher ist nur ein geringer Teil der Gesamtanlage sichtbar.

Merit-Amun in Achmin

Das ziemlich tief unter Straßenniveau liegende Ausgrabungsgelände wird durch eine Mauer geschützt, es ist zugleich Freilichtmuseum (9-17, £E 20). Das bisher schönste Fundstück, eine 11 m hohe Statue, wurde am Fundort wieder aufgestellt: Es

Übernachten

- **Andalos**, Tel 2334 328, schräg li gegenüber Bhf, se la, kl. Zi, AC, renoviert, mF .... E+B 70, D+B 120
- **Casalovy**, Ostseite, östl. vom Hotel Merit Amoun, Tel 4601 185, derzeit beste Wahl in Sohag, se sa, AC, SatTV, fr, mF .... E+B 84, B+D 126
- **Merit Amoun**, Tel 4601 985, Fax 460 3222 auf der Ostseite an d. Hauptstr. nach der Nilbrücke ca. 100 m re, (se abgewohnt, nur einige Zi renoviert) mä sa, la, AC, mF (ni gut)........ E+B 40, D+B 60
- **Salam**, Tel 2333 317, gegenüber Bhf, se la, mä sa, AC, SatTV, se kl. Zi .... E+B 60, D+B 100

handelt sich um die Königin ***Merit-Amun**, eine der Lieblingstöchter von Ramses II, die hier ein kolossales und eins der schönsten pharaonischen Frauendenkmäler erhielt. Ferner gibt es noch einige Bruchstücke von Statuen und Säulen zu sehen, u.a. der griechischen Göttin Aphrodite. Wer den unverhältnismäßig hohen Eintrittspreis sparen will, schaut nur über die Mauer und hat die Statue bestens im Blick. Auf der anderen Seite der Straße (rechts der Morit Amun) wird weiter gegraben, dort sind Teile einer großen Sitzstatue freigelegt.
Heute ist Achmin für seine Webereien, in denen hauptsächlich Baumwoll- und Seidenschals hergestellt werden, und für seinen Souk bekannt. Einige Webereien liegen praktisch gegenüber dem Eingang zur Ausgrabungsstelle. Hier kann man günstig Textilien kaufen und den Webern bei ihrer Arbeit zuschauen. Es gibt einen Shop namens *ATL The Weavers of Akhmin* , der zur Organisation *Fair Trade* gehört, die Waren von sozial Benachteiligten vertreibt.

Abstecher zum Weißen und Roten Kloster

Das Kloster **Deir Amba Bishoi** (*Weißes Kloster*, aus ehemals weißen Kalksteinblöcken des in der Nähe gelegenen pharaonischen Tempels von Athribis gebaut) und das **Deir Amba Shenuta** (*Rotes Kloster*, mit Ziegelumwallung) liegen am Wüstenrand bei Sohag. Beide Bauwerke, die aus dem 5. Jh stammen, besitzen teilweise erhaltene und für Gottesdienste genutzte Basiliken, beide können besichtigt werden. Das Weiße Kloster hat insofern für die koptische Kirche Bedeutung, als hier der Abt Schenute von 385 an wirkte. Unter seiner Leitung lebten in beiden Klöstern (mit einigen Außenstellen) 4000 Mönche, deren Tageslauf er streng regelte. Beim dritten ökumenischen Konzil in Ephesus spielte er eine bedeutende Rolle. Heute wird seiner im Juli mit einer Wallfahrt gedacht, an der Kopten aus ganz Ägypten teilnehmen.
Das *Weiße Kloster* wirkt am imposantesten durch seinen wuchtigen Rechteckbau und die noch besser erhaltenen pharaonischen Relikte innerhalb dieser Mauern. Im Hof rechts des Sanktuars steht ein Granitschrein aus Athribis unbeachtet herum, in der Nähe des Eingangs sind weitere Granitblöcke auszumachen. Im Hof sieht man nur noch wenige Säulen vom ehemaligen Langschiff der Basilika, von der lediglich das Sanktuar mit Fresken aus dem 12. Jh erhalten blieb. Auch die Basilika des *Roten Klosters* wird nur noch durch ein paar Säulen markiert, auch hier hat nur das Sanktuar (Fresken aus dem 14. Jh) die Zeiten überdauert.
Doch muss man zugeben, dass sich die Besichtigung mehr für echte Klosterfans oder Leute lohnt, die besonderes Interesse am koptischen Christentum haben. Die Anfahrt mitten durchs unverfälschte ägyptische Landleben trägt einiges zum Erlebniswert bei.
Anfahrt: Sie können von Sohag aus die Klöster per Sammeltaxi/Minibus erreichen, nach *Deir Amba Shenuta* bzw. *Deir Amba Bishoi* fragen. Als Autofahrer zweigt man am eher südlichen Ortsrand von der Niltalstraße nach Westen ab und fährt 4 km geradeaus, am Wüstenrand rechts abbiegen. Nach 1,5 km liegt Deir Amba Bishoi und weitere 4 km nach Norden Deir Amba Shenuta.

Praktische Informationen

- **Telefonvorwahl 097**
- Die **Bushaltestelle** und der **Sammeltaxistand** für die südliche Richtung und zu den Klöstern liegen etwa 300 m südlich des Bahnhofs, der Sammeltaxistand für die nördliche Richtung etwa 200 m nördlich, westlich der Sh El Mahatta; die meisten Busse halten auch vor dem Bahnhof. Nach Balyana und Qena verkehren Minibusse, Abfahrt am südlichen Busbahnhof.
- **Restaurants** oder Essensplätze finden Sie in Bahnhofsnähe, die besseren nach der Nilbrücke auf der Ostseite.
- Wenn Sie Abydos besuchen wollen und es ist schon später am Tag, dann sollten Sie wegen der besseren Unterkünfte **hier übernachten.**

Girga

Ehemals bedeutende Stadt, inzwischen aber von Assiut überflügelt. Sie wurde vom Nil bedroht, der sich stetig westlich verlagerte und Häuser fortriss. Seit dem Bau des Assuan-Hochdammes ist die Gefahr praktisch gebannt. Noch heute künden Moscheen, Kirchen und Klöster (Girga ist koptischer Bischofssitz) von den besseren Zeiten der Stadt.

Nach 18 km: **Balyana**

Rechts zur Tempelanlage von

****Abydos

10 km westlich liegt - in der Nähe des Dorfes El Arabat el Madfuna - am westlichen Rand des Fruchtlandes die berühmte Tempelanlage von *Abydos* (8-17, £E 25). Offiziell können Sie zur Zeit wegen der terroristischen Gefahren nur im Konvoi (entweder per Bustrip oder im eigenen Miet/Fahrzeug) von Luxor nach Abydos und über Dendera wieder zurück nach Luxor fahren. Für die Tempelbesichtigungen stehen dann jeweils nur etwa 1,5 Std zur Verfügung. Die Busreise wird für £E 200 - 300 pP angeboten; ein Taxi kostet etwa ebenso viel, den Preis teilen sich dann aber alle Mitfahrer. „Inoffiziell" fährt man per Zug nach Balyana und nimmt von dort einen Minibus. Vermutlich wird Sie aber die Polizei bald entdecken und einigermaßen bestimmt in ein Taxi (ca. £E 20) bitten, um Sie nach Abydos und wieder zurück zu begleiten.

- Wer unbedingt in Abydos **übernachten** will, hat die Wahl zwischen dem relativ unsauberen Hotel **Seti I**, links vor dem Tempel, Tel 494 3517, zu etwa £E 50 pP in Zimmern ohne Bad und dem etwas besseren Hotel **Abydos**, rechts vor dem Tempel zu ähnlichen Konditionen. Dieses Hotel soll renoviert werden, es besteht Hoffnung, dass sich der Standard etwas bessert.

Hintergrund: *Die Osiris-Legende hat Abydos zu einer in ganz Altägypten berühmten Wallfahrtsstätte gemacht, deren Mythos ein wenig an Varanasi in Indien erinnert; denn hier wie dort sollte bzw. soll sich beim Sterben ein Vereinen der Seele mit dem göttlichen Wesen vollziehen.*

Um den Hintergrund von Abydos zu verstehen, schnell eine Kurzfassung aus mehreren Versionen der Osiris-Legende: Aus Neid ermordet Seth seinen Bruder Osiris, zerstückelt seine Leiche und verstreut die Stücke in alle Himmelsrichtungen. Isis, Frau und Schwester von Osiris, sucht die Leichenteile und setzt sie wieder zusammen, wobei sie den Kopf in Abydos findet. Vom wiederbelebten Osiris empfängt sie den Sohn Horus, den sie heimlich aufzieht und der später seinen Vater rächt. Der auferstandene Osiris aber lebt als Gott im Reich der Toten. Diese Legende wurde auf das tägliche Leben übertragen, indem (zunächst) nur Pharaonen nach dem Tod die Gestalt und Bedeutung des Osiris einnahmen und sich damit eine Auferstehung sicherten. Später war das Weiterleben im Jenseits als Osiris jedem Ägypter möglich. Der Tod galt nur als Übergang in ein anderes, besseres Leben.

Bereits ganz am Beginn der ägyptischen Geschichte war Abydos eine der wichtigsten Städte des Landes. Die Könige der 1. und 2. Dynastie und ihre Vorgänger (Dynastie „0") ließen sich hier bestatten. Ihre Gräber liegen weit draußen in der Wüste, an der Mündung eines Wadis, das in einem markanten Geländeeinschnitt von den Bergen in die Ebene herunterzieht. Die Oberbauten dieser Gräber, wahrscheinlich flache, rechteckige Massivbauten aus Ziegeln, sind nicht erhalten. Die unterirdischen Grabkammern jedoch, bereits im späten 19. Jh entdeckt und teilweise erforscht, werden derzeit vom Deutschen Archäologischen Institut systematisch ausgegraben und teilweise rekonstruiert. Es kamen aus Ziegeln gemauerte unterirdische Grabanlagen von 11 Herrschern der 1. und 2. Dynastie zutage. Sie bestehen aus einer großen Hauptkammer für den König und bis zu 200 Nebenkammern, in denen manchmal u.a. auch Diener, Hunde oder Löwen mit bestattet worden waren. Hier wurden auch die bisher ältesten Hieroglyphenzeichen auf Schrifttäfelchen (etwa 3200 vC) gefunden. Ganz im Norden ragen die gewaltigen Ziegelmauern des Osiristempels auf, dessen Existenz bis in die Frühzeit zurückreicht (weitere Informationen unter www.dainst.org/index.php?id=51).

Seit dem Mittleren Reich ließen sich manche Pharaonen zusätzlich zu ihrem eigentlichen Grab und Totentempel ein Scheingrab und einen zweiten Totentempel in Abydos errichten. Von den Tempeln der 18. Dynastie sind nur unscheinbare Reste bekannt. In der 19. Dynastie aber nehmen diese Tempel unter Sethos I und Ramses II monumentale Dimensionen an. Besonders der Sethos I Tempel ist gut erhalten; er zählt zu den großen Sehenswürdigkeiten Oberägyptens.

Einmal jährlich wurden in Abydos Mysterienspiele zu Ehren des Osiris veranstaltet, unzählige Gläubige pilgerten in die heilige Stadt. Viele von ihnen wollten mit Osiris begraben sein, um so die Auferstehung nach dem Tod sicherzustellen. Pragmatischerweise setzten die meisten diesen Wunsch in Form einer Stele oder eines Scheingrabes um. So bildeten sich ganze Gräberstraßen, in denen aber niemand bestattet war.

Der **Tempel von Sethos I** - dessen Reliefs zu den schönsten des pharaonischen Ägypten zählen - ist sieben Göttern geweiht, von denen jeder in einem eigenen Sanktuar verehrt wurde. Dieser Siebenteilung folgt die Tempelarchitektur durchgängig; so ist z.B. die Säulenzahl durch diese sieben Achsen bedingt. Die Mittelachse gehört dem Hauptgott Amun, obwohl in Abydos Osiris die größere Rolle spielte. Da es sich jedoch um einen Totentempel handelt, nimmt Amun - in den sich der Verstorbene verwandelt - die Hauptrolle ein. Der Rolle des Osiris wurden die Architekten durch einen geschickten Kunstgriff gerecht: Sie legten hinter die sieben Kapellen einen eigenen kleinen Osiris-Tempel (siehe *Osiris-Halle*, weiter unten).

Der ursprüngliche Eingangspylon ist zerfallen, der **Erste Hof** stark zerstört. An den Resten seiner linken Wand sind noch Reliefs der Kadesh-Schlacht von Ramses II erhalten (Ramses II stellte den im vorderen Teil unfertig gebliebenen Tempel seines Vaters fertig).

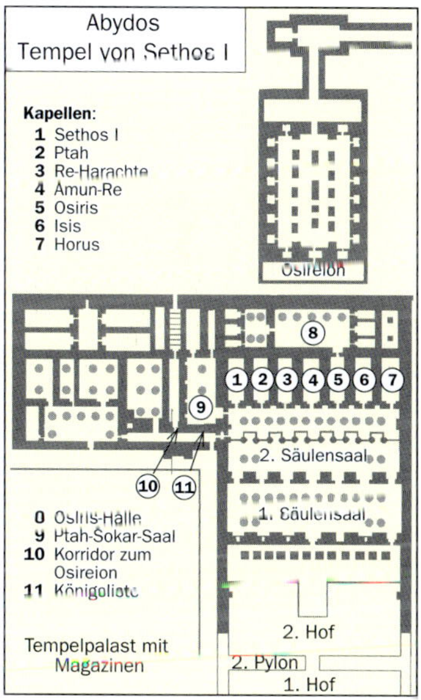

Über eine Rampe und die erhaltenen Reste des Zweiten Pylons geht man in den **Zweiten Hof**, der in einer erhöhten Vorhalle mit 12 Pfeilern endet; hier beginnt das eigentliche Tempelhaus. Von der Rückwand der Vorhalle führten ursprünglich sieben Türen - jeweils von einem Pfeilerpaar flankiert - in den Ersten Säulensaal. Ramses II ließ jedoch alle bis auf einen Durchgang in der Mitte zumauern. Auf der Wand links des Durchgangs berichtet der König, wie er den Tempel vollenden ließ und ihn einweihte. Neben dem ausführlichen Hieroglyphentext ist Ramses II unter anderem beim Opfern vor Osiris, Isis und dem vergöttlichten Sethos I (von links nach rechts) zu sehen. Auf den Pfeilern wird Ramses im Umgang mit den Göttern dargestellt, deren Heiligtümer an der jeweiligen Achse liegen.

Im **Ersten Säulensaal** stehen 24 Papyrusbündelsäulen mit geschlossenen Knospenkapitellen. Zwischen ihnen hindurch zogen die Prozessionen zu den sieben Kapellen. Ramses II ließ die Reliefs seines Vaters aushacken und durch eigene ersetzen. Sie handeln grundsätzlich von Ramses im Umgang mit den unterschiedlichen Göttern. Die Bilder der unteren Reihe der rechten Außenwand sind von deutlich besserer Qualität (von rechts nach links): Horus und Thot gießen über dem König Weihwasser aus (dargestellt mit den Hieroglyphen *Leben* und *Reinheit*); der schakalköpfige Upuaut und der falkenköpfige Horus führen Ramses in den Tempel und halten ihm das Lebenszeichen *Anch* an die Nase; Ramses überreicht den Göttern einen Papyrusbehälter in Form einer Säule mit dem Falkenkopf als Deckel.

Nach dem ersten folgt - diesmal durch sieben Türen zugänglich - der **Zweite Säulensaal**. Hier tragen 36 Säulen das Dach, die in drei Reihen angeordnet sind. Die beiden ersten Säulenreihen haben geschlossene Kapitelle; die letzte Reihe, die auf einer 50 cm hohen Terrasse steht, wird aus Baumstammsäulen gebildet. Die Reliefs an Wänden und Pfeilern, die alle auf Sethos I zurückgehen, übertreffen die Darstellungen im Ersten Säulensaal ganz deutlich; sie sind fein und sorgfältig gearbeitet und eine genaue Betrachtung wert. Besonders die rechte Wand ist für die künstlerisch hohe Qualität der Bilder bekannt.

Es folgen die **sieben Kapellen**, die - von links nach rechts - Sethos I, Ptah (teilweise zerstört), Re-Harachte, Amun-Re, Osiris, Isis und Horus geweiht waren. Sie wurden einst mit hölzernen Flügeltüren verschlossen, die Decken sind „falsches" Gewölbe, weil sie aus überkragenden und dann von unten ausgehöhlten Steinbalken bestehen; in der Rückwand erkennt man jeweils eine Scheintüre. Hier wurden die Barken des jeweiligen Gottes abgestellt. Die unter Sethos I entstandenen Reliefs der Kapellen zählen zu den schönsten des Neuen Reiches, nicht zuletzt, weil sie zum Teil auch farblich sehr gut erhalten sind; man sollte sich hier viel Zeit nehmen, um die hervorragende Arbeit würdigen zu können.

Inhaltlich sind sich die Reliefs in den Kapellen recht ähnlich. Im Zentrum der Längswände steht beiderseits die Götterbarke. Davor sieht man den König beim Vollzug des täglichen Kultbildrituals - beim Anklopfen, Öffnen des Schreins, Begrüßen, Reinigen, Salben des Götterbildes, bei Opfer und Gebet. Auch die Nischen neben den ehemaligen Türen sind mit farbigen Reliefs geschmückt.

Sethos I wird in seiner reich verzierten Kapelle bereits vergöttlicht betrachtet. Er wird hineingetragen, sitzt dann auf seinem Thron, vor ihm der ibisköpfige Thot und eine lange Liste von Opfergaben. Weiterhin ist er mit verschiedenen anderen Göttern - Nechbet, Horus und Uto - dargestellt. In der *Isis-Kapelle* erscheint Sethos vor Isis, die von ihrem Sohn Horus begleitet wird. Daneben liegt die *Horus-Kapelle*, in der man den König vor Horus und Isis sieht.

Die *Osiris-Kapelle* öffnet sich anstelle der Scheintüre in der Rückwand zur schön ausgeschmückten **Osiris-Halle** mit zehn Säulen. Sie bildet den Mittelteil eines eigenen Tempels für den Hauptgott von Abydos. An die rechte Wand schließen sich drei kleine Kapellen an, von denen die rechte Horus, die mittlere Sethos und

Abydos, Blick über die beiden ersten Höfe auf die Vorhalle

die linke Isis geweiht waren. In der gegenüberliegenden (linken) Wand führt ein Durchgang in einen kleinen Viersäulensaal, der ebenfalls von drei Kapellen abgeschlossen wird.

Aus dem Zweiten Säulensaal führen links (vor der Sethos I Kapelle) zwei Durchgänge hinaus. Durch den rechten gelangt man in den **Saal des Ptah-Sokar**, des Totengottes von Memphis. Die Decke wird von drei Säulen gestützt, die Wände sind mit schön gearbeiteten Reliefs bedeckt, die hauptsächlich Sethos I in Verbindung mit Ptah-Sokar zeigen. Die beiden rückwärtigen Kapellen sind Nefertum (links) und Ptah-Sokar gewidmet.

Durch den zweiten Ausgang aus dem Säulensaal (links vom Ptah-Sokar-Saal) betritt man einen längeren Gang (Galerie), auf dessen rechter Wand die berühmte **Königsliste** aufgezeichnet ist. In historischer Reihenfolge hat Sethos I seine Vorgänger, beginnend mit Menes um 3100 vC, namentlich auflisten lassen; es fehlen allerdings die Pharaonen der beiden Zwischenzeiten und die von der Nachwelt verfemten Herrscher wie Hatschepsut und die Könige der Amarnazeit, Echnaton, Tutanchamun und Eje.

Von hier führt rechts ein hauptsächlich unter Ramses II mit Reliefs ausgeschmückter Korridor mit Treppe zum **Osireion**, das 8 m vom Haupttempel entfernt liegt. Die Reliefs zeigen sehr dynamische Szenen der Wildstierjagd. Das Scheingrab von Sethos I ist so tief in die Erde eingelassen, dass es heute vom Grundwasser erreicht wird (sein eigentliches Grab liegt im Tal der Könige, siehe Seite 325). Es war früher überdacht, den Eingang bildete damals der nördlich verlaufende Gang, der mit Texten und Bildern aus dem Pforten- und Höhlenbuch bedeckt ist und in einem ebenfalls dekorierten Vorraum endet. Von dessen Mitte führt links ein Gang in einen schmalen Quersaal, von dort weiter in eine Halle mit sehr massiven Pfeilern. An ihren Seiten befinden sich sechzehn, durch einen Wassergraben abgetrennte Kammern. Die „Insel" in der Mitte sollte den Urhügel inmitten des Urwassers darstellen, auf dem der Urgott die Welt erschuf. Vertiefungen im Boden waren vermutlich für den Sarkophag vorgesehen. Der Vorraum und die Halle sind mit Reliefs und Totenbuchtexten ausgeschmückt.

Nur ein kurzes Stück nordwestlich liegt der **Tempel von Ramses II**. Man geht entweder vom Osireion aus oder vom Tickethäuschen rechts über die bald nach Nordwesten abbiegende Dorfstraße. Das aus den Anfängen der Ramses-Aktivitäten stammende Bauwerk gehört zu den farblich am besten erhaltenen Bauten des Neuen Reiches mit außerordentlich fein gearbeiteten Wandbildern.

Die noch vorhandenen Mauern - höchstens 3 m hoch, kein Dach - zeigen den klassischen Tem-

pelgrundriss. Der Erste Pylon ist weitgehend zerstört, vom folgenden Ersten Hof sind noch die Umrisse erkennbar. Man betritt den Tempel durch den Zweiten Pylon zum Zweiten Hof mit Osirispfeilern (an der rechten Wand Schlacht- und Opferszenen). An seinem Ende steht ein Portikus. Von dessen Rückwand, auf der unter anderem Gefangenenszenen zu sehen sind, liegen rechts und links je zwei Kammern; dann folgen der Erste und der Zweite Säulensaal. Von diesem führen Durchgänge in eine ganze Reihe von Nebenräumen. Der mittlere Raum auf der hinteren Seite ist das Alabaster-Sanktuar, in dem Teile der Granit-Decke auf dem Boden liegen.
Besonders lohnend ist ein Rundgang um die Außenwände des Tempels. Auf der rechten Seite und auf der Rückwand sieht man lange Reliefzyklen mit Darstellungen der Kadesh-Schlacht von Ramses II. Das Heer der Hethiter, das Schlachtgetümmel, die gefallenen Pferde und die im Fluss Orontes treibenden getöteten Feinde bestimmen das Geschehen auf der rechten Wand. Auf der Rückwand sind es die ägyptischen Pferdegespanne und Söldnertruppen der Schirdana (Seevölker) mit Hörnerhelmen, die besondere Aufmerksamkeit verdienen.

Zurück zur Niltalstraße.
Nach 39 km:

Nag Hammadi

Als man noch glaubte, der Nasser-Stausee produziere eher zu viel als zu wenig Elektrizität, wurde hier ein Aluminiumwerk gebaut, obwohl die notwendigen Rohstoffe eingeführt und ein Teil des hergestellten Aluminiums ausgeführt werden müssen. Inzwischen betrachtet man den Stromfresser ziemlich reumütig.
Hier wechseln Eisenbahn und Nationalstraße auf die andere Nilseite. Besucher auf dem Weg nach Dendera bleiben besser auf der Westufer-Straße.
Nach 50 km: Abzweig
Rechts 1,5 km zum

**** Tempel von Dendera

Hintergrund: *Dieser schon im ältesten Ägypten heilige Ort war der Muttergöttin Hathor geweiht. Sie ist die kuhköpfige oder auch als Kuh dargestellte, mit dem Falkengott Horus verheiratete Dame. Ihr Sohn Ihi ist der junge Gott der Musik. Früher war Dendera Gau-Hauptstadt. Ihre Überreste liegen unter dem heutigen Fruchtland begraben, der Tempel war von einem riesigen Gräberfeld umgeben, das sich bis zu den Wüstenbergen hinzieht.*
Der Tempel stammt aus der Ptolemäer-Zeit, geht aber auf Vorgängerbauten zurück, die bis ins Alte Reich verfolgbar sind. Das jetzige Bauwerk lässt sich nicht genau datieren. Kartuschen an der Außenfassade besagen, dass die Dekorationen unter Augustus und Nero angebracht wurden. Im Innern sind die Königskartuschen häufig leer, also namenlos. Aus den spärlichen Hinweisen lässt sich schließen, dass der Tempel im Zeitraum von etwa 100 vC bis 100 nC entstanden sein dürfte. Das heißt, zwischen ihm und dem Sethos-Tempel von Abydos liegen immerhin gut zwölf Jahrhunderte, eine Zeitspanne wie zwischen dem Bau des Aachener Doms und dem des Münchener Olympiazeltes!
Innerhalb der nicht mehr in voller Höhe erhaltenen Umwallung aus Lehmziegeln (an der Basis bis zu 10 m dick) finden sich verschiedene Bauwerke: rechts vom Eingang ein Geburtshaus (Mammisi), dahinter die Ruinen einer koptischen Kirche, dann rechts vom eigentlichen Tempel ein älteres Mammisi, weiter hinten Reste eines römischen Sanatoriums und am Ende der Heilige See. In der Verlängerung der Achse des Hathor-Tempels liegen Ruinen eines Isis-Mammisi mit Darstellungen der Isis-Geburt.
Die Rückwände aller Räume der Mittelachse sind als selbständige Fassaden mit geböschten Seiten, Rundstab und Hohlkehle ausgeführt. Dadurch entsteht der Eindruck, die folgenden Räume bis zum Sanktuar seien ineinander geschachtelt, das Mysterium

der Gottheit solle auf diese Weise vielfach umschlossen und geborgen werden. Auch in diesem Tempel steigen die Böden zum Sanktuar hin an, die Decken werden immer niedriger, die Räume immer dunkler (hier besonders gut nachvollziehbar), schließlich treffen sich - symbolisch - Himmel und Erde im Sanktuar, dort, wo die Gottheit wohnt. Es handelt sich um ein Abbild des Kosmos; die Sockelreliefs der Wände zeigen den Pflanzen bewachsenen Erdboden, Säulen ragen als Pflanzen gegen die Decke empor, die mit Sternornamenten und astronomischen Darstellungen eindeutig den Himmel symbolisiert. Selbst in diesem späten Bauwerk wird deutlich, dass auch die Ptolemäer und Römer noch dem Dogma huldigten, dass ein Funktionieren der Welt von einem ungetrübten Verhältnis des Königs zum Gott abhängt. Allein er ist legitimiert, mit der Gottheit in Kontakt zu treten, wie Wandreliefs immer wieder zeigen. Nur stellvertretend nimmt im täglichen Leben der Hohepriester diese Funktion wahr.

Wie in vielen anderen Tempeln, diente auch hier das Dach kultischen Zwecken. Nur in Dendera kann das Dach noch betreten werden, was schon allein wegen des Ausblicks zu empfehlen ist. - Obwohl die Tempelbeleuchtung einigermaßen ausreichend ist, sollten Sie eine Taschenlampe mitnehmen, um Einzeldarstellungen besser ausleuchten zu können.

Aus den Trümmern der Umwallung ragt das Relief geschmückte Nordtor empor; ein Pylon war zwar geplant, wurde aber nicht mehr gebaut. Davor liegt eine römische Brunnenanlage, dahinter rechts das jüngere, von Kaiser Augustus errichtete **Mammisi**, an dem in ausführlichen Reliefs die Geburt des Hathor-Sohnes Ihi, seine Präsentation vor dem Vater und seine Erziehung dargestellt sind. Hier werden Sie auch mit Enttäuschung feststellen müssen, dass viele Reliefs von Bilderstürmern beschädigt wurden; erhalten blieben aber die Umrisse, so dass im Prinzip auch der Inhalt nachvollziehbar ist.

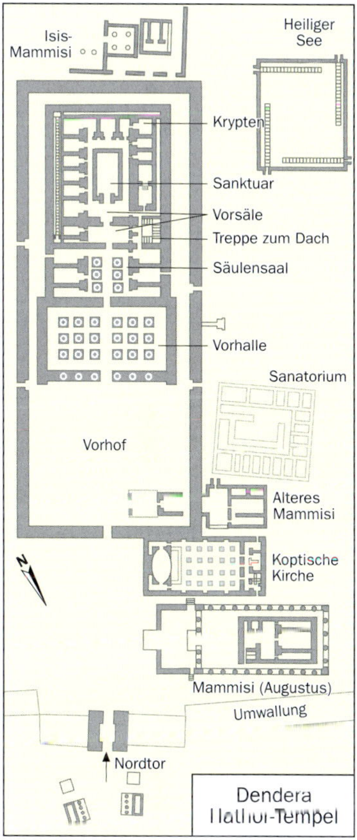

Das ältere Mammisi - nach der koptischen Kirche gelegen - wird durch die unfertige Umfassungsmauer des Tempels (nicht mit der weiter entfernten Umwallung zu verwechseln) zerschnitten, daher baute man ein neues. Danach folgen rechts des Tempels Ruinen des **„Sanatoriums von Dendera"**, eine Tempelklinik für Heilbäder, Heilschlaf und Orakel. Die Badewannen im Hof sind teils erhalten, um den Hof lagen die Krankenzimmer.

Der Weg vom Nordtor verläuft über einen **Vorhof** zur Vorhalle, deren vordere Säulenreihe schon von weitem den Hathor-Kopf als Kapitell erkennen lässt. Dieses besteht, genauer betrachtet, aus einem vierfachen menschlichen Gesicht der Hathor mit als Kopfputz aufgesetztem *Naos* oder vielmehr einer Tempelnachbildung und flankierenden Spiralen (stilisiertes Kuhgehörn). Es stellt das monumentale Abbild eines *Sistrums* dar, einer im Hathorkult benutzten Rassel. Die vordere Säulenreihe enthält sechs Säulenschranken, nur der Mitteldurchgang steht offen. Diese Fassade wurde mit Reliefs dekoriert, die im Wesentlichen Tiberius und Claudius als Pharaonen bei Opferhandlungen vor Hathor, aber auch vor anderen Göttern zeigen.

Auch im Durchgang zur **Vorhalle** (*Pronaos*) sieht man Tiberius und Claudius. Auf der linken und rechten inneren Eingangswand - den Säulenschranken - sind Krönungsszenen von Nero abgebildet. Rechts und links auf den beiden Außenwänden sieht man ihn im Umgang mit verschiedenen Göttern. Die hintere Wand zeigt ähnliche Szenen, aber mit Augustus und Caligula. Auch die 18 Säulen sind mit Reliefs versehen, die den König bei Opferungen oder vor Gottheiten darstellen. An der teilweise rußgeschwärzten Decke lassen sich erkennen (von links nach rechts): Himmelsgöttin Nut, Sterngottheiten mit Tages- und Nachtstunden, verschiedene Mondphasen, in der Mitte fliegende Geier und Sonnen, dann wiederholt sich das Ganze spiegelbildlich.

Der folgende **Säulensaal** (auch *Saal der Erscheinung)* beeindruckt mit sechs mächtigen, durchgängig mit Königsmotiven dekorierten Säulen mit Hathorkopf-Kapitellen. Während die Basis und die beiden folgenden Säulentrommeln aus Granit bestehen, hat man für den oberen Teil Sandstein verwendet. An den Wänden sieht man den (ungenannten) König in den oberen drei von vier Reliefreihen jeweils vor den lokalen Gottheiten von Dendera. Interessanter ist jedoch das untere Register, das in vier Szenen die Grundsteinlegung zeigt (rechts vom Eingang beginnend und weiter auf der Außenwand): Der König tritt aus dem Palast, er hackt mit einer Hacke (symbolisch) den zu bebauenden Boden („erster Spatenstich"), er legt Ziegel und in Anwesenheit von Hathor den Grundstein. Links vom Eingang wiederholen sich die Bilder im Prinzip: Der König kommt aus dem Palast, bringt den Göttern Baumaterial dar, reinigt den Tempel vor Hathor und Isis, weiht den Tempel mit Ihi vor Hathor und Horus.

Auf beiden Außenseiten schließen sich Nebenkammern an den Säulensaal an, die vermutlich Magazinräume und „Labors" (z.B. Rezepte am Eingang des ersten linken Raums) waren. Die Reliefs stellen den König im Umgang mit Hathor und anderen Gottheiten dar.

Der Weg führt weiter in den **Ersten Vorsaal**, in dem der König in vier Reliefreihen vor Hathor, Horus und anderen Göttern opfert. Aus Nebenräumen links und rechts führen Treppen zum Dach hinauf (siehe weiter unten).

Im folgenden **Zweiten Vorsaal** weist rechts ein Durchgang zu einem Innenhof mit einem hübschen Kiosk. Hier feierten die Priester Hathors Geburtstag und das anschließende Neujahrsfest. Der Reliefschmuck der Wände bezieht sich auf den König und die Lokalgötter; an der Decke sieht man die Himmelsgöttin Nut, welche die Sonne gebiert und den symbolisch dargestellten Dendera-Tempel mit ihren Strahlen umschließt.

Von der Mitte des Zweiten Vorsaales gelangt man in das **Sanktuar**, in dem die Barken mit den Götterbildern standen. Die Reliefs schildern sehr detailliert die hier üblichen Zeremonien; denn nur der König oder sein Priester-Stellvertreter durften es am Neujahrstag betreten. Im dritten Register kann man eine Bildersequenz verfolgen, die links beginnt (der König geht die Stufen der Kapelle hinauf und bricht das Lehmsiegel); die nächste Szene folgt rechts (löst das Band des Isis-Schreins, das die Tür verschließt, und öffnet den Hathor-Schrein), jetzt rechts (weihräuchert vor den Barken), nun links (der König erblickt die Göttin), rechts (betet vor ihr), links (Räuchern vor der Barke der Hathor), rechts (Räuchern vor den Barken der Hathor und ihres Sohnes Ihi).

Dendera, die Reste des einst mächtigen Eingangspylons

Um den Barkenraum herum läuft ein Korridor, an dem elf Räume angeordnet sind. Die meisten dienten als Kapellen verschiedener Götter. Der Raum in Verlängerung des Sanktuars war der Hathor als Kapelle geweiht, deren Kultbild in einer Nische steht. Im Raum hinten rechts führen Treppen zu der derzeit zugänglichen östlichen **Krypta** hinab, in der Götterbilder oder Gerätschaften aufbewahrt wurden. Die Wände der zwölf engen und nur 2 m hohen Räume, die in die Tempelmauer eingelassen wurden, weisen die ältesten und auch schönsten Reliefs des Tempels auf. Einige davon sind so ungewöhnlich, dass sie zu lebhaften Spekulationen über hier hinterlegte Geheimnisse Anlass geben (Däniken, der Autor des Außerirdischen, lässt grüßen).

Die **Treppen zum Dach** hatten ebenfalls kultische Bedeutung: Auf ihnen zog am Neujahrstag eine feierliche Prozession - der König mit den Priestern - mit der Hathor-Statue hinauf, damit sich die Göttin bei Sonnenaufgang mit den Strahlen ihres Vaters, des Sonnengottes Re, vereinen konnte - eine Szene voller Symbolkraft. Sie ist auf den Wänden beider Treppenhäuser aufgezeichnet; links (Ostseite), linke Wand aufsteigend, zwei Züge: König und Königin führen die Prozession mit Priestern und den Schreinen an, in der zweiten Prozession zieht der König mit Priestern, Nil- und anderen Göttern zum Neujahrsfest der Hathor. Auf der rechten Wand dieselben Prozessionen, aber absteigend. Auf der Westtreppe sind ähnliche Prozessionen dargestellt.

In der Südwestecke des Daches steht ein schöner Kiosk mit Hathorsäulen. Interessant sind jedoch die beiden baulich identischen **Osiris-Kammern** an der Westseite (dort wo die Westtreppe mündet) und gegenüber auf der Ostseite. An einen kleinen Vorhof schließt sich jeweils ein Zentralraum und dahinter eine nur schwach beleuchtete Kammer an. Im Hof der Ostseite wurde eine detaillierte Beschreibung der hier zu feiernden Osiris-Mysterien textlich niedergelegt. Im zweiten Raum schildert ein Bilderzyklus die Auferstehung des Gottes Osiris: der von Sethos ermordete Gott; die posthume Zeugung des Gottessohnes Horus; das Wiedererwachen von Osiris (die Beine lösen sich aus den Binden); das Wiedergewinnen der geistigen Kräfte (die Hand wird zur Stirn geführt); die Auferstehung des Gottes. Hier ist die Philosophie von der Unzerstörbarkeit des Prinzips Leben in eindringlichen Bildern dargestellt.

In der Decke des Zentralraumes ist der Gipsabdruck des berühmten **Tierkreises von Dendera** - einer aus Vorderasien übernommenen kreisförmigen Himmelsdarstellung - an

der Stelle des Originals angebracht, das sich im Louvre befindet. An vielen Stellen auf dem Dach haben sich Besucher aus dem 18. und 19. Jh per Graffiti verewigt. Genießen Sie, wie schon erwähnt, den Ausblick vom höchsten Teil des Daches.

Auch die Außenwände des Tempels tragen fast durchgängig Reliefs. Im vierten Register der Ostwand sind in 18 Szenen über die gesamte Mauer (an der Säulensaalwand beginnend) die Gründungszeremonien des Tempels durch Augustus aufgezeichnet: wie der König den Palast verlässt, das Land vermisst, Sand und Ziegel darbringt und schließlich den Tempel Hathor und Horus weiht. Gegenüber auf der Westwand wird in 18 Bildern Augustus im Umgang mit verschiedenen Gottheiten dargestellt, im vierten Register wieder in 18 Szenen die Gründungszeremonie. Auf der Außenwand des Vorsaals verewigte sich Nero mit Hathor und anderen Göttern.

Praktische Informationen

▸ Wegen der terroristischen Gefahren können Sie derzeit den Tempel (9-17, £E 25) nur unter Sicherheitsvorkehrungen besichtigen, d.h. von Luxor aus per Konvoi mit **Bus oder Taxi** fahren und mit knapp 2 Stunden Besichtigungszeit rechnen. Unter normalen Verhältnissen fährt man bis Qena mit dem Zug und nimmt dort am besten ein Taxi oder den Bus Richtung Nag Hamadi; dem Fahrer Bescheid sagen. Vom Stopp ca. 15 Minuten Fußweg.

Zurück zur Hauptstraße

Nach 3 km: Kreuzung mit Polizeiposten

Geradeaus am Westufer ca. 55 km nach Theben-West und weiter nach Assuan, links Hauptroute nach Qena, Luxor und Assuan.

Nach 3 km:

Qena

Die Anfänge der Stadt gehen auf die Ptolemäer zurück; in islamischen Zeiten gewann sie Bedeutung als Ausgangspunkt für Karawanen ans Rote Meer und den damit verbundenen Handel mit Indien. Auch die nach Mekka ziehenden Pilger mussten sich hier für die Durchquerung der Arabischen Wüste versorgen. Heute ist Qena eine eher gemütliche Provinzhauptstadt mit, für ägyptische Verhältnisse, gepflegtem Stadtzentrum ohne Touristenrummel. Auch der neu an der Straße ab der Nilbrücke entstandene Ortsteil macht einen erstaunlich gepflegten Eindruck. Ins Stadtzentrum gelangt man südlich vom Bahnhof über eine Kanal- und Eisenbahnüberführung (alter Bahnübergang existiert noch).

Die Bahnlinie schneidet das eigentliche Zentrum von den östlichen Vororten ab; der Bahnhof liegt eher an dessen Rand. Allerdings halten außer Bummelzügen nur wenige bessere Klassen in Qena. Straßenmäßig ist der Ort dagegen ein bedeutender Verkehrsknoten, weil von hier eine breit ausgebaute Straße nach Port Safaga führt, eine der wichtigsten Verbindungen zum Roten Meer. Touristisch gibt es nichts Sehenswertes zu vermelden, die Attraktion liegt außerhalb: der Tempel von Dendera.

Für Hungrige können das *Hamdi-* und das *Prince-Restaurant* empfohlen werden.

Nach 23 km:

Auf dem Heimweg vom Feld

Kuft (auch Qeft)

Am Ortsende links beginnt eine Straße nach Kosir am Roten Meer. Kuft war bereits zu pharaonischer Zeit wegen seiner Verbindung zum Hafen *Leukos Limen* als Handelsplatz für Waren bekannt, die per Schiff im Roten Meer transportiert und vor allem in Punt (heutiges Somalia) gehandelt wurden.

Seit den frühen pharaonischen Zeiten wurde hier der Gott Minh als Beschützer der Goldminen, Steinbrüche und Karawanen verehrt. Seinen großen Tempel ließ Kaiser Diocletian schleifen, weil die Einwohner der Stadt gegen ihn rebellierten. Daher blieben hauptsächlich Schuttberge und einige Säulen erhalten. Für die Besichtigung benötigt man eine Genehmigung der zuständigen Behörden in Luxor. Das Tempelareal liegt im heutigen Zentrum, also östlich der Niltalstraße. Auch ohne Genehmigung kann man von außen einen Teil betrachten (siehe auch www.koptos.com/). Die Niltalbusse halten an der Kreuzung mit der Hauptstraße von Qena nach Luxor, an der "to Nile" steht.

Nagada

Auf der westlichen Nilseite – etwa 25 km südlich von Qena – liegt die große, einst dem Gott Seth geweihte Ruinenstätte von Nagada aus vordynastischer Zeit. In Gräberfeldern mit insgesamt etwa 2200 Gräbern finden sich Relikte aus den drei Epochen Nagada I-III, die von 4200-3050 vC datiert werden. Verschiedene aus Lehmziegeln gebaute Grabkammern werden als Vorläufer der späteren pharaonischen Grabbauten gesehen. Bei Naqada liegt die alte Stadt von Nubt mit Gräbern und Resten eines Seth-Tempels.

16 km nach Kuft: Kreuzung, rechts zum

Kunsthandwerkszentrum Garagos

Die hiesige koptische Gemeinschaft stellt Gebrauchskeramik her und webt ähnlich wie in Haraniya (siehe Seite 186) Teppiche, allerdings mit anderen Motiven und in grelleren Farben. Außerdem gibt es Holzarbeiten. Die Kopten beschaffen sich durch diese Aktivitäten Mittel für eine Sozial- und Krankenstation.

Für den Besuch die Kanalbrücke überqueren; danach ist ein erstes Hinweisschild GARAGOS CERAMIQUES zu sehen. Dann weiter über die Eisenbahnüberführung und anschließend über die der Zuckerrohrbahn, danach rechts abbiegen und der Ausschilderung folgen. 5,4 km nach Abzweig von der Hauptstraße im Dorf Garagos links ab, 200 m weiter links die „Pottery".

Fußgänger können von Luxor per Bus nach Qus fahren und dort ein Sammeltaxi nach Garagos nehmen.

Nach 16 km: Abzweig

Rechts 1,5 km nach **Medamud**.

Einst lag hier die nördliche Vorstadt von Theben, die im Alten Reich gegründet, im Neuen Reich vergrößert und besonders von den Ptolemäern ausgebaut wurde. Aus dieser Epoche sind spärliche Ruinen eines Month-Tempels geblieben.

Nach 5 km Kreuzung, rechts 6 km bis **Luxor**.

8

Luxor, Karnak und Theben-West

Hintergrund: *Theben ist die griechische Bezeichnung für die altägyptische Hauptstadt Waset. Zu ihr gehörten die heutigen Ruinen*

- *des Amun-Tempels von Karnak*
- *des Luxor-Tempels in Luxor und*
- *die Nekropolen und Totentempel in Theben-West.*

Im Alten Reich war Theben Kultort des Falkengottes Month. Mit Vertreibung der Hyksos und Wiedervereinigung des Landes unter der aus Theben stammenden 11. Dynastie (2050 vC) gewann der Ort an Bedeutung. Durch die Gründung des Karnak-Tempels für Amun, den König der Götter, stieg Theben zum geistigen und religiösen Zentrum Ägyptens auf. Mehrmals war es im 2. und 1. Jahrtausend vC Hauptstadt Ägyptens, immer aber blieb Theben der Mittelpunkt pharaonischer Kultur. Alle Könige des Neuen Reiches sind hier im Tal der Könige bestattet, und noch die römischen Kaiser kamen hierher, um die Wunder des ***Hunderttorigen Theben*** *zu bestaunen.*

Im Mittelpunkt Thebens stand der Tempel von Karnak, dessen Bedeutung u.a. aus den nüchternen Zahlen eines Papyrus aus der Zeit von Ramses III hervorgeht: Insgesamt standen 81 322 Männer im Dienst des Tempels; sie hatten sich um 421 662 Stück Vieh, 433 Gärten, etwa 2 395 qkm landwirtschaftliche Fläche, 83 Schiffe, 46 Baustellen und 65 Dörfer zu kümmern - übertragen auf die heutige Zeit handelte es sich um ein Großunternehmen; eine solche wirtschaftliche Konzentration zöge auch heute noch politische Aufmerksamkeit auf sich. Besonders dann, wenn man die Bedeutung des Großunternehmens Karnak mit der damaligen Bevölkerungszahl Ägyptens (geschätzt auf 4-5 Millionen) in Relation setzt, zeigt sich, dass

Frühmorgens auf dem Weg zum Ersten Pylon des Karnak-Tempels

Sehenswertes auf der Ostseite des Nils - Luxor

****Karnak**, der große Tempel des Gottes Amun, über zwei Jahrtausende das bedeutendste Heiligtum der Ägypter
****Luxor-Tempel**, eine aus der 18./19. Dynastie stammende, gut erhaltene Tempelanlage mit vielen sehenswerten Details
****Luxor Museum**, das Museum mit hervorragendem Display; nicht zu viele, aber erlesene Stücke in guter Präsentation
Mumification Museum mit interessanter Darstellung des Mumifizierungsprozesses
Light and Sound-Spektakel abends im Karnak-Tempel
*Landmarkt**, jeweils dienstags
*Besuch der Nilinseln**

Sehenswertes auf der Westseite des Nils - Theben-West

****Tal der Königsgräber**, in dem 62 Gräber von Pharaonen entdeckt wurden, darunter das nicht ausgeraubte Grab des Tutanchamun
****Privatgräber** (Gräber der Noblen), Beamten und Würdenträger, in denen mit z.T. hervorragenden Bildern das tägliche Leben im Neuen Reich geschildert wird
****Tempel Deir el Bahri**, Totentempel der Pharaonin Hatschepsut, förmlich in die Felswand des Steilabfalls hineinkomponiert
***Medinet Habu**, der große, z.T. recht gut erhaltene Totentempel von Ramses III
***Ramesseum**, Totentempel von Ramses II, auch in Trümmern liegend vermittelt er noch einen Eindruck seiner ehemals imposanten Größe
***Tal der Königinnen- und Prinzengräber**, nicht so prächtig wie die Königsgräber, doch das
****Nefertari-Grab** weist mit die schönsten Grabbilder auf
Grabtempel von Sethos I, durch mühsame Restaurierung wurden typische Tempelteile wiederhergestellt
*Memnon Kolosse**, vereinsamte Wächterfiguren, die (noch) als einzige Reste des Totentempels von Amenophis III im Fruchtland stehen

sich hier ein wirtschaftlich erstrangiger Betrieb etabliert hatte.
Erst als die Ptolemäer Alexandria zu ihrer Metropole erkoren, verlor Theben endgültig an Rang, obwohl auch schon zuvor die politische Hauptstadtrolle von anderen Städten wahrgenommen worden war. Die Römer legten eine Garnison nach Theben; die Christen stürmten die noch sichtbaren „Götzenbilder" und funktionierten die Tempel zu Kirchen um; spätere Generationen nutzten die Trümmer als bequemes Baumateriallager.
Systematische Ausgrabungen seit Beginn des 20. Jhs förderten großartige Relikte zu Tage. Sie lassen erahnen, welch prächtige Bauwerke hier standen und welche künstlerischen und architektonischen Leistungen an diesem Ort vor Jahrtausenden erbracht worden waren.

Heute sieht es hier ein wenig anders aus. Der Ort **Luxor** gibt der Stätte seinen Namen, er bedeckt einen Teil des ehemaligen Theben. Er zieht sich vom Nil bis zur Eisenbahnlinie, ja quillt inzwischen darüber hinaus und dehnt sich weiter und weiter am Nilufer entlang nach Süden aus, immer mehr wertvollen Boden verschlingend. Am Rand des Fruchtlandes zur Wüste im Osten liegt der Flughafen
Die parallel zum Nil verlaufende Straße heißt **Corniche**, ihre Uferpromenade ist besonders

zur Sonnenuntergangszeit einen Bummel wert. Landmarke und eine Art Mittelpunkt der Stadt ist der **Luxor-Tempel**, der gleich am Nilufer liegt. Ca. 3 km nördlich finden Sie, etwas abseits östlich des Nils, den Tempelkomplex von **Karnak**. Unterwegs kommen Sie am Luxor-Museum vorbei. Lässt man den Tempel rechts liegen, erreicht man das etwas ruhiger wirkende „Vordorf" *Karnak* mit ein paar Hotels der besseren Kategorie, u.a. Hilton.

Südlich des Luxor-Tempels gilt das **Winter Palace Hotel** als erste und älteste Adresse einer sich nilaufwärts ausbreitenden Hotellandschaft. Die Verlängerung der Corniche von hier nach Süden heißt ab dem Iberotel *Sharia Khaled Ibn Walid.* Hier folgt ein großes Hotel der Luxus- bzw. gehobenen Kategorie dem anderen, vom *Club Med* über *Sonesta* und andere bis zum etwas versteckt liegenden *Sheraton.* Noch ein paar Kilometer weiter südlich ließ sich *Mövenpick* auf einer idyllischen Nilinsel nieder.

Die Luxor gegenüberliegende Seite des Nils - **Theben-West** im Altertum und heute wieder genannt - bietet dem historisch Interessierten viele Tage Beschäftigung: Am Rand des Fruchtlands blieben einige Totentempel sehr gut erhalten; in der Wüste wurden bisher so viele Gräber entdeckt, dass die Besichtigung der relativ wenigen freigegebenen bereits einen sehr guten Einblick in das pharaonische Leben und Sterben vermittelt.

Zunächst mögen die vielen Sehenswürdigkeiten in Theben-West etwas unübersichtlich erscheinen. Doch ein Blick auf den Übersichtsplan zeigt die klare Zweiteilung in Tempelbauten am Rand des Fruchtlandes und Grabbauten in der nahen Wüste. Die Totentempel dienten der Abhaltung der nötigen religiösen Zeremonien für den jeweiligen toten Pharao, während sein Grab so versteckt wurde, dass es für immer vor Räubern geschützt sein sollte.

So sind von Nord nach Süd die noch erhaltenen **Totentempel** von Sethos I, Hatschepsut (Deir el Bahri), Ramses II (Ramesseum), Merenptah, Amenophis III (allerdings nur noch die Memnon-Kolosse) und Ramses III (Medinet Habu) mehr oder weniger dicht an dieser Fruchtland-Grenzlinie aufgereiht. Dagegen wurden die **Königsgräber** in einem weiter entfernten Tal in die Wüstenberge geschlagen. Viel näher zum Fruchtland, fast gegenüber dem Ramesseum, finden Sie die **Privatgräber** (auch *Noblengräber),* wieder etwas weiter in den Bergen die **Gräber der Arbeiter** - welche all die Anlagen schufen - und ihre Wohnsiedlung *Deir el Medina* . In deren relativer Nähe liegt das Tal der **Königinnengräber**.

Es sollte noch an das **Fest** (*Mulid)* zu Ehren des **Heiligen Abu el Hagag** erinnert werden, das im islamischen Monat Shaban drei Wochen vor Ramadan-Beginn stattfindet. Dann wird eine Barke mit dem Bild des Verehrten in großer Prozession durch Luxor gezogen; Ähnlichkeiten mit pharaonischen Vorbildern sind rein zufällig. Das Fest dauert fünf Tage, in denen die Stadt von Menschenmassen überflutet wird.

Eine neuere Kreation ist das **Opet-Fest** jeweils am 4. November, das dem pharaonischen Fest

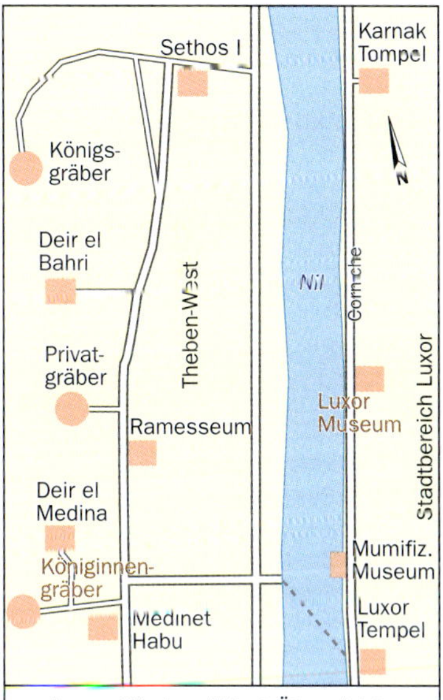

Luxor/Theben-West Übersicht

gleichen Namens nachempfunden ist. Dann werden die ehemals lokalen Götter Amun, Muth und Chons per Boot vom Karnak- zum Luxor-Tempel gebracht. Die ganze Mühe nimmt man nur der Touristen wegen auf sich, die denn auch in Scharen herbeiströmen und die Rahmenveranstaltungen mitmachen sollen.

Praktische Informationen

Luxor kennen lernen

****Tempel von Karnak

▶ **Anfahrt:** Üblicherweise „reist" man per Kalesche von Luxor nach Karnak. Das kostet heute etwa £E 20-30 hin und zurück, eine Taxifahrt kommt auf etwa £E 20-30 pro Fahrt. Sehr viel billiger (ca. £E 1) geht es per Mini-Linienbus. Dazu hält man Minibusse an, die nach Norden fahren. Die meisten haben das *Dorf Karnak* zum Ziel, was nicht stört. Wenn der Fahrer bei „Karnak" nickt, liegt der Karnak-Tempel an seinem Weg. Nehmen Sie Getränke mit; im Tempel gibt es nur in der Cafeteria am See etwas gegen den Durst - ziemlich teuer.

Karnak braucht Zeit; suchen Sie sich ruhige Stunden z.B. nach 12 Uhr aus, um einen Eindruck von der Atmosphäre dieses „Roms des alten Ägypten" gewinnen zu können.

***Hintergrund:** Im pharaonischen Ägypten wurde Karnak „Auserwählte der Stätten" genannt, denn hier stand über zwei Jahrtausende das größte Heiligtum der Ägypter.*

Aus seinen Anfängen um 2100 vC entwickelte sich der Tempel des Amun-Re, des Königs der Götter, schon bald zu seiner überragenden Bedeutung, und mit ihm Theben zum religiösen und geistigen Mittelpunkt des Landes. Über mehr als zwei Jahrtausende haben fast alle ägyptischen Könige in Karnak gebaut, angebaut, umgebaut, ließen Reliefs anbringen und Statuen aufstellen (oder abreißen). Im Dritten Pylon fanden sich z.B. Architekturfragmente von zehn früheren Epochen.

Von einem ursprünglichen Tempel im Mittleren Reich wuchs die Anlage immer weiter, teils nach Osten, hauptsächlich jedoch in westlicher Richtung. Daher stehen die jüngsten Gebäudeteile an der dem Nil nächsten Stelle, am heutigen Eingang. Dies zu wissen ist ein wichtiger Schlüssel für das Verständnis des verwirrenden Komplexes.

Tuthmosis I, zweiter Pharao der 18. Dynastie, leitete im großen Stil die Baugeschichte des Amun-Tempels ein, indem er das vorhandene Heiligtum um zwei Pylone und eine Kolonnade in westlicher Richtung erweiterte. Seine Tochter Hatschepsut setzte ihre beiden großartigen Obelisken davor. Ihr Mitregent und Nachfolger Tuthmosis III baute die Festhalle östlich des Sanktuars. Amenophis III, der sich als Erbauer des Luxor-Tempels ein Denkmal setzte, ließ den Dritten Pylon, Haremhab den Zweiten Pylon bauen. Im Raum zwischen diesen beiden Pylonen begann Sethos I mit der Errichtung der Säulenhalle, die schließlich von Ramses II vollendet wurde. Damit hatte der Amun-Tempel seine endgültige Form (fast) gefunden. Vor diesen Komplex stellten Sethos II und Ramses III je einen kleineren Tempel; die Bubastiden der 22. Dynastie fügten eine große Kolonnade hinzu, in der 25. Dynastie ließ der Kushite Taharqa einige große Säulen errichten, und schließlich begannen die Ptolemäer mit dem Bau des Ersten Pylons, der aber nie vollendet wurde.

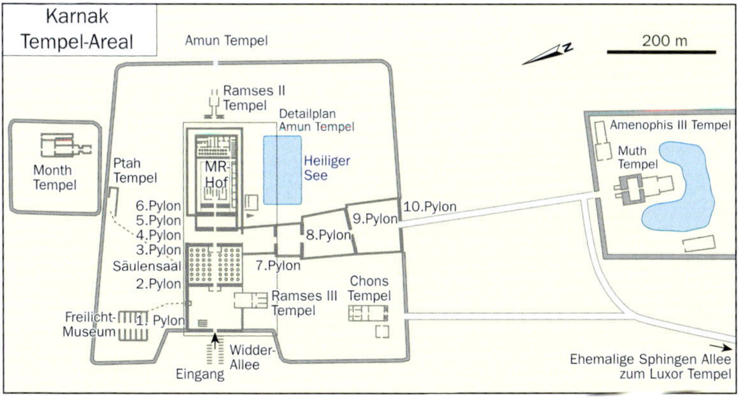

Die Gesamtanlage ist von einem (teils modern rekonstruierten) Lehmziegelwall umgeben, der ein Quadrat von etwa 500 m Seitenlänge mit dem Amun-Tempel und weiteren Nebentempeln umschließt: am Nordtor der Tempel des memphitischen Schöpfergottes Ptah, am Osttor der Obeliskentempel von Ramses II, im Südosten der Heilige See, im Südwesten der Tempel des Gottes Chons, Sohn von Amun und Muth.

Der **Amun-Tempel** (6-18.30, Winter 17.30; £E 50) entwickelt sich hauptsächlich an einer West-Ost-Achse, die beim modernen Zugang an einer Kultplattform beginnt; gleich südlich davon lag die antike Bootsanlegestelle. Von hier führt eine Widder-Sphingen-Allee zum **Ersten Pylon** [1]. Er ist unfertig, wie die ungeglätteten Wände und die Reste des seit Jahrtausenden verlassenen „Baugerüsts" aus Lehmziegeln auf der Süd-Innenseite zeigen, über dessen schiefe Ebene das Baumaterial hinaufgeschafft wurde (direkt davor ein informativer Übersichtsplan).

Durch das Pylontor betritt man den großen *Ersten Hof*. Hier stehen zwei kleinere Tempel, die ursprünglich außerhalb des Amun-Tempelareals erbaut worden waren, aber bei der weit späteren Anlage dieses Hofes integriert wurden: links ein kleines dreiteiliges Heiligtum von Sethos II für Amun, Muth und Chons, auf der rechten Hofseite ein **Tempel von Ramses III** [2] mit zwei Kolossalstatuen seines Erbauers.

An der linken und rechten Seite des Ersten Hofes werden Ihnen Widderfiguren auffallen; sie stehen hier seit 2200 Jahren „auf Halde", weil die ursprünglich bis zum heutigen Zweiten Pylon reichende Widder-Sphingen-Allee der späteren Erweiterung weichen musste. In der Hofmitte stand eine von dem Kushiten-König Taharqa (25. Dynastie um 700 vC) vor den damaligen Eingangspylon gebaute Kolonnade. Heute zieht die einzig erhaltene **Taharqa-Säule** [3] (von Rilke im Gedicht erwähnt) die Blicke auf sich. Vor dem Zweiten Pylon ist rechts noch eine von ehemals zwei Kolossalstatuen von Ramses II erhalten, vor der, in kleinerem Maßstab, seine Tochter Intanat steht. Die linke Pharaonenstatue enthält so viele Königskartuschen, dass ihr Ursprung nicht mehr zuzuordnen ist. Der heute stark zerstörte Pylon wurde von Haremhab um 1300 vC am Ende der 18. Dynastie errichtet; er bildete für ungefähr ein Jahrtausend, bis zum Bau des heutigen Ersten Pylons, die Fassade der Tempelstadt.

Am Ende des Ersten Hofes weist links ein Schild zum **Open-Air-Museum** [4] (£E 25, Ticket vor der Anlage erhältlich), dessen Besuch sehr empfohlen wird. Dort sind verschiedene Bauwerke aus Baufragmenten rekonstruiert worden, die nach dem Abriss in der Antike als

Der Tempel von Ramses III

Der Ramses III Tempel ist ein typisches Beispiel für seine Gattung: Nach dem Eingangstor, das ursprünglich durch große, mit Bronze beschlagene Türflügel verschlossen war, folgt der Erste Hof, der auf beiden Seiten von Pfeilerfiguren des Königs begrenzt wird. Man geht über eine Rampe weiter zum Tor in den Säulensaal, dann in eine Vorhalle und schließlich in das Sanktuar (Allerheiligstes). Vom Eingang zum Sanktuar, vom Weltlichen zum Heiligen, steigt das Niveau des Fußbodens an; gleichzeitig werden vom Säulensaal bis zum Sanktuar die Raumhöhen immer niedriger, so dass sich gewissermaßen die Himmelslinie allmählich auf das Allerheiligste heruntersenkt, während die Bodenlinie - die Erdlinie - allmählich zum Sanktuar ansteigt. Auf diese Weise findet eine Berührung von Profanem und Sakralem, von Mensch und Gott, im Allerheiligsten statt, die in der Architektur symbolisch ausgedrückt wird.

Füll- und Baumaterial z.B. in Pylonen eingesetzt wurden. So entsteht zur Zeit ein kompletter Tempel aus derartigem Material; französische Archäologen machten sich verdient, indem sie die vor 3000 Jahren zerstörten Tempelteile in einem großen Puzzle wieder zusammenfügten bzw. dies noch tun.

Ein erster Blickfang des Freilichtmuseums kürzlich fertig gestellte Kapelle von Amenophis II, die ursprünglich vor dem vierten Pylon stand, dann abgerissen und im Muth-Tempel verbaut wurde. Dort wurden die Steinblöcke freigelegt und hier - mit Obeliskenstümpfen an jeder Seite – wieder zusammengesetzt. Nicht weit entfernt beeindruckt die aus rötlichen Quarzit-Relief-Blöcken bestehende **Rote Kapelle der Hatschepsut**, die ursprünglich an der Stelle des heutigen Barkenraums stand. Zwar fehlten eine ganze Reihe Blöcke, aber aus den vorhandenen ließ sich das anmutige Gebäude wieder rekonstruieren. Auf dem Boden im Innern sind eine Opferwanne und zwei Opferplatten (die hintere mit Ablauf) eingelassen.

Am hinteren Ende des Geländes hat ein überraschend großer Tempel von Thutmosis IV schon deutlich an Gestalt gewonnen. Ausdrucksvolle, sich wiederholende Reliefs des Erbauers bei Kulthandlungen sind sehenswert.

Auch die stilvolle **Weiße Kapelle des Sesostris I** (um 1950 vC, einer der Ursprünge von Karnak), wurde wieder zusammengesetzt. Am ursprünglichen Platz hatte sie Erweiterungen im Weg gestanden, war abgetragen und als Füllmaterial des Zweiten Pylons verwendet worden. Die Reliefs auf den Pfeilern, die ältesten bekannten in Karnak, zeigen Sesostris I, der vor Amun-Re opfert, der hier meist als männlicher Fruchtbarkeitsgott mit erigiertem Phallus dargestellt ist. Auf der südlichen und nördlichen Längsseite des Sockels sind die Gaue Ober- und Unterägyptens in geografischer Reihenfolge aufgelistet. Aus Detailangaben lässt sich die Länge des Niltals errechnen - das Ergebnis stimmt mit den heute gemessenen Werten weitestgehend überein. Rechts neben der Sesostris-Kapelle wurden Kapellen von Thutmosis IV und von Amenhotep I aus riesigen Blöcken von Kalzit-Alabaster rekonstruiert. In der Südwestecke steht eine Reliefwand von Amenophis IV/Echnaton aus dem Beginn seiner Regierung, als er noch in Theben residierte; sie zeigt ihn (noch) im traditionellen Stil beim Erschlagen der Feinde.

Hier im weniger besuchten Freilichtmuseum können Sie sich auf dem Platz unter schattigen Bäumen ausruhen. Am Weg dorthin liegen links **Toiletten** (weitere im Café am Heiligen See). Auf dem Rückweg sollten Sie an der Außenwand des Ersten Hofes und des Säulensaals die detailreichen **Schlachtenreliefs von Sethos I** (um 1300 vC) anschauen (siehe übernächsten Absatz).

Wir gehen vom Ersten Hof weiter durch den Zweiten Pylon in den **Säulensaal** [5] mit 134 Papyrus-Säulen; ein in seinen Dimensionen überwältigender Raum, der - letztlich nicht erfassbar - nur beim Herumgehen sich als ein *Stein gewordener Heiliger Hain* etwas erschließt. Die mittleren Säulenreihen sind höher, ihr Kapitell zeigt jeweils naturgetreu eine geöffnete Papyrusdolde, denn sie erhielten von den (teils noch vorhandenen) Seitenfenstern Licht. Die anderen Säulenkapitelle, die im Halbdunkel der Decke stehen, sind - wie Pflanzen im Dunkel - mit geschlossenen Blüten dargestellt. Auf den Wänden und Säulen haben sich Sethos I und Ramses II mit Reliefs religiösen Inhalts verewigt.

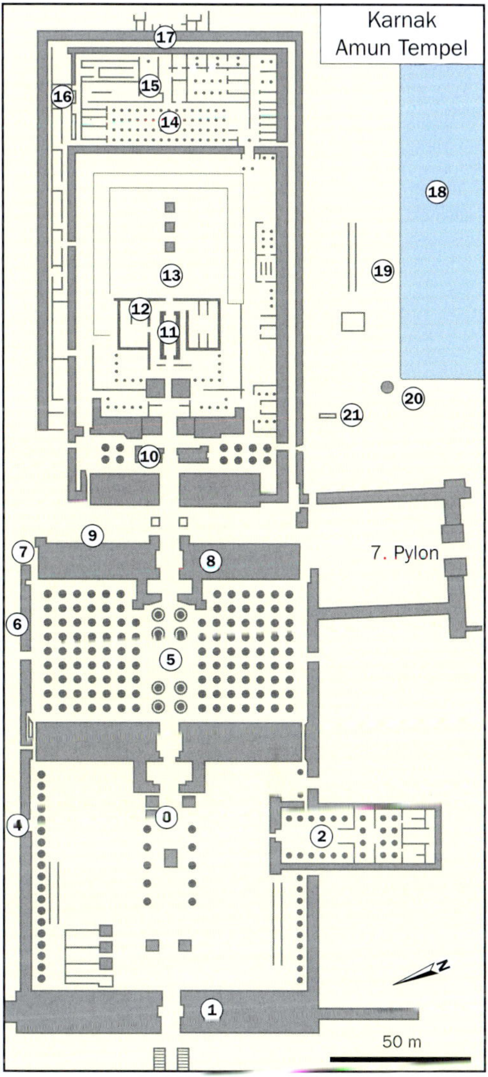

Interessant ist die nördliche (linke) Außenwand [6] des Säulensaales. Sie trägt in mehreren übereinander liegenden Bildstreifen (nur die beiden untersten sind erhalten) Szenen der Schlachten, die König Sethos I am Anfang der 19. Dynastie gegen seine Feinde in Palästina und Syrien führte. Sie sehen links am Anfang der Wand zunächst den Marsch des ägyptischen Heeres durch Südpalästina im untersten Bildfeld, darüber die Einnahme der syrischen Stadt Jenoam. Deutlich erkennbar ist ein Kanal, in dem zahlreiche Krokodile schwimmen, eine Anspielung auf den Krokodilsee beim heutigen Ismailiya. Es folgt nach rechts eine Schlacht mit Schasu-Beduinen in Palästina. Auf der rechten Wandhälfte vor der Mitteltüre ist der Empfang des siegreichen Königs in Ägypten dargestellt. Zu beiden Seiten dieser Tür werden die Gefangenen vor Amun erschlagen, ein Motiv, das den Eingang beschützt.

Gehen Sie noch weiter zur Rückwand [7] des Säulensaales; gleich an der Ecke ist auf einem kurzen Wandstück eine weitere interessan te Szene zu sehen: Sethos I stürmt in seinem Streitwagen auf die syrische Festung Pekanan zu. Die Belagerten stürzen von den Zinnen der Mauer und liegen von Pfeilen durchbohrt am Boden. Im Bildstreifen darüber ist Sethos I von seinem Streitwagen abgestiegen, Gesandte der belagerten und schließlich unterworfenen Stadt treten in kleinen Figuren vor ihn und ergeben sich. Dahinter ist ein Wald abgebildet, dessen Bäume gerade gefällt werden.

In der Nähe führt ein Pfad an die nördliche Umwallung zum kleinen, aber eindrucksvollen **Ptah- Tempel** . Im Sanktuar sind eine (kopflose) Ptah-Statue und nebenan die der Ptah-Gemahlin Sechmet aufgestellt. Bei geschlossener Tür fällt nur ein Lichtstrahl durch eine Öffnung oberhalb der Götterfigur - ein Beleuchtungstrick, der die Statue geheimnisvoll ins Halbdunkel taucht. Hält man eine helle Fläche, z.B. den Umschlag dieses Buches, geschickt in den einfallenden Lichtstrahl, so lässt sich die Statue zusätzlich ausleuchten. Aber: Das Arrangement des Raumes entspricht nicht den antiken Verhältnissen, da die Edelmetall-Kultstatuen in Schreinen aufbewahrt wurden.

Präzisionsarbeit in Stein

Gehen Sie nun zurück in den Säulensaal und in der Mittelachse weiter durch den **Dritten Pylon** [8], der von Amenophis III um 1380 vC erbaut wurde. Er bildete damals das Eingangsportal zum Tempel und verdeckte den Vierten Pylon, der 150 Jahre zuvor von Tuthmosis I. errichtet worden war. Hier fällt Ihnen sicher der 20 m hohe **Tuthmosis I Obelisk** auf, der von einem quadratischen Sockel aufragt. Sein Pendant ist zerstört, Teile liegen noch auf dem Boden.

Die Ostwand [9] des Dritten Pylons wird nahezu vollständig von einem Reliefbild der Götterbarke des Amun eingenommen. In der Mitte sind der untere Teil des Götterschreins, rechts und links davon die Figuren des Königs Amenophis III erkennbar, die rechte führt das Steuerruder. Die Barke schwimmt auf einem niedrigen, durch Zickzacklinien angedeuteten Wasserstreifen. Sie wird von einer kleineren königlichen Barke gezogen, die dicht mit Ruderern besetzt ist.

Nun geht es weiter in das ziemlich unübersichtliche Gebiet des Vierten bis Sechsten Pylons. Gleich nach dem **Vierten Pylon** ragt der **Hatschepsut Obelisk** [10] auf (der obere Teil des südlichen Pendants liegt beim Heiligen See). Er ist der höchste und schönste in Karnak, 23 m hoch, 320 t schwer und aus bestem Rosengranit in Assuan gefertigt. Über seine Herstellung berichtet Hatschepsut nicht ohne Stolz in einer langen Inschrift auf dem unteren Teil des Obelisken.

Weitergehend auf der Mittelachse endet der gerade Weg zunächst im **Granit-Sanktuar** [11], in dem die Prozessionsbarke des Amun-Re aufbewahrt wurde. Es wurde um 320 vC unter Philippus Arrhidäus, dem Nachfolger Alexanders des Großen, als Erneuerung eines Sanktuars von Tuthmosis III errichtet.

Kurz vor dem Sanktuar stehen links zwei überlebensgroße Statuen, in denen uns der göttliche Herr des Reichstempels von Karnak und seine göttliche Gemahlin entgegentreten: Amun auf der linken Seite, rechts neben ihm Amaunet. Beide Statuen (aus der Zeit von Tutanchamun) sind erst in moderner Zeit an dieser Stelle aufgestellt worden.

Die beiden monolithischen Granitpfeiler auf dem Vorplatz symbolisieren die beiden altägyptischen Landeshälften: der südliche Oberägypten mit der Lotusblüte als Wappenpflanze, sein Gegenstück trägt die Papyrusdolde als Wappenpflanze Unterägyptens.

An der Südwand des Sanktuars erblicken Sie eine ganze Reihe farblich gut erhaltener Reliefs,

Obelisken-Historie

Die Pharaonin Hatschepsut ließ zwei Obelisken für den Tempel von Karnak anfertigen und berichtet dazu: *„Sie machte es als ihr Denkmal für ihren Vater Amun in Karnak, dass sie ihm zwei große Obelisken aus dauerhaften Granit aus dem Süden errichtete, deren Oberteil mit bestem Weißgold aller Wüstenländer versehen ist und die man von beiden Seiten des Stromes aus sehen kann. Ihr Licht überflutet Ägypten, wenn die Sonne bei ihrem Aufgehen am Horizont des Himmels zwischen ihnen erscheint. Ich saß in meinem Palast und gedachte des Schöpfers. Mein Herz leitete mich, ihm zwei vergoldete Obelisken zu errichten, deren Spitzen sich mit dem Himmel vermischen sollten in der erhabenen Pfeilerhalle zwischen den beiden großen Pylonen des Königs Tuthmosis. Jeder von ihnen besteht aus einem einzigen Block von dauerhaftem Granit, nicht zusammengesetzt und ohne Flicken. Meine Majestät führte die Arbeit daran aus vom 1. Tag des 2. Wintermonats des Jahres 15 bis zum 30. Tag des 4. Sommermonats des Jahres 16. Das macht 7 Monate der Ausführung im Steinbruch. Ich handelte für ihn in richtigem Sinn, wie es ein König für jeden Gott tut. Es war mein Wunsch, sie ihm zu machen, mit Weißgold überzogen. Ich gab dafür Weißgold erster Qualität, das ich sackweise wie Getreide nachwog."*

die den Auszug der Barke des Amun aus seinem Sanktuar zeigen. In den höheren Wandpartien ist teilweise ein rot aufgemaltes Quadratnetz zu erkennen, das dem Bildhauer die Zeichnung erleichtern sollte. An der Nordseite können Sie auf der dem Sanktuar gegenüberliegenden Wand, rechts von einer Tür, den in Jahre gegliederten, detaillierten Hieroglyphen-Bericht des Königs Tuthmosis III aus der Zeit um 1450 vC über seine Regierungszeit nachlesen („Annalen").

Die Tür in dieser Wand führt in einen kleinen Hof. Im Raum [12] gleich rechts fallen farblich

Thutmosis I ließ diesen Obelisken errichten

gut erhaltene Reliefs auf, insbesondere auf seiner linken Längswand. Hier ließ Tuthmosis III Figuren der Königin Hatschepsut durch feine Meißelschläge aushacken. Hatschepsut hatte für ihren Stiefsohn Tuthmosis III über mehrere Jahre die Regierung geführt und sich dann als männlicher Pharao darstellen lassen.Dadurch verstieß sie gegen die Dualität des Männlich-Weiblichen, gegen die aus zwei gleichrangigen Partnern aufgebaute ägyptische Sozial- und Politikordnung. Daher wurde ihr Andenken im ganzen Land getilgt, aber so, dass man den Namen der Königin noch lesen kann: Jeder sollte wissen, wessen Name gelöscht wurde.

Das Umwandern des Skarabäus bringt Glück

Hinter dem Granit-Sanktuar folgt der weite leere **Hof des Mittleren Reiches** [13] mit wenigen Spuren des ältesten Tempelteils (um 2000 vC), welcher in der wechselvollen Baugeschichte immer als ein besonders wichtiger Bereich im Urzustand frei gehalten wurde. Neben einigen Türschwellen aus Granit sieht man einen großen Block aus Kalzit-Alabaster, zu dem Treppenstufen empor führen. Auf der Oberseite sind Vertiefungen erkennbar, in denen einst ein hölzerner, mit Gold verkleideter Schrein aufgebaut war, in dem das Götterbild des Amun-Re (während des Mittleren Reiches) ruhte.

An den Hof schließt sich die quer liegende, fünfschiffige **Festhalle des Tuthmosis III** [14] an (um 1450 vC errichtet). Die Decke trägt noch Reste der Bemalung, d.h. den blauen Himmel mit goldenen Sternen; einige Pfeiler wurden mit christlichen Motiven übermalt.

Der Bereich hinter der Festhalle barg in verschachtelten Räumen das Allerheiligste des Amun-Tempels, das nur dem König als Hohepriester zugänglich war. Dort ist zunächst der so genannte **Botanische Garten** [15] eine genauere Betrachtung wert: Nach der Holztreppe liegt links ein kleiner, nur in Mauerfragmenten erhaltener Raum mit vier Papyrusbündelsäulen, an dessen Wänden in fein gearbeiteten Reliefs Tiere und Pflanzen Ägyptens und seiner Nachbarländer wie in einem Lehrbuch dargestellt sind; es handelt sich um Pflanzen und Tiere, die Tuthmosis III von seinen Feldzügen mitbrachte und die als eine Sammlung aus der damals bekannten Welt gelten können.

Diese Naturdarstellungen sind ein Bildhymnus an den Sonnengott Amun-Re, der die ganze Welt mit seinen Strahlen belebt - eine Vorwegnahme der Naturschilderungen in den Reliefs der Amarnazeit.

Wenn Sie in diesem Raum - zwischen den beiden mittleren Säulen stehend - nach Norden schauen, sehen Sie einen großen Granitsockel, der ähnliche Vertiefungen aufweist wie der Kalzitsockel im Hof des Mittleren Reiches: An dieser verborgenen Stelle war im Neuen Reich das Götterbild von Amun aufgestellt. Nördlich davon liegt im Obergeschoss das **Sonnenheiligtum** [16], das über seine noch originale Steintreppe zugänglich ist.

Jetzt sollten Sie in der Mittelachse weiter auf einer Holzbrücke [17] über die innere Tempelmauer gehen. Im Hintergrund sehen Sie das hohe östliche Zugangstor in den Tempelbezirk. Es wurde in der 30. Dynastie um 380 vC errichtet. Wenn Sie in dessen Richtung weitergehen, stoßen Sie auf ein etwa quadratisches Steinpflaster, auf dem einst der größte ägyptische Obelisk stand. Es war der so genannte „Lateran-Obelisk", der seit dem 18. Jh in Rom vor der Kirche San Giovanni in Laterano steht, aber bereits im Altertum nach Italien gelangte. Er wurde von Tuthmosis III in Auftrag gegeben und von Ramses II mit einem Tempel umgeben, dessen Mauern und Säulen noch unmittelbar hinter der Obeliskenplattform zu erkennen sind. Wenn Sie

Übermenschliche Dimensionen - im wörtlichen Sinn - im Säulensaal von Karnak

von hier aus Richtung Haupttempel schauen, erkennen Sie an dessen Außenmauer Säulen und die aus einem mächtigen Kalzitblock gehauene Kapelle mit den Statuen des Amun und des Königs. Sie gehören zum Außentempel, der für das profane Volk als tempelnahe Kultstätte geschaffen worden war. Hier wurde in direktem Kontakt zum Allerheiligsten „Amun, der die Bitten erhört" als populäre Gottheit verehrt.

Von hier aus führt Sie der Weg um den Amun-Tempel zum **Heiligen See** [18], der als Wasserreservoir diente, aber ebenso kultische Bedeutung hatte. Die modernen Tribünen wurden für die Sound and Light Show angelegt; dort gibt es Toiletten. In der Cafeteria („Coca-Cola-Tempel") [19] gibt es Stühle und Getränke. Von hier aus fällt der Blick auf die zweite Tempelachse, die - von Nord nach Süd - vom Säulensaal über den Siebten bis zum Zehnten Pylon (derzeit gesperrtes Areal) zum **Muth-Tempel** verläuft. Er liegt außerhalb der Umwallung und ist - mit seinen eher spärlichen Ruinen - nicht zugänglich.

Der **Neunte Pylon** wurde in den letzten Jahrzehnten demontiert, da sein Kernmaterial aus Zehntausenden von Reliefblöcken von Amenophis IV (Echnaton) bestand, die hier nach Ende der Amarna-Zeit als Baumaterial wieder verwendet wurden. Heute sind sie katalogisiert und in langen Reihen gelagert. Im Luxor-Museum ist eine Tempelwand aus diesen Fragmenten zusammengesetzt. Auf der Südseite des **Achten Pylons** stehen zwei imposante Statuen; am besten ist die von Amenophis I (westlich) erhalten.

Der westlich der Nord-Süd-Achse stehende **Chons-Tempel** ist eine klar überschaubare klassische Tempelanlage mit Sphingenallee, Pylon, Hof, Säulensaal und Sanktuar. Von seinem Dach bietet sich ein schöner Blick zurück zum Amun-Tempel. In der Umwallung südlich dieses Tempels befindet sich das ehemalige Südwesttor, von dem aus die Sphingenallee zum Luxortempel führte.

Vom Rastplatz am Cola-Tempel gehen Sie weiter am Heiligen See entlang. An seiner Nordwestecke steht der **Riesenskarabäus** von Amenophis III [20], dem Sonnengott Atum von Heliopolis geweiht. Gleich rechts liegt der erst in moderner Zeit dort abgelegte oberste Teil des zweiten **Obelisken der Hatschepsut** [21]. An der Reliefoberfläche der Obeliskenspitze - Amun mit der Doppelfederkrone krönt die vor ihm am Boden kniende Königin Hatschepsut - lassen sich ganz deutlich Unterschiede der Glättung und Färbung der Steinoberfläche erkennen: Die Gestalt des Amun war ausgehackt und später neu eingesetzt worden. In der Zeit von Echnaton - während der monotheistischen Sonnenreligion - wurden alle Darstellungen des Götterkönigs Amun getilgt. Erstaunlich und kaum fassbar ist, dass die Tilgung des Amun bis hinauf auf die Obeliskenspitze getrieben wurde: Um 1350 vC kletterten die Verfolger auf wackeligen Holzgerüsten nach oben, um sein Bild auszumeißeln. Etwa 50 Jahre später, nach Ende der monotheistischen Periode, stieg man zur Zeit von Sethos I erneut hinauf und setzte das Bild des Amun wieder an seine alte Stelle.

Als Abschluss des Besuchs fasst die ***Light and Sound Show** (Eintrittskarten zu £E

Ein riesiges Puzzle: Archäologisches Lager in Karnak

75/60) noch einmal die Eindrücke in buchstäblich anderem Licht zusammen, ein Besuch ist durchaus eindrucks- und stimmungsvoll. Man wandert etwa 45 Minuten durch die Tempelanlage und sitzt dann ähnlich lange auf den Tribünen (Tipp: Halten Sie sich beim dritten Stopp möglichst weit links hinten, dann kommt man schneller zur Tribüne und kann noch einen Sitzplatz ergattern); nehmen Sie etwas Trinkbares und im Winter eine **warme Jacke** mit. Im Grunde handelt es sich um eine Art illuminiertes Hörspiel, das manchmal etwas schwülstig, manchmal eindrucksvoll die Geschichte von Karnak zusammenfasst. Vielleicht macht es auch ein bisschen nachdenklich oder weckt Interesse, tiefer in die Philosophie einzusteigen, deren Brennpunkt Karnak zwei Jahrtausende lang war.

****Luxor-Tempel

Hintergrund: *Amenophis III (1390-1353 vC), Pharao der 18. Dynastie, nutzte die (noch) prosperierende wirtschaftliche Lage der Großmacht Ägypten, um sein Land mit Bauwerken zu verschönern - und, nicht zuletzt, sich selbst Denkmäler zu setzen (die Memnon Kolosse in Theben-West erinnern an seinen Totentempel). Nicht genug damit, dass er wesentlich am Muth-Tempel in Karnak mitwirkte und den Dritten Pylon baute, sondern er gründete 2,5 km südlich von Karnak ein neues, heute als Luxor-Tempel bekanntes Sakralgebäude anstelle eines kleinen und älteren aus der frühen 18. Dynastie. Der Tempel hieß altägyptisch „Südlicher Harem" , er war der Ort der heiligen Hochzeit des Amun-Re. Amenophis III ließ dieses alte Gebäude durch ein neues ersetzen und einen Hof mit einer Kolonnade aus wohlproportionierten Papyrusbündelsäulen versehen.*

Sein Sohn und Nachfolger Amenophis IV (Echnaton) - der mit dem Sonnengott Aton den Monotheismus vorübergehend einführte - ließ alle Hinweise auf Amun tilgen, die unter dem Nachfolger Tutanchamun erneut angebracht wurden. Später baute Ramses II den Ersten Hof und den Eingangspylon. Alexander der Große ließ das Sanktuar renovieren. Nektabenes I (30. Dynastie) legte schließlich als Verbindung mit Karnak die über 2,5 km lange ***Sphingen-Allee*** *an, von der ein kurzes, aber sehenswertes Stück vom Tempeleingang aus freigelegt ist. Hier stehen auf jeder Seite 35 der insgesamt 365 Sphingen. Die Römer benutzten den Tempel als Militärcamp, die Christen als Kirche. Vom Militärcamp blieben vor dem Tempel deutliche Spuren erhalten, nördlich vom Ersten Pylon eine römische Kapelle, Reste des Schutzwalls etc. Die Tempelaußenwand ist - wie üblich - mit Szenen aus der Kadesh-Schlacht dekoriert.*

Das Tickethäuschen (6-22, Winter -21; £E 40) steht am nördlichen Ende des Tempels, an der Corniche am Tempeleingang. Hinaus kommt man nur noch gegenüber dem Eingang - links neben den Toilettenanlagen Richtung Bahnhof - zum Busparkplatz.

Der im Herzen der Stadt gelegene Tempel, in dessen Fleisch eine Moschee wie ein Stachel hineinragt, scheint ein Teil des täglichen Lebens von Luxor zu sein. Die beste Besuchszeit ist der frühe Morgen; aber auch der Abend hat seinen Reiz, wenn die Beleuchtung Details noch besser zum Vorschein bringt.

Den massiven **Pylon**, sozusagen das Eingangstor, ließ sein Erbauer Ramses II wie üblich auf der Frontseite mit großflächigen Reliefbildern der Kadesh-Schlacht schmücken (ganz früh am Morgen oder bei abendlichem Kunstlicht gut sichtbar): Auf der westlichen Seite ist deutlich das Camp mit den Soldaten und Ramses II auf seinem Streitwagen zu erkennen, während auf dem östlichen Teil das Schlachtengetümmel um die Festung von Kadesh dargestellt ist. Vor dem Pylon stehen kolossale Sitz- und Standfiguren von Ramses II sowie ein Obelisk [1], dessen Bruder heute auf der Place de la Concorde in Paris (Geschenk Mohammed Alis an Frankreich) der ihm nicht gerade angemessenen Witterung ausgesetzt ist.

Hinter dem Pylon folgt der **Erste Hof** (von Ramses II), dessen Nordostecke von der Moschee des Ortsheiligen Abu el Hagag [2] belegt ist (die im Sommer 1968 zur Überraschung der abwesenden Archäologen noch ein Stück weiter in den Tempel hineingebaut worden war). Der Hof wird von Papyrussäulen eingerahmt, rechts steht eine **Kapelle der Hatschepsut** [3] mit vier gut proportionierten Säulen. Rings um den Hof ragen Kolossalstatuen von Amenophis III und Ramses II auf; vor dem Durchgang zur Kolonnade stehen je zwei Statuen von Ramses II aus rotem und schwarzem Granit; an der Seite der linken Statue taucht seine Frau Nefertari als kleine, kniehohe Figur auf.

An der rechten Rückwand des Hofes, rechts von der kolossalen Sitzfigur Ramses II, sollten Sie das **Reliefbild der antiken Tempelfassade** [4] anschauen (etwa Mitte der Wand, rechts von einem Mauervorsprung). Sie erkennen die ursprüngliche Bestückung der Tempelfassade mit zwei Obelisken, vier Flaggenmasten, zwei sitzenden und vier stehenden Kolossalstatuen. Vor dieser Tempelfassade marschiert ein Zug von 20 Töchtern von Ramses II, An der westlichen Außenwand ließ der Herrscher 20 weitere Töchter und 25 Söhne darstellen. Außerdem sieht man hier fette Opferrinder, die unterworfene Länder symbolisieren. Bei einem wächst aus dem Gehörn ein Schwarzafrikaner (seine Arme sind die Hörner); das Schlachten des Opfertieres ist gleichzeitig die Vernichtung der Feinde Ägyptens.

Der anschließende, sehr eindrucksvolle **Portikus** aus 14 Papyrussäulen wurde noch von Amenophis III erbaut (der Nachmittag ist hier die beste Besuchszeit). Die Säulen sind zwar mit 16 m Höhe niedriger als die Hauptsäulen von Karnak, aber schlanker und daher eleganter in ihren Proportionen. Die Wände mit ihren aussagekräftigen Reliefs entstanden unter Tutanchamun; sie erzählen in sehr lebhaften, leider arg beschädigten Bildern vom 24-tägigen Opet-Fest, bei dem Amun, Muth und Chons in prachtvoller Prozession von Karnak nach Luxor ziehen. Die Westwand zeigt Priester, welche die Barken mit den Götterstatuen zunächst zum Nil tragen und dort auf Boote verladen, dann unter dem Beifall der Gläubigen mit Musik und Tanz nilaufwärts ziehen und schließlich in den Luxor-Tempel bringen. Der Rückweg in den Karnak-Tempel ist auf der Ostwand aufgezeichnet. Beim heutigen muslimischen *Mulid* im Monat Shaban werden drei kleine Segelboote aus der Abu el Hagag-Moschee heraus und durch die Stadt getragen. Die von zahllosen tanzenden und klatschenden Gläubigen gesäumten Straßen sind blumengeschmückt; wer kann das antike Vorbild leugnen?

Der Weiterweg führt durch den Portikus [5] zum **Säulenhof** von Amenophis III [6], der eine der stilvollsten pharaonischen Architekturschöpfungen ist. Die ausgewogenen Papyrusbündelsäulen umgeben den Hof auf drei Seiten in einer Doppelreihe, die ursprünglich von einer Decke überspannt war. Es lohnt sich sehr, hier eine Pause einzulegen und die Meisterwerke in aller Ruhe auf sich einwirken zu lassen.

1989 wurde zufällig bei Renovierungsarbeiten in diesem Säulenhof ein **Statuenversteck** („Cachette") mit insgesamt 26 Statuen aus der Zeit der 18.-25. Dynastie (ca. 1450-700 vC) etwa 3 m tief im Boden gefunden. Alle sind hervorragend erhalten und meisterhaft gearbeitet; schauen Sie sich die schönsten im Luxor-Museum an. Fachleute glauben, dass dies nur ein Teil möglicher weiterer Entdeckungen im Säulenhof ist. Zumindest stellt sich heraus, dass die Erde von Theben noch für manche Überraschungen gut sein wird.

An den Säulenhof schließt sich der **Säulensaal** [7] mit 32 Papyrusbündelsäulen an, der ursprünglich komplett überdeckt war und ebenfalls eine beeindruckende Leistung der antiken Baumeister darstellt. Allerdings fand hier eine nicht so strikte Trennung statt wie sonst: Säulenhof und Säulensaal gehen ohne Trennwand ineinander über. Reliefs an der Ostwand zeigen Amenophis III beim Opfern vor den Göttern von Theben. Die folgende erste Vorhalle mit ehemals acht Säulen wurde von den Römern zu einem römischen und später zu einem christlichen Heiligtum umgebaut. An der Südwand (z.B. oben links) sieht man noch deutlich die Stuckschicht mit Bildern des römischen Kai-

Säulen im Säulenhof von Amenophis III - sie zählen zu den ausgewogensten Altägytens

serkultes; dort, wo sie entfernt wurde, kommen die pharaonischen Reliefs wieder zum Vorschein. Der Durchgang in der Mitte der Eingangswand zum Sanktuar wurde in römischer Zeit teils vermauert und in eine Apsis mit zwei korinthischen Säulen umgebaut.

Von hier führt der Weg durch einen Raum mit vier Säulen, den **Opfertischsaal**, zum **Barkenraum** [9]. Alexander der Große ließ in den Mittelteil des Raumes anstelle einer älteren Kapelle eine neue, nach Norden und Süden geöffnete Kapelle bauen; die Reliefs an ihren Wänden zeigen ihn als (römischen) Pharao. Interessant ist ein Vergleich der Außenwände der Kapelle mit den gegenüberliegenden Innenwänden des Barkenraums. Die Reliefs der Kapelle ähneln denen der Originalwände von Amenophis III sehr, wirken aber - obwohl ein Jahrtausend später entstanden - gedrungener und etwas plumper.

Östlich vom Opfertischsaal liegt das **Mammisi** [10], das Geburtshaus , in das man links vor dem Barkenraum durch die östliche Tür, dann gleich wieder links durch eine weitere Tür gelangt. Die (leider schlecht erhaltenen, am besten bei Nachtbeleuchtung erkennbaren) Reliefs auf der Westwand stellen den Mythos der göttlichen Zeugung und Geburt von Amenophis III dar. Mit am besten ist gleich nach dem Eingang die Töpferscheibe des Gottes Chnum zu erkennen, der das göttliche Kind modelliert. Auf dem Wandabschnitt etwa zwischen der ersten und

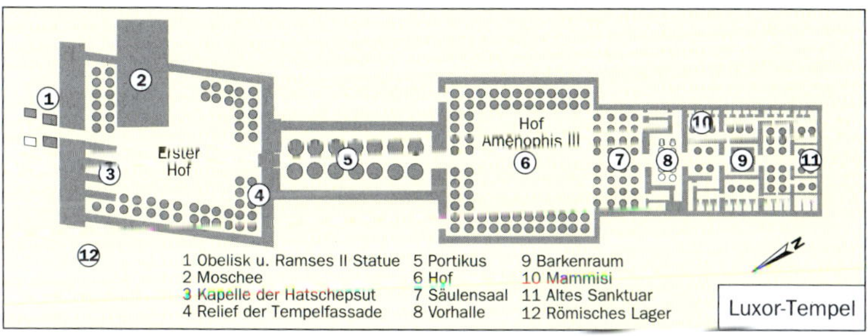

zweiten Säule wird verschlüsselt die Zeugung dargestellt, bei der sich Amun und die Königsmutter auf einem Bett gegenübersitzen und sich mit ihren Händen berühren; die sich überkreuzenden Füße unterhalb des Bettes werden von Göttinnen gehalten. Vor dem Eingang zum Mammisi kann man mit etwas Phantasie eine (ebenfalls schlecht erhaltene) verschlüsselte erotische Darstellung betrachten: Der König rudert auf einem Nachen durch das Papyrusdickicht, ganz rechts steht Amun-Re mit erigiertem Phallus.

An den Barkenraum schließt sich nach Süden eine kleine Querhalle mit recht schönen Reliefs an, hinter der das ursprüngliche **Sanktuar** [11] lag; die Räume sind jedoch schlecht erhalten. Dort kann man an den beiden letzten Säulen und der Außenwand noch Reste von dem Podest erkennen, auf dem der Schrein für die Götterstatue stand.

Wenn Sie sich nach dem Besuch des Tempels ein wenig ausruhen wollen, bietet sich der kleine Stadtpark am südöstlichen Ende des Tempels an. Allerdings sollte man ihn an Feiertagen tunlichst meiden, weil er dann das Ziel von Familienausflügen mit viel Wirbel und Lärm ist.

Ein Abendspaziergang in der ersten Dunkelheit an der Corniche am Tempel entlang lohnt sich sehr, denn die geschickte Ausleuchtung gibt ihm ein ganz neues Flair.

Museen in Luxor

Das erst 1976 eröffnete ****Museum von Luxor** (9-15, 17-22; Winter 9-15, 16-21; Ramadan 9-16, 20-22; £E 70) unterscheidet sich wohltuend vom Ägyptischen Museum in Kairo: relativ wenige, aber größtenteils sehr gute Stücke in mustergültigem Display mit englischsprachigen Erklärungen. Da verschiedene Namen in der deutschsprachigen Ägyptologie anders lauten, verwenden wir hier die uns geläufigen Bezeichnungen. Der Besuch lohnt sich ganz sicher, zumal die meisten Exponate aus der unmittelbaren Umgebung stammen und die Eindrücke von dort vertiefen. Gerade die Beschränkung auf wenige, aber durchwegs exzellente Stücke macht den Besuch zu einem absoluten Genuss. Als Museumsführer ist Abeer el-Shahawy, *Museum von Luxor* sehr zu empfehlen, der im Bookshop gegenüber dem Restaurant deutlich billiger als im Museumsshop ist.

Vor dem Museum steht ein Reliefblock aus Karnak mit Amenophis II als Bogenschütze im Wagen, das Ideal des „sportlichen" Königs verkörpernd.

„Tiefpaterre"

Ein besonderer Leckerbissen ist die Ausstellung der Funde aus dem Statuenversteck (siehe oben), von denen 16 Statuen im eigens gebauten „Tiefparterre", rechts nach dem Eingang (neben dem Souvenirshop), zu bewundern sind. Unter den außergewöhnlich qualitätsvollen Statuen gibt es auch einige neue, bislang unbekannte Typen.

Gleich links im Hauptraum sieht man Haremhab (Horemheb), kniend vor Gott Atum, (Haremhab wird von Amun gekrönt) und eine Sitzfigur der Göttin Junit. An der hinteren Querwand steht die überlebensgroße Statue von Amenophis III (Amenhotep III). Die außergewöhnlich schöne Darstellung zählt – für uns - zu den besten Stücken des Museums; beachten Sie auch die aufgerauten Flächen, die ursprünglich mit Blattgold belegt waren. Aus derselben Zeit stammt die perfekt erhaltene Sitzfigur der Göttin Hathor (rechte Längswand) sowie eine zweite Figur, die Haremhab (klein) vor dem in Heliopolis verehrten Gott Atum (groß) zeigt. Ziemlich einmalig ist die (kopflose) schlangengestaltige Statue des Gottes Amun Kamutef aus der 25. Dynastie (Taharqa). Im Nebenraum hinten links sind unter anderem eine Gruppenstatue des Götterpaares Amun und Muth, eine (kopflose) Kniefigur von Ramses II sowie ein Sphinx der Thutmosidenzeit ausgestellt.

Erdgeschoss

Wir gehen zurück in den Eingangsbereich des Museums und sehen dort in der Mitte eine glanzvolle Statue von Tutanchamun in Gestalt des Amun-Re, rechts den makellos geschaffenen Kopf einer Kolossalstatue von Amenophis III aus rötlichem Granit, der in seinem gewaltigen

Totentempel in Theben-West gefunden wurde. Aus dem Grabschatz des Tutanchamun stammt der vergoldete Kopf einer kuhgestaltigen Göttin, vermutlich der Hathor, der rechts in einer Nische sehr wirkungsvoll ausgeleuchtet wird.

In der Haupthalle steht an der linken Stirnwand ein Kolossalkopf des Königs Sesostris III. Seine altersgeprägten Züge sind charakteristisch für die Neuerungen in der Kunst des Mittleren Reiches, die das Individualporträt entwickelte (12. Dynastie, um 1850 vC). Um die Ecke, an der linken Längswand ist die (kopflose) Statue des Schreibers Mentuhotep bemerkenswert, die ihn ausnahmsweise nicht im üblichen jugendlichen Schönheitsideal zeigt, sondern mit einem erschlafften und dick gewordenen Körper. Historisch bemerkenswert ist die Säule von Antef II mit der bisher frühesten Erwähnung von Karnak. Mit der schwarzen Stand-Schreit-Figur von Amenhet III wird eine der klassischen Königsfiguren des Mittleren Reiches (um 1450 vC) gezeigt. Es folgt eine opfernde Sphinx aus Kalzit, aus deren Zügen sich auf die Pharaonin Hatschepsut schließen lässt.

Etwa in der Mitte der Längswand steht – eigens optisch abgeteilt – die schwarze Statue von Thutmosis III, von welcher der Begleittext sagt, sie sei die schönste Arbeit, die je geschaffen wurde – dem ist nichts hinzufügen. In der Nähe, aber mitten im Raum wurde sehr wirkungsvoll die berühmte, aus einem einzigen Alabasterblock geschaffene 2,56 m hohe Gruppenstatue platziert, die Amenophis III in der Umarmung des krokodilköpfigen Gottes Sobek in schöner Harmonie darstellt – der Gott ist, wie es sich gehört, größer als der König. An der Längswand weitergehend fällt ein Farbrelief mit Gott Amun-Minh auf, wobei der Gott schwarz gemalt ist. Am hinteren Ende der Wand sollte man die Statue von Amun mit Gemahlin Muth auf dem Thron von Sesostris I beachten.

Museumsanbau

Ein Durchbruch in der Rückwand führt in den Anbau des Museums, den man keinesfalls beim Rundgang auslassen sollte. Gleich diesem Zugang gegenüber steht eine sehr schön gearbeitete Statue von Thutmosis III. Hier sitzt der erfolgreichste Kriegsherr Altägyptens auf seinem Thron. Auf der Stele links neben Thutmosis berichtet Kamose, 17. Dynastie, von seinen Siegen über die Hyksos (die sein Nachfolger Ahmose endgültig vertrieb). Gegenüber, an der linken Wand, hängt eine interessante Karte über die Ausdehnung Ägyptens während des Neuen Reiches. In einer großen Glasvitrine in der Ecke ist eine Kutsche aus Tutanchamuns Grabschatz zu sehen, an der Wand gleich daneben ein Relief, auf dem Amenophis II das Bogenschießen übt, und zwar durch Kupfer, um seine Kraft zu zeigen. Das Thema wird mit unterschiedlichsten Pfeilen aus Tutanchamuns Grab fortgeführt.

Rechts im Mitteltrakt sind zwei Mumien in abgedunkelten Räumen ausgestellt. In dem ersten ruht Ahmose, der die Hyksos vertrieb und das Neue Reich gründete, im zweiten die Mumie eines unbekannten Pharao, der eventuell Ramses I sein könnte. Diese Mumie lag ein Jahrhundert lang in einem Provinzmuseum in Niagara Falls,

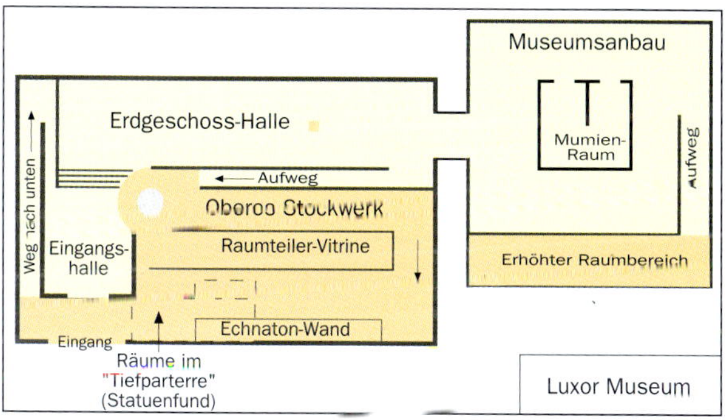

wurde dann nach Atlanta verkauft und schließlich als Geschenk nach Ägypten zurückgeführt. Weiter an der linken Wand sehen wir den jungen Amenophis II knieend vor Amun-Re, der ihn krönt. Ganz hinten steht eine Alabaster-Kolossalstatue von Sethos I, rechts um die Ecke finden wir (seltene) Stücke von Außenposten: Einmal die Statue des Nebre, Festungskommandeur an der westlichen Grenze beim heutigen Marsah Matruh, zum anderen Paser und Hennet vom Sinai. Bevor man die Rampe hinaufgeht fällt der Blick auf den in einer Nische stehenden Ramses VI, der einen gefangenen Libyer am Schopf und in der anderen Hand die Streitaxt hält. Ein abgerichteter Löwe an der Seite des Königs unterstreicht die Machtdemonstration.

Erhöhter Raumbereich im Anbau

Oben angekommen, fallen zwei Köpfe der Löwengöttin Sehmet mit Sonnenscheibe auf, rechts daneben steht die Göttin in voller Größe. Es folgt eine Schreiberstatue von Amenophis, dem Sohn des Hapu, der unter König Amenophis III als Architekt für den Bau des Luxor-Tempels sowie des Totentempels von Amenophis III verantwortlich war und als intellektueller Vordenker seiner Zeit galt. An der Wand gegenüber steht eine gut ausgeleuchtete, allerdings beschädigte Statue von Ramses III. In der Vitrine daneben befindet sich eine Zeremonialbarke aus bemaltem Holz aus dem Grab von Amenophis II, weiterhin ein Boot mit Ruderern und ein kleines Boot mit Segeln. Weiter an der linken Wand fällt ein sehr dynamisch wirkendes Relief einer Siegesparade auf, deren Anführer unbekannt ist. Es folgen zwei Adelige, deren Schmuck, vor allem die aus Gold bestehenden Halsketten, sie als vom König besonders gewürdigt kennzeichnet. Interessant ist die Vitrine mit Architektur-Plänen vom Grab des Ramses IX und im Zusammenhang damit Bauhandwerkszeug, Schreibinstrumente und schließlich Vitrinen mit Werkzeugen zur Metallbearbeitung und Glasbläserei. Geht man die Rampe hinunter, stößt man auf eine Vitrine mit Entwürfen für königliche Statuen.

Erhöhter Raumbereich im Altbau

Wir kehren in den Altbau zurück. Links vom Durchbruch führt ein Aufgang in den erhöhten Raumbereich. Im Halbrund am Ende des Aufgangs sind u.a. blaue Grundsteinbeigaben, Kleinfunde von der Freilegung der Sphingen-Allee sowie byzantinische Münzen zu sehen. Man geht an einem Vitrinen-Raumteiler mit Grabmobiliar, Königsköpfen, Keramikkrügen aus einem frühen Grab, Opfertablets und Leinenstoffen entlang bis zur hinteren Querwand. Hier fällt ein Reliefblock mit Hatschepsut, die sich – als große Ausnahme von ihrer gewohnt männlichen Abbildung - als Frau vor Amun opfernd darstellen lässt. Auf einem weiteren Reliefblock nehmen Thutmosis II und Hatschep Kulthandlungen vor.

An der anschließenden Längswand steht ein wieder aufgebautes Wandteil aus dem wichtigsten Komplex des Aton-Heiligtums von Amenophis IV-Echnaton in Karnak, das hier vor dem Umzug nach Amarna erbaut worden war. Nach dem Tod Echnatons abgerissen, wurden die Blöcke später im 10. Pylon von Karnak verbaut. Hier sind sie nun wieder zusammengefügt: links Echnaton beim Opfer vor Aton, rechts ein Blick in die Magazine und Wirtschaftsräume des Tempels mit zahlreichen Abbildungen des täglichen Bedarfs. Flankiert wird die Wand von Büsten der Kolossalfiguren des Echnaton aus diesem Tempel.

In den Vitrinen zwischen Raumteiler und Aton-Tempelwand sind erwähnenswert: ein sitzender Löwe aus der Frühzeit (um 2800 vC), eines der wenigen Reliefs aus der Zeit des Alten Reiches aus dem thebanischen Raum und einige Exponate aus dem Grabschatz des Tutanchamun. Von Interesse sind auch die vor den Wänden stehenden Statuen von Königen des Mittleren Reichs (Mentuhotep III, Sesostris I) in Gestalt des Gottes Osiris, so genannte Osiris-Pfeiler.

Auf dem Weg nach unten zeigen im Abgang aufgestellte Statuen aus römischer Zeit sowie frühchristliche (koptische) Grabstelen, dass mit dem Ende der pharaonischen Zeit die thebanische Region keineswegs in Vergessenheit geriet.

▶ Zum Museumskomplex gehört **nubis**, ein Restaurant und Coffee Shop mit Snacks und kleinem Essen bis 22 Uhr.

An der Wasserseite der Corniche, gegenüber dem Mina Palace Hotel (Nähe Luxor-Tempel), wurde in die Uferpromenade ein ****Mumification Museum** (9-13, 17-22, Winter 16-21; £E 40) geschickt in die Uferpromenade gebaut. Zu sehen gibt es u.a. mumifizierte Tiere und die Mumie von Maseharti, einem Priester und General aus der 21. Dynastie, mitsamt dessen ineinander geschachtelten Sarkophagen, Kanopen, Grabbeigaben, Mumifizierungs-Instrumenten und Informationen über die Technik der Mumifizierung. Ob dies alles den Eintrittspreis rechtfertigt, sei dahingestellt. Im Vortragskinosaal des Museums finden während der Grabungssaison im Winter jeweils am Montagabend Vorträge von Grabungsleitern statt, im Sommer interessante Filmvorführungen.

Theben-West kennen lernen

Wie ein Blick auf die Karte von Theben-West zeigt, wurden in der beginnenden Wüste unweit des Fruchtlandes Grabanlagen für die Könige, weiter südlich für die Königinnen und zwischen beiden die Privatgräber und die Arbeitersiedlung angelegt. Die zu den Königsgräbern gehörenden *Totentempel* ließen die Erbauer meist an der Fruchtlandgrenze errichten. Der heutige Besucher muss sich also überlegen, was er in welcher Reihenfolge sehen will.

▶ Praktische Informationen dazu siehe Seite 344. Wer von Luxor auf der Straße herüberfährt, hat folgende Entfernungen zurückzulegen: zur Nilbrücke 9 km, quer durchs Fruchtland 5 km, dann wieder 9 km nach Norden bis Neu Qurna.

An allen wichtigen (und vielleicht auch unwichtigen) Stellen stehen Soldaten mit dem MG im Anschlag – die einzige sichtbare Folge des tragischen Attentats in Deir el Bahri am 17. November 1997 und der daraus folgenden rigorosen Antiterrormaßnahmen der Regierung. Am Tatort oder in der Umgebung sucht man vergebens nach einer Gedenktafel oder entsprechenden Erinnerung an das Attentat. Verschiedene Straßen wurden extrem verbreitert, so dass ganze Panzerarmeen anrollen könnten. Vor den wichtigsten Sehenswürdigkeiten wurden große Parkplätze angelegt und Souvenirshops so aufgemauert, dass die ankommenden Besucher zwangsweise daran vorbeizugehen haben. So treffen sich Sorge um die Besucher und Sorge ums Geschäft in edler Verbundenheit.

Die Straße zu den pharaonischen Sehenswürdigkeiten führt an einem jungen historischen Denkmal vorbei: Neu-Qurna, eine von dem bekannten ägyptischen Architekten Hassan Fathy konzipierte Lehmhaus-Siedlung. Ende der 40er Jahre hatte ein dreister Grabraub die Regierung veranlasst, den Räubern das Handwerk legen zu wollen und das buchstäblich auf „goldenem" Boden stehende Dorf Qurna zu räumen. Fathy bekam gegen viele Bedenken den Auftrag, ein neues Dorf im Fruchtland zu bauen. Allerdings waren die Widerstände so stark, dass er sein Konzept nur zum Teil realisieren konnte und es schließlich als gescheitert einstufte. Fathy hatte lange nach einer besseren, aber zugleich nicht teureren Baumethode als der üblichen Ziegelbauweise für die Fellachen gesucht. Er entdeckte die Lehmbauweise wieder, die vor allem hervorragende klimatische Eigenschaften aufweist. Allerdings machten im holzarmen Ägypten Deckenbalken das Bauwerk wieder fast so teuer wie zuvor. Daher fand Fathy zum Gewölbe- und Kuppelbau aus Lehm zurück, der alle gewünschten Vorteile in sich vereinigte und den er durch geschickte Luftzirkulation zusätzlich kühlte.

Doch ganz gescheitert ist es nicht, was ein kurzer Abstecher nach Neu-Qurna beweist. Zwar haben sich die Qurnawis erfolgreich gegen den Umzug gewehrt, von der Lehmarchitektur ist auch nicht allzu viel übrig geblieben. Geht man aber in die erste doppelspurige Querstraße nach der Kreuzung, so kann man die eigenwillige Moschee und den Kulturpalast (im Ort als *Theatre* angepriesen) bewundern; Lehmhäuser sind praktisch nicht mehr zu sehen. Von Fathys Ideen gingen jedoch viele Impulse aus, so dass in Ägypten mehr und mehr Lehmhäuser entstehen - freilich meist als extravagante Wohngebilde für Betuchte.

Anfang 2007 fiel das über Qurna schwebende Damoklesschwer: Über die Gräberlandschaft ziehende Staubfahnen zeigten an, dass Häuser abgerissen und die Bewohner in ein ca. 5 km nördlich neu und monoton errichtetes Dorf zwangsumgesiedelt werden. Zwar sollen einige der Lehmhäuser als Denkmäler erhalten bleiben, aber nun steht den Menschen, die einst vom Tourismus vor ihrer Haustür (und häufig genug den Schätzen darunter) lebten, ein langer Weg zu ihrer „Arbeitsstelle" bevor. Vielleicht finden sie Arbeit bei den Ausgräbern der vermuteten ca. 900-1000 Gräber unter ihrem ehemaligen Dorf. Auch die vielen Alabasterfabriken am Wegesrand sollen verschwinden und an neuem Ort wieder aufgebaut werden.

**** Tal der Könige

Das vollkommen vegetationslose Wadi *Biban el Muluk* mit den Königsgräbern liegt versteckt, westlich einer Gebirgskette (auf der die „Herrin des Westens, die das Schweigen liebt", ihren Sitz hatte), unterhalb des pyramidenförmigen Berges *Horn* . Den stärksten Eindruck von dem einsamen Wadi gewinnen Sie, wenn Sie von Deir el Bahri zu Fuß oder per Esel über eben jene Gebirgskette hinüber wandern. Oder, noch besser, wenigstens ein Stück den Berg Horn hinaufklettern (siehe „Bergsteigen" bei Praktische Informationen). Doch auch die Straßenführung durch das enge Trockental vermag die Abgeschiedenheit dieser Totenwelt zu vermitteln. Seit dem Massenansturm der Touristen wird das Tal jedoch von Unruhe und Lärm erfüllt.

Vom Parkplatz geht man durch das neue **Visitor Center**, nach dessen Ausgang rechts die Eintrittskarten zu lösen sind, daneben die für den Shuttle-Zug (LE 4 Hin- und Rückfahrt, ca. 300 m). Zusatzkarten für das Grab Tutanchamuns gibt es am eigentlichen Eingang, der Endstation der Shuttlezüge.

Im Zentrum des Visitor Centers steht ein Modell des Tals, das für einen dreidimensionalen Überblick sorgen soll. Unterhalb der Oberfläche sind sogar die Grabgänge mit –kammern maßstabsgetreu angebracht (man muss sich bücken). Die relativ wenigen Info-Tafeln an den Wänden hängen hoch und sind daher nur schwer lesbar. Die Führer sollen die notwendigen Informationen zunächst hier sowie jeweils außerhalb der Grabanlagen vermitteln und dann die solchermaßen Belehrten allein in die Gräber entlassen.

Häufig stauen sich lange Schlangen vor den Gräbern, und in Zeitnot geratene Gruppenführer drängen Einzelreisende rücksichtslos zur Seite. Wer sich mit dem Eintrittsticket für drei Gräber zufrieden gibt, kommt mit der etwas ruhigeren Zeit von etwa 9-11 Uhr zurecht, sonst ist trotz größerer Hitze der mittlere bis späte Nachmittag vorzuziehen.

Und noch eins: Das Tutanchamun-Grab lässt zwar immer noch ein bisschen das Entdecker-Abenteuer nachempfinden, aber sowohl von der Anlage als auch Ausstattung her gibt es wesentlich interessantere Grabstätten zu besichtigen (bei Tutanchamun sehen Sie die allerwenigsten „Grabmeter" pro Ticket).

Vorbemerkungen zu den Königsgräbern:

- Ohne Verständnis für die Mythologie und Philosophie, die hinter diesen Grabanlagen stehen, sehen die Gräber aus wie bemalte Bergwerksstollen. Versuchen Sie dennoch, sich stimmungsmäßig in die hier dokumentierte Gedankenwelt versetzen zu lassen.
- Unter dem Ansturm schwitzender Touristen verändern sich die klimatischen Bedingungen in den Kammern grundlegend. Es wird nicht mehr lange dauern, bis die eindrucksvollen Bilder zerstört sind. Denken Sie an diese spezielle Umweltbelastung und vermeiden Sie, die Reliefs z.B. durch Berühren zusätzlich zu belasten. Denken Sie auch daran, dass zum vollen Erleben Ruhe und Stille gehören.
- Gegenüber dem Tutanchamun-Grab wurde eine Art Rastplatz mit Schattendach und Ventilatoren errichtet, an dem man sich gut ausruhen

kann. Dort wird aber nichts verkauft, daher Getränke und eventuell Verpflegung mitnehmen.

• Stecken Sie einen Tagesvorrat an Kleingeld ein. Andernfalls einem der Bakschischjäger z.B. eine Zwanzigpfundnote zum Wechseln geben; die Leute haben meist genug Einpfundnoten.

Hintergrund: *Die Gräber - die weitestgehend aus der 18.-20. Dynastie stammen, also etwa 1550-1050 vC - sind zum Teil tief in den Fels getrieben. Das System der verschiedenen Korridore, Räume und Schächte lehnt sich an die Vorstellungen vom Jenseits an, das in der Zeit des Neuen Reichs in der Unterwelt liegt. Die textlichen und bildlichen Illustrationen an den Wänden und Decken gehen explizit auf diese komplizierte Welt ein. Sie beziehen sich auf eine Reihe von Textsammlungen, die im Kasten Seite umrissen sind. Zum besseren Verständnis empfehlen wir sehr, diesen vor dem Besuch zu lesen.*

Der aufmerksame Besucher Ägyptens wird sich in Theben-West die Frage stellen, warum verschwinden hier die Gräber möglichst unsichtbar im Berg und weit entfernt von den zugehörigen Totentempeln, wo doch im Alten Reich eine Pyramide - genau gegensätzlich - den Begräbnisplatz weithin sichtbar machte und der Totentempel zu ihren Füßen lag? Damals ermöglichte die Pyramide den Aufstieg des Pharaos

Sonnenlitanei, Toten-, Pforten- und Höhlenbuch

Die Ausschmückungen der Königsgräber gehen auf einige wichtige Textsammlungen zurück, die in verschiedenen altägyptischen „Büchern" zusammengefasst sind. Bestimmendes Thema ist das ewige Leben des Pharao im Jenseits, das grundsätzlich an den Lauf der Sonne geknüpft ist. Tagsüber ist der Sonnenlauf für jeden nachvollziehbar, aber was geschieht, wenn die göttliche Sonne im Westen - das heißt für Niltalbewohner in der todbringenden Wüste - in die Nacht eingetaucht ist? Wird sie am nächsten Morgen wieder auftauchen oder wird der Himmel dunkel bleiben? Diese sicher uralte Menschheitsfrage lösten die Ägypter mit der Vorstellung von einem komplizierten Szenario, das die Sonne erfolgreich zu durchlaufen hatte, um unbeschadet am nächsten Morgen wieder in den neuen Tag eintreten zu können. Die vielen Gefahren, welche die Sonne als Gott Re zusammen mit dem verstorbenen Pharao - buchstäblich im selben Boot sitzend - zu bewältigen hatten, sind minutiös an Grabwänden und auf Papyri aufgezeichnet worden.

Die Beschreibung der Verwandlung des Toten in ein unsterbliches Wesen begegnet uns bereits sehr früh in den **Pyramidentexten** ab der 5. Dynastie in den königlichen Pyramiden, z.B. in Sakkara. Im Mittleren Reich werden sie als **Sargtext** auf Särge von Privatleuten geschrieben und im Neuen Reich als so genanntes **Totenbuch** weiterentwickelt. Das Totenbuch erscheint zunächst auf Särgen und Totentüchern, dann als Papyrus und schließlich auch auszugsweise auf den Wänden der Königsgräber. Es ist eine Sammlung von Sprüchen, die deutlich voneinander abgegrenzt und mit Vignetten als zusammenfassende Illustration ergänzt sind. Sie beschreiben die Verklärung des Toten und geben ihm konkrete Hinweise, wie er sich im Jenseits zu verhalten hat und wie er vor dem Totengericht bestehen kann. Während der Bestattung und der Totenrituale rezitierten die Priester aus dem Totenbuch, das jeweils aus dem Fundus der Sprüche neu zusammengestellt wurde.

Im Neuen Reich entstehen parallel zum Totenbuch so genannte Jenseits- oder **Unterweltsbücher**, die zunächst nur von den Pharaonen genutzt werden. In ihrem Mittelpunkt steht die Nachtfahrt der Sonne. Im Grab von Tuthmosis III erscheint zum ersten Mal das vollständige **Amduat** genannte Buch, die „Schrift des Verborgenen Raumes". Es ist gemäß den zwölf Nachtstunden in zwölf Abschnitte eingeteilt und vollständig illustriert, um die Fahrt des Sonnengottes durch die Nacht und die Funktionen der „Wesen" im Jenseits zu beschreiben. Jeder Stunde sind drei Bildregister zugeordnet, wobei das mittlere jeweils die Sonnenbarke mit dem zentralen Thema dieser Stunde enthält, das obere allgemeine Aussagen trifft, das untere sich mit dem speziellen Thema der Stunde auseinandersetzt (Beschreibung siehe Grab 35).

Das etwas jüngere **Pfortenbuch** ist dem Amduat sehr ähnlich und prinzipiell wie dieses aufgebaut. Erstmalig vollständig ist es auf dem Sarkophag von Sethos I niedergelegt. Es unterscheidet sich in vielen Details, am deutlichsten durch die Toream Ende jeder Stunde. Die Sonnenbarke hat weniger Fahrgäste zu transportieren, nur den Sonnengott sowie die Götter Sia und Heka.

Anders ist das **Höhlenbuch** gestaltet. Zwar enthält es meist auch drei Register, aber es ist nicht mehr in zwölf Stundenabschnitte unterteilt. Das erste fast vollständige Buch ist im Grab von Ramses VI dargestellt. Es handelt wiederum von der nächtlichen Fahrt des Sonnengottes Re, der sich aber intensiver mit Osiris beschäftigt als in den anderen Büchern und u.a. in die „Höhle des Aker", des Erdgottes eindringt.

Dies sind nur die wichtigsten Werke, weitere werden bei den Beschreibungen der Gräber erwähnt. Der Ägyptologe Erik Hornung schreibt in seinem Buch *Tal der Könige* über die pharaonischen religiösen Bücher: *„Der Inhalt zeugt von einem geradezu wissenschaftlichen Eifer jener Zeit, das Schicksal der Toten zu ergründen; er erschließt uns ägyptische Jenseitsvorstellungen in Bildern voll visionärer Kraft, aber auch in nüchternen schonungslosen Beschreibungen."*

zu den himmlischen Göttern. Im Neuen Reich hatte sich diese Philosophie weiterentwickelt: Der zu Osiris gewordene König steigt hinab in die Unterwelt und dort in die Nachtbarke des Sonnengottes Re, mit dem er eins wird und für die zwölf Stunden der Nachtfahrt verschmilzt, um am Morgenhimmel in „Personalunion" mit Sonnengott Re wieder aus dieser anderen Welt für die Tagesfahrt aufzutauchen.

Seit Sethos I wird am Grabeingang links dargestellt, wie der verstorbene König dem Sonnengott Re-Harachte (mit Sonnenscheibe auf dem Kopf) huldigt. Es folgt die so genannte Sonnenlitanei (auch „Buch der Anbetung des Re im Westen"). Im ersten Teil wird der Gott mit 75 Anrufungen gepriesen und angebetet. Im zweiten Teil setzt sich der Verstorbene mit dem Gott gleich: „Ich bin du, und du bist ich...", um mit ihm dem Lauf der Sonne zu folgen, das heißt, in den kosmischen Kreislauf einzutreten und den Tod zu überwinden.

Das unterirdische Grab stellt ein Abbild der Unterwelt dar, die der Sonnengott und der mit ihm vereinte Verstorbene auf seiner Nachtfahrt zu durchmessen hat. Der senkrechte Schacht nach dem schräg abfallenden Eingangstor gilt z.B. als „Höhle des Sokaris", ein gefährlicher unterweltlicher Raum, den der Tote durchqueren muss. Die Reliefs und Bilder stellen diese Unterwelt als eine eigene Welt mit Wegen, Kanälen oder Inseln dar, von Feuer speienden Schlangen, Dämonen und Ungeheuern, aber auch von hilfreichen Geistern bevölkert. In den zwölf Nachtstunden hat Re (mit dem Verstorbenen) Gefahren zu bestehen und Hindernisse zu überwinden, um am Ende als siegreicher verjüngter Gott zusammen mit dem verstorbenen König die Reise als Sonnenscheibe am Morgenhimmel zu beginnen.

Im Zeitraum von 1550 bis etwa 1050 vC wurden in Theben-West Gräber als Stollen in zum Teil beachtlicher Länge in die Felsabhänge des Wüstenbeginns getrieben. Zu Beginn der 18. Dynastie weisen sie eine 90-Grad-Abwinkelung in ihrem Kammer- und Gangsystem auf. Die Korridore sind anfänglich nur grob aus dem Berg gehauen und nicht dekoriert. Sie münden zunächst direkt in die Grabkammer; erst ab Tuthmosis III kommt eine Pfeilerhalle kurz davor hinzu. In der Ramessidenzeit verläuft der Weg vom Eingang bis zur Sargkammer geradlinig, auch die Korridore sind nun bemalt, die Decken meist blau und mit Sternen übersät; damit war der Himmel im Grab wieder sichtbar. Bis Amenophis IV (Echnaton) wurde das Amduat offensichtlich von Papyrusvorlagen auf die Grabkammerwände übertragen. Sowohl der Schrifttyp - die so genannten „Totenbuchhieroglyphen" - als auch die Strichzeichnungen sind typisch für die Schreib- und Maltechnik der Papyri. Haremhab lässt seine Grabkammer nicht mehr mit dem Amduat, sondern mit verschiedenen Abschnitten aus dem Pfortenbuch ausmalen. Er führt auch das bemalte Flachrelief im Königsgrab ein. In späteren Gräbern werden auch andere Jenseitsbücher herangezogen.

In den nachfolgenden Beschreibungen ist von „Korridoren" die Rede, ein Begriff, der weitgehend in der Literatur zu den Gräbern verwendet wird. In der Regel ist ein *Korridor* durch zwei Mauervorsprünge abgegrenzt und daher beim Besuch leicht vom nächsten zu unterscheiden.

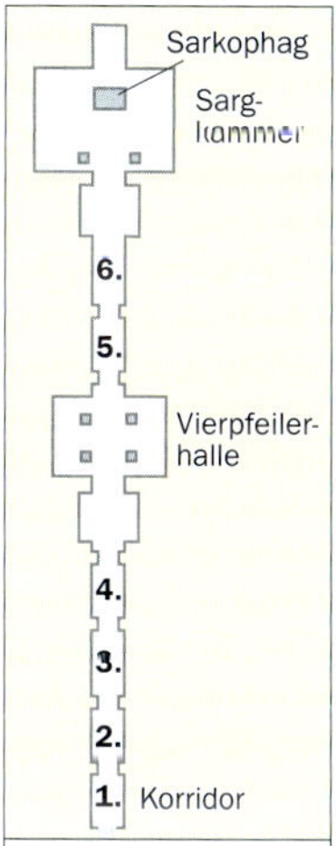

Grab Ramses VI
(Beispiel für Grabarchitektur)

Von den insgesamt 64 Gräbern sind nur relativ wenige so gut erhalten bzw. interessant, dass ein Besuch lohnt. Davon ist auch nur ein Teil, häufig abwechselnd, zur Besichtigung freigegeben, um die Belastungen durch die Ausdünstungen der Besucher zu mindern.

Das Grab von Sethos I, das schönste des

Beschriebene Gräber

in chronologischer Reihenfolge

Nr. Name	*Regierungszeit*
18. Dynastie	
34 Tuthmosis III	1479-1425
35 Amenophis II*	1427-1401
43 Tuthmosis IV*	1401-1391
62 Tutanchamun	1335-1326
23 Eje	1326-1322
(57 Haremhab	1322-1295)
19. Dynastie	
17 Sethos I*	1293-1279
8 Merenptah*	1213-1203
15 Sethos II*	1203-1196
47 Siptah	1196-1190
14 Tauseret/Sethnacht	1190-1184
20. Dynastie (Ramessiden)	
11 Ramses III*	1184-1153
2 Ramses IV	1153-1146
9 Ramses VI*	1142-1135
1 Ramses VII	1135-1129
6 Ramses IX*	1127-1109

*besonders sehenswert

Königstals, bleibt wegen Restaurierung den Besuchern auch weiterhin verschlossen, ähnlich das Grab von Ramses I.

Ein wichtiger Hinweis: Gehen Sie nicht aus lauter Neugierde in eines der vielen noh offenen, offiziell jedoch nicht zugänglichen Gräber. Dort unten ist die Luft heiß und stickig, Fledermäuse flattern um den Kopf, die akustische Verbindung zur Außenwelt reißt sehr bald ab - ein Leser berichtet von panischer Reaktion. Eine Kanadierin, die sich verlief und in einen Schacht fiel, schrieb ihr Schicksal auf eine Postkarte, bevor sie verdurstete. Zwei Jahre später wurde ihr bekleidetes Skelett gefunden.

Wir folgen mit der Beschreibung der Gräber dem talaufwärts führenden Weg. Das ist die pragmatische Lösung für einen Besuch. Doch eine Besichtigung in chronologischer Reihenfolge ist interessanter, weil sich dann die Entwicklungsstufen als zusätzliches Element deutlich offenbaren.

Viele Besucher werden nur ein Ticket kaufen, das für maximal drei Gräber gilt - aber welche auswählen? Wir schlagen Ihnen zwei Kombinationen daraus vor:

- Tuthmosis III (Nr. 34, ältestes Grab, am mühseligsten zu erreichen), Ramses III (Nr. 11), Ramses IX (Nr. 6) oder
- Amenophis II (Nr. 35), Sethnacht und Tauseret (Nr. 14), Ramses III (Nr. 11)
- Wenn Sie der historischen Entwicklung folgen wollen, sollten Sie sich entsprechende Gräber in der Tabelle im nebenstehenden Kasten aussuchen.

Nach der Endstation des Shuttle und dem offiziellen Eingang steht gleich links unter einem Schattendach ein Aluminium-Ständer mit einer sehr guten Übersichtskarte, in der die Gräber dreidimensional so eingezeichnet sind, wie sie im Berg verlaufen.

Nr. 1 - Ramses VII

Wenige Schritte nach dem Eingang geht rechts ein kurzer Weg den Hang hinauf, der am kleinen und - mit Recht - seltener besuchten Grab endet. Ramses VII ließ nur einen kurzen Korridor zur Grabkammer bauen und verzichtete auf die sonst typischen zusätzlichen Räume.

Am Eingang links sieht man den König vor dem Sonnengott Re-Harachte. Der schräg nach unten führende Korridor ist zunächst mit Szenen des Pforten-, dann des Höhlenbuchs geschmückt, die größtenteils stark beschädigt sind. Die Grabkammer selbst ist eher roh ausgehauen. Hier steht noch der in Form einer Königskartusche gestaltete Granitsarkophag. Die Reliefs an der linken Wand zeigen Szenen aus dem Buch der Erde. Lebendig dargestellt ist z.B. ein sich zum Hirten auf die Hinterfüße stellendes Schaf (oberes Register, letztes Drittel). Die ziemlich beschädigte Decke zeigt astronomische Darstellungen, die von der Göttin Nut überspannt werden. Das Grab enthält das älteste datierbare Besucher-Graffiti (griechisch 278 vC).

Nr. 2 - Ramses IV

Ein kurzes Stück talaufwärts und dichter an der Straße gelegen, wurde dieses Grab schon in der Antike ausgeraubt; die Mumie des Königs war allerdings im Grab von Amenhotep II versteckt. Besucher in ptolemäischer Zeit hinterließen Graffiti in griechischer Schrift, später verewigten sich Kopten, die das Grab auch als Kirche benutzten. Es ist übrigens auf einem Papyrus (Museum Turin) relativ detailliert mit Plan beschrieben.

Ramses IV reduzierte gegenüber seinen ramessidischen Vorgängern die Anzahl der Räume, ließ dafür aber breite und hohe Korridore in den Fels treiben. Auch hier wird links nach dem Eingang der König vor Re-Harachte gezeigt, im 1. und 2. Korridor die Sonnenlitanei, im 3. Korridor Ausschnitte aus dem Höhlenbuch. Nach einer Schräge folgt die mit Totenbuch-Kapiteln versehene Vorkammer. In der Sargkammer steht ein großer Granit-Sarkophag (mit 2,74 m Höhe und 3,30 m Länge der größte im Tal), dessen Deckel Ramses IV zwischen Isis und Nephthys zeigt. Ausschnitte aus dem Buch des Himmels mit der Göttin Nut überspannen die Decke. Die linke Wand dokumentiert die beiden ersten Stunden des Pfortenbuchs, die rechte die 4. und 5. Stunde. Hinter dem Sargraum führt ein kurzer Korridor zu einer Endkammer, an dem rechts und links je ein Seitenraum mit Dekorationen aus dem Höhlenbuch liegen. In den Nischen des Korridors sind opfernde Götter in Schreinen dargestellt.

Grab KV 5

Auf der linken Straßenseite sehen Sie eine Übersichtstafel von diesem Grab, in dem Söhne von Ramses II bestattet wurden. Es handelt sich um die mit weitem Abstand größte Grabanlage im Tal. Sie war wegen Felseinstürzen mehr oder weniger in Vergessenheit geraten. Seit Mitte der 90er Jahre gräbt ein amerikanisches Team mit überraschenden Erfolgen; werfen Sie einen Blick auf den Plan und einen weiteren ins Internet unter www.thebanmappingproject.com. Dort ist bereits ein virtueller Rundgang möglich.

Nr. 6 - Ramses IX

Ebenso auf der linken Straßenseite folgt das erste geöffnete Grab aus der späteren Ramessidenzeit. Es ist relativ gut erhalten, wegen seiner breiten Korridore gut belüftet, geradlinig, ohne wesentliches Gefälle und daher „bequem“ zu besichtigen.

Gleich nach dem Grabeingang sieht man Bilder des Verstorbenen, der vor Re-Harachte und Osiris steht (links), rechts vor Amun und einer

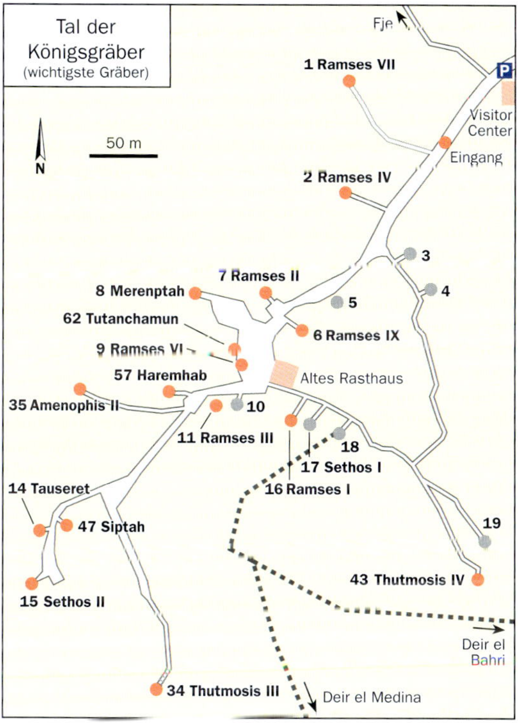

Mumienversteck

Zwei Brüder aus dem Dorf Qurna hatten um 1874 in den Felswänden von Deir el Bahri das Grab des Hohepriesters Pinudjem (um 980 vC) entdeckt und auszuplündern begonnen. Hier lagen 40 Särge hochrangiger Persönlichkeiten, darunter bedeutende Könige des Neuen Reichs (Tuthmosis III, Sethos I, Ramses II u.a.). Als mehr und mehr unbekannte Kunstgegenstände auf dem Antiquitätenmarkt auftauchten, wurden Nachforschungen angestellt; schließlich gab einer der Brüder das Geheimnis preis. Um zusätzliche Plünderungen zu verhindern, wurden die Mumien 1881 auf einem Nildampfer nach Kairo in Sicherheit gebracht. Die Reise nach Norden war ein Trauerzug, bei dem die Bevölkerung zum Nilufer strömte und in Totenklagen wie bei aktuellen Begräbnissen ausbrach. Weitere Mumien wurden im Grab von Amenophis II entdeckt (neben Amenophis II die von Tuthmosis IV, Amenophis III, Merenptah) und später mit denen in Kairo vereint.

Totengöttin. Auf der rechten Wand des 1. und 2. Korridors sind die ersten vier Abschnitte des Höhlenbuchs aufgezeichnet, im 3. Korridor die zweite Stunde des Amduat.

Die Decke des 1. Korridors zeigt Sternbilder und Dekanlisten; an der des 3. Korridors erheben sich „selige Verstorbene" von ihren Bahren zu neuem Leben. Am Eingang zum unvollendeten Vierpfeiler-Raum bringt rechts und links je ein Priester im Pantherfell und mit Zopf Opfer dar. In der nach einem kurzen Korridor folgenden Grabkammer ist eine Vertiefung für den nicht mehr vorhandenen Sarkophag zu erkennen, die Dekoration der Wände geht auf das Höhlenbuch zurück. An der rechten Wand, fast in der Raumecke, fällt ein Bild auf, in dem die nächtliche Sonnenfahrt durch den Bauch eines Krokodils stattfindet; morgens verlässt die rote Sonnenscheibe mit dem widderköpfigen Ba des Gottes das Tier. Die Decke wurde nur oberflächlich geglättet. Sie zeigt die Göttin Nut, die Ausschnitte aus dem Buch des Himmels einrahmt.

Nr. 8 - Merenptah

Das ziemlich tief in den Berg führende, sehenswerte Grab verlangt dem Besucher etwas schweißtreibende Beinarbeit ab: Etwa 150 Stufen sind über eine Holzrampe zu bewältigen. Es handelt sich um das zeitlich erste Grab, das sich nicht mehr versteckt, sondern seinen Eingang demonstrativ zur Schau stellt. Beachten Sie auf dem Türsturz über dem Eingang, wie Isis und Nephthys den Sonnengott anbeten, als widderköpfige Gestalt für die Nacht und als Skarabäus für die Morgensonne in der Sonnenscheibe dargestellt.

Gleich links nach dem Eingang sieht man die gut erhaltene Relieffolge vom König mit Atefkrone (mit schützenden Uräusschlangen) vor Re-Harachte, dann folgen im 1. Korridor der Titel (in Hieroglyphen), das Titelbild und der Text der Sonnenlitanei, der Lobpreisung des Re; das Titelbild besteht aus Sonnenscheibe mit Skarabäus und widderköpfigem Gott und den vor ihr fliehenden feindlichen Wesen in Tiergestalt. An den Wänden im 2. Korridor sind Szenen aus dem Pfortenbuch und aus dem Amduat (erster kleinerer Raum mit Schacht) aufgetragen. Es folgt ein größerer Raum, mit Hymnen auf Osiris und der 3. Stunde des Pfortenbuchs dekoriert. Rechts liegt ein völlig schmuckloser Nebenraum. Die Decken sind bis hierher als Sternenhimmel bemalt, danach fehlt auch an den Korridorwänden jede Dekoration. Nach einem weiteren Korridor folgt ein Raum mit Pfortenbuch- und Amduat-Abschnitten, in dem der äußere Granitsarkophag steht.

Dann geht es erneut über Treppen in die erstaunlich große Grabkammer, einem Pfeilersaal aus drei Schiffen mit überwölbter Decke. Hier ist der Deckel des inneren Sarkophags aufgestellt, der sorgfältig aus Rosengranit in Form einer Königskartusche gearbeitet mit einem sehr ausdrucksvollen Relief des Merenptah versehen ist. Werfen Sie auch einen Blick auf die dekorierte Unterseite des Deckels. Die rechte Seitenwand der Grabkammer zeigt das großformatige Schlussbild des Höhlenbuchs, das den nächtlichen Sonnenlauf zusammenfassend wiedergibt: Die von zwei Armpaaren bewegte Sonne - die durch Finsternis (schwarzes Dreieck) und Wasserfluten (blaues Dreieck) ihren Weg ziehen muss - wird als Kind, widderköpfiger Käfer und dann als Scheibe dargestellt. Die Bas (Seelen, als Vögel symbolisiert) und Schatten (als Wedel) der Verstorbenen beten die Sonne an.

Nr. 9 - Ramses VI

Das Grab war ursprünglich für Ramses V bis zur Vierpfeilerhalle gebaut worden, wurde dann aber von Ramses VI tiefer in den Berg hinein erweitert. Es ist gut in den Farben erhalten, durchgängig bemalt und sehenswert. Nahezu alle bekannten Unterwelts- und Himmelsbücher sind hier festgehalten, nur für die Sonnenlitanei blieb kein Platz.

Am Eingang rechts und links steht Ramses vor den Göttern Re-Harachte und Osiris. Die Decke der Korridore ist durchgehend mit astrologischen Darstellungen bemalt. Im ersten Korridor sieht man links Abschnitte aus dem Pfortenbuch, rechts beginnt das erstmals komplott aufgezeichnete Höhlenbuch, das sich in den folgenden Räumen fortsetzt und in der Vierpfeilerhalle (kurz nach einem kleineren Raum) mit dem Durchbruch der Sonnenscheibe durch den Rand der Unterwelt endet. Auf den Pfeilern opfert der Pharao den Göttern. Eindrucksvoll sind auch die Bilder von Osiris rechts und links am Ende der Halle, vor dem Ramses Weihrauch abbrennt. An der Decke sieht man das Buch vom Tage und das Buch von der Nacht.

Der folgende Korridor ist mit Amduat-Abschnitten dekoriert, der anschließende Raum mit Bildern von Ramses vor den Göttern. In der Grabkammer liegen Trümmer des Granitsarkophags; die gut erhaltene Decke zeigt sehr schön die Göttin Nut, die wiederum Darstellungen aus dem Buch vom Tage und dem Buch von der Nacht überspannt (die Deckenseite, auf der die Sonnenscheibe durch den Leib der Nut wandert). Die Stirnwände enthalten Szenen aus dem Buch von der Erde, die nach unten von einem Fries mit geköpften Feinden abgeschlossen werden (rot steht für blutig, schwarz für nicht existent). Auf der rechten Wand sieht man im zweiten Register den Gott, „der die Stunden verbirgt". Sein erigierter Phallus ist durch gepunktete Linien mit den Stundengöttinnen verbunden, die aus ihm hervorgehen; sie halten jeweils eine rote Sonnenscheibe.

Tal der Könige: rechts überdachter Rastplatz, gegenüber Gräber von Tutanchamun und Ramses VI

Nr. 62 - Tutanchamun

Bauschutt aus dem oberhalb gelegenen Grab von Ramses VI verschüttete den Eingang zu Tutanchamuns Ruhestätte und erhielt sie für die Nachwelt. Zwar waren in der 20. Dynastie Diebe beim Einbruch in das Grab erwischt worden, aber ein hoher Beamter nahm eine Bestandsaufnahme vor und versiegelte den Eingang erneut - erst 1922 brach Howard Carter das Siegel.

Das einzige quasi unversehrte Grab im Tal der Könige zählt auch zu den kleinsten. Vermutlich war die Grabstätte ursprünglich für einen Beamten vorgesehen, man hatte sie dann aber in aller Eile für den mit 19 Jahren früh verstorbenen König herrichten müssen. Die kleinen Räume waren voll gestopft mit Grabbeigaben. Zehn Jahre wurden benötigt, um sie Stück für Stück auszuräumen und ins Ägyptische Museum nach Kairo zu transportieren.

Wer heute die zusätzliche Eintrittskarte zu £E 80 erwirbt, bezahlt hauptsächlich den Mythos. 16 Stufen führen in einen Gang, der in der Vorkammer (größter Raum) endet. An deren Längsseite liegt eine Seitenkammer, an der rechten Schmalseite die Grabkammer mit einem Magazinraum. In der Grabkammer - nur diese ist dekoriert - steht noch der Sarkophag mit der Mumie des Königs, die im äußeren der drei vergoldeten Särge liegt. Die Wände sind großflächig bemalt; ungewöhnlich ist die Darstellung an der Nordwand: Nachfolger König Eje nimmt die Mundöffnung der Mumie vor.

Rastplatz

Nach dem überdachten Rastplatz (ehemaliges Rasthaus) führt eine Straße nach links, an der die (derzeit geschlossenen) **Gräber von Sethos I, Ramses X** und ganz im Osten von **Hatschepsut** liegen sowie das von **Tuthmosis IV**, das geöffnet ist. Wer über den Berg klettern und nach Deir el Bahri wandern will, sollte sich diesen Abzweig für den Schluss aufheben, da man von hier aus losmarschiert.

Nr. 57 - Haremhab

Das in verschiedenen Stadien der Fertigstellung hinterlassene Grab ist leider vorläufig geschlossen. Es war durch einen Gewitterregen 1994 in Mitleidenschaft gezogen worden und wird seither restauriert. Es ist noch unklar, wann es (nach einer sehr kurzen Öffnungszeit 2003) der Öffentlichkeit wieder zugänglich gemacht werden wird.

Nr. 35 - Amenophis II

Amenhotep II ausgeschildert

Amenophis II, der Sohn von Tuthmosis III ließ sich ein ähnliches Grab anlegen wie sein Vater (Grab 34, siehe weiter unten). Die Grabkammer selbst zählt zu den schönsten, zumindest vollständigsten wegen der ausgezeichneten Dekoration. Über 85 Stufen insgesamt geht es hinunter; dort ist es sehr warm bei schlechter Luft. Die Korridore sind nackt; als erstes überrascht der (überbrückte) Schacht mit Dekorationen an Decke und zwei Wänden in kräftigen Farben.

Dann folgt ein wiederum nackter Zweipfeilerraum, von dort führt eine Treppe in die eigentliche Grabkammer. Hier steht noch der Sarkophag, in dem Amenophis bei der Grabentdeckung lag. In der zweiten Seitenkammer rechts wurden neun andere Königsmumien gefunden, die dort offenbar hastig versteckt worden waren (alle heute in Kairo). Die Decke ist mit Sternen übersät, darunter läuft ein Band aus verschnürten Binsenbündeln („Cheker"-Fries). Die Bilder an den sechs Pfeilern - obwohl zum Teil nicht vollständig ausgemalt - zählen von ihrer Klarheit und Farbkomposition her für uns mit zu den schönsten im Tal. Sie zeigen den König vor verschiedenen Göttern.

Insgesamt sind die Farben der sehr sorgfältig ausgeführten Bilder und Texte hervorragend erhalten. An den Wänden kann man alle **12 Stunden des Amduat** verfolgen, das hier verkürzt, aber vollständig abgebildet ist. Das Sonnenschiff im Mittelregister fährt Stunde für Stunde durch die Nacht. Es beginnt seinen Weg in der linken Raumecke hinter dem Sarkophag und umrundet im Uhrzeigersinn den gesamten Raum. Die folgende, sehr knappe Erklärung gilt im Prinzip auch für andere Amduat-Aufzeichnungen:

Der Sonnengott taucht in der **ersten Nachtstunde** als widderköpfiger Ba (Seele) in die Unterwelt ein, deren Bewohner - bis auf die Feinde - das Erscheinen bejubeln. Nach dem senkrechten Balkenstrich folgt die **zweite Stunde**, in der die Sonnenbarke (Mittelregister) auf der Wasserfläche *Wernes* (blau) von anderen Booten begleitet wird. Im unteren Register heben Korngötter mit Ähren im Haar die Fruchtbarkeit dieser Gefilde hervor. Die **dritte Stunde** ist ähnlich aufgebaut, jetzt fahren die Barken auf dem Gewässer des Osiris, der im unteren Register mehrfach zu sehen ist.

Die **vierte Stunde** zeigt ein anderes Szenario: Die fruchtbare Landschaft ist in die öde, von Schlangen wimmelnde Wüste *Rasetjau* übergegangen; das Boot muss getreidelt werden, die weiße, von oben nach unten verlaufende Zickzack-Linie symbolisiert den schwierigen Sandweg. Um diese Strecke zu bewältigen, verwandelt sich die Barke in eine Schlange. In der **fünften Stunde** hat der Sonnengott den Grabhügel des Osiris zu überwinden, auf dessen anderer Seite Schlächter und Schlangen drohen, die aber besänftigt werden. Das Boot erreicht die **sechste Stunde** und damit die tiefste Tiefe der Unterwelt. Hier vereinigt sich der Ba mit dem Sonnenleichnam, jetzt kann die Sonne wieder aufleben (das Stundenbild ist hier durch die Raumecke geteilt).

Erste Stunde des Amduat (Grab von Amenophis II)

Doch die nach Mitternacht neu erstrahlende Sonne hat in der **siebten Stunde** allerlei Gefährdungen zu bestehen. Der Erzfeind *Apophis* lauert als gefährliche Schlange, aber hilfreiche Göttern fesseln und zerstückeln sie mit Messern. Ähnlich erhält Osiris im oberen Register Hilfe von einem Strafdämon, der die Feinde köpft. In der **achten Stunde** kommt die Sonnenbarke dank acht Ziehender zügig voran (Mittelregister). Oberes und unteres Register sind in Grüfte geteilt, in denen die Bewohner auf Stoff-Hieroglyphen „sitzen", weil es in dieser Stunde um die Bekleidung der Unterweltwesen geht. Dies setzt sich noch in der **neunten Stunde** oben fort. Im Mittelregister sind hier die Ruderer vor der Sonnenbarke angetreten. Unten sollen Uräusschlangen abschrecken und Feldgötter (mit Getreidehalmen) die Versorgung sicherstellen.

Wichtiges Thema der **zehnten Stunde** sind die durch Ertrinken zu Tode Gekommenen, die nicht bestattet werden konnten. Sie treiben im Urgewässer (Wasser im unteren Register), werden aber von Horus vor Verwesung bewahrt und damit gerettet. Im Mittelregister sieht man die Schutzmannschaft des Sonnengottes. Die **elfte Stunde** dient der Vorbereitung auf den Sonnenaufgang. Im Mittelregister wird die Schlange, in deren Leib sich demnächst die Verjüngung der Sonne ereignen wird, (von rechts) zur Barke getragen. Im unteren Register brennen die Feinde in feuergefüllten Gruben. Für die Neugeburt der Sonne in der **zwölften Stunde** muss die Barke, die auch alle „seligen Toten" enthält, durch den Leib der Schlange gezogen werden. Für diese schwere Arbeit ist die größte bisher engagierte Zugmannschaft nötig.

Wenn das Werk vollendet ist, fliegt die Sonne als Uräus in die geöffneten Arme des Gottes Schu, der sie an den Tageshimmel emporhebt und die Unterwelt wieder verschließt. Ihre Bewohner, die Toten, wie auch Osiris (unteres Register) fallen bis zum nächsten Erscheinen der Sonne erneut in Todesschlaf.

Nr. 11 - Ramses III

Es handelt sich um das drittgrößte Grab im Tal. Es war für den Vater von Ramses III, Sethnacht, angefangen worden, wurde aber aufgegeben, als es mit Grab 10 zusammentraf. Ramses III hatte weiter unten im Tal das Grab Nr. 3 bauen lassen, verzichtete aber wegen schlechter Ausführung darauf und baute hier weiter.

Die 38-stufige Originaltreppe, die zum Einlass führt, ist in der Mitte mit einer „Rutschbahn" für den Sarkophag ausgestattet. Entgegen anderen Gräbern mit verstecktem Eingang wurde hier die Öffnung in den Berg mit je zwei Pilastern mit Hathorkopf rechts und links des Eingangs sogar betont; auf dem Türsturz das bekannte Relief mit Isis und Nephthys (siehe Grab 8). Gleich links nach dem Eingang sieht man den König vor Re-Harachte und als nächstes das „Titelbild" der Sonnenlitanei, mit der auch die Wände der ersten beiden Korridore ausgeschmückt sind, links beginnend. Insgesamt sind die Reliefs eher grob gestaltet und leider relativ schlecht erhalten.

Etwas weiter fallen links und rechts Seitenkammern mit ungewöhnlichen Darstellungen für Königsgräber auf. In der ersten Kammer links: Köche, Bäcker, Metzger; in der gegenüberliegenden: Schiffe auf dem Weg nach Abydos. Nach kurzem Abstand folgt die zweite Kammer links: Nilgötter und Fruchtbarkeitsgötter; gegenüber: heilige Tiere. Dritte Kammer links: Ortsgötter (auch Zwitter) bringen Opfer, Nilgötter; gegenüber: so genanntes Schatzhaus mit Krügen, Halsbändern, Betten etc. Vierte Kammer links: Schutzgeist des Königs, heilige Stiere, Schlangen; gegenüber: Feldarbeiten in heiligen Gefilden; fünfte Kammer links: an den Seitenwänden die heute ziemlich beschädigten, berühmten Harfenspieler vor Göttern (danach wurde das Grab früher benannt); gegenüber: zwölf verschiedene Osiris-Figuren.

Im dritten Saal sieht man den Schacht, der (versehentlich) im Grab des Amenmesse landete. An den Wänden opfert der König verschiedenen Göttern; rechts vor Ptah-Sokar-Osiris (grüne Hautfarbe) räuchernd und Wasser spendend, dahinter steht schützend Isis mit Flügelarmen. Der folgende Korridor wurde nach rechts versetzt, um dem Nachbargrab aus dem Weg zu gehen. Die Wände sind mit Szenen des Amduat geschmückt. Eine kleinere Querhalle ist mit verschiedenen Götterfiguren ausgemalt, auf den Wänden der folgenden Vierpfeilerhalle sind die 5. (links) und 4. Stunde des Pfortenbuchs dargestellt. Links unten, an der Rückwand beginnend, die *Fremdvölkerszene* mit je zwei Asiaten (Spitzbart), Nubiern (schwarz) und Libyern. Die Pfeiler tragen Opferszenen des Königs. Von hier führt eine 34-stufige Holzrampe weiter hinunter. Über der Treppe zur Grabkammer eine Doppelszene mit Osiris. In der dritten, zum Teil eingestürzten und gesperrten Halle stand der Sarkophag, der sich heute im Louvre befindet.

Nr. 16 - Ramses I

In das unfertige und relativ einfache Grab (Ramses I regierte nur kurz) führen 89 Stufen in zwei Abschnitten in einem undekorierten

Gang direkt in die Sargkammer. Hier steht noch der offene Sarkophag aus Rosengranit, auf den die schützende Isis gelb aufgemalt wurde, und dies in Eile, wie aus Textfehlern zu schließen ist. Die Wände der Kammer sind mit kräftigen, gut erhaltenen Farben dekoriert. Die linke Eingangswand zeigt Ramses I vor Ptah und der Djed Säule, die linke Seitenwand zunächst in großem Bild den König mit Harsiesi (dem jungen Horus) und Anubis, dann folgen in drei Registern Szenen aus dem Pfortenbuch. In der Nische der Rückwand sieht man einen widderköpfigen Sonnengott, der Osiris hält. An der Rückwand zunächst der König mit Salbe, dann kniend zwischen den Seelen des falkenköpfigen Re und des hundeköpfigen Nekhen (vergöttlichte vorgeschichtliche Könige), dann weiht er vier Kästen mit Kleidern vor Atum-Re-Khepri, dem abendlichen Sonnengott. Auf der rechten Hälfte der Rückwand wird er von Harsiesi und Atum mit Neith zu Osiris geführt. Die rechte Seitenwand zeigt wiederum Szenen aus dem Pfortenbuch, auf der rechten Eingangswand opfert der König dem Nefertem Wein.

Nr. 14 - Sethnacht und Tauseret

Das ursprünglich von Königin Tauseret angelegte Grab wurde später von Pharao Sethnacht übernommen und erweitert, nachdem sein Grab Nr. 11 das von Nr. 10 berührte (siehe oben). Den Namen der Vorbesitzerin ließ Sethnacht mit Stuck überdecken, der heute insgesamt ziemlich beschädigt ist. Durch drei Korridore gelangt man in einen kleineren, dann in einen größeren Raum, die beide mit Götterbildern dekoriert sind. Im nächsten Korridor liegt links ein Nebenraum, an dessen Rückwand Anubis mit dem aufgebahrten Leichnam gezeigt wird, unter dem die vier Kanopengefäße zur Aufnahme der Eingeweide bereitstehen. Nach einem mit Göttern und grimmigen Wächtern dekorierten Vorraum folgt die quer liegende Achtpfeiler-Grabkammer der Tauseret, in der jedoch kein Sarkophag steht. Dieser Raum ist unter anderem mit Szenen aus dem Pfortenbuch bemalt, an der Decke ziemlich zerstörte Sternbilder. Die rechte Seitenwand zeigt das großformatige Schlussbild des Höhlenbuchs nahezu genauso wie im Grab des Merenptah (siehe dort); darunter sieht man hier noch die Sonnenbarke über dem Erdgott Aker (als Doppelsphinx).

Dann geht es in einem Korridor weiter, in dem Reliefs in Mörtel vorgearbeitet sind; es handelt sich um die 6. und 7. Stunde des Amduat auf der linken, die 8. und 9. Stunde auf der rechten Seite. Die Grabkammer des Sethnacht entspricht der von Tauseret; hier steht der beschädigte Sarkophag in Kartuschenform. An den Seitenwänden erkennt man die Reste von Reliefs.

Nr. 15 - Sethos II

Das Grab gehört dem Gemahl von Königin Tauseret. Es wurde wegen seiner großen Korridore während der Bergung der Tutanchamun-Schätze als temporäres Lager benutzt. Die teilweise gut erhaltenen, häufig aber noch nicht farbig ausgemalten Reliefs sind sehr fein gearbeitet. Über dem Eingang sieht man einen der besterhaltenen Friese mit Sonnenscheibe und den Göttinnen Isis und Nephthys; hinter dem Eingang opfert der König dem Re-Harachte (rechte Wand) und empfängt dafür (links) ewiges Leben. Bald folgt die Sonnenlitanei mit ihrem großflächigen Titel und den langen Hieroglyphentexten. An der Decke erkennt man am Unterschied des Schnabels fliegende Geier und geflügelte Schlangen in Geierform.

Nach dem ersten Korridor wurden nur noch Vorzeichnungen fertig; erst nach dem dritten Korridor sieht man in einem Raum vor der Vorkammer wieder großflächige, mit kräftigen Farben gemalte Bilder von Götter- und Königsstatuetten, die als Beigaben dem König mit auf den Weg gegeben wurden. Links an der Wand liegt die Mumie eines unbekannten Mannes. Es folgt die Vierpfeiler-Vorkammer mit Bildern verschiedener Götter, aber auch diese ist nur zum Teil fertig gestellt, auf den Wänden Vorzeichnungen aus dem Amduat. In der Sargkammer fällt der hochgestellte Sarkophagdeckel auf, seine Unterseite lässt sich in einem Spiegel betrachten. Sie ist mit einem kräftig modellierten Relief der Isis dekoriert, die sich gewissermaßen auf den verstorbenen König legt, der mit ihr den Thron-

Treppe zum Grab von Thutmosis III

folger zeugt. Isis erscheint auch an der Kammerdecke in Form der geflügelten Göttin.

Nr. 47 - Siptah

Dieses Grab ist eher armselig mit relativ wenigen Details ausgestattet; nutzen Sie Ihr Ticket besser für andere Gräber. Über dem Eingang fällt wieder das Relief mit Isis und Nephthys auf (siehe Grab 8); im Innern folgen schöne farbige Reliefs mit der Sonnenlitanei; im zweiten Korridor Auszüge aus dem Totenbuch mit großflächigen Bildern, z.B. links Anubis über dem Toten, dessen Kopf bereits mit der goldenen Totenmaske bedeckt ist; links daneben Isis, rechts Nephthys, darunter Anubis in Tiergestalt. Auch die Decke dieser beiden Korridore ist bemalt.

Im zweiten Korridor beginnt ein Ausschnitt aus der Sonnenlitanei mit einer Darstellung des Ba (Seele) des Sonnengottes als Vogel mit Widderkopf in der Sonnenscheibe; an der linken Seite Isis, rechts Nephthys, beide in Vogelgestalt. Danach sieht man nur noch rohe Wände. Den Granitsarkophag in der Sargkammer kann man nur von Ferne betrachten, weil der Weiterweg ab einem Vorraum (wegen Restaurierung) gesperrt ist. Insgesamt hat man etwa 75 Stufen bis hierher zurückgelegt.

Nr. 34 - Tuthmosis III

Das am engen südlichen Talende gelegene Grab erfordert die meiste Beinarbeit. Zunächst erklimmt man den 83 Stufen höher liegenden Eingang, dann geht es wieder 80 Stufen bis zur Vorkammer hinunter und schließlich noch weitere 22 Stufen zur Grabkammer. Diese „Barriere" hält eilige Besuchergruppen fern. Die Besichtigungsmühe lohnt sich vor allem, wenn man das Amduat - die zeitlich erste vollständige Ausgabe - detailliert und halbwegs in Ruhe betrachten will.

Sobald man den Schacht erreicht („Höhle des Sokaris", hier zum ersten Mal eingebaut), sieht man, dass die einstige Mauer durchbrochen wurde, um Zugang zum Grab zu finden. Nur die Decke ist mit Sternen auf blauem Nachthimmelgrund bemalt, direkt unterhalb verläuft an den Wänden ein so genannter Checker-Fries. Es folgt die Vorkammer, deren Decke ebenfalls mit Sternen übersät und unterhalb derer wiederum ein Checker-Fries zu sehen ist. An den Wänden stehen, quasi tabellarisch aufgelistet, die Namen aller 741 Götter und Dämonen, die im Amduat erwähnt sind.

Von hier führt eine steile Treppe zur Grabkammer mit dem roten Sandsteinsarkophag hinunter; in den Nebenkammern wurden Grabbeigaben gefunden. Sie ist oval in Form der königlichen Namenskartusche angelegt. Ihre schöne Sternen-Decke wird von zwei Pfeilern abgestützt, die hauptsächlich mit der Sonnenlitanei dekoriert sind, die erstmals hier in einem Grab vorkommt.

Bekannt ist ein Bild vom König mit seiner Familie - alle Mitglieder sind benannt -, rechts darunter wird der König von der Baumgöttin gesäugt (erster Pfeiler linke Seite; die Brust ist schon weitgehend abgegriffen).

An den Wänden kann man den Ablauf der Nacht im Amduat mit vorzüglich erhaltenen Darstellungen verfolgen, es scheint direkt vom Papyrus kopiert zu sein. Das Buch ist hier noch nach den Himmelsrichtungen ausgelegt; es beginnt in der hinteren rechten Raumecke quasi über einer Kammeröffnung und endet mit der Morgenszene kurz vor dieser Kammer. Nähere Details zum Amduat finden Sie bei der Beschreibung von Grab 35.

Wir wollen nun dem Weg folgen, der vom Rastplatz nach Osten abzweigt. Der dritte Eingang rechts führt in das Grab von Sethos I.

Nr. 17 - Sethos I

Das schönste Grab im Tal hat am meisten unter dem Besucheransturm gelitten, es ist seit Jahren gesperrt. Immer neue Wiedereröffnungstermine geistern durch die Medien - sollte es wahr werden, dann sollten Sie es wegen seiner wunderschönen Reliefs und der gut erhaltenen Farben nicht auslassen.

Wenn Sie den Tempel von Abydos (siehe Seite 282) besuchten, dann werden Sie bestimmt auch das Osireion gesehen haben, das Scheingrab von Sethos I. Hier stehen Sie vor dem tatsächlichen Grab, und der (Toten)Tempel von Abydos entspricht dem hiesigen Totentempel von Sethos I (siehe Seite 334).

27 Stufen führen über eine Holztreppe in den ersten Korridor. Links sieht man Sethos vor Re-Harachte, dann folgt die Sonnenlitanei, die im zweiten Korridor (Treppe) u.a. mit 75 Darstellungen von Re-Harachte (obere Wandnischen) fortgesetzt wird. Im dritten Korridor ist auf der rechten Wand die 4. Nachtstunde des Amduat, auf der linken die 5. Stunde dargestellt. Man betritt dann einen quadratischen Raum mit tiefem Schacht, in dem der König vor verschiedenen Göttern zu sehen ist. In einer heute entfernten Mauer fand 1815 Belzoni, der Entdecker des Grabes, einen schmalen Durchbruch und damit die Fortsetzung der Anlage. Von hier führen ein paar Stufen in den Ersten Pfeilersaal. Auf den vier Pfeilern opfert der König den Göttern der Unterwelt. Auf der linken Wand ist die 4. Stunde des Pfortenbuchs, im unteren (beschädigten) Register Horus mit den vier Menschenrassen dargestellt, durch je vier Ägypter, Asiaten, Schwarzafrikaner und Libyer repräsentiert. Der Nebenraum enthält nur rot und schwarz vorgezeichnete Entwürfe aus dem Pforten- und Unterweltbuch.

Im vorigen Saal geht es links über 18 Stufen und durch zwei Korridore - mit Mundöffnungsszenen bemalt - in einen Vorraum, der mit Darstellungen vom opfernden König geschmückt ist. Nur wenige Schritte sind es zu einer Halle, die im vorderen Bereich von sechs Pfeilern getragen wird, im hinteren Teil als Gewölbe ausgeführt ist. Die linke und die Vorderwand zeigen die Stunden 1, 2 und 4 des Pfortenbuchs, die Pfeiler Opferungen des Königs vor den Unterweltgöttern, der linke Seitenraum Pfortenbuchausschnitte, der rechte die Himmelskuh mit Luftgott Schu, an den Wänden den „Mythos von der Vernichtung der Menschheit durch die Götter". Der überwölbte Teil mit einer astronomischen Deckenzeichnung ist die eigentliche Grabkammer. Der durchscheinende und erstmals in Mumienform gestaltete Alabastersarkophag wurde von Belzoni nach London verfrachtet. An den Wänden sind Szenen aus dem Totenbuch zu sehen. Der linke Seitenraum enthält Opferszenen des Königs (auf den Pfeilern), an den Wänden das Amduat und das Pfortenbuch. Der rechte kleine Raum war die Osiris-Kammer, in der seiner gedacht wurde.

Nr. 43 - Tuthmosis IV

Das selten besuchte und angeblich kühlste Grab im Tal liegt am Ende der Straße tief im Berg. Bei der nur teilweise fertig gestellten Anlage sind zwei Vorkammern dekoriert, die Grabkammer selbst blieb nackt, nicht einmal Putz wurde aufgetragen. Sie zeigt andererseits die Sorgfalt, mit der bereits in dieser Phase ebene Wände aus dem Fels geschnitten wurden.

Man steigt 105 Treppen- und Rampenstufen durch kahle Korridore hinunter bis zum überbrückten Schacht. Auf dessen Wänden sieht man die ersten Dekorationen in schönen, kräftigen Farben: Verschiedene Götter halten das Lebenszeichen Anch vor die Nase des Verstorbenen, um ihm den Lebensodem zu spenden. Dieses Motiv wiederholt sich im Vorraum zur Sargkammer, die man nach Durchquerung eines kahlen Pfeilerraumes und Abstieg über weitere 65 Stufen erreicht. Auch die Grabkammer blieb undekoriert. Doch mit dem Sarkophag gaben sich die Künstler große Mühe, er zählt zu den schönen Exemplaren im Tal. An seinen Stirnseiten fallen eindrucksvolle Reliefs von Nephthys (links) und Isis (rechts) auf.

Wenn Sie nach Deir el Bahri wandern wollen und steiles Klettern nicht scheuen, dann nehmen Sie einen der schmalen Pfade rechts vom Grab. Ein etwas bequemerer Weg nach Deir el Bahri und Deir el Medina beginnt kurz nach dem Sethos I Grab.

Nr. 23 - Eje (englisch *Ay* oder *Aj*)

Sollten Sie noch nicht erschöpft und im Besitz eines zusätzlichen Tickets (£E 25) sein, schlagen wir einen Abstecher in die Wüsteneinsamkeit vor: zum Grab des Eje, das im abgelegenen West-Valley liegt. Es handelt sich um ein typisches Wadi gebirgiger Wüstenzonen mit steilen, häufig senkrecht abfallenden Felswänden, die am Ende fast zu einer Schlucht zusammenrücken. Falls Sie den Sinai oder die Gebirge der Ostküste nicht besuchen werden, dann können Sie sich hier einen - wenn auch bescheideneren - Eindruck verschaffen. Vor allem dann empfiehlt sich der ca. 30 Minuten lange Wanderweg durch die faszinierende Felsenwelt; andernfalls bringt Sie auch Ihr Taxifahrer gegen ein Bakschisch hinauf, falls Sie per Taxi kamen.

Man biegt am Visitor Center nach Westen auf eine ausgeschilderte Piste (englisch *Aj*) ab. In einer Kurve stehen zwei Häuser; rechts am Hang wohnt der Gafir (Wärter), der mit zum Grab geht, um aufzuschließen - ohne ihn kein Einlass. Ein zweiter Mann kommt hinterher, um den Generator für die Beleuchtung anzuwerfen.

Unterwegs zweigt ein Weg zum unzugänglichen Grab des Amenophis III ab. Das Eje-Grab ist fast am Ende der Schlucht erreicht. Es weist Ähnlichkeiten mit dem des Tutanchamun auf, dem Vorgänger von Eje, ist aber tiefer in den Berg gehauen. Insgesamt hat man knapp 60 Treppenstufen und etwa 90 einer Holzrampe durch völlig schmucklose Korridore zur Grabkammer hinunter zu klettern. Nicht nur die thematische Auswahl bei der Ausschmückung, sondern auch der Stil sowie die großfigürliche Gestaltung mit plakativen Farben erinnern stark an das Grab des Vorgängers. Ungewöhnlich für ein Königsgrab ist eine Jagdszene des Pharaos im Papyrusdickicht (rechts nach dem Eingang). Die ebenfalls zum Grabschmuck gehörenden zwölf Affen (rechte Seitenwand) gaben ihm nach der Entdeckung den Namen *Affengrab*. Der gewaltige Sarkophag trägt auf der Vorderseite ein schönes Relief mit Isis und Nephthys.

****** Privatgräber (auch *Noblen-Gräber*)**

Hintergrund: *In Theben-West gibt es über 400 dekorierte Gräber von Privatleuten, d.h. von Angehörigen der Oberschicht. Sie sind hochinteressant wegen der Darstellungen aus dem täglichen Leben, die oft in direktem Bezug zur Person des Grabinhabers, zu seinem Beruf bzw. seinen Ämtern stehen.*

Schauen Sie sich diese Dokumentation des pharaonischen Alltags an und lassen Sie sich aus verflossenen Jahrtausenden erzählen. Der aufmerksame Beobachter findet deutliche Parallelen zu abendländischen Lehren. Wenn der Verstorbene laut Totenbuch den Totenrichter beschwört: „Ich habe kein fremdes Eigentum beschädigt, niemanden verleugnet, keinen Schmerz zugefügt, niemanden hungern lassen, keine Tränen verursacht. Ich habe niemanden getötet und auch nicht zu töten befohlen ...", dann ist der Weg zu den biblischen zehn Geboten nicht weit und man stellt betroffen fest, dass die grundsätzlichen Probleme der Menschheit vor 4000 Jahren schon allzu bekannt waren, die Lösung aber heute ebenso weit entfernt liegt wie damals.

Die Gräber folgen - bis auf das des Ramose - einer grundsätzlichen Architektur, die aus einem ungeschmückten Vorhof für die Totenfeste, einer Querhalle und einer anschließenden Längshalle besteht, der bei größeren Anlagen ein Pfeilersaal vorgeschaltet sein kann und in die hinten meist eine Nische für die Statuen eingelassen ist. Von diesen Räumen gingen die Schächte hinunter zu den unterirdischen Grabkammern, in denen die Särge und die Grabausstattung abgestellt wurden. Während dieser Teil der Grabanlage verschlossen wurde, blieben die anderen Räume weiterhin für die Totengedenkfeiern zugänglich.

Für den Besucher stellt sich das Problem der Auswahl und Orientierung. Vereinzelte Schilder weisen zwar in Richtung einiger Grabstätten, die aber dennoch etwas schwer zu finden sind. Die Gräber liegen (von Nord nach Süd) in Dra Abou el Naga, Asasif, El Cocha, Qurna und Gurnet Murai, wobei die meisten der zur Besichtigung freigegebenen Gräber in **Qurna** zu finden sind. Diese Nekropole zieht sich um das gleichnamige Dorf - westlich des Ramesseums - den Hang hinauf. . Jugendliche bieten sich als Führer zu den im Gelände des Dorfes liegenden Grabstätten an.

Das Innere der sehenswertesten und geöffneten Gräber ist als Rundgang beschrieben, der (außer im Ramose-Grab) jeweils vom Eingang aus links herum (siehe Plan Grab Nr. 69 – Menna) verläuft. Wenn man vom Parkplatz den deutlich sichtbaren Weg rechts nach oben geht, kommt man auf etwa halber Höhe zum Grab des Nacht (Nr. 52). Man sollte aber zunächst noch weiter aufwärts zu einer Senke mit dem Grab des Menna (Nr. 69) wandern. Wer nur die drei Gräber Nr. 55, 56 und 57 besichtigen will, geht vom Parkplatz den linken Schotterweg hinauf. Nach der Besichtigung kann man weiter den Berg hinauf zu den Gräbern Nr. 96 und 100 gehen.

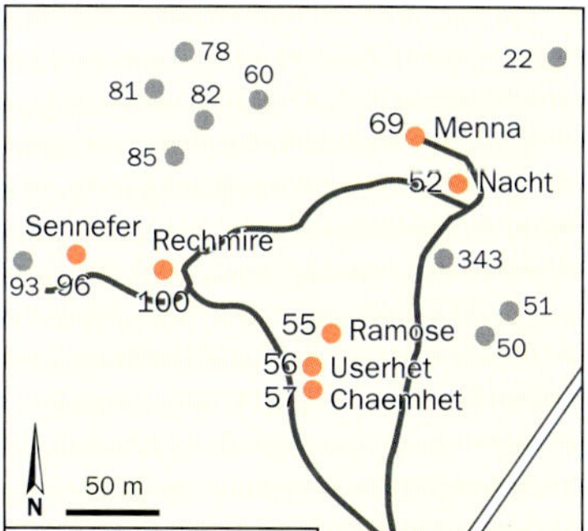

Privatgräber (Noble) in Qurna

Nr. 69 - Menna

Der Feldvermesser Menna (unter Tuthmosis IV) ließ sein Grab u.a. mit erfrischenden Szenen aus seiner Tätigkeit schmücken, deren Farben noch gut erhalten sind. Der Grabherr ist am ausgehackten Gesicht zu erkennen; mit dieser Tat wollte ein Feind verhindern, dass er im Jenseits weiterlebt.

Links im Durchgang zur Querhalle sieht man Menna mit Frau und Tochter beim Beten; auf der linken Querhallenwand [A] bei der Arbeit: Ein Helfer zeigt auf den Grenzstein, die Vermessungsschnur wird gespannt, Schreiber halten die ermittelten Maße fest. Rechts bringen ängstliche Bauern Erfrischungen, um Menna gnädig zu stimmen. Im Bildstreifen darunter wird Getreide abgemessen und das Ergebnis notiert, Wagen und Pferde warten, es folgt das Dreschen mit Ochsen. Im nächsten Bildstreifen darunter beaufsichtigt Menna die Ernte, während sich zwei Mädchen an den Haaren ziehen und ein Junge Flöte spielt. Ganz unten wird gepflügt, ein Mädchen zieht sich einen Dorn aus dem Fuß.

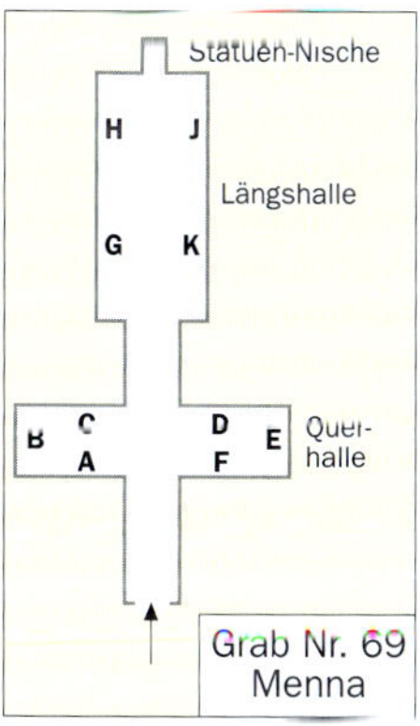

Grab Nr. 69 Menna

Auf der linken Querwand [B] betet Menna mit Frau zu Osiris, die rechte Seite der Querhalle [E] zeigt Opfer und religiöse Szenen. Im Durchgang zur Längshalle verlässt der Tote mit Frau das Grab für das Talfest. Auf der linken Wand der Längshalle [G] sieht man in mehreren Bildstreifen Begräbnisszenen mit Opferträgern, der Grabausstattung, ein Boot mit Trauernden, den Sargtransport, Priester, Schlächter und Boote auf der Prozession zu Anubis, im hinteren Bereich [H] das Totengericht mit dem Herz des Toten auf der Waage. In der Statuen-Nische steht nur noch das Unterteil einer Sitzgruppe. Die rechte hintere Wand [J] zeigt den Toten mit Verwandten beim Opfern, dann beim

Fischen und Vogelfangen und schließlich die Wallfahrt nach Abydos [K].

Nr. 52 - Nacht

Das - eigentlich winzige - Grab des Nacht zählt zu den schönsten Privatgräbern Ägyptens. Es hat durch die zahllosen Besucher so sehr gelitten, dass seine Wände völlig verglast und der Boden mit Dämm-Matten ausgelegt wurden, um Erschütterungen zu mindern. Höchstens vier Personen können sich gleichzeitig umschauen; im Vorraum stehen Wartebänke, eine kleine Ausstellung gibt Erklärungen. Der Grabherr Nacht war unter Tuthmosis IV hoher Beamter und angesehener Astronom.

Nur der Querraum ist dekoriert, zum Teil sogar unfertig. An der Wand links vom Eingang opfert Nacht zusammen mit seiner Frau; weiterhin beobachtet er Feld- und Erntearbeiten, die fast minutiös dargestellt sind. Die linke Querwand zeigt eine Scheintür mit dem Ehepaar Nacht beim kultischen Mahl. Auf der hinteren Längswand sieht man das Ehepaar beim Festmahl (unter einem Stuhl die Lieblingskatze) mit Tänzerinnen und Musikanten, eine der schönsten Szenen. Ein Sohn bringt Gänse und Blumen, eine spärlich bekleidete Dienerin hilft einer Frau beim Schmuckanlegen. Die Gäste sind in mehreren Reihen übereinander dargestellt.

Rechts der Mitteltür bringen Diener Tauben und andere Köstlichkeiten dem Ehepaar, das in einer Laube sitzt. Rechts davon Vogeljagd und Traubenernte. Dann wieder Nacht bei der Vogeljagd mit Bumerang und beim Fischen. Die rechte Querwand wurde nur teilweise fertig gestellt; man sieht wieder das Ehepaar bei Tisch und Personen mit Opfergaben.

In der Nähe des Nacht-Grabes werden Robert-Hay-Zeichnungen und andere Dokumente in der Ausstellung **Qurna Discovery** gezeigt (Mi-Mo 8-12, 14-17), die Qurna in seiner Vergangenheit dokumentieren (www.qurna.org).

Nr. 96 - Sennefer

Sennefer war zur Zeit von Amenophis II der Vorsteher von Theben, also Chef des größten pharaonischen Unternehmens, wohl daher konnte er sich ein ziemlich großes Grab leisten und es schön ausmalen lassen.

Nachdem man 43 Stufen hinunter gestiegen ist, kommt man zunächst in einen als Weinlaube konzipierten Vorraum, dessen Decke mit Ranken und Trauben geschmückt ist. Links sitzt Sennefer und nimmt Opfer von seiner Tochter und von Priestern entgegen; auf der rechten Wand bringen Diener die Grabausrüstung. Beiderseits der Tür zum nächsten Raum sieht man ihn betend mit seiner Frau.

Jetzt betritt man einen kleinen Saal mit vier Pfeilern, dessen Decke mit Weinranken und Flechtmustern dekoriert ist. Hier hat Sennefer geschickt einen schützenden Geier versteckt, der eigentlich den Pharaonen vorbehalten war. Links des Eingangs tritt der Grabherr mit seiner dritten Frau Merit aus dem Grab („um die Sonne zu sehen"). Die linke Wand zeigt die Leichenprozession, die hintere Wand Sennefer und Frau beim Mahl, Priester beim Opfern; die rechte Wand im hinteren Teil Sennefer mit Frau in einer Weinlaube beim Beten zu Osiris und Anubis; dann Anubis an der Bahre, danach gießt ein Priester Reinigungswasser über den Toten und seine Frau. An der rechten Eingangswand Sennefer mit Frau Merit und einem Sohn als Priester.

Nr. 100 - Rechmire

Das von der Architektur her ungewöhnliche Grab weist eine 29 m lange, eher schmale Längshalle auf, die nach hinten immer höher wird. Es diente lange Zeit als Wohnhöhle, daher sind die unteren Wandbereiche ziemlich beschädigt, die Farben verblasst. Rechmire war Wesir unter Tuthmosis III.

Auf den Bildern der Querhallenwand links vom Eingang [A] empfängt Rechmire in seiner Audienzhalle Bittsteller und Boten mit Abgaben. Die gegenüberliegende Wand [C] zeigt ihn beim Empfang von Abgeordneten - auch Frauen und Kindern - mit Geschenken aus Punt, Kreta, Nubien und Syrien (von oben nach unten). Rechts [D] Jagdszenen und Rechmire bei der Inspektion von Abgaben. In der Mitte der linken Längshallenwand [H] überprüft Rechmire Handwerker; hier sind Szenen des täglichen Lebens und Arbeitens sehr detailliert und lebendig dargestellt, u.a. Sattler, Schmiede (mit Blasebalg), der Metallguss einer Tür etc. Die gegenüberliegende Wand [J] zeigt (von hinten aus) die Barkenprozession der Statue, ein Festmahl mit Musikern, Sängern und Gästen sowie heimkehrenden Schiffen.

Nr. 56 - Userhet

Der Grabherr war Schreiber unter Amenophis II. Bei der Dekoration dominieren - ungewöhnlich - Rosa- und Rottöne. Auf der rückwärtigen Querhallenwand links [C] ist ein Festmahl (unter Stühlen hocken Affen!) mit Harfen- und Lautenspielern dargestellt, rechts [D] Inspektion der Rekruten, darunter Barbiere mit wartenden Kunden im Baumschatten. Es folgen vier Männerreihen vor Vorratshäusern, dann opfert Userhet dem Pharao Blumen und Früchte.

Die linke Wand der Längshalle zeigt eine sehr lebendige Jagdszene, u.a. werden Gazellen und Hasen vom Jäger (Userhet) und einer Hyäne verfolgt, außerdem sieht man Entenjagd mit Bumerang, ganz hinten beim Fischen. Auf der rechten Wand ist die Grabprozession mit Priestern und weinenden Frauen dargestellt. In der Nische befinden sich Statuenreste des Grabherrn und seiner Frau.

Nr. 57 - Chaemhet

Gleich neben Nr. 56 ließ sich der Speicheraufseher von Ober- und Unterägypten unter Amenophis III sein Grab anlegen, das mit einer zweiten Querhalle ausgestattet ist. Es weist ähnlich feine Reliefs mit sehr schönen Gesichtern und Gestalten auf wie das Grab des Ramose. Die rückwärtige Querhallenwand zeigt links [C] Chaemhet, der dem Pharao (unter dem Baldachin) den Erntebericht überbringt; auf der rechten Seite [D] eine ähnliche Szene, dort stehen hinter dem Grabherrn zwei Reihen dienstbarer Beamter. Auf der rechten Eingangswand [F] überwacht Chaemhet das Vermessen der Felder (wartender Wagen), darunter die Ernte. Die Reliefs der Längshalle sind weitgehend zerstört; in der folgenden zweiten Querhalle stehen rauchgeschwärzte Statuen in Nischen für den Grabherrn und seine Verwandten.

Nr. 55 - Ramose

Der Wesir unter Amenophis III und dann unter seinem Nachfolger Amenophis IV-Echnaton hatte seine angreifbare Stellung offenbar halten können, trotz der politischen Wende. Dies zeigt sich auch in seinem Grab, das zwar unvollendet blieb, aber gerade den künstlerischen Umbruch seiner Zeit deutlich vor Augen führt.

Man betritt eine große Halle mit 32 Säulen, die (heute) von Oberlicht beleuchtet wird. Man sollte beim Rundgang der historischen Entwicklung folgen und vom Eingang aus mit der rechten Wandhälfte beginnen, die noch im konventionellen Vor-Amarna-Stil ausgeführt ist. Hier empfangen Ramose, seine Frau und Verwandte von Dienern Opfer; unterhalb sitzt das Ehepaar mit Gästen aus Memphis am Tisch (ein Priester im Pantherfell). Zur Mitte der Wand sieht man den Grabherrn mit Frau (hinter ihm) und drei Töchtern mit Musikinstrumenten, dann mit seiner Frau und mehreren Beamten beim Opfern. Auf der linken Wandhälfte wird der Grabherr beim Weihen von Opfergaben dargestellt; daneben Gäste vor Ramose mit Frau und Verwandten, dann vier Paare von Verwandten vor dem Toten. Zweimal ist eine Gans (jeweils unter einem Stuhl) an dieser Wand während der Amarnazeit ausgehackt worden, da sie als Symbol des in jener Zeit verfemten Amun galt.

Die linke Querwand steht bereits unter dem Zeichen der Amarnazeit. Hier sieht man das Begräbnis mit der sehr ausdrucksstarken Szene von Klagefrauen und einer Männerprozession, die Grabbeigaben tragen. Schließlich stehen kahl geschorene Priester am Grab, rechts sprechen Ramose und Frau Hymnen zu Osiris. In der linken hinteren Ecke führt ein Gang zur (uninteressanten) Grabkammer.

Auf der linken Hälfte der Rückwand herrscht wieder der konventionelle Stil. Nach Vorzeichnungen, erstem Herausarbeiten aus dem Stein bis zum kompletten Bild kann die Entwicklung verfolgt werden: Amenophis IV, der spätere Echnaton, lässt sich unter einem Baldachin mit

Göttin Maat von Ramose huldigen. Die andere Hälfte der Wand, rechts der Tür, zeigt denselben Amenophis IV nun zusammen mit Nofretete auf dem Erscheinungsbalkon im Palast von Amarna, der von den Strahlen des jetzt einzigen Gottes Aton überdeckt wird. Vor ihnen wird Ramose geschmückt. Nach dem Ende der Amarnazeit wurde die Figur des Königs ausgehackt. Diverse Würdenträger, die dem Verstorbenen huldigen, sind nur vorgezeichnet.

Gräber von Asasif

Direkt südlich der Straße nach Deir el Bahri und kurz vor dem Parkplatz liegt die Nekropole von Asasif. Bis auf Grab Nr. 192 wurden hier erst in der 25./26. Dynastie Privatgräber angelegt, die stilistisch etwas ungewöhnlich sind. Für Interessierte lohnen die folgenden Gräber.

Nr. 279 - Pabasa, Haushofmeister

Die palastartige Anlage liegt trichterförmig tief in der Erde. Dort schließt sich an einen großen, Licht durchfluteten Hof eine Pfeilerhalle an, um die sich verschiedene Gräber und Kapellen gruppieren. Die Gräber, die auch für Familienangehörige bestimmt waren, sind als z.T. sehr tiefe Schächte angelegt. Der feine und sorgfältig gearbeitete Relief-Wandschmuck greift stilistisch auf frühere Epochen zurück und kopiert Vorlagen des Alten, Mittleren und Neuen Reichs. Man kann viele Szenen des täglichen Lebens betrachten, die sehr ähnlich in Sakkara-Gräbern zu finden sind, z.B. Schlächter, auch einen Imker. Die Hauptfiguren zeigen aber auch den Einfluss der nordsudanesischen Kunst der 25. Dynastie.

Nr. 414 - Anch-Hor
Gouverneur von Oberägypten

Die ziemlich große Anlage wurde von österreichischen Archäologen ausgegraben. Sie bietet außer einem Vorhof mit geschmückten Pfeilern (seltene Darstellung eines Imkers) keine großartigen Erlebnisse.

Nr. 192 - Cheriuf

Der Grabherr war Vermögensverwalter der Königin Teje in der 18. Dynastie. In der großen Anlage sind hauptsächlich die sehr fein gearbeiteten und dynamischen Szenen des *Heb-Sed Festes* (königliches Jubiläumsfest) in der Pfeilerhalle den Besuch wert. Auf der Wand links sieht man zunächst Prinzessinnen, die mit Wasserkrügen zum Grab kommen, links davon sehr grazile Tänzerinnen, die sich bis zum Boden herunterbeugen, im Register darunter die Musikkapelle. Beiderseits der Tür ist der thronende Amenophis III dargestellt, links gefolgt von der Göttin Maat und seiner Gemahlin Teje, rechts nur von Teje. Weiter rechts vom Eingang folgt, vom Ruß befreit, eine männliche Tanzgruppe, die sich bei weitem nicht so grazil bewegt.

Bergab, Richtung Abzweig der Deir el Bahri-Straße, liegt das Gräberfeld *El Cocha*. Wer Zeit hat, kann einen Blick auf die Gräber Nr. 36, 39, 49, 178 werfen.

Gräber in Dra Abu Nega

An der Straße, die vom Abzweig nach Deir el Bahri weiter zum Abzweig ins Tal der Könige führt, sind zwei Gräber geöffnet, von denen eins das Auge mit leuchtenden Farben und typischen Szenen aus dem täglichen Leben erfreut.

Nr. 255 - Rai (englisch *Roy*)

Hier lohnt der Besuch wegen der farbenprächtigen Bilder auf weißem Putz ganz besonders, obwohl es sich nur um einen einzigen ziemlich kleinen Raum handelt (rechts Grabschacht). Die Decke ist mit roten und schwarzen Sternen im Schachbrettmuster bemalt. Auf der linken Wand sieht man unten eine komplette Begräbnisszene mit Trauerzug, Klageweibern und dem Sarg des Verstorbenen. Darüber betet der Grabherr verschiedene Götter an. Er wird von Horus zu Osiris geleitet.

Nr. 13 - Shurai (englisch *Shuroy*)

Das in T-Form angelegte Grab ist sehr klein. Nur wenige der auf Stuck gemalten Bilder oder Vorzeichnungen sind erhalten.

***Arbeitersiedlung Deir el Medina

Hintergrund: *In dieser sehenswerten Siedlung wohnten die Künstler, Steinmetze und Maler, die für die Anlage der Königsgräber im Tal der Könige zuständig waren. Für sich selbst legten*

Die schöne Schwägerin des Grabherrn im Ramosegrab

sie am Hang über ihrem Dorf „nach Feierabend" ihre meist kleinräumigen Gräber an, die sich durch einen ganz eigenen Stil und eine oft recht eigenwillige Farbgebung auszeichnen. Am Rand der Siedlung steht ein kleiner, mit allen Nebenräumen erhaltener Ptolemäer-Tempel.

Die Grundmauern der engen Häuser sind erhalten, manchmal sogar noch Stufen der Treppe in den oberen Stock. Die Ruinen ermöglichen eine gute Vorstellung von den damaligen Wohn- und Lebensbedingungen. Dies ist umso interessanter, als die meisten der altägyptischen Siedlungen, aus vergänglichen Nilschlammziegeln errichtet, nicht erhalten geblieben sind.

Übrigens konnten sehr viele Details über die Stadt und das damalige Leben rekonstruiert werden, weil hier zahllose, mit allen möglichen Notizen bekritzelte Ton- und Kalksteinscherben (Ostraka) gefunden wurden; allein 5000 in einem mit Abfall gefüllten unvollendeten Brunnen nordöstlich des Ptolemäertempels.

Nur einige Gräber sind zugänglich:

Nr. 1 - Sennedjen

Das sehenswerte Grab liegt dem Haus seines Besitzers gegenüber. 32 Stufen führen hinunter in eine sehr kleine überwölbte, perfekt ausgemalte Grabkammer, deren Farben tadellos erhalten sind. Auf der linken Eingangswand ist die Mumie zwischen Isis und Nephthys dargestellt, denen die Söhne opfern. Auf der linken Stirnwand betet der Grabherr mit Frau zu Unterweltgöttern; die hintere Wand zeigt links die Mumie des Verstorbenen auf einer Bahre mit Anubis, rechts führt Anubis den Toten zu Osiris. Die rechte Stirnwand wird Sie wegen ihrer Schönheit überraschen: Oben im Halbrund der Wölbung beten Paviane die Sonnenbarke an, darunter ist in vier Registern das Elysium (Paradies) mit reifen Früchten an üppigen Bäumen aufgemalt, in dessen prächtigen Feldern der Tote mit Frau pflügt und erntet. Wie die Wände so ist auch die Decke voll bemalt.

Nr. 359 - Inherchau

Das gleich nebenan liegende Grab erreicht man über 29 Stufen; es ist aber bei weitem nicht so gut erhalten, die Farben sind etwas verblasst. In einer einst ausgemalten Vorkammer sind noch Reste von Pforten- und Totenbuch zu sehen. Die enge Grabkammer ist mit Anbetungs- und Jenseitsszenen dekoriert.

Nr. 3 - Pashedu

Das Grab liegt relativ weit oben am Hang. Es ist ebenfalls sehr klein, weist aber gut erhaltene Farben auf. Die Bemalung zeigt hauptsächlich religiöse und familiäre Szenen.

Deir el Medina-Tempel

Die Ptolemäer ließen am nordöstlichen Ende der damals schon ruinösen Siedlung einen kleinen, kompakten Tempel für Hathor errichten. Durch ein Sandsteintor betritt man den von einer hohen Ziegelmauer umzogenen Hof. Säulensaal und Pronaos sind zu einem Raum verschmolzen. Er wird von zwei Säulen und zwei Pilastern mit Hathorkapitellen gegliedert; zwischen ihnen befinden sich halbhohe Säulenschranken. Das Sanktuar wird von zwei Kapellen flankiert: rechts von einer schön dekorierten Hathor-, links von einer Osiris-Kapelle, in der - ungewöhnlich für einen Tempel - das Totengericht dargestellt ist (linke Wand).

An der rückwärtigen Außenwand blieben die Reste eines „Gegentempels" erhalten, der für das einfache Volk zugänglich war, während im Haupttempel nur Priester Zutritt hatten.

Man kann von hier aus auf schönen, aussichtsreichen Wegen nach Deir el Bahri oder zum Tal der Könige immer am Steilabfall entlang wandern. Dazu erklimmt man die notwendige Höhe über die Polizeitreppe, die den Berg hinaufführt. Nach knapp 700 Stufen und dem Passieren der ersten Polizeistation biegt man rechts ab und erreicht – nach vielen wunderschönen Ausblicken - nach etwa 1 ½ Stunden das Tal der Könige oder etwas früher Deir el Bahri.

***Königinnengräber

Das südwestlich von Deir el Medina gelegene (Hoch)Tal der Königinnen birgt nicht nur Gräber von Königinnen, auch eine Reihe von Prinzen und Priestern wurde hier begraben. Die Anlagen ähneln denen der Könige, sind aber insgesamt bescheidener angelegt und ausgestattet.

****Nr. 66 - Nefertari

Hintergrund: *Nefertari war die Lieblingsfrau von Ramses II. Ihr kurzes Leben lang hielt sie die Spitzenstellung an der Seite des Königs inne. Dies kommt besonders in ihrem von Ramses II erbauten Tempel in Abu Simbel zum Ausdruck. Wahrscheinlich starb sie um 1255 vC mit etwa 34 Jahren. Ihr 1904 entdecktes Grab, das auf der rechten Talseite liegt, ist durch die modernen Vorbauten und seine Abzäunung zu erkennen.*

Das berühmteste Grab hatte unter Mineralausscheidungen (hauptsächlich Salz) sehr gelitten. In einem außerordentlich aufwendigen Renovierungsprozess wurde es wieder so hergerichtet, dass man es besichtigen konnte. Doch nach relativ kurzer Zeit musste es erneut geschlossen werden; es ist fraglich, ob es jemals wieder der Öffentlichkeit zugänglich gemacht werden wird. In der Hoffnung, dass irgendwann das Grab doch wieder zugänglich wird, drucken wir die Beschreibung weiterhin ab:

Die Grabanlage besteht aus einer Vorkammer mit zwei Nebenräumen, einem Treppenkorridor und der Grabkammer, an die drei Nebenräume gebunden sind. Die Darstellungen, mit denen Wände unwd Pfeiler bedeckt sind, überraschen mit so leuchtenden Originalfarben, als ob sie erst gestern aufgebracht worden wären. Die Bilder zählen, zumindest von den Farben her, zu den besten, die Theben-West überhaupt zu bieten hat. Sie wurden mit hoher Qualität und Sorgfalt gemalt, wenn auch für manchen Geschmack etwas zu starr. Die Themenwahl ist neuartig: Motive aus den Königs- und Privatgräbern wurden miteinander verbunden, ohne auf den Lauf der Sonne durch die Unterwelt einzugehen. Grundsätzlich stellen sie die Gemeinschaft der Königin mit den Göttern durch Auszüge aus dem Totenbuch dar.

Zum Eingang geht man eine kurze Treppe hinunter. An der West- und Nordwand der Vorkammer verläuft eine für Opfergaben vorgesehene Bank. Die Flächen darüber sind dem selten dargestellten 17. Kapitel des Totenbuchs gewidmet. In den Bildern, die links neben dem Eingang an der Südwand beginnen, sieht man die Königin unter einem Baldachin aus Bambus beim Brettspiel, ihre Seele (Ba) als Vogel, die kniende Königin die Sonne anbetend (auf der Westwand von zwei Löwen getragen), die Mumie auf dem Totenbett zwischen den falkenköpfigen Göttinnen Isis und Nephthys sowie weitere Götter. Auf der Ostwand (rechts) betet Nefertari vor Osiris zum Sonnengott Re-Harachte. „Re ist das, der in Osiris ist, Osiris ist das, der in Re ist"; dieses Gebet drückt das Verschmelzen des Gottes der Oberwelt mit dem der Unterwelt und umgekehrt aus.

Man geht rechts durch ein Vestibül (rechts Hathor und der falkenköpfige Re-Harachte mit Sonnenscheibe) in die Nebenkammer. Die rechte Wand (Süd) ist in mehrere Register unterteilt, deren Texte dem Kapitel 148 des Totenbuchs entstammen. Die Königin betet die sieben Himmelskühe und den Stier von Memphis an, welche die Verstorbenen in der Unterwelt mit Nahrung versorgen. An der Ostwand opfert sie vor Osiris und Atum. Auf der Nordwand ist das Totenbuch-Kapitel 94 dargestellt. Hier bittet Nefertari den Schreibergott Thot um seine Schreibutensilien. An der Westwand (links neben dem Eingang) überreicht Nefertari dem Gott Ptah Binden für die Einbalsamierung.

Auf der linken Seitenwand der Treppe zur Sargkammer opfert Nefertari zunächst vor Hathor, dann vor Nephthys und der geflügelten Göttin Maat, die auch auf dem Türsturz zur Kammer ins Auge fällt. Danach bewacht (oben) eine geflügelte Schlange die Namenskartusche der Königin, darunter Anubis, Isis. Auf der rechten Wand wiederholen sich die Szenen, allerdings mit Göttin Selket anstelle von Nephthys.

Die Sargkammer, die am meisten unter den Schäden gelitten hatte, gewann viel von ihrem ehemaligen Aussehen zurück. Besonders die vier Pfeiler zeigen sehr schöne Bilder. Die Ostwand ist dem Kapitel 146 des Totenbuchs gewidmet, die Westwand dem Kapitel 144.

Nr. 44 - Prinz Kha Emwaset

Dieses Grab ist mit seinen frischen Farben das sehenswerteste von den drei derzeit zugänglichen Gräbern. Der einst hier bestattete Prinz war ein Sohn von Ramses III und Sem-Priester. Bereits in jungen Jahren gehörte er zu den Priestern des Ptah. Das Grab besteht aus zwei Korridoren und dem Grabraum; am ersten Korridor liegt rechts und links je ein Nebenraum.

Bei den eindrucksvollen Bildern der Wände fällt immer wieder der junge Mann auf, der von seinem Vater den verschiedenen Göttern der Unterwelt vorgestellt wird. Besonders auf der rechten Seite des ersten Korridors sind die Reliefs sehr gut erhalten. Auf der Rückwand des Grabraums sieht man Osiris zweifach in Sitzhaltung.

Nr. 55 - Prinz Amun-Hir-Kopshef

Dieser jung gestorbene Mann war ebenfalls ein Sohn von Ramses III, der sich als Aufseher der königlichen Pferde und der Schreiber betätigte. Auch hier sind die Farben hervorragend und leuchtend erhalten.

Die Anlage besteht aus einem quadratischen Raum, einem Korridor, der Grabkammer und zwei Nebenräumen. Die Darstellungen an den Wänden zeigen hauptsächlich den König, der seinen Sohn den Göttern vorstellt. In der schmucklosen Grabkammer steht der Sarkophag und rechts ein Glaskasten mit einem lieblos abgelegten, sechs Monate alten Embryo-Skelett (in der Literatur meist „Fötus").

Nr. 52 - Königin Tye

Leider sind die Reliefs der kleinen und engen Anlage sehr stark beschädigt, die Farbe ist größtenteils verschwunden. Ein Besuch lohnt nur für Freaks oder den Fachmann. Es gibt keinen Hinweis, welcher der Ramessiden der Gemahl dieser Königin war, da die Inschriften nur von der königlichen Gemahlin und königlichen Mutter sprechen. Nach einem Korridor gelangt man in einen quadratischen Raum, dessen linker Nebenraum die Grabkammer war. Im rechten Nebenraum ist die Dekoration noch etwas besser erhalten.

Grab- bzw. Totentempel

Hintergrund: *Mit Beginn des Neuen Reichs entsteht am Rand des Fruchtlandes eine Serie von Tempeln, in denen die Bestattungszeremonien und später die Totenrituale abgehalten werden. Sie gehören als Totentempel zu den im fernen Tal versteckten Königsgräbern. Von der am Rand des Steilabfalls von Nord nach Süd verlaufenden Serie sind nur noch die von Hatschepsut und Amenophis III sichtbar. Mit dem an der Fruchtlandgrenze liegenden Totentempel von Sethos I. beginnt im Norden von Theben eine zweite Serie von Sakralbauwerken, die vom Beginn der 19. Dynastie (um 1300 vC) in südlicher Richtung bis nach Medinet Habu (20. Dynastie) gebaut wurden. Die Tempel von Ramses II, Merenptah und Ramses III blieben mehr oder weniger erhalten.*

**Totentempel von Sethos I

Der von Sethos I begonnene und von seinem Sohn Ramses II fertig gestellte Tempel steht am nordöstlichen Rand des Fruchtlandes. In jahrelanger Ausgrabung gelang es dem Deutschen Archäologischen Institut, den Grundriss der Gesamtanlage wieder sichtbar zu machen und die erhaltenen Ruinen zu restaurieren.

Man betritt das Tempelareal von der Nordseite über einen Nebeneingang und erreicht die zentrale Achse direkt hinter dem weitgehend zerstörten 1. Pylon. Das Tempelvorfeld ist vom heutigen Dorf überbaut. Über das moderne Pflaster der Tempelachse führt der Weg zwischen hier gelagerten Reliefblöcken durch die Reste des 2. Pylons auf die Tempelfassade zu, vor der acht Papyrusbündelsäulen stehen. Auf dem Architrav berichtet Ramses II, dass er den Tempel für seinen Vater Sethos I fertig gestellt hat.

Ganz links führt eine Nebenachse in eine Kapelle, in der Ramses I, der Vater von Sethos I, verehrt wurde. Auf der Unterseite des Architravs der Eingangstür ist der Himmel dargestellt: Die Sterne bestehen zum Teil aus den Namen von Ramses I. Über der Innenseite der Eingangstür ist zweimal Ramses I zu sehen.

Die Mittelachse führt zum Barkenraum. Seine linke Längswand trägt ein prachtvolles Reliefbild der Götterbarke des Amun. Nach rechts führt eine Tür in den großen Hof des Sonnenheiligtums. Der Sonnenaltar zeigt auf der Nordseite ein Relief der Paviane, die die Sonne anbeten. Auf einer Wand links hinten ist der Gott Osisris auf der Totenbahre zu sehen, von Klagefrauen flankiert. Auf seinem erigierten Phallus lässt sich (nur schwer erkennbar) Isis als Falke nieder und empfängt so den Horus.

Südlich des Tempels liegt ein mit Wasser gefülltes unterirdisches Heiligtum. Es ist, ähnlich wie in Abydos, ein Osirisgrab (siehe Seite 282).

Die Grundrisse der Nebengebäude rings um den Tempel sind nach ihrer Ausgrabung durch das Deutsche Archäologische Institut durch Ziegelmauern angedeutet worden.

****Deir el Bahri, Hatschepsut-Tempel

Hatschepsut, die mächtigste Frau auf dem Pharaonenthron, ließ etwa ab 1475 vC ihren Totentempel direkt an den Gebirgsrand bauen: Er breitet sich wie eine überdimensionale Bühne aus, die mit ihrer Hintergrundkulisse aus senkrecht in den Himmel wachsenden Felsen verschmolzen ist. Bereits 700 Jahre zuvor hatte Mentuhotep II, ein König der 11. Dynastie, seinen Totentempel hier angelegt; direkt daneben ließ Hatschepsut bauen. Übrigens konnte nach Pressemeldungen in 2007 im Ägyptischen Museum die Mumie von Hatschepsut angeblich zweifelsfrei identifiziert werden. Ob sie irgendwann zu sehen sein wird, ist noch offen.

Der Totentempel besteht aus zwei Terrassen. Vom Vorhof führt eine Rampe zur Unteren Terrasse, von dieser eine weitere zur Oberen Terrasse. Wenn Sie etwas Zeit haben, machen Sie zunächst auf der Vorhofebene einen Abstecher zur Rückwand der linken Kolonnade. Ihre Reliefbilder zeigen, wie im Auftrag der Königin die großen Granitobelisken von Assuan nach Theben transportiert wurden. Einer von ihnen steht noch heute im Tempel von Karnak.

Sobald Sie auf die **Untere Terrasse** hinaufgestiegen sind, gehen Sie nach rechts außen zum **Anubis-Heiligtum**. Die Architektur dieser Kapelle ist typisch für Deir el Bahri. Der vordere Tempelteil steht frei, der hintere wurde als Höhlenheiligtum in den gewachsenen Felsen getrieben. In der Vorhalle ist rechts ein Reliefbild des Anubis vor einem großen Opfertisch, links das des Amun am Opfertisch, beide farblich gut erhalten.

Die ausgehackte Gestalt in beiden Bildern zeigte die Königin Hatschepsut. Sie war um 1480 vC auf den Pharaonenthron gekommen, weil ihr Gemahl Tuthmosis II früh verstarb und der legitime Erbe, ihr Stiefsohn Tuthmosis III, noch ein Kind war. Hatschepsut nahm für ihn die Regierungsgeschäfte wahr und ließ sich später als männlicher Pharao darstellen. Dieser Anspruch widersprach der auf Dualität des Mann-Weib-

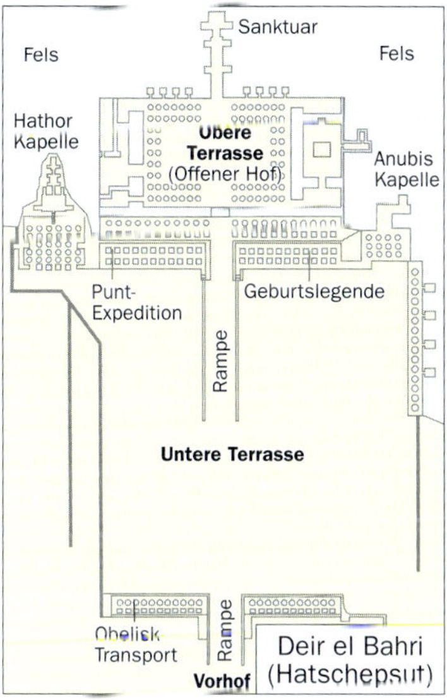

lichen aufgebauten Vorstellung vom Königtum. Ihr Andenken wurde daher von Tuthmosis III am Ende seiner Regierungszeit systematisch ausgelöscht.

Wir gehen vom Anubis-Heiligtum weiter nach links zur Kolonnade, auf deren Rückwand die **göttliche Geburt der Hatschepsut** gezeigt wird. Leider sind die so interessanten Reliefs nur noch aus einiger Entfernung zu besichtigen, weil Holzbarrieren zwischen den Pfeilern die Zuschauer zurückhalten. Das ist sicher gut für die historischen Relikte, aber für den Besucher extrem nachteilig. Waren viele Szenen schon aus direkter Ansicht nur noch schwer zu erkennen, so verschwinden sie jetzt im Halbdunkel.

Nach dem siebten Pfeiler von rechts ist das Reliefbild der schwangeren Königin Jahmes zu sehen, der Mutter von Hatschepsut. Sie wird von der froschköpfigen Göttin Heket und von dem widderköpfigen Gott Chnum bei den Händen genommen und zur Geburt geführt. Unmittelbar links ist eine Szene, die in der Chronologie dem vorigen Bild vorangeht: Der ibisköpfige Gott Thot, der Götterbote, verkündet der Königin Jahmes den Besuch des göttlichen Kindsvaters Amun und die bevorstehende Geburt eines menschlich-göttlichen Kindes. Analogien zur neutestamentarischen Geburtslegende drängen sich auf.

Gehen Sie an dieser Wand weiter. In Höhe des vorletzten Pfeilers ist die Heilige Hochzeit dargestellt: Amun und Jahmes sitzen einander gegenüber auf einem Bett. Der Gott (mit Doppelfederkrone) hält der Königinmutter das Lebenszeichen an die Nase, sie stützt mit ihren Händen die Ellbogen des Gottes, die Beine der beiden Figuren überschneiden sich - Symbol der körperlichen Vereinigung von Amun und Königinmutter.

Gehen Sie nun um die Rampe herum zur **Hathor-Kapelle** (links außen). Sie besteht wiederum aus normal gebauter Tempelarchitektur und Höhlenheiligtum. Im vorderen Teil stehen Pfeiler und Säulen mit Kapitellen, die als Gesicht der Hathor mit Kuhohren geformt sind. Auf der linken Innenwand sieht man die Hathorkuh, an deren Euter die Königsfigur trinkt; Symbol der unmittelbaren Abhängigkeit des ägyptischen Königs von der Himmlischen Mutter. Auf der rechten Wand findet eine Festprozession mit ägyptischen Soldaten statt, die Waffen, aber auch Ölzweige in den Händen halten.

Von hier aus können Sie einen Blick auf den **Totentempel von Mentuhotep II** werfen. Dieser Pharao ließ hier sein Grab 150 m tief im Berg anlegen und unmittelbar davor auf einem quadratischen Sockel seinen Totentempel. Der Kernbau ist noch deutlich erkennbar; er ahmt den Ur-Hügel von Heliopolis nach, das erste feste Land, das sich bei der Weltschöpfung aus dem Ur-Ozean erhob. Vermutlich wählte Mentuhotep diesen Platz, weil sich hier ein kleines Heiligtum der Hathor befand (bekannte Kuhszene im Kairo-Museum).

Es gab aber noch einen weiteren Bauherrn in diesem schwierigen Gelände: **Thutmosis III** ließ seinen Totentempel zwischen den des Mentuhotep und der Hathor auf eine inzwischen leider abgestürzte Bergterrasse bauen.

Nun gehen wir zur rechts der Kapelle anschließenden Kolonnade in die so genannte **Punt-Halle**. Hatschepsut hatte um 1475 vC eine Expedition nach Punt (wahrscheinlich Somalia) entsandt und dies hier dokumentieren lassen. Beginnen Sie mit der linken Schmalwand: Auf den - etwas schwer zu erkennenden - Reliefs sehen Sie die Palmenhaine in Punt mit pfahlbauähnlichen Hütten, zu deren Eingängen Leitern empor führen. Die Basislinien dieses Reliefs, ebenso wie auf der rechts anschließenden langen Wand, zeigen die Tierwelt im Roten Meer, über das die Ägypter an die ostafrikanische Küste segelten. Fische und Wasserschildkröten sind mit zoologischer Genauigkeit wiedergegeben. Auch die korpulente Königin von Punt ist abgebildet (hier ein Gipsabguss des Originals). Ganz rechts auf der Schmalwand sehen Sie noch, wie die Weihrauchbäume von Punt von Ägyptern an Tragstangen weggetragen werden.

Die Bilder setzen sich auf der Rückwand der Kolonnade mit dem Beladen der ägyptischen

Hatschepsut-Totentempel in Deir el Bahri

Schiffe fort. Weiter nach rechts, zwischen dem dritten und vierten Pfeiler, sind die Boote zu Hause angekommen. Die Weihrauchbäume werden sichtbar; zwischen dem vierten und fünften Pfeiler liegen hohe Haufen von Weihrauchfrüchten, die in die Magazine des Tempels von Deir el Bahri gebracht werden sollen. Ausgrabungen im 20. Jh haben übrigens nachgewiesen, dass im Vorhof von Deir el Bahri Weihrauchbäume gepflanzt worden waren.

Die **Obere Terrasse** stellt sich anders dar. Nischen mit kolossalen, nur wenigen erhaltenen Pfeilerfiguren - Hatschepsut in Gestalt des Jenseitsherrschers Osiris - ziehen sich über die gesamte Breite. Man geht durch ein hohes Tor in einen offenen Hof, an dessen gegenüberliegender Seite eine kleine ptolemäische Kapelle als später hinzugefügter „Vorbau" vor dem Zugang zum Sanktuar steht. Das Allerheiligste - von den Ptolemäern erweitert - ist ziemlich tief in den Berg hineingebaut; es ist leider nur über ein Gitter vor der Kapelle einzusehen. In die Abschlusswand am Berg sind Statuennischen eingelassen, in denen einst Götterstatuen standen. Der selbstbewusste Architekt Senemut ließ in jede Nische rechts und links seine Namenshieroglyphe so einmeißeln, dass sie bei geöffneter Holztür von einer Strebe verdeckt wurde, bei geschlossener war sie sowieso nicht sichtbar.

Die rechte Hofwand schließt ein Sonnenheiligtum ab, das wie üblich im Norden liegt. Leider bleibt es ebenfalls dem Besucher versperrt, man kann nur einen Blick durch die vergitterte Tür werfen.

Hier oben wird noch einmal die meisterliche Architektur, die Komposition in den Felsabbruch deutlich. Der Blick des Besuchers wird förmlich von der hinteren Tempelmauer den Fels hinauf in den ewig blauen Himmel Thebens gezogen.

Besonders gut ist die Tempelanlage von dem darüber liegenden Felsplateau aus zu bewundern (z.B. auf dem Fußweg ins Tal der Könige). Der (bessere) Weg über den Berghang beginnt unterhalb des Deir el Bahri-Eingangs und ist mit rotbraunen Punkten markiert.

Ganz in der Nähe des Einlasses (Ticketkontrolleur) weist ein Schild auf der Straße auf eine angeblich von einer Hathor-Expedition stammende Baumwurzel.

***Ramesseum

Ramses II, dessen Totentempel Sie hier besuchen, regierte in der 19. Dynastie (Neues Reich) von 1290 bis 1225 vC, also 65 Jahre lang. Er war einer der mächtigsten und bedeutendsten altägyptischen Könige. Leider blieben von seinem Grabtempel eher bescheidene Ruinen erhalten, im Vergleich zu den Spuren, die dieser Mann an anderen Stellen Ägyptens hinterließ. Daher zieht es auch relativ wenige Besucher hierher - man wird sich in ziemlicher Ruhe umsehen können.

Den Tempel betritt man heute von Nordwesten durch den Zweiten Hof. Will man ihn entsprechend seiner Raumfolge vom eigentlichen Eingang her kennen lernen, wendet man sich zunächst nach links und geht auf den teilweise eingestürzten **Ersten Pylon** zu. Man kann übrigens, wenn das Auge des Gesetzes wegschaut, vom Fruchtland her auf ihn hinaufklettern und hat von oben einen besseren Aus- und Überblick.

Auf der südlichen Hofseite des Ersten Pylons künden Reliefs von der berühmten Schlacht von Kadesh, die Ramses II in seinem achten Regierungsjahr gegen den Hethiterkönig geschlagen hat, die zu einem Jahrzehnte langen Waffenstillstand zwischen den damaligen Großmächten des Ost-Mittelmeerraumes führte. Obwohl nach Berichten des Gegners eine Patt-Situation entstand, stellt die ägyptische Version einen grandiosen Sieg dar. Außer hier im Ramesseum ist die Kadesh-Schlacht noch in Karnak, im Luxor-Tempel, in Abydos und in Abu Simbel verherrlicht.

Auf der Südseite des Hofes, also links vom Pylon, sind Reste eines Tempelpalastes zu erkennen, genau an der entsprechenden Stelle, an der auch in Medinet Habu die Grundmauern des Tempelpalastes stehen (siehe Seite 340; Medinet Habu ist übrigens eine getreue Kopie des Ramesseums). Etwas links der Mittelachse liegen Überreste, Oberkörper und Gesäß, einer kolossalen Statue des Königs. Die ehemals zwei monumentalen Sitzfiguren maßen jeweils mehr als 17 m Höhe und gute 1000 t an Gewicht; sie waren in Assuan hergestellt und hierher transportiert worden - mit den Mitteln der damaligen Zeit! Vermutlich wurden sie bereits in der Antike absichtlich zerschlagen und dienten dann als Steinbrüche. Wenden Sie sich zunächst noch der Rückwand des **Zweiten Pylons** zu, von dem nur noch Teile der nördlichen Hälfte stehen. Dort sehen Sie am rechten Ende wiederum die Schlacht um die Stadt Kadesh sowie den Fluss Orontes, in dessen Fluten die gefallenen Hetither treiben.

Gehen Sie nun links am Zweiten Pylon vorbei in den **Zweiten Hof**. Ihr Blick wird von einem am Boden liegenden Kopf einer großen Figur von Ramses II gefangen genommen. Er gehörte zu einer Sitzfigur des Königs, die an der Rückseite dieses Hofes rechts der Mittelachse aufgestellt war. Ihr (einstiges) Gegenstück auf der linken Seite befindet sich heute im Britischen Museum.

Der **Säulensaal** erinnert ein bisschen an den des Karnak-Tempels. Auch hier sind die Säulen beiderseits des Mittelganges höher und ihre Kapitelle zeigen geöffnete Papyrusblüten, während weiter außen rechts und links die Papyrusdolden der Säulen geschlossen sind. Auf der rechten Seite der hinteren Wand zeigt ein großformatiges Relief Amun, der Ramses das Lebenszeichen (*Anch*) an die Nase reicht. Im entsprechenden Bild auf der linken Seite übergibt Amun dem König die Herrschaftsinsignien. Auf der Rückseite der Wand sind Prozessionen der Götterbarken dargestellt, die Priester auf Tragestangen aus dem Tempel heraus- und (links) wieder hineintragen.

Auf der rechten Hälfte der Rückwand des ersten **Vorsaales** ist ein großformatiges Relief zu sehen: Ramses II sitzt vor dem Heiligen Baum im Tempel von Heliopolis. Links schreibt Atum den Namen des Königs auf die Blätter des Heiligen Baumes. Rechts steht die Göttin Seschat,

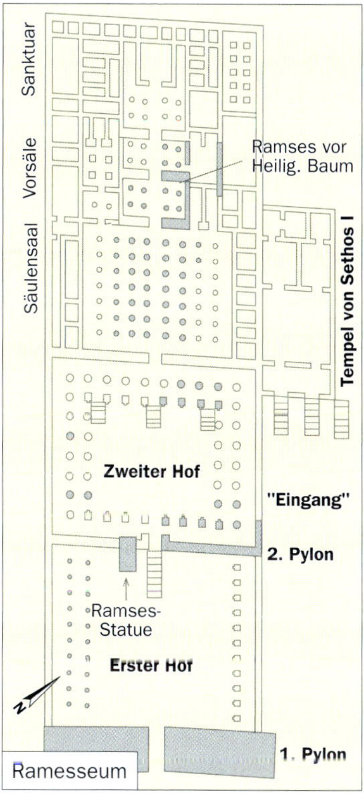

hinter ihr der ibisköpfige Thot; beide schreiben ebenfalls den Namen von Ramses II auf die Blätter des Heiligen Baumes und damit in das Buch der ägyptischen Geschichte.

Außerhalb des eigentlichen, aus Stein errichteten Tempels werden Ihnen ausgedehnte Ziegelgebäude auffallen; es handelt sich um die Magazine des Ramesseums. Gehen Sie ein paar Schritte auf die rechte Seite hinüber, um sich einen Eindruck über die riesigen Flächen dieser Lagerräume zu verschaffen.

*Totentempel des Merenptah

Hintergrund: *Das Schweizerische Institut für Ägyptische Bauforschung legte von 1971 bis 2002 den Totentempel des Merenptah (1212-1202 vC, 13. Sohn und Nachfolger von Ramses II) frei und trug die gefundenen Baufragmente so zusammen, dass heute - durch nur wenige Steinlagen angedeutet - der Grundriss des Tempels und seiner Nebengebäude wieder sichtbar wird. Fragmente von Statuen wurden teilweise in ihre frühere Position gebracht, Pläne sowie Strichzeichnungen der Reliefs erläutern den ursprünglichen Zustand. Zwei Ausstellungsräume im Fundament des Zweiten Pylons, ein Freilichtmagazin und ein Ortsmuseum ergänzen die Eindrücke. Allerdings kann sich das Ergebnis nicht etwa mit Medinet Habu messen, denn hier handelt es sich um die Veranschaulichung eines fragmentarischen Fundes. Der Besucher muss einige Phantasie und ein paar Grundkenntnisse über pharaonische Bauwerke mitbringen, um die Einzelteile zu einem Gesamtbild zusammensetzen zu können.*

Zur Baugeschichte muss man wissen, dass Ramses II seinem Nachfolger ziemlich leere Staatskassen und weitgehend ausgeräumte Steinbrüche hinterlassen hatte. Daher ließ Merenptah gewissermaßen das Erbe der Vorfahren plündern und die Bauleute Material auch aus einem sehr nahe liegenden „Steinbruch" verwenden, dem damals schon gut 150 Jahre alten Grabtempel des Amenophis III (die Memnon-Kolosse sind heute größtes Relikt).

Der Eingang liegt links neben dem Hotel Marsam. Man geht durch den Ersten Pylon, der unschwer an der Breite seiner Grundmauern zu erkennen ist, und kommt in den **Ersten Hof**. Säulenfragmente zeigen die ursprüngliche Kolonnade an. Jenseits der linken Tempelmauer erkennt man eine Treppe. Sie gehört zum Tempelpalast, auf ihr schritt der König zum Erscheinungsfenster in der Hofmauer (siehe Seite 340, Medinet Habu). In der hinteren linken Ecke dieses Hofes steht am ursprünglichen Fundort eine Replik der bekannten Israel-Stele (heute im Ägyptischen Museum, Kairo), das älteste (und bisher einzige altägyptische) Dokument, auf dem der Name *Israel* wie folgt erwähnt wird:

„Die Fürsten werfen sich zu Boden und flehen um Gnade, niemand unter den Neun Bogen erhebt sein Haupt, Libyen ist eingenommen, das Hethiterreich hält Frieden, Kanaan ist mit allem Übel erbeutet, Askalon ist erobert, Gezer gepackt, Yenoam ausgelöscht und Israel liegt brach und hat keinen Samen mehr. Syrien ist zur Witwe geworden wegen Ägypten. Alle Länder sind in Frieden. Wer als Fremdling herumzieht, wird gebändigt (von Merenptah)."

Lassen Sie sich vom Wärter die beiden Ausstellungsräume im folgenden Pylon-Fundament aufschließen. Im rechten (nördlichen) Raum stehen auf einem dort ausgestellten Block die Reliefs auf dem Kopf - dieser wie alle anderen Blöcke waren von Merenptahs Baumeistern wieder verwendet worden, man hat ihn in der Fundstellung belassen. Alle Blöcke stammen aus dem Grabtempel des Amenophis III. Ihre Reliefs sind auch in den Farben größtenteils gut erhalten, weil sie als Fundamentsteine des hiesigen Pylons dienten und daher im Erdreich geschützt waren.

Der folgende **Zweite Hof** war an drei Seiten mit Osiris-Pfeiler-Kolonnaden umgeben, wobei zwischen den Pfeilern der westlichen Seite Kolossalstatuen von Merenptah standen. Auch sie waren ursprünglich für Amenophis III angefertigt worden, Merenptah ließ sie für sich umwidmen. Von hier aus geht man durch den **Säulensaal** und einen Säulen-Vorraum in den Bereich des Allerheiligsten. Das Barkensanktuar für die thebanische Triade Amun, Muth und Chons und die Räume für den Totenkult sind ähnlich wie im Grabtempel von Sethos I angeordnet. Direkt nördlich davon lag ebenfalls ein Sonnenheiligtum, südlich eine Osiris-Kapelle. Die Grundmauern nördlich des eigentlichen Tempels gehörten zu den Tempelmagazinen; etwa nördlich des Säulen-Vorraums lag ein als „Schatzhaus des Amun" ausgewiesenes Silber-Magazin.

Links (an der Südumfassungsmauer) überdeckt ein großes Blechdach ein Freilichtmagazin, in dem weitere Fragmente ausgestellt sind, darunter ungewöhnliche Sphinxköpfe in Gestalt des schakalköpfigen Anubis. Da unterhalb des Kopfes Statuen von Amenophis III angebracht waren, liegt ihre Herkunft auf der Hand. Östlich vom Magazin wurde der Tempelbrunnen ausgegraben, der in diesem Fall kein Heiliger See war. Rechts vom Eingang errichteten die Archäologen ein Ortsmuseum mit kleinformatigen Figuren, Relieffragmenten und der Dokumentation der Grabung. Die sehr detaillierten Erläuterungen stellen eine weitere Hilfe zur Interpretation der Anlage dar.

*** Medinet Habu - Ramses III Tempel

Hinter einer gewaltigen Umfassungsmauer liegt der auch von den Dimensionen beeindruckende Tempel. Er ist der größte noch erhaltene Tempel in Theben-West, der 1180-55 vC in der 20. Dynastie erbaut wurde.

Man betritt die Anlage durch einen in der ägyptischen Architektur ungewöhnlichen Bau, das so genannte **Hohe Tor**, das an syrische Festungsbauten erinnert. Rechts und links auf der Eingangsseite zeigen großflächige Reliefs Ramses III, der Feinde am Schopf packt und zu erschlagen droht - eine ernste Warnung an jeden ungebetenen Eindringling. Im Durchgang links stehen Sitzfiguren der löwenköpfigen Kriegsgöttin Sechmet; aus der oberen Wand ragen in Stein geformte Köpfe von Asiaten, Nubiern und Libyern heraus, als ob die Körper in die Wand eingemauert wären; eine programmatische Darstellung des siegreichen Königs.

Im folgenden offenen Areal nach dem Hohen Tor stehen links kleine Grabkapellen für Priesterinnen der Spätzeit. Rechts liegt als selbständiges Heiligtum der flache Bau des **Tempels der 18. Dynastie**, der bereits um 2000 vC angelegt worden war und bis in die römische Kaiserzeit in Betrieb blieb. Schaut man dagegen in gerader Linie, so ragt der mächtige Erste Pylon auf. Auch auf seinen Reliefs hält der König Gefangene am Schopf und schwingt eine Schwertkeule. Diese Drohgebärde richtet sich gegen jeden, der Ägypten in die Quere kommt. Auf dem linken Pylonturm geschieht dies vor Amun von Theben, auf dem rechten vor Re-Harachte von Heliopolis, dem Gott der nördlichen Landeshälfte.

Gehen Sie durch den Pylon hindurch in den **Ersten Hof**. Die Rückwand des Pylons berichtet von einem Krieg gegen die Libyer aus dem 11. Regierungsjahr von Ramses III. Auf dem nördlichen Pylonturm hält der König Gericht: Ägyptische Soldaten führen libysche Gefangene heran; Haufen von abgeschlagenen Händen und abgetrennten Penissen (etwa Mitte unten) zeigen die Anzahl der gefallenen Libyer an.

In der Mitte der linken Seitenwand öffnet sich, ein Stück oberhalb des Bodens, eine Art Türe, das so genannte Erscheinungsfenster, in dem sich - von außen kommend - der König dem im Hof versammelten Volk zeigt. Auf den Reliefs rechts und links neben dem Fenster erschlägt Ramses Feinde; aus der Wand ragen wieder gemauerte Köpfe von Libyern, Asiaten und Nubiern hervor; als Machtdemonstration zerstampft er ihre Körper.

Auch auf der dem Ersten Hof zugewandten Seite des **Zweiten Pylons** berichtet Ramses III von seinen Kriegen; auf der rechten Seite in einem langen Text über die Feinde im vorderasiatischen Bereich, auf der linken führt er Gefangene Amun und Muth vor. Gehen Sie nun durch den Pylon in den **Zweiten Hof**. Ab hier wandelt sich die Thematik der Darstellungen ins rein Religiöse.

Durch eine Lücke in der Säulenreihe können Sie die Reliefs der Nordwand gut sehen. Im obersten Bildstreifen wird der König während einer Festprozession in einer Sänfte durch den Tempel getragen und rechts auf einer Tragestange das Kultbild des Fruchtbarkeitsgottes Min. Aus der Umwicklung ragt als Fruchtbarkeitssymbol der erigierte Phallus heraus. In der Folge weiter rechts ist ein Tuch über die Tragestange (farbig) gehängt, das fast bis zum Boden herunterreicht. Oberhalb des Tuches werden die kahlen Schädel von Priestern sichtbar, unter dem Tuchsaum ihre Füße.

Beiderseits der Rampe zum **Dritten Pylon** sind große, aber leere Statuensockel erhalten. Wenden Sie sich noch vor Durchschreiten des Pylons nach rechts und gehen Sie zwischen Säulen und Pfeilern bis vor das letzte Säulenpfeilerpaar. Hier ist die blaue, mit Sternen übersäte Bemalung der Decke gut erhalten. Sie symbolisiert den Himmel, die Pflanzensäulen die Vegetation, die aus dem Tempelboden (als Erde) wächst. Die Farben auf der Pylonwand, ebenso wie auf diesem Teil der Nordwand, sind seit der Erbauung des Tempels erhalten, also seit mehr als 3100 Jahren! Zwischen der vorletzten und letzten Säule sehen Sie auf der Pylonwand im zweiten Bildstreifen von unten eine farblich ausgezeichnete Darstellung, die den König von rechts kommend vor einem großen Opferaufbau zeigt, den er der Göttergemeinschaft Amun, Muth und Chons (links) darbringt. Auch auf der nördlichen Hofwand befinden sich farblich gut erhaltene Reliefs, unter anderem die Barke des Amun mit einer Kajüte, in der unsichtbar in wei-

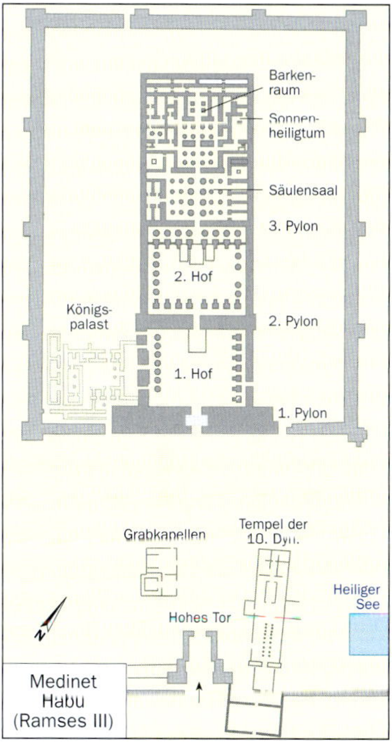

ßen Tüchern das Kultbild des Gottes eingehüllt ist. Bug und Heck sind mit seinem Symbol, dem Widderkopf, verziert.

Gehen Sie nun durch den Pylon in den **Säulensaal**, schauen Sie sich aber gleich die linke Seite der Pylonrückwand an. Im oberen Bildstreifen ist Ramses III beim Opfer vor Göttern dargestellt, unten beim Weihrauch- und Weihwasseropfer vor Chnum und Bastet. Daneben wird er von Thot und Horus zu Amun und Muth geführt, den göttlichen Herren dieses Tempels. Gleich rechts um die Tempelecke, an der Südwand, zeigen Reliefbilder beiderseits einer Tür, wie Ramses amoritische und libysche Häuptlinge als Gefangene der thebanischen Göttertriade vorführt: der König als Garant politischer Ordnung. Links der Türe erhält er die Symbole der Herrschaft als Dank der Götter.

Jetzt sollten Sie in der Mittelachse auf zwei Statuengruppen zugehen, die weiter hinten auf beiden Seiten des Ganges stehen; kurz zuvor war früher eine Wand, gehen Sie dort nach rechts zur Nordwand des Tempels. Dort steht ebenfalls eine Statuengruppe und dort führt eine Treppe zum Tempeldach hinauf. Unmittelbar davor biegen Sie links ab in einen kleinen offenen Hof. Hier wurde unter freiem Himmel ein **Sonnenheiligtum** errichtet, wie es sich in ähnlicher Weise in allen thebanischen Totentempeln jeweils auf der Nordseite wiederfindet. Auf dem Architrav gegenüber dem Eingang ist in der Mitte die Sonnenbarke mit dem Sonnengott Re dargestellt. Die Barke wird vom knienden König angebetet, in Begleitung von Pavianen. Oben auf der Wand, links neben dem Eingang, überreichen sich die Göttinnen Isis und Nephthys die Sonnenscheibe.

Dem altägyptischen Totenbuch entnommene Bilder können Sie genau gegenüber in kleinen Räumen an der Südseite betrachten: der König beim Pflügen und bei der Kornernte, das zeigt, dass er auch im Jenseits einer geregelten Tätigkeit nachgehen muss. Im letzten Raum dieser Abfolge sehen Sie einen Stier und sieben Kühe, eine Anspielung auf die Fruchtbarkeit, die eine der wesentlichen Voraussetzungen für eine Fortsetzung des Lebens im Jenseits darstellt.

Gehen Sie nun wieder in die Mittelachse zurück und weiter zur hinteren Wand bis zu einem Raum, in dem die unteren Teile von vier quadratischen Pfeilern erhalten sind. Auf dem steinernen Sockel stand ursprünglich die große goldbeschlagene Barke. In ihr nahm das Kultbild des Gottes Platz, um von Priestern auf Tragestangen aus dem Tempel hinausgetragen zu werden und in Prozessionen auf Kanälen und dem Nil umherzufahren. Der eigentliche Aufbewahrungsort des Kultbildes aber lag noch weiter hinten im Tempel in kleinen, schwer zugänglichen Räumen.

Es lohnt sich noch ein **Rundgang** außen um den Tempel herum, den wir - indem wir zurückgehen - an der Außenseite des Ersten Pylons nach rechts beginnen wollen. Wenn Sie um die Ecke biegen, liegen die Grundmauern eines kleinen **Tempelpalastes** vor Ihnen. Dieser Palast hatte in erster Linie religiöse Funktion, indem er dem verstorbenen König in alle Ewigkeit als Miniatur-Residenz zur Verfügung stehen sollte. An der Außenwand des Tempels führen direkt gegenüber dem Palast zwei Rampen zu einer Türe empor. Es ist das Erscheinungsfenster, das Sie bereits von der anderen Seite im Ersten Hof gesehen haben. Auf beiden Seiten der Türe ist auch hier das Erschlagen von Feinden dargestellt. Etwas weiter rechts davon, auf der Rückwand des Ersten Pylons, sehen Sie in zwei eindrucksvollen Bildfeldern den König bei der Jagd auf Wüstentiere (oben) und auf einen Wildstier, der in die Ufersümpfe des Nils geflüchtet ist (unten).

Wir gehen nun an der Tempelwand entlang; sie ahmt mit ihrer geböschten Sockelzone eine Festung nach. Diese Wand ist mit Inschriften über die regelmäßig darzubringenden Opfer bedeckt. Kurz vor der hinteren Tempelecke beginnen die bildlichen Darstellungen, in denen Ramses III den Göttern opfert, die sich bis zur nächsten Ecke ziehen. Auf der folgenden Längswand findet ein Themenwechsel statt. Kampfdarstellungen zeigen den König als den politischen Herrscher. In der Mittelachse der Wand bringt er vor Amun und Muth Gefangene dar. Gehen Sie nun weiter auf die nächste Tempelecke zu, kurz davor besteigt Ramses III den Streitwagen, eine Ankündigung dessen, was auf der nördlichen Außenwand gezeigt wird.

Dort sehen wir zunächst Ramses III in die Schlacht fahren. In der anschließenden Szene eine Landschlacht: Der König steht mit gespanntem Bogen im Streitwagen, unter seinen Füßen liegen gefallene Feinde. Danach werden ihm am Erscheinungsfester die Feinde vorgeführt, daneben wartet sein Gespann. Es folgt eine Ausfahrt des Königs im Streitwagen und eine Darstellung der Löwenjagd, dann, nach einer Tür, die groß angelegte, aber schwer überblickbare Darstellung einer Seeschlacht. Links davon werden dem König am Erscheinungsfenster Gefangene vorgeführt, dann steigt er vom Streitwagen ab und führt seinerseits Gefangene dem Götterkönig Amun vor. Auf dem Rest der Nordwand setzen sich die Kampfdarstellungen fort.

Falls Sie nach all dem Besichtigen relaxen wollen: In den Cafés gegenüber dem Eingang können Sie eine Erholungspause einlegen und das Gesehene direkt reflektieren; etwas hübscher sitzt man, ein paar Schritte nördlich, im Garten des Pharao Hotels.

*Memnon-Kolosse

Neben der Hauptstraße auf dem Weg zum Inspektorat stehen die gewaltigen, 18 m hohen Monolithkolosse mit z.B. 3 m langen Füßen. Diese Torwächterstatuen sind fast alles, was vom einst hier errichteten Totentempel von Amenophis III - Vater von Echnaton - derzeit zu sehen ist. Ganz in der Nähe stand auch der Wohnpalast, zu dem wiederum ein 1 700 x 500 m großer künstlicher See gehörte, der dort ausgegraben wurde und dessen Spuren noch heute sichtbar sind.

Nilfluten, Sonnenglut, das Sandstrahlgebläse der Wüste und der Abbruch der Steine für andere Bauten haben nichts von dem Tempel aus dem 15. Jh vC stehen gelassen, der wohl der größte und prächtigste seiner Zeit war. „Gebaut aus weißem Sandstein, Gold, einem Boden aus Silber, mit Türen aus Elektrum" (wie es auf einer Stele im Ägyptischen Museum heißt). Erstaunlicherweise gab seit einem Erdbeben 27 nC die nördlichere der beiden Statuen bei Son-

Memnon-Kolosse

nenaufgang einen singenden Ton von sich, den vermutlich die wärmende Morgensonne durch Spannungen im Stein auslöste. Der römische Kaiser Septimius Severus wollte dem Torwächter Gutes tun und ließ ihn restaurieren - seither schweigt er.

Die Kolosse waren in griechisch-römischer Zeit eine der größten Touristenattraktionen der damaligen Welt. Die Griechen glaubten, es seien Statuen des legendären Memnon, König von Ethiopien und Sohn der Göttin der Morgenröte Eos/Aurora, der im Trojanischen Krieg von Achilles getötet wurde. Das Weinen sei die Stimme des Memnon, der seine Mutter jeden Morgen grüßte. Die Tränen der Eos um ihren früh gefallenen Sohn legten sich wiederum als Tau auf die Gräser. Seit Septimius Severus die Steinplomben einfügen ließ, erinnert nur noch der Morgentau an die griechische Tragödie.

Heute finden systematische Ausgrabungen des Deutschen Archäologischen Instituts statt, die schon verschiedene Statuen zutage förderten. Aber sie stehen im Grunde erst am Beginn einer Grabungskampagne, die vermutlich einige Überraschungen bieten wird.

Praktische Informationen zu Luxor und Theben-West

Telefonvorwahl 095

In Luxor herrscht der Touristennepp: Jeder versucht, Ihnen mindestens das Doppelte vom Üblichen abzuknöpfen, sei es für Tee oder ein Souvenir - informieren Sie sich möglichst vor der Ankunft über Preise und feilschen Sie unerbittlich (Souvenirtipps siehe Seite 61, allgemeine Preisbeispiele Seite 36).

Lassen Sie sich von den unzähligen Leuten nicht beirren, die Ihnen ständig Postkarten, Skarabäen oder Alabasterkunstwerke verkaufen wollen, die Ihnen Taxis, Pferdedroschken oder Felukas anbieten. Ein halber Augenaufschlag genügt, und man wird Sie bis zum Überdruss bedrängen. Wenn Sie desinteressiert, jeden Augenkontakt vermeidend und nichts sagend an all dem Plunder dahinwandeln, lässt man Sie (vielleicht) in Ruhe. Wenn sich ein Händler in den Weg stellt, gehen Sie um ihn herum oder schieben Sie ihn wortlos zur Seite. Das klingt und ist unhöflich, aber hier kommen Lernprozesse wohl nicht anders in Gang.

Während so mancher Ägyptenaufenthalte haben wir erlebt, wie Touristen physisch bedrängt, ja in die Enge getrieben wurden, wenn Sie auch nur einen Augenblick Interesse am Angebotenen zeigten. Uns liegen viele Leserbriefe von netten Mitmenschen vor, die den Stories von den kranken Kindern, der gerade gestorbenen Großmutter etc. geglaubt haben und den vielfachen Preis vom Wert eines Gegenstandes oder einer normalen Taxifahrt zahlten.

Wichtige Adressen

- **Touristen-Information** der Egyptian Tourist Authority:
- im Bahnhof (links beim Herausgehen), Tel 2370 259 (8-20), ein kleines Büro
- im Tourist Bazar an der Corniche, Nähe Winter Palace Hotel, Tel 2372 215, Fax 237 3294. Kam man sich früher als ungebetener Eindringling vor, so hat sich das Verhalten der Bediensteten durchwegs zur Hilfsbereitschaft, in gewissem Grad auch zu Kompetenz und Freundlichkeit gewandelt. Mr. Mourad Gamil ist sehr hilfsbereit (Tel privat 0123 832137). Im selben Komplex ist auch die **Tourist Police** untergebracht.
- im Flughafen Tel 2372 306
- **Polizei**, Sh Karnak (nähe Luxor-Tempel), Tel 237 2350
- **Touristenpolizei**, Tel 237 6620 im Tourist Bazar neben der Tourist-Information
- **Ambulanz,** Tel 123
- **Hauptpostamt**, Sh Mahatta gegenüber dem Eingang zur Sh el Souk
- Motorräder bei Easy Rider Sh Television
- **American Express** und **Thomas Cook** vor dem Winter Palace Hotel, Informationen, Trips, Geldwechsel
- **Geldwechseln** können Sie in der National Bank of Egypt (an der Corniche) oder bei Banken im Stadtgebiet (8.30-14, 17-18). Bargeldauto-

"Luxoriöse" Zeiten

Die Verwaltung von Luxor hat einen immerhin 25-jährigen Plan beschlossen. Demnach sollen die historischen Anlagen von Luxor und Theben-West in ein "Freilichtmuseum" umgebaut werden. Im Eilschritt wurde bereits 2005/06 die Sharia Mahatta (Bahnhofsstraße) verbreitert, indem ganze Häuserzeilen der Spitzhacke zum Opfer fielen. Der Bahnhof samt Vorplatz bekam ein neues Gesicht und ein Shoppingcenter angegliedert. Anstelle des kleinen Parks am Luxortempel entstand eine Art Paradefläche, z.T. mit Marmorplatten ausgelegt und von ein paar Palmen spärlich beschattet. Das noch vorhandene Polizeirevier wird demnächst den Abrissbaggern zum Opfer fallen, wie es schon dem Souvenirmarkt nebenan geschah.

Die Sharia el Souk erhielt einen neuen Eingang an der Ecke Sharia Mahatta/Karnak sowie Schattendächer über der touristisch besonders genutzten ersten Hälfte, der holprige Straßenbelag wurde durch einen Plattenbelag ersetzt. Wer die alte, etwas chaotische Marktstimmung erleben will, geht von der Kreuzung mit der Sharia Youssef Hassan weiter nach Norden. Aber auch dort werden demnächst die Lebensmittelhändler verschwinden und sich im bereits fertig gestellten, modern überdachten Souk Hadari an der Sharia Mohammed Farid zusammen mit ihren Kunden einfinden müssen.

Die Sharia Karnak soll so verbreitert werden, dass sie die antike Sphingenallee einschließt. Diese ist immerhin schon vom Karnak Tempel bis zur Sharia Mohammed Farid freigelegt. Das letzte Stück führt jedoch durch dicht besiedeltes Gebiet mit Moscheen und Kirchen. Vom Eingangspylon des Karnak-Tempels soll freie Sicht auf die thebanischen Berge herrschen, daher wurden alle Hindernisse wie Bäume, Verkaufsbuden etc. aus dem Weg geräumt und durch einen riesigen Platten belegten Platz mit wenigen Schatten spendenden Bäumen ersetzt.

Auch in Theben-West wird mit Macht (Gewalt) aufgeräumt. Nun konnten sich die Bewohner von Qurna in ihren „Graboberbauten" nicht länger gegen einen Umzug wehren, ihre Häuser fielen schweren Baggern zum Opfer. Ein neues Dorf wurde 5 km weiter nördlich aus der Wüste gestampft

maten für Kreditkarten (auch EC-Karte) bei fast allen Banken an der Corniche

▶ Falls Sie Ihr **Visum verlängern** lassen wollen/müssen, so finden Sie das ausgeschilderte **Passport Office** etwa gegenüber dem Club Med in der Sh Kalid Ibn el Walid.

▶ **Telefonieren** können Sie am preiswertesten aus dem Central Telefon Office, das in der Sh Karnak, einen Block südl. der Kreuzung mit der Sh Nefertiti, liegt (Zweigstellen vor dem Winter Palace Hotel u. am Bhf); in Kiosken oder auch Geschäften sind **Telefonkarten** erhältlich. Wer eine SIM-Karte kaufen will: z.B. bei *Vodafone* in der Sh Television

▶ **Internet Cafés** gibt es inzwischen überall, die Stundenpreise liegen bei £E 5-10. Z.B. im Aboudi Bookshop im Tourist Bazar, GBC vor dem Winter Palace Hotel, Heroes in der Sh Television

▶ Die meisten **Reiseagenturen** finden Sie an der Corniche. Für Nilkreuzfahrten können Sie sich u.a. an Eastmar Travel, Misr Travel, Thomas Cook oder Cheops Travel wenden (alle Büros Nähe oder beim Winter Palace Hotel)

▶ In Theben-West, ja schon an der Corniche in Luxor in der Nähe der Fähre lauern zum Teil sehr penetrante **Taxifahrer** auf jeden Ankömmling. Hier gilt zähes Feilschen, und zwar erst am Taxistandplatz beim Fähranleger.

Medizinische Versorgung

▶ Luxor Hospital, Tel 372 025 , 381 140.

▶ International Hospital, Tel 387 192/94/96

▶ Dr. Morries Masoud (deutschsprachig), Facharzt für Chirurgie und Allgemeinmedizin, Tel 375 758, 381 158, 012354 37 80

Shopping

Ca. 70 m vom Bahnhof entfernt, an der Sh Mahatta zum Luxor-Tempel, gibt es links eine gute **Bäckerei**, um die Ecke vom New Karnak Restaurant, die Konditorei *Twinky* mit sehr leckeren arabischen Süßigkeiten. Wein und Spirituosen verkauft *Mitcho-s Grocery*, 41 Sh Saad Zaghlul, Nähe Post, auch in der Sh Souk gibt es einen Bier- und Weinhändler (etwa in der Hälfte auf der linken Seite). Wer preiswert importierten Alkohol kaufen will, sollte innerhalb der ersten 24 Stunden nach der Flugankunft in den **Egypt Free Shop** nördlich vom New Emilio Hotel gehen; Johnny Walker kostet $ 12, es gibt aber auch Wein und Bier.

Die üblichen Souvenirs kauft man am besten in der Sh el Souk; auch in der Sh Karnak nördlich des Luxor-Tempels gibt es kleinere Bazare. Von der Sh Karnak (etwa gegenüber Queen Valley Hotel) zur Corniche wurde 2006 ein neuer zweistöckiger „Edel-Bazar" namens *Savoy* eröffnet, in dem Händler unterkamen, die der Verbreite-

rung der Sh Karnak weichen mussten. Im Hotelviertel bieten viele und meist teurere Geschäfte ebenfalls das Standard- oder etwas gehobene Souvenirprogramm.

Etwas ungewöhnlichere Souvenirs können Sie bei *Fair Trade* in der Sh Karnak, Nähe New Emilio-Hotel, kaufen und dabei kunsthandwerklich geschickte Ägypter der unteren sozialen Schichten unterstützen, die sonst keinen Marktzugang haben. Ein weiteres Geschäft namens *Naturally Egypt* für biologische Kräuter, Öle, Datteln und Schönheitsprodukte wird in der kleinen Seitenstraße zwischen den Hotels Sonesta und Meridien betrieben. Direkt gegenüber dem Emilio-Hotel bietet *Aisha* ebenfalls ein geschmackvolles, kunsthandwerklich orientiertes Sortiment.

Erstaunlich gute **Bücher**, insbesondere Reiseführer und Literatur über Ägypten erhält man bei *Gaddis* am Winter Palace Hotel oder bei *Aboudi* im Tourist Bazar (zwei Läden nebeneinander, Internet Café).

Alabasterbearbeitung ist die Spezialität der Gegend: In Theben-West scheinen inzwischen die Dörfer nur noch aus Alabaster Factories zu bestehen, in denen vor allem pharaonische

Motive kopiert werden. Das Rohmaterial wird nicht allzu weit entfernt gewonnen, aber Vorsicht, gern dreht man dem Laien auch schlichten Kalkstein an, der nicht viel aushält und schnell zerbrechen kann oder „Granit", dessen Lufteinschlüsse zeigen, dass es sich um Kunststein handelt.

Bauchtanzvorführungen offerieren verschiedene Hotels, u.a. das *Mercure* an der Corniche (£E 30 Mindestverzehr).

Fernverkehr

Nach wie vor sind nur wenige Züge offiziell für Ausländer zugelassen. Für die anderen Züge kann ein Nicht-Ägypter kein Ticket am Schalter kaufen, d.h. keinen Platz buchen. Wer aber die Tempel zwischen Luxor und Assuan besuchen will, steigt in einen der anderen Züge und kauft das Ticket beim Schaffner. Das funktioniert problemlos. Theoretisch geht man das Risiko ein, keinen Platz zu finden; praktisch fahren fast leere Züge im südlichen Ägypten. Nach Norden sieht es schlechter aus, weil sich dort die Züge für Kairo füllen und man leicht den Sitzplatz verliert. Tipp: Bitten Sie einen Ägypter, für Sie das Ticket mit Sitzplatzreservierung zu kaufen.

In **Esna, Edfu** und/oder **Kom Ombo** nimmt man vom jeweiligen Bahnhof ein Taxi oder Sammeltaxi zum Tempel. Eine solche Besichtigungstour lässt sich für alle drei Orte oder nur Edfu und Kom Ombo bei geschicktem Timing als Tagesausflug für wenig Geld organisieren. Ein Leser, der mit Frau und zwei Kindern unterwegs war, startete um 7.15 Uhr in Luxor und erreichte nach Besichtigungen in Edfu und Kom Ombo Assuan gegen 16 Uhr. Theoretisch wäre noch Zeit für Esna gewesen. Man sollt von den Bahnhöfen jeweils ein Taxi nehmen und es warten lassen, weil meist nur Kaleschen an den Tempeln stehen. Alternativ geht es auch mit Linienbussen, die aber nicht so häufig fahren; oder man kombiniert beide Verkehrsmittel. Nehmen Sie jeweils einen Bus mit Endstation Esna bzw. Edfu, der hält dann im Ort und nicht, wie die Busse nach Assuan, auf der anderen Seite des Nils, von wo man sonst nur per Taxi/Minibus in die jeweilige Stadt kommt.

Im Konvoi unterwegs

Für Touristen zugelassene Züge

▶ Assuan: 7.15 9.30 17.00 (3 Std, 1./2. Kl. AC)

▶ Kairo: 9.00 21.00 23.00 (10 Std, 1./2. Kl. AC, £E 90/60)

▶ Balyana (Abydos): 9.15 12.15, Assiut: 9.15 13.15

▶ Besorgen Sie sich das Ticket einschl. Platzreservierung 1-2 Tage vor Abfahrt.

▶ Sleeper: 21.30, Fahrzeit ca. 10 Std; Doppelkabine $ 120, Einzelkabine $ 80 einschließlich Dinner und Frühstück

▶ Züge für Einheimische

▶ Assuan: 7.15 9.50 10.20 11.45 14.20 (hält überall), 21.00

▶ Kairo: 24.00 5.45 9.15 10.45 12.45 (bis Alexandria), 13.00 15.45 19.00 20.45

Busverbindungen

Wegen der Terroristengefahr dürfen derzeit Ausländer in Fernbussen, Taxis und Privatfahrzeugen nur im **Konvoi** und nur zu bestimmten Zeiten fahren: Konvois nach **Assuan** um 7, 11 und 15 Uhr. Mit dem ersten Konvoi darf man (kurz) Edfu und Kom Ombo besichtigen. Erkundigen Sie sich also entsprechend frühzeitig, wann und ob überhaupt ein Bus in die von Ihnen gewünschte Richtung aufbricht. Diese Regelung wurde gelockert: Lokale Fernbusse/Minibusse dürfen bis zu vier Ausländer transportieren, ohne unter die Konvoipflicht zu fallen.

▶ Konvois nach Hurghada fahren um 8, 14 und 18 Uhr ab. Für Ausflüge nach Dendera/Abydos startet man um 8 Uhr mit dem Hurghada-Konvoi, wechselt in Qena den Konvoi Konvoi und fährt entweder direkt nach Dendera oder mit einer anderen Gruppe nach Abydos, wo man zwischen 10.30 und 11 Uhr ankommt. Für die Besichtigung (nur Sethos-Tempel) stehen dann etwa zwei Stunden (sehr knapp) zur Verfügung, denn gegen 13 Uhr geht es zurück nach Luxor, unterwegs noch Halt in Dendera von etwa 1 – 2 Stunden. Die Busreise wird für £E 200-300 pP angeboten; ein Taxi kostet etwa ebenso viel, den Preis teilen sich dann aber die Mitfahrer. Bei Reisebüros in der Nähe des Winter Palace Hotels kann man einen Trip im Minibus zu etwa £E 100 pP bekommen, allerdings sind diese Fahrzeuge für die lange Strecke relativ unkomfortabel.

Das Ticket Office für Busse wurde in die rechte Shopping Mall am Bahnhof im 2. Block verlegt. Dort fahren auch die Shuttle Busse zum Fernbus-Terminal ab, das sich in der Nähe des Flughafens befindet. Dorthin fährt jeweils 30 Minuten vor der Fernbus-Abfahrt ein Shuttlebus (£E 5), außer bei den ersten beiden Morgenbussen. Ein Taxi kostet £E 20-30.

▶ **Assuan:** 7.15 9.30 11.30 14.00 14.30 20.00 (3 Std, £E 10)

▶ **Kairo (über Hurghada):** 19.00 21.00 (10 Std, £E 85,)

Minibusse und Sammeltaxis starten in der Sharia Abou Goud. **Vorsicht**: An den Bushaltestellen versuchen viele **Schlepper**, den Wartenden Sammeltaxis zum mehrfach überhöhten Preis anzudrehen! Im Tourist-Office hängen Busfahrpläne aus ebenso wie eine Liste mit Taxipreisen für Überlandfahrten. Viele Taxifahrer halten sich daran, die Feilscherei hat ein Ende.

Flugverbindungen

Egypt Air bietet diverse Verbindungen nach Kairo, aber auch nach Assuan, Hurghada und Sharm el Sheikh an. Aktuelle Daten holt man sich am einfachsten im Internet www.egyptair.com.

Fortbewegen in Luxor

Vorwärtskommen innerhalb von Luxor kann teuer werden, wenn man sich den in der Regel unverschämten Taxifahrern anvertraut, die selten die Güte haben, unter £E 20 ihre Dienste anzubieten. Man muss hart verhandeln, aber unter £E 10 setzt sich keiner ans Steuer. „Offizielle" Taxipreise für Fernfahrten liegen bei: Airport Luxor: £E 30-40, Abydos/Dendera: £E 225, Dendera: £E 100, Edfu: £E150, Esna: £E100, Einfachtrip nach Assuan £E 200, Kairo £E 450.

▶ Innerhalb Luxors kommt man viel billiger mit **Linien-Minibussen** davon, die allerdings nur bestimmte Routen fahren. Daher sollte man einigermaßen genau wissen, wohin die Reise geht und das Ziel dem Fahrer zurufen. Wenn es seine Richtung ist, hält er, und man kommt innerhalb des Stadtzentrums für ca. 50 Pt vom Fleck; vom Hotelviertel beim Isis Hotel zum Karnak Tempel zahlt man £E 1. Minibusse starten südlich vom Isis-Hotel und folgen der Sh Khaled Ibn el Walid bis Iberotel, Beginn Sh Television, Bahnhof, Sh Cleopatra zum Karnak Tempel bzw. Dorf Karnak, man steigt derzeit am besten an der Corniche aus, am riesigen Platz mit Blick auf den Tempel. Fragen Sie unbedingt beim Einsteigen, denn wegen des Einbahnstraßensystems kehren viele Minibusse an der Sh Karnak nach Süden um und fahren ihre Schleife zurück durch die Sh Mohammed Farid.

In der Kalesche unterwegs

Von Luxor nach Karnak können Sie auch mit der **Pferdekutsche** - Kalesche - reisen, die für etwa £E 15-20 pro Fahrt zu haben ist. Nehmen Sie nur Kaleschen mit gesunden Pferden und versuchen Sie den Kutschern mit geschundenen Tieren klar zu machen, warum Sie dort nicht einsteigen; möglichst nicht mehr als

4 Personen pro Kutsche, Frauen sollten möglichst in Begleitung fahren.

Für die **Nilüberquerung** können Sie kleine Motorboote bzw. die Motorfähre oder - als Autofahrer - die Nilbrücke südlich von Luxor benutzen. Die Motorfähre, auch als „Volksfähre" bekannt, ist die übliche Lösung für Individualisten (£E 1 für Ausländer, £E 0,20 pro Fahrrad; 24-Stunden-Dienst, Abfahrt alle halbe Stunde oder öfter). Sie legt gegenüber dem Eingang des Luxor-Tempels ab, ein Schild *National Ferryboat* weist den Weg. Motorboote jagen der Fähre Passagiere ab, die Fahrt kostet ebenfalls £E 1; sie starten, wenn zumindest die meisten Plätze besetzt sind. Sie liegen in der Nähe des Fähranlegers.

▶ **Achtung:** Um zu den Sehenswürdigkeiten in Theben-West zu gelangen, sollten Sie versuchen, ein für Ihre Pläne optimales Angebot direkt am **Fähranleger auf der Westseite** zu bekommen, dort stehen jede Menge Taxis herum. Sie sind deutlich preiswerter als ein in Luxor angeheuertes Taxi und die (kurze) Nilüberquerung hat auch ihren Reiz.

Fortbewegen in Theben-West

In Theben-West stehen Ihnen beachtliche Entfernungen zwischen den einzelnen Sehenswürdigkeiten bevor. Neben dem (für Trainierte) möglichen **Wandern** bieten sich Sammeltaxi, Fahrrad, Esel oder Taxi als Fortbewegungsmittel an. Natürlich lässt sich auch ein komplettes Besichtigungsprogramm bei einem örtlichen Reisebüro buchen. Falls Sie sich mit eigener Kraft fortbewegen, nehmen Sie genug Getränke und eventuell Essen mit nach Theben-West. Auch eine Taschenlampe kann dunkle Wände ausleuchten helfen. Außerdem brauchen Sie Kleingeld für die Bakschischjäger, denen Sie nicht entkommen können.

Für manche Eintrittskarten (siehe unten) müssen Sie zunächst einen Stopp am Inspektorat einlegen. Vom Fähranleger fahren viele Sammeltaxis (Pickups) am Inspektorat vorbei (danach fragen, denn einige Linien zweigen schon vorher ab). Vom Inspektorat aus kann man per Sammeltaxi zumindest bis zu den Privatgräbern von Qurna, dem Ramesseum und dem Grabtempel von Sethos I weiterkommen; auch Deir el Bahri geht (seltener). Jede Teilstrecke kostet offiziell £E 0,25.

Ein wichtiger Tipp: Auch als Auto-, Rad- oder Motorradfahrer sollten Sie sich überlegen, den Weg ins Tal der Könige zu Fuß über den Berg oberhalb von Deir el Bahri zurückzulegen, er ist sehr viel eindrucksvoller und einstimmender, als der nüchternen Asphaltstraße zu folgen. Wenn Sie noch mehr für die Einstimmung tun wollen: Klettern Sie zumindest zur Kante des Steilabfalls hinauf (vom Tal der Könige aus nicht ganz so anstrengend, und die Überraschung ist beim Blick aufs Fruchtland umso größer) und erleben Sie, bei klarer Sicht, den berauschenden Ausblick übers Niltal bis hinüber zur Arabischen Wüste.

Wer sich als Frühaufsteher eine besondere Freude gönnen will, plant den Trip auf den Berg für den Sonnenaufgang: Vielleicht ermöglicht der über dem Nil und dem Karnak-Tempel aufsteigende Sonnenball eine noch intensivere Einstimmung auf die pharaonische Philosophie, die doch so viel mit dem Weg der Sonne zu tun hatte.

Zu Fuß in die Berge

Leute mit gesunden Füßen können durchaus den folgenden „Spaziergang" antreten: ein Taxi zu den Königsgräbern nehmen, nach der Besichtigung zu Fuß über den Berg nach Deir el Bahri, weiter zu den Gräbern der Noblen, dem Ramesseum und - soweit die Füße noch tragen - zu den übrigen Taltempeln. Wenn man nicht mehr weiterkommt, hält man auf der Asphaltstraße ein Sammeltaxi an (was ganz sicher am Inspektorat möglich ist).

Auf dem Esel unterwegs

Sehr beschaulich war früher der Ritt auf dem Esel zu den Sehenswürdigkeiten. Der starke Verkehr auf den Straßen mindert das Vergnügen ziemlich stark . Reiten Sie nicht weiter als bis Deir el Bahri; für einen Besuch der Königsgräber kann man die Esel samt Treiber dort warten lassen, um den Weg zu Fuß über den Berg zu machen (ca. 40 Minuten). Ein Esel sollte um £E 35-45 pro Tag kosten, weiterhin erwartet der Treiber ein Bakschisch für die „Führung", d.h. eine Art Tageslohn um £E 10-20. Nehmen Sie Sättel ohne Steigbügel, es sei denn, Sie können die Füße dort einhängen; andernfalls scheuern die Bügel die Beine wund. Einige Hotels oder Organisatoren bieten Eselstouren an, immer seltener findet man Eseltreiber am Fähranleger in Theben-West.

Unabhängig per Fahrrad

Unabhängiger werden Sie mit dem Fahrrad sein. Allerdings sollten Untrainierte die Entfernungen, besonders zum Tal der Könige, nicht unterschätzen (ca. 45 Minuten) und die Mittagshitze meiden. Fahrräder können Sie in Theben-West am Fähranleger oder in Luxor an vielen Stellen mieten, Kosten um £E 5-10 pro halber Tag (z.B. gegenüber New Emilio Hotel, Sh Nefertiti, Sh Television; Qualität des Rades, besonders der Bereifung und Bremsen, sehr kritisch prüfen; es wurden sehr unangenehme Erfahrungen gemacht).

Achtung: Es kommt vor, dass z.B. im Tal der Könige oder bei zu wenig Bakschisch bei den Privatgräbern Ventile aus den Fahrrädern gedreht und Luftpumpen gestohlen werden - dann ist eine teure Taxi-Heimfahrt fällig. Stellen Sie Fahrräder möglichst in Sichtweite vom Ticketkontrollhäuschen ab und versprechen Sie dem Mann ein Bakschisch nach der Rückkehr.

Taxi oder Minibus

Taxis liegen je nach Saison bei £E 40-60 für die Rundfahrt, offiziell ist der Preis auf £E 35 festgelegt. Nachmittagstrips sind billiger zu haben als der Vormittag (ca. £E 30). Eine Fahrt nur ins *Tal der Könige* kostet um £E 30 von der Anlegestelle aus. Man sollte grundsätzlich in Theben-West auf Suche gehen, da dort die Taxis billiger sind und man sich den zeitaufwondigen Umweg über die Brücke spart. Achtung: Taxifahrer erzählen gern, dass bestimmte Gräber geschlossen seien, um die Fahrzeiten abzukürzen; also nachprüfen.

Organisierte Touren nach Theben-West

Sie können ebenso eine der **Sightseeing-Touren** buchen, die von verschiedenen Hotels

Eselskarawane

oder Reiseagenturen (z.B. Ibis-Hotel, MSR Travel, Happy Land Hotel, Everest-Hotel) für ca. £E 50-120 pP auch mit deutschsprachiger Führung in klimatisierten Bussen angeboten werden; die von Cheops Travel im Winter Palace Hotel vermittelte Theben-West-Tour mit deutschsprachigem Führer wird gelobt. Prüfen Sie die Preise, die je nach Anzahl der Besichtigungen bei £E 50 beginnen. Klimatisierte Busse sorgen besonders im Sommer für eine Abkühlungs- und Erholungspause. Diese Trips sind allerdings meist so organisiert, dass man in jedem Fall Alabaster- und Papyrus-Shops besucht, die Zeit wird dann bei den Sehenswürdigkeiten massiv eingespart. Versuchen Sie, Anbieter zu finden, die keine Shops anlaufen.

Besichtigungsprogramm

Wenn Sie vorab wissen wollen, welche Sehenswürdigkeiten geöffnet sind, so informiert Sie www.cyclejp.com/luxor/indexE.html .

Beachten Sie, dass **Fotografieren und Filmen** in Gräbern und Innenräumen von historischen Gebäuden verboten ist, es gibt keine Fototickets mehr. Sondergenehmigungen kosten angeblich £E 1000. Ghafire (Wächter), die zum Fotografieren ermuntern, erwarten ein entsprechend hohes Bakschisch.

Vielleicht legen Sie Ihre **Hauptaktivitäten** auf die Zeit zwischen 13-15 Uhr, weil dann die Gruppen die Mittagshitze im Hotel verbringen, oder auf den sehr frühen Morgen (viele Stätten öffnen bereits um 6 Uhr). Ein imposanter Schattenplatz, auch während der Mittagszeit, ist der Säulensaal von Karnak.

In Theben-West fallen am frühen Morgen die Busse mit den Hotelgästen aus Luxor ein; gegen 11 Uhr kommt der Konvoi aus Hurghada an, und wiederum stürzen sich Heerscharen auf die Sehenswürdigkeiten. Ab etwa 14 Uhr kehrt deutlich mehr Ruhe ein, die Luft in den Gräbern regeneriert sich etwas, der Schweißgeruch zieht ab. Draußen allerdings ist es besonders im Tal der Könige umso heißer, die Felsen strahlen die bis dahin gespeicherte Hitze zusätzlich ab.

Eilige Individualbesucher fassen die Besichtigung der Tempel von Karnak und Luxor an einem Tag zusammen (der Luxor-Tempel ist auch abends geöffnet); Ramesseum, Gräber der Noblen, Deir el Bahri und Tal der Könige an einem weiteren; für Medinet Habu, Tal der Königinnen und Deir el Medina benötigt man im Eilschritt einen halben Tag.

Beim typischen Gruppenprogramm werden innerhalb von zwei Tagen der Besuch der Tempel von Karnak und Luxor, des Museums, der Light and Sound Show und in Theben-West das Tal der Könige, Deir el Bahri, Gräber der Noblen, Ramesseum und Medinet Habu abgespult.

Ein mögliches, etwas geruhsames **Besichtigungsprogramm** ist unten aufgelistet. Die Zeiten sind so gewählt, dass zwischendurch Erholungspausen möglich sind. Sie können das Programm deutlich schneller abwickeln, Dinge auslassen oder es ausdehnen:

In Luxor

- 1 Tag Tempel von Karnak und Tempel von Luxor
- 1/2 Tag Luxor- und Mumifizierungsmuseum
- 1 Abend *Light and Sound* im Karnak-Tempel.

Achtung Gruppenreisende: Karten kosten am Ticketschalter des Tempels £E 55, Reiseveranstalter verlangen meist € /$ 20.

In Theben-West

- Öffnungszeit für alle Objekte: 6.30-18, Winter -17, während Ramadan verkürzte Zeiten
- 1 Tag per Esel/Fahrrad/Taxi nach Deir el Bahri, Tal der Könige *)
- 1 Tag per Esel/Fahrrad/Taxi nach Medinet Habu, Tal der Königinnen, Deir el Medina
- 1 Tag per Esel/Fahrrad Privatgräber (Noble)*), Ramesseum

*) Wegen der durch Besucher verursachten Schäden dürfen offiziell nicht mehr als 3 Königsgräber besucht werden; tatsächlich kann man mehrere Tickets kaufen, es findet keine Kontrolle statt.

Wo gibt es Eintrittskarten?

Im Tal der Könige und der Königinnen wie auch in Deir el Bahri werden die Eintrittskarten (Preise siehe weiter unten) jeweils direkt am Eingang verkauft. Für alle anderen Sehenswürdigkeiten von **Theben-West** müssen Sie Karten am Tickethäuschen beim Inspektorat (Plan siehe Seite 313) kaufen, also am Weg vom Nil zu den Grabtempeln und Gräbern. Besonders am frühen Morgen herrscht Gedränge an den Schaltern. Überlegen Sie sich vor dem Anstehen genau, welche Stellen Sie besuchen wollen. Die Eintrittskarten sind immer nur für den Tag des Kaufs gültig. Kartenrückgabe oder -umtausch ist selbst dann nicht möglich, wenn Sie die anvisierte Stätte verschlossen fanden, weil z.B. der Wärter spurlos verschwand. Zeigen Sie immer nur eine Karte vor; manche Wärter reißen sonst gleich alle ab.

Eintrittskarten für die Sehenswürdigkeiten in **Luxor** werden jeweils am Ort des Geschehens verkauft. Studenten sollten daran denken, dass sie verbilligte Eintrittskarten erhalten.

Eintrittspreise (£E) für Theben-West

Tal der Könige, 3 Gräber	70
Tutanchamun-Grab zusätzlich	80
Eje	25
Tal der Königinnen, 3 Gräber	25
Deir el Medina, 3 Gräber	20
Pashedu-Grab	20
Grabtempel	25
Privatgräber	
Nacht + Menna	40

Rechmire + Sennefer 50
Ramose + Userhet + Chaemhet 25
Khonsu + Userhet + Benia.............. 25
Rai (Roy) + Shurai (Shuroy) 25
Asasif- + El Cocha-Gräber............ je 25
Totentempel Medinet Habu, Ramesseum,
Sethos I.......................... je 25
Deir el Bahri mit Zusatzticket für Taf-Taf-Bahn
zum Tempel 27

Für Theben-West und den Luxor-Tempel wird nur auf den Internationalen Studentenausweis (grün) **Ermäßigung** gewährt; der in Kairo käufliche Studentenausweis ist gelb und wird nur für Karnak anerkannt.

Bei den Wärtern ist die Preisangabe entscheidend; wenn Sie also mehrmals „Ramose" auf Ihren Tickets stehen haben, kann man damit auch andere gleichteure Gräber anschauen.

Relaxen in Luxor

Auch für den **Abend und die Nacht** ist gesorgt: Wer in Ruhe bei schöner Aussicht ein Bierchen trinken will, kann dies auf der Dachterrasse des Hotels *New Emilio* tun. Die Nacht durchzechen kann man im *Kings Head Pub* (siehe *Restaurants* weiter unten). Nachts können Sie in den Hotels *Mercure Inn, Isis, Mövenpick* und *Winter Palace* Bauchtänzerinnen bewundern oder die Hoteldiskos (nahezu alle 4*- und 5*-Hotels) bevölkern. Sehr viel ägyptischer geht es spät nachts im *Mandaria* (Corniche, ca. 400 m vom Isis-Hotel stadteinwärts) und im *Tutanchamun* (Theben-West direkt am Westufer des Nils; nahe der Fähre) zu; Frauen dürfen hier nur in männlicher Begleitung erscheinen.

Falls Sie einen **Badetag** einlegen wollen und nicht in einer der feudalen Herbergen wohnen, können Sie entweder im öffentlichen Bad links neben dem Sonesta Hotel (Sharia Khaled Ibn el Walid) oder in den folgenden Hotels den hauseigenen Pool benutzen (meist Verzehr im Preis eingeschlossen): *Winter Palace* (£E 70), *Isis* (£E 40), *Luxor* (£E 20, schöner Garten), *Mercure Inn* (schöner Pool, £E 20-50), *Emilio* (£E 20, Pool auf der Dachterrasse mit gutem Blick), *El Shady* (£E 15) oder *Windsor* (£E 20). Auch das recht gut angelegte Hotel *Karnak*, ca. 1 km nördlich des Karnak-Tempels (Sammeltaxi £E 0,50), bietet Poolbenutzung zu £E 25. In Theben-West lässt es sich im *Nilevalley* Hotel sehr gut am großen Pool (£E 20) aushalten.

Einige Nilinseln dienen fleißigen Fellachen als Anbaufläche. Eine davon wird **Banana-Island** (südlich von Luxor) genannt, da sie voll mit Bananen bepflanzt ist. Die Bananenpflanzer verlangen Eintritt bis zu £E 10 pP, dafür kann man 3-4 Bananen im Souvenirshop essen. Eine Felukenfahrt zur 4 km von Luxor entfernten Insel kostet ca. £E 30-50 pP, durchaus stimmungsvoll am späteren Nachmittag, Rückfahrt bei Sonnenuntergang.

Allerdings ist das Ganze stark kommerzialisiert, Feluken-Kapitäne wie auch Bananenbauern schauen nur noch nach dem schnellen Geld. Legen Sie vorher eine Mindestaufenthaltszeit fest. Natürlich können Sie auch auf die Insel verzichten und sich nur an der Fahrt auf dem Nil in dem altertümlichen Boot erfreuen: Segeln Sie gemütlich am Westufer entlang, Sie werden schöne Aus- und gute Einblicke in das ländliche Leben gewinnen.

Die Bananen-Insel ist per Damm mit dem Festland verbunden, eine Straße führt über sie hinweg zur daneben liegenden, noch echten Insel namens **Crocodilo Island**. Diese wurde vom Schweizer Mövenpick-Konzern in eine Hotelinsel verwandelt und von der Konzeption her als Erholungslandschaft angelegt - eine völlig andere, fast Schweizer Welt, in der - nebenbei bemerkt - die Schweizer bis zu 90 Prozent des Hotel-Obst- und Gemüsebedarfs ökologisch erzeugen.

Eine andere Art, Luxor zu betrachten, macht ein **Heißluftballon** möglich: Ab £E 500-600 pP können Sie in die Luft gehen. „Es ist wahnsinnig schön, über die Tempel und Gräber zu schweben", schreibt eine Leserin. Es gibt mehrere Anbieter: *Hod Hod Soliman*, Tel 370 116 und *Over Egypt*, Tel 376 515, *Magic Horizon*, Tel 365 060. Zu buchen ist das Vergnügen über Reisebüros. Der Start erfolgt am frühen Morgen zwischen 4 und 5 Uhr, zuvor gibt es am Boden

ein Sektfrühstück. Der Flug dauert etwa 1-1,5 Stunden.
Alternativ sind auf dem Westufer schöne **Spaziergänge** möglich. Eine Leserin schreibt begeistert von der friedlichen Stimmung, die sie auf dem Weg entlang des Nilufers, südlich der Anlegestelle erlebte. Sie traf auf freundliche, unaufdringliche Menschen, die ihrer Arbeit nachgingen. Am Fähranleger auf der Westseite kann man auch Kamele zu etwa £E 35 pro Stunde mieten.
Oder man hängt einen **Ausflug** an eine Fahrrad-Besichtigungstour durch Theben-West und radelt z.B. von Medinet Habu ca. 100 m Richtung Nil bis zum ersten Kanal, an diesem entlang nach Süden. Unterwegs bieten sich interessante Einblicke in die Bewässerungstechnik und das ländliche Leben, nicht zuletzt werden Sie viele Vögel beobachten können. Irgendwann biegt man auf einem der größeren Feldwege nach Osten ab, fährt bis zur Asphaltstraße und kehrt zurück.
Wer die Nillandschaft reitend erkunden will, findet in Theben in der Nähe des Hotels Amon (Nähe Fähranleger) **Reitställe**. Ein Leser empfiehlt *Pharaos Stables Bakry el Gilany* mit gut gepflegten arabischen Pferden (um £E 50/Std) oder auch Kamelen.

In der neu gestalteten Sharia el Souk

Wenn es denn sein muss: Es werden auch so genannte Folklore-Abende angeboten, verbunden mit einem Feluka-Trip und Abendessen mit Bauchtanz.
Kirchgänger können eine katholische Kirche in der Sh Maabad El Karnak besuchen; es gibt auch eine evangelische Kirche, die etwa 300 m nördlich des Luxortempels, neben der (schönen) koptischen St. Markus-Kirche, steht.
sollten reichen.

Bazar, Tiermarkt

Das heutige Luxor ist erst in jüngster Zeit von einem Dorf zu einer Stadt mittlerer Größe gewachsen. Stimmungsvolle Bazare wie im Islamischen Kairo gibt es nicht, doch einen „**Ägypter-Souk**„ (Slang der Droschkenfahrer), der immer mehr Touristisches zu Lasten der Gebrauchsgegenstände des täglichen Lebens bietet.
Ein Bummel durch die Sh El Souk, die an der Kreuzung Sh Karnak/Bahnhofsstraße (Sh Mahatta) hinter dem Luxortempel beginnt, ist zumindest eine sehr lebendige Abwechslung zum Besichtigungs-Pflichtprogramm; die Chancen, Ungewöhnliches zu finden, sind jedoch recht gering. Hier handeln viele Shops mit täglichem Bedarf, von Gemüse bis zu Wasserhähnen; man erlebt also ein Stück ägyptischen Alltag.
Jeweils dienstags findet von etwa 6-10.30 Uhr (Touristen-Eintritt £E 5) ein ***Kamel- und Tiermarkt** statt, der an der Südumzäunung des Flughafens abgehalten wird. Alle gängigen Nutztiere, von Kamelen bis zu Schafen, werden auf einem staubigen, etwa Fußballfeld großen Platz gehandelt. Doch gibt es auch Tage, an denen nur zwei einsame Kamele traurig in die Runde schauen.
Es sind aber weniger die Tiere, die einen Besuch interessant machen; es sind die Männer, die hier kaufen und verkaufen. Sonnengegerbte Gesichter mit Falten so tief wie Ackerfurchen, Männer, die Tiere beherrschen und einen trägen Wasserbüffel dazu bringen, fast wie ein junges Reh auf einen Pickup zu springen - Tierschutz engagierte Mitmenschen sollten den Markt weiträumig meiden. Taxifahrer

verlangen Fantasiepreise, £E 30-40 sollten reichen.

▶ **Anfahrt** für Selbstfahrer: von der Stadt aus zum Flughafen fahren; sobald kurz vorher ein Schild *Luxor International Airport* nach links zeigt, rechts abbiegen und immer parallel zum Flughafen nach Süden halten. Zum Schluss sieht man die Südostecke. Hier links in ein Dorf abbiegen, durch dieses hindurch, bis nach einem kurzen freien Feld rechts eine Halle auftaucht, hinter der der Markt stattfindet. Er ist insofern nur schwer zu verfehlen, weil ständig Pickups mit Tieren hin und her preschen.

Samstags ist **Markttag** in Qurna in Theben-West, und zwar dort, wo von der nilparallelen Straße die Straße ins Tal der Könige abzweigt (Tempel Sethos I am Dorfrand). Dieser Markt ist rein lokal, ohne Kamele oder Esel. Wegen seiner Ursprünglichkeit und der Tatsache, dass Touristen nichts Ungewöhnliches sind, kann man hier relativ ungestört herumgehen. Die Leute sind sehr freundlich, sie lassen sich in ihren Marktgeschäften von den Fremden kaum stören.

"Bergsteigen"

Auf der Westseite gibt es zwei recht hohe „Berge", deren Besteigen eine schweißtreibende Angelegenheit ist. Der eine, das **Horn von Qurna**, wird von Deir el Bahri aus in Angriff genommen. Man folgt dem Pfad, der zum Tal der Könige führt, hält sich unterwegs an die nicht zu verfehlenden Abzweige zum Gipfel (auch als „Erholung" nach dem Besuch des Königstals empfohlen, Aufstieg von dort etwa 30 Minuten). Allerdings gibt es ziemlich weit oben eine Stelle, die etwas schwierig zu überwinden ist und durchaus Bergwandererfahrung erfordert. Belohnt wird man mit einem noch besseren Ausblick als von den Hügeln direkt über Deir el Bahri, vor allem nach Westen in die Wüste hinein; besonders schön sind die Wüsten-Sonnenuntergänge. Man kann natürlich auch in anderer Richtung hinuntergehen, sollte aber trittsicher sein, weil immer wieder schmale Stellen zu überwinden sind. Eine einfache Ausflugsmöglichkeit den Berg hinauf bietet die weithin sichtbare, hinter dem Tal der Königinnen beginnende Polizeitreppe, die man ohne Zurückweisung zumindest sehr weit hinaufklettern kann, um sich schon bald über den herrlichen Ausblick zu freuen.

Die zweite Wanderung könnte auf den **Thot-Berg** führen, der etwas höher ist und nördlich der Straße zum Tal der Könige liegt. Dieser Berg ist ein sehr altes Heiligtum, das vermutlich dem Gott Month-Re geweiht war. Dort steht der einzige, auf einem Berg gebaute Tempel Ägyptens und einer der wenigen, die aus dem Mittleren Reich erhalten sind. Erbauer war König Mentuhotep III (Sohn von Mentuhotep II, Begründer des Mittleren Reichs). In den 90er Jahren legte eine ungarische Archäologengruppe die erhaltenen Ruinen frei.

Der Tempel selbst wurde aus Nilschlammziegeln auf einer zuvor angelegten Terrasse erbaut. Erhalten sind der Eingangspylon und das eigentliche, etwa 100 qm messende Tempelgebäude mit Sanktuar und zwei kleinen Kapellenkammern. Vom Berg lässt sich fast das gesamte Ost- wie Westufer überblicken. Koordinaten: N25°45' E32°36'.

Leser Matthias Fabian beschreibt den Weg: „Dem Abzweig ins Tal der Könige ca. 300-400 m folgen, bis rechts eine ca. 10 m breite Lücke in der Straßenbegrenzung auftaucht. 10 m danach folgt eine nach rechts abzweigende schmale Schotterstraße, deren Eingang durch einen Schutthaufen blockiert ist. Man folgt der Straße, bis erneut rechts eine kleine Schotterpiste abgeht (man befindet sich genau zwischen Carterhaus und dem Berg, der an einem Weg nahe des Gipfels erkennbar ist). Dieser folgt man 50 Meter und verlässt diese nach links, wobei man auf eine Ruine am nächsten Hügel zusteuert. Danach muss man nur noch auf dem Weg nach oben bleiben, der zwischenzeitig sehr nahe an einer riesigen Klippe vorbeiführt. Vom Abzweig ins Tal der Könige benötigt man 2-2,5 Std. Unbedingt ausreichend Wasser sowie etwas zu essen mitnehmen und früh starten, da der gesamte Weg absolut schattenfrei verläuft! Man sollte dieser Beschreibung genau folgen, andernfalls kann man leicht in eine Sackgasse geraten und viel Zeit verlieren."

Tagesausflüge

▶ Nach **Dendera per Schiff:** Jeweils So, Di, Do und Fr legt um 7.00 Uhr ein Nilkreuzer vom Hotel Iberotel ab und ca. 3 Stunden später in der Nähe von Dendera an, von dort Transfer zum Tempel. Rückkehr in Luxor gegen 19 Uhr. Direktbucher zahlen im Hotel ca. £E 375, bei Agentenvermittlung soll es preiswerter zu haben sein. Ein Taxi von Luxor nach Dendera und Abydos kostet, je nach Verhandlungsgeschick, um die £E 250-300, ähnlich wie ein Platz im Bus.

Restaurants in Luxor und Theben-West

(Plan siehe Seite 346/347)

In Luxor hängen überall Restaurantschilder; es ist nahezu unmöglich, den Überblick zu behalten. Die unten aufgeführten Adressen können nur eine - eher zufällige - Auswahl aus dem riesigen Angebot sein.

Wirklich preiswerte Essplätze findet man in der Bahnhofsgegend, im Soukbereich und in der Sh Television; die besseren liegen u.a. südlich in der Gegend des Isis-Hotels. Teuer dagegen sind die Restaurants in den internationalen Hotels. In den preiswerten Häusern bekommt man das halbe Huhn für ca. £E 10, in der Mittelklasse kostet es £E 15-20 und in den teuren Häusern £E 25-35. In dem kurzen **Abschnitt zwischen Sonesta und Sheraton Hotel** gibt es ca. 15 meist gehobene Restaurants.

(Wenn wir in der folgenden Liste keine Hausnummern angeben, dann daher, weil diese selbst den Besitzern häufig unbekannt sind...)

Luxor

Abou Ashraf, Sh Mahatta, vom Bhf auf rechter Seite, etwa erstes Drittel, neben Restaurant *Abou Mesuhud*; relativ gutes Kushari, über dessen (eher überzogenen) Preis gehandelt werden kann, Vorsicht: Rechnung prüfen

Abou Hager, Sh Abdel el Moneim el Adasi, zw. Bhf und Midan Salah el Din, vom Bhf aus linke Seite; sauber u. freundlich, AC, guter Blick aus oberem Stock, mittelmäßiges bis gutes Essen, preiswert

Abou Mesuhud, Sh Mahatta, vom Bhf auf linker Seite, etwa erstes Drittel, neben *Abou Ashraf*, orientalisch, schmackhaft, gut, reichhaltig, preiswert

Ali Baba, Terrassenrestaurant über dem Garten des *Luxor -Hotels*, guter Blick, relativ sauber, eher mäßige Küche, kleine Portionen, freundliche Bedienung, mittlere Preise

Amoun, Sh Karnak, im 2. Stock des *Savoy Bazar* (Nähe Queen Valley Hotel), orientalische Küche, Pizza, vegetarische Gerichte, sauber, freundlich, sehr gut, preiswert

Anubis, Corniche, neben Mumification-Museum direkt am Nil, guter Sonnenuntergangsplatz, mäßiges Essen, Stella-Bier, trotz Lage für das Gebotene zu teuer

Chez Omar, Sh Youssuf Hassan, schräg gegenüber Venus-Hotel, sauber, gut, von Lesern mehrfach empfohlen, moderate Preise

Cocktail Sunset, geschmackvoll als Bar eingerichtetes, am Nilufer vertäutes Boot, gegenüber dem *Mercure Corniche Hotel*; sehr gute Drinks, preiswertes Stella Bier, schöne Sonnenuntergangsstimmung über dem Nil

Class, Corniche, südlich von Club Med, vor Isis-Hotel; Cafeteria und Bistro, empfehlenswerte einheimische und internationale Küche, sauber, gehobene Kategorie

El Hussein, Sh Karnak, im 2. Stock des *Savoy Bazar* (Nähe Queen Valley Hotel), sauber, gute Auswahl, relativ preiswert

El Hussein, Luxor-Karnak, Nähe Hilton Hotel, ägyptische Gerichte, sehr gut, mittlere Preise, freundliche Bedienung

Gerda's Garden, Vorort Karnak, gegenüber *Hilton Hotel*, www.luxor-german-restaurant.com; von einem deutsch-ägyptischen Ehepaar geführtes, gepflegtes Restaurant mit gutem Essen
Grand, Sh Khaled Ibn el Walid, Nähe *Sheraton-Hotel*, sehr sauber (auch Sanitäranlagen), freundlich, schmackhafte orientalische und internationale Gerichte, mittlere Preise
Hames und **Sindbad**, Sh Karnak im Garten des *Luxor Hotels*, schattig unter Palmen, preiswert und gut
King's Head, Sh Khaled Ibn el Walid gegenüber *Lotus-Hotel*; von 10-2 Uhr durchgehend mit warmer Küche geöffnet, sehr britisch, gute Bar, Billard, auch indische Gerichte, preiswert
Korean Restaurant, Sh Khaled Ibn el Walid, neben *Grand Restaurant*, gut, große Portionen (reichen u.U. für 2 Personen), mittlere bis höhere Preislage
McDonalds, Sh Karnak/Mohammed Farid hinter Luxor-Tempel
Marhaba, Corniche, im *Tourist-Bazar*, Dachterrasse mit schönem Blick (besonders abends auf Luxor-Tempel), Essen durchschnittlich, gute Nachspeisen, für Qualität zu teuer, Abrechnung prüfen
Merryland Hotel, eine der besten Restaurant-Dachterrassen am Nil, herrlicher Sonnenuntergangsblick, preiswertes Essen, nicht immer gut
Metropolitan Café, direkt am Nilufer Höhe *Winter Palace Hotel*, Snacks, gut zum Relaxen
Mish-Mish, Sh Television, mäßig, etwas teuer, Pizza, unbedingt Rechnung prüfen
Pink Panda, Sh Khaled Ibn el Walid, rechts neben *Pyramisa Isis Hotel* (zu dem es gehört), sehr gute chinesische Küche, gut eingerichtet, nicht billig
Pizza Hut, Sh Khaled Ibn el Walid, Nähe *Isis Hotel*
Rezeiky Camp, [1+ Hotelplan] Sh Fayek Fouad el Rezeiky, Restaurant am Pool, hervorragende Küche, Bier und Wein, mittlere Preise
Ritz, Sh Khaled Ibn el Walid, kurz vor *Pyramisa Isis Hotel* in rechter Seitengasse, relativ klein, gut bei reichlich Auswahl (ägyptisch und international), eher preiswert
Salt & Bread, am Bahnhof; sehr preiswert, gut, aber etwas wenig
Sayida Zeinab, Sh Television, sehr gutes Kushari, sehr preiswert, freundliche Bedienung
Sinouhe, schräg gegenüber *Pyramisa Isis Hotel*; eher elegant, internationale und ägyptische Küche, reichhaltiges Abendbuffet £E 50, Disco ab 22.30 Uhr
Sunrise, kurz vor *Pyramisa Isis Hotel*, „bürgerlich" (viele Gäste vom *Isis*), sauber, nicht zu teuer
Twinky's Café, in Bahnhofsnähe, Sh Abdel el Moneim el Adasi, zw. Bhf und Midan Salah el Din,; ägyptische und internationale Kuchen, Tee und Kaffee sehr gut, relativ teuer, freundlich

Theben-West

Africa, Nähe Fähranleger, gute Atmosphäre, ansprechend eingerichtet, relativ geringe Auswahl, gut, mittlere Preise
El Fayrouz, Hotelrestaurant, Nähe Fähranleger, sehr viele Gerichte, ägyptisch und international
El Gezira Hotel mit Dachrestaurant, Nähe Fähranleger in einer Seitenstraße, gepflegt, schöner Blick auf Luxor-Tempel, etwas teuer
Hatschepsut, Besitzer spricht deutsch, an der Straße zwischen Privatgräbern und Abzweig nach Deir el Bahri, Restaurant auf einer Alabaster Factory, schöner Blick
Beim **Medinet Habu Tempel** liegen drei preiswerte Restaurants: *Ramses* Cafeteria & Restaurant, *Maratonga* Restaurant, *Happy Habou*
No Gallab an der Straße nach Deir el Bahri, im Erdgeschoss Alabasterwerkstatt, Dachterrassen-Restaurant mit tollem Blick, ausgezeichnetes Essen, preiswert
Nur el Gurna, gegenüber dem Inspektorat (etwas nach hinten versetzt), gutes Essen, reichlich und preiswert
Ramesseum-Resthouse, preiswertes Restaurant neben dem Ramesseum, z.B. für eine Mittagspause empfehlenswert
Tut-Anch-Amun, in der Nähe des Fähranlegers, sehr gutes ägyptisches Essen, reichlich, ziemlich teuer

Übernachten

Hotelsuche: Am Bahnhof (manchmal sogar schon im Zug ab Qena) und am Flughafen Luxor warten zahlreiche **Schlepper** und versuchen, alle möglichen Hotels an den Gast zu bringen. Sie schrecken auch nicht vor „dirty tricks" zurück, wie z.B., die gewünschte Unterkunft sei ausgebucht, geschlossen oder ähnliche Stories. Immer mehr Hotels scheinen aufgrund der Konkurrenzsituation Schlepper zu beschäftigen. Lassen Sie sich nicht beirren und gehen Sie in das Hotel, das Sie sich schon zuvor ausgesucht haben. Oder fragen Sie, ohne den Schlepper mitzunehmen, in der Tourist-Information im Bahnhof nach, dort hilft man Ihnen gern. Im Übrigen sind während der Sommermonate die Hotelpreise häufig stark ermäßigt.
Ein nicht unwichtiges Argument für die Hotelwahl ist die Nähe zum Fähranleger beim Luxor-Tempel, wenn man in Luxor wohnen, aber mehrmals nach Theben-West übersetzen will. Sie können inzwischen auch in Theben-West sehr gut übernachten, siehe weiter unten.
Viele der preiswerteren Hotels bieten **Fahrradverleih**, die Preise liegen zwischen kostenlos (selten) und £E 5-30/Tag. Prüfen Sie die Räder sehr gründlich. **Internetzugang** wird in den Hotels immer populärer. Die Preise schwanken zwischen kostenlos (selten) bis £E 30/h. Bei den Billighotels sollte man die oberen Etagen vorziehen.
In der folgenden Liste beziehen sich die Zahlen in **[ ]** auf die Pläne *Hotels im Zentrum,* siehe nächste Seite, die übrigen sind nur im Plan *Luxor,* Seite 346/347, zu finden.

Luxus- und bessere Hotels in Luxor

- **Luxor Hilton**, 5*, Karnak, Tel 2374 933, Fax 2376 571, luxhitw@brainy.ie-eg.com, abgeschieden, aber ländlich-idyllisch gelegen
- **Luxor Sheraton**, 5*, Sh Khaled Ibn el Walid, Tel 2374 544, Fax 2374 941, südlich vom Pyramisa Isis Hotel, direkt am Nil
- **Nile Palace (Steigenberger)**, [41] 5*, Sh Khaled Ibn el Walid, Tel 236 6999, Fax 236 5666, info@nileplalacehotel.com, www.nileplalacehotel.com; direkt neben dem Isis Hotel, gepflegtes Luxushotel mit allem Komfort, großer Poo
- **Mövenpick Resort**, 5*, Crocodile Island, Tel 2374 855, Fax 2374 936, jolie.ville@moevenpick-lux.com.eg, www.movenpick-hotels.com; schöne abgeschiedene Inselwelt (wird ab Januar 2008 nicht mehr von Mövenpick gemanagt)
- **Pyramisa Isis**, [42] 5*, Sh Khaled Ibn el Walid, Tel 2372 750, Fax 2372 923; nazab@rite.com, www.pyramisaegypt.com, 400 Betten, gr Pools, viele Gruppen, unpersönliche Massenabfertigung, mäßiger Service
- **Sonesta St. George**, [40] 5*, Sh Khaled Ibn el Walid, Tel 2382 575, Fax 2382 571, manager@sonesta-hotel-luxor.com, www.sonesta.com, se gepflegt, se gut eingerichtet
- **Winter Palace Sofitel**, [33] 5*, Corniche, Tel 2380 422, Fax 2374 087, altes Traditionshotel (ehemals königlicher Winterpalast) mit schönem Garten, ang Atmosphäre
- **Iberotel** , [37] 4* nahe 5*, Corniche, Tel 238 0924, Fax 2380 972, info@iberotelluxor.com, www.iberotel-eg.com, Pool-Bassin im Nil, AC, SatTV, Minibar,Internet, se sa, gut eingerichtet, mF .... E+B $ 98, D+B $ 135
- **Lotus**, [41] 4*, Sh Khaled Ibn el Walid direkt neben Nile Palace Hotel, Tel 235 6617, 345 6253 Fax 235 6619, 2389484, lotus_luxor@yahoo.com; se sa, se fr, mF .... E+B $50, D+B $75
- **Mercure**, [5] 4*, Corniche (Nähe Sh Nefertiti), Tel 2380 944, Fax 2374 912, h1800@accor-hotels.com, rel nahe Luxor-Tempel, gr Pool m. Garten, AC, SatTV, Rest/Bar, se fr, hb, viele Gruppen, guter Service, tlw renovierte Zi, empf, mF (sehr gut) ....E+B $75-128, D+B $90-128

- **Mercure Inn**, [19] 4*, Sh Karnak, neben Luxor-Hotel und hinter Luxor-Tempel, Tel 2373 321, Fax 2370 051, H3008@accor.com, www.accor-hotels.com, AC, SatTV, se sa, mF.................................E+B $70, D+B $80-85

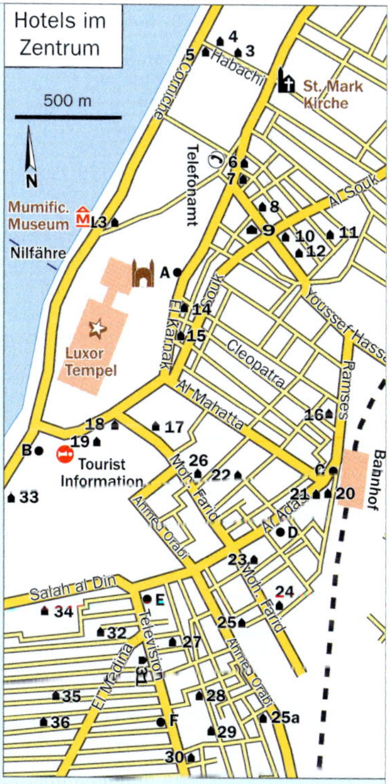

3* Hotels in Luxor

- Arabesque, [17] Sh Mohammed Farid (Nähe Luxor Hotel bzw. Tempel), Tel 2371 299, Fax 2372 193, arabesquehotel@hotmail.com, Dachterrasse mit Mini-Pool, modern, Internet, AC, SatTV, Wäscheservice, Rest (weniger empf), se sa, rel kleine Betten, schöne Zi mit Balkon, Preise verhandelbar, fr, rel la, empf, mF ....E+B $24, D+B $30
- **Flobater**, [38] Seitenstr. d. Sh Khaled Ibn el Walid (neben St. Joseph-Hotel), Tel 2370 418, Fax 237 0618, Dachterr. mit Pool, Bar, SatTV, se sa, AC, Wäscheservice, mF ....E+B $25, D+B $30
- **Emilio**, [7] Sh Youssuf Hassan, Tel 2371 601, Fax 2370 000, www.emiliotravel.com, emilio_hotel@hotmail.com, AC, SatTV, Kschr, Internet, Disko, Bar, se sa, se fr, se la, Dachterrasse mit Rest, guter Blick, Pool, Preise flexibel, mF (se gut)........................E+B $45, D+B ab $55
- **Gaddis**, [43] Sh Khaled Ibn el Walid, Tel 2382 838, Fax 2382 837, gaddislxr@yahoo.com, gaddies@lxr.com.eg, www.gaddies.lxr.com.eg, gegenüber Pyramisa Isis H., obere 3*-Klasse, tlw Nilblick, Pool, Bar am Pool, kl. Dachterr., gut eingerichtet, Internet, AC, gr Zi, tlw la, se sa, se hb, AC, SatTV, Kschr, mF.. E+B $30, D+B $40
- **Golden Palace**, [30] Sh Television, Tel 2382 972, Fax 2382 074, gegenüber TV-Tower, Internet, sa, fr, AC, SatTV, Rest/Bar, Pool, Dachterr., Disko, empf, mF (ni gut) E+B $20, D+B $30
- **Karnak**, Corniche, nördl. v. Karnak-Tempel, schräg gegenüber Hilton, Tel 2376 155, Fax 2374 155, khotel@lxr.com.eg, ständig Minibusse i. Zentrum, ländl.-ruhig, gr Pool, Dachterr renoviert, Bar, Billiard, Internet, AC (la), SatTV, Rest/Bar, Wäscheservice, Flughafenabholung, fr, se sa, empf, mF.. E+B $15, D+B $20
- **Luxor**, [18] Sh Karnak (direkt h. Luxor-Tempel), Tel/Fax 2380 018, altes Kolonial-H. in schö Garten, gr Zi, AC, Kschr, sa, Rest/Bar, Pool u. zugeh. Sanitäranlagen ungepfl., viele Gruppen, mF (gut).. E+B $20, D+B $30
- **Merryland**, [4] Sh Nefertiti, gegenüber Windsor-H., Tel/Fax 2381 746, Flughafenabholung, Internet, tlw Kschr, Dachterr. m. Superblick, AC, SatTV, Balkon, organisiert Trips, z.T. gr Zi, se sa, fr, hb, la durch Muezzin u. Schule nebenan, mF ....E+B 50-60, D+B 70-90
- **Mina Palace**, [13] Corniche, nördl. v. Luxor-Tempel, Tel 2372 074, Fax 2382 194, Terrasse, AC, SatTV, Kschr, viele Zi mit 2 Balk. u. Nilblick, abgewohnt, se la, rel sa, fr, mF ....E+B ab 90-120, D+B ab 110-140

• **New Radwan**, [21]Sh Abdel Monheim (dir. a. Bahnhofspl.), Tel 2367339, Tel/Fax 2385 501, kl. Dachterr., kleiner Pool, se gut einger., Balkon, AC, t/w SatTV, se sa, gepfl., la (Moschee, Straße), empf, organisiert trips, Wäsche service, mF .... E+B 70, D+B 100

• **Pharaon**, nördl. v. Karnak-Tempel (Nähe Hilton), 2007 wegen Renovierung geschlossen

• **Philippe**, [3] (eher 4*), Sh Nefertiti, Tel 2373 604, Fax 2380 050, www.philippeluxorhotel.com, info@philippeluxorhotel.com; AC, Balkon, SatTV, Kschr, Dachterr. m. Pool u. Blick auf Luxortempel u. Nil, Billiard, Internet, gepfl., se sa, fr, ang, empf, mF (einf) .... E+B $20-25, D+B $30-35

• **Queens Valley**, [6] Sh Yousef Hassan, Tel 237 0085, Fax 238 1738, info@queensvalley.net, www.queensvalley.net, 1 Block nördl. des Emilio Hotels und derzeit höchster Dachgarten im Zentrum mit tollem Rundumblick und großem Pool, AC, SatTV, Kschrk, se sa und gepflegt, Internet, se fr, hb, mF .... E+B $25, D+B $35

• **St. Joseph**, [39] Sh Khaled Ibn el Walid (schräg gegenü. Club Med), Tel 2381 707, Fax 2381 727, stjoseph2@hotmail.com, www.xanga.com/stjos, AC, SatTV, Pool m. Dachterr., u. Snack Rest, Nilblick (von einer Hotelseite, über Wasserwerk hinweg), se sa, se fr, empf, mF .... E+B $30, D+B $35

• **Shady**, [31] Sh Television, Tel 2381 262, Fax 2374 859, shady-hotel@hotmail.com, Bettenburg, sa, fr, SatTV, AC, Betten ni bes. gut, Abrechnung überprüfen, Dachterr., gu Pool (Nichthotelgäste können Pool mit Lunch zu £e 35 benutzen), Garten, Disko ab 21:00, Flughafenabholung, Wäscheservice, Internet mF .... E+B 80, D+B 100

• **Tutotel**, [34] (besser als 3*), 1 Sh Salah el Din, Tel 2377 990, Fax 2372 671, schö Blick besonders v. Dachterr. (derzeit höchster Aussichtspunkt in Luxor), Disko, AC, SatTV, Minibar, gut eingerichtet, mF .... E+B $34, D+B $42

• **New Windsor**, [4] Sh Nefertiti, Tel 2372 847, Fax 2373 447, windsor@click.com.eg, gegenü. Merryland-H., AC, SatTV, Kschr, Pool, Sauna, Fitness, Disko, Bar, Billard, Internet, kürzlich renoviert, zum Innenhof ru, se sa, se gr Dachterr. mit tlw schö Blick, Preise verhandelbar, mF ... E+B 90, D+B 120

Einfachere und Billig-Hotels in Luxor

• **Akhnaton**, [26] Sh Mohammed Farid, Tel 2373 979, kl. Zi (tlw ohne Fenster), se einf, sa, Wäscheservice, Fahrradverleih, hb, Ven, mF .... E+B 18, D+B 28

• **Anglo**, [20] südl. Bahnhofspl., Tel 2382133 /Fax 2381 679, Wäscheservice, organisiert Trips, AC, SatTV, se sa, gepfl., la, se fr, empf, mF .... E+B 40, D+B 60

• **Atlas**, [25a] Sh Atlas/Sh Ahmed Orabi, Tel 2273514,Fax 2273263, atlas_hotel2000@yahoo.com, Flughafenabholung, se la Muezzim, sa, Balkon, Internet, ru, gut für alleinr. Frauen, Wäscheservice, tlw AC, tlw Balkon, organisiert Trips, Fahrrad- u. Motorradverleih, mF .... E+B 25, D+B 30, D+B+AC 45

• **El Shazly**, [12] Sh Youssuf Hassan, Tel 2272 146, ca. 300 m v. Bhf, mä sa, hb, (auch: unang., aufdringl.) se. einf, se la, tlw AC + £E 5, Ven, mF .... E+B 15, D+B ab 25

• **Everest**, [27] Seitenstr. d. Sh Television, Tel 2273 260, everesthotel@hotmail.com, ägypt.-dt. Management, Fahrrad u. Motorradverleih, organisiert Trips, sa, SatTV, AC, Kschr, ru, Internet, se fr, hb, mF .... E+B 20, D+B 35

• **Fontana**, [29] Sh Radwan, nördl. Parallelstr. der Sh Television, Tel 2280 663, www.fontanaluxorhotel.com, info@fontanaluxorhotel.com; freier Aufbewahrungsservice se sa, ru, Ven, Kü/Waschm., Internet, Fahrradverleih, Negativberichte: aufdringl., man hält sich nicht an Preisabsprachen, unang, mF .... E+B 20,D+B 25, D+B+AC 30

• **Grand**, [25] Seitenstr. d. Sh Mohammed Farid, Tel 2382 905, 010 4416536, hossensayid@yahoo.com, Dachterr., freier Aufbewahrungsservice (Rucksack), Waschmasch., Fahrradverleih, Ven, se sa, fr u. hb, mF einf, mF........ E 15, D 18, D+AC 25

• **Happy Land**, [36] Sh El Kamar, Tel 2271 828, happylandluxor@hotmail.com, www.luxorhappyland.com, (von Sh Television re in Sh Medina, 7. Gasse re), Eigner Ibrahim zeigt, wie man besten Service auch ohne Sterne bieten kann, extrem sa, se fr, se hb, ru, Ven, Kü, ang, kl. Zi, Dachterr., Wäscheservice, Fahrradverleih, Internet, günstige Touren, tlw Kschr, tlw AC, empf, mF (se gut)........ E 40~55, E+B+AC 55, D 45, D+B 60, D+B+AC 70

• **Horus**, [15] 2*, Sh Karnak, direkt hinter Luxor-Tempel, Tel 2272 165, guter Blick auf Tempel, Str.-Zi se la, etwas abgewohnt, sat TV fuer extra 5 pro tag, Wäsche service, AC(laut), se sa, fr, mF........ E+B 40, D+B 60

• **Little Garden**, [28] Sh Radwan (Nähe Sh Telev.), Tel/Fax 2279 038, littlegardenlxregy@hotmail.com, www.littlegardenhotel.com, deutschsprachig, AC, SatTV, kl. hübscher Garten, gr Dachterr., Wäscheservice, Internet, Zi m. gr Terrasse + 5, orientalische Zi 23, tlw SatTV, se sa, ru, se fr, mF........ E+B 14, D+B 18

• **Moon Valley**, [35] 5. Seitenstr. d. Sh Medina (siehe Hotel Happy Land; mitten in lebendigem Wohngebiet), Tel/Fax 2375 710, AC (la), se sa, ru, Küche, Dachterr., mF........ E+B 25, D+B 50

• **Nefertiti**, [14] Sh Sahaby, Tel/Fax 2372 386, www.nefertitihotel.com, info@nefertitihotel.com, Terrasse m. schö Blick, rel sa, se fr, se hb, AC, Internet, mF........ E+B 45, D+B 75

• **New Everest**, [22] Seitenstr. d. Sh Mahatta, Tel 2370 017, neweverest@yahoo.com, kl. Dachterrasse, rel sa, Waschm., Küche, Internet kostenlos, mF........ E 8, E+B 15, E+B+AC 20, D 15, D+B 25, D+B+AC 25

• **Nobles**, [10] Sh Youssuf Hassan, Md Ahmose, Tel 2372 823, etwas abgewohnt, überw. ägyptische Gäste, fr, se sa, AC + £E 5, F £E 5,Ven........ E 22, E+B 35, D 30 D+D 40

• **Nubian Oasis**, [24] Sh Mohamed Farid, Tel/ 236 2671, , mansmostafa@yahoo.com, tlw SatTV, tlw Balkon, Dachterrasse, Internet, Aufbewahrung von Gepäck, organisiert Trips, Ven, se sa, Küche, emp, hb, mF........ E+B 10, E+B+AC 20, D+B 20, D+B+AC 30

• **Oasis**, [23] Sh Mohammed Farid, Tel 010 3805 882,?luxoroasis@hotmail.com, tlw la, rel sa, Dachterrasse, Waschm., Internet kostenlos, Traveller-Treff, tlw AC, kürzl. renoviert, mF........ Dorm pP 12, E+B 25, E+B+AC 35, D+B 25, D+B+AC 35

• **Pyramids**, [8] Sh Youssuf Hassan, Nähe Emilio-H., Tel 2373 243, Dachterr (eher Abstellpl.), ziemlich einf, se abgewohnt, mä sa, tlw AC (+ £E 5), Ven, F .... E 5, E+B 20, D+B 40

• **Rezeiky Motel & Camp**, [1] Sh Fayek Fouad el Rezeiky, Tel 2381 334, Fax 2381 400, rezeiky@hotmail.com, www.rezeikycamp.com, Internet, Küche, Rabatt b. läng. Aufenthalt, tlw AC, se fr, se hb, sa, Waschm., Pool, empf, mF .... E+B 35, D+B 65

• **Saint Mina**, [16] Sh Cleopatra, Tel 2375 409, Fax 2376 568, Bhf-Nähe, Dachterr., verwahrt Gepäck z.B. während Assuantrip, Wäscheservice, Bar (Alkohol), Coffeshop, SatTV, ru, se sa, gepflegt, fr, hb, AC (la), mF........ E 40, E+B 40, D/D+B 50

• **Sherif**, [32] re. kl. Seitenstr. Anfang Sh Television, Tel 2370 757, 010 6405503, sherifhotel@yahoo.co.uk, sa, tlw AC, Dachterrasse mit Nilblick, Küche, Internet kostenlos, Fahrradverleih, mF........ Dorm 6, E 8, D 15, D+B+AC 20

• **St. Catherine**, [11] 2*, Sh St. Catherine, Tel 2374 195, 2007 wegen Renovierung geschlossen

• **Venus**, [9] Sh Youssuf Hassan, Tel/Fax 2272 625, mä sa, la, Bettw. manchm. ber. benutzt, Ven, Dachterrasse, Bar mit Billard u. Alkohol (tlw se la), Nordzi besser, se la, Radverleih, mF........ E 20, E+B+AC 40, D 30, D+B+AC 50

• **Youth Hostel**, [2] 16 Sh Karnak, Tel 2372 139,Fax 2370539, 1,5 km v. Bhf, im Winter 1 Monat vorab reservieren, la, häufig ägypt. Jugendgruppen, kein Raum f. Paare, fr, Ven, ... Dorm. pP 10.25, Zi+AC 14.25, gr. Zi 16.25

Hotels in Theben-West

• **Abdel/Mohamed Kassem**, Nähe Sethos I Tempel, Tel 2313 248, Fax 2313 247, gehört zu „Alabaster Factory", schö Blick v. Dachterr., renoviert, sa, fr, mF .... E+B 35, D+B 60

• **Abou**, bei Medinet Habu, Tel 2311 611, Fax 2370 736, se einf, fr, sa, ang, kl. Zi, Ven, mF .... E 35, D 60

• **Amenophis**, 2*, Nähe Medinet Habu, Tel 206 0078, sayedm25@hotmail.com, www.luxor-westbank.com/amenophishotel.htm, gepfl., se sa, AC, gut einger., schö Dachterr., Internetzugang, Restaurant, mF .... E+B 85, D+B 130

• **Amoun** (auch Funduq Ahmed Soliman), Nähe Fähre u. Mobil-Tkst, Tel 2310 912, Fax 2311 205, amounhotelluxor@hotmail, familiäres Gästehaus, Balkon, Dachterr., Garten (abends offenes Feuer), für alleinr. Frauen empf, gutes Essen, organisiert Trips etc, se sa, se ang, Ven, ru, se fr, empf .... E 100, D 120, D+B 180, D+B+AC 200

• **El Fayrouz**, vom Fähranleger geradeaus, an Moschee li kl. Str., ca. 100 m, Tel/Fax 2312 709, info@elfayrouz.com, www.elfayrouz.com, dt.-äg. Management, Internetzugang, Taxi-Service, Ven/AC, schö Dachterr., Rest., rel gr Zi, se sa, fr, hb, mF .... E+B 80, D+B 120

• **El Gezira**, ca. 300 m von Anlegestelle, Tel/Fax 2310 034, gezira_hotels@yahoo.com, www.el-gezira.com, ägypt.-dt. Management, schö Blick a. Luxor, Dachterr., Garten, gutes Essen, se sa, se fr, hb, AC, Balkon, mF .... E+B 80, D+B 100

• **El Gezira Gardens**, rel. dicht am Nilufer, li vom Fähranleger, Tel 2312 505, Fax 2312 506, geziragardens@hotmail.com, www.elgezira.com, Hotel u. Apartments (2-Zi m. Kü £E $45/Nacht), AC, Kschr, se sa, se fr, hb, mF .... E+B $25, D+B $35

• **El Moudira**, Luxushotel am Wüstenrand in Hager el Dabayiah, Tel 012 3928 332, Fax 012 3251 307, 012 3220 528, moudirahotel@yahoo.com, www.moudira.com, Anfahrt: 2 km nach Brückenstraßeneinmündung links Richtung Wüste, an letzter T-Kreuzung links ca. 1 km. Besitzerin Zeina Abukheir hat das beste u. stilvollste Hotel Ägyptens inmitten einer kl. Oase am Wüstenrand geschaffen. Keins der 54 luxuriösen Gästezimmer - Suiten - gleicht dem anderen, alle Wände handbemalt, in einigen Zi arabischer Springbrunnen. 4 bis 8 der ungewöhnlich gr Zi (um 50 qm) gruppieren sich jeweils um einen Innenhof m. Brunnen u. blühenden Pflanzen, se großer Pool, mF .... E+B € 140, D+B € 170, Suite D+B € 220

• **El Nakhil**, neben El Fayrouz Hotel, Tel/Fax 231 3922, office@el-nakhil.com, www.el-nakhil.com, 2005 eröffnet, Restaurant, interessantes Design („arabischer Stil"), große Zi teils mit Kuppel, teils behindertengerecht, se sa, se fr, AC, Balkon, mF .... E+B € 20-25, D+B € 28-35

• **Marsam** (ehemals Sheik Ali), Tel 2372 403, marsam@africamail.com, austral.-ägypt. Management unter Natasha Baron, im Winterhalbjahr häufig ausgebucht (viele Ägyptologen), sehr gute Atmosphäre, neue Zi m. B, sa, ru, Ven, schö Innenhof, se gu Essen, mF .... E 45, D 90, D+B 130

• **Nilevalley**, 100 m vom Fähranleger, Tel 2311 477, hotek@nilevallex.nl, www.nilevalley.nl, ägypt.-holländ. Management, Balkone, großer Pool, se sa; fr, hb, AC, mF .... E 15, D 22, E+B € 21, D+B € 28

• **Ramses**, schräg gegenüber El Gezira, Tel /Fax 2312 748, luxor@ramsesshotel.com, AC, SastTV, Kschr, große Zi, Balkon, se sa, mF .... E+B 85, D+B 120

El Moudira - Ein Traum

Es muss wohl 2001 gewesen sein, als mir - auf der Suche nach einer Umgehungsstraße - in der Nähe von Theben-West ein großer Baukomplex am Rand der Wüste auffiel. Irgendwie sah die Baustelle nach Hotel aus, nach einem ungewöhnlichen dazu. Ich fragte mich zum Chef des Unternehmens durch und staunte nicht wenig, als mir eine sehr agile, sehr aufgeschlossene Chefin vorgestellt wurde - Zeina Abukheir, eine Libanesin mit feinem Geschmack, der aus jedem Detail der bereits fertiggestellten palastähnlichen Bungalows hervorging. Mit Durchsetzungskraft und, andererseits, unendlicher Geduld schuf sie eine Oase der Gastlichkeit und Harmonie, wie sie nirgendwo sonst in Ägypten zu finden ist.
Inzwischen wuchern Bougainvilleen an den Mauern der kleinen Paläste in dem rundherum begrünten, blumenübersäten Hotelkomplex. Aus dem großzügig dimensionierten Pool schweift der Blick über die Wüste zu den thebanischen Bergen mit ihren historischen Schätzen. Hier findet man Ruhe nach der Besuchshektik, hier erlebt man den wahr gewordenen Traum einer ungewöhnlichen Frau. Und wenn ich an dieser Stelle von der paradiesischen Atmosphäre schwärme, dann wurde ich weder darum gebeten, noch erwarte ich eine Gegenleistung. Ich möchte Sie, liebe Leserin, lieber Leser, auf diesen ungewöhnlichen Platz aufmerksam machen, an dem man z.B. einen Geburts- oder Hochzeitstag feiern könnte.

Wil Tondok

- **Pharaos**, Tel 2310 702, pharoshotel@hotmail.com, Straße, die direkt nach Inspektorat li abzweigt, von Dachterr. Blick auf Medinet Habu, schö Garten, Radverl., AC, se sa, se fr, mF .... E+B 85, D+B 120-150
- **Sennefer Guesthouse**, Alt-Qurna neben Sennefer-Grab, Tel/Fax 231 3137, senneferguesthouse@yahoo.fr, www.senneferhotel.venez.fr; trotz Qurnas Abriss soll das Guesthouse überleben; gute Lage für Besichtigungen, schöner Ausblick, se ru, se sa, Ven, mF .... E 15, D 25, D+B 30

Ferienwohnungen

In Luxor und vor allem in Theben-West werden immer mehr Ferienwohnungen angeboten, in denen man unabhängiger, mit mehr Raum und Komfort (aber weniger Service) meist preiswert (bei wochenweisem Mieten) wohnen kann. Schauen Sie sich www.egypt-rentaflat.com für mehr Informationen und Auswahl an. Hier einige Leserempfehlungen für Theben-West:

- **Schöne Aussicht**, Ferienwohnungen von Helga Tröger und Mubarak Ali Hassan Maki (Taxifahrer), in El Ezba, 3 km vom Fähranleger, Tel 255 1735, 010 397 1201, www.luxor-info.com, 7 Wohnungen um 90 qm, komplett ausgestattet, AC, Kschr etc. 400-700/Woche
- Ein Leser empfiehlt eine schöne, ruhige und **preiswerte Wohnung** mit 3 Schlafzimmern, Vermieter: Gahlan Hassan Ahmed, Taxifahrer, Tel 0480 310887, hinter der Tankstelle
- Auch das **Hotel Fayrouz** vermittelt Ferienwohnungen in der Nachbarschaft.

Wenn es Ihnen in Luxor so gut gefällt, dass Sie dort eine - überaus preiswerte - Wohnung kaufen, bauen, mieten, umbauen, herrichten wollen, kann Ihnen die Bauingenieurin Souzan Gerges (eigene Firma *Horus For Construction)*, Tel 238 4528, 01244 66348, horusoffic@yahoo.com kompetent dabei helfen.

Camping

- Direkt Camping, Luxoran der nördlichen Luxor-Einfallstraße liegt das **Rezeiky Camp**, Tel 238 1334, Fax 2381 400, rezeiky@hotmail.com, www.rezeikycamp.com.eg, das von hohen Mauern bzw. zwei Stockwerken mit Zimmern umgeben ist. Das zugehörige Restaurant ist gut. Schneller Internetzugang, Kreditkarten werden akzeptiert. Camping pP 15 und per Auto mit 2 Personen 45, Dinner (se gut) 25, Frühstück 8.
- **Al Salam Camp**, **Theben-West**, etwa 1,5 km südlich vom Fähranleger am Nilufer, Tel 010682 4067, comingsoon@gmx.de, Ahmed Omran schuf ein stetig komfortabler werdendes Strohhüttencamp nach Dahab-Vorbild mit sympathischer Atmosphäre, gut zum Relaxen, eigner Schlafsack und Handtuch empf, kleines Rest, organisiert günstige Trips, kann auch per Boot von Luxor angesteuert werden, sa, vorher anrufen, mF................2-Bett-Hütte 25, Camping £E 1

Eingang zum Al Salam Camp

9

Von Luxor nach Assuan

Im südlichen Niltal Oberägyptens finden Sie eine Reihe sehenswerter Tempel. Das Tal selbst erscheint dem Besucher enger als bisher; häufig rücken die Wüstenstreifen bis an den Nil heran; in Silsila geht das Ufer auf beiden Seiten direkt in die Wüste über. Diese nah beieinander liegenden Kontraste zwischen Wüste und üppiger Fruchtbarkeit machen den besonderen Reiz der Landschaft aus; nicht umsonst bevorzugen die Nilkreuzfahrer diese Strecke gegenüber anderen Nilstrecken.

Eine sehr attraktive Alternative bietet die **Reise auf dem Nil**, entweder mit teurem Dampfer oder auf einer Feluke (detaillierte Informationen über Nilkreuzfahrten siehe Seite 63, Feluken-Segelreisen siehe Seite 75).

Ausländische Touristen im Auto (auch Taxi/Minibus) werden höflich aber bestimmt gebeten, nach Assuan nur im militärisch eskortierten **Konvoi** zu fahren, siehe Seite 348. Als Alternative bieten sich **Bahnfahrten** an, siehe ebenfalls Seite 348.

9 km südlich von Luxor:

Abzweig zur Nilbrücke nach Theben-West

Nach 7 km: Abzweig (N25°35,0' E32°31,8')

El Tod

Etwa 3 km östlich liegt mitten im gleichnamigen Dorf eine fast malerische Tempelanlage (£E 15), deren Geschichte bis ins Alte Reich zurückgeht. Heute fallen vor allem die Ruinen eines Month-Tempels ins Auge, der aus der Ptolemäerzeit stammt, an dem aber auch noch die Römer unter Antonius Pius wirkten. Es ist nur noch die Mittelhalle mit einer Kapelle zu sehen, die mit gut erhaltenen und fein gearbeiteten Reliefs geschmückt sind. Ferner stehen noch Fragmente eines Tempels aus dem Neuen Reich, den Ramses II renovieren ließ.

Nach 19 km: Abzweig (N25°26,6' E32°32,6')

Moalla

Nördlich neben dem Dorf Naga Abul Said erhebt sich ein kleiner Hügel, in dem zwei **Gräber von Gaufürsten** aus der Ersten Zwischenzeit gefunden wurden (£E 10; Tickets vorab am

Detailgetreue Fischbilder in Moalla

Sehenswertes

****Horus-Tempel von Edfu**, einer der besterhaltenen Tempel Ägyptens mit sehr informativen Bildern und Inschriften

***Tempel von Kom Ombo**, in seiner Konzeption als Doppeltempel ungewöhnlich, schöne Lage am Nilufer

Tempel von Esna, von dem nur die (sehr gut erhaltene) Vorhalle errichtet wurde

Gebel el Silsila, ausgedehnte antike Steinbrüche, Kapellen, Felstempel des Haremhab

Reise auf dem Nil an Bord einer Feluke: Fortbewegen wie zu pharaonischen Zeiten

*El Kab**, Ruinen und Gräber eines einst einflussreichen Zentrums

*Darau**, bekannter Landmarkt (auch Kamele)

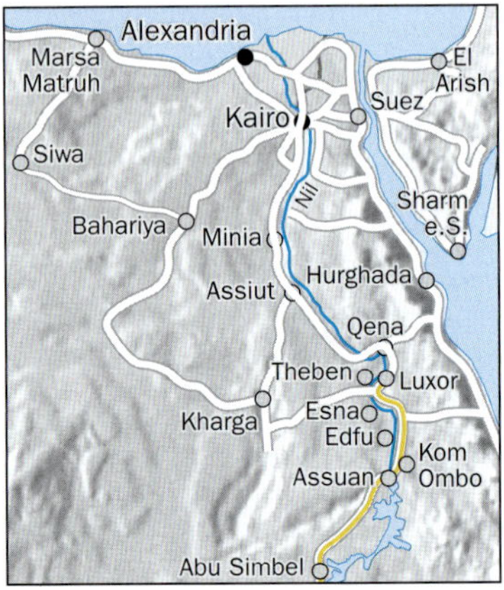

Luxor-Tempel kaufen). Das des Anchtifi ist wirklich einen Blick wert: Im engen Raum stützen 30 sehr unterschiedliche, z.T. krumme Säulen die Decke, die offensichtlich einen Wald darstellen sollen. Einige davon sind bemalt wie auch teilweise die Wände. Besonders die sehr detailgetreuen Bilder, wie Fische, Wasserpflanzen, Kühe oder Szenen aus der Landwirtschaft, hinterlassen einen bleibenden Eindruck. Die Inschriften auf den Wänden erlaubten den Ägyptologen wichtige Rückschlüsse auf Vorkommnisse dieser verworrenen Zeit.

Die Anfahrt ist auch per Bummelzug möglich, der im Dorf Naga Abul Said hält; oder mit Pickup von Esna.

Nach 18 km:

Esna (Bahnhof)

Zum Besuch des ****Tempels von Esna** (9-16; £E 15) rechts 3 km zur Stadt Esna über den Nil. Nach der Brücke führt eine Straße am westlichen Nilufer nach Theben-West bzw. nach Assuan.

▶ **Hotel El Haramen**, Nähe Fußballplatz, nur für den Notfall, sehr einfach................D+B 20

Hintergrund: *Hier hat man es eigentlich nur mit der Vorhalle (Pronaos) des ansonsten noch unter der modernen Stadt begrabenen bzw. nur teilweise fertig gestellten Bauwerks zu tun. Im Lauf der Jahrhunderte wuchs die Stadt auf ihrem eigenen Schutt über den Tempel hinaus; sie liegt heute 9 m höher als zur Zeit des Tempelbaus.*

Esna war die Hauptstadt des bedeutenden dritten oberägyptischen Gaues Ta-senet, Namensgeber der heutigen Stadt. Einen aus der 18. Dynastie stammenden Chnum-Tempel begannen die Ptolemäer völlig neu zu gestalten, danach ließen sich hier auch die römischen Kaiser von Claudius bis Septimius Severus verewigen. Der Tempel für den widderköpfigen Gott Chnum ist damit der späteste Tempelbau Altägyptens überhaupt. Ungewöhnlich sind im Innern einige Darstellungen römischer Kaiser, die mit dem altägyptischen Königskopftuch und altägyptischen Kronen, aber in römischer Kleidung gezeigt werden.

Die Vorhalle ist ein 33 m breites Bauwerk, dessen Decke im Innern von 24 über 13 m hohen Säulen getragen wird; sechs davon bilden - mit Säulenschranken verbunden - den vorderen Abschluss. Die Vorhalle weist viele Ähnlichkeiten mit der Vorhalle von *Dendera* auf (siehe Seite 286). Auf der Vorderseite sieht man Claudius (links außen), ansonsten Titus bei den üblichen Szenen der Reinigung und Einführung in den Tempel. Neben dem Mitteleingang gibt es noch rechts und links einen schmalen Durchgang, die Entsprechungen in der Tempelrückwand sind zugemauert. Der Architrav über dem Mitteleingang diente den Römern sozusagen als Propagandafläche: Die Kaiser Vespasian und Claudius lassen sich hier in Hieroglyphenschrift als Herren der Hauptstadt Rom hervorheben.

Die Säulen schließen mit Kapitellen ab, die in Schönheit und Vielfalt andernorts in Ägypten nicht erreicht wurden - ein letzter Höhepunkt altägyptischer Baukunst. Sie vereinen die klassischen Palmstamm- und Papyrussäulentypen mit ptolemäischen Komposit-Kapitellen und führen noch eine weitere Form, die Korbkapitelle, neu ein. Sie sind von pflanzlichen Motiven (Weintrauben, Blüten) überzogen und bilden eine Vorstufe des späteren christlichen

Architekturschmucks. Die Säulenschäfte tragen vornehmlich Hieroglyphen-Texte, die neben Festkalendern und Ritualanweisungen lange philosophisch-religiöse Ausführungen zu Weltentstehung und -ende, zu Tod, Jenseits und Auferstehung enthalten.

Die Reliefs auf der Innenseite der Säulenschranken zeigen Szenen mit Trajan oder Domitian als Pharao im römischen Mantel(!); links neben dem Eingang steht eine kleine Kapelle. Auch auf den anderen Wänden sind Römer in jeweils mehreren Registern versammelt. Im unteren Register der rechten Außenwand fällt ein etwas ungewöhnliches, großflächiges Relief auf: Kaiser Commodus zieht, von Horus und Chnum unterstützt, ein Schlagnetz zu, in dem Fische und Vögel gefangen sind. Die Symbole des Bösen werden vom König, als irdischem Repräsentanten der Götter, unschädlich gemacht; Thot und Seschat, als Götter der Schrift, Geschichtsschreibung und Ordnung, registrieren dies mit Wohlgefallen.

In der Südostecke kann man hoch entwickelte Kryptografie (ein in Internetkreisen wieder aktueller Begriff) betrachten: Die Priester entwickelten ihre Geheimschrift hier zu einem letzten Höhepunkt, indem sie einen Hymnus an den widderköpfigen Gott Chnum ausnahmslos in Widderzeichen mit nur minimalen Abweichungen und Zusatzzeichen - aus denen sich die Buchstaben-, Silben- oder Wortbedeutung ergeben - niederschrieben.

Die Außen-Seitenwände tragen die üblichen, hier zum Machtsymbol erstarrten Reliefs vom Erschlagen der Feinde, allerdings handelt hier nicht mehr der ägyptische Pharao oder ptolemäische Herrscher im pharaonischen Ornat, sondern der unverblümt gezeichnete römische Kaiser (im Süden Titus, im Norden Trajan und Hadrian).

Vom Nil kommend zweigt links vom Tempel eine Gasse in einen überdachten Bazarabschnitt ab; dieser Teil des Souk ist sehr viel ägyptischer als das vom Fluss herführende Stück (dort kaufen zur Freude der Händler die Kreuzfahrttouristen ihren Plunder für die Fancy-Bälle an Bord).

Nach 29 km:

*El Kab

Hintergrund: *El Kab, das pharaonische Necheb, war während der Vorzeit, also vor Gründung des altägyptischen Reichs, Hauptstadt des oberägyptischen Reichs, später dann Hauptstadt des dritten oberägyptischen Gaues. Mit Hierakonpolis (beim heutigen Kom el Ahmar gegenüber auf dem Westufer) bildete es ein politisches Zentrum Oberägyptens.*

Wegen der Konvoiregelung ist *El Kab* derzeit nur zu erreichen, indem man mit der Bahn nach *Edfu* fährt und dort für die etwa 20 km ein Taxi nimmt; auf diesem Straßenstück gibt es keine Kontrollen. Eventuell geht es auch per Minibus Richtung Luxor, den man in El Kab verlässt.

Rechts der Straße sieht man die noch immer mächtigen, jeweils über 500 m langen **Mauern der antiken Stadt Necheb**, die der Geiergöttin Nechbet geweiht war. Zugang (£E 20, mit Wärter, der die einzelnen Objekte aufsperrt) vom neuen Rasthaus über die Eisenbahn und eine schmale Kanalbrücke zu einer Lücke in der Nordmauer. Innerhalb der Mauern liegen die fast nur noch aus Grundmauern bestehenden Ruinen eines Thot-Tempels und die etwas besser erhaltenen des Nechbet-Tempels. Denn im 19. Jh waren die Mauern begehrtes Düngemittel der Fellachen.

Links der Straße zieht sich der **Gräberberg** (frühe 18. Dynastie) hin mit zum Teil ausgezeichnet erhaltenen Reliefs (Grab Nr. 3 des Peheri und Reni) und wichtigen historischen Texten (Grab des Admirals Ahmose, der von der Vertreibung der Hyksos berichtet).

Von den Gräbern führt eine neue Straße nach Osten in das *Wadi Hilal*; nach 1 km links ein **Felsentempel** (ramessidisch, ptolemäisch umgebaut) und rechts ein kleiner Tempel des Vizekönigs von Nubien, Setau (Zeit Ramses II), vorbei am Geierfelsen (prähistorische Felsbilder), nach 3 km ein kleiner Tempel des Amenophis III mit schönen, teils erst vor wenigen Jahren zerstörten Reliefs.

In **Hierakonpolis**, der Schwesterstadt von El Kab auf dem Westufer und Hauptstadt Oberägyptens in der Vorzeit, blieben die immer noch mächtigen Grundmauern des *Tempels von Nechem* erhalten. Der letzte Pharao der 2. Dynastie, Khasekhemwy (Vater von Djoser), baute diese 67 x 57 m große Anlage aus ungebrannten Ziegeln, die größte ihrer Art in Ägypten und Vorgängerin von Djosers Bauten in Sakkara. Ende des 19. Jhs wurden hier Kupferfiguren von Piops I und Merenres, ein goldener Horuskopf und die berühmte Narmerpalette aus der 6. Dynastie gefunden (heute im Ägyptischen Museum Kairo). Das Gesamtgebiet von Hierakonpolis wurde zur *Protected Antiquities Zone* erklärt.

Nach 20 km:

Edfu (Bahnhof)

Für den Tempelbesuch fährt man über den Nil in die Stadt Edfu. Etwa 1 km vom Nil entfernt erhebt sich der gewaltige ******Horus-Tempel von Edfu** (7-17, £E 40). Er ist der am besten erhaltene Tempel Ägyptens, ein Besuch lohnt sich daher sehr (vormittags häufig von Kreuzfahrtgruppen überfüllt). Auf dem Plan Seite) ist der Tempel als typisches Architekturbeispiel im Grundriss wie auch im Aufriss dargestellt.

Hintergrund: *Edfu, die Hauptstadt des gleichnamigen altägyptischen Gaus, spielte seit Beginn der ägyptischen Geschichte eine wichtige Rolle, denn hier lag vor der Ausdehnung des Reichsgebiets bis Assuan (vermutlich unter Djoser) die südliche Grenze Altägyptens; eine starke Verwaltung und eindrucksvolle Götter waren hier besonders wichtig. Um 3000 vC war noch die Doppelstadt El Kab/Hierakonpolis (siehe weiter oben) Hauptstadt und Reichsheiligtum der Geiergöttin Nechbet und des Falkengottes Horus. Noch im Alten Reich entstand am südlichen Rand des heutigen Edfu ein neues politisches Zentrum, dessen bis zu 20 m hohe Ruinenhügel an den Horus-Tempel grenzen, aber noch nicht ausgegraben sind.*

Vermutlich stand hier auch schon damals ein dem Horus geweihter Tempel, über den aber nur wenige Zeugnisse bekannt sind; aus der Ramessidenzeit gibt es noch Pylon-Reste an der östlichen Mauer. Erst die Ptolemäer ließen anstelle der historischen Anlage einen neuen, viel größeren Tempel errichten. 237 vC wurden der Grundstein unter Euergetes I gelegt und das gewaltige Hauptgebäude mit seinen vielen Reliefs und Inschriften in der relativ kurzen Zeit von 30 Jahren fertig gestellt. In Folge von politischen Wirren traten danach massive Verzögerungen ein, so dass der Tempel erst 142 vC - immer noch unvollendet - dem falkengestaltigen Königs- und Himmelsgott Horus geweiht werden konnte. In den folgenden Jahrzehnten wurden noch die Vorhalle, der Hof mit den Kolonnaden

Horus-Tempel, Eingangspylon mit Flaggenmastnischen

und der Eingangspylon hinzugefügt und 57 vC fertig gestellt. 180 Jahre waren seit der Grundsteinlegung vergangen - denkt man an den vom Bauvolumen etwa vergleichbaren Kölner Dom, an dem insgesamt fast 350 Jahre lang, verteilt über 7 Jahrhunderte, gebaut wurde, dann ging es in Oberägypten sehr zügig voran.

Bis ins 19. Jh war der Tempelkomplex in das damalige Dorf Edfu einbezogen, Häuser standen auf seinem Dach, viele Räume waren mit Müll voll gestopft oder wurden als Lager benutzt. Der Italiener Mariette begann 1860 mit der Reinigung und Restauration, die von Maspero weitergeführt und erst 1903 vorläufig abgeschlossen wurde.

Nicht zuletzt wegen dieser Arbeiten betreten Sie den besterhaltenen pharaonischen Tempel, der zwar fast am Ende der 3000-jährigen Geschichte Altägyptens entstand, aber alle klassischen Merkmale in sich trägt. Hier lassen sich der antike Raumeindruck sowie die kultisch-religiöse Funktion weitgehend nachvollziehen. Die Tempelwände sind über und über mit Reliefs und Texten bedeckt, die unter anderem sehr genaue Auskunft über die Entstehungsgeschichte des Bauwerks geben. Zwar verloren sie nahezu alle Farbe, viele der Reliefs wurden von Bilderstürmern beschädigt, dennoch strahlt diese gewaltige Baumasse aus rötlichem Sandstein eine Atmosphäre aus, die den Besucher nicht erdrückt, ihn aber um Jahrtausende zurückversetzen kann.

Der Tempel ist jetzt auch abends geöffnet.

Man betritt heute die Tempelanlage – nach dem üblichen Spießrutenlaufen vorbei an Souvenirshops – über einen Vorplatz mit (leer stehendem) Visitor Center und (zu wenigen) Toiletten. Nach einer kleinen Treppe steht links das von Euergetes II gebaute **Mammisi** (Geburtshaus), an dessen Wänden das Mysterium der göttlichen Geburt des Götterkindes Horus dargestellt ist. Das eigentliche Geburtszimmer wird von einem Schatten spendenden Kiosk überdacht, über dessen Säulen Figuren des Gottes Bes angebracht sind. An der rechten Wand stillt Hathor den Horus, umgeben von sieben musi-

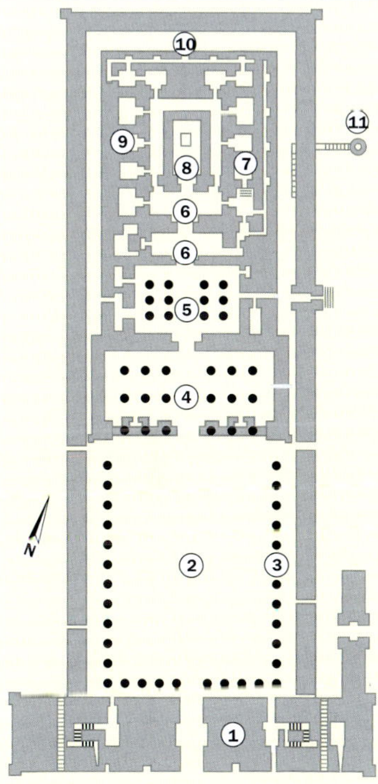

Horus-Tempel

zierenden Hathorfiguren, auch die Entbindung ist dargestellt.

Das Mammisi liegt noch vor der antiken Ziegelmauer, die den gesamten Tempelbereich umschloss. Man geht durch den erhaltenen Rahmen eines Tors und blickt voller Staunen auf den riesigen **Pylon**, zweitgrößter nach Karnak. Zwei mächtige Steinfalken, Sinnbilder des Gottes Horus, stehen rechts und links des Eingangs. Die beiden Türme sind 36 m hoch (etwa 15 Stockwerke!) und insgesamt 79 m breit. Auf den Wänden erschlägt der Pharao in Gegen wart von Horus und Hathor Feinde - getreu dem ramessidischen Vorbild vor gut einem Jahrtausend. Zu beiden Seiten des Eingangstores standen in den rechteckigen Buchten Flaggenmasten, die weiter oben von Klammern - aus den verbliebenen Öffnungen heraus - gehalten wurden. Im Innern der Pylontürme liegen mehrere Stockwerke von Magazin- und Wirtschaftsräumen an Treppen, die zu den Öffnungen der Flaggenmasten und zum Dach hinaufführen.

Geht man durch das Tor im Pylon - das einst mit einer bronzebeschlagenen Zedernholztür verschlossen war, so kommt man auf einen großen **Hof**, der auf drei Seiten von einer **Säulenkolonnade** umgeben ist. Auch die vierte Seite, die Vorderfront der folgenden Halle, besitzt ähnlich mächtige, in die Wand integrierte Säulen. Werfen Sie einen Blick auf die Kapitelle der Säulen, die vielgestaltig mit pflanzlichem Charakter geschaffen sind (z.B. mit Blättern und Blüten). Sie stellen dem Boden entspringende Stützen des Himmels dar, der hier als freies Firmament den Hof überspannt. Architektur und Natur sind integrierende Teile des Kosmos, der Tempel ist Abbild und Bestandteil der Welt.

Die Wände hinter den Kolonnaden sind mit Reliefs bedeckt. Sie zeigen den König (ohne Namenskartusche) vor verschiedenen Göttern. Rechts und links des Eingangs, also auf der Rückseite des Pylons, sieht man den König auf dem Weg zum Tempel und seine rituelle Reinigung durch Horus und Thot. Darunter (unteres Register) ist die Nilfahrt der Göttin Hathor von Dendera zu ihrem (Göttergatten) Horus von Edfu dargestellt, ein jährliches großes Fest, das auf der gesamten Reisestrecke ausgiebig gefeiert wurde.

Auch vor dem nächsten Eingang standen einst zwei Falken, vom rechten ist nur noch das Kopfteil erhalten. Hier geht man in den **Pronaos** (Vorhalle) mit zwölf mächtigen Säulen (zusätzlich zu denen der Vorderwand), deren schöne und unterschiedliche Kapitelle wiederum beachtenswert sind. Spärliche Farbreste zeigen, dass der Tempel einst farbig ausgemalt war. Auf der Wand zum Hof bringt Euergetes II Opfergaben dar: in den Feldern beiderseits des Eingangs dem Horus von Edfu, in den Mittelfeldern Hathor und außen wiederum Horus. An diese Wand sind rechts ein **Bibliotheksraum** gebaut (eine Inschrift über der Tür besagt, dass hier unter der Aufsicht des Ritualpriesters die Schriftrollen für Horus aufbewahrt wurden) und links der **Reinigungsraum**, in dem die Gefäße für rituelle Waschungen standen (an dessen Rückwand wird der König von Horus und Thot gereinigt).

Neben dem Reinigungsraum beginnen Reliefs, die sich auf den Tempelbau beziehen (und an der Westwand fortsetzen), von der Weihe des Bodens über den ersten Spatenstich bis hin zur Präsentation des fertigen Bauwerks vor Horus. Auf den Säulen stehen Angaben zu den Tempelfesten, den Opfergaben und zu sonstigen Vorkommnissen. Die astronomischen Deckenbilder sind leider so rußgeschwärzt, dass man kaum Details erkennen kann. Rechts (östlich) führt eine Tür zum *Tempelumgang*.

Auf dem Architrav des nächsten Tors ist das interessante Relief stark beschädigt: Es zeigt die Sonnenbarke mit der Sonnenscheibe, die von zwei falkenköpfigen Horusfiguren geleitet sowie von Thot und Neth angebetet wird, weiterhin die vier Sinne (Hören und Sehen, links Geschmack und Verstand). Es folgt der innere **Säulensaal**, auch Festhalle genannt, dessen zwölf Säulen deutlich schlanker aufragen. Auch ihre Pflanzenkapitelle sind abwechslungsreich und schön gearbeitet, die Ausschnitte in der Decke werfen diffuses Licht in den Raum. Durch die Türen links und rechts wurden die Opfergaben während der Feste hereingetragen. Der linke hintere Nebenraum diente als „Labor" für kultische Salben und Parfüms, wie die ausführlichen Rezepte an den Wänden aussagen.

Der Weg geht weiter zum **Ersten Vorsaal**, in dem vermutlich der Altar für die Opfer stand, wie sich aus den rituellen Darstellungen an den Wänden schließen lässt. An beiden Seiten führen Treppen zum Dach, die ähnlich wie in Dendera den Prozessionen dienten (östlich

Horus-Tempel, Eingang zur Vorhalle

aufwärts, westlich abwärts); die Wände zeigen die entsprechenden Szenen. Die ursprünglich auf dem Dach vorhandenen Holzkioske sind vernichtet.

Nun folgt der zweite oder **Innere Vorsaal**, in den das **Sanktuar** als eigener Baukörper quasi eingebettet ist. In dessen Innenraum fällt der mächtige Schrein aus Granit besonders auf. Inschriften von Nektanebos II (um 350 vC) zeigen, dass er aus älterer Zeit stammt. Auf den schwarzen Granitsockeln davor wurde die Barke abgestellt. Auf einem davon steht jetzt eine kleinere nachgebaute Barke. Die Reliefs der Wände zeigen rituelle Handlungen des Königs vor den Göttern Horus und Hathor in ihren Barken sowie vor der Öffnung des Schreins und der verschiedenen Opfer.

Um das Sanktuar herum führt ein Flur, an dem zehn **Kulträume (Kapellen)** liegen; für jeden lässt sich anhand der Inschriften die Bestimmung noch heute nachvollziehen. Auf der Ostseite öffnet sich ein Durchgang zu einem kleinen Hof mit einem **Kiosk** (ähnlich wie in Dendera), an dessen Decke die Himmelsgöttin Nut noch teilweise zu erkennen ist.

Um das eigentliche Tempelgebäude läuft, durch einen schmalen Gang getrennt, noch einmal eine hohe Schutz- oder **Umfassungsmauer**, die das Heiligtum vom außen liegenden Profanen schützen sollte. Alle Wandflächen sind mit Reliefs und Texten bedeckt. Die löwengestaltigen „Wasserspeier" sind Übel abwehrende Schutzmächte, die Böses vom Tempel abzuhalten hatten. Die Bildzyklen auf der westlichen Innenseite der Umfassungsmauer berichten vom Kampf zwischen Horus und Seth (oft als Nilpferd dargestellt). Die Begleittexte enthalten den Wortlaut der rituellen Aufführung dieses Götterdramas, das vollständige Textbuch und die Regieanweisungen. Auf den anderen Wänden sieht man den König mit und ohne Königin im Umgang mit den Göttern oder bei profanen Beschäftigungen wie der Jagd.

In der nordöstlichen Umfassungsmauer führt eine unterirdische Treppe zu einem **Nilometer**. Südwestlich des Tempels steckt unter den hohen Schutthügeln noch die antike Stadt.

Recht schön liegt am Rand des Dorfes Edfu-Hagir, am Fuß eines Tafelberges, das **koptische Pachomius-Kloster** , daneben ein pharaonisches Grab. Sehenswert sind die Gärten des Klosters.

Praktische Informationen

▶ Vom Bahnhof fahren Taxis zum Tempel. Minibusse verbinden Edfu (Bahnhof) in häufiger Frequenz mit Luxor oder Assuan.

Restaurants

▶ **Happy Land**, ca. 50 m vor dem Tempel mit englischsprachigem Besitzer

▶ **New Egyptian Restaurant**, Sitzimbiss in der Nähe des Tempels

Übernachten

▶ **El Madina**, neben Busstation, ni sa, fr, hb, la (Muezzin), überteuert, nur für den Notfall, mF (üppig) E+B 35

▶ **Horus**, Sh 23. July, ca. 200 m vom Tempel, Neubau, se sa, AC, la D+B 130

Weiter von Edfu Bahnhof. In einer Rechtskurve am Ortsausgang führt links eine Straße nach Marsa Alam am Roten Meer.

Nach 44 km (5 km nach Bahnübergang): Abzweig

Nach Checkpost und Kanalbrücke rechts ab zum

*Gebel el Silsila

Hintergrund: *Durch die Sandsteinhügelkette Gebel el Silsila musste sich der Nil einen Durchbruch schaffen, der so eng war, dass man der Überlieferung nach im Altertum ein Seil (Silsila) zwischen den Ufern spannen und Schiffe aufhalten konnte. Hier dehnt sich über mehrere Kilometer das antike Steinbruchgebiet aus mit haushohen Wänden, mit Treppen und Höhlen und einigen unfertigen Werkstücken, das vor allem die thebanischen Tempel des Neuen Reichs und später die von Dendera, Esna und Edfu mit Baumaterial versorgte. Denn der hiesige, qualitativ sehr gute Sandstein konnte auf kürzesten Wegen auf Schiffe zum Weitertransport verladen werden. Zu Zeiten von Ramses II waren etwa 3000 Arbeiter in den Brüchen beschäftigt.*

Die wichtigsten und am intensivsten ausgebeuteten Steinbrüche lagen am Ostufer der Hügelkette, dort lebten auch die meisten Arbeiter. Obwohl auf der Westseite auch senkrechte Felswände mit den typischen Abbau-Riefen zu sehen sind, handelt es sich bei diesem Gebiet vor allem um den religiösen Bereich mit dem Felsentempel des Haremhab sowie den Kult- und Grabnischen der Oberschicht der im Steinbruch Tätigen.

Fast am nordwestlichen Ende der Flussenge wurde eine Nilschiff-Anlegestelle am Westufer geschaffen, von der aus eine unter Haremhab (18. Dynastie) in den Sandstein getriebene **Felsenkapelle** (Speos, Eintritt £E 15) bequem besichtigt werden kann. Über dem heute einzigen Eingang sind die geflügelte Sonne und die Namenskartusche von Haremhab zu sehen; in der Nische links vom Eingang berichtet der Sohn Chaemwese von Ramses II über dessen dreißigjähriges Regierungsjubiläum. Der Speos selbst besteht aus einer relativ großen Querhalle und einem kleinen Sanktuar. Ein bekanntes Relief an der linken Querwand der Halle zeigt, wie die vor Gott Chnum stehende Göttin Thoëris dem noch kindlichen König die Brust reicht, der damit göttliches Wesen aufnimmt; Amun-Re beobachtet hinter dem König stehend die Szene. An der Rückwand links ist ein Triumphzug von Haremhab dargestellt, bei dem der König in einer Sänfte von Höflingen getragen wird. Über seinem Kopf schwebt die Sonnenscheibe, von der Lebenszeichen herabhängen; eine unübersehbare Folge der Amarnazeit. Vor dem König werden gefesselte nubische Gefangene geführt. Rechts vom Eingang zur Längshalle eine Stele von Chaemwese und Ramses II. An der Rückwand im Sanktuar sitzen sieben Götter, von links nach rechts Sobek, Thoëris, Muth, Amun-Re, Chons, Haremhab (der sich hier unter die Götter einreiht) und Thot. Die Nischen und Stelen in der Querhalle wurden in späteren Zeiten von Offiziellen und Besuchern eingefügt; viele Inschriften besitzen hohen historischen Wert für die Ägyptologie.

Vom Speos führt ein Uferpfad flussaufwärts, dem man möglichst bis zu seinem Ende folgen sollte (einer der Wärter wird als Begleiter mitmarschieren und auf den richtigen Weg achten). Bald sieht man rechts am Weg Schreine mit bemalter Decke, die von besser gestellten Beamten (u.a. von einem Sennefer) angelegt wurden, um die Götter für die Arbeiten gnädig zu stimmen.

Nach weiteren 10 Minuten Fußweg muss man über eine Felskante hinunterklettern, um zum Schrein des Amenemhet, Aufseher der Priester von Ober- und Unterägypten (18. Dynastie), zu kommen. Zurück von diesem Abstecher geht es einen (manchmal gesperrten Weg) zunächst über Felsstufen hinauf und dann - an einem von Steinbrechern stehen gelassenen Felsrest mit „Kappe" vorbei - zu zwei Säulen begrenzten Felsschreinen des Gottes Hapi, die auf Merenptah (rechts) und Ramses II (links) jeweils in den frühen Regierungsjahren zurückgehen. Die Darstellungen auf der hinteren Wand der Nischen zeigen jeweils den opfernden König und Listen mit Opfergaben für den Flussgott. Zwischen den beiden Nischen steht in einer Art Scheintür eine dem Merenptah gewidmete Inschrift des Wesirs Peneshi und ein Relief, in dem Merenptah dem Amun ein Bild der Maat darbringt. Unweit südlich sind Konturen einer dritten, aber stark zerfallenen Nische zu erkennen, die unter Sethos I geschaffen wurde.

Blickt man über den Fluss zur **Ostseite**, so lassen sich diverse senkrechte Felswände der antiken Steinbrüche ausmachen. Mit einem Boot kann man geeignete Anlegestellen ansteuern und dann das Gebiet durchstreifen. Die interessanteren Abbau-Schluchten sind durch - meist unverschlossene - Gittertore versperrt. Es ist faszinierend zu sehen, welch ungeheure Mengen an Stein hier abgebaut wurden. Hin und wieder blieben enge Stiegen stehen, über die sich die Arbeiter, Akrobaten gleich, an ihre Arbeitsstelle hangeln mussten. Manchmal glaubt man, dass die fleißigen Heerscharen gerade in die Pause gegangen seien und jede Minute an die Steilwände zurückkehren müssten: Dann würde das eifrige Hämmern die Schluchten erfüllen, Staubfahnen in den Himmel aufsteigen und die rhythmischen Rufe der Steintransporteure zu hören sein.

Hier konnten in direkter Nähe der Abbaugebiete Schiffe anlegen und das Baumaterial abtransportieren. Denkt man an die Arabische Wüste, z.B. an den *Mons Claudianus*, wo der Nil und das Trinkwasser einige Tagesreisen entfernt lagen, dann bot der Gebel Silsila fast ideale Arbeits- und Transportbedingungen.

Ein Problem stellt die **Anreise auf dem Landweg** dar. Wenn es gelingt, aus dem Auto-Konvoi auszuscheren, dann sollte man gleich nach der oben genannten Kanalbrücke rechts auf der Asphaltstraße bis zu einer Auto- und Personenfähre am Nilufer fahren. Eventuell kann man dort ein Boot mieten und flussabwärts bis zur Anlegestelle für Kreuzfahrtschiffe am Westufer tuckern (N 24°38,78' E32°55,86'). Oder man setzt mit dieser Autofähre auf die andere Seite über, fährt zur Hauptstraße, biegt dort rechts und an der nächsten Kreuzung wieder rechts zum Nil ab, dann kommt man an der Anlegestelle an. Für die Steinbrüche am Ostufer muss man nach dem Abzweig von der Niltalstraße die zunächst kanalparallele Straße dort verlassen, wo diese nach Süden abknickt, und auf einer Nebenstraße den Kanal überqueren, um am Nil so weit wie möglich nach Norden zu fahren, und schließlich ein erkleckliches Stück wandern.

Die dritte Möglichkeit ist, das Ganze von Assuan aus auf der Westuferstraße zu versuchen. Mit öffentlichen Verkehrsmitteln muss man bis Kom Ombo fahren und von dort sein Glück per Taxi versuchen. Wer mit Feluke oder einer Dahabiya auf dem Nil unterwegs ist, kann problemlos die Anlegestellen anlaufen; Kreufahrtschiffe machen nur selten Halt.

Weiter auf der Niltalstraße

Nach 4 km: Abzweig

Links nach **Nasr City**, am Nordrand der weiten, fruchtbaren Ebene des Wadi Kom Ombo gelegen. Bereits zu Anfang unseres Jahrhunderts begann die Wadi Kom Ombo Gesellschaft, durch systematische Bewässerung das Trockental in fruchtbares Land umzuwandeln. Ein Netz von Kleinbahnen wurde angelegt, um das Zuckerrohr in eine ortsansässige Zuckerfabrik zu transportieren, die nur während der Erntezeit von Dezember bis Mai von dann etwa 4000 Arbeitern betrieben wird.

***Hintergrund:** Beim Bau des Assuan-Staudammes wurde beschlossen, in dieser Gegend die durch den Stausee vertriebenen Nubier anzusiedeln. Entsprechend der ursprünglichen geografischen Lage der Siedlungen fanden die drei unterschiedlichen Sprachgruppen der Nubier in 43 neuen Dörfern mit den alten Namen - allerdings mit dem Zusatz „Neu" - neue Unterkunft. Alle Häuser enthielten mindestens vier Schlafzimmer, Gästezimmer, Küche und Bad, einen Hof und einen Viehstall, aber keinen Innenhof, in dem sich bis dahin das Familienleben abspielte.*

Dies war für viele Familien der zweite Umzug aus angestammter Heimat. Denn nach dem Bau des alten Damms vor Assuan (1902) gingen bereits viele Siedlungen im Nil unter, die Bewohner zogen auf höheres Terrain und begannen quasi von null, denn neben den Häusern waren auch die Felder und Palmengärten überschwemmt worden. Obwohl der Staat mit Zuschüssen half, zahlten die Nubier zumindest ideell den höchsten Preis für die sichere Wasserversorgung Ägyptens.

Als im Oktober 1973 der Umzug in die neue Heimat begann, steckten die meisten Nubier Erde aus dem alten Dorf in die Tasche und küssten die Mauern und Gräber, die sie für immer zu verlassen hatten. Wenn auch die neuen Siedlungen komfortabler sind, so wohnen die Menschen hier eng beieinander, früher lebten sie in kilometerweit entfernten kleinen Weilern in der Weite der Wüste. Ihr Tagesablauf wird heute von dem streng organisierten genossenschaftlichen Zuckerrohranbau bestimmt, früher waren sie lediglich von den Nilüberflutungen abhängig. Heute gehen die Kinder zur Schule, die Kranken in Hospitäler.

Wenn Sie die Lebensbedingungen der Nubier interessiert, dann biegen Sie hier links ab und fahren auf den schmalen Straßen durch die Ebene.

Nach 14 km:

***Kom Ombo

Die Stadt mit ca. 70 000 Einwohnern ist das Zentrum der umliegenden fruchtbaren Wadis. Der *****Tempel von Kom Ombo** (9-18, £E 25) liegt malerisch am Ufer einer Nilschleife am südlichen Ortsausgang, knapp 5 km vom Bahnhof entfernt. Selbstfahrer biegen am Ortsausgang rechts ab. Der Tempelbesuch lässt sich auch von Assuan aus als Minibus-Ausflug organisieren. Wer z.B. per Feluke am Tempel landet und dann weiter will, ist auf ein Taxi angewiesen. Falls kein Taxi wartet, kann man ca. 2 km Richtung Kom Ombo marschieren und an der ersten stark befahrenen Straße ein Sammeltaxi anhalten. Busse nach Edfu fahren etwa alle Stunde von hier aus. - Am Nilufer gibt es mehrere Cafeterias. In der Nähe der Sammeltaxistation liegt das *Noba Restaurant*, das einigermaßen sauber und preiswert ist. Achtung: Wenn Sie hier mit einem **Kreuzfahrtschiff** anlegen, sollten Sie sich den Namen gut merken, weil die Schiffe - bei entsprechendem Andrang - während Ihrer Besuchszeit mehrfach den Ankerplatz wechseln müssen.

***Hintergrund:** Der Tempel ist ein Doppelheiligtum. Entlang einer Mittellinie reihen sich an jeweils einer eigenen Achse alle Räume zweimal auf: Sanktuar, Opfersaal, Hof, selbst der Eingang wurde verdoppelt. Die rechte - südliche - Tempelhälfte ist dem krokodilköpfigen Gott Sobek (griechisch Suchos) geweiht, die linke - nördliche - dem falkenköpfigen Gott Haroeris. Beide sind Sonnengötter; Haroeris verkörpert die Sonne während des Tages, Sobek begleitet sie nachts durch die Wasser der Unterwelt bis zum morgendlichen Aufgang. Neben Sobek wurden noch Hathor und der jugendliche Mondgott Chons-Hor verehrt; auf der Seite des Haroeris waren es Tsentnofret (eine Hathor-Per-*

sonifizierung) und Penebtaui (Herr der beiden Länder). Begonnen wurde der Tempelbau unter den Ptolemäern (Ptolemäus V) auf alten Grundmauern aus der Zeit von Tuthmosis III. Erst in der römischen Kaiserzeit - zum Teil erst im 3. Jh nC - schmückte man Hof und Umgang mit Reliefs aus.

Auch heute lässt der verbliebene Erhaltungszustand des Tempels noch die vollständige Rekonstruktion des Bauwerks zu, weil überall zumindest seine Grundmauern oder auch Mauerreste erhalten und sichtbar sind: Eine äußere und eine innere Umwallung schlossen die heiligen Stätten gegenüber der Außenwelt ab. Die Vorhalle war deutlich höher als der folgende Säulensaal, den sie symbolisch beschützte, und dieser wiederum höher als die (heute weitgehend zerstörten) Sanktuare.

Ptolemäus XII Neos Dionysos hatte ein großes Eingangstor südlich der Anlage direkt am Nil bauen lassen, dessen linke Hälfte, wie auch Teile des Vorhofs, der Fluss verschlungen hat. Die noch vorhandenen Reliefs zeigen den Erbauer beim Opfern vor den Göttern Kom Ombos. Man betritt eine große Terrasse, auf deren gegenüberliegender Seite noch ein paar Mauern des **Mammisi** (Geburtshaus) erhalten sind. Auf dessen hinterer (nordwestlicher) Wand sieht man den König Euergetes II auf einer Bootsfahrt im Papyrusdickicht vor Gott Min (dessen erigierter Phallus ausgemeißelt wurde); die Szene stellt einen Fruchtbarkeitsritus dar. An einem der Papyrushalme (links von denen, an denen der Pharao zupft) schleicht ein Löwe nach oben.

Den Eingang zur Tempelanlage überspannte früher ein **Doppelpylon**, von dem aber nur mehr Mauerreste bzw. etwas höhere Teile auf der rechten Seite stehen; hier ist Ptolemäus XII Neos Dionysos hauptsächlich im Kreis von Göttern beim Opfern vor der Sobek-Triade zu sehen. Auf der Hofseite des Pylons und der rechten Mauer findet man ein ähnliches Motiv mit Augustus, der einer langen Götterprozession voranschreitet.

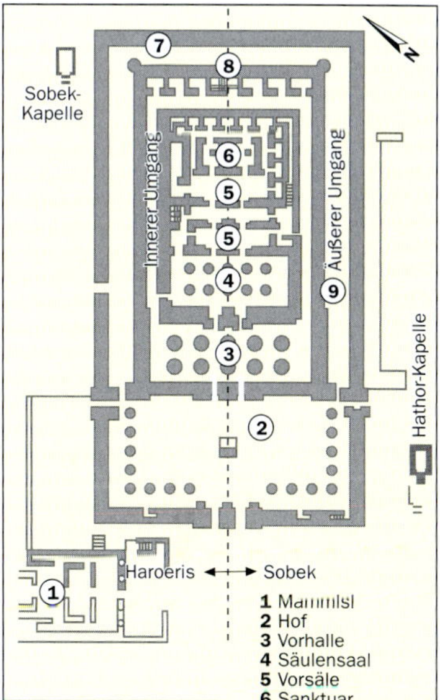

Doppeltempel von Kom Ombo

Der **Hof** war ähnlich wie in Edfu gestaltet; an den Außenmauern zogen sich Kolonnaden entlang, deren Säulen allerdings höchstens noch bis zur halben Höhe stehen. Bei vielen Reliefs der Säulen sind die Farben der Götterbilder sehr gut erhalten. Im Zentrum des Hofs stehen noch Mauern des Altars, der dem Publikum zugänglich war. In den folgenden Räumen hatten nur der König bzw. die Priester Zutritt.

Auf dem Architrav in der Mitte über dem Eingang zur Vorhalle markieren links Haroeris in seiner Falkengestalt und rechts Sobek die Mittellinie des Tempels. Auf der linken Säulenschranke der Vorhallen Außenwand wird Ptolemäus XII links von Thot und Horus vor Haroeris gereinigt, vor Sobek auf der rechten Seite. Man geht durch das doppelte Tor in die **Vorhalle** (Pronaos), auch diese durch eine unsichtbare Linie zweigeteilt. Im Innern ragen zehn Papyrusbündelsäulen mit Kompositkapitellen auf, die mit Reliefs und Texten geschmückt sind. Auch auf der Innenseite der Säulenschranken geht es wieder um Ptolemäus XII, der zu den Göttern schreitet (links vom Eingang) und (rechts) von ihnen gekrönt wird. Die Rückwand zeigt links Ptolemäus VII und (im dritten Register) Kleopatra II opfernd sowohl vor der Haroeris- als auch der Sobek-Triade, ähnlich rechts des Eingangs.

Der Weg führt weiter in den **Säulensaal** mit zehn Papyrusbündelsäulen mit offenem Doldenkapitell. Auf der linken Innenwand ist wiederum Ptolemäus VII mit verschiedenen Opferhandlungen beschäftigt; außerdem sieht man zwei Prozessionen mit Ptolemäus VI sowie Kleopatra II und III. Es folgen drei reliefgeschmückte Vorsäle, deren Fußbodenniveau jeweils leicht ansteigt (so wie sich das der Dachhöhen des Tempels entsprechend absenkt, damit sich im Sanktuar bildlich Erde und Himmel berühren).

Die beiden **Sanktuare** sind allerdings weitgehend zerstört, erhalten blieben nur die Barkensockel. An der mittleren Wand vor deren Eingang lohnt sich der Blick auf ein bekanntes Relief, in dem Ptolemäus VI Philometor dem Horus ein Brustschild und dem Sobek-Re Wein anbietet (oben); darunter sind es Blumen dem Sobek und ein Salbgefäß in Form einer Sphinx; darunter steht er mit Kleopatra II vor Chons, der den Namen des Königs (in römischem Gewand) auf einen Palmzweig schreibt als Garant für lange Regierungszeit. Die Wand zwischen den beiden Sanktuaren enthält unter dem Fußbodenniveau Krypten, auf Sanktuarhöhe und darüber je einen engen Raum - der Zwischenboden ist deutlich im Gemäuer erkennbar.

Hinter den Sanktuaren kann man einen Blick in die sieben Räume werfen, die dort in die innere Umwallungsmauer eingelassen und weitgehend mit Reliefs geschmückt sind. Teilweise verblieben die Reliefs in ihren verschiedenen Ausführungsstadien; die Arbeitsweise der Künstler lässt sich dort gut verfolgen.

Für den Rückweg können Sie den **Inneren Tempelumgang** nehmen, dessen erhaltene Wände ebenfalls dekoriert sind. Sie sollten aber unbedingt auch den Äußeren Umgang besichtigen, an dessen Wänden einige interessante Reliefs zur Betrachtung einladen. Am bekanntesten ist die Darstellung von (vermutlich) medizinischen Gerätschaften in der Nordostseite (hinten links) der inneren Außenwand; vermutlich handelt es sich eher um tägliche Gebrauchsgegenstände. Schräg gegenüber, auf der Rückwand der inneren Umwallung, genau in der Mittelachse des Tempels, findet man eine Darstellung der vier Winde als geflügelte Wesen: Löwe, Stier, Adler und Mensch. Sie können als Vorgänger der Evangelistensymbole gedeutet werden.

Zur Südseite des Umgangs: Ebenso auf der Rückwand der inneren Umwallung sieht man Reliefreste vom „Schlagen der Feinde", wobei der König als Löwe in die Hände der Gefangenen beißt. In der Nähe, außerhalb des Tempels, steht ein kleines **Hathor-Heiligtum**, in dem heute Krokodilmumien aus einem nahe gelegenen Tierfriedhof aufbewahrt und gezeigt werden.

Nach 9 km:

Darau

Am Ortsrand Daraus fand früher einer der **größten Kamelmärkte** Ägyptens statt. Inzwischen übernahmen andere Märkte weitgehend diese Funktion. Jetzt handelt es sich hier um einen immer noch sehr lebendigen Landmarkt für die Umgebung mit Wasserbüffeln, auch Kamelen, Schafen, Ziegen, Eulen, Schlangen etc. (jeweils dienstags). Auch können Sie nubische Handicrafts, Obst und Gemüse erwerben.

Falls notwendig, bietet in Darau die **Poliklinik** der Deutschen Evangelischen Mission medizinische Hilfe.

Nach Verlassen des Wadi Kom Ombo rücken die Wüstenberge wieder sehr eng ans Nilufer. Bald ziehen sich links am Hang Häuser hinauf, die meistens vom Stausee vertriebenen Nubiern oder deren Nachfahren gehören.

Nach 25 km: Abzweig Assuan-Nilbrücke (44. Nilbrücke Ägyptens, 2002 eingeweiht)

Nach 10 km:

Assuan (5 km zuvor neuer Busbahnhof)

Die südlichste Stadt Ägyptens ist erreicht.

Assuan – Nasser-Stausee – Abu Simbel

Assuan

Blauer Nil, weiße Felukensegel, schwarze Kataraktfelsen, goldgelbe Wüste - die Attribute der Stadt ließen sich noch fortsetzen. In Assuan sollte man diese Stimmungen, die sich je nach Tageslicht anders mitteilen, genießen, sollte in Ruhe mit einer Feluke segeln, von den diversen Aussichtspunkten die ungewöhnliche Landschaftskulisse betrachten, vom Ufer den sich ständig neu bildenden Strudeln im Kataraktwasser zuschauen; kurz: sich Zeit nehmen und ein bisschen träumen.

***Hintergrund**: Assuan ist von alters her wegen seines trockenen und ausgeglichenen warmen Klimas als Kurort bekannt. Wichtiger für die Bedeutung der Stadt waren die Stromschnellen im Nil, die ersten Katarakte von der Mündung her gesehen. Sie schützten Ägypten gegen von Süden eindringende Boote und stellten daher eine Art natürliche Grenze dar. Für unzählige Generationen von Ägyptern endete an den Katarakten die Vorstellung von der Bewohnbarkeit der südlichen Erde; in der Mythologie entsprang in dem „Grenzgebiet" sogar der Nil. Eroberungslustige Pharaonen schoben die Grenze dann immer weiter nach Süden ins Land der Nubier vor - die vielen im heutigen Stausee versunkenen Tempel beweisen derartige Aktivitäten.*

Assuan war auch wegen seiner Granitsteinbrüche für die pharaonischen Ägypter von erheblicher Bedeutung. Im Gegensatz zum weiter nördlich vorkommenden Sand- und Kalkstein konnte der besonders widerstandsfähige Granit in den hiesigen Brüchen gewonnen, zu Kolossalstatuen oder Obelisken verarbeitet und ohne lange Landtransportwege verschifft werden.

Interessant ist, dass einst der Wendekreis des *Krebses durch Assuan verlief. denn sonst hätte*

Sehenswertes

****Assuan**, eine sehr lebendige orientalische Stadt mit bunten Souks und viel Atmosphäre, für viele Besucher die angenehmste Stadt Ägyptens
****Abu Simbel**, Tempelanlage von Ramses II, rd. 280 km südlich von Assuan
****Insel Philae**, einst als „Perle Ägyptens" apostrophierte Tempelinsel, heute, nach Versetzen auf die Insel Agilka, immer noch sehr sehenswert
****Nubisches Museum** mit 1200 Exponaten einer fast untergegangenen Kultur
*** **Insel Elephantine** mit Museum, pharaonischer Stadt Elephantine und Nubierdorf
*****Nilstaudämme**, d.h. besonders der Hochdamm: Sieg des Menschen über die Wassergewalten
****Kalabsha- und Beyt el Wali Tempel**, ebenfalls vor den Fluten des Stausees gerettete Bauwerke
****Unvollendeter Obelisk** in den Granitbrüchen, an dem deutlich die Arbeitsweise der pharaonischen Steinmetze zu erkennen ist
** **Pflanzen-Insel** (Kitchener Island), üppiger Botanischer Garten
****Ausflug mit einer Feluke** durch die Kataraktlandschaft
** **Gräber von Gaufürsten des Alten und Mittleren Reiches** am westlichen Steilufer
****Simeonskloster**, gut erhaltene Klosterruine in der westlichen Wüste
***Skulpturenpark**, urwüchsige Ausstellungslandschaft mit den Skulpturen, die während der jährlichen Bildhauersymposien in Assuan geschaffen wurden

der Ptolemäer Eratosthenes keinen schattenlosen Brunnen finden können. Im Lauf der seither verflossenen zwei Jahrtausende hat sich der Wendekreis ein ganzes Stück nach Süden verschoben.
Nach fast jahrtausendelangem „Dornröschenschlaf" ist Assuan aufgewacht. Weltberühmtheit erlangte es durch zwei Bauwerke: Der gegen Ende des 19. Jhs von den Engländern errichtete alte Nilstaudamm zählte lange zu den größten seiner Art und regulierte die Fluten des Nils durchaus wirkungsvoll. Der neue Hochdamm, der von den Russen in den 1960er Jahren gebaut wurde und Ägypten in eine neue fruchtbare, von den Launen der Natur unabhängige Oase verwandeln sollte.

Praktische Informationen

- siehe ab Seite 401
- Stadtplan 379
- Verkehrsverbindungen 402
- Praktische Tipps 403
- Restaurants 404
- Hotels 405
- Umgebungsplan 393

Die Stadt kennen lernen

Das heute etwa 400 000 Einwohner zählende, aber immer noch wie eine gemütliche Kleinstadt wirkende Assuan zieht sich ausschließlich am östlichen Nilufer entlang, das westliche Ufer geht abrupt in Wüste über. Allerdings verbreitert sich gleich nördlich der Felsengräber auch die Westseite als Fruchtland, dort liegen am Wüstenrand einige Nubierdörfer. Die Katarakt-Inseln im Strom sind teilweise bewohnt; wo immer es geht, werden sie zumindest landwirtschaftlich genutzt.
Assuan unterscheidet sich deutlich von den Orten am Unterlauf des Nils. Die Stadt öffnet sich dem Fremden schneller, drängt sich ihm aber nicht so reißerisch auf wie z.B. Luxor. Andererseits gehören die Bazaris – besonders in der nördlicheren Sharia el Souk - zur Sippe der

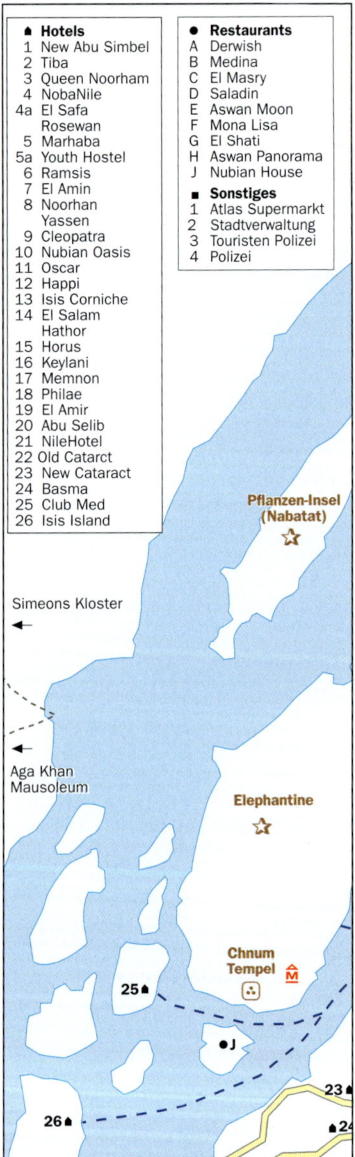

Assuan
Luxor
Felsengräber
Bahnhof
Corniche
Tahrir
El Souk
Abbas Al Akkad
Kultur-
palast
Nil
Mövenpick Hotel
(Ex Oberoi)
Abu Zid
(Matar)
Sayida Nafisa
El Bandar
Elephantine
Salah el Din
Abas Farid
Qasr el Hagar
Egypt Air
Ferial
Garden
Koptische
Kathedrale
Nubisches
Museum
Staudämme
Unvollendeter Obelisk
500 m
N

besonders aufdringlichen Verkäufer. Die Häuser und Straßen sind einen Hauch gepflegter (solange man nicht in die untouristischen Viertel gerät) – für viele Ägyptenbesucher ist Assuan die schönste Stadt des Landes.

Assuan erschließt sich vom Nil und der doppelspurigen Uferstraße *Corniche* her. Auf der Flussseite der Corniche ankern die Hotelschiffe, dümpeln die vielen auf Touristen wartenden Feluken. Fährverbindungen halten den Verkehr zur Insel *Elephantine* (südlichste Fähre, offiziell £E 0,25, von Touristen wird meist £E 1 verlangt), zum *Hotel Mövenpick* und zum Westufer aufrecht.

An der Ostseite der Corniche erheben sich einige moderne Verwaltungsbauten wie Polizei, Post und Telegrafenamt, Banken, Hotels, das "Kaufhaus" Benzion, das "Hochhaus" des Police Department und Souvenirläden. Ganz am Südende der Corniche liegt das Doppel-Hotel *Old and New Cataract* ; hier wollen wir das Kennenlernen beginnen.

Das **Old Cataract** hat sehr viel Ambiente aus alten Tagen herübergerettet. Agatha Christie arbeitete hier an ihrem Krimi *Tod auf dem Nil* , für dessen Verfilmung das Hotel ebenfalls eine passende Kulisse stellte. Früher gehörte ein Besuch dieser durchaus stimmungsvollen Stätte fast zum Standardprogramm der Touristen, heute wird die Hotelhalle Fremden nur noch gegen £E 85-Verzehrbon geöffnet, der erst ab 12 Uhr eingelöst werden kann.

Gönnen Sie sich einen Drink auf einer der Terrassen bei Sonnenuntergang. Sie werden verstehen, dass nicht nur berühmte Reisende früherer Jahrzehnte gleich den ganzen Winter in Assuan verbrachten. Wenn Sie stattdessen nördlich vom Hotel in den anschließenden kleinen Park *Ferial* („FRYAL" ausgeschildert, £E 5 Eintritt) zum Nil gehen, können Sie einen sehr ähnlichen Blick wesentlich billiger genießen, allerdings ohne Nostalgie. Aber der Parkbesuch ist ohnehin zu empfehlen.

******Nubisches Museum** *(Mathaf el Nuba)*

Begibt man sich vom Cataract Hotel weiter den Berg hinauf, so trifft man bald links auf das Nubische Museum (9-13, 15-21, auch 18-22; Fr 9-11, 17-21; £E 40, Studenten £E 20). Es wurde 1997 nach 17-jähriger Planungs- und Bauzeit, finanziert von der UNESCO, eröffnet. Das Gebäude ist im Anklang an den nubischen Baustil harmonisch in den Felsenhügel eingepasst.

Hintergrund: *Die Außenanlagen mit einer Art Steingarten, Wasserläufen (der Nil lässt grüßen), Springbrunnen und auch einigen historischen Stücken sollte man nicht außer Acht lassen. Geht man in den Außenanlagen halbwegs um das Museumsgebäude herum, kommt man in eine Art künstliche Grotte, in der Felszeichnungen aus Nubien zu sehen sind (Achtung, im Halbdunkel stolpert man leicht über fußhohe „Mauerzungen" am Boden). Ganz unten steht ein Nubisches Haus, das aber nur Theaterrequisiten enthält und daher nicht zugänglich ist; ganz oben ein Sheikh-Heiligtum und Gräber aus der Fatimidenzeit aus dem 11. Jh, die in den Museumsbereich integriert wurden.*

Garten und Museum sind rollstuhlgerecht angelegt. Entworfen wurde das Gebäude vom ägyptischen Architekten Mahmud el Hakim, die Innendekoration stammt vom mexikanischen Architekten Pedro Vasquez (daher auch Ähnlichkeiten mit dem mexikanischen Nationalmuseum), der hauptsächlich Assuaner Rosengranit als Verkleidungsmaterial - selbst für die Vitrinen - verwendete; schon allein dieses harmonische Inventar ist einen Besuch wert.

Zum Verständnis der Ausstellung sollte man wissen, dass die nubische Geschichte von den Historikern nicht in Dynastien, wie im pharaonischen Ägypten, eingeteilt wurde, sondern in Gruppen, die alphabetisch sortiert sind:

A-Gruppe *3100-2700 vC (etwa ägyptische Frühzeit) - Felszeichnungen dokumentieren eine reiche Fauna (Elefanten, Giraffen etc.), es gab eine hoch entwickelte Keramik sowie Tumulus-Gräber.*

B-Gruppe *bis etwa 2200 vC - wird häufig als Fortentwicklung der A-Gruppe und daher nicht als selbständige kulturelle Epoche interpretiert; in dieser Zeit wurden die Beziehungen zu Ägypten enger (in den Diorit-Steinbrüchen von*

Toshka wurden z.B. Statuen von Pharaonen hergestellt).

***C-Gruppe I-III** 2200-1550 vC - entstand während der Schwächephase Ägyptens in der 1. Zwischenzeit und setzt sich bis ins Neue Reich fort. Südlich von Unternubien dehnt sich gleichzeitig das Königreich Kerma aus.*

Danach folgen die nubischen Königreiche von Kush (780-593 vC) und Meroe (593 vC-350 nC). Gegen Ende des 4. Jhs nC zog das Christentum in Nubien ein, ab 641 der Islam.

Von den eingelagerten 5000 nubischen Exponaten sind nur 1200 in der großen Halle im Untergeschoss ausgestellt, nach Meinung von Kritikern mit zu starker ägyptischer Tendenz bei der Auswahl. Die Stücke dokumentieren praktisch die gesamte Geschichte Nubiens, von der prähistorischen über die pharaonische bis zur islamischen Zeit. Die aktuelle Situation der Nubier kommt dagegen eher zu kurz.

Führung: Rechts neben dem Eingang stehen in einem Saal für wechselnde Ausstellungen u.a. Statuen aus dem Heiligtum des Heqaib der Insel *Elephantine* sowie Mumien; zu Anfang eine Widdermumie mit vergoldetem Kopf. Im Nebenraum wurde eine Fotoausstellung unter dem Titel „Versunkenes Nubien" zusammengestellt, die aber ausschließlich über die untergegangenen historischen Monumente berichtet. Dies ist dann interessant, wenn man die geretteten Monumente z.B. während einer Stauseekreuzfahrt (siehe Seite 408) besucht. Die eigentliche Ausstellung wurde themenbezogen und historisch aufgebaut. Eine im Eingangsbereich verkaufte Broschüre (£E 15) gibt Hinweise auf die Lage der Objekte zur Zeit der Museumseröffnung.

Man geht eine Treppe in den tiefer liegenden Hauptsaal hinunter; dort zieht **Ramses II** [R] (Plan *Nubisches Museum)*) die Blicke als Kolossalstatue auf sich, die vom Tempel Gerf Hussein stammt, der endgültig im Stausee versunken ist. Im Vordergrund, zwischen Treppe und Ramses, ist in einem Vitrinentisch ein **Modell des Niltals** [1] mit Schwerpunkt Nubien ausgestellt.

Links von der Treppe beginnend (siehe Plan) sind folgende Themenkreise bzw. Objekte von Interesse:

- [2] Nubien in prähistorischer Zeit
- Hier kann man sich gut über die Entwicklung informieren, interessant sind u.a. frühe Steinwerkzeuge oder auch Felszeichnungen
- [3] Nubien während des Neolithikums (5.-4. Jahrtausend)
- [4] 3. Jahrtausend, Pyramidenzeit
- Eine zwar kopflose, aber ansonsten perfekte Diorit-Statue von König Chephren (zweithöchste Pyramide in Giseh) ist der Blickfang
- [5] A-Gruppe
- Ein Grab, Handspiegel, Rasiermesser oder Amulette sind hier Zeitzeugen
- [6] C-Gruppe (2200-1550 vC)

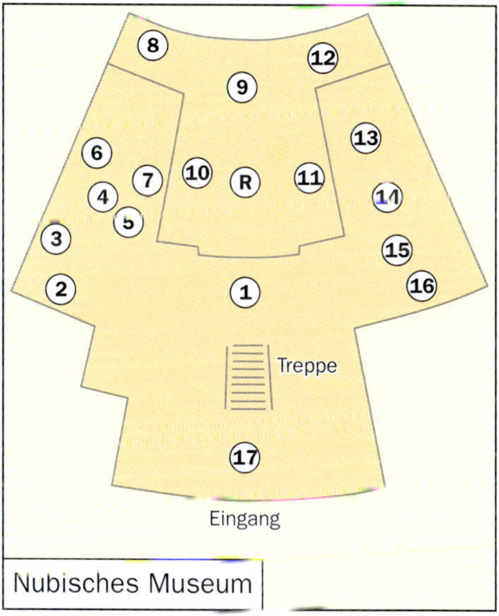

• [7] C-Gruppe sowie Königreich von Kerma und von Kush (780-593 vC)
• [8] Buhen, Kerma, Elephantine
• [9] Ägyptischer Einfluss in Nubien, speziell auf Kerma, Kush und Napata
• [10] Fast im Schatten von Ramses II wurde die *Kapelle von Usersatet* aus dem Hügel Qasr Ibrim eingebaut, der unter Amenhotep II zum Vizekönigreich von Kush gehörte
• [11] Ägyptische Zivilisation in Nubien, Nubier als Pharaonen der 25. Dynastie
• [12] Königreich von Meroe (593 vC-350 nC)
• [13] Ptolemäer, Römer, Spätantike
• Modell von *Philae* . Rechts hinten zwei lebensgroße Pferdefiguren aus Kostul, die dem verstorbenen Besitzer mitgegeben wurden, sie sind mit bestem Zaumzeug, z.T. aus Silber ausgestattet. Ausstellungsbereich von Ballana und Kostul 4.-6. Jh nC
• [14] Christliches Nubien
• [15] Islamisches Nubien
• [16] Bewässerungssysteme am Nil von den frühesten Anfängen bis heute
• [17] Rettung der nubischen Tempel durch die UNESCO-Kampagne
• Ein beeindruckendes Modell demonstriert, wie tief die *Tempel von Abu Simbel* unter den Nilfluten stünden, wenn sie nicht gerettet worden wären
• [18] Leben und Arbeiten in Nubien
• Sehr lebensnahe Modelle über die Wohnkultur, die bäuerlichen und handwerklichen Aktivitäten der Nubier ziehen vor allem die lokalen Besucher an, sind aber für den Fremden leider zu wenig erklärt. Hier wäre der beste Platz für Aufklärung über das im Nasser-Stausee versunkene Nubien und die Folgen für die Bevölkerung.

Seit 1995 findet im Winter in Assuan ein **Sculpture Symposium** unter der Ägide des international bekannten Künstlers Adam Henein auf einem Platz am Basma Hotel statt (gleich oberhalb des Nubischen Museums). Die fertigen Skulpturen verbleiben in Assuan in einem wirklich sehenswerten **Sculpture Park**, den man wie folgt erreicht: Fährt man Richtung Insel Philae – am besten mit deren Besuch verbinden -, aber an deren Zufahrt vorbei und 1 km weiter, so sieht man neben einem (bisher ungeteerten) Abzweig links ein paar Skulpturen als Hinweis auf den Skulpturenpark links oben auf einem Hügel. Der Abstecher den Hügel hinauf, mitten in die urgewaltige Felslandschaft Assuans, ist schon wegen des herrlichen Ausblicks sehr zu empfehlen. Wenn Sie darüber hinaus sehr ungewöhnliche Bildhauerarbeiten betrachten wollen, werden Sie so bald nicht umkehren.

Autofahrer oder Besucher mit Taxi sollten der Museumsstraße den Berg hinauf folgen (sie trifft weiter südlich wieder auf die Straße zum Staudamm). Nach 1,1 km führt ein scharfer Abzweig nach rechts auf ein Plateau mit dem **Nubischen Haus**, auf dessen Terrasse man sich bei herrlichem Ausblick bewirten lassen kann. Das in Anlehnung an nubischen Stil errichtete Gebäude bietet neben Atmosphäre und dem weitem Blick über die Kataraktlandschaft Einblick in ein paar typisch nubische Räume mit viel Ambiente. Für den Sonnenuntergang gibt es kaum einen besseren Platz in Assuan; dies entdeckten auch Reiseveranstalter und karren Busladungen an Touristen den Berg hinauf. Wer dem Straßenverlauf weiter folgt, findet nach ein paar Kilometern weiter südlich auf die Straße zum Staudamm.

Wenden wir uns vom Cataract Hotel nach Norden, dem eigentlichen Stadtzentrum zu. An der Kreuzung zur Hauptstraße sehen Sie rechts ein großes Kuppelgebäude mit Kreuz und zwei hohen schlanken Kirchtürmen. Hier ragt die neue koptische **Kathedrale St. Michael und St. Markus** gen Himmel. Der Grundriss des zweitgrößten Kirchengebäudes in Ägypten entspricht einem Kreuz. Die Kathedrale - die an dieser Stelle durchaus provokativ für Muslime wirken kann - entstand an der Stelle, an der während des Staudammbaus eine kleine anglikanische Kapelle stand. Die koptische Kirche konnte 1986 Kapelle und Grundstück übernehmen und begann mit den Bauarbeiten, die allein durch Spenden finanziert wurden. Besucher sind will-

Das berühmte Old Cataract Hotel auf Kataraktfelsen

kommen, Vater Kyrillos Salees führt auch in die anglikanische Kapelle mit drei Altären. Fragen Sie allerdings vorher, ob Eintritt verlangt wird.

Ganz in der Nähe (an der Verlängerung der vom Staudamm kommenden Straße zur Sharia Qasr el Hagar) wird zur Zeit ein **Stadttempel der Isis** aus der frühen Ptolemäerzeit restauriert. Er besteht aus einem schmalen Vorraum mit zwei Pfeilern und einem relativ engen Naos mit Reliefs, von denen viele in christlicher Zeit ausgehackt wurden. Er war von Ptolemäos III angefangen worden, seine Nachfolger ließen das Bauwerk fertig stellen. Es wird vermutlich noch einige Jahre dauern, bis der Tempel zur Besichtigung freigegeben wird.

Fußgänger können von hier aus einen Abstecher zum **Unvollendeten Obelisken** machen, indem sie ein kurzes Stück Richtung Flughafen am links liegenden, grün umzäunten Gräberfeld entlang gehen, das als **Fatimidischer Friedhof** bekannt ist. Dort, wo eine größere Lücke im Zaun ist, geht man quer durch den Friedhof, der mit seinen sehr alten Grabstätten bis ins 10. Jh zurückreicht. Damals, in der fatimidischen Epoche, ließen sich hier Gouverneure von Assuan und andere Reiche in Kuppelmausoleen beisetzen. Einige Gräber lokaler Heiliger, zu denen häufig Pilger zum Beten kommen, sind mit Fahnen oder Tüchern geschmückt. Auf der anderen Seite des Friedhofs stößt man fast direkt auf das zum Obelisken gehörende Besucherzentrum.

Auto/Taxifahrer zweigen an der ersten Querstraße nach dem Friedhof links von der Flughafenstraße zum ****Unvollendeten Obelisken** (9-16, £E 25) ab. Dieser, wahrscheinlich wegen eines Sprungs im Stein nicht fertig bearbeitete, 41 m lange Granit-Gigant wäre der höchste und schwerste Obelisk geworden. Er wurde mit Dorit-Hämmern bearbeitet, die dadurch entstandenen Rillen sind noch zu erkennen. Am Aufstellungsort wäre er endgültig geglättet worden; so konnte man mögliche Transportschäden beseitigen. Es handelt sich hier übrigens um das

Gelände des alten nördlichen Steinbruchs, das in das Besucherareal einbezogen wurde und in dem noch eine ganze Reihe von Bruchstücken aus alten Zeiten herumliegen. Überall sieht man Spuren der Bearbeitung im Fels.

Wenn man den eigentlichen Stadtspaziergang vom Cataract Hotel fortsetzt und an der Corniche von den *Ferial Gardens* aus nilabwärts bummelt, fällt bald rechts das *Egypt Air Office* als eine Art Landmarke auf. Geht man ein paar Schritte in die hier am Kreisel einmündende Sharia Qasr el Hagar hinein, liegt links der Eingang zum **Deutschen Krankenhaus**. Am Nilufer trifft man immer wieder auf Restaurants, die zum Essen und Verweilen einladen.

Nur etwa 100 m weiter nilabwärts vom Kreisel wird rechts hinter einer Baulücke ein **Chnum-Tempel** ausgegraben, der auf Domitian (1. Jh nC) zurückgeht, auch sein Nachfolger Nerva hinterließ Inschriften. Allerdings stehen die Ausgrabungen erst am Beginn.

Ein Stück nördlich ragt auf der rechten Seite der Corniche ein scharf bewachtes „Hochhaus" auf, das Polizeihauptquartier. Nachdem rechts zwei kleine Gassen abzweigten, folgt eine Ampel, an der rechts die Sharia Abas Farid bergan führt; die Hotels *El Amir* und *Abu Shelib* liegen an ihr. Direkt am letztgenannten Hotel endet/beginnt im Süden die **Sharia El Souk**, die Soukstraße, die sich bis zum Bahnhof nilabwärts durch die Stadt zieht. Zum Standardprogramm aller Touristen gehört ein Souk-Bummel, mit dem man an dieser Kreuzung beginnen sollte. Denn hier im südlichen Bereich hat sich (relative) Ursprünglichkeit noch erhalten können, hier gibt es fast alles, was das Herz eines Ägypters (und vieler Besucher) erfreut. Weiter nördlich, ab der Sharia Sayida Nafisa, wurde die Sharia el Souk „modernisiert", d.h. der Straßenbelag höher gelegt und mit Steinplatten versehen, viele Shops von Größe und Aussehen her standardisiert – zu Lasten des orientalischen Flairs. In dem Abschnitt bis zum Bahnhof geht es fast ausschließlich darum, den Touristen Souvenirs aller Art anzudrehen.

***Insel Elephantine

Am besten beginnt man am Südende der Insel mit der Besichtigung und nimmt eine öffentliche Fähre zum dortigen Nubierdorf; sie legt vom südlichsten Anleger an der Corniche ab, Nähe Telefonamt bzw. Egypt Air Office. Man muss sich dann auf der Insel zum nicht übersehbaren Grabungsgelände/Museum links halten. Eine weitere Fährverbindung weiter nilabwärts besteht zum zweiten, nördlicher gelegenen Dorf. Zum Mövenpick-Hotel verkehrt eine kostenlose Hotelfähre, die etwa gegenüber dem Hotel von der Corniche ablegt. Beide öffentlichen Fähren scheinen keine festen Fahrpreise zu haben, sondern eher auf Bakschischbasis zu agieren. In der Regel wird man als Tourist £E 1 zahlen müssen. Felukenleute behaupten gern, dass die Fähre nicht zum Tempelgelände führe und verlangen dann £E 20 oder mehr.

Auf der Insel selbst erwarten Sie zwei Besichtigungsschwerpunkte: An ihrem südlichen Ende die vom Deutschen Archäologischen Institut und dem Schweizerischen Institut für Ägyptische Bauforschung ausgegrabene pharaonische *Siedlung Elephantine* und, im Kontrast dazu, gleich nördlich anschließend die heutigen nubischen Dörfer. Seit der Freigabe des Ausgrabungsgeländes und der vorbildlichen Gestaltung eines Rundganges hat Assuan ein in Ägypten einmaliges Denkmal über das Leben in einer altägyptischen Siedlung anzubieten. Dieses Denkmal übt insofern einen besonderen Reiz aus, als es die Geschichte einer Stadt über vier Jahrtausende förmlich aufblättert. Der Besucher wandert anhand ausgewählter Bauwerke durch die Jahrtausende, die sich als Schichten im Schutt der Siedlung abgebildet haben; eine einmalige Gelegenheit, nicht nur ein schmales Zeitfenster, sondern eine ganze Entwicklungsgeschichte nachzuvollziehen.

Man betritt das Gelände beim **Museum** (8.30-18, Winter 8-17; £E 25, gilt auch für Grabungsgebiet), Ex-Dienstvilla des britischen Ingenieurs, der 1902 den alten Damm baute. Es liegt in einem Blumengarten und ist einen Blick wert (z.B. sehr schöner prähistorischer Schmuck um

4500 vC im rechten Gebäudeteil). Doch im Grunde handelt es sich eher um eine Abstellkammer, in der lieblos antike Stücke herumstehen.
In einem so genannten *Annex* wurde vom Deutschen Archäologischen Institut quasi ein zweites, tatsächliches Museum mit wichtigen Grabungsfunden aus der direkten Nachbarschaft geschaffen, das man unbedingt anschauen sollte. Beachten Sie dort auch die Pläne über die Entwicklung Elephantines und das Modell der ptolemäischen Stadt, dann wird der folgende Rundgang durch das Gelände verständlicher. Im linken hinteren Raum steht links eine Vitrine mit Stücken aus dem Alltagsleben, die in ganz Ägypten verbreitet waren (Die gleichen Kacheln z.B. fand man auch im Delta).

Hintergrund: *Auf Elephantine entstand die erste Siedlung namens Yebu (Elephant); die heutige Stadt Assuan war ursprünglich nur der Hafen von Yebu. Besiedlungsspuren reichen bis in die Vorzeit zurück. Ausgrabungen im südlichen Teil der Insel belegen, dass dieser Platz vom 4. Jahrtausend vC bis ins 1. Jahrtausend nC besiedelt war.*
Verschiedene Tempel der Stadtgöttin Satet (Bringerin des Wassers) waren im Lauf der langen Geschichte übereinander gebaut worden, der jüngste in ptolemäischer Zeit, der älteste rekonstruierbare in der 6. Dynastie. Dabei entstand die jeweils nächste Generation aus dem Baumaterial der Vorgängerin oder es wurde als Füllmaterial verwendet. Bei den Ausgrabungen ließ sich daher die Entwicklung sozusagen Stein für Stein rückwärts verfolgen. Andererseits lag eine solche Fülle von Bausteinen vor, dass sich die Tempel verschiedener Epochen in ihren Grundzügen rekonstruieren ließen, obwohl sie eigentlich mit dem Folgebau vernichtet zu sein schienen.
Die Bauten aus der 6. und 18. Dynastie sowie der ptolemäischen Zeit liegen heute immer noch quasi übereinander; die Bauten des Mittleren Reichs wurden in das nordwestliche Gelände ausgelagert und dort teilweise wiederhergestellt. Außerdem konnten Wohnbereiche

Der Museumsgarten auf der Insel Elephantine bedeckt die Kataraktfelsen

freigelegt werden, auch die bis zu sechs Meter dicke Stadtmauer und verschiedene andere Tempel, z.B. des widderköpfigen Gottes Chnum oder des städtischen Schutzheiligen Heqaib.

Ein großer Teil der Gebäude und Anlagen wurde restauriert, sie können besichtigt werden. Ein empfehlenswerter, interessanter Rundgang ist ausgeschildert; ohne Hintergrundinformation bleibt aber vieles unverständlich. Da in Assuan keine Literatur erhältlich ist, hier eine ausführlichere Beschreibung (Die Zahlen in Klammern beziehen sich auf die Objektnummern im Gelände):

Man geht durch den Blumen übersäten Museumsgarten - wo gibt es sonst einen solchen Eingang zu einer archäologischen Stätte - und steht bald im Vorhof des jüngsten der **drei Satet-Tempel** [1]. Er entstammt ptolemäischer Zeit, allerdings ist außer diesem Vorhof nichts zu sehen. Doch den Blick zieht der gleich dahinter liegende Satet-Tempel [2] auf sich, den die Pharaonin Hatschepsut in der 18. Dynastie errichten ließ. Ungewöhnlich ist der um den ganzen Tempel herumführende Pfeilerumgang. Im Innern fallen zwei Pfeiler mit Hathorkapitell auf sowie ein schönes Relief, das Satet (mit Antilopenhörnern), Chnum und Tuthmosis III zeigt. Eine einst auf den Tempel zuführende Kolonnade ließ übrigens Pharao Amasis (26. Dynastie) 900 Jahre später errichten. Die Archäologen stellten diesen zweitjüngsten Tempel auf eine Betonplatte, damit der darunter liegende Tempel für Satet [3] aus der 6. Dynastie zugänglich bleiben konnte, der wiederum auf einem Heiligtum der Frühzeit entstand (inzwischen wegen der von Touristen herbeigeführten Schäden vergittert).

Geht man rechts weiter, stößt man bald auf den (örtlich versetzten) **Satet-Tempel von Sesostris I** [25], von dessen Götterbild im Innern nur die Füße erhalten blieben. Relieffragmente zeigen die Ausfahrt der Göttin auf dem Nil und das Nilflut-Fest (rechte Hälfte der Südwand). Im Sanktuar steht eine Statuengruppe, die nur im unteren Bereich erhalten ist, deren Inschriften das Götterbild Satet, Sesostris I und Anuket zuordnen lässt. An der Südwestecke des Tempels enthält ein etwas tiefer liegender Raum [27] ein Becken, in dem beim Nilflutfest Wasser als Kulthandlung eingelassen wurde (wie im Relief im Innern gezeigt). Weiter westlich steht der **Satet-Tempel von Mentuhotep II** [23], der wesentlich monumentaler baute als sein Vorgänger der 6. Dynastie; auf ihn folgte dann der Bau von Sesostris.

Jetzt muss man ein paar Schritte zurückgehen, um über Treppen direkt hinunter zum **Heiligtum des Heqaib** [18] zu gelangen, einem Stadtheiligen der 6. Dynastie. Es wurde ebenfalls mehrfach erneuert, der aktuelle Bau stammt aus der 12. Dynastie. Dem (vergitterten) Eingang gegenüber rechts steht die Statue des Heqaib, links des Gouverneurs Sarenput I - Beispiele für Statuen höchster Qualität, die im Mittleren Reich in diesem Heiligtum gestiftet wurden.

Man steigt jetzt ein paar Stufen hinauf und geht in südlicher Richtung zu einer eigens angelegten **Aussichtsplattform** [17]. Auf dem Weg kommt man am „Steinbruch" des antiken Bereichs vorbei. Als größtes Einzelstück ist ein viele Tonnen schwerer Naos zu bewundern. Neben dem Überblick über die historische Stadt bietet sich ein Blick über die Insel Elephantine mit dem Palmengarten und die Umgebung.

Die Torpfosten eines späten Chnum-Tempels, des widderköpfigen Gottes, sind als einzige Reste und imposante Ruinen eines **Tempelbaus von Nektanebos II** [13] erhalten, ein kurzes Stück südlich davon das Tor des Amenophis II. Dessen Dekoration im Durchgang (im unteren Teil) wurde erst unter Ptolemäos I angebracht, während alle anderen 1100 Jahre früher, in der Zeit von Amenophis II, entstanden. Bei [6] stand einst das 18 m hohe Pylontor des späten Chnum-Tempels, bei [5] sind dagegen spärliche Bauteile eines älteren Chnum-Tempels zu sehen. Von [12] aus sollte man den kurzen Abstecher zum **Tor des Amenophis II** [14] einlegen. Man gewinnt von dort aus einen guten Überblick über die Siedlungsschichten,

Nubisches Haus

die von römischer über ptolemäische Zeit (z.B. das gut erhaltene Gewölbe links oben) bis ins Mittlere Reich weisen.

Schließlich gibt es noch **zwei Nilometer** zu besichtigen: am südlichen Ufer den des Chnum-Tempels in Art eines Heiligen Sees; an dessen nördlicher Treppe sind Skalen zur Wasserstandsmessung angebracht. Zum Satet-Tempel gehörte dagegen der nördliche Assuan, Nilo-meterNilometer [10], der vermutlich aus spätptolemäischer bzw. frührömischer Zeit stammt. Die dort vorgenommenen Wasserstandsmessungen waren Grundlage für die Organisation der Feldarbeiten und nicht zuletzt der Steuerbeiträge in der Antike.

Die 1,5 km lange, von Gärten und Palmen gesäumte Insel bietet Platz für die **Nubierdörfer** Siou und Koti mit ihren Gärten, die sich zwischen Ausgrabungsstätte und das *Mövenpick-Hotel* zwängen. Ein Spaziergang vom Museum aus durch die Dörfer mit ihren wie Oasengärten angelegten Feldern, bis hin zum Mövenpick-Hotel, versetzt Sie in eine einfache und, von außen betrachtet, friedliche Welt. Die Nubierhäuser - wenn, dann ockergelb oder kräftig blau angemalt - rücken fast auf Schulterbreite zusammen, die Gassen winden sich um viele Kurven. Die Bewohner sind freundlich und selten aufdringlich, sieht man von den „Profis" ab, die Touristen bereits an dem Fähranleger abfangen.

Zwischen den beiden Dörfern hat die gut englisch sprechende Lehrerin Asmaa mit ihrem fremdenführenden Mann in ihrem Haus ein kleines Museum namens **Animalia** (Tel 010545 6420) mit Gebrauchsgegenständen und ausgestopften Tieren - fast die gesamte Inselfauna ist vertreten - eingerichtet. Auf der Dachterrasse kann man Tee trinken oder manchmal auch etwas essen und dabei den Blick auf die umliegenden Felder genießen.

Wenn Sie sich bei Ihrem Spaziergang immer in ungefähr nördlicher Richtung halten, werden Sie unweigerlich auf die hohe Mauer des Mövenpick-Hotels stoßen, welche die Nordseite der Insel abriegelt. Sie können in dieser Gegend mit der Felukenfähre zurück in die Stadt segeln oder zum Westufer der Insel gehen.

Dort, kurz vor der Hotelmauer, steht am Westufer ein **Nubisches Haus** mit Terrassen über drei Stockwerke, in dem Tee, Kaffee und geschmackvolles nubisches Kunsthandwerk angeboten werden und wo man sich mit Blick auf die Pflanzeninsel und die kreuzenden Feluken ausruhen kann.

Unterhalb des Hauses führt ein Weg direkt am Ufer entlang durch ein selten verschlossenes Eisengittertor in den Hotelgarten. Der Betonturm des Hotels aus den 1970er Jahren verschandelt besonders die Silhouette Assuans am Nil. Die Bauruine aus den 90er Jahren nördlich davon geht angeblich auf eine Anordnung von Präsident Mubarak zurück, der entsetzt über die zusätzliche Verschandelung gewesen sein soll und das Weiterbauen untersagte.

▶ Mit der Hotelfähre kann man zurück zur Stadt schippern. Oder aber Sie lassen sich von hier für wenige Pfund zur *Pflanzen-Insel* hinüberrudern. Für Fotografen: Nachmittags ab ca. 15 Uhr kreuzen die meisten Feluken zur Insel. In einer Elephantine-Bucht genau gegenüber dem südlichen Anleger der Pflanzeninsel liegt eine Fähr-Feluke des Kapitäns Abu Almaged Dahab Ali für Einheimische, auf der man für £E 1 mitreisen kann.

**Pflanzen-Insel (Gezira el Nabatat)

Nordwestlich von Elephantine umspült der Nil die ehemalige Privat-insel von Lord Kitchener („Kitchener Island", allerdings hört man den Namen aus der Kolonialzeit nicht mehr gern, daher eher Botanical Island), heute ein **Botanischer Garten** mit afrikanischen und asiatischen Tropenpflanzen (£E 10 Eintritt). Lassen Sie sich mit einer Feluke von der Stadt aus hinübersegeln - es gibt keine öffentlichen Fähren - und genießen Sie den Spaziergang durch sattes Grün vor dem nur einen Steinwurf entfernten Hintergrund der Wüste. Falls Sie keine Feluke finden, nehmen Sie die Fähre zur Insel Elephantine und lassen sich von der Westseite, wie oben erwähnt, hinüberrudern. Wenn Sie

Zeit haben, bleiben Sie bis zum Sonnenuntergang am Ostufer der Insel. Dann beginnen die dort nistenden Kuhreiher-Scharen - nach ägyptischer Interpretation - mit ihrem *Abendgebet,* dem Ruf, der wie *„Allah-Allah-Allah"* klingt. Vermeiden Sie den Freitag, weil dann die Insel fest in der Hand der Einheimischen ist. – Achtung, die Imbissstände verlangen hohe Preise.

Das Westufer

Als weithin sichtbare Landmarke steht oben auf dem Hang zum Steilufer das **Aga Khan Mausoleum**, in dem das 1957 verstorbene Oberhaupt der Sekte der Ismailiten in einem Marmor-Sarkophag ruht. Es ist auf Wunsch der Witwe Begum wegen „unziemlichen Verhaltens der Touristen" leider nicht mehr zugänglich. Dies gilt auch, nachdem Begum Om Habibeh im Jahr 2000 starb und an der Seite ihres Mannes beigesetzt wurde.

Stattdessen bleibt in dieser Gegend des Westufers nur noch der lohnenswerte Besuch des Simeons-Klosters. Dazu muss man für Hin- und Rückweg eine Feluke anheuern oder ein Ruderboot. Eine schöne Alternative: Am Anlegeplatz angekommen, schickt man die Feluke nach Hause, besucht das Simeons-Kloster, wandert oder nimmt Kamele dann zu den Felsengräbern hinüber und nimmt von dort die öffentliche Fähre zurück nach Assuan. Dieser Weg ist umgekehrt ebenfalls möglich, man muss dann aber für den Rückweg eine Feluke finden, die - hoffentlich - zufällig hier liegt und natürlich den Preis diktiert.

Der Weg zum ****Simeons-Kloster** (9-17) führt von der Anlegestelle etwa 15-20 Minuten bergauf; hier drängen sich auch Kameltreiber auf, die £E 30-50 für den kurzen Trip verlangen. Am Klostereingang warten selbsternannte Führer, die natürlich nicht umsonst herumführen. Ein neuer weißer Gebäudekomplex in der Nähe soll wieder als Kloster dienen.

Man stößt auf die Ruinen einer imposanten Klosteranlage , die einst zu den größten Ägyptens zählte. Im 7. oder 8. Jh gegründet und im 10. Jh weitgehend erneuert, wurde es schließlich 1173 von Saladin zerstört (nach anderen Quellen erst im 13. Jh wegen Wassermangels aufgegeben). Das wie eine Festung wirkende Gebäude war ursprünglich von einer bis zu 10 m hohen Mauer umgeben, deren unterer Teil aus Stein, der obere aus Lehmziegeln gebaut war.

Die Ruinen bergen auf der unteren Ebene die dreischiffige, heute dachlose Basilika mit gut erhaltenem Steinplattenboden und einer großen Apsis mit drei Nischen. In der mittleren blieben Freskenreste von Christus zwischen Engeln erhalten, in den umliegenden Räumen weitere Bemalungen und im Baptisterium ein Taufbecken. Eine Treppe führt zum ehemals dreistöckigen Wohngebäude hinauf, in dem vom imposanten Gewölbe-Flur Zellen für jeweils mehrere Mönche abgehen. In einigen sind die Steinbetten erhalten. Auch Reste des Refektoriums, einer Mühle und von Backöfen lassen sich noch identifizieren.

Vom Simeons-Kloster können Sie, wie gesagt, zu den Felsengräbern wandern (oder auch auf einem Kamel reiten): Entweder immer den Kamelspuren folgen (und dabei dauernd von Kameltreibern angequatscht werden) oder in nordöstlicher Richtung auf den Nil zuhalten und dann parallel zu dessen Ufer bis zu den Gräbern gehen. Allerdings muss man an den Gräbern zunächst zum Ufer hinunter, da dort die Eintrittskarten verkauft werden. Kalkulieren Sie ein, dass ein Fußmarsch durch den Wüstensand einigermaßen beschwerlich ist (Trinkwasser mitnehmen).

Vor allem durch ihre Aufwege sind die ****Felsengräber der Gaufürsten** aus dem Alten und Mittleren Reich weithin sichtbar, die sich am Hang des Hügels mit dem Scheichgrab *Kubbet el Haua* hinziehen (7-17, Winter 7-16, £E 25). Zum Westufer unterhalb der Gräber verkehrt etwa alle 10 Minuten eine Fähre (die Verbindung zu den Nubierdörfern) zu £E 1, die an der Stelle an der Corniche ablegt, an der die Straße vom Bahnhof einmündet.

Zu den Felsengräbern führt vom Tickethäuschen aus eine (antike) Treppe hinauf. Wer die

Aga Khan Mausoleum

vielen Gräber weiter nilabwärts gesehen hat, wird hier nicht unbedingt Überraschungen erleben können - allerdings wird er hier weniger von anderen Besuchern bedrängt. Um es etwas überspitzt zu sagen: Für den Laien ist der Ausblick vielleicht das Schönste an den Gräbern. Für den Interessierten ergeben sich jedoch auch hier sehr aufschlussreiche Details.

Am südlichsten liegt das Doppelgrab von **Mechu** und **Sabni** (Nr. 25 und 26) aus der 6. Dynastie, zu dem zwei Aufwege den steilen Hang hinaufführen und an einer in den Fels gehauenen Terrasse vor den Gräbern enden. Eine Inschrift auf der Fassade berichtet, dass Mechu bei einem Feldzug nach Nubien umkam; sein Sohn Sabni zog in den Kampf und konnte den betreffenden Stamm strafen und den Leichnam seines Vaters zurückbringen. Man betritt eine etwas grob gearbeitete Halle, die von Säulen unterteilt wird, von denen sich einige wie Palmstämme, die ursprünglichen Stützen der Säulenhallen, nach oben winden. Die beiden Grabnischen in der Rückwand ähneln sich sehr: Sie sind jeweils mit einer Scheintür und Bildern ausgestattet, die den Grabherrn und die notwendigen Opfergaben zeigen. Schon allein das Bild vom reich gedeckten Opfertisch genügte, um den Toten für alle Ewigkeit mit Speis und Trank zu versorgen. Auf der Rückwand im Sabni-Teil zeigt ein Bild den Grabherrn mit Frau bei der Jagd im Papyrusdickicht; eine Szene mit erotischem Bezug.

Als nächstes in nördlicher Richtung ist das besterhaltene und repräsentativste Grab Assuans geöffnet, das des **Sarenput II** (Nr. 31; etwa 1900-1850 vC, 12. Dynastie). Man betritt einen Pfeilersaal mit sechs Pfeilern, in dem rechts eine Opfertafel aus Granit steht. Von dort führt eine kurze Treppe in einen Korridor mit drei Nischen mit dem Toten als Osirisfigur, jeweils aus dem Fels herausgehauen. Der kleine Saal am Ende des Korridors wird ebenfalls von Pfeilern gestützt, auf denen die Titulatur des Grabherrn zu lesen ist und die mit seinem Bild geschmückt sind: Der Grabherr schaut wie üblich zum Eingang hinaus, der aufgehenden Sonne entgegen. Das rückwärtige Ende der kleinen Halle geht in eine Kapelle über, die ursprünglich mit Türflügeln verschlossen werden konnte (Drehpfannen noch erkennbar). Hier stand eine Statue von Sarenput II (heute im Nubischen Museum). An der Rückwand sieht man den Verstorbenen am reich bestückten Opfertisch, sein Sohn bringt ihm Lotusblüten; an den Seitenwänden jeweils der Tote mit Familienmitgliedern (rechts mit Mutter, links mit Frau und Sohn).

Gleich nördlich des heutigen Treppenaufwegs wird derzeit eine koptische Basilika ausgegraben und restauriert. In der ehemaligen Apsis sind die Bilder der zwölf Apostel zu erkennen.

Die dann folgenden Gräber sind häufig verschlossen, nehmen Sie sich daher einen „Ghafir" mit, der aufschließt. Das Grab Nr. 34n ist bekannt, weil der Grabherr **Her-Chuf** an der Vorderwand sehr ausführlich von seinen Reisen nach Nubien und in den Sudan berichtet; unter anderem, dass er von König Pepi II beauftragt war, einen Tanzzwerg lebend mitzubringen und am Hof abzuliefern. Er lässt den kleinen Mann Tag und Nacht bewachen und aufpassen, dass er nicht ins Wasser fällt; sogar das lobende Dankesschreiben des Königs lässt er in den Fels meißeln. Auch der Nachbar in Grab Nr. 35, **Pepinacht** (offiziell geschlossen), schildert seine Feldzüge nach Nubien. Beide Gräber stammen aus der 6. Dynastie.

Ein Stück weiter nördlich liegt Grab Nr. 36 von **Sarenput I** (12. Dynastie, Großvater von Sarenput II). Werfen Sie, bevor Sie den Vorhof betreten, einen Blick auf das sehr präzise gearbeitete Relief auf einem Kalksteinblock rechts am Eingang, auf dem der Grabherr auf einem Stuhl mit Löwenbeinen sitzt. Im Hof selbst stehen Deckenpfeiler eines Portikus aus Kalkstein - die einzigen dieser Art in Assuan, aus dem Norden stammend - mit Bildern und biografischen Texten des Toten, die Decke darüber ist nicht mehr vorhanden. An der Rückwand sind einige schöne Reliefs zu sehen: links der Tür unter anderem Sarenput mit Sandalenträger und zwei Hunden, rechts wieder der Grabherr mit Bogenträger und einem Hund. Ganz rechts sitzt Sarenput unter einem Baldachin, vor ihm stehen seine Frau, seine Mutter und zwei Töchter, darunter zwei Sänger und eine Sängerin, die an der ans Ohr gehaltenen Hand erkennbar sind. Durch den Eingang betritt man eine kleine Vierpfeilerhalle, der ein schmaler Gang zu einem Raum mit zwei Pfeilern und Kultnische folgt.

Ganz im Norden und etwas abgesetzt liegt das verschlossene Grab des **Ka-Gem-Em-Ahu**; durch das Gitter des Eingangs sind einige wenige Reliefs zu erkennen.

Ein noch grandioserer Aus- und Rundblick als von den Gräbern ergibt sich von der Spitze des Gräberberges, auf dem die Kuppelruine des Sheikh-Grabes **Kubet el Hauwa** steht. Wer die Direttissima - gleich links vom Aufweg über weiter hinaufführende Treppen - scheut, kann einem etwas nördlich der Gräber abzweigenden, bequemeren Pfad folgen. Von oben überblickt man die gesamte Katarakt-Landschaft in Nord-Süd-Richtung, bis hin zum Hochdamm am Horizont. Nach Osten liegt die geschäftige Stadt, direkt zu den Füßen tummeln sich Feluken auf dem Nil und nach Westen schweift der Blick in eine Wüstenlandschaft, die erst 5000 km entfernt am Atlantik endet - einer der spektakulärsten Ausblicke in der mit Aussichtspunkten nicht schlecht versorgten Stadt.

Die Fähre zu den Felsengräbern bedient eigentlich die **nubischen Dörfer** auf dem Westufer nördlich der Gräber. Diese Dörfer werden seltener von Touristen heimgesucht, hier sind die Leute weniger aufdringlich, Handicrafts etwas billiger. Fahren Sie doch einfach mit einem der Sammeltaxis von der Anlegestelle aus ein Stück nilabwärts.

***Die Staudämme

Hintergrund: *Bereits 1898 bis 1902 zogen die Engländer südlich von Assuan einen 2 km langen Staudamm quer durch den Fluss, der nach zwei Erhöhungen, 1912 und 1943, 51 m Höhe erreichte. 180 Tore regulierten den Wasserhaushalt so, dass der Stausee vor Beginn der Nilflut praktisch leer war; durch die dann voll geöffneten Tore konnte der Nil ungehemmt die Felder mit seinem fruchtbaren Schlamm überfluten. Im Herbst wurden die Wassermassen erneut gestaut. Der neue Hochdamm lässt dies nicht mehr zu: Der Schlamm verbleibt im Stausee, die Felder müssen künstlich gedüngt werden.*

Die Planung des Hochdammes geht auf deutsche Firmen zurück, die allerdings nicht beim Bau zum Zug kamen, weil die Finanzierung scheiterte. Der damalige Präsident Nasser war über die Behandlung durch den Westen so empört, dass er aus einer Reihe von Gründen die politische Linie radikal änderte und sich fortan an die Sowjetunion hielt.

In einer Art Eiszeit der Beziehungen Ägyptens zum Westen errichtete die Sowjetunion in den Jahren 1960-71 den **Sadd el Ali** *genannten Damm und weitgehend das elektrische Verteilernetz im Land. Das Bollwerk gegen die Nilfluten ragt 111 m über das Flussbett, an der Krone ist es 3,6 km lang und 40 m breit, an der Basis erreicht es eine Breite von 980 m. Diese gewaltige Dicke ist nötig, da der Damm allein durch sein Gewicht dem Druck des Wassers standzuhalten hat; andere Hochdämme sind gewölbt und im umliegenden Fels verankert, was hier nicht möglich war. Die aufgeschüttete Baumasse entspricht dem siebzehnfachen Inhalt der Cheops-Pyramide. Der Hochdamm staut im Nassersee den Nil über eine Länge von 550 km bis weit in den Sudan. Bei voller Turbinenleis-*

tung stehen 10 000 MWh elektrischer Energie zur Verfügung.

Durch das riesige Wasserreservoir konnten große Wüstengebiete urbar gemacht und bewässert werden; bis Ende der 80er Jahre wuchs die Anbaufläche Ägyptens um ca. 25 Prozent. Weiterhin konnte vor allem in Oberägypten die traditionelle Beckenbewässerung (bei der das Hochwasser die Becken füllte) durch Dauerbewässerung abgelöst werden. Dadurch lassen sich zusätzliche Ernten erzielen, da die Felder nicht mehr monatelang unter Wasser stehen oder aber ausgetrocknet sind. Die gewonnene elektrische Energie machte überhaupt erst die Elektrifizierung der rund 4000 Dörfer Ägyptens möglich.

Immerhin bewahrte der Wasserspeicher Ägypten während der letzten Trockenphase im Zuflussgebiet des Nils vor erheblichen Problemen. Die lange Dürreperiode Mitte der 80er Jahre ließ den Wasserstand bis auf ein Minimum sinken, und nur sintflutartigen Regenfällen 1988 im Sudan war ein Auffüllen in buchstäblich letzter Minute - kurz vor dem Abschalten der Turbinen - zu verdanken. In den 90er Jahren trat dann der umgekehrte Effekt ein. Heftige Regenfälle im Oberlauf des Nils füllten das riesige Becken bis zum Überlauf, aber Ägypten wurde vor verheerenden Überschwemmungen bewahrt, wie sie ohne Damm unvermeidlich stattgefunden hätten.

Doch hat der Stausee auch ***gewaltige Nachteile:***

- *Die fruchtbare Schlammflut erreicht, düngt und entsalzt nicht mehr die Felder; dies musste durch eine drastische Steigerung der Kunstdüngeranwendung kompensiert werden. Doch ohne Kunstdünger ging es infolge der höheren Bodennutzung zuvor auch nicht mehr, denn etwa 80 Prozent des Schlamms lagerten sich in den Kanälen ab oder verschwanden im Mittelmeer. Die Düngekraft des Schlamms war ohnehin nur für eine Ernte pro Jahr ausreichend, sie hätte aber nicht die jetzt üblichen drei Ernten stützen können.*
- *Infolge der Dauerbewässerung steigen die Bodensalze an die Oberfläche und verderben den Boden, ein Problem, das nur per Drainage zu lösen ist. Früher übernahm die Natur die Entsalzung durch das Auswaschen der Felder während der Nilüberflutungen und die anschließende Austrocknung der Böden. Allerdings ist das Problem nicht neu; denn durch die seit Mohammed Ali großflächig eingeführte Bassinbewässerung entstanden bereits Bodensalze, die durch Drainage abgeführt werden mussten. Die großen Brücken und Wehre werden jedoch stark in Mitleidenschaft gezogen; ebenso nagt das aufsteigende Salzwasser an den Fundamenten vieler historischer Bauten.*
- *Gleichzeitig reinigte die Flut die Felder vom Flugsand; heute bleibt der Sand liegen. Man schätzt, dass längerfristig etwa 8 % des Fruchtlandes verloren gehen werden.*
- *Die Bodenabtragung an den Ufern und im Mündungsgebiet gleicht sich nicht mehr durch neue Anlagerungen aus, mühselige Erhaltungsarbeiten sind notwendig.*
- *Nicht zuletzt stellt der Damm ein Sicherheitsrisiko dar, vor allem aus militärischer Sicht. Bei seiner schlagartigen Zerstörung würden die freigesetzten Wassermassen in 1-2 Tagen Ägypten praktisch auslöschen. Allerdings fällt die Zerstörung insofern schwer, als sich die gewaltigen Erdmassen des Damms nicht so einfach aus dem Weg räumen lassen.*

Weniger betont wird die Tatsache, dass im See die Heimat von etwa 120 000 Nubiern versank, die diesen Verlust weder wirtschaftlich noch emotional verkrafteten.

- *Durch den 250 km südlich der Mauer gelegenen Überlaufkanal in die Toshka-Senke soll Gefahr vor Dammüberflutung abgewendet werden. Hier lassen sich bis zu 120 Milliarden Kubikmeter Wasser zusätzlich speichern und für die geplante Bewässerung des New Valley – Oasen Kharga, Dakhla, Farafra – nutzen (der Stausee kann 200 Milliarden Kubikmeter maximal halten).*

Andererseits wäre eine Rückkehr zum natürlichen Überflutungssystem kaum mehr vorstellbar. Die meisten Ägypter sehen den Damm als positive Errungenschaft, wenn auch die Eupho-

rie der Vergangenheit einer kritischeren Betrachtung gewichen ist. Die ökologischen und wirtschaftlichen Folgelasten sind tatsächlich noch nicht endgültig abzusehen.

Noch in den 1980er Jahren vom Aussterben bedroht und durch ein Jagdverbot geschützt, fanden die **Nil-Krokodile** im Nassersee so ideale Bedingungen, dass sie sich sprunghaft vermehrten und heute eher eine Bedrohung darstellen. Besonders Fischer sind von den Reptilien bedroht, aber auch Touristen sollten am Ufer des Sees die Augen aufhalten.

Besichtigung: Sie können - und sollten - die beiden Nilstaudämme besichtigen, wobei der alte Damm meist bei der Anfahrt überquert wird. Ein Stopp am westlichen Ende des alten Staudammes (auf dem Damm striktes Halteverbot) ermöglicht einen Blick auf das einst berühmte Mammutbauwerk, das von 1898-1901 aus Granitquadern errichtet wurde und jahrelang den Rekord als weltweit größter Staudamm hielt. Nach Erweiterungen 1912 und 1931 staute er den Fluss auf ca. 300 km Länge. Er konnte aber nur einen Bruchteil der Flutwelle des Nils auffangen, daher wurden bei Beginn der Flut die 180 Dammtore geöffnet, und die Wassermassen rauschten mitsamt dem fruchtbaren Schlamm talwärts. Gegen Ende der Flut staute man den See wieder auf. Doch der neue Damm hat ihm die Schau gestohlen.

Ein Tipp: Nur unweit vom Ostende des Damms liegt ein Dorf am Ufer. Von dort fahren immer wieder Boote zu den Inseln im unteren Staubecken, die zum Teil sehr einsam sind. Gegen ein Bakschisch kann man mitfahren, schreibt eine Leserin.

Die Besichtigung (£E 10) des neuen **Hochdammes** *(High Dam* oder - offiziell - *Sadd el Ali)* zu Fuß oder per Fahrrad ist nicht mehr gestattet;

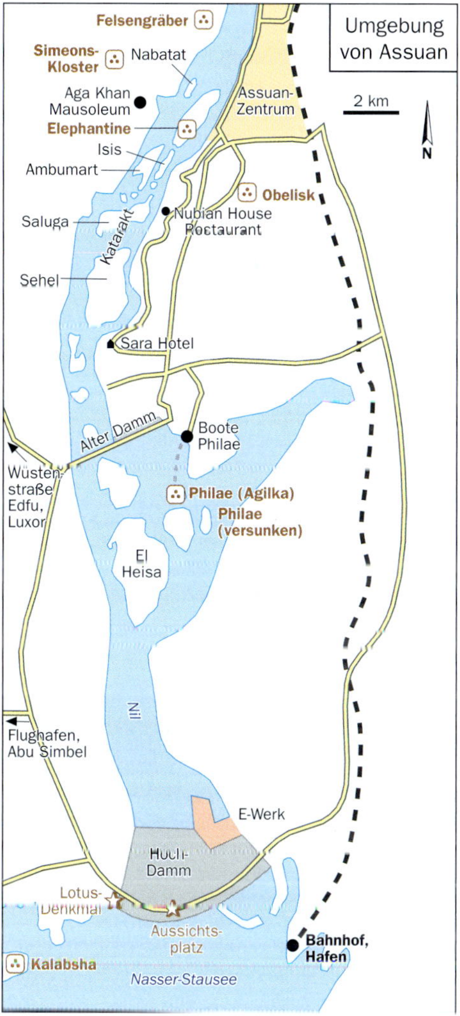

nur noch per Auto oder Motorrad, Aussteigen/Anhalten nur am Aussichtspunkt.

Kommt man von Westen her zum Damm, ragt bald nach dem Tickethäuschen das Denkmal der ägyptisch-russischen Freundschaft auf, eine hohe Beton-Lotusblume mit (häufig nicht funktionierendem) Lift auf eine Aussichtsplattform in 74 m Höhe mit gutem Ausblick weit über den See. Angeblich ist eine *Tasrih* für die Besichtigung notwendig, die man beim ca. 100 m entfernten Kontrollposten oder im grauen Gebäudekomplex im Westen des Dammes oder bei der Polizei in Assuan erhält. Doch der Wärter bietet eine Fahrt gegen Bakschisch nach oben bereitwilligst an - vielleicht hat er die Tasrih-Geschichte nur zur wundersamen Geldvermehrung erfunden. Südlich gegenüber dem Denkmal ist auf einem Hügel der Kalabsha-Tempel gut zu erkennen. In der Nähe steht ein Wasserturm, über dessen 170 Stufen man angeblich hinaufklettern und ebenfalls einen tollen Ausblick genießen kann. Wenn man unten freundlich fragt, dann geht jemand mit.

Etwa in der Mitte des Sadd el Ali liegt der Parkplatz, von dem aus man ungestört fotografieren kann, aber angeblich nicht filmen darf. Auf der Damm-Ostseite führt der erste Abzweig ein Stück hinunter zu einem größeren Platz, von dem aus man einen guten Blick auf das Elektrizitätswerk und die aus den Turbinen strömenden Wassermassen hat. Die Krone des Sadd el Ali setzt sich bis in die Nähe des Stausee-Eisenbahnhofs fort.

▶ **Anfahrt:** Zum Sadd el Ali kommt man per Taxi zu etwa £E 40-50 hin und zurück, eine Taxi-Rundfahrt mit möglichen Stopps (unvollendeter Obelisk, Insel Philae, Staudämme, Kalabsha Tempel) kostet etwa £E 50-70. Auch Minibusse fahren zum Staudamm. Eine nicht empfehlenswerte Alternative wäre eine Zugfahrt zum Staudammbahnhof; da keine Fußgänger auf dem Damm geduldet werden, kann man nur wieder umkehren. Zum alten Damm fährt Bus 20 oder 59 (Haltestelle vor Hotel Abu Simbel oder Hotel Hathor) bis zum Dorf *Hazan*, von dort gibt es aber keine Verbindung mit öffentlichen Verkehrsmitteln zum neuen Hochdamm. Nicht empfohlen wird eine Radtour wegen der z.T. uninteressanten Landschaft und des Gegenwindes.

Wenn Sie einen Abu-Simbel-Besuch planen, dann ist bei organisierten Fahrten meist die Staudamm-Besichtigung eingeschlossen, zumindest lässt sie sich leicht damit verbinden. Das gilt auch für die Besichtigung des Kalabsha-Tempels.

***Insel Philae

Hintergrund: *Die ursprüngliche Insel Philae - Perle Ägyptens - war einst vollständig mit schattigen Palmen und Tempelbauten bedeckt. Bereits die nubischen Könige der 25. Dynastie (750-660 vC) und der Saite Amasis hatten auf Philae gebaut. Nektanebos I (370 vC, vorletzter einheimischer Pharao) begann den Isis-Tempel, der später hauptsächlich von den Ptolemäern weitergeführt und erst in römischer Zeit beendet wurde.*

Neben der Hauptgöttin Isis wurden Osiris, Nephtys und Hathor sowie die Kataraktgötter Chnum und Satet verehrt. Denn gemäß der altägyptischen Mythologie entsprang am ersten Katarakt der Nil, die Lebensader, von der Staat und Menschen in ihrer Existenz abhingen. Der Gott Chnum, der den Menschen auf seiner Töpferscheibe formte, wurde zwar als Wächter der Nilquelle besonders auf Elephantine, aber wegen seiner großen Bedeutung auch hier verehrt.

Philae war in ptolemäischer wie auch in römischer Zeit der südlichste Tempel, denn hier verlief die Grenze zum nubischen Königreich von Meroe. In dieser Grenzregion lebten die Staatsreligionen Ägyptens jeweils am längsten. Die letztdatierten altägyptischen Inschriften stammen aus dem Jahr 452 nC. Als Justinian die Tempel im 6. Jh nC schließen und den Säulensaal des Isis-Tempels in eine Kirche umbauen ließ, zerstörten fromme Bilderstürmer viele Reliefdarstellungen. Auch das nachfolgende Christentum lebte auf Philae sehr lange; vermutlich zog erst im 13. Jh der Islam hier ein.

Etwa 700 Jahre später, nach dem Bau des alten Staudammes, versank die einst von Palmen und Blumen gesäumte Tempelinsel jährlich für zehn Monate im Wasser. Der neue Hochdamm ließ sie für immer untergehen, da sich der Rest des alten Stausees in der Höhe praktisch nicht mehr verändert. Das alte Gemäuer drohte endgültig zerstört zu werden. Daher beschloss die ägyptische Regierung die Rettung durch Umzug: Nach dem Bau einer wasserdichten Spundwand um die alte Insel und dem Auspumpen dieser „Wanne" wurde der größte Teil der Bauten auf die benachbarte, ähnlich große Insel Agilkia umgesetzt (die heute unter Philae „firmiert"). Diese musste zunächst mit ziemlich großem Aufwand topografisch der ursprünglichen Insel angepasst werden.

Vom Anleger heraufkommend betritt man den weitläufigen Tempelvorplatz. Links, am südlichen Ende, steht ein kleiner **Pavillon des Nektanebos I** [1], ursprünglich aus 18 Säulen mit Glockenkapitellen gebaut. Schräg gegenüber erhob sich ein **Tempel des Arensnuphis** [2] (ein nubischer Gott), von dem nur die Nordwand erhalten blieb. Hier im Süden beginnt ein **Säulengang** [1] mit einst 32 (heute 31) Säulen mit unterschiedlichen Kapitellen, der von Ptolemäus V Epiphanes gebaut wurde. Diesen stimmungsvollen Gang sollte man wählen, um zum Ersten Pylon zu gehen. Achten Sie sowohl hier als auch im Isis-Tempel auf die große Vielfalt der Kapitelle - es gibt fast keine identische Gestaltung.

Am Ende der zum Teil modern rekonstruierten Kolonnade (die ursprünglich nicht fertig gestellt worden war) steht auf der rechten Seite ein kleines, unscheinbares Tempelchen [3], das **Imhotep** (Asklepios) geweiht war, dem Erbauer der Djoser-Pyramide in Sakkara und zur Zeit des Tempelbaus in Philae längst als Gott u.a. der Medizin Verehrten. Ptolemäus V ließ es errichten, nachdem aus seiner siebenjährigen fruchtlosen Ehe ein Kind hervorgegangen war. Mythisch überhöht findet sich dieselbe Geschichte im Text der Hungersnotstele auf der Insel Sehel (siehe Seite 400) wieder.

Vor dem **Ersten Pylon** [4] des **Isis-Tempels** erhoben sich einst zwei Obelisken (heute in England); die noch vorhandenen Löwen sind stark beschädigt. Auf den großflächigen Reliefs der beiden Türme wiederholt sich das altbekannte Ritual: Der König (Ptolemäus XII) erschlägt gefangene Feinde vor Isis, Horus und Hathor. In der oberen Bildreihe überreicht er Horus und Nephtys die Kronen von Ober- und Unterägypten und räuchert vor Isis und dem kindlichen Horus (Harpokrates). Rechts des Pylons erhebt sich ein reliefverziertes, nach Osten weisendes Tor, das ursprünglich den Weg durch eine (nicht mehr vorhandene) Mauer freigab. Die Szene vom Erschlagen der Feinde auf dem rechten Pylonturm - teils durch das Tor verdeckt - wurde um die Ecke herumgeführt. Der linke Eingang im Ersten Pylon führt direkt in das Mammisi. Der Mitteleingang wurde noch unter Nektanebos I gebaut; im Durchgang rechts erinnert eine Inschrift aus dem „Jahr 7 der Republik" an Napoleons ägyptischen Kriegszug (und die Geburtszeit der modernen Ägyptologie). Rechts

Philae von der Bootsanlegestelle gegenüber dem Tempel

und links des Eingangs sind christliche Kreuze zu sehen, durch die der gesamte Tempel nach dem Einzug des Christentums quasi „christianisiert" wurde.

Die Achse des Isis-Tempels knickt zweimal ab, um das Gebäude an die Gegebenheiten des (ursprünglichen) Geländes anzupassen. Daher liegt das **Mammisi** [5] (Geburtshaus) hier auch im Vorhof [6] und nicht vor dem Tempel im rechten Winkel, wie es bei den Anlagen der griechisch-römischen Zeit üblich ist. Schöne Kompositsäulen mit Hathorkapitellen tragen das äußere Dach. Die Wandbilder schildern im zweiten Raum Geburt, Kindheit und Erziehung des Horusknaben, im Sanktuar den als Falke in den Deltasümpfen lebenden und von Isis behüteten jungen Gott, um ihn im Papyrusdickicht vor den Nachstellungen des Seth zu schützen.

Östlich, gegenüber dem Mammisi, steht eine Kolonnade aus der späten ptolemäischen Zeit mit vier dahinter liegenden Räumen. Blicken Sie zurück auf die Hofseite des Ersten Pylons: Vier Priester tragen die Isis-Barke, der König räuchert davor. Der kleinere **Zweite Pylon** [7], der den Vorhof nach Norden abschließt, ist wiederum mit Massaker- und Opferszenen des Königs geschmückt. Rechts wurde ein großer Felsen beim Pylonbau nicht abgetragen, sondern in der Linie der Pylonwand abgeschnitten und diese Schnittfläche als Stele benutzt, die über eine Landschenkung von Ptolemäus VI berichtet.

In der nun folgenden Halle zeigt sich die Verdichtung der Tempelarchitektur erneut sehr deutlich: Die Fläche wurde so verkleinert, dass rechts und links nur eine Säule als Andeutung des Vorhofs Platz fand, danach folgt die übliche Säulenschranken-Wand (an Mauerresten zwischen den Säulen noch erkennbar) und dahinter, ohne den üblichen Pronaos, der **Säulensaal**, allerdings nur mit einer einzigen Säulenreihe. Den Kopten diente dieser Gesamtraum später als Kirche, wie eingemeißelte Kreuze und eine Inschrift zeigen. An den Wänden sind wiederum Szenen dargestellt, in denen die Könige Sakralhandlungen vollbringen.

Nun betritt man eine Reihe kleinerer Räume, die z.T. im Dunkeln liegen. Auch hier sind die meisten Wände mit Opferdarstellungen geschmückt, hauptsächlich im **Sanktuar** [8], dem mittleren Raum ganz hinten, in dem noch der Sockel für die Barke des Isis-Kultbildes steht.

Von der ersten westlichen Seitenkammer führte eine Treppe zum Dach (jetzt verschlossen) und ein Ausgang nach Westen. Von diesem aus geht man am besten ein paar Schritte zurück bis in Höhe des Zweiten Pylons zum **Osiris-Heiligtum**. An den Wänden ist die Osiris-Legende sehr ausführlich dargestellt. Etwa mittig gegenüber dem Mammisi steht das **Hadrians-Tor** [9], das einst dort in der Umfassungsmauer lag, wo man zur Nachbarinsel *Bigga* mit einem Osiris-Heiligtum fuhr. Im Vorraum rechts, in der Ecke der Längswand, zeigt ein bekanntes und anschauliches Relief die Nilquelle, die in der ägyptischen Mythologie beim ersten Katarakt liegt: Der Nilgott Hapi mit Papyruspflanzen-Kopfputz sitzt in einer Höhle der Kataraktfelsen, deren Eingang von einer Schlange beschützt wird. Aus zwei Gefäßen in seinen Händen strömt das Nilwasser.

Die äußeren Wände des Tempels wurden unter Augustus dekoriert, der als Pharao vor den ägyptischen Göttern dargestellt ist.

Östlich des Isis-Tempels steht ein kleiner **Hathor-Tempel** [11]. Berühmt sind die Reliefs der Säulen (recht gut vom linken Seiteneingang aus erkennbar), auf denen Affen mit einer Laute musizieren, Figuren des Gottes Bes schlagen Harfe und Tamburin und tanzen dazu. Diese Bilder symbolisieren in etwas ungewöhnlicher Weise das Wesen der eng mit Bes verbundenen Hathor als Göttin der Liebe und Musik. Südlich davon erhebt sich das attraktivste Fotomotiv der Insel, der unvollendete, aber heitere **Trajan-Kiosk** [10]. Seine Säulen mit Kompositenkapitellen ragen anmutig und leicht in den immerblauen Himmel Nubiens. Von seiner Terrasse aus sieht man übrigens bei Niedrigwasser im Januar und Februar Teile der ursprünglichen Insel Philae, noch von Resten der Spundwand umgeben.

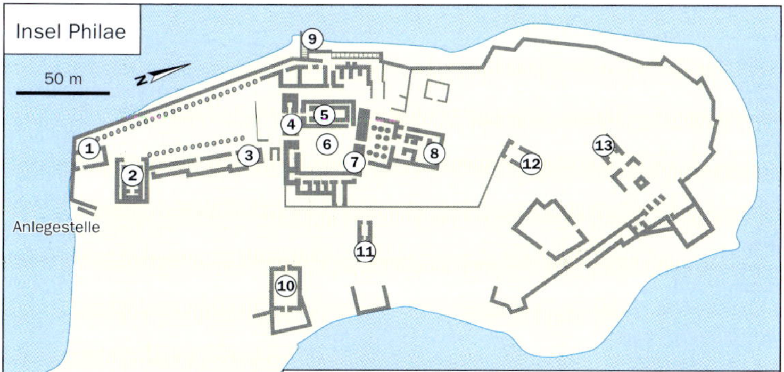

Bauwerke vor Isis Tempel	Isis Tempel	Andere Bauwerke
1 Nektanebos I Pavillon und Säulengang	4 Erster Pylon	9 Hadrians-Tor
2 Arensnuphis Tempel	5 Mammisi	10 Trajan-Kiosk
3 Imhotep Tempel	6 Vorhof	11 Hathor Tempel
	7 Zweiter Pylon	12 Koptische Kirchen
	8 Sanktuar	13 Augustus Tempel

Am nordöstlichen Inselende steht das Tor des Diokletian am Ufer, in der Nähe Ruinen eines **Augustus-Tempels** [13] und zweier **koptischer Kirchen** [12].

Der Philae-Tempel kann auch bei einer **Light and Sound Show** bewundert werden (£E 80), keine deutschen Vorstellungen. Anfahrt zur beleuchteten Insel ist schön.

▶ **Anfahrt:** Per Taxi (ca. £E 40 inkl. Wartezeit) bis zur Anlegestelle unterhalb des alten Staudamms oder aber per Sammeltaxi von der Corniche oder mit einem der auf der Corniche nach Süden fahrenden Busse (oder vom Platz kurz hinter der koptischen Kathedrale, dort fahren auch Pickups), die meist bis zum alten Staudamm oder einem Dorf davor fahren. Am Beginn des alten Staudamms geht man links (östlich, Philae ist übrigens vom Staudamm aus zu erkennen) durch ein Dorf und immer am Stausee entlang zur Anlegestelle etwa 15-20 Minuten gehen. Die Boote zur Insel fahren auf Zuruf (Hin- und Rückfahrt offiziell £E 20 (nachts £E 22) für ein 8-Personen-Boot), zuvor muss man die Eintrittskarten zu £E 40 (Studenten £E 20) (7-17, Winter 8-16 Uhr) am Tickethäuschen kaufen. Der Bootstrip dauert etwa 10 Minuten, man wird an Philae abgesetzt, dann parkt das Boot an der Nachbarinsel. Merken Sie sich das Boot für die Rückfahrt. Einzelgänger sollten bis zum Eintreffen einer Gruppe warten bzw. - besser - sich mit anderen Individualisten zusammentun, wenn sie nicht allein den vollen Mietpreis für ein Boot zahlen wollen.

▶ **Autofahrer** nehmen in Assuan die nach Süden führende vierspurige Straße und biegen an dem Kreisel, an dem die Vierspurigkeit endet, nach links ab; nächste rechtwinklig abzweigende Straße rechts. Wenn Sie spätnachmittags die Insel besuchen, werden Sie eher allein sein und die Eindrücke umso mehr genießen können.

Biegt man nicht in die Zufahrt ein, sondern fährt die Straße Richtung Hochdamm 1 km weiter, so sieht man neben einem (bisher ungeteerten)

Im Skulpturenpark

Abzweig links ein paar Skulpturen als Hinweis auf einen ***Skulpturenpark**, oben auf dem Hügel. Hier werden die vom Sculpture Symposium (siehe Seite 382) verbleibenden Plastiken ausgestellt. Sie sollten unbedingt einen Abstecher auf den Hügel mitten in die urgewaltige Felslandschaft Assuans schon wegen des herrlichen Ausblicks einlegen.

**Tempel von Kalabsha und Beyt el Wali

Hintergrund: *Auch dieser, ehemals etwa 50 km südlich, im Ort Talmis am Bab el Kalabsha gelegene Tempel versank nach dem Bau des alten Staudamms, ähnlich wie der Philae-Tempel, jährlich im Wasser. Nach dem Bau des Hochdamms wäre er endgültig im Stausee untergegangen. Daher wurde er im Zuge der UNESCO-Rettungsaktion vom Deutschen Archäologischen Institut und der Firma Hoch-Tief auf eine westlich des Sees gelegene Granitkuppe etwa 1 km südlich des Hochdamms verlegt. Bei der Versetzungsaktion 1961-63 fand man wieder verwendete Blöcke eines älteren Tores, das dann der Bundesrepublik Deutschland als Dank für die Unterstützung geschenkt wurde. Es steht heute als Kalabsha-Tor wieder aufgebaut im Ägyptischen Museum in Berlin. Aus anderen Blöcken ließ sich eine Kapelle zusammensetzen, die auf der Insel Elephantine wieder aufgebaut wurde.*

Das unter dem römischen Kaiser Augustus errichtete Bauwerk war der größte freistehende Tempel des ägyptischen Nubien. Er gehört zu den letzten Tempelbauten Altägyptens und ist dem nubischen Gott Horus-Mandulis geweiht, der in den Darstellungen meist von der Göttin Isis begleitet wird. Die Reliefdekoration des Tempels ist nicht fertig gestellt worden, teilweise wurde sie grob und oberflächlich ausgeführt.

Der Besuch des Tempels lohnt vor allem auch wegen seiner einsamen Lage hoch über dem See und der meist ungestörten Besichtigung (relativ wenige Besucher außer bei Ankunft der Kreuzfahrtschiffe). Nehmen Sie für im Halbdunkel liegende Reliefs eine Taschenlampe mit.

Vom Ufer aus geht man über eine breite Treppe auf die Ebene des Tempels hinauf. Der **Pylon** dreht sich etwas aus der Tempelachse heraus. Er blieb bis auf den Eingang schmucklos, lediglich die Schlitze für die Flaggenmasten unterbrechen die großen Flächen. Man betritt einen offenen Hof, der an drei Seiten von Kolonnaden umgeben war. Nur im Norden und Süden sind Säulen erhalten; beachten Sie die schönen Pflanzenkapitelle. In die Mauern wurden kleine Kammern eingelassen, in die Nordwand zusätzlich eine Tür zum äußeren Tempelumgang.

Nach hinten schließt der Hof mit den typischen Säulenschranken ab. Im Relief links übergießen Thot und Horus den König mit Weihwasser, das symbolhaft mit dem Anch- (Leben) und Was-Zeichen (Wohlbefinden) dargestellt ist. Rechts des Mitteldurchgangs ist ein Dekret in griechischer Sprache zu sehen, in dem Aurelius Besarion Schweinebesitzer anweist, ihre Tiere aus dem Tempel fernzuhalten. Auf der ganz rechten Schranke steht die berühmte, ebenfalls in griechisch verfasste Denkschrift des Silko, eines nubischen Kleinkönigs aus dem 5. Jh nC, der mit christlichen Formulierungen Gott für den Sieg über die Blemyer-Beduinen dankt: Es ist das erste Dokument über die Verbreitung des Christentums in Nubien. Darunter ersticht ein Reiter, dem von einem Engel eine Krone aufgesetzt wird, einen Feind; eine völlig neue Ikonografie in Ägypten.

Es folgt eine nur teilweise dekorierte **Vorhalle** mit acht freistehenden Säulen mit Pflanzenkapitellen. An der Rückwand links des Durchgangs zeigt ein Relief einen ptolemäischen König, der Isis, Mandulis und Horus ein Feld als Opfer darbringt; daneben ist es Amenophis II - Gründer des Ursprungstempels etwa 1400 Jahre zuvor -, der Mandulis und Min Wein opfert. In den Außenwänden führen Türen zum inneren Tempelumgang.

Durch eine Tür in der Westwand der Vorhalle kommt man in drei hintereinander liegende Räume, deren Dekorationen hauptsächlich Augustus im Umgang mit Göttern zeigen, z.T. nur als Aufriss zur weiteren Bearbeitung vorbereitet. Der dritte Raum ist das **Sanktuar**, im ersten führt links eine Treppe aufs Dach des dritten Saales. Auf dem Dach des zweiten Saales kann man ein paar Stufen auf einer Treppe abwärts zu einer kleinen Kapelle gehen, die vermutlich Osiris geweiht war.

Es lohnt sich, den Tempel im inneren Umgang zu umrunden. An einem gut erhaltenen **Nilometer** auf der Südseite vorbei gelangt man zur Westwand. An der inneren Seite (westliche Außenwand des Sanktuars) opfert der König (Nordhälfte) vor Isis, Horus und Mandulis, auf der Südhälfte vor Osiris, Isis und Horus, auf der Wand gegenüber vor Mandulis. Löcher in der Wand weisen darauf hin, dass vermutlich einst ein hölzernes Vordach Schatten für eine kleine Kapelle spendete.

Auf einer Terrasse südlich des Tempels wurde der zierliche Bau des **Kiosks von Kertassi** wieder errichtet, der einst 40 km südlich von Assuan am Eingang eines Steinbruchs stand. Er sieht dem Trajan-Kiosk von Philae durchaus ähnlich, war aber der Hathor geweiht und entstand in ptolemäischer Zeit. Es blieben leider nur zwei Hathor-Sistrumsäulen und weitere vier mit Pflanzenkapitellen erhalten.

In der anschließenden Senke wurden Pfeiler und Blöcke mit Reliefs aus dem rund 100 km südlicher gelegenen, nicht geretteten **Ptah-Tempel von Gerf Hussein** aufgestellt. Das Gestein des Felsentempels war so brüchig, dass eine Versetzung nicht möglich schien. Der kushitische Vizekönig Setau hatte ihn für Ramses II in dessen 45. Regierungsjahr erbauen lassen. In den Darstellungen dieses Tempels, der weit entfernt vom orthodoxen Theben lag, erreichte die Selbstvergöttlichung des alternden Königs ihren Höhepunkt. Der Hauptteil der 60 m langen Anlage war im Berg verborgen, d.h. der Fels begann kurz hinter den hier wiedererrichteten Pfeilern. Die Statuen und auch die Reliefs sind eher grob geraten, aber für die Lage in der tiefen Provinz dennoch recht gut gelungen. Ramses II erscheint hier häufig als Gott unter Göttern, in gleicher Höhe oder sogar höher als die „Kollegen" dargestellt. Auf dem Relief hinten rechts ließ der König seinen Vater, Ramses I, gleichrangig mit Ptah und Sachmet wiedergeben.

Oberhalb dieses Ensembles steht eine aus Qasr Ibrim gerettete Felsenstele, die der Vizekönig Amenmope für Sethos I anfertigen ließ. Auf dem oberen Bild ersticht Sethos I einen Libyer mit einer Lanze vor einem Gott (Kopf nicht erhalten), rechts wartet der Streitwagen.

Südwestlich des Mandulis-Tempels wurde eine kleine **Felskapelle** mit einem Vorhof in der ursprünglichen Anordnung zum Haupttempel wieder errichtet, von der man bis heute nicht genau weiß, um was es sich handelt. Vieles spricht für ein nicht fertig gestelltes Mammisi, doch die wenigen Reliefs am Eingang zeigen nur einen namenlosen Pharao, der dem nubischen Gott Dedwen opfert.

Weiter nordwestlich steht der hierher versetzte Tempel von **Beyt el Wali**, den Ramses II größtenteils in den anstehenden Fels in der Nähe von Kalabsha schlagen ließ. Er besteht aus einem **offenen Hof** und dem in die Felsen getriebenen **Vorraum** sowie **Sanktuar**. Alle Wände sind mit größtenteils farblich sehr gut erhaltenen Reliefs dekoriert, die interessantesten davon sind im offenen Hof zu sehen. In christlicher Zeit diente dieser als Kirche.

Der untere Teil des Hofes war aus dem Fels geschnitten, darüber standen Mauern, die ein Dach trugen. Nur noch die Felsenseitenwände sind original erhalten, während ein Teil des Mauerwerks modern nachgebaut wurde. Auf der **linken Wand** sind zunächst Szenen aus den Feldzügen gegen die Kushiten zu sehen: Ramses II und seine Söhne kämpfen in Streitwagen gegen Schwarze, die in ihr unter Palmen liegendes Dorf fliehen, einen Verwundeten abführen, dem Frau und Kinder entgegen eilen. Im zweiten Bildzyklus beobachtet der unter einem Baldachin sitzende König (ganz hinten), wie Tribute herangeschafft werden: Platte mit Fellen und Ringen, gefesselte Schwarze, Affen, Windhunde, ein Leopard, Giraffe, Rinder - auf einem ist ein Schwarzer zwischen den Hörnern gefesselt -, Gazellen, gezähmter Löwe, Frauen mit Kindern etc.

Die **rechte Wand** ist den Kriegen gegen Libyer und Asiaten gewidmet: Der auf asiatischen Feinden stehende Ramses II packt drei Gefangene am Schopf, während ihm weitere zugeführt werden; der König attackiert zusammen mit Prinzen eine Festung, von der Menschen um Gnade flehen; der König auf einem Streitwagen schlägt Beduinen in die Flucht; der König erschlägt einen libyschen Gefangenen mit zerbrochenem Bogen, während ihm Beamte Ehrerbietung zollen; der König thront in einem Kiosk mit Opfertisch, unter ihm sein Löwe; Prinz Amon-her-Chopeschef bringt ihm asiatische Gefangene.

Auf der linken Seitenwand des **Vorraums** opfert der König zusammen mit Hathor vor Horus und Isis (in Skorpiongestalt), auf der rechten Wand opfert er mit Anukis dem Widdergott Chnum und seiner Gemahlin Satis. Ungewöhnlich und interessant sind die beiden Nischen in der Rückwand: In der linken steht die Statue des Königs zwischen Horus und Isis, rechts zwischen Chnum und Anuket. Hier, außerhalb der Grenzen des Mutterlandes, lässt sich Ramses II als Gott zwischen Göttern darstellen, vergöttlicht sich selbst (diese Vergöttlichung wiederholt sich in den südlich folgenden Ramses II-Tempeln). Die Selbsterhebung klingt auch auf der Rückseite der Außenwand an, auf der Ramses Nubier und Libyer (rechts) unter der über ihm schwebenden Sonnenscheibe erschlägt, die ihn zum Gott erhebt.

Im **Sanktuar** sind die Götterfiguren in der Nische stark zerstört. Die Rückseite der Eingangswand zeigt Ramses II, wie ihm links Isis, rechts Anuket die Brust gibt, gewissermaßen als Stärkung vor dem Gang zu den Göttern. Vor diesen opfert er auf der linken Seitenwand vor Horus und Amun-Re, auf der rechten wird er von Satis und Chnum zu Amun-Re Weihrauch opfernd geführt.

▶ **Anfahrt:** Verbinden Sie Damm- und Tempelbesuch miteinander (Taxifahrer täuschen gern weite Entfernungen vor). Bei normalem Wasserstand des Stausees ist der Tempelbezirk (8-17, Winter -16, £E 20) nur per Boot erreichbar, das man gegenüber an der Fischfabrik, ganz in der Nähe des Hochdamms, mietet (£E 40-60). Falls der Wasserstand niedrig genug ist, kann man gleich links neben dem Lotusdenkmal durch das Gelände der Fischfabrik bis fast zum Tempel fahren oder etwa 30 Minuten gehen. Wenn Sie eine Nassersee-Kreuzfahrt gebucht haben, dann gehört der Besuch von Kalabsha zum festen Programm.

**Katarakt-Ausflug mit einer Feluke

Am Nilufer dümpeln Segelboote, Feluken genannt, die noch aus pharaonischen Zeiten zu stammen scheinen. Sobald Sie sich in die Nähe eines Schiffes wagen, wird Sie der Kapitän zu einer Segelpartie einladen. Machen Sie nach unermüdlich-mühseligem Feilschen - am allerbesten direkt mit den Kapitänen in den Feluken und nicht mit den Schleppern auf der Straße - unbedingt Gebrauch davon (ca. £E 30-40 pro Boot und Stunde, bei längerer Miete deutlich geringere Stundensätze).

Eine Segelpartie am späten Nachmittag gehört zu den stimmungsvollsten Er-

Begegnung zwischen den Kataraktinseln

lebnissen, die Assuan bieten kann. Wenn man Glück hat und einen guten Kapitän findet, sollte man in den kleinen nubischen Dörfern halten; häufig gibt es abends unverfälschte nubische Musik mit Tanz am Lagerfeuer.

Üblicherweise führt die Reise zwischen Stromschnellen hindurch nilaufwärts zu einer der Inseln, die von Nubiern besiedelt sind. Machen Sie sich darauf gefasst, dass diese Leute sehr auf Touristen eingestellt sind und das Wort *Bakschisch* ständig zu hören ist, aber dennoch ist ein Besuch der Dörfer nicht uninteressant.

Zum Repertoire eines Segeltörns gehört die **Insel Sehel**, auf der u.a. Inschriften aus pharaonischer Zeit zu sehen sind. Am bekanntesten ist jedoch die so genannte **Hungersnot-Stele** auf der höchsten Erhebung im Südosten der Insel, die von einer siebenjährigen Hungersnot berichtet. Von ihren Autoren fiktiv in die Zeit von Djoser (2650 vC) datiert, in Wirklichkeit aber erst unter Ptolemäus V (um 200 vC) verfasst, sichert der Text die Rechte der Priester des Katarakt-Gottes Chnum. In dem langen Hieroglyphentext wird geschildert, dass König Djoser während einer siebenjährigen Hungersnot seinen Weisen und Baumeister Imhotep nach der Ursache forschen ließ. Dieser stellte fest, dass der Kult für die Kataraktgötter Chnum, Satis und Anuket vernachlässigt worden war. Nachdem Djoser durch Stiftungen den Tempelbetrieb wieder belebte, erlöste eine Nilflut das hungernde Land.

Die Hügelkette, auf deren südöstlicher Spitze die Stele in einen weit sichtbaren Felsen eingraviert ist, wurde mit einem massiven Eisengitterzaun eingefasst. Man bezahlt £E 20 Eintritt und kann viele andere Inschriften sehen sowie zusätzlich die schöne Kataraktlandschaft bewundern. Zur Hungersnotstele geht man vom Tickethäuschen zwischen den beiden Hügeln nach Süden und klettert, kurz vor Erreichen des südlichen Abhangs, links den Berg hinauf. Ein Teil der umgebenden Kataraktlandschaft wurde übrigens zum Naturpark erklärt.

Man kann auch schneller und billiger zur Insel Sehel kommen: für etwa £E 5-10 per Taxi zum Nubierdorf *El Mahatta* , dann mit dem Ruderboot übersetzen.

Zu Ägyptens **Naturreservaten** gehören die beiden Inseln *Ghazala* und *Saluga*. Auf dem Weg nach Sehel segelt man an ihnen vorbei: Gleich südlich der Hotelinsel des Isis Island Hotels sieht man bereits die Insel Ghazala mit einer Anlegestelle und gleich danach Saluga. Diese Insel gilt als die interessantere der beiden. Nach einem etwas angestaubten Visitor Center führen gemauerte Pfade durch das Dickicht. Die besten Besuchszeiten sind der frühe Morgen oder der spätere Nachmittag. Ein Leser schreibt begeistert vom „Bird Man of Assuan" Mohamed Arabi, Tel 012 3240 132. Er kennt nicht nur die heimischen Vögel, sondern ebenfalls die Zugvögel in englischer und deutscher Sprache.

Etwa 10 km nördlich von Assuan liegen **Inseln mit Sandstrand**, die man leicht per Feluke erreicht. Dort kann man ungestört den ganzen Tag in der Sonne liegen.

▸ **Tipps für Felukenreisen** von Assuan nach Esna finden Sie in Kapitel 3, siehe Seite 75.

Praktische Informationen zu Assuan

▸ **Telefonvorwahl 095**

▸ Bevor Sie sich in Aktivitäten stürzen, sollten Sie im **Tourist Information Office**, Tel 2312 811, 2303 297, Bahnhofsvorplatz, vom Bahnhof kommend gleich rechts vorbeischauen (ca 9-13, 18-22 Uhr; sehr flexible Öffnungszeiten). Hier ist man sehr bemüht, den Gästen mit Informationen über Verkehrsmöglichkeiten nach Abu Simbel, Felukenfahrten, Taxipreise oder z.B. mit einem (bescheidenen) Stadtplan zu helfen. Fragen Sie nach Mr. Shoukry Saad (er ist der Chef) oder Hakeem Hussein Tel 010576 7594), die Männer kennen sich gut aus und sind sehr hilfsbereit.

Wichtige Adressen

▸ **Polizei** Tel 230 2043

▸ **Touristenpolizei** Tel 230 3163

▶ **Telefonamt,** südliche Corniche, rechts neben dem Egypt Air Office, 24-Stunden-Service

▶ **Hauptpost,** Corniche, neben dem öffentlichen Schwimmbad; postlagernde Briefe gibt es nur im alten Postamt (um einen Block von der Corniche versetzt, hinter *Philae Hotel*)

▶ **American Express,** Waggons-lits Travel (vermitteln günstige Abu-Simbel-Trips), im New Cataract Hotel

▶ **Thomas Cook,** Corniche, nördlich der Polizei, auch **Geldwechsel** oder bei **Egypt International Exchange,** Corniche, etwa Gegend Philae Hotel

▶ **Egypt Air,** südliche Corniche

▶ Für Notfälle: **Evangelisches Krankenhaus,** 23 Sh El Corniche, Tel 2317 176, 2302 176, bekannt unter *El Germania,* Nähe Egypt Air Office, Außenstelle in Darau

▶ Von einem Leser empfohlener **Zahnarzt**: Dr. Matta Joseph, Tel 0127 968 166

Verkehrsverbindungen

▶ Für Ausländer offiziell zugelassene Züge: 6.00 18.00 20.00 (1./2. Kl. AC; £E 110/75), Fahrtdauer Luxor 3 Std, Kairo ca. 13,5 Std; Sitzplatzreservierung mindestens 1 Tag zuvor

▶ Supersleeper: 18.20 (Luxor an 21.30, Kairo an ca. 8.00; Doppelkabine $ 120, Einzelkabine $ 80).

▶ Für Touristen eigentlich nicht zugelassene Züge, daher keine Reservierung möglich, Ticket mit Zuschlag im Zug kaufen: 1./2. Kl AC : 8.00 16.00 18.00 19.00 (£E 81) 2. Kl. AC: 13.30 (£E 47), Normal 9.30 (Kairo £E 15)

▶ Vor dem Bahnhof bieten Taxifahrer Ausflüge zum Staudamm etc. an; erkundigen Sie sich zunächst in der Tourist-Information nach Preisen und Konditionen.

▶ **Fernbusse** (Abfahrt Busterminal): Bus-Terminal und Minibus/Sammeltaxistand wurden 4 km nördlich des Bahnhofs an die Ausfallstraße nach Darau/Luxor verlegt. Minibusse dorthin fahren etwa 100 m nördlich der Touristen-Information ab (25 Pt); auf der Corniche verkehrende Minibusse stellen die Verbindung ebenfalls her (25 Pt). Ein Taxi kostet um £E 5.

Busse nach

▶ **Luxor (Kom Ombo, Edfu, Esna):** ab 6.00 ca. jede volle Stunde (£E 8-10, Luxor 3,5 Std)

▶ **Hurghada, Kairo:** 15.30 17.30 (£E 60, 14-15 Std)

▶ (Busse nach Abu Simbel siehe Seite 408)

▶ Per **Sammeltaxi/Minibus** nach Luxor: Die Fahrer behaupten gern, dass die Polizei keine Touristen durchlässt, für £E 20 statt £E 7,50 würde man es jedoch riskieren. Tatsächlich können Sammeltaxis problemlos im Konvoi mitfahren.

Konvois

▶ Touristen-Busse und Privatautos dürfen derzeit wegen der Terroristengefahr nur im **Konvoi** nach Luxor um 8.00 (Stopps in Kom Ombo und Edfu möglich) und 13.30 (keine Stopps) fahren, was sich jedoch jederzeit ändern kann; aktuelle Situation bei der Touristen-Information erfragen. Sammelplatz für die Abfahrt ist die nördliche Corniche. Eine Sonderfahrt ohne Konvoi erfordert einen Begleitpolizisten, der ab £E 300 kostet. Andererseits dürfen in jedem beliebigen Bus Ausländer mitfahren, jedoch normalerweise nicht mehr als sechs.

Innerstädtisches Fortbewegen

▶ Assuan ist eine ziemlich **lang gestreckte Stadt**, Sie sollten bei der Planung Ihrer Aktivitäten daran denken. Auf der Corniche, der am Nilufer verlaufenden Straße, pendeln jede Menge Taxis und Pferdekutschen. Oder Sie nehmen eine **Kutsche** (Kalesche) für eine Rundfahrt: Von der hohen Sitzposition hat man einen recht guten Ausblick, der Trip ist gemütlich.

▶ **Taxifahrer** versuchen Touristen zu schröpfen, wo immer es geht - der innerstädtische „Standardpreis" für Touristen von £E 20 lässt sich nur schwer auf die ortsüblichen £E 5-10 herunterhandeln. Am billigsten sind die Sammeltaxis, die sich für unsere Augen von den anderen nur dadurch unterscheiden, dass sie meist ziemlich voll besetzt sind. Eine Fahrt vom Egypt Air Office zum Bahnhof kostet nur £E 1. Eine **Taxifahrt zum Flughafen** kostet £E 50-70 für das gesamte Taxi. Eine Kaleschenfahrt die Corniche entlang sollte für etwa £E 10-15 zu haben sein.

▶ Oder Sie radeln. **Fahrräder** kosten um £E 20 pro Tag. Verleiher findet man im östlichen Teil der Sh Abu Zid (Bahnhofsgegend), Sh El Souk neben dem Hotel Saber oder beim Ramses Hotel, weitere Adressen im Tourist-Office.

Ein paar Tipps

Wenn Sie Abkühlung im **Swimmingpool** suchen, können Sie auch als Außenstehender den Pool im *Isis Island Hotel* (£E 40, großer Pool), im *Mövenpick Hotel* (£E 30) auf der Insel Elephantine, oder den des *Club Med* auf der hoteleigenen Insel (£E 80 incl. Lunch oder Dinner; Boot-Shuttle ab Corniche, Nähe Egypt Air Office) benutzen.

Sehenswerte **nubische und ägyptische Tänze** werden nur im Winter nur sonntags um 20 Uhr (1/2 Stunde vorher dort sein) im *Assuan Palace of Culture* - Qasr El Sakafaa - (zwischen Moschee und Hauptpost, gegenüber vom Rundbau des Ruderclubs) von der (welt)bekannten Folklore-Tanzgruppe Assuans aufgeführt.

Nubische Folkore versetzt mit Bauchtanzvorführungen gibt es auch im *Old Cataract Hotel* (Mindestverzehr über £E 100 pP); wobei häufig die Musik ernüchternd, der Saal selbst ein Augenschmaus ist.

Es existiert auch eine Art **Nightlife** in Assuan: Neben den Bauchtanzvorführungen kann man die Nacht in der *King Ramses Disco* im *Ramsis Hotel* totschlagen oder in der Disco *Shasha* im *New Cataract* (Mindestverzehr), in der *Osiris* Disco im *Isis Island Hotel* (ziemlich teuer) oder preiswerter in der Disco des Schwesterhotels an der Corniche verbringen. Auch die „Light and Sound Show" im Philae-Tempel kann als Bereicherung des Nachtlebens gesehen werden.

Achtung: An der Corniche - vor allem an den Schiffsanlegestellen - bieten Kinder kleine Souvenirs wie Postkarten oder Papyruslesezeichen oder z.B. Euromünzen zum Tausch an. Einige sind als professionelle Taschendiebe spezialisiert: Sobald der Tourist seine Geldbörse öffnet, ziehen sie blitzschnell 50-Pfundscheine heraus und lassen sie ebenso blitzschnell verschwinden.

Souvenirs kauft man in der Sh El Souk, die von Händlern wimmelt, die sich immer mehr auf das touristische Angebot eingestellt haben. Besonders im nördlichen Teil übertreffen sie sich an Aufdringlichkeit. Wer jedoch vom südlichen Ende in die Straße geht, bleibt unbelästigter. Dort findet man auch viele Geschäfte fürs tägliche Leben oder auch die qualitativ besseren Angebote.

Für Assuan typische Souvenirs sind **Gewürze**. Ein Leser empfiehlt: „*Hamedo Spices* in der Sh Ahmed Maher oder einfach nach Ashraw fragen, jeder kennt ihn dort, er ist ein liebenswürdiger Mensch, spricht gut deutsch und englisch und erklärt alle Gewürze mit Hingabe, auch in Bezug auf ihre Heilwirkungen:"

Atlas Shopping, Supermarkt, ca. 1 km vom Bahnhof an der Mauer entlang nach Norden, gut sortiert, sauber

Internet Cafés: Zwar ist Assuan noch nicht übersät mit Internet Cafés, doch man stößt immer wieder darauf. Wer schnell, aber etwas teuerer kommunizieren will, geht ins *Keylany Hotel* (1 Mb/s £E 10/Std), 24 Stunden geöffnet.

Banken sind So-Do 8.30-14 und 17-20 Uhr geöffnet, alle liegen im südlichen Teil der Corniche. Die Bank du Caire, Bank Misr und die Nationalbank haben Geldautomaten.

Zollfreier Einkauf: Innerhalb von 24 Stunden nach Ankunft aus dem Ausland lässt Ägypten noch Einkauf in Duty-Free-Shops der Egypt Free Shops Company, 15 Corniche El Nil (Nähe Egypt Air Office) in der Stadt zu. Hier kann man unabhängig vom Visum günstig Alkoholika kaufen, z.B. Stella zu £E 5,00.

Ausflüge z.B. zum Hochdamm, Philae, Unfertiger Obelisk etc. Feluka-Trips vermitteln das Tourist-Office oder die preiswerteren Hotels

Recht preiswerte und offenbar auch gut geführte Rundfahrten zu den Staudämmen, der Insel Philae u.a. bietet der **deutsch sprechende Führer** Refaat Abdel-Latif Atia, 237 Sh Abu Zid, Tel 2218 9294, an.

Zum **Landmarkt von Darau**, dienstags, kommen Sie am besten mit dem Morgenzug, oder ab 5.30 Uhr per Bus.

Restaurants

Wenn man in Assuan zum Essen geht, kommen die Restaurants am Nilufer der Corniche in die erste Wahl: Die meisten sind preiswert und gut, sie bieten alle - besonders abends - den stimmungsvollen Ausblick auf den Nil. Allerdings kann der Lärm, der von ankernden Nilkreuzern ausgeht, viel von der Stimmung verderben. In der folgenden Auflistung sind die am Nilufer liegenden Restaurants mit einem **+** gekennzeichnet. In den Plänen Seite 378/379 und 406 ist die Lage der Restaurants markiert.

- **Abu Shelib Hotel,** Sh Abas Farid, mehrfach gelobt, Hotelrestaurant, gut und reichhaltig, sehr preiswert
- **+Aswan Moon,** Corniche, etwa Höhe Kaufhaus Benzion; von oberer Terrasse guter Nilblick über Schiffe hinweg, ägyptisch/nubische Küche, aber auch Pizza, meistens gut, freundlich, gute Musik, nubische Veranstaltungen, relativ preiswert, aber Rechnung prüfen
- **+Assuan Panorama,** Corniche, schräg gegenüber Egypt Air Office; sauber, sehr schmackhafte ägyptisch/nubische Küche, Kräutertees, den nubischen Kaffee nicht versäumen, zeitweise nur bis 21 Uhr geöffnet
- **Café Mohammed,** gegenüber Abu Shelib Hotel; angenehme Atmosphäre, hilfsbereiter Besitzer, organisiert auch Felukenfahrten
- **Darna,** schön gelegenes Gartenrestaurant des New Cataract Hotels, zwischen diesem und dem Nil, sehr gutes Mittagsbüffet, teuer
- **Derwish,** gegenüber Bahnhof, am Beginn Sh El Souk; gut, freundlich, sauber, preiswert
- **El Esmailia Sons,** mitten im Souk zwischen Verkaufsständen, weiß gekacheltes, sehr sauberes Imbisslokal, preiswert, gut und freundlich
- **El Masry,** Sh Abu Zid (früher: El Matar); auch unter Ägyptern sehr beliebtes Restaurant, als „bestes Restaurant Assuans" häufig gelobt, „Charme einer Kantine" (Leser), relativ geringe Auswahl, vorzüglich vom Geschmack, sehr sauber, freundlich, mittlere Preise
- **+El Shati,** Corniche, nördlich des Police Department; billig, nicht immer sauber, nicht immer gut, nicht empfehlenswert
- **Gomhoreya,** gegenüber Bahnhof; gut und preiswert
- **La Luna,** Restaurant im Hotel Philae, einziges italienisches Restaurant der Stadt
- **Medina,** Sh El Souk, gegenüber Kleopatra Hotel, gutes Kofta und Kebab
- **+Mona Lisa,** Corniche, südlich *Aswan Moon*; Fisch schmeckt am besten, lahmer Service, alkoholfreie Cocktails, Stella-Bier, kleine Portionen, mittelmäßig, mittlere Preise
- **Nefertari,** gutes arabisches Restaurant im New Cataract Hotel, teuer
- **Nobian Restaurant Al Dokka,** auf Insel direkt vor Elephantine, kostenloser Bootstransfer (Nähe Egypt Air Office), hervorragende nubische Gerichte, nubische Tänze, teuer
- **Nubian House,** an der Museums/Hotel-Basma-Straße, 1,1 km südlich vom Nubischen Museum (große Coca-Cola-Werbung und darunter kleiner Hinweis „Nubian House"), herrlicher Blick über Kataraktlandschaft, toller Sonnenuntergangsplatz, sehr stimmungsvolles, schön dekoriertes Gebäude im nubischen Stil, Essen gut aber nicht billig, vom gesamten Ambiente her sehr zu empfehlen, inzwischen auch von Gruppenreisen entdeckt
- **+Saladin,** Corniche, auf Boot gegenüber Kaufhaus Benzion, Buffet, laute Musik, eher mäßiges Essen und Bedienung, relativ teuer; im gleichen Komplex Nightclub mit Bauchtanz

Übernachten

Luxus- und bessere Hotels

• **Basma**, [24] 4*, Nähe Nubisches Museum, Tel 2310 901, Fax 2310 907, res@basmahotel.com, www.basmahotel.com, beste Lage am Hang Nähe Nubisches Museum, herrlicher Blick, alle Zi mit Balkon, gr Pool, Internet £E 30/h, se gepflegt, ru, se sa, fr, AC, SatTV, Minibar, schö Garten, stündlicher Shuttleservice ins Zentrum, empf (Sommer 25 % Rabatt), mF .... E+B $118, D+B $165

• **(Mövenpick) Elephantine Island Resort**, 5*, nördliche Elephantine-Insel, Tel 2303 455, Fax 231 3538, resortaswan@elephantine-island.com, ehemals Oberoi-Hotel, nördlich vom Hotel gelegene Bauruine wird ausgebaut und ins Resort integriert, se schö Garten, viele Gruppen

• **Isis Island**, [26] 5*, Tel 2317 400, Fax 2317 405, isisislandassuan@hotmail.com, www.pyramisaegypt.com, 400-Betten-Herberge auf einer Katarakt-Insel, se schön u. stimmungsvoll gelegen

• **Isis Corniche**,[13] 4*, Nilseite der Corniche, etwa Höhe Kaufhaus Benzion, Tel 2315 100, Fax 2315 500, isiscorniche@gawab.com, www.pyramisa.com, zentral gelegen, se sa, AC, SatTV, Pool, Essen teuer, bei Reservation günst. Preis, mF (nicht üppig) .... E+B $65, D+B $80

• **New Cataract-Sofitel**, [23] 5*, Sh Abatal el Tahrir, Tel 2316 001, Fax 2316 011, unpersönlich, nüchtern, „Neubau“ neben Old Cataract Hotel

• **Old Cataract-Sofitel**, [22] 5*, Sh Tharir, Tel 2316 000, Fax 2316 011, h1666@accor-hotels.com, www.accorhotels.com, berühmtes nostalgisches Luxus-Hotel, viele Gruppen

• **Marhaba Palace**, [5] 4* (eher 3*), Parallelstr. zur Corniche, östl. El Salam Park, Tel 233 0102, Fax 233 0105, res@marhaba-aswan.com, www.marhaba-aswan.com; gute Dachterr. m. schö Nilblick, kl Pool, SatTV, AC, Kschr, Internet, viele Gruppen, mF ..... E+B $45-60, D+B $50-90

• **Sara**, 4*, Sh El Fanadek, Nasr City, Tel 2327 234, Fax 2327 326, res@sarahotel-aswan.com, www.sarahotel-aswan.com; auf den Felsen hoch über dem Katarakt u. weit südl. des Stadtzentrums gelegen, stündl. Shuttle Service zur City, herrl. Blick ü. Nil u. Wüste, Bar, Internet, Pool, AC, SatTV, Kschr, rel gr Zi, Balkon, se sa, se ru .... E+B $35, D+B $50

Unterkünfte anderer Klassen

Hinweis: Sh El Souk heißt auch *Sh Saad Zaghlul*. Die einfachen Hotels sind etwas einfacher als die in Kairo, aber manchmal macht es die Atmosphäre wieder wett.

• Eine **etwas ausgefallene Unterkunft**: An der Insel Sehel ist das **Hausboot** von Mohamed Beshir vertäut – ein hilfsbereiter und sehr gut englisch sprechender Nubier -, Tel 0123837725, in dessen drei Doppelzimmern (ca. 20 €) Gäste willkommen sind, die sich mit der Kataraktnatur vertraut machen wollen, siehe www.hausboot-am-nil.de.

• **Abu Shelib**, [20] Sh Abas Farid, Tel 2303 051, rel kl. Zi, sa, Ven, se fr, se hb, ang, rel ru (auß. Muezzin), gutes Rest, mF, empf für alleinr. Frauen .... E+B+AC 50, D+B+AC 60

• **Brotheren New Hotel**, [10] Sh El Souk, Nähe Nubian Oasis Hotel, Tel 2310 466, se einf, rel sa, ... E 15,E+AC 25, D 25, D+B+AC(la) 35

• **Cleopatra**, [9] 3*, Sh El Souk, Tel 2314 001, Fax 2314 002, cleopatraaswan@hotmail.com, Bhf-Nähe, Bazarseite, Wäscheservice, Internet, Bar, z.T. dunkle kl Zi, la, se sa, fr, AC, Kschr, Dachterr. m. Pool, viele Gruppen, mF .... E+B $37, D+B $47

• **El Amin**, [7] Tel 2301 213, v. Bhf li in Sh El Souk, dort nach 300 m Hotelschild, tlw Balkon (nur die Doppelzi), rel sa, fr, Ven, ... E 10, D 20, D+B 25, D+B+AC 35

• **El Amir**, [19] 3* (kaum besser als 2*), Corniche/Sh Abas Farid, Tel 2314 735, Fax 2304 411, elamirhotel@yahoo.com, Lift, Wäscheservice, kl. Zi, se sa, fr, la, AC, Dachgarten, Preis verhandelbar, mF........................ E+B 90, D+B 120

• **El Safa**, [4a] Sh Kamal Noor el Din (ca. 200 m nördl. v. Bhf, zw. zwei TkSt), Tel 2319 923, Dachterr., einf, sa, mF E 20, D 25, D+B+AC 35

• **El Salam**, [14] 2*, 101 Corniche, neben Hathor Hotel, Tel 2303 649, Fax 2302 651, Dachterr. m. Rest, se sa, fr, hb, se la, Nilblick, tlw Balkon, AC, für alleinr. Frauen empf, mF.......................... E+B 45, D+B 68

• **Hathor**, [14] Corniche, Tel 2314 580, Fax 2303 468, neben El Salam Hotel, Dachterr. mit kl. Pool, Nilblick, se sa, se la, etwas abgewohnt, AC, Preise verhandelbar, mF........................... E+B 35, D+B 55

• **Horus**, [15] 2*, Corniche, Tel 2303 323, Fax 2313 313, arh20022002@yahoo.com, fr, zur Corniche se la, sa, AC, Balkon m. Nilblick, Dachterr. m. Bar, im Winter 2 Monate vorausbuchen, viele Reisegruppen, mF................E+B 50-60, D+B 60-80

• **Keylany**, [16] 25 Sh Keylany, etwa 2 Blocks oberhalb Benzion Kaufhaus, Tel/Fax 2317 332, keylanyhotel@aswannet.com.eg, www.keylanyhotel.com.eg,Internet Café (1Mb/s) (Internet-provider von Assuan), Hotspot (£E 25/Tag), von der Corniche Nähe Horus Hotel in Sh. Salah el Din einbiegen, nach ca. 200 m re Treppe hinauf, Wäscheservice, organisiert Trips, rel kl Zi, tlw mit Safe, häufig ausgebucht, empf, AC, Dachterr. m. kl Plastikpool, gute Atmosphäre, hb, se sa, se fr, Ven, AC, tlw Kschr, mF .... E+B $11, D+B $15.50

• **Memnon**, [17] Corniche (Eing. Rückseite), schräg gegenü. Mona Lisa Rest, Tel/Fax 2300 483, memnon_aswan@yahoo.com, www.memnonhotel-aswan.com, Lift, Dachterr. m. Pool, fr, se sa, se la, AC, Nilblick, Wäscheservice, mF .... E+B 55, D+B 75

• **New Abu Simbel**, [1] Sh Abtal el Tahrir, Tel/Fax 2306 096, hameiman@yahoo.com, nördlich v. Bhf, ca. 350 m neben kl. Moschee, abgewohnt, ru, sa, hb, fr, AC, SatTV, mF... E+B 40, D+B 60

• **NileHotel**, 3*, [21] 15 Sh Corniche (nördl. des Kreisels am Egypt Air Office), Tel/Fax 231 4222, info@nilehotel-aswan.com, www.nilehotel-aswan.com; ziemlich neu, se sa u. gut eingerichtet, einige Zi m. Balkon unterschiedl. Größe, guter Blick auf Elephantine, Kschr, AC, SatTV, Internet, mF .... E+B $22, D+B $ 27,50

- **Noorhan**, [8] Tel 2316 069, Fax 232 6069, noorhan@yahoo.com, v. Bhf 2.Seitenstr. der Sh El Souk, AC + 5 LE, Dachterr., Wäscheservice, Internet, TV, fr, sa, mF ... E 15 D 20, E+B 20, D+B 25
- **NobaNile**, (auch NubaNile), [4]3*, Sh Abtal el Tahrir re der Kreuzung m. d. Bahnhofstr., Tel/Fax 2313267, 2313553, hussein45@hotmail.com, ehem. Billighotel unter neuem Besitzer 2007 eröffnet, AC, SatTV, Internet, se sa, mF .... E+B €15, D+B €20
- **Nubian Oasis,** [10] Sh El Souk, Tel 2312 123, Fax 2312 124, nubianoasis@hotmail.com, Dachterr., Internet kostenlos, zentral, einf, rel sa, Ven/AC, obere Zi besser, gute Aussicht, organisiert Trips, fr, hb, Bier, Wäscheservice, SatTV (£E 5/Tag), mF.E 15, E+B+AC 20, D+B+AC 30-40
- **Resh**, Sh el Souk, Tel 2308 8929, 2007 eröffnet, einf, se sa, Wäscheservice, Dachterr., fr, Vent, ... Dorm pP 10, E 15, D 20
- **Oscar**, [11] 2*, Sh Baraka, östl. v. Bazarbereich, südl. v. Bhf, Tel 2310 743 Fax 2306 066, Dachterr., AC, Disko, gut eingerichtet, se sa, fr, mF .... E+B 50, D+B 70
- **Philae**, [18] 2*, Corniche, Tel 2312 090, Fax 2324 089, in dt. Besitz, Balkon, Internet, fr, se la, AC, se sa, Kschr, Dachrest. m. Nilblick, mF .... E+B 90-140, D+B 175-225
- **Queen Noorham**, [3] nördl. v. Bhf, Tel 2316 056, Fax 2326 069, alle Zi mit Balkon, AC, SatTV, Kschr, Wäscheservice, Internet, se sa, mF .... E+B 45, D+B 60
- **Ramsis**, [6] 2*, Sh Abtal el Tahrir, Tel 2304 000, Fax 2315 701, ramses-hotel@hotmail.com, Bhf-Nähe, tlw Nilblick, Lift, fr, se sa, rel ru, AC, Kschr, SatTV, mF (mä)........ E+B 84, D+B 116
- **Rosewan**, [4] nördl. v. Bhf, z.Zt. unserer Recherche wg. Renovierung geschlossen
- **Tiba**, [2] 2*, nördl. v. Bhf, Tel 2318 588, Fax 2302 889, rel gut eingerichtet, gr Zi, erstaunlich runtergewirtschaftet (2000 eröffnet) , Ungeziefer (Flöhe) mä sa, fr, ru, AC, mF ... E+B 40, D+B 60
- **Yassen**, [0] v. Bhf 2. li Seitenstr. der Sh El Souk, Tel 2317 109, neben Noorhan Hotel, Familienhotel, tlw Balkon, Dachterr., Internet, sa bis se sa, fr, hb, organisiert preiswerte Trips, rel gr Zi, empf, mF........ E+B+AC 20, D 30, D+B+AC 40
- **October Hostel (Youth Hostel)**, [5] 96 Sh Tahrir, 1.Block nach Bhf li, Tel 2302235, mä sa, se. einf, mF........ (8-Bett-Zi) pP 10, (3-Bett-Zi) pP 25

Camping

- **Adam's Home**, Westufer, 2,5 km südl. d. Nilbrücke, Tel 010 6404 302, adam_your_home@yahoo.com, www.adamnubiantravel.4t.com, typisch nubisches Haus am Nil (siehe Foto unten) m. Assuan-Blick, kl „Museum", Besitzer Yahya spricht gut englisch, se fr, se hb, gutes Dinner, F 10........ E 15, D 30, Camping £E 5/Auto od. Zelt, £E 10 pP

Nasser-Stausee, Abu Simbel

Anreise nach Abu Simbel

Per Flugzeug: Von Assuan aus verkehren mehrmals täglich Flugzeuge verschiedener Fluglinien nach Abu Simbel. Hin- und Rückflug kosten $ 100-120; rechtzeitig am Flughafen sein, Flugzeuge starten manchmal früher. Großer Nachteil: Für die Besichtigung bleiben nur etwa 1,5 Stunden Zeit, alle Fluggäste stürzen sich gleichzeitig auf die Tempel. Überspringen einer Maschine ist schwierig, aber möglich, z.B. erster Flug gegen 7.00 Uhr und mittags um 13.00 Uhr zurück. Wenn Sie jedoch die letzte Nachmittagsmaschine für den Hinflug nehmen und mit der ersten Morgenmaschine, die leer fliegt, nach Assuan zurückkehren, sollte es keine Probleme geben; sie müssen das nur dem Buchungspersonal klarmachen. Überlegenswert ist auch die Anreise per Bus, zurück mit der leeren Morgenmaschine fliegen.

Beim üblichen Landeanflug vom Stausee her sieht man von der linken Fensterreihe sehr schön auf die Tempel, rechts nicht. Vom Flughafen zum Tempel fahren Pendelbusse. Um vor diesen Bussen anzukommen, nimmt man ein Taxi zu den Tempeln zu ca. £E 30, bucht auch die Rückfahrt und ist ungebunden.

Auf dem Landweg: Die Tempelgruppe liegt 280 km südlich von Assuan. Auf dem Weg überquert man den nördlichen Wendekreis, unterwegs gibt es eine Raststelle (Getränke, WC).

Die Fahrt ist nur im Konvoi von Bussen, Minibussen und Taxis gestattet, Abfahrt um 4.00 und 11.30 Uhr. (Nehmen Sie Ihren Pass wegen möglicher Kontrollen mit.) Wenn sich die Fahrzeuge gesammelt haben, rast eine lange Fahrzeugschlange nach Süden, die sich immer weiter ausdehnt. Der Pulk der Reisenden stürzt sich bei der Ankunft auf das Tickethäuschen, Wartezeiten dort sind nicht ungewöhnlich. Eineinhalb bis zwei Stunden nach Ankunft geht es bereits wieder zurück. Man kann auch einen Konvoi „überspringen", d.h. erst nachmittags oder am nächsten Tag zurückfahren. Man muss aber einen sicheren Rückfahrplatz im Bus reservieren.

Viel empfehlenswerter ist die Reise mit dem **öffentlichen Bus,** in dem offiziell nur 6 Ausländer mitfahren dürfen. Bei der Ankunft gibt es voraussichtlich kein Gedränge am Ticketschalter, mit Glück auch nicht innerhalb der Anlage. Upper Egypt Co. startet vom Busterminal um 8.00, 11.30 und 16.00 Uhr, Rückfahrten um 7.00, 13.30, 17.00 (£E 20, 3,5 Std).

Fast jedes Hotel (Hathor Hotel wird immer wieder gelobt) und das Tourist-Office vermitteln Fahrten im **Minibus**, die Preise liegen etwa bei £E 60-80 pP. Wenn möglich, schauen Sie sich den Minibus vorher an; es gibt viele Klagen über engste Sitzverhältnisse, die man über viele Stunden zu ertragen hat (meiden Sie die engen Sitze hinter dem Fahrer bzw. Beifahrer). Wer bei der Rückkehr den Kalabsha-Tempel, den Hochdamm und die Insel Philae zusätzlich besichtigen will, zahlt etwa £E 10 mehr.

Es geht auch **per Taxi:** Die Reise kostet hin und zurück ca. £E 70 pP und mehr, inklusive Hochdamm und Philae. Ein Taxi lädt bis zu 7 Personen, allerdings wird es dann für die lan-

Abenteuer im Lake Nasser

Für **Angler** muss der Stausee ein Paradies schlechthin sein, denn mit Glück können bis zu 100 kg Fisch an der Angel hängen. Bei Interesse an dem nicht ganz billigen Vergnügen schaue man unter **www.african-angler.com.uk** nach oder bei dem im nächsten Absatz genannten Unternehmen, das ebenfalls Sportangeln anbietet.

Lake Nasser Adventure, Tel 012 10 40 255, lakenasser@yahoo.com, www.lakenasseradventure.com, ein Schweiz-Ägyptisches Unternehmen, veranstaltet **Wander- und Safari-Kreuzfahrten** zwischen Assuan und Abu Simbel mit einem offenen Treckingschiff (12 Personen, Schlafen im Freien) und einem Kabinenschiff für 8 Personen. Dauer jeweils eine Woche, Kosten knapp € 800-900 pP ab Luxor je nach Boot und Jahreszeit.

ge Fahrtstrecke unbequem eng. Sollten sogar 8 Fahrgäste hineingequetscht werden, dann vermeiden Sie den Sitz auf dem Schalthebel zwischen Fahrer und Beifahrer, oder kaufen Sie sich beide Vorderplätze. Genug Trinkwasser für die Autofahrt mitnehmen.

Per Auto: Es besteht Konvoipflicht, siehe oben. Die Straße nach Abu Simbel gehört angeblich zu den unfallträchtigsten Ägyptens, vermutlich wegen der Eintönigkeit. Der Flug ist sicherer und nicht so anstrengend.

Nach 14 km (von Assuan aus):
Abzweig und Checkpost, links zum Airport, geradeaus nach Abu Simbel
Unterwegs sind Abzweige zu den Tempeln von New Sebua und Amada ausgeschildert.
Nach 196 km: Abzweig
Links nach Toshka (Pumpstation)
Nach 20 km: Abzweig
Geradeaus Richtung Sudan (gesperrt), links nach Abu Simbel
Nach 55 km: Abu Simbel

Als weitere und bei weitem teuerste, aber auch schönste Anreise sei der folgende **Seeweg** genannt:

***Kreuzfahrt auf dem Nasser-See

Das Gebiet zwischen dem Ersten Katarakt bei Assuan und dem Zweiten Katarakt bei Wadi Halfa - *Unternubien* genannt - unterlag über lange Zeiten pharaonischem Einfluss, wurde aber auch immer wieder von nubischen Herrschern regiert. Mindestens seit der Unabhängigkeit gehört es endgültig zu Ägypten, allerdings wurde die bewohnte Fläche inzwischen von den Wassermassen des Nasser-Stausees verschluckt.

Derzeit ermöglichen eigentlich nur Kreuzfahrtschiffe Ausländern den Zugang zu den meisten der geretteten, d.h. auf höheres Niveau versetzten Tempel. Zugangsstraßen - jeweils etwa 60 km ab der Abu Simbel Straße - sind fertig gestellt, dürfen aber von Touristen nur nach erheblichem bürokratischem Aufwand benutzt werden. Insgesamt sind sechs Kreuzfahrtschiffe auf dem See unterwegs, siehe auch Seite 70.

Völlig unverständlich starten die vier Schiffe *Nubian Sea, Prince Abbas, Queen Nabila* (auch *Queen Abu Simbel*) und *Tania* zur gleichen Zeit, legen gleichzeitig bei den Sehenswürdigkeiten an, alle Passagiere stürzen sich in zwei, um eine Stunde versetzten Pulks auf die Tempel. Dort reden die Guides nahezu gleichzeitig auf die Besucher ein, die sich umeinander drängeln, fotografieren und über die Köpfe der bereits Anwesenden schauen müssen. Freitags findet dasselbe Spiel ab Abu Simbel Richtung

Wasser in der Wüste - der Nassersee

Assuan statt (Auschecken montags). Es macht daher sehr viel mehr Sinn, auf der *Eugénie* oder *Qasr Ibrim* (Fr ab Assuan, Di ab Abu Simbel) zu buchen, auch wenn diese Schiffe teurer sind.

Nach der Einschiffung am Nachmittag legen die südlich fahrenden Schiffe am nächsten Morgen am Hochdamm ab, fahren nur quer über den See zum *Kalabsha-Tempel* (Beschreibung siehe Seite 410) und nehmen nach dessen Besichtigung die eigentliche Reise gen Süden auf.

Abends erreicht man *New Sebua*, wo das Schiff in Sichtweite der illuminierten Tempel an einem Felsen vertäut wird. Besichtigung der Ruinen am nächsten Morgen, anschließend Weiterreise nach *New Amada* und Besuch der Stätten am Nachmittag. Am folgenden Morgen werden die um Felsen geschlungenen Seile wiederum eingeholt; nach kurzer Fahrt hält man vor *Qasr Ibrim*, das bei Hochwasser bequem vom Deck aus betrachtet werden kann. Gegen Mittag hält der Kapitän direkt auf die Tempel von Abu Simbel zu. Die reine Fahrzeit beträgt 17-18 Stunden.

***Tempelgruppe New Sebua (auch *Al Subu*)

Hintergrund: *Auch das Wadi Sebua versank in den Fluten des Stausees, sein Tempel wurde aber von den Ägyptern um 4 km nach Westen auf sicheres Land versetzt (N22°47,55' E32°32,75'), ebenso wie die weiter nördlich gelegenen Tempel von Dakka und Maharraka ganz in der Nähe wieder aufgebaut wurden. Zwischen dem südlicher gelegenen Sebua-Tempel und den beiden letzteren sind etwa 600 m zu marschieren (Eintritt £E 35 für alle Tempel).*

Wadi Sebua bedeutet Tal der Löwen nach der Löwen-Sphingen-Allee, die zum Tempel führt. Setau, unter Ramses II Gouverneur von Kush, ließ den Tempel für seinen König bauen. Ihm unterstand ebenfalls der versunkene Tempel von Gerf Hussein, dessen Plan hier als Vorbild diente. Der Sebua-Tempel war Re-Harachte und Amun-Re geweiht, später wurde er in eine koptische Kirche umgewidmet. Die figürlichen wie bildlichen Darstellungen sehen häufig etwas grob aus; sie stehen für einen nubisch beeinflussten Stil mit schwereren, massiven Proportionen.. Interessant ist, dass sich Ramses II hier, fernab der Heimat, selbst als Gott, in einer Reihe mit den Hauptgöttern, darstellen lässt und diesen, also auch sich selbst, Opfer darbringt. Außerdem überragt er mehrfach als Opfernder die Götter ganz deutlich. All dies wäre im Umkreis von Theben undenkbar gewesen.

Sebua

Ursprünglich war der Tempel von Sebua von einer Lehmziegelmauer umgeben, deren Lage hier am neuen Platz nur durch eine Steinmauer angedeutet ist. Schon von weitem wird der Besucher von zwei großen Ramses II-Statuen begrüßt, die - ungewöhnlich - vor Sphingen auf hohen Steinpodesten stehen und den Eingang markieren. Diese Sockel sind mit gefangenen Afrikanern (links) und Asiaten sowie Libyern (rechts) dekoriert. Eine Stele von Setau in Abu Simbel berichtet übrigens, dass dort wie auch hier libysche Gefangene beim Tempelbau beschäftigt wurden.

Man betritt den **Ersten Hof**, in dem rechts und links je drei Löwensphingen mit Ramses II-Kopf mit Doppelkrone stehen. Auf den Podesten sind, wie am Eingang, Gefangene dargestellt. Durch die spärlichen Reste eines Pylons gelangt man in den **Zweiten Hof**. Dort setzt sich die Sphingenallee fort, allerdings mit (einst) vier verschiedenen falkenköpfigen Formen des Horus-Kopfes; zwischen den Vordertatzen steht jeweils eine Königsfigur.

Der Weiterweg führt dann auf eine Terrasse, auf der sich ein 20 m hoher **Steinpylon** als Eingang zum Tempelhaus mit ehemals vier kolossalen Figuren von Ramses II erhebt. Nur noch eine der Statuen ist erhalten, einen Stab mit Widderkopf als Symbol von Re-Harachte haltend. Reste der zweiten Figur liegen etwa 200 m entfernt am Weg zum Dakka-Tempel im Sand herum.

Die Front des Pylons ist mit verschiedenen und typischen Ramses-Reliefs geschmückt, bei denen der König Feinde vor Re-Harachte (rechts) und Amun-Re (links) erschlägt. Durch das Por-

Aufgang zum Tempel von Sebua

tal, das außen wie innen mit Reliefs von Ramses II und Opferdarstellungen dekoriert ist, betritt man einen **Offenen Hof** mit fünf Pfeilern auf jeder Seite, an denen Kolossalstatuen von Ramses lehnen, die Ähnlichkeit mit Osirisfiguren haben. Auf den ziemlich verwitterten Reliefs der Seitenwände kann der aufmerksame Betrachter insgesamt 53 Prinzen und 54 Prinzessinnen als Kinder von Ramses II zählen. Wieder führen ein paar Stufen auf ein höheres Niveau mit einer schmalen Terrasse, auf der rechts und links je ein kleiner, beschädigter Sphinx steht. Auf der Dekoration der dahinter stehenden Wand tritt der König von außen mit der unterägyptischen Krone im Süden, der oberägyptischen im Norden in den Tempel ein; ihm entgegen kommen die Götter des Tempels, links Amun-Re, rechts Re-Harachte, denen wiederum Ramses II als Gott folgt, die Hand auf die Schulter legend. Diese unbotmäßige Gleichsetzung (sogar Erhöhung, rechtes Bild) mit den Göttern leistet sich Ramses II nur hier in Nubien.

Jetzt betritt man die **Pfeiler-Halle** mit zwölf Pfeilern. Vor den Mittelpfeilern standen Osirisfiguren, die von den Kopten entfernt wurden, als sie diesen Raum als Kirche benutzten. Die Wände waren mit Bildern von Ramses II und Göttern geschmückt, aber nur wenige sind noch vorhanden. In den folgenden Räumen haben sich die Farben am besten erhalten.

Man geht weiter in eine schmale **Querhalle** mit Seitenräumen rechts und links, die sehr wahrscheinlich als Lager bzw. Schatzkammern für Wertobjekte wie nubisches Gold dienten. Auf der Rückseite der Eingangswand sieht man in gut erhaltenen Reliefs, wie Ramses II mit der Räucherpfanne Göttern opfert, wobei er selbst wieder vergöttlicht und gleichrangig (jeweils als Zweiter) dargestellt ist.

In Verlängerung der Tempelachse führt der mittlere Durchgang ins **Sanktuar**, rechts und links liegt noch je eine Kapelle, von denen die linke ausgeschmückt ist. In die Rückwand des Sanktuars wurde eine Nische eingelassen, in der ursprünglich die drei Gottheiten Amun, Ramses II und Re-Harachte als Statuen standen. Hier ist noch ein Teil des koptischen Gipsüberzugs zu sehen; dadurch ergibt sich das etwas absurde Bild, dass Ramses II dem Petrus zu opfern scheint; vor der Versetzung war noch ein Teil der Apsis erhalten, der aber nicht wieder eingebaut wurde. An der linken Wand opfert der König vor der Barke des Amun-Re, rechts vor der des Re-Harachte.

Zum Tempel von Dakka führt ein als Damm aufgeschütteter Weg, den man auch auf Kamelrücken bewältigen kann.

Dakka

Hintergrund: *Der Tempel von Dakka, auf einem Hügel wieder aufgebaut, beherrscht mit seinem hohen Pylon die Szene. Bevor er von den Ägyptern hierher versetzt wurde, stand er 40 km flussabwärts. Er war dem Gott Thot (Weisheit), genauer dem Ortsgott Thot von Pnubs, geweiht und - ungewöhnlich - in Nord-Süd-Richtung parallel zum Nil ausgerichtet. Gegründet im 3. Jh vC vom meroitischen König Arkamani (Ergamenes), wurde er unter Ptolemäeus IV um den Quersaal und von Ptolemäus VII um die Vorhalle erweitert. Die Römer fügten schließlich den Pylon und das Sanktuar hinzu. Diese Entwicklung zeigen auch seine Reliefs, die zunächst fein ausgearbeitet waren und sich später zu eher groben Darstellungen entwickeln.*

Der 12 m hohe **Pylon** war ursprünglich durch Ziegelmauern, die nicht mehr existieren, mit dem Tempel verbunden. Er ist in klassischer Manier mit Rundstab und Hohlkehle dekoriert, zwei schmale Wandnischen sind für die Flaggenmasten vorgesehen. Über dem Portal ist eine geflügelte Sonnenscheibe zu sehen, die anderen Dekorationen sind eher skizzenhaft. Auf jeder Seite führen Treppen auf das Dach.

Auf den Pylon folgte ein Hof, von dem aber nichts erhalten ist. Man betritt danach eine **Vorhalle**, deren Seitenwände mit Szenen von ptolemäischen Pharaonen bei Opferhandlungen dekoriert sind, an der rechten und linken Seitenwand ist Kaiser Augustus verewigt. An der Decke erkennt man geflügelte Kobras. Auf einen Quersaal, in dem hinten rechts eine Treppe zum Dach hinaufführt (nicht mehr zugänglich), folgt die **Kapelle des Ergamenes**. Ihre Wände tragen zahlreiche Reliefs religiösen Inhalts, die sich hauptsächlich um den Windgott Schu (mit Feder auf dem Kopf, auch als Thot) und die löwenköpfige Göttin des Wassers, Tefnut, drehen. Denn es waren diese beiden, die nach der altägyptischen Sage den Sonnengott nach Ägypten zurückholten, der sich enttäuscht von der Schlechtigkeit der Menschen nach Süden (dem Ursprung des Lebens) begeben hatte. In die linke Seitenwand wurde während der römischen Epoche eine schmale, ebenfalls dekorierte Kapelle gebrochen. An der Rückwand, links vom Eingang zum Sanktuar, hat Ergamenes festhalten lassen, dass er das Land von Assuan bis Takompso (Insel Nähe Maharraka) der Isis von Philae schenkt.

Ein Durchgang führt zum hinteren Ende des Tempels in das in römischer Zeit gebaute **Sanktuar** mit einem Granitschrein. Die groben Reliefs, die in starkem Kontrast zu denen der vorherigen Kapelle stehen, sind versenkt ausgeführt, eine Technik, die normalerweise nur an Außenwänden angewandt wurde. Es sind auch keine Namen angegeben, sondern nur noch *Pharao*. Die Reliefs beschäftigen sich wiederum mit religiösen Themen; meist bringt ein römischer Kaiser, als Pharao gekleidet, den verschiedenen Göttern Opfergaben dar.

Maharraka

Der Tempel stand ursprünglich 50 km nördlich, wurde nicht vollendet und später ziemlich zerstört, er bietet daher kaum etwas Interessantes. Er stammt aus spätrömischer Zeit und war dem Gott Serapis geweiht. Vom Eingang aus betritt man einen Hof, der auf drei Seiten von Säulengängen flankiert ist. Rechts (östlich) liegt ein schmaler Raum. Die Reliefdekoration ist nur an wenigen Stellen und meist unvollständig erhalten. In der Nordostecke konnte man auf der einzig bekannten Wendeltreppe Altägyptens zum Dach hinaufsteigen; sie ist neuerdings mit einer Holztür verschlossen und daher nicht mehr sichtbar.

An einem nahe gelegenen Hügel sind Bauarbeiten erkennbar. Dort sollen – seit Jahren!! - vor den Fluten gerettete Reliefs von Gedächtnisnischen aus **Qasr Ibrim** (siehe Seite 415) wieder zugänglich gemacht werden.

***Tempelgruppe New Amada

Auch hier gibt es drei antike Stätten zu sehen (£E 35 für alle Tempel), die an einer Strecke von etwa 700 m liegen: den Tempel von *Amada* , den Tempel von *Derr* und das Grab des *Pennut* (von Nordost nach Südwest; die Schiffsanlegestelle liegt bei N22°44,35' E32°15,46).

Amada Tempel

Hintergrund: *Der Tempel von Amada - Amun-Re und Re-Harachte geweiht - stand in einer großen Nilschleife, dort wo der Fluss für ein kurzes Stück südwärts fließt. Er wurde unter Tuthmosis III, Amenophis II und Tuthmosis IV (15. Jh vC, 18. Dynastie) gebaut bzw. erweitert. Der Monotheist Amenophis IV/Echnaton ließ die Bilder des Amun-Re ausmeißeln, Sethos I erneuerte sie. Die Kopten nutzten den Tempel als Kirche, der von ihnen aufgebrachte Gipsverputz trug zur langfristigen Erhaltung der Reliefs bei, die heute zu den farbenfrohesten der nubischen Tempel zählen. Als 2000 Jahre später das Wasser des Stausees zu steigen begann, verpackte eine französische Firma den hinteren Tempelteil - der wegen seines brüchigen Baumaterials nicht zersägt werden konnte - mit einem Stahlkorsett, setzte ihn auf niedrige Wagen, verlegte Schienen und zog die 800 Tonnen Historie in dreimonatiger Arbeit 2,6 km weit und 65 m höher an den Rand des künftigen Stausees.*

Der äußerlich reizlose Tempel ist nur im Kern erhalten, er besteht aus Pfeilerhalle, Quersaal und Sanktuar. Im Innern ist er jedoch sehr schön dekoriert, einige Inschriften berichten von wichtigen historischen Details. Das heutige **Portal** stand einst zwischen den Türmen eines Ziegelpylons, der nicht mehr existiert. Man geht wenige Schritte und sieht auf der linken Außenwand, wie Re-Harachte Amenophis II umarmt, rechts Tuthmosis III. Im Durchgang sind Amenophis II vor Re-Harachte und Month dargestellt, darunter berichtet Merenptah von einem Feldzug nach Nubien. Ge-

Landgang

genüber (rechts) hat sich Setau, der nubische Statthalter von Ramses II und Erbauer des Sebua-Tempels, verewigt.

Die nun folgende **Pfeilerhalle** war ursprüng lich ein offener Hof mit vier Säulen vor dem Tempelhaus, den Tuthmosis IV in eine gedeckte Halle mit zwölf Stützpfeilern umbauen ließ, deren äußere Pfeiler durch Mauern verbunden wurden. So ist dieser Raum auf den Wänden und Pfeilern mit Reliefs seines Erbauers in Gesellschaft von Göttern geschmückt, während auf den vier ursprünglichen Säulen Tuthmosis III und Amenophis II zu sehen sind. Die Szenen auf der Rückwand zeigen (rechts und links neben dem Eingang zu den weiteren Räumen) Tuthmosis III, der von verschiedenen Göttern empfangen wird.

Man geht weiter in den schön dekorierten **Quersaal**. An der Rückseite der Eingangswand sieht man links Amenophis II, der von Horus (links) und Thot mit Weihwasser (dargestellt durch Anch-Hieroglyphen) gereinigt wird. An der linken Seitenwand absolviert er einen Kultlauf mit einem Ruder und einem Emblem in der Hand zu Amun-Re. Auf den anderen Wänden des Quersaals zeigen weitere Reliefs Szenen der beiden Tempelgründer mit verschiedenen Göttern. In der Rückwand führen Türen in drei Räume. Im rechten Raum sind die Zeremonien dargestellt, die Tuthmosis III bei der Grundsteinlegung und schließlich der Einweihung des Tempels absolvierte.

In der Mitte liegt das **Sanktuar** mit zwei kleinen Kultkammern im hinteren Bereich, die mit Opferszenen dekoriert sind. Auf den beiden Seitenwänden des Sanktuars ist links Amenophis II im Umgang mit Göttern, rechts Tuthmosis III in ähnlichen Szenen dargestellt. Auf der hinteren Wand sieht man Amenophis II in einem Boot, in dem er Wein dem Re-Harachte opfert. Darunter schildert er in einem langen Text, wie er auf einem Feldzug nach Syrien sieben Fürsten gefangen nahm, sie erschlug, auf der Rückreise die Toten an sein Schiff hängte, dann sechs von ihnen an die Mauern Thebens, die siebte Leiche an die von Napata in Unternubien als Warnung an seine Feinde.

Derr

Ramses II errichtete 12 km südwestlich des heutigen Standorts den Felsentempel von, Derr, den einzigen nubischen Tempel auf dem Ostufer des Nils. Das bereits stark beschädigte Heiligtum wurde von der ägyptischen Antikenverwaltung versetzt. Äußerlich macht es keinen attraktiven Eindruck, denn nur die ehemals hauptsächlich im Fels verborgenen Teile, zwei Hallen und drei Kapellen, blieben erhalten. Ramses II ließ den *Tempel des Ramses im Haus des Re* in seiner Frühzeit errichten, denn hier hält sich seine Darstellung als gleichberechtigter Gott noch eher im Hintergrund. Die etwas groben, aber sehenswerten Reliefs sind dank koptischer Nachnutzung und Gipsabdeckung zum Teil auch farblich noch gut erhalten.

Der **Erste Pfeilersaal,** (offen, gleich nach dem heutigen Eingang) war anfangs gemauert und ging dann in den Fels über. Zwölf Pfeiler stützten die Decke ab, von denen nur die hinteren, an denen Statuen des Königs lehnten, noch in größerer Höhe vorhanden sind. Die Wände waren mit Szenen der nubischen Feldzüge von Ramses II dekoriert, jedoch sind sie heute stark beschädigt. Auf der linken Seitenwand erkennt man Teile des königlichen Streitwagens nebst Bäuchen und Beinen der sie ziehenden Pferde, auf der rechten fliehende Nubier. Links vom Eingang zur hinteren Halle erschlägt der von seinem zahmen Löwen - der einen Feind am Bein packt - begleitete König Feinde vor Re-Harachte, rechts vor Amun-Re. Ganz unten sind links acht, rechts neun Prinzen abgebildet.

Es folgt der **Zweite Pfeilersaal**, dessen Stuck überzogene Wände farbig angemalte Reliefs tragen. Die sechs Pfeiler sind auf allen Seiten mit dem König in Gesellschaft unterschiedlicher Götter dekoriert. Die Seitenwände zeigen die Prozession der Barke mit der Götterstatue. Auf der rechten Seitenwand wird die Barke aus dem Tempel herausgetragen; im hinteren Teil empfängt der kniende Ramses das Heb-Sed (Jubiläumssymbol) von Amun-Re und Muth. Auf der rechten Hälfte der Rückwand opfert Ramses II Amun-Re, dem vergöttlichten Ramses II und Muth, links nur Re-Harachte und Hathor.

Vorne auf der linken Seitenwand kehrt die von Priestern getragene und vom Hohepriester (im Pantherfell) begleitete Prozessionsbarke des, wie es in der Beischrift heißt, vergöttlichten Ramses II zurück und wird, in derselben Szene, vom irdischen Ramses II mit Blumenopfer begrüßt. Dann opfert Ramses dem Fruchtbarkeitsgott Amun-Kamutef (mit erigiertem Phallus) und der Göttin Hathor Wein; danach sieht man ihn vor dem heiligen Ishedbaum, auf dessen Blätter Thot schreibt; rechts vom Baum stehen Ptah und Sechmet.

Von den drei Kapellen, die man durch Türen in der Rückwand der Halle erreicht, diente die mittlere als **Sanktuar**, die beiden anderen vermutlich als Schatzkammern für Reichtümer aus Nubien. Auf dem vorderen Teil beider Sanktuar-Seitenwände sieht man den König mit Rauch- und Trankopfer vor der heiligen Barke, die auf ihrem Podest steht. Auf dem linken hinteren Teil opfert er Kleidung dem Ptah, rechts salbt er (mit dem kleinen Finger!) Re-Harachte. Die Kultstatuen an der Rückwand wurden von den Kopten ausgehackt, an den Resten lassen sich noch (von links) Re-Harachte, der vergöttlichte Ramses II, Amun-Re und Ptah erkennen.

Pennut

Das Grab des Pennut , eines nubischen Gouverneurs unter Ramses VI (um 1140 vC, 20. Dynastie), wurde von der UNESCO von seinem ursprünglich 40 km südlich entfernten Platz hierher versetzt und wieder in den Fels gehauen. Es ist zwar klein, aber mit einigen erfrischend leuchtenden Reliefs geschmückt, von denen leider ein großer Teil abgeschlagen und gestohlen wurde.

Dennoch lohnt die Besichtigung. Das Grab besteht aus einer ziemlich niedrigen Querhalle mit einer dem Eingang gegenüber liegenden Grabnische. Die linke Hälfte der Querhalle ist fast ausschließlich dem Jenseits mit Totenbuchtexten und entsprechenden Handlungen des Grabherrn gewidmet, während die rechte Hälfte Bilder aus dem täglichen Leben des Gouverneurs zeigt(e). Im Eingang links ist Pennut mit seiner Frau vor Thot dargestellt. Auf der Wand rechts des Eingangs beauftragt Ramses VI einen Statthalter, dem Pennut zwei silberne Vasen zu überreichen, dann wird er, die Vasen in Händen haltend, von Dienern geschmückt (Nordwand, weiter oben). Auf der Wand rechts neben der Nische opfert der Grabherr mit seiner Frau und sechs Söhnen vor Osiris. Links der Nische betet Pennut Hathor vor den Westbergen an (ganz links), rechts mit Frau vor Re-Khepri.

Weltweite Rettungshilfe

Als sich die Pläne für den Hochdamm konkretisierten, erhoben besorgte Wissenschaftler ihre Stimme und riefen zur Rettung der historischen Kulturgüter auf, die im Stausee zu versinken drohten. Die UNESCO nahm sich mit einer weltweit lancierten Kampagne der Problematik an. Ab 1960 wurden Maßnahmen für die wichtigsten zehn Tempel in Angriff genommen, um sie an höher gelegene, vor dem Stausee geschützte Standorte zu versetzen. Als das spektakulärste Projekt ging die „Reise" der Abu Simbel-Tempel in die Geschichte ein.

Aber es waren nicht allein die spektakulären Aktionen, die Jahrtausende alte Monumente an neue Standorte versetzen halfen, es gab auch unzählige „kleine" Rettungen, in denen durch die Initiative Einzelner wichtige historische Dokumente vor den Fluten in Sicherheit gebracht wurden. Zu diesen Männern gehört der Architekt Friedrich W. Hinkel, der als Angehöriger der Akademie der Wissenschaften der damaligen DDR mit großen persönlichen Anstrengungen maßgeblich an der Rettung im Sudan liegender Tempel beteiligt war.

*Qasr Ibrim

Gegenüber der nubischen Provinzhauptstadt Miam (Aniba) ragte am Ostufer des Nils ein steiler, 70 m hoher Hügel auf, dessen strategische Bedeutung spätestens im Neuen Reich erkannt wurde, wie eine Stele von Amenophis I (1543 vC) und vier Felskapellen dokumentieren. Ein 680 vC von Taharqa auf der Spitze des Berges erbauter Lehmziegeltempel wurde später von den Kopten in eine Kirche umgewandelt und zu einer Kathedrale ausgebaut; erst 1528 wurde Qasr Ibrim endgültig islamisiert und die Kathedrale in eine Moschee umfunktioniert. Die Römer hatten - vermutlich auf ptolemäischen Ursprüngen - einen Festungswall um den Hügel errichtet, der erst 1812 von den Mamluken zerstört wurde.

Insgesamt durchlief Ibrim eine über Jahrtausende dokumentierte, abwechslungsreiche, meist von Wohlstand begleitete Geschichte - heute schauen bei Hochwasser nur noch die Mauerreste der Moschee und, östlich der Moschee, ein paar Gebäuderuinen aus dem See. Bevor die Flut stieg, wurden die vier Felskapellen gerettet, die best erhaltene (von Usersatet, Statthalter von Kush) ist im Nubischen Museum von Assuan ausgestellt, die anderen werden derzeit in einen Hügel im Gebiet von New Sebua eingebaut (siehe Seite 410). Weil die letzten Relikte schon sehr fragil sind, dürfen Touristen die Insel nicht mehr betreten, sondern können nur

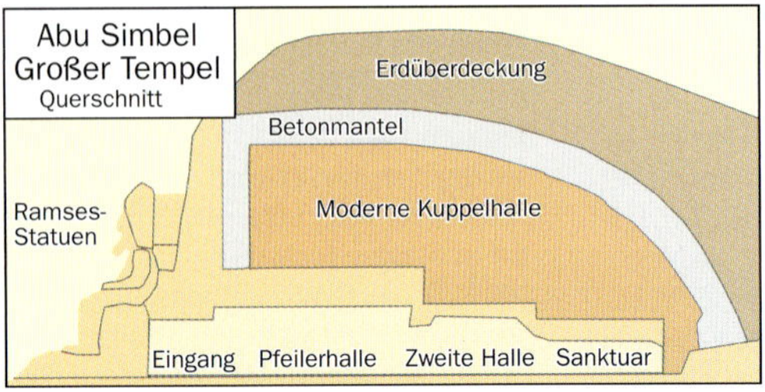

vom Deck ihres Schiffes 15 Minuten lang hinunterschauen, dann geht die Reise weiter.

Einlaufen in Abu Simbel

Der Blick vom See auf die immer imposanter aus der Umgebung hervortretenden Tempel ist schon allein die Schiffsreise von Assuan her wert. Die Bordlautsprecher untermalen den Eindruck mit Aida-Musik - fast läuft einem eine Gänsehaut über den Rücken. Während der Schiffsbug auf Ramses II zuhält, meint man (zumindest bei Hochwasser), dem Steinkoloss die Hand reichen zu können - wir haben kaum jemals eine spektakulärere Schiffsankunft erlebt.

Die Schiffe bleiben über Nacht in Abu Simbel vertäut, abends kann man die unbedingt sehenswerte Light and Sound Show betrachten. Während die meisten Passagiere zurück nach Assuan fliegen, nutzen andere die Chance und kehren per Schiff zurück. Dieser Gesamttrip dauert dann sieben Tage.

****Die Tempel von Abu Simbel

Hintergrund: *Ramses II ließ mitten in der Einsamkeit der nubischen Wüste einen großen Tempel für sich und, wenige Schritte entfernt, einen kleineren für seine Gemahlin Nefertari in den vollen Fels eines Steilabfalls am Nilufer hauen. Bisher fanden sich keinerlei Hinweise, warum diese monumentalen Bauwerke an einem Platz errichtet wurden, der nicht besiedelt war und weit entfernt vom Mutterland lag. Dem selbstbewussten Herrscher ging es wohl darum, die gigantische Bauleistung zur Demonstration seines Einflussbereiches und auch zur politischen Sicherung der nubischen Provinz erbringen zu lassen. Nicht zuletzt lässt sich Ramses II hier – wie wir schon auf den weiter nördlich liegenden Tempeln sahen – als Gott darstellen. Hier, weit entfernt von den Priestern Thebens, ging dies umso unverblümter.*

Nicht zuletzt stellte er die technologischen Fähigkeiten und die Finanzkraft Ägyptens unter Beweis, um es in heutiger Terminologie zu sagen. Denn hier wurden hochgradige Ingenieurleistungen erbracht: Man stelle sich nur die Aufgabe vor, ein derart umfangreiches, harmonisch gestaltetes Bauwerk fast 50 m tief in den Berg hineinzutreiben, den gewachsenen Fels in großen Volumina so zu entfernen, dass am Ende z.B. vollendete Kolossalstatuen stehen blieben, und zwar nicht nur eine, sondern vier identische - ein paar Meiselschläge zu viel hätten das Gesamtbild massiv beeinträchtigen können.

Die Bauarbeiten begannen unter dem Vizekönig Iuny von Nubien während der ersten Dekade der Ramses II-Herrschaft, die Einweihung fand im Jahr 24 der Ramses II-Zeit (etwa 1250 vC) unter Vizekönig Hekanakth statt, wie Stelen dokumentieren. Schließlich geriet die Anlage in Vergessenheit, Sandverwehungen bedeckten sie. Jedoch wurden Stille und Einsamkeit Jahrtausende später nachhaltig gestört; 1813 entdeckte der Schweizer Forscher Ludwig Burckhardt die Tempel wieder, von denen nur ein Ramseskopf aus einer Sanddüne ragte. Eineinhalb Jahrhunderte danach drohten die Fluten des Nilstausees die Heiligtümer für immer zu versenken. Durch eine 40 Millionen Dollar teure Hilfsaktion der UNESCO gelang schließlich ihre Rettung. Das war keine leichte Aufgabe, denn hier handelte es sich nicht um ein Stein für Stein aufgeschichtetes Bauwerk, das man ebenso Stein für Stein abtragen und wieder zusammensetzen konnte. Sondern es ging um zwei monolithische Gebilde, die zunächst auch als Monolithe aus dem Fels getrennt und dann mit Hilfe von 440 Hydraulik-

pressen (Großer Tempel) 60 m angehoben werden sollten, eine nicht finanzierbare Lösung. Ein ägyptischer Bildhauer, Ahmad Osman, trug die Idee vor, die Tempel in transportfähige Stücke zu zersägen, auf Lkw zu verladen und am Bestimmungsort wieder aufzubauen. Gegen den Widerstand vieler Experten wurde dieser Vorschlag umgesetzt, und tatsächlich kam es zu keiner Katastrophe, nicht einmal zu einer nennenswerten Beschädigung einzelner Elemente.

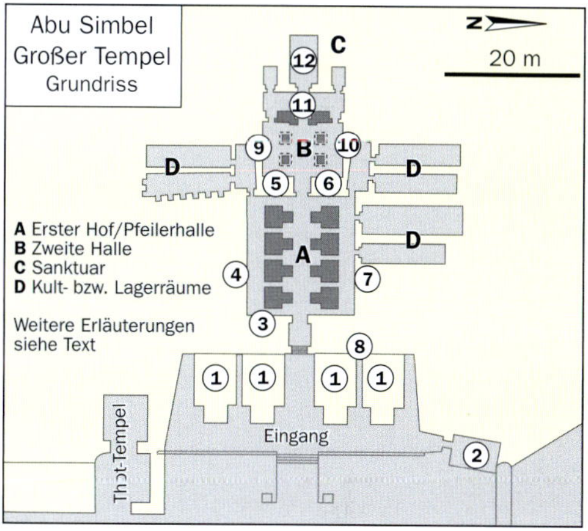

Als 1964 die Bauarbeiten mitten in der Wüste begannen, stieg der See bereits unaufhörlich. Die Tempel mussten zunächst in einem Wettlauf gegen die steigende Nilflut durch einen künstlichen Damm geschützt werden. Dann galt es, die Bauwerke aus dem umstehenden und darüber liegenden Fels zu befreien, sie in handliche Blöcke zu zersägen, an einen sicheren und höheren Platz zu transportieren und wieder zusammenzusetzen. Diese gewaltige und rundum erfolgreich bewältigte Arbeit von zeitweise 3000 Menschen - unter der Bauführung der deutschen Firma HochTief, in Zusammenarbeit mit einer ägyptischen und weiteren vier europäischen Firmen - wurde im September 1968 mit der Wiedereröffnung der Tempel besiegelt. Man sieht den Bauten die Reise praktisch nicht an.

Da die Mittelachse des Großen Tempels genau nach Osten zeigt, beleuchtet die aufgehende Sonne am 21. Februar und 21. Oktober (vor der Versetzung jeweils am 20.) die Götterbilder im Allerheiligsten, ein etwa zehnminütiges, atemberaubendes Erlebnis. Diese Gelegenheit lassen sich viele Touristen, aber auch Tausende Ägypter nicht entgehen. Selbst aus anderen afrikanischen Ländern kommen Folkloregruppen und machen aus dem Ereignis ein Volksfest. Doch der Rummel verleidet inzwischen das Erlebnis, wer nicht spätestens um 3.30 Uhr dort ist, hat kaum eine Chance, das Schauspiel im Tempel zu erleben.

In Abu Simbel begründen Tempelführer diese Daten mit dem Geburtstag von Ramses am 21. 2. und seiner Krönung am 21.10.; das erstere ist völlig unbekannt, für das zweite Ereignis gibt es nur die vage Zeitangabe zwischen Juli und Oktober. Auch ist kaum anzunehmen, dass die Götterbilder im Sanktuar das eigentliche Ziel der Beleuchtung waren, denn sie wurden von der sehr großen Barke mit dem Kultbild förmlich in den Schatten gestellt. Das im Vordergrund stehende Kultbild selbst sollte wohl im frühen Morgenlicht erstrahlen.

Der Große Tempel ist den Göttern Amun-Re (südlicher Teil) und Re-Harachte (nördlicher Teil) geweiht, den Hauptgöttern von Ober- und Unterägypten, der Kleine Tempel der Göttin Hathor. Zuvor waren die beiden Felsen lokalen Gottheiten bestimmt, ungewiß ist jedoch, ob sich bereits Vorgängerbauten hier befanden.

Der Große Tempel

Die 33 m (13 Stockwerke!) hohe **Tempelfassade** soll mit Hohlkehle- und Rundstabdekoration sowie der typischen Abschrägung den Tempelpylon darstellen. Vor ihr dominieren vier, im wörtlichen Sinn *kolossale* **Sitzstatuen von Ramses II** [1], die aus dem anstehenden Fels herausgeschlagen wurden, wobei die zweite von links ihren Oberkörper vermutlich bei einem Erdbeben um die Zeitenwende verlor; er liegt zu ihren Füßen. Trotz ihrer Höhe von 20 m wirken die Statuen nicht plump, sondern eher leicht und freundlich. Das Gesicht des Königs mit seinen weichen Zügen ist beim ganz linken Sitzbild am besten erhalten. Unter dem rechten Arm der dritten Figur ließ Sethos II bei Ausbesserungsarbeiten eine Stützmauer als Lehne anbringen. Im Bereich der Beine kamen die Familienmitglieder des Königs unter: seine Mutter Tui, seine Lieblingsfrau Nefertari und seine bis dahin geborenen Kinder.

Über dem Eingangsportal wacht eine falkenköpfige Statue, die mit der rechten Hand einen Stab mit Schakalskopf (Hieroglyphe „User"), mit der linken eine Figur der Göttin Maat und auf dem Kopf eine Sonnenscheibe („Re") trägt. Daraus setzt sich der Thronname „User-Maat-Re" („Stark ist die Gerechtigkeit des Re") von Ramses II zusammen. Damit sagt der König, wer der Herr des Heiligtums ist: Ramses II. Links daneben sind Amun, rechts Re-Harachte sowie die Vornamen von Ramses II in den Fels geschlagen. Ganz oben begrüßen Paviane mit erhobenen Armen den Aufgang der Sonne. Besucherinschriften lassen sich von der griechisch-römischen Epoche bis in jüngste Zeit zurückverfolgen. Unter ihnen findet sich Fürst Pückler-Muskau mit Herzog Franz von Bayern einträglich vereint.

Die Kolossalfiguren des Königs - jede trägt auf der rechten Schulter einen eigenen Namen - sollen ihn vergöttlicht symbolisieren, d.h. im selben Rang wie die hier angebeteten Götter. Dies trifft auch für weitere Darstellungen an der Fassade und im Innern zu. Links der Statuen wurde eine kleine Felskapelle für Thot in den Berg getrieben (nicht zugänglich); südlich davon fallen recht große Fels-Stelen auf, die von hierher versetzten bzw. für die Tempel zuständigen Beamten in Auftrag gegeben worden waren. Rechts der Statuen steht ein kleiner offener **Sonnentempel** für Re-Harachte [2] mit einem Altar im Zentrum. Die von hier aus Richtung Nil verlaufende Mauer ist der Rest eines Pylons, der einst dort stand. Auf dem Hof sind noch Reste der alten Ziegelpflasterung erhalten sowie (rechts) der Ziegelumwallung, durch die ein Tor zum *Kleinen Tempel* führt.

Zwischen den beiden mittleren Statuen betritt man die 48 m tief in den Berg getriebene Anlage, die in der Raumfolge einem normalen Tempel entspricht. Die Seitenwände des Durchgangs zeigen Bilder von Gefangenen zur Abschreckung von Feinden. Der sonst offene **Erste Hof** [A] ist hier allerdings eine große, 10 m hohe Halle mit acht Pfeilern, an denen kolossale Figuren des Gottkönigs mit Geißel und Krummstab lehnen; links mit der oberägyptischen Krone, rechts mit der Doppelkrone für Ober- und Unterägypten. Die Pfeiler selbst tragen Szenen vom opfernden König, seiner Gemahlin und seiner Tochter Bentanat. Die Decke ist im Mitteltrakt mit fliegenden Geiern, in den Seitengängen mit Sternen als

Beide Tempel: links Ramses II, rechts iNefertari

Der Große Tempel von Ramses II

Symbole des Himmels bemalt, dadurch öffnet sie symbolisch den Hof nach oben.

Die großflächigen Reliefs an der Eingangswand - sonst typisch für Außenwände - zeigen links vom Eingang [3] den König, der nubische und andere Gefangene vor Amun-Re erschlägt; darunter stehen acht Prinzen, rechts [8] lassen Libyer vor Re-Harachte ihr Leben, unterhalb sieht man neun Ramses-Töchter. Im oberen Register der linken Seitenwand [4] ist der opfernde König über die gesamte Wandlänge in fünf Szenen mit Göttern dargestellt, die vorletzte zeigt ihn kniend vor Re-Harachte unter dem heiligen Ishedbaum, auf dessen Blätter Thot den Namen des Ramses schreibt. Das untere, wesentlich großflächigere Register stellt in eher gewalttätigen, künstlerisch dramatischen Szenen dar (von links nach rechts), wie Ramses II mit seinen Söhnen auf dem Streitwagen eine libysche Festung erstürmt, einen Libyer erschlägt und dabei einen anderen tot trampelt; schließlich kehrt er im Triumphzug mit zahmem Löwen und Gefangenen zurück.

Auf der linken Rückwand [5] präsentiert der König nubische Gefangene dem Amun-Re, ebenso seinem vergöttlichten Selbst (mit Sonnenscheibe) und Muth, wobei er sich nachträglich als Gott zwischen die beiden „quetschte", was man an der armen, an den Rand gedrückten Muth deutlich erkennt. Rechts der Tür sind es hethitische Gefangene [6], die er zunächst Re-Harachte und der löwenköpfigen Göttin Isuaâs vorführte, nachträglich ließ er aber wiederum sein eigenes (Gott-)Bild einfügen.

Die rechte, nördliche Seitenwand [7] ist der Schlacht von Kadesh zwischen Ägyptern und Hethitern gewidmet. Untere Bildfolge von links: Die ägyptische Truppe marschiert an, dann (zwischen den Eingängen zu den beiden nördlichen Seitenkammern) lagert sie in einem aus zusammengestellten Schilden abgegrenzten

Camp, in dem unter anderem Pferde gefüttert werden und rechts das königliche Zelt steht; im nächsten Bild hält der König Kriegsrat; darunter werden zwei Spione ausgeprügelt, danach sieht man das Schlachtgetümmel der Wagenkämpfer. Obere Bilder von links: Der von Feinden umzingelte König schlägt sich tapfer in seinem Streitwagen im Angesicht der Stadt von Kadesh - als großes Rund dargestellt - am Orontes-Flusslauf, in den Feinde stürzen. Nachdem sich der Schlachtenlärm gelegt hat, führen (rechts) Offiziere dem König die Gefangenen vor und zählen abgeschnittene Hände.

Von den Seitenwänden der Pfeilerhalle führen Durchgänge zu insgesamt acht **Kult- oder Lagerräumen** mit stellenweise aus dem Fels gehauenen Wandbänken bzw. Regalen. Aus den z.T schönen Reliefs geht die Bestimmung nicht eindeutig hervor; einige Räume könnten auch als Kapellen gedient haben, die Mehrzahl wohl als Schatzkammern für Gold, Elfenbein und andere Preziosen aus Nubien.

Die **Zweite Halle** wird von vier Pfeilern gestützt, die Ramses II bei der Aufnahme in den Kreis der Götter zeigen. Auf der linken Seitenwand [9] opfern der König und Nefertari vor der Barke von Amun-Re, die von Priestern bei einer Prozession getragen wird, rechts [10] die ähnliche Szene mit der Barke des vergöttlichten Ramses; d.h. er bringt sich selbst Opfer dar. Auf der Eingangs- und Rückwand sind weitere Opferszenen zu sehen. Es folgt ein schmaler Quersaal [11], dessen Wände ebenfalls Opferszenen tragen. Der hintere mittlere Durchgang führt ins **Sanktuar** [12]. An seiner Rückwand sitzen nebeneinander vier aus dem Fels gearbeitete Götterfiguren: links Ptah von Memphis, dann Amun von Theben, der vergöttlichte Ramses II selbst und rechts Re-Harachte von Heliopolis. Vor den Götterfiguren steht der aus dem Fels gehauene, heute leere Sockel für die Barke mit dem Kultbild. Die Seitenwände sind mit Barken- und Opferszenen geschmückt. Zwei Nebenräume flankieren das Sanktuar.

Früher konnte man auch die moderne Technik besichtigen (was zumindest derzeit nicht mehr zulässig ist): Rechts vom Ramses-Tempel führt eine Tür in das Stahlbetonbauwerk, das den Tempel heute überdeckt, um wieder den Eindruck eines Felsentempels zu erzeugen. Der Blick hinter die Kulisse (mit Dokumentation der Technik und der Versetzaktion) ist interessant und überrascht wegen der Dimensionen.

Der Kleine Tempel

Dieser Tempel ehrt gleichzeitig die Göttin Hathor und die hier vergöttlicht dargestellte Große Königliche Gemahlin **Nefertari**. Vor der Fassade steht sie in kolossalen Standbildern mit dem Kopfschmuck der Göttin Hathor (Kuhgehörn mit Sonnenscheibe), jeweils zwischen den Figuren ihres Gemahls Ramses II in gleicher Größe. Zu Füßen der Eltern kamen kleine Statuen von Prinzen und Prinzessinnen (diese neben der Mutter) unter.

Die **Große Halle** im Innern wird durch sechs Pfeiler untergliedert, auf deren Mittelgangseite jeweils das Gesicht der Hathor mit *Sistrum* (Rassel) auf dem Haupt herausgearbeitet ist. Die anderen Pfeilerseiten sind mit der Königin und Göttern geschmückt. Die Thematik der größtenteils sehr gut erhaltenen und farbenfrohen Reliefs wird beherrscht von Opferdarstellungen, welche die Königin bzw. das Königspaar in Kulthandlungen vor den Göttern zeigen. Es fällt auf, dass die Figuren, insbesondere Nefertari, hier feingliedriger dargestellt werden als im *Großen Tempel*.

Lediglich an der Rückseite der Eingangswand sieht man die üblichen kriegerischen Darstellungen, allerdings in Anwesenheit von Nefertari: Links erschlägt der König einen Nubier vor Amun-Re, rechts einen Asiaten vor Horus. Die linke Seitenwand zeigt in vier Bildern - links beginnend - Ramses vor Hathor, Krönung durch Horus und Seth, Nefertari vor Anuket, der König überreicht Amun ein Bild von Maat. Auf der rechten Seitenwand, ebenfalls von links: Ramses opfert Re-Harachte Wein, Nefertari vor Hathor, Ramses opfert vor dem widderköpfigen Gott Herischef, Ramses reicht Ptah Opferspeisen. Auf der Rückwand sieht man Nefertari links vor Hathor, rechts vor Muth.

Übernachten

- **Abu Simbel Nefertari**, 4*, Tel 3400 509, Fax 3400 510, reservation@nefertarihotelabusimble.com, www.nefertarihotelabusimble.com; direkt am Stausee (viele Zi. mit Seeblick), 10 Minuten vom Tempel, ehem. Hotel der „Versetzungsingenieure" aus den 60er Jahren, daher abgewohnt, SatTV, AC, Kschr, Pool mit Seeblick, Disco, sa, schlechter Service, zu teuer, (überbucht um den 20.2. bzw. 20.10.), mF........ E+B $100, D+B $130
- **Abu Simbel Village**, 2*, Tel 3400 170, am Ortseingang, nubischer Stil, 40 Minuten vom Tempel; sa, AC, mF .... E+B 80 D+B 110
- **Eskaleh**, direkt am Seeufer, etwa 20 Gehminuten vom Tempel, Tel 097 3401 288, 012 368 0521, eskaleh@tele2.ch, www.eskaleh.110mb.com; von dem Nubier Fikry Kachif, der in der Schweiz studierte, erbautes Hotel im Stil eines nubischen Wohnhauses mit sehr viel familiärer Atmosphäre (Leser: „Oase der besonderen Art"); es gibt nur 5 Zimmer zu Preisen zwischen 30 und 50 EUR
- **Mercure Seti Abu Simbel**, 4*, Tel 3400 720, reservation@setifirst.com, www.setifirst.com, bestes Hotel in A. S., alle Zi. mit Seeblick, gepflegte Anlage direkt an einer Bucht, 20 Minuten vom Tempel; AC, Pool, Kschr, TV, se sa, F $ 12,........ E+B $138, D+B $191
- **Nobaleh Ramsis**, Tel 3401 018, daobod15@yahoo.com, Ortsmitte, ca. 25 Minuten vom Tempel, sa, hohe Räume, F £E 20 .... E+B 110, D+B 180

Camping: Im Wohnmobil auf dem Busparkplatz beim Tempel

Man geht weiter in den **Quersaal** mit zwei Nebenkammern und dem Sanktuar. Besonders schön und bekannt ist das Relief an der Eingangswand, in dem die Königin von Hathor und Isis zur Göttin gekrönt, das heißt in den Kreis der Götter aufgenommen wird. Im **Sanktuar** sieht man in der beschädigten Nische die schlecht erkennbare Göttin Hathor als Kuh aus der Wand (dem Westgebirge) heraustreten, unter ihrem Kopf steht der von ihr beschützte König; an der linken Seitenwand die Königin bei einem Rauchopfer vor Muth und Hathor; auf der rechten Wand Ramses, der vor seinem vergöttlichten Selbst und vor der vergöttlichten Nefertari Rauch- und Trankopfer darbringt.

Praktische Informationen

▶ **Telefonvorwahl** 097

▶ Der Ort Abu Simbel verdankt seine Existenz ausschließlich der Tempelanlage und ihrer Versetzung, d.h. letztendlich den Besuchern. Obwohl ein durch und durch künstliches Gebilde, hat sich inzwischen eine lebensfähige Siedlung entwickelt, die einen deutlich gepflegteren Eindruck macht als die meisten anderen ägyptischen Städte. Dennoch: Erwarten Sie nicht allzu viel;, es gibt, abgesehen von den wenigen Hotels, keine touristische Infrastruktur.

▶ **Öffnungszeit:** (5.30)7-18 Uhr (Winter 8-17), £E 80 Eintritt (Studenten £E 40) für beide Tempel, einschließlich £E 8 Gebühr für obligatorischen Guide und £E 2 für örtliche Steuer; Foto und Video sind nur außen erlaubt. Das Ticket bleibt den ganzen Tag gültig, man kann also die Anlage mehrmals besuchen. GPS-Koordinaten: N22°20,20' E31°37,41'.

▶ **Besuchszeit:** Die Tempel werden von der Morgensonne beleuchtet, daher den Besuch möglichst für den frühen Vormittag planen. Am besten ist, in Abu Simbel zu übernachten und dabei Abend- und Morgenstimmung in der Wüste zu erleben (im Voraus Zimmer buchen). Zur Not vermieten auch die Bewohner „Privatpension" (im Ort oder bei den Tempel-Guides erfragen).

▶ Obwohl Abu Simbel die südlichste Sehenswürdigkeit Ägyptens ist, haben wir (und viele Leser) dort in den kühleren Jahreszeiten schon **bitter gefroren**. Der Wüstenwind bläst erbarmungslos und ist morgens sehr kalt - nehmen Sie eine warme Jacke mit

▶ Gönnen Sie sich, wenn Sie hier übernachten, unbedingt die **Light and Sound Show** am Abend. Sie ist - da sie nicht die hier im Berg versteckten Tempelteile ausleuchten kann - ganz anders konzipiert und nutzt die Außenflächen als Riesenleinwand mit überraschenden Effekten. Für Fremdsprachen gibt es Kopfhörer.

▶ Wenn Sie individuell per Bus oder Flugzeug ankommen, lohnt es, sich bereits vor Ankunft mit den Tempeln vertraut zu machen, damit Sie einen zeitlichen Vorsprung vor den mitgereisten Gruppen gewinnen. Die Reiseführer dürfen keine Erläuterungen im Tempelinnern geben; so informieren sie gute 10-15 Minuten vorab, danach beginnt der Besucheransturm. Andererseits konnte man sich im Visitor-Center - wie die Gruppen - sehr gut mit modernster Animationstechnik über die Tempel informieren oder diese Gelegenheit zur Rekapitulation nach dem Besuch nutzen; bei unserer letzten Recherche 2007 funktionierte dort leider nichts mehr.

▶ Das gesamte Gelände ist fast schon wie ein Hochsicherheitstrakt eingezäunt und von Kameras überwacht; die Eingangskontrollen können mit Flughafenkontrollen mithalten.

▶ Ein Tipp: Gehen Sie vor dem Einlass noch zur **Toilette**, nach der Ticketkontrolle gibt es keine Möglichkeit mehr!

▶ Leser empfahlen das **Restaurant El Arab** in der Hauptstraße zum Flughafen. Im Zentrum gibt es weitere brauchbare Restaurants. Achtung: Hier sind die Restaurants sehr teuer, erst nach dem Preis fragen und nur das bezahlen, was bestellt wurde. Die Kellner stellen den Tisch voll und verlangen Phantasiepreise.

▶ Der **Taxifahrer** Ahmed, Tel 0121 431576, ist clever und kooperativ

▶ Leser empfehlen den intelligenten und weltoffenen **Reiseleiter** Mostafa, Tel 010-1229172, mostafamohamedawad@yahoo.com

Jahrhundertprojekt Toshka

Anfang 1996 wurde das Toshka-Milliardenprojekt gestartet, das ursprünglich einen etwa 800 km langen Bewässerungskanal vom Nassersee bei Abu Simbel über Baris, Kharga, Dakhla bis nach Farafra vorsah. Derzeit sollen nur 380 km gebaut werden, die bis 2008/9 fertig gestellt sein sollen.

Dieses Projekt wird unter der Bezeichnung „Toshka" publiziert, obwohl das nur teilweise richtig ist. Denn das eigentliche Toshka-Projekt bezieht sich auf den Überlaufkanal des Stausees, der bereits in den 80er Jahren in Angriff genommen wurde und im regenreichen Jahr 1996 erstmals seine geplante Funktion übernahm, andernfalls hätte am Staudamm Wasser abgelassen werden müssen. Da auch die Folgejahre ungewöhnlich viel Wasser brachten, füllte sich die Toshka-Senke und lief sogar in drei weitere Becken über, deren Wasser verdunstet, aber nicht wirtschaftlich genutzt werden kann.

Der neue Kanal wird gegen Versickern in der gesamten Länge betoniert. Damit das Wasser durch natürliches Gefälle bis zum Bestimmungsort fließt, wird es zu Beginn am Nassersee 20 m über den maximalen Wasserstand gepumpt. Die - weltweit größte - Pumpstation, die beim umgesiedelten nubischen Dorf Toshka liegt, befördert täglich mit derzeit 18 Pumpen 30 Milliarden Liter Wasser in den Kanal und muss mit 375 MW elektrischer Energie gespeist werden.

Mit diesen Maßnahmen soll die landwirtschaftliche Nutzfläche um rund 2 300 qkm erhöht und Lebens- sowie Arbeitsraum für Hunderttausende von Siedlern geschaffen werden. Die klimatischen Bedingungen erlauben vier bis fünf Ernten pro Jahr. Zudem reifen die Früchte früher als anderswo und können vor allen anderen Wettbewerbern die europäischen Märkte erreichen.

Experten üben allerdings Kritik, dass die Wasserentnahme aus dem Stausee viel zu hoch ist, weil sie letztlich zu Lasten des Niltals geht. Doch neben vielen unberücksichtigten ökologischen Folgen bereitet das Projekt auch den Prähistorikern ernsthafte Sorgen. Denn durch die Bauarbeiten werden Gebiete berührt und völlig „umgepflügt", in denen große prähistorische Schätze lagern und weitere vermutet werden.

11

Anhang

Glossar

Altägyptische und architektonische Begriffe

- **Anch** - Hyroglyphe; generell das Zeichen für Leben, aus dem sich das koptische Kreuz entwickelte
- **Apsis** - meist halbkreisförmige Altarnische, mit einer Kuppel oben abgeschlossen
- **Architrav** – waagerechter, auf Stützen ruhender (Stein)Balken, der die Decke trägt
- **Basilika** - antike Halle, später dreischiffige Kirchenbauform mit überhöhtem Mittelschiff
- **Böschung** – geböschte Wände verjüngen sich nach oben
- **Dekan** – in der altägyptischen Astronomie einer der den 36 bestimmten Dekangöttern zugeordneten Abschnitte, in die der Tierkreis eingeteilt wurde; seit etwa 2100 v. Chr. bekannt, z. B. Sirius und Orion; die Dekane galten als schicksalbestimmend für den Menschen
- **Hohlkehle** – Ausrundung des Übergangs von der Wand zur Decke
- **Hypostyl** – gedeckte (überdachte) Säulenhalle
- **Ikonostase** - grch. *Bilderwand* - mit Ikonen geschmückte Trennwand vor dem Altarraum (orthodoxer Kirchen)
- **Kanopen** – Eingeweidegefäße; jeweils vier Krüge dienten nach der Leichenmumifizierung zur Aufbewahrung der Eingeweide
- **Kartusche** – ovales Schild; stilisierte Umrandung der Geburts- und Krönungsnamen eines Königs/Pharaos
- **Kenotaph** – Scheingrab
- **Kiosk** – orientalisches Gartenhaus, pavillonartiges Bauwerk, dessen Dach von Pflanzensäulen getragen wurde
- **Kolonnade** – Säulengang, -reihe
- **Mammisi** – Geburtshaus; kleiner Nebentempel, in dem die Geburt des Gottessohnes in Form von "Mysterienspielen" rituell nachvollzogen wurde
- **Mastaba** – Bankgrab
- **Naos** – Götterschrein, in dem das Kultbild aufbewahrt wird
- **Narthex** –- Vorhalle über die gesamte Breite einer Basilika, häufig für Taufen genutzt
- **Obelisk** – grch. *Himmelsnadel* - Monolith, meist aus Rosengranit, auf quadratischer Grundfläche; seine Spitze gilt als Sitz der Sonne
- **Ostrakon** – griechisch *Scherbe* - Tonscherbe, die als "Schmierzettel" verwendet wurde
- **Pronaos** – Vorraum des Säulensaals (seit Neuem Reich), zur Hofseite offen oder Säulenschranken
- **Pylon** – griechisch *Einzugstor* - mächtiger Torbau in der Tempelachse, der die Vorderfront eines Tempels bildet
- **Rundstab** – rundes Profil an Gebäudekanten; in der Ziegelarchitektur wurde auf die Kante als Schutz ein Stab aufgebracht
- **Sanktuar** – Allerheiligstes, innerster Raum eines Tempels mit dem Naos
- **Sarkophag** – großer Steinsarg
- **Säulenschranke** – Wand zwischen zwei Säulen, die nicht die volle Deckenhöhe erreicht
- **Scheintür** – angedeutete Tür, durch die z.B. Verstorbene ins Grab treten oder es verlassen können
- **Sistrum** - Rassel
- **Sphinx** – Mischwesen aus Löwenleib und Menschenhaupt, das Tempel bewacht und Feinde abwehrt; in Ägypten, im Gegensatz zu Griechenland, nahezu ausschließlich männlich
- **Stele** – Grab oder Gedenkstein, auf dem wichtige historische Ereignisse festgehalten wurden
- **Ushebti** – kleine Fayence-Figürchen in Mumienform, die als Grabbeigabe den Toten ins Jenseits begleiten und dort an seiner Stelle die Arbeit erledigen

• **Uräus** – Stirnschlange als Übel abwehrendes Wesen auf Königs- oder Götterdarstellungen

Islamische und koptische Begriffe

• **Bab** – Stadttor

• **Dikka** - erhöhte Plattform für Vorbeter, hauptsächlich für Rezitationen genutzt

• **Gami** - Freitagsmoschee

• **Ikonostase** - mit Ikonen geschmückte Wand zwischen Kirchenschiff und Allerheilgstem

• **Imam** - Vorbeter, religiöses Oberhaupt

• **Khan** - Handelsplatz oder –gebäude für Güter aller Art (Karawanserei)

• **Khanka** - Wohn(kloster)bereich als Unterkunft für Sufis, muslimische Asketen etc.

• **Liwan** –Halle, nach drei Seiten geschlossen, vierte Seite zum Innenhof hin geöffnet

• **Madrasa** – Hochschule für religiöses Recht

• **Mashrabiya** – gedrechselte Holzgitter, ineinander verzapft, als Fensterblende genutzt

• **Mausoleum** – Grabbau

• **Mihrab** – Gebetsnische

• **Minarett** – Turm des Gebetsrufers

• **Minbar** – Gebetskanzel

• **Muezzin** – Gebetsrufer

• **Qibla** - Richtung nach Mekka, Gebetsrichtung

• **Sabil (Sebil) Kuttab** – öffentlicher Brunnen mit angeschlossener (meist darüber liegender) Koranschule

• **Sahn** - zentraler Hof einer Moschee

• **Shisha** - Wasserpfeife

• **Souk** – Markt, Bazar

• **Wakala** – Handelshaus, Karawanserei

Mini-Sprachführer

Der folgende Mini-Sprachführer soll nur die notwendigste Hilfe zur Verständigung bieten, er kann kein Lexikon ersetzen. Bei vielen Neuauflagen versuchten wir, Verbesserungen und Optimierungen des Wortschatzes zu erarbeiten; vor einigen Jahren mit Haimo Pölzl aus Genf. Dann hat sich Dr. Nabil Osman, der das *Usrati Institut für Arabisch* in München betreibt, dieses Vokabulars angenommen und es in Hinblick auf Aussprache und Betonung wesentlich verbessert. Trotz dieser Professionalität verwenden wir der Einfachheit halber nicht die Standardlautzeichen, sondern einfachere Zeichen.

Ein paar Hinweise zur Betonung

(**"**): Explosionslaut vor a, i oder u, wie der Stimmabsatz vor den Wörtern 'es, 'ist, oder im Wort Post"amt

(**°**): vor bzw. nach einem Buchstaben entspricht einem kehligen Reibelaut und bedarf viel Übung!!

(**gh**): ein nicht rollendes Gaumen-r

(**'h**): ein scharfes, ganz hinten in der Kehle gesprochenes und fast heiser klingendes h

(**w**): ein w, wie in dem englischen Wort wine

(**z**): wie stimmhaftes deutsches s in Rose

(**:**): Vokal mit Doppelpunkt wird langgezogen gesprochen.

Wichtige allgemeine Ausdrücke

ja/nein ....ajwa/la
bitte ....min fadlak (mask)
(als Äußerung eines Wunsches)
bitte.........................min fadlik (fem)
danke ....schukran
bitte (als Antwort
auf einen Dank) .....°afwan
ich möchte ....ana °a:wiz
gibt es ....fi:
nein, gibts nicht .....la, mafi:sch
jetzt ....dilwa'ti
gut ....kuwajjis
nicht gut ....musch kuwajjis
schlecht ....wi'hisch
genug, stop.............bass, kifa:ja
o.k...........................tama:m

Wichtige allgemeine Worte

Apotheke ....agzacha:na
Arzt ....dokto:r
Bank.........................bank
Brief ....gawa:b
Briefmarke ....ta:bi°
Bruder......................ach
Frau ....mada:m

Geld ....fulu:s
gestern ....imba:ri'h
groß ....kibi:r
heute ....innaharda
kalt ....ba:rid
klein ....sughajjar
Krankenhaus ....mustaschfa:
Mann ....ra:gil
morgen ....bukra
Moschee ....masgid, ga:mi°
Museum ....mat'haf
Mutter ....umm
Polizei ....buli:s
Post ....bosta
Quittung..................faturah
Reisescheck ....schi:k sija:'hi:
Sache .... 'ha:ga
schlecht ....wi'hisch
Schmerzen ....alam, waga°
Schwester ....ucht
Sohn ....ibn
Telefon ....telefo:n
Tochter....................bint
Unfall .... 'ha:dis
Vater........................ab
viel...........................kiti:r
warm ....suchn
wechseln (ich) ....ana °a:wiz
wenig ....cchuwajja
Zoll ....gumruk

Fragen

wer? ....mi:n?
wo? ....fe:n?
wohin? ....°ala fe:n?
was? ....e:h?
warum? ....le:h?
wann?......................imta?
wie? ....izzaj?
wie teuer? ....bi ka:m?
wieviel? ....ka:m?
wie bitte? ....bit'u:l e:h?
was möchtest Du?.. °a:wiz e:h?
ist es möglich ...? ..mumkin ...?
nicht möglich ....musch mumkin

Persönliches

ich ....ana
du (mask.) ....inta
du (fem.) ....inti
er ....huwwa
sie ....hijja
wir ....e'hna
ihr ....intu
sie ....humma

Reisen

Ägypten ....masr
Auto ....°arabijja
Bahnhof ....ma'hatta
Brücke ....kubri:
Bus ....otobi:s
Deutsche ....alma:nijja
Deutscher ....alma:ni
Deutschland ....alma:nijja
direkt ....°ala tu:l, dughri:
Droschke ....arbeya "hantur
Ermäßigung ....tachfi:d
Fahrkarte einf. ....tazkara ra:ji'h
Fahrpreis ....ugra
Fahrrad ....biskilitta
Flughafen ....mata:r
Flugzeug ....tajja:ra
Hafen ....mi:na
hin und zurück ....ra:ji'h gaij
Kairo ....alqahi:ra
Kreuzung ....mafraq
Minute ....daqi:qa
Österreich ....innimsa
Österreicher............nimsa:wi
Reisepass ....basbo:r
Schiff ....markib
Schweiz ....siwisra
Schweizer...............siwisri:
Segelboot...............felu:ka
Stadt ....madi:na
Straße ....scha:ri°
Stunde ....sa:°a
Tourist ....sa:ji'h
Weg nach ... .tari:" ila:
Zug ....atr

Ortsbestimmung

geradeaus ....°ala tu:l, dughri:
links ....schima:l
rechts ....jimi:n
nach ....ila:
hier/dort ....hina/hina:k
zurück ....ra:gi°
Norden ....schama:l
Osten ....schar'
Süden ....ganu:b
Westen ....gharb

Landschaft

Berg ....gabal
Hügel ....tall
Brunnen ....bi:r
Quelle ....°ein
Wüste ....sa'hara
Oase ....wa:'ha
Haus ....be:t

Restaurant/Hotel

bezahlen ....adfa°
Doppelzimmer ....o:da bisri:re:n
Einzelzimmer ....o:da bisri:r
essen (ich) ....a:kul
Fleisch ....la'hm
Fisch ....samak
frei (Zimmer) ....fa:di:
Gemüse ....chuda:r
Hotel ....funduq, ote:l
Huhn ....farcha
Kaffee ....ahwa
mit Frühstück ....bil fita:r
Obst ....fakha
Salz ....mal'h
Tee ....scha:j
Toilette ....dorit majja, tuwalitt
trinken (ich) ....aschrab
Wasser ....majja
Zucker ....sukkar

Markt/Einkaufen

Banane ....mo:z
billig ....richi:s
Brot ....°e:sch
Datteln ....bala'h
Eier ....be:d
Feigen ....ti:n
Fruchtsaft ....°asi:r
Granatapfel ....rumma:n
Guaven ....gawa:fa
Kartoffeln ....bata:tis
kaufen ....aschtiri:
Kilo ....ki:lo
1/2 Kilo ....nuss ki:lo
Mango ....manga
Markt ....su:q
Melone ....batti:ch
Milch ....laban
Orange ....burtu'a:n
teuer ....gha:li:
Tomaten ....tama:tim
Zitrone ....lamu:n
Zwiebeln ....basal

Zahlen

0 .... ٠ ....sifr
1 .... ١ ....wa:'hid
2 .... ٢ ....itne:n
3 .... ٣ ....tala:ta
4 .... ٤ ....arba°a
5 .... ٥ ....chamsa
6 .... ٦ ....sitta
7 .... ٧ ....saba°a
8 .... ٨ ....tama:nja
9 .... ٩ ....tis°a
10 .... ١٠ ....°aschara
11 .... ١١ ....hida:schar
12 .... ١٢ ....itna:schar
13 .... ١٣ ....talata:schar
14 .... ١٤ ....arba°ta:schar
15 .... ١٥ ....chamasta:schar
16 .... ١٦ ....sitta:schar
17 .... ١٧ ....saba°ta:schar
18 .... ١٨ ....tamanta:schar
19 .... ١٩ ....tisa°ta:schar
20 .... ٢٠ ....°ischri:n
21 .... ٢١ ....wa:'hid wa °ischri:n
30 .... ٣٠ ....talati:n
40 .... ٤٠ ....arba°i:n
50 .... ٥٠ ....chamsi:n

60	٦٠	sitti:n
70	٧٠	saba°i:n
80	٨٠	tamani:n
90	٩٠	tis°i:n
100	١٠٠	mijja
200	٢٠٠	mite:n
300	٣٠٠	tultumijja
400	٤٠٠	arba°mijja
500	٥٠٠	chumsumijja
600	٦٠٠	suttumijja
700	٧٠٠	sub°umijja
800	٨٠٠	tumnumijja
900	٩٠٠	tus°umijja
1000	١٠٠٠	alf

Redewendungen

Ich spreche nicht arabisch	ana mat kal limsch arabi
Sprich langsam, bitte (mask.)	mumkin tit ka lim bischwi:sch
Sprich langsam, bitte (fem.)	itkallimi: bi schwi:sch
Ich verstehe Sie nicht (mask.)	ana misch fahmak
Ich verstehe Sie nicht (fem.)	ana misch fah mik
Darf ich fotografieren?	mumkin asawwar?
Ich weiß nicht	ma°rafsch
Ist das gut?	il haga di kuwajjisa?
Wie weit ist es bis ...?	e:h il masa:fa li ...?
Wo ist der Bahnhof?	il ma:hatta fen?
Was kostet das?	bikam da?
Ich bin krank	ana åjja:n
Wo ist der nächste Arzt?	fen aqrab dok to:r?
Verschwinde!	imshi: !

Begrüßung

Herzlich willkommen	ahlan wa sahlan	Antwort: ahlan bi:k
Friede sei mit Dir !	as sala:mu °alaikum	Antwort: °alaikum as sal:am
Guten Morgen	saba:'hil che:r	Antwort: saba'hin nu:r
Guten Tag/Abend	masa:'il che:r	Antwort: masaba'in nu:r
Wie geht's dir (mask.)?	izza jjak?	Antwort: al hamdulillah
Wie geht's dir (fem.)?	izza jjik?	Antwort: al hamdulillah
Aufwiedersehen	ila: li qa:'	
Entschuldigung	a:sif	Antwort: ma°alisch
Wie heißt du? (mask.)	ismak e:h?	Antwort: Ich heiße ...ismi: ..
Wie heißt du? (fem.)	ismik e:h?	Antwort: Ich heiße ...ismi: ..

Index

S

T

U

V

W

Z

Verzeichnis der Karten und Pläne

Schreiben Sie uns bitte,

ÄNIL

falls Sie neue und/oder bessere Informationen haben und solange diese Infos wirklich noch aktuell sind (also gleich nach Rückkehr schreiben).
Wenn wir Ihre Zuschrift verwerten können, schicken wir Ihnen ein Freiexemplar von einem der unten aufgeführten Titel aus unserer Verlagsproduktion (von anderen Reise Know-How-Verlagen ist das leider nicht möglich):

(__) ÄGYPTEN INDIVIDUELL
(__) JORDANIEN
(__) Exemplar der nächsten Auflage dieses Buches

Wir freuen uns sehr, wenn Sie Ihre Infos als Email oder gut leserlich per Post schicken. Bei Email vergessen Sie bitte nicht, auch Ihre Postanschrift anzugeben.

Unsere Anschrift:
Reise Know-How Verlag Tondok,
Nadistr. 18, D-80809 München,
info@tondok-verlag.de

Ihre Anschrrift: ....

....

Besuchszeit ....

Besuchte Gegend ....

Erfahrungen:

KulturSchock

Diese Reihe vermittelt dem Besucher einer fremden Kultur wichtiges Hintergrundwissen. **Themen** wie Alltagsleben, Tradition, richtiges Verhalten, Religion, Tabus, das Verhältnis von Frau und Mann, Stadt und Land werden nicht in Form eines völkerkundlichen Vortrages, sondern praxisnah auf die Situation des Reisenden ausgerichtet behandelt. Der **Zweck** der Bücher ist, den Kulturschock weitgehend abzumildern oder ihm gänzlich vorzubeugen. Damit die Begegnung unterschiedlicher Kulturen zu beidseitiger Bereicherung führt und nicht Vorurteile verfestigt.

36 Titel sind lieferbar, darunter:

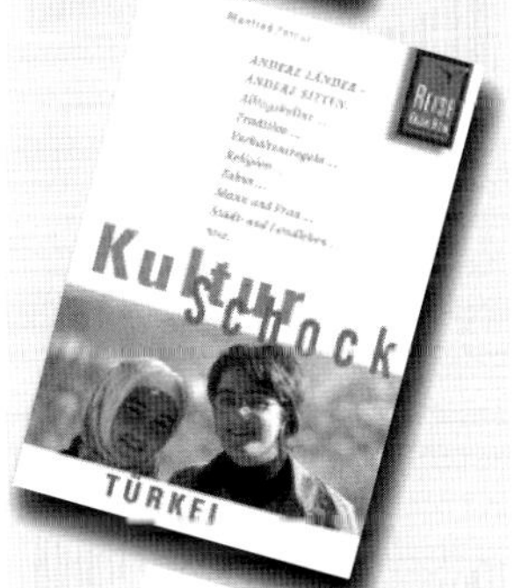

Dörte Jödicke, Karin Werner
KulturSchock Ägypten
204 Seiten, reichlich illustriert

Muriel Brunswig-Ibrahim
KulturSchock Vorderer Orient
ca. 240 Seiten, durchgehend farbig illustriert

Martin Forner
KulturSchock Türkei
264 Seiten, reichlich illustriert

Muriel Brunswig
KulturSchock Marokko
240 Seiten, durchgehend farbig illustriert

Rainer Krack
KulturSchock Thailand
264 Seiten, durchgehend farbig illustriert

Reise Know-How Verlag, Bielefeld

Die Reiseführer auf einen Blick

Reisehandbücher
Urlaubshandbücher
Reisesachbücher
Edition RKH, Praxis

Afrika, Durch, 2 Bde.
Agadir, Marrakesch, Südmarokko
Ägypten individuell
Ägypten/Niltal
Alaska ⇗ Kanada
Algerische Sahara
Argentinien, Uruguay, Paraguay
Äthiopien
Australien – Auswandern
Australien, Osten und Zentrum
Australien, Westen und Zentrum

Baikal, See u. Region
Bali und Lombok
Bali, die Trauminsel
Bangkok
Botswana
Brasilien
Brasilien kompakt

Cabo Verde
Chicago
Chile, Osterinsel
China Manual
Chinas Osten
Costa Rica
Cuba

Djerba & Zarzis
Dominikanische Republik
Dubai, Emirat

Ecuador, Galápagos
El Hierro
Erste Hilfe unterwegs

Fahrrad-Weltführer
Florida
Fuerteventura

Gomera
Gran Canaria
Guatemala

Havanna
Hawaii
Honduras
Hongkong, Macau, Kanton

Indien, der Norden
Indien, der Süden
Iran

Japan
Jemen
Jordanien

Kalifornien und USA Südwesten
Kalifornien, Süden und Zentrum
Kambodscha
Kamerun
Kanada, USA
Kanadas Maritime Provinzen
Kanadas Osten, USA Nordosten
Kanadas Westen, Alaska
Kapstadt – Garden Route (Südafrika)
Kapverdische Inseln
Kenia
Kenia kompakt
Kerala (Indien)
Krügerpark – Kapstadt (Südafrika)

Ladakh, Zanskar
Lanzarote
La Palma
Laos
Lateinamerika BikeBuch
Libyen

Malaysia, Singapur, Brunei
Marokko
Mauritius, La Réunion
Mexiko
Mexiko kompakt
Mongolei
Motorradreisen
Myanmar

Namibia
Namibia kompakt
Neuseeland BikeBuch
New Orleans
New York City
New York im Film

Oman
Outdoor-Praxis

Panama
Peru, Bolivien
Peru kompakt
Phuket (Thailand)

Qatar
Queensland (Australien)

Rajasthan (Indien)

San Francisco
Senegal, Gambia
Singapur
Sri Lanka
St. Lucia, St. Vincent, Grenada
Südafrika
Südafrika: Kapstadt – Garden Route
Südafrika: Krügerpark – Kapstadt

Reise Know-How

Sydney, Naturparks
Syrien

Taiwan
Tansania, Sansibar
Teneriffa
Thailand
Thailand – Tauch- und Strandführer
Thailands Süden
Tokyo, Kyoto, Yokohama
Transsib
Trinidad und Tobago
Tunesien
Türkei, Hotelführer
Türkei: Mittelmeerküste

Uganda, Ruanda
USA, als Gastschüler
USA, Kanada
USA, Canada BikeBuch
USA Nordosten, Kanada Osten
USA, der große Süden
USA Südwesten, Kalif., Baja California
USA, Südwesten, Natur u. Wandern
USA, der ganze Westen

Venezuela
Vereinigte Arabische Emirate
Vietnam

Westafrika – Sahel
Westafrika – Küste
Wo es keinen Arzt gibt

Yucatán, Chiapas (Mexiko)

PANORAMA

Australien
Cuba
Rajasthans Palasthotels
Südafrika
Thailands Bergvölker und Seenomaden
Tibet
Vietnam

Edition RKH

Abenteuer Anden
Auf Heiligen Spuren
Durchgedreht – Sieben Jahre im Sattel
Inder, Leben und Riten
Mona und Lisa
Myanmar – Land der Pagoden
Please wait to be seated
Rad ab!
Salzkarawane
Südwärts durch Lateinamerika
Suerte – 8 Monate durch Südamerika
Taiga Tour
USA – Unlimited Mileage

Praxis

Aktiv Marokko
All inclusive?
Australien: Outback/Bush
Australien: Reisen/Jobben
Auto durch Südamerika
Ayurveda erleben
Buddhismus erleben
Canyoning
Clever buchen/fliegen
Daoismus erleben
Drogen in Reiseländern
Dschungelwandern
Expeditionsmobil
Fernreisen auf eigene Faust
Fernreisen, Fahrzeug
Fliegen ohne Angst
Frau allein unterwegs
Früchte Asiens
Fun u. Sport im Schnee
Geolog. Erscheinungen
GPS f. Auto, Motorrad
GPS Outdoor-Navigation
Handy global
Hinduismus erleben
Höhlen erkunden
Hund, Verreisen mit
Indien und Nepal, Wohnmobil
Internet für die Reise
Islam erleben
Japan: Reisen und Jobben
Kanu-Handbuch
Kartenlesen
Kommunikation unterwegs
Konfuzianismus erleben
Kreuzfahrt Handbuch
Küstensegeln
Langzeitreisen
Maya-Kultur erleben
Mountainbiking
Mushing/Hundeschlitten
Neuseeland: Reisen und Jobben
Orientierung mit Kompass und GPS
Panamericana
Paragliding-Handbuch
Pferdetrekking
Radreisen
Reisefotografie
Reisefotografie digital
Reisekochbuch
Reiserecht
Respektvoll reisen

Reise Know-How Verlag Tondok

Zuverlässige Informationen gehören zu den "Essentials" beim Reisen: Wo gibt es brauchbare Hotels, ein sauberes Restaurant, wo liegen die Sehenswürdigkeiten und wie findet man sich dort zurecht. Wie reagieren die Menschen auf Besucher, auf bestimmte Situationen? Dies und noch viel mehr erfahren Sie aus unseren Reiseführern:

ÄGYPTEN INDIVIDUELL

Ein Reisehandbuch zum Erleben, Erkennen und Verstehen eines phantastischen Landes

Der fundierte Reiseführer für ganz Ägypten, der wegen seiner umfassenden und zuverlässigen Informationen zum ständigen Begleiter der meisten Individualreisenden in Ägypten wurde.
16 Auflagen in 23 Jahren - was spricht mehr für die Aktualität und für die Akzeptanz durch die Leser?

16. Auflage 08/2006; ISBN 3-89662-474-1, 704 Seiten, 32 Farbseiten, 115 Karten, 8-seitiger Farbatlas, 90 s/w-Fotos, 23,50 €

Jordanien

Reisen zwischen Jordan, Wüste und Rotem Meer

Alles über das kaum bekannte, aber sehr attraktive Land zwischen Jordan und Wüste. Tipps und fundierte Empfehlungen zum täglichen Reiseleben, detaillierte Beschreibungen der vielen Sehenswürdigkeiten, beginnend bei den römischen Ruinen im Norden, über Amman und die Königstraße nach Petra, weiter ins Wadi Rum und nach Aqaba.

3. Auflage, 368 Seiten, 50 Karten, 16 Farbseiten und 105 s/w-Fotos ISBN 3-89662-455-5, € 19,90

Platz für Notizen

Karte I
Giseh
Kairo
33
Pyramiden von Giseh
Sakkara
Heluan
Bahariya 361 km
Dashur
Dashur
Lisht
El Saff
2
Quarun See
Qasr Qarun
Sinuris
Medum
Atfih
Ibshawi
Wasta
Medinet Fayum
El Burumbul
F a y u m
Itsa
Lahun
Wadi Rayan
Medinet Madi
Beni Suef
Sannur
Biba
Gabbal el Nur
El Fashn
Nil
Maghagha
Behnasa (Oxyrhynchos)
Sheikh Fadl
Beni Mazar
Matai
Samalut
El Taiyiba
Deir el Adra
Techna el Gebel
W e s t l i c h e
Idmu
Ö s t l i c h e
Minia
Sawjet el Maitin
(L i b y s c h e)
Talla
(A r a b i s c h e)
El Fiqriya
Beni Hassan
Speos Artemidos
W ü s t e
W ü s t e
Hermopolis
Tuna el Gebel
El Ashmunein
Mallawi
Tell el Amarna
N
Dairut
10 km
Karte II
El Qusiya

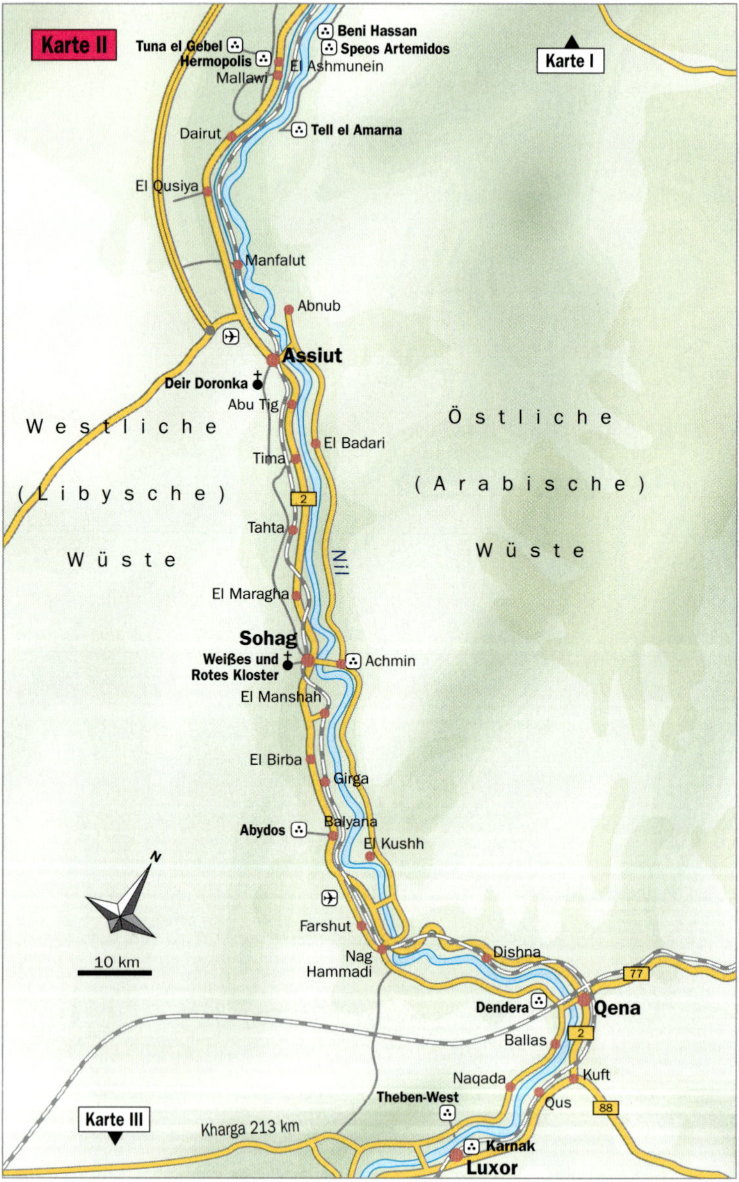
Karte II
Karte I
Karte III
Tuna el Gebel
Hermopolis
Beni Hassan
Speos Artemidos
El Ashmunein
Mallawi
Tell el Amarna
Dairut
El Qusiya
Manfalut
Abnub
Assiut
Deir Doronka
Abu Tig
El Badari
Westliche (Libysche) Wüste
Östliche (Arabische) Wüste
Tima
2
Tahta
Nil
El Maragha
Sohag
Weißes und Rotes Kloster
Achmin
El Manshah
El Birba
Girga
Abydos
Balyana
El Kushh
Farshut
Nag Hammadi
Dishna
10 km
N
77
Dendera
Qena
Ballas
Naqada
Kuft
Theben-West
Qus
88
Kharga 213 km
Karnak
Luxor

Karte III
Karte II
77
Qena
Dendera
2
Ballas
Kuft
88
Farshut
Nag Hammadi
Naqada
Qus
Theben-West
Karnak
Armant
Luxor
Östliche
(Arabische)
Wüste
Kharga 213 km
Esna
El Mahamid
El Kab
Edfu
Nil
Westliche
(Libysche)
Wüste
Silsila
Faris
2
Nasser City
Kom Ombo
Darau
N
Assuan
Alter Damm
Philae
Sadd el Ali Damm
Kalabsha
Beyt el Wali
10 km
Karte IV
Nasser See
Kertassi (ehem.)

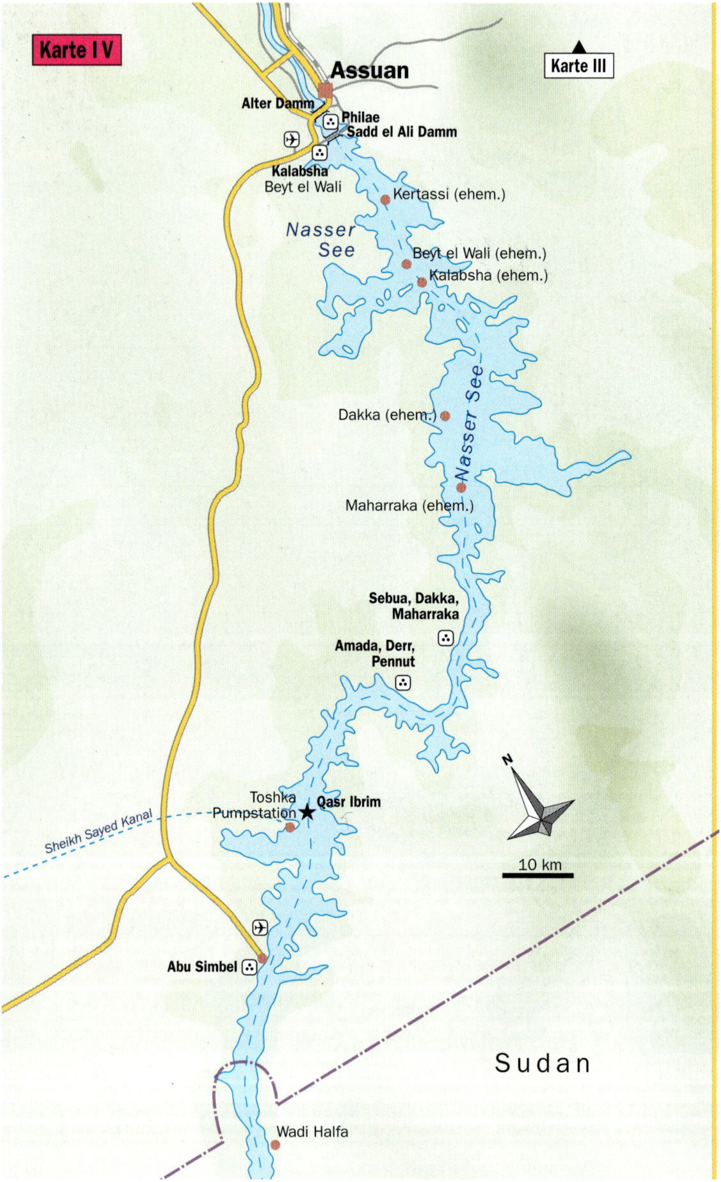
Karte IV
Karte III
Assuan
Alter Damm
Philae
Sadd el Ali Damm
Kalabsha
Beyt el Wali
Kertassi (ehem.)
Nasser See
Beyt el Wali (ehem.)
Kalabsha (ehem.)
Nasser See
Dakka (ehem.)
Maharraka (ehem.)
Sebua, Dakka, Maharraka
Amada, Derr, Pennut
Toshka Pumpstation
Qasr Ibrim
Sheikh Sayed Kanal
N
10 km
Abu Simbel
Sudan
Wadi Halfa